selbst ist der Mann

Das aktuelle HEIMWERKER LEXIKON

Materialien • Werkzeuge • Arbeitstechniken
Grundwissen • Anleitungen • Tipps und Tricks

MOEWIG

Die Ratschläge und Empfehlungen dieses Buches wurden von den Autoren nach bestem Wissen und Gewissen erarbeitet und sorgfältig geprüft. Dennoch kann eine Garantie nicht übernommen werden. Eine Haftung der Autoren, des Verlags oder seiner Beauftragten für Personen-, Sach- und Vermögensschäden ist ausgeschlossen.
Abo-Service **selbst ist der mann**: Tel. 0180/5301417

Wir danken den infrage kommenden Industrie-Unternehmen, Herstellern, Redaktionen, Archiven und Personen für die freundliche Unterstützung mit Bildmaterial. Alle übrigen Abbildungen: Redaktion selbst ist der mann/Pavel Strnad, Claudio Kalex, Tobias Kleitsch u.a., Köln. Illustrationen und Zeichnungen: Gerd Anthony, Malcolm Powell, Hans-Jürgen Reinbold

Redaktion: Margarete Grote, Karin Reinbold, Hans-Jürgen Reinbold
Texte: Peter Baruschke, Margarete Grote u.a.
Printed in Italy 2000
ISBN 3-8118-1596-2

Vorwort

Heimwerken spart Geld. Wer das Parkett selbst verlegt oder sein neues Bad eigenhändig verfliest, kann unter Umständen mehrere tausend Mark einsparen. Für viele Häuslebauer ist die ‚Muskelhypothek' sogar der einzig mögliche Weg, um den Traum vom eigenen Heim zu realisieren. Heimwerken macht auch unabhängig. Das weiß jeder, der schon einmal wochenlang auf einen Handwerker gewartet hat, der den tropfenden Wasserhahn abdichten oder ein ausgerissenes Topfscharnier reparieren wollte. Und dann ist da noch die große Gruppe derjenigen, die Heimwerken nicht aus praktischen und finanziellen Erwägungen betreibt. Für sie bedeutet Heimwerken kreativ sein. Es ist Ausgleich für Streß und Routine des beruflichen Alltags. Die Idee für ein Möbelstück eigenhändig umzusetzen oder die Wände der Wohnung individuell zu gestalten macht nicht nur Spaß, sondern auch stolz – wenn das Ergebnis den Erwartungen entspricht.

Dazu möchten wir mit diesem Heimwerkerbuch beitragen. Es vermittelt nicht nur Grundkenntnisse in den gängigen Disziplinen des Do-it-Yourself, sondern auch eine Fülle von Informationen und Hinweisen, die dem Heimwerker bei der praktischen Arbeit weiterhelfen – von der Neueinrichtung und Erweiterung der Werkstatt über Holz- und Metallbearbeitung bis hin zum richtigen Umgang mit Farben und Lacken.

Natürlich sind auch die Gewerke rund um Ausbau und Renovierung der eigenen vier Wände ein Thema. Neue Techniken und anwendungsgerechte Bauprodukte haben die handwerkliche Ausführung zwar einfacher gemacht, auf der anderen Seite sind aber die modernen Bauweisen komplexer und ist die Material-Auswahl schwieriger geworden. Bauen und Renovieren erfordert heute mehr Wissen über technische und bauphysikalische Zusammenhänge. Dies vermitteln wir u. a. durch unsere Grundwissen-Beiträge zu den Themen Wärme- und Schalldämmung oder Sanitär-Installationen. Wer weiß, wo die Tücken liegen, kann Fehler schon bei der Planung vermeiden.

Ganz neu und in dieser Form einmalig ist das umfangreiche lexikalische Nachschlagewerk, das wir in diesem Buch für Sie zusammengestellt haben. Von A wie Abbeizer bis Z wie Zylinder-Ausschraubschlösser finden Sie hier die wichtigsten Begriffe rund ums Heimwerken leicht verständlich erklärt. Auch derjenige, der nicht selbst zu Hammer oder Bohrmaschine greifen möchte, kann hier das theoretische Know-how erwerben, das ihm im Umgang mit Handwerkern weiterhilft.

Apropos Handwerker: Wir wollen und können den Fachmann natürlich nicht überflüssig machen. Wenn die Sicherheit von Personen und Gebäuden auf dem Spiel steht, sollten Sie auf Eigenleistung besser ganz verzichten – oder versuchen, eine sinnvolle Zusammenarbeit mit dem Profi anzustreben. Inzwischen bieten viele Handwerksbetriebe solch einen Service sogar explizit an. Eine Arbeitsteilung, von der letztlich beide Seite profitieren!

Wir wünschen Ihnen viel Spaß bei der Lektüre und gutes Gelingen beim Umsetzen der Themen.

Ihr Redaktionsteam
„selbst ist der Mann"

Inhalt

Kapitel 10: Boden- und Wandbeläge

Heimwerker-Lexikon

Heimwerker-Lexikon

Abbeizer bis Akku-Geräte

Abbeizer besteht meist aus einem verdickten Lösemittelgemisch (giftig). A. dient zur Entfernung von Anstrichen. Schutzhinweise auf der Packungsbeilage beachten!

Abbeizpinsel Das Abbeizmittel wird mit einem herkömmlichen, sauberen Borstenpinsel aufgetragen. Tip: Wenn möglich alten Pinsel verwenden, nach dem Gebrauch eintrocknen lassen und im Hausmüll entsorgen.

Abbinden/Abbindezeit „Abbinden" heißt die Verfestigung eines Klebstoffs oder Mörtels durch physikalische oder chemische Vorgänge. Die „Abbindezeit" ist der Zeitraum bis zur Aushärtung des Mörtels oder Klebstoffs bzw. bis zum Ende der chemischen Reaktion oder des physikalischen Vorgangs. Die Abbindezeit ist häufig auch temperaturabhängig.

Abbrechklingen werden in sog. Cuttern verwendet. Sie eignen sich besonders gut für Teppichverlege- und Tapezierarbeiten, da man sie durch einfaches Abbrechen des vordersten Klingenteils mit einer Zange nachschärfen kann.

Abdeckkappen gibt es in vielen Farben für Loch- und Senkkopfschrauben mit Torx-Bit. A. bieten einen optisch hochwertigen Abschluß der Schraubenköpfe.

Abdichten Verhindert das Eindringen von Feuchtigkeit oder Luftzug in Bauteile, beim Verfliesen z. B. mit Hilfe von flüssigen Kunststoffen (meist Silikone) oder Kunststoff- bzw. Bitumenbahnen. Silikone werden mit einer „Pistole" aus einer Kartusche in die abzudichtende Fuge gepreßt und härten dort zu einer dichten und elastischen Masse aus. Weitere Abdichtmittel sind PU-Schäume, Folien, Dicht- und/oder Klebebänder.

Abläufe DIN 1986 fordert unter jeder Auslaufstelle in Gebäuden eine Ablaufstelle, außer unter Ausläufen für Feuerlöschzwecke und für Wasch- und Geschirrspülmaschinen. Letztere müssen über einen Geruchverschluß an die Abwasserleitung angeschlossen sein oder über einen in die Ablaufstelle einhängbaren Schlauch das Abwasser abpumpen. Der Ablaufstelle darf Wasser auch über dem Fußboden ohne Pfützenbildung (in Kellerräumen) zufließen.

Ablaufplanung Planung der durchzuführenden Arbeiten in chronologischer Reihenfolge. Eine gute A. reduziert Arbeitsaufwand, Arbeitszeit und Kosten und sollte so detailliert wie möglich sein.

Ablüften/Ablüftezeit Beim Kontaktkleben wird im Gegensatz zum Naßkleben der Klebstoff auf beide zu verklebenden Flächen aufgetragen. Dann wird 5 – 15 Minuten gewartet, bis das Lösungsmittel auf den Klebeflächen verdunstet ist. Diese Wartezeit heißt ‚Ablüftezeit'.

Abricht- und Dickenhobeleinrichtung wird für Abricht- und Dickenhobelarbeiten eingesetzt. Sie ist als Zubehör für handgeführte Elektrowerkzeuge sowie in schwerer stationärer Ausführung verfügbar. Abrichten: In Verbindung mit der A. wird aus dem Elektrohobel ein leistungsfähiges Stationärgerät. Es kommt mitunter vor, daß Bretter verzogen oder deren Kanten uneben sind. Beim Abrichten werden zwei Flächen (90° zueinander) durch Hobeln eben gemacht. Mit einer Dickenhobeleinrichtung ist nun das exakte rechtwinklige und planparallele Anfertigen von Werkstükken möglich. Das Abrichten ist bei einem Handhobel nur mit einer Zusatzeinrichtung möglich. A. gibt es auch als stationäre Geräte.

Abscherung Art der Beanspruchung, die entsteht, wenn ein Befestigungselement (Bolzen, Dübel, Schraube) quer zur Achse belastet wird.

Abschlußprofile Vorgefertigte Elemente, die einen optisch ansprechenden Übergang z.B. zwischen verschiedenen Materialien ermöglichen (z.B. Fußbodenleisten, Wandabschlußleisten). Für den Abschluß des Fliesenbelages an Außenecken gibt es sie in verschiedenen Stärken. Beim Wandabschluß werden sie in ein Klebebett eingelegt.

Abseite Der Raum hinter einem Drempel (auch Abseitenwand) im Dachgeschoß, i.d.R. als Stauraum (mit entsprechendem Zugang) genutzt.

Abstandsmontage Bezeichnung für eine Verbindung, bei der eine Kraft mit ihrer Wirklinie außerhalb des Schnittpunktes anderer Wirklinien liegt und bei der ein zusätzliches Biegemoment auftritt.

Abziehglätten Unter A. versteht man ein spanabhebendes Verfahren zur Behandlung von Holz- und Lackoberflächen, um eine höhere Güte zu erhalten. Diese Arbeit geschieht mit einem Ziehklingenhobel oder einer Ziehklinge.

Abziehstein Der A. wird nach dem Schleifen eines Werkzeuges an der Schleifscheibe zum Entfernen des feinen Grates an der Schneidfläche benutzt, aber auch zum Aufbau einer neuen Schneide bei einem Werkzeug, dessen Schneide die optimale Schärfe verloren hat. A. bestehen aus nicht zu harten, aber besonders fein und gleichmäßig strukturierten Natursteinen. Am bekanntesten sind die ‚Belgischen Brocken' für das Schleifen mit Wasser und die ‚Arkansassteine' für das Schleifen mit Öl. A. werden nie trocken benutzt.

Achsabstand Maß zwischen der Mitte des einen und der Mitte des nächsten senk- oder waagerechten, direkten Tragelementes (meist Ständerprofil) einer Beplankung oder Bekleidung. Bei einem Ständerwerk darf der Achsabstand (meist 62,5 cm) nicht überschritten werden, um eine ausreichende Biegefestigkeit der Beplankung zu gewährleisten. In der Praxis ist es jedoch einfacher, die rechte oder linke Kante des Ständers einzumessen. A. in der Befestigungstechnik: Abstand von Dübelmitte zu Dübelmitte bei Mehrfachbefestigung.

Acryl-Lacke sind wasserverdünnbar, haben einen deutlich geringeren Lösemittelanteil (max. 10 % – organische Lösemittel) als Alkyd-Lacke, um noch mit dem Umweltzeichen „Blauer Engel weil schadstoffarm" ausgezeichnet zu werden. A. besitzen einen geringen Festkörperanteil, d.h., oft sind mehrere Anstriche erforderlich, um eine ausreichende Deckkraft zu erzielen. Nachteile: schlechtere Oberflächenqualität, geringere Haltbarkeit und Widerstandsfähigkeit gegen Umwelteinflüsse als bei Alkyd-Lacken.

Acrylfarbenpinsel Es empfiehlt sich, Pinsel mit Kunststoffborsten zu verwenden.

Ader-Endhülsen-Zangen Als Ader bezeichnet man die Drähte im Innern von elektrischen Kabeln und Leitungen. Aderendhülsen werden vornehmlich im Wechselstrom-/Starkstrombereich eingesetzt, um ein Aufplatzen der Aderenden zu verhindern. Sie werden über die Aderenden geschoben und mit einer A. zusammengequetscht. Die Kupferdrähtchen erhalten dadurch auch einen optimalen elektrischen Kontakt.

Adhäsion s. ‚Klebeverbindg.'

Ahle Vorstechwerkzeug für Holzschrauben.

Akku (Kurzform für *Akkumulator*) ist ein wiederaufladbarer Speicher von elektrischer Energie. Elektrowerkzeuge können mit Hilfe von Akkus kabellos betrieben werden. Bei der Anschaffung von A.-Geräten ist stets die begrenzte Kapazität der Akkus zu berücksichtigen. Sie wirkt sich besonders bei schleifenden und sägenden Geräten auf die Arbeitsdauer aus.

Akku-Geräte sind kabellose Elektrogeräte, die mit einem Akku betrieben werden (z.B. Akku-Schlagbohrmaschine, Akku-Schlagschrauber oder Akku-Schrauber).
Trotz der geringeren Leistung bieten sie gegenüber den Netzgeräten beachtliche Vorteile. Durch ihre Netzunabhängigkeit stört kein Kabel beim Arbeiten (z.B. auf einer Leiter); außerdem gewähren sie eine hohe Mobilität.

Bitte lesen Sie weiter auf Seite 19

Grundausstattung des Heimwerkers

Sowenig, wie es genormte Einheits-Heimwerker gibt, sowenig läßt sich der komplette Werkzeugbedarf für dieses emsige Völkchen auf einen Nenner bringen. Es ist jedoch möglich und sinnvoll, die Basisausrüstung für eine funktionelle Hobbywerkstatt zu umreißen

Werkzeugkunde

Handwerkszeug

Während viele Zeitgenossen ihre Aufmerksamkeit in erster Linie den spektakulären Elektrowerkzeugen widmen, weiß der fortgeschrittene Heimwerker, daß ohne gutes Handwerkszeug zahlreiche Vorhaben mißlingen.

1. Messen

Gliedermaßstab

Der Gliedermaßstab (Zollstock) ist ein absolutes Muß für jeden Haushalt. Er sollte aus langfaseriger Weißbuche oder glasfaserverstärktem Polyamid gefertigt sein. Außerdem verfügt ein Qualitäts-Zollstock neben wetterfester Lackierung über ein stabil einrastendes Federgelenk.

Bandmaß

Wer viel in Haus und Hof zu werkeln hat, sollte auch ein 5 Meter langes Stahlbandmaß im Werkzeugkasten haben. Hier ist auf eine kratzfeste Lackierung zu achten. Das Band, das auf den ersten 50 mm eine Millimeterteilung besitzen sollte, muß im ausgefahrenen Zustand arretierbar sein.

Schieblehre

Für Feinstmessungen und die Bestimmung von runden Querschnitten ist die Schieblehre unentbehrlich. Gute Lehren bestehen aus gehärtetem Stahl und verfügen über einen Nonius.

2. An- & Aufreißen

Mit dem präzisen Anreißen steht und fällt das ganze jeweilige Vorhaben.

Wasserwaage

Wichtig für den Innenausbau und das Bauen überhaupt ist eine genaue Wasserwaage mit sicher **verklebten** Libellen. Produkte aus Leichtmetall mit gefrästen Anlegflächen sind Holzwasserwaagen vorzuziehen. Anreißwerkzeuge wollen äußerst sorgfältig behandelt werden, sonst verlieren sie schnell ihre Genauigkeit.

Winkel

Das gilt besonders für genietete Winkel aller Art. Besser sind deswegen geschweißte oder aus einem Stück gefertigte Produkte.

3. Nageln & Klopfen

Hämmer sind aus keinem Haushalt wegzudenken.

Das Hammersortiment

Aus dem riesigen Angebot sollte man sich die vier abgebildeten Vertreter anschaffen: einen leichten Schreinerhammer (100 g), einen Latthammer (500 g), einen Fäustel (2,5 kg) und einen Holzhammer. Achten Sie bei Hämmern auf

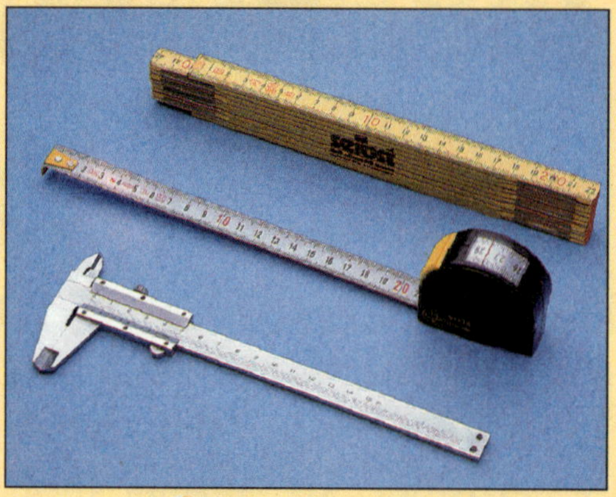

Angemessene Ausstattung: Zollstock mit Gelenken und Endkappen aus Messing (oben), Rollbandmaß mit Fenster zum Ablesen von Innenmaßen (Mitte) sowie die Schieblehre zum Ausmessen von Rundprofilen und Tiefen (unten)

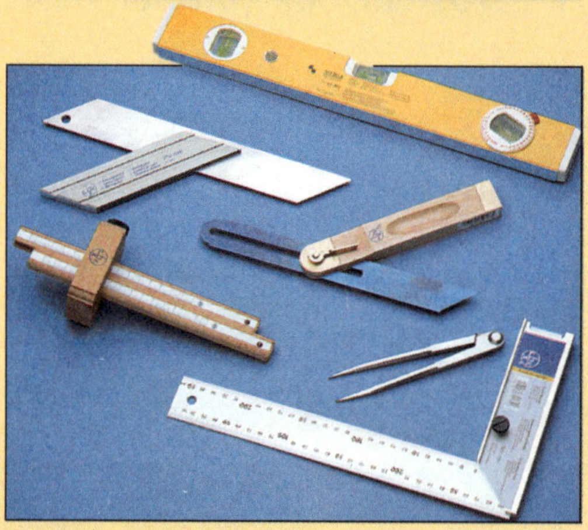

Winkeladvokaten: Wasserwaage, Gehrmaß für 45°-Risse, Stellschmiege für variable Winkel, Streichmaß für kantenparallele Linien, Spitzzirkel für kreisrunde Anrisse und Winkel für das Anzeichnen und Ausrichten rechtwinkliger Linien (von oben nach unten)

Die Werkstattschlager: Holz-, Schreiner-, Latthammer und Fäustel (von oben nach unten). Ausschnitt: Magnetnagelhalter im Kopf des Latthammers

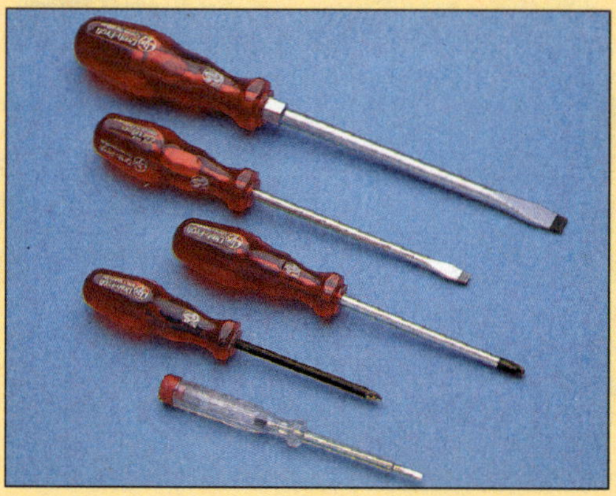

Keine Schraube locker: Für Schlitzschrauben sowie die beiden Kreuzschlitzsysteme Phillips und Pozidriv sollte man jeweils drei Schraubendrehergrößen besitzen. Spannungsprüfer müssen auf jeden Fall für 220 Volt ausgewiesen sein

Packende Werkzeuge: *Greifzange mit Greifgelenk (Wasserpumpenzange), Kneifzange, Seitenschneider und Kombizange (von oben nach unten) dürfen in keinem Werkzeugkasten fehlen*

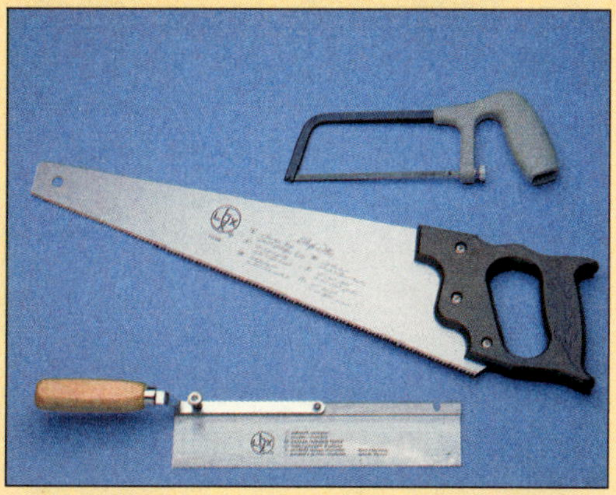

Diese Werkzeuge zeigen die Zähne: *Für Ihre sägensreiche Tätigkeit in Werkstatt, Haus und Hof sollten Sie über eine Metallsäge, einen Fuchsschwanz und eine Feinsäge (von oben nach unten) verfügen*

Bringen Werkstücke in Form: *Putzhobel und ggf. der Simshobel, Raspeln und Feilen mit unterschiedlichen Profilen*

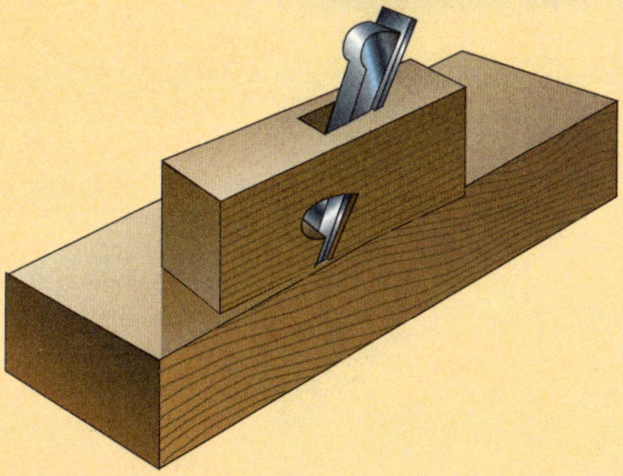

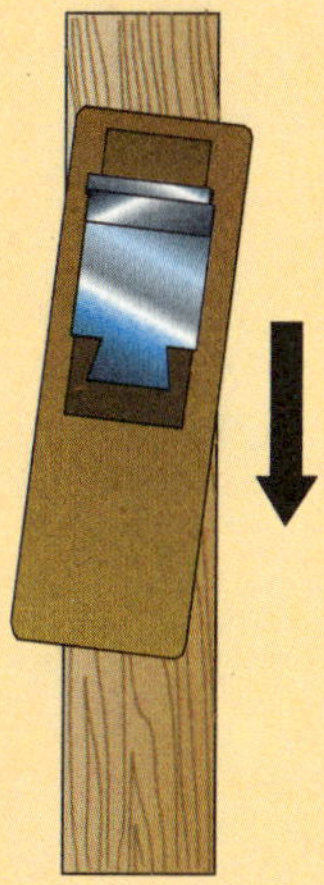

Richtig hobeln: *Gute Arbeitsergebnisse sind nur zu erzielen, wenn man mit der Faser hobelt und das Werkzeug ein wenig schräg zur Arbeitsrichtung führt*

Hammerstiele

eine sichere Verkeilung zwischen Kopf und Stiel – der Kopf darf kein Spiel haben. Gute Hämmer haben Stiele aus Hickory-Holz oder neuerdings aus Glasfaser. Ebenso gut ist der bei Latthämmern übliche Stahlrohr-Stiel.

4. Schraubwerkzeuge

Schraubendreher

Steckschlüssel

Schraubenschlüssel

Mindestens je drei verschiedene Größen von Schlitz-, Phillips- und Pozidrivschraubendrehern sowie ein Spannungsprüfer gehören in den Werkzeugkasten. Ebenso sollte sich darin ein Satz Sechskant-Steckschlüssel befinden. Den Reigen der Schraubwerkzeuge beschließt dann eine Gabelschlüssel-Garnitur aus Chrom-Vanadium in den Größen 8, 10, 13, 15, 17 und 19.

5. Zangen

Wasserpumpenzange
Kneifzange
Seitenschneider
Kombizange

Weniger für die Holzbearbeitung als vielmehr für Reparatur- und Renovierungsarbeiten im Haus sind Zangen unerläßlich. Eine gute Zange erkennen Sie daran, daß ihr Gelenk leichtgängig ist, aber kein Spiel hat, und daß sich die Griffmäntel nicht abziehen lassen. Die Greifzange mit Gleitgelenk – im Werkstattjargon Wasserpumpenzange genannt – muß über eine Quetschsicherung verfügen; sie verhindert, daß die Griffarme so nahe aneinandergeraten, daß man sich die Finger quetschen kann.

6. Sägen & Hobeln

Fuchsschwanz

Feinsäge
Metallsäge

Handsägen sind nach wie vor aus keiner Werkstatt wegzudenken. Allen voran der Fuchsschwanz. Hier kommt es in erster Linie auf die Stahlgüte und die Zahngeometrie des Blattes an. Mit einer kreuz- oder schräggeschliffenen Zahnung machen Sie einen besseren Schnitt (in Holz) als mit den einfach nur ausgestanzten Zacken einer billigen Säge.
Qualitätssägeblätter erkennt man daran, daß sie nach starker Biegung jedesmal in ihre ursprüngliche Lage zurückkehren.
Eine Feinsäge mit umlegbarem Griff (Angel) und eine Metallsäge komplettieren das Handsägensortiment. Für die erste grobe Oberflächenbehandlung von sägerauhen Holzflächen benötigen Sie Raspel und Hobel. Zur

Handwerkszeug

Raspel

Hobel

Grundausrüstung gehören deshalb je eine Raspel mit rundem und rechteckigem Querschnitt sowie ein Putzhobel für die Bearbeitung von Flächen und ein Simshobel zum Nacharbeiten von Falzen. Es sind auch Universalhobel aus Metall erhältlich, mit denen sich beide Aufgaben erledigen lassen. Gute (und teure) Holzausführungen besitzen eine Sohle aus Pockholz.

Feile

Neben Raspeln sollten Sie auch über einen Satz Werkstattfeilen verfügen. Man kommt immer wieder mal in die Verlegenheit, ein Metallstück in die richtige Form bringen zu müssen.

7. Stemmen & Stechen

Stechbeitel

Für leichte Ausstemmarbeiten benötigt man einen Stechbeitel. Da sich diese Werkzeuge auch bei anderen Schnittarbeiten (z. B. dem Bündigschneiden von Furnierkanten) nützlich machen, gehört ein Stechbeitelsatz unbedingt zur Grundausstattung jeder Werkstatt. Gebräuchlich sind die Klingenbreiten 4, 8, 12, 16, 20 und 24 mm. Gute Beitel sind aus gehärtetem Stahl, haben einen Griff aus Weißbuchenholz und verfügen über Metallringe (Zwingen) am oberen wie unteren Griffende. Ziehen Sie Beitel mit angefasten Klingen den rechteckigen Ausführungen vor.

8. Schleifen

Schleifpapier

Für den letzten Schliff sorgen geeignete Schleifmittel. Sehr grobes (Körnung 40), grobes (60-80), mittleres (100-120), feines (150-180) und sehr feines (240- 400) Schleifpapier ist blattweise oder als Rollenware erhältlich. Für einen guten Schliff sind mindestens drei verschiedene Körnungen nötig, z. B. 80, 120, 180.

Schleifklotz

Um Flächen schleifen zu können, braucht man noch einen Schleifklotz aus Kork oder Kunststoff (diese oft mit Spannvorrichtung fürs Papier).

9. Spannen & Klemmen

Schraubzwingen

Zum Halten, Spannen und Pressen werden Schraubzwingen benötigt. Und zwar in allen Größen und stets in großer Zahl.

Klemmzwingen

Zum Einspannen von Holzwerkstücken haben sich Klemmzwingen mit Exzenterspannvorrichtung (Klemmsia) bewährt.

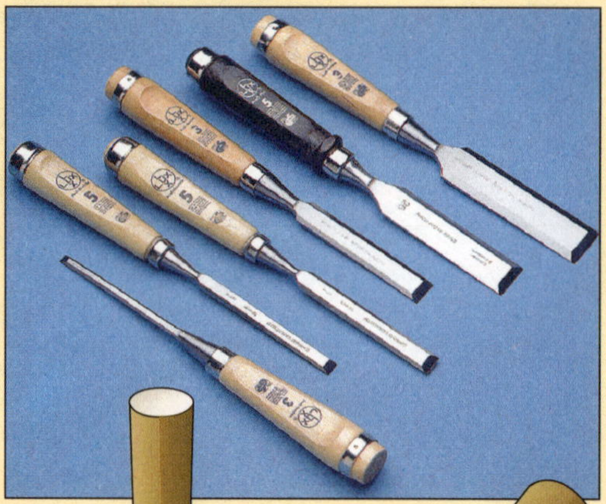

Angepaßt: *Der Beitel sollte immer die gleiche Breite haben wie die auszustemmende Nut. Deshalb benötigt man Stechbeitel in mehreren Größen*

Scharfe Sache: *Fürs saubere Ausputzen von Holzverbindungen müssen Stechbeitel immer scharf sein. Vorsicht: Stets vom Körper weg bewegen*

Aufreibendes Papier: *Bei Profilen und zum Nacharbeiten von Flächen müssen Sie in der Regel Hand anlegen. Dazu benötigen Sie Schleifpapier in verschiedenen Körnungen*

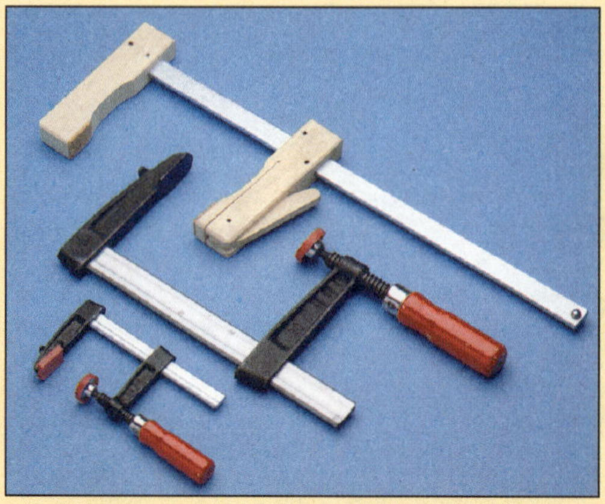

Zwingend erforderlich: *Ohne eine ordentliche Pressung hält der beste Leim nicht. Deshalb sind Schraub- oder Klemmzwingen stets in ausreichender Menge erforderlich*

Wehe, wenn sie fehlen: *Die kleinen, unauffälligen Helfer in der Werkstatt – Gehrungslade, Spachtel (breit und schmal), Teppichmesser, Ahle, Versenker, Leimpinsel, Bleistift*

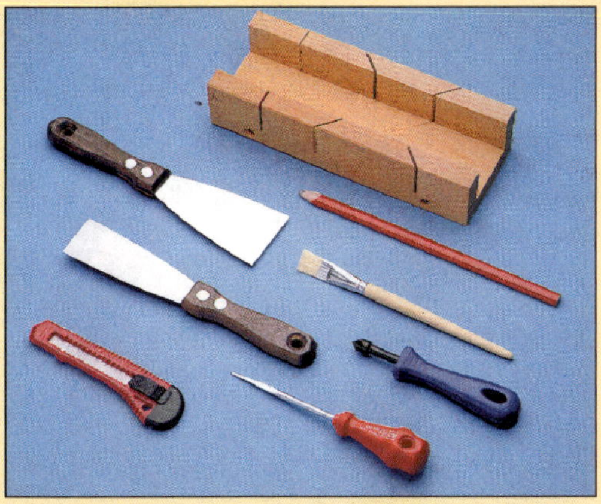

Ohne sie hält nichts: *Leim, Holzkitt, Nägel, Schrauben, Holz- und Kunststoffdübel sind in einer gut sortierten Werkstatt immer in ausreichender Menge vorrätig*

Aber mit Sicherheit: *Für Profis Pflicht, für den Heimwerker ein Muß: Schutzausrüstung mit Ohrschutz, Staubmaske, Schutzbrille und Arbeitshandschuhen*

Für den Notfall: *Eine gute Hausapotheke gibt es komplett zu kaufen. Regelmäßiges Nachsehen und Auffüllen nicht vergessen!*

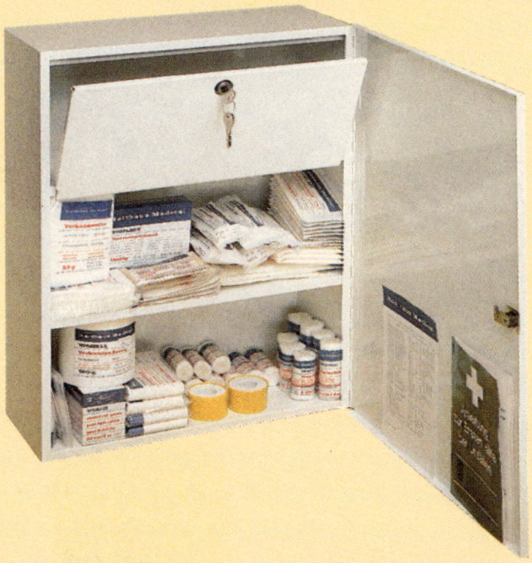

10. Klein, aber wichtig

Unscheinbare Helfer

Nun geht's um die Werkzeuge, von denen man erst Notiz nimmt, wenn man sie vergebens sucht. Das fängt bei so profanen Dingen wie dem Bleistift an, geht über den Versenker und reicht bis zur Gehrungslade. Manches, wie z.B. die Ahle, ist nicht absolut notwendig, erleichtert die Arbeit aber meist erheblich. Und wer verteilt den Leim schon gern per Hand statt mit dem Pinsel.

11. Verbindungsmittel

Klebstoffe

Nägel und Schrauben

Dübel

Damit zusammenhält, was zusammengehört, braucht's einen gut sortierten Vorrat an Verbindungselementen und -mitteln. Neben Holzleim und Kontaktkleber sollte man auch einen Zweikomponentenklebstoff im Schrank stehen haben, um Keramik- und Steinwerkstücke verkleben zu können. Ein Sortiment an Nägeln und Holzschrauben in verschiedenen Größen darf ebensowenig fehlen. Wenn Sie vorwiegend mit dem Akkuschrauber arbeiten, gehören sogenannte Universalschrauben (Spanplattenschrauben) in den Sortimentskasten. Mit Kunststoffdübeln in den Durchmessern 5, 6, 8 und 10 mm dürften Sie für alle Befestigungsprobleme in Mauerwerk gerüstet sein. Für die Verwendung mit den scharfkantigen Universalschrauben sollten Sie in jedem Falle Nylondübel einsetzen.

12. Zur Sicherheit

Schutzbrille Arbeitshandschuhe Ohrschützer Staubmaske

Verbandkasten

Die Bearbeitung von Werkstoffen birgt immer auch ein gewisses Verletzungsrisiko. Dessen sollte man sich stets bewußt sein und mit entsprechender Sorgfalt zu Werke gehen. Bei vielen Arbeiten ist es angebracht, sich mit einer Schutzbrille gegen umherfliegende Splitter u. ä. zu schützen. Oft werden auch Arbeitshandschuhe benötigt. Immer mehr setzt sich darüber hinaus die Erkenntnis durch, daß Lärm und Staub gesundheitsgefährdend sein können. Deswegen gehören Ohrschützer und Staubmaske unbedingt zur Basisausstattung.
Für den Fall, daß doch einmal etwas passiert, sollte ein gut bestückter Verbandkasten (evtl. aus dem Kfz-Zubehörladen) stets in erreichbarer Nähe greifbar sein.

Elektrowerkzeuge

1. Bohrmaschine

Leistung

Ausstattung

Das am meisten verwendete und universelle Elektrowerkzeug schlechthin ist fraglos die Bohrmaschine. Zumindest ein Exemplar davon gehört unbedingt in den Werkzeugschrank. Es sollte sich dabei um eine Zweigang-Schlagbohrmaschine mit einer Leistung zwischen 600 und 1000 Watt handeln, damit man nötigenfalls auch in härtere Materialien Dübel setzen kann. Drehrichtungsumkehr und stufenlose Drehzahlvorwahl sind heute obligatorisch und dürfen in keinem Falle fehlen. Ein Schnellspannbohrfutter ist nicht unbedingt erforderlich, erleichtert aber den Wechsel des Einsatzwerkzeugs und damit die Arbeit ungemein.

Sorgt für den rechten Antrieb: *Eine Bohrmaschine ist nicht nur zum Schrauben und Bohren gut. Als universelle Antriebsmaschine macht sie sich bei vielen Arbeiten nützlich. Hier gilt: Je stärker der Motor, desto breiter das Einsatzspektrum, aber um so höher das Gewicht*

2. Schleifer

Schwingschleifer

Exzenterschleifer

Als Schleifgerät gehörte lange Zeit der Schwingschleifer zur Grundausstattung einer Hobbywerkstatt. Der moderne Exzenterschleifer ist aber universeller einsetzbar und verfügt über eine höhere Abtragsleistung bei gleichzeitig feinem Schliffbild. Lediglich auf größeren ebenen Flächen ist ein **schwerer** Schwingschleifer dem Exzenterschleifer überlegen.

Glatte Ergebnisse *erhält man mit beiden. Als Grundausstattung ist der vielseitigere Exzenterschleifer aber dem Schwingschleifer vorzuziehen*

3. Stichsäge

Gerade Schnitte

Wenn's um die Ecke oder Kurve gehen soll, dann ist die Stichsäge gefragt. Sie ist die vielseitigste unter den Sägen und sollte deshalb Bestandteil jeder Erstausrüstung sein, wobei die stärkeren Modelle (etwa ab 500 Watt) den schwächeren Maschinen vorzuziehen sind. Präzise gerade Schnitte gehören allerdings nicht zu den Stärken der Stichsäge. Befriedigende Ergebnisse sind hier nur mit Modellen zu erzielen, die über ein gut geführtes Sägeblatt (möglichst tief angebrachte Führungsrolle) verfügen.

Nicht nur für kurvenreiche Strecken: *Bei fast allen (Aus-)Schweifungen des Heimwerkers sorgt die Stichsäge für einen guten Schnitt. Besonders rasant sind dabei Modelle mit Pendelhubeinrichtung*

4. Akkuschrauber

Akkuspannung

Zum Schrauben und zur Erledigung leichter Bohrmaschinenaufgaben sind Akkuschrauber heute fast unentbehrlich. Maschinen mit 9,6- oder 12-Volt-Akku, Schnellspannbohrfutter und Ein-Stunden-Schnelladegerät bereichern jede Heimwerkstatt.

Arbeiten ohne lange Leitung: *Zum Schrauben und als kleine Bohrmaschine hat sich der Akkubohrschrauber einen festen Platz in der Werkstatt erobert*

Rasante Abschneider: *Alle Handkreissägen werden mit Parallelanschlag geliefert. In der Praxis haben sich jedoch Führungsschienen oder exakt gehobelte Leisten als „Wegweiser" besser bewährt*

Tiefenwirkung: *Mittels Bohrständer wird die Bohrmaschine zum Stationärgerät, das die präzise Bearbeitung eines Werkstücks erlaubt. Im sogenannten Fräsbohrständer läßt sich zudem der Motor einer zweiteiligen Oberfräse mit entsprechendem Spannhals befestigen. Zusammen mit den zugehörigen Anschlägen hat man dann fast schon die Bearbeitungsmöglichkeiten einer ausgewachsenen Stationärfräse*

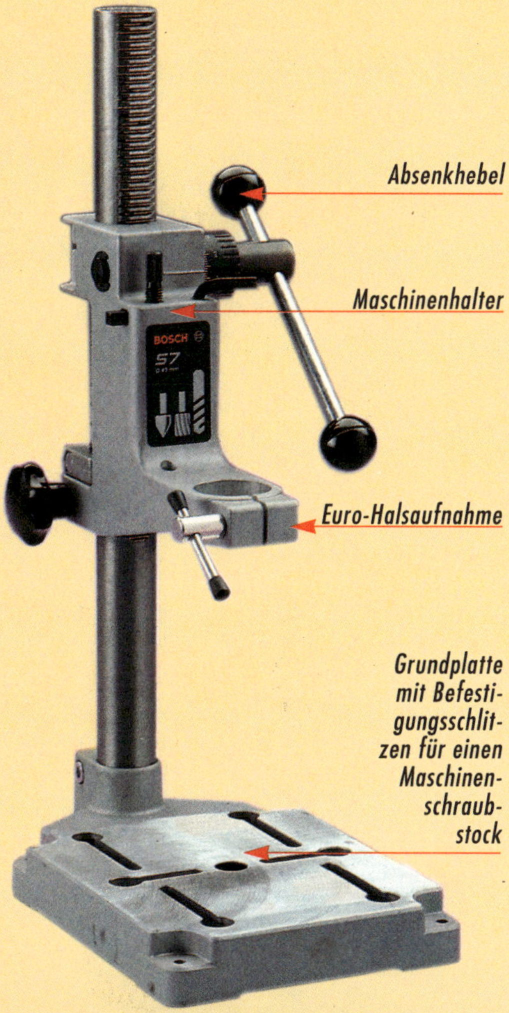

5. Handkreissäge

Sozusagen schon zur gehobenen Grundausstattung kann man die Handkreissäge zählen. Sie ist nicht unbedingt erforderlich, da die Stichsäge deren Aufgaben zur Not auch erledigen kann. Bei geraden Plattenzuschnitten ist sie aber wesentlich exakter und schneller. Wichtige Merkmale sind die Leistung, die mindestens bei 1000 W liegen sollte, sowie die Schnittiefe (in der Grafik mit „a" gekennzeichnet). Mit 50 mm sind Sie hier für die meisten Anwendungen bestens gerüstet (Arbeitsplatten sind oft 45 mm dick).

Leistung

Schnittiefe

6. Einsatzwerkzeuge

Alle Elektrowerkzeuge können immer nur so gut sein, wie das eingesetzte Zubehör. Achten Sie deshalb beim Kauf von Bohrern, Sägeblättern, Bits usw. auf Markenqualität. Für die Bohrmaschine sollte je ein Satz Holz-, Stein- und HSS-Bohrer vorhanden sein. Auch ist es angebracht, immer genügend Ersatzblätter für die Stichsäge vorrätig zu haben. Die Kreissäge sollte mit einem haltbaren, hartmetallbezahnten Universalsägeblatt bestückt sein.

Bohrer

Stichsägeblätter

Kreissägeblatt

7. Allessauger

Nicht nur zum großen Reinemachen ist ein Allessauger in der Werkstatt sehr nützlich. Auch zum Absaugen von Materialstäuben, wie sie bei der Bearbeitung von Werkstücken anfallen, ist er unentbehrlich. Um die gesundheitsgefährdenden Stäube wirkungsvoll einfangen zu können, müssen die Elektrowerkzeuge mit Absaugstutzen und der Saugschlauch mit den entsprechenden Adaptern ausgerüstet sein. Der Staubsauger sollte über eine Leistung von mindestens 1000 Watt und ein mehrstufiges Filtersystem verfügen.

Einsatz mit Elektrowerkzeugen

Ausstattung

8. Bohrständer

Für präzise Bohrungen benötigt man einen Bohrständer mit genormter Euro-Spannhalsaufnahme. Hier kommt es vor allen Dingen auf Stabilität und eine spielfreie Mechanik an. □

Werkstatt-Möbel

Genug von Küchentisch und Werkzeug aus der Schublade? Wir geben Einrichtungs-Tips für Ihre Heim-Werkstatt und haben pfiffige Transportmittel für Kleinteile und Werkzeug ausprobiert, die auch außerhalb des Werkraums für übersichtliche Ordnung sorgen

Nicht selten arbeiten Heimwerker mit einem professionellen Maschinenpark – und benutzen als Unterlage den ausgedienten Küchentisch. Doch spätestens, wenn Sie festgestellt haben, daß Ihnen das Werken im eigenen Hobbykeller Spaß macht, sollten Sie einem „ewigen Provisorium" vorbeugen und eine zweckmäßigere Möblierung planen.

Sorgen Sie zunächst für gute Grundbedingungen in Ihrer Werkstatt: Helles Arbeitslicht mit blendfreier Deckenbeleuchtung und Arbeitslampen, möglichst viele Steckdosen für die Arbeit mit Elektrogeräten und – falls Sie auch im Winter arbeiten wollen – eine wirksame Beheizung.

Das wichtigste Möbel jeder Werkstatt ist der Arbeitstisch – entsprechend groß sollte

Gute Bedingungen zum Heimwerken: Auf 15 m² ist neben Hobelbank, Regalen und Schrank noch Raum für eine Stationärmaschine. Als zweiter Arbeitsplatz und Ablagefläche dient eine klappbare Werkbank unter dem Fenster – sie hilft auch bei großen Werkstücken

dessen Anteil am Gesamtbudget bemessen sein.
Die grundsätzliche Entscheidung fällt zwischen Hobel- und Werkbank. An der Hobelbank lassen sich Holzteile schnell und schonend einspannen. Sie ist deshalb die richtige Wahl für die direkte Arbeit am Material – zum Beispiel bei Stemm-, Hobel- oder Schleifarbeiten per Hand. Zahlreiche Zusatzteile wie Schraubstock oder Klemmzwingen lassen sich in den Bankhaken-Aufnahmen oder mit den Zangen fixieren und erlauben einen schnellen Um- und Anbau.
Mit einer planen, großen Arbeitsplatte bietet eine Werkbank dagegen die universelle Grundlage für Montagearbeiten im Modellbau, die Arbeit mit Maschinen und Zusatzgeräten oder die Bearbeitung von Metall. Ein stabil verschweißter Stahlkorpus verleiht diesem Arbeitsplatz hohe Standfestigkeit, damit an den Kanten der möglichst robusten Arbeitsplatte Schraubstock, Spannvorrichtungen oder Anbauvorsätze für Elektrogeräte angebracht werden können. Oft sind die Metallfüße sogar zusätzlich

Arbeitsplatz: Holz

Wenn Sie vor allem Holz bearbeiten wollen, sollten Sie die Investition für eine Hobelbank erwägen. Technisch seit Generationen unverändert, bietet ein solcher Arbeitsplatz mit großflächigen Spannzangen an Front und Seite gute Möglichkeiten, Werkstücke in praktisch jeder Position sicher zu fixieren. Variabel einsetzbare Bankhaken erweitern die Spannmöglichkeiten auf große Werkstücke. Allerdings müssen Sie für eine solide Hobelbank aus Rotbuchenholz mit Metallbankhaken wenigstens rund 600 Mark investieren – oder die Bank selbst bauen (für den versierten Heimwerker sicher kein Problem). Der Arbeitsplatz ist so zu wählen, daß ausreichend Raum für in der Hinterzange eingespannte Werkstücke bleibt. Tageslicht kommt am besten von links, Kunstlicht sollte an der Decke direkt über dem Arbeitsplatz montiert werden. Eine Lochwand über der Arbeitsplatte hält häufig eingesetzte Werkzeuge bereit – in den Griffbereich gehören auch Schutzmittel für den Maschineneinsatz.

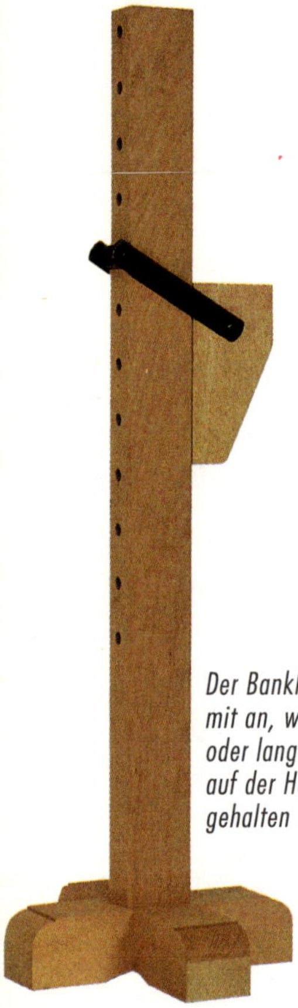

Der Bankknecht packt mit an, wenn sperrige oder lange Werkstücke auf der Hobelbank gehalten werden sollen

Bewährte Mechanik: Mit Hilfe der variabel positionierbaren Bankhaken können sogar sehr lange Holzteile sicher mit den Zangen einer Hobelbank eingespannt werden

Doppelt gespannt: Ein kleiner Hilfs-Spannstock hält dünne Leisten zum Hobeln oder Schnitzen fest – auf einem Holz montiert, wird er in einer Spannzange gehalten

Auch dieser Schraubstock sitzt in einer Spannzange. Zwischen seinen Holzfuttern lassen sich kleine Teile schonend, aber dennoch sicher fixieren

für eine Verschraubung mit dem Fußboden vorbereitet. Wählen Sie die Arbeitsfläche möglichst groß, da Umbauten beim Werktisch deutlich umständlicher sind als an der Hobelbank. Deshalb sollte das wichtigste Zusatzgerät, der Schraubstock, an einer Seite der Arbeitsplatte auch fest angeschraubt werden.
Planen Sie ihren Werkraum so, daß die gebräuchlichsten Handwerkzeuge direkt über oder neben dem Arbeitsplatz angeordnet werden können. Tageslicht fällt am besten von schräg links auf die Arbeitsfläche. Sollte Ihre Arbeitsplatte nicht von vorneherein sehr groß ausfallen, sehen Sie einen zweiten variablen Arbeitstisch vor, der sich eventuell zusammenklappen läßt. Vorteil: Sie gewinnen Ablagefläche und weiteren Platz für kleinere Vorarbeiten oder eine Zeichnung, wenn der große Tisch „belegt" ist.
Schnell werden Sie merken, daß es nie genug Stauraum in der Werkstatt gibt. Großzügig bemessene Stahl- oder Wandregale erleichtern es, Zusatzgeräte, Farben und Material übersichtlich aufzubewahren. Als Ordnungshilfen haben sich neben professionellen Systemen auch schlichte

Arbeitsplatz: Metall

Auch eine solche Werkbank ist ein Klassiker. Die große Arbeitsplatte bietet die richtige Basis für die Arbeit mit Maschinen, Bohr- oder Fräsständer. Überhänge an allen Seiten ermöglichen den variablen Anbau von Schraubstock, Spannvorrichtungen oder zum Beispiel Schraubzwingen. Der metallene Korpus bietet mit Schubladen und Regalen Platz für Geräte und Werkzeug, kann aber auch Kleinteile übersichtlich bereithalten (links). Dieser Arbeitsplatz ist richtig, wenn Sie viel mit Maschinen arbeiten, montieren oder zum Beispiel löten wollen – aber nur selten Hobel oder Beitel zur Hand nehmen. Werkbänke dieser Art gibt's ab rund 500 Mark, stabile Profi-Bänke kosten allerdings leicht das Dreifache.

Gehört in jede Werkstatt: Ein Schrank schützt elektrische Geräte vor Staub und Holzspänen. Er sollte abschließbar sein, damit auch feuergefährliche Lösemittel oder Lacke icher verwahrt werden können. Erste-Hilfe-Kasten und Feuerlöscher (hier mit öschdecke) sollten am besten in der Nähe der Tür montiert werden

Mehrere Werktische und Arbeitsplatten lassen sich zu einer durchgehenden Fläche verbinden. Spezielle Unterbankmodule gibt es für Ecken oder zum Beispiel mit Steckdosen-Installationen

Ein robuster Metallschraubstock ist für einen Werktisch das wichtigste Zubehör. Besonders vielseitig ist dieses höhenverstellbare Modell, das fest mit der Arbeitsplatte verschraubt wird

ellbare Spannvorrichtungen wie diese können die Zangen einer Hobel- teilweise ersetzen. Für große Teile wird die linke Spannbacke versetzt

Heimwerker-Lexikon

Akustikdecke bis Anschlagwinkel

Akustikdecke Abgehängte Deckenkonstruktion mit gelochter oder geschlitzter Oberfläche (z.B. aus Holzfaserplatten) oder in kassettenförmiger Ausbildung. Durch die profilierte Oberfläche erhalten diese Decken eine schallregulierende bzw. -schluckende Funktion. Akustikdecken absorbieren nur den Luftschall.

Akustikplatte Bauteil einer Akustikdecke. Meistens handelt es sich um gelochte oder geschlitzte Holzfaserdämmplatten oder Gipsbauplatten auf einer Unterkonstruktion.

Alkyd-Lacke gehören zur Gruppe der Kunstharz-Lacke und haben normalerweise bis zu 60 % organische Lösemittel. Ein weiterer Nachteil ist das längere Ausdünsten der Lösemittel beim Auftrocknen. Es gibt auch Alkyd-Weißlacke mit High Solid–Technologie (nur 15 % Lösemittelanteil). Damit erhalten sie das Umweltzeichen „Blauer Engel weil schadstoffarm". Alkyd-Lacke sind widerstandsfähiger als Acryl-Lacke und besitzen einen höheren Glanzgrad.

Allzweckbohrer Bohrer, die für den Einsatz bei allen Materialien geeignet sind, gibt es nicht. Entsprechend dem zu bearbeitenden Material sind spezielle Bohrer einzusetzen, um die optimale Bohrwirkung zu erzielen.

Allzweckdübel Metall- oder Kunststoffdübel, die sich sowohl in Vollmauerwerk und Beton spreizen als auch in Hohlräumen verknoten können. A. eignen sich für nahezu jeden Baustoff. Sie sind abgestimmt auf Gipskarton-, Gipsfaser-, Holz- und Spanplatten sowie für die Vorsteckmontage und Durchsteckmontage geeignet, auch für Standard-Befestigungen aller Art.

Allzwecksauger sind Sauggebläse zum Aus- oder Aufsaugen von trockenen und nassen Füllmitteln. Es gibt auch Sauger, die nur Luft (Staub) oder nur Wasser (Pumpen) aus- bzw. aufsaugen.

Aluminiumkaschierung Dampfsperrende Aluminiumfolie, z. B. auf Dämmstoffmatten aufgeklebt. Sie verhindert das Eindringen von Raumfeuchte in das Dämmaterial. Die Kaschierung muß immer zur warmen Seite gewandt eingebaut werden. Die Stöße sind zu verkleben.

Anfangshaftung heißt die Zeit, nach der Fixierungen entfernt werden können, die endgültige Belastung der Klebung aber noch nicht erfolgen darf. Die Anfangshaftung spielt insbesondere bei Naß- und Reaktionsklebstoffen eine Rolle.

Anker Anderer Ausdruck für Dübel, zumeist verwendet bei Schwerlastbefestigungen mit Dübeln aus Stahl.

Anpreßdruck Die Festigkeit einer Klebeverbindung bei Kontaktklebstoffen wird durch die Höhe des Anpreßdrucks und nicht durch die Anpreßdauer bestimmt.

Anreißnadeln (auch ‚Reißnadeln'), bestehen meistens aus gehärtetem Stahl oder Messing). Sie dienen zum Markieren von Maßen, Sägelinien, Bohrstellen und ähnlichem auf Holz, Kunststoff, Metall und härterem Material. Für Bleche wird meist eine gehärtete Ausführung verwendet, für kerbempfindliche Werkstoffe eine Messingreißnadel oder ein Bleistift.

Anschlagmöbelband Gehört zur Familie der Möbelbänder. Es ist ein bewegliches Befestigungsteil aus Metall für Türen und Klappen.

Anschlagwinkel bestehen aus Metall oder Holz mit doppelseitiger Verdickung des kürzeren Schenkels. Sie haben einen fest vorgegebenen 90°- oder 45°-Winkel. Man legt sie optimal an einer Kante an und zeichnet die gewünschten Linien auf das Werkstück. Angeboten werden Produkte unterschiedlicher Längen und mit variabler Funktionalität.

Bitte lesen Sie weiter auf Seite 21

Marmeladengläser bewährt. Maschinen und feine Werkzeuge sollten dagegen unbedingt staubgeschützt in einem Wandschrank oder in Schubladen deponiert werden.
Achten Sie unbedingt auch auf sichere Arbeitsbedingungen – schließlich soll Ihnen Ihr Hobby nicht schaden: Einen glatten Fußboden können Sie mit Sicherheitsstreifen „entschärfen“, Verbandskasten und Feuerlöscher gehören zum Standard. Vermeiden Sie lose herumhängende Stromkabel, indem Sie Steckdosenleisten über dem Arbeitstisch an der Wand anbringen oder spezielle Verteiler von der Decke abhängen. In jede Werkstatt gehört außerdem ein leistungsfähiger Staubsauger mit passendem Anschluß für möglichst alle spanerzeugenden Maschinen – Späne und Staub sind nicht nur lästig, sondern manchmal sogar krebserzeugend (z. B. Eichenholz). □

Kontakte: Hobelbänke: Georg Ott/Ulmia, König-Wilh.-Str. 15, 89070 Ulm, ✆0731/20620; Sjöberg GmbH, Gierer Straße 40, 41470 Neuss, ✆02137/5015. **Werkbänke:** Bauhaus; Otto Kind GmbH, Steinstraße 1, 51709 Marienheide, ✆02261/840; Friedrich Küpper GmbH, 54570 Berlingen-Eifel, ✆06591/95420. **Ordnungsmittel:** Black& Decker, ✆06126/210; Dinzl, Industriestr. 1, 91583 Schillingsfürst, ✆09868/760, Georg Ott/Ulmia; **Feuerlöscher:** Gloria, ✆02523/770; **Elektro:** Hugo Brennenstuhl, 72074 Tübingen, ✆07071/88010; **Licht:** Osram

Kleine Werkstatt-Räume:

Auch wenn es eng zugeht, sind sichere Arbeitsmöglichkeiten wichtig: Bei ungenügendem Lichteinfall durchs Fenster sollten Sie an der Deckenbeleuchtung nicht sparen. Leuchtstoffröhren sollten gegen Bruch abgedeckt sein, Duo-Leuchten sind besonders sicher: Je zwei Röhren sind darin so verschaltet, daß kein „Stroboskop-Effekt“ auftreten kann, also eine sich drehende Kreissäge nicht etwa durch die Flackerfrequenz der Lampe zu stehen scheint. Wandregale und kleine Wandablagen schaffen Raum, alle schaltbaren Steckdosen sind in Griffhöhe plaziert. Je kleiner der Raum, desto wichtiger ist es, Späne- und Staubbelastung in den Griff zu bekommen. Lackieren und (ab-) beizen sollten Sie nur draußen.

1 *Zwei klappbare Böcke mit Platte: Mehr Platz bei Bedarf*

2 *Wandregale für Zubehör und Farben – darunter Platz für Holz*

3 *Wird hoffentlich nie gebraucht, ist aber wichtig: Feuerlöscher*

4 *Für die kleine Werkstatt reicht der übliche Auto-Verbandskasten*

5 *Nur wenn sie im Blick ist, wird sie benutzt: Schutzausrüstung*

6 *Stehhilfe für langes Arbeiten, der Boden sollte ruschfest sein*

Klappe zu, Werkstatt fort: Wer nur ein kleines Eckchen in Garage oder Keller zur Verfügung hat, findet auf engstem Raum das wichtigste Arbeitszubehör

In abgelegenen Arbeitsräumen kommt Ihnen so schnell niemand zur Hilfe. Nutzen Sie deshalb einen Fehlerstrom-Zwischenstecker, falls Ihre Hausinstallation nicht generell so abgesichert ist

Koffer-Werkstatt

Wie könnte man Werkzeug so lagern, daß sowohl in der Werkstatt als auch bei Reparaturen an wechselnden Orten alle Dinge leicht auffindbar sind? Diese Frage ist so alt wie der Werkzeugkasten – und wird immer neu gelöst: Koffer- und Kistensysteme gibt es in vielen Ausführungen und Größen, sie lassen sich für wechselnde Einsätze variabel bestücken – müssen allerdings getragen werden. Rollende Werkstattwagen (die enorm viel übersichtlichen Stauraum bieten) erübrigen die Schlepperei, finden ihre Grenze aber meist an der Treppe. Welche Lösung „paßt", kommt also auf die Gegebenheiten an.

Mit seinem Transportkoffer-System hat sich der Maschinenhersteller Festo durchgesetzt: Passende Werkzeug- und Materialkisten bieten auch andere Firmen an

Geniale Weiterentwicklung der klassischen Werkzeugkiste: Dieses Modell von Dinzl für rund 250 Mark ist fahrbar und läßt sich auf Arbeitshöhe klappen. Die solide verarbeitete Metallkiste ist allerdings schwer (Leergewicht ca. 20 kg)

Für gelegentliche Arbeiten bietet die kleine „Workbox" für knapp 70 Mark ausreichend Platz für das notwendigste Werkzeug und sogar einen kleinen Arbeitsplatz mit Spannvorrichtung. Die „Kiste" kann immerhin mit Werkstücken bis rund 100 Kilogramm belastet werden

Heimwerker-Lexikon

Anschlußdichtung bis Aufschraubschlösser

Anschlußdichtung Fugenausbildung am Übergang zwischen verschiedenen Bauteilen, z.B. zum Herstellen der Winddichtigkeit beim Dachausbau zwischen Sparren und Dampfbremsfolie. Hier verwendet man i.d.R. Buthyl-Klebebänder oder komprimierte Dichtbänder mit Anpreßlatte, bei harten Boden- und Wandbelägen meist dauerelastische Dichtmittel (Silikone), die die Spannungen aufgrund der unterschiedlichen Wärmedehnungen der verschiedenen Materialien aufnehmen können. Anschlüsse an Außenwänden sind durch besondere Maßnahmen (z.B. Einbau eines Dichtbandes) feuchtigkeitssperrend auszuführen.

Anzugsmoment Drehmoment zum Verankern des Dübels/Ankers im Verankerungsgrund. Das Anzugsmoment ist aufzubringen, um ein ausreichendes Verspreizen im Bohrloch sicherzustellen und Überbelastung von Dübel und Baustoff zu vermeiden.

Aqua-Lasur bietet einen universellen Wetter- und UV-Schutz für viele Hölzer im Außen- und Innenbereich. Bei neuen oder stark verwitterten Nadelhölzern (Außenbereich) ist für einen wirkungsvollen, vorbeugenden Tiefenschutz vor Schimmel- und Bläuepilzbefall eine Grundierung mit Imprägniergrund erforderlich.

Arbeitshandschuhe sind wesentlicher Bestandteil der Arbeitssicherheit. Je nach Ausführung schützen sie die Hände vor äußeren Einwirkungen.

Armierungsnetz Vorgefertigtes Netz aus Baustahl oder flexiblem Kunststoff, das zur Bewehrung in Beton oder Mörtel eingelegt wird.

Aufleimer sind Leisten, die auf Kanten von „minderwertigen" Holzplatten (z.B. Spanplatten) aufgebracht werden. Im Gegensatz zu Umleimerstreifen, die aufgebügelt werden, befestigt man Aufleimerleisten mit Holzleim oder Drahtstiften. Arbeitsablauf: Leiste mit Leim bestreichen, mit Zwingen an Holz pressen, Kanten bündig hobeln und zum Schluß mit einem Schwing- oder Exzenterschleifer glätten.

Aufreiber (auch ‚Reibahle') wird eingesetzt bei Feinbearbeitungen von Bohrlöchern. Besitzt am Umfang eine Anzahl keilförmiger Schneiden, die das vorher gebohrte Loch auf ein bestimmtes, genaues Maß vergrößern. Zusätzlich wird die Oberflächengüte der Lochwand verbessert (riefenfrei). Es gibt Maschinen- und Handreibahlen.

Aufschraubbänder sind zweiteilige, längliche Möbelbänder, d.h., der Türflügel kann ohne Lösen von Schrauben ausgehängt werden. Die A. können gerade oder gekröpfte Lappen aufweisen. Solche mit geraden Lappen werden für stumpf einschlagende Türen verwendet, die mit Kröpfung für überfälzte Türen. Für besonders schwere Türen sind die Bänder zusätzlich mit Tragzapfen ausgestattet. Die A. werden auf das betreffende Möbelteil aufgeschraubt. Zur Reduzierung der Fugenbreite sollten die A. eingelassen/versenkt werden.

Aufschraubscharniere Vielseitiges Scharnier zum Anschlagen von vor- und einliegenden Türen sowie für Mittelwandanschlag. A. werden sowohl ohne Korpus als auch an der Tür mit Holzschrauben befestigt. Eine Bohrung für den Scharniertopf entfällt. Zu den A. zählen auch Stangen- und Schatullenscharniere. Im Gegensatz zu den Aufschraubbändern ist eine Demontage von Türen durch Lösen der Befestigungsschrauben möglich.

Aufschraubschlösser sind Schlösser für Möbel, Kisten etc., die auf das betreffende Möbelteil aufgeschraubt werden. Sie bestehen aus Schloßteil mit Schlüssel und Schließblech. Man unterscheidet nach herkömmlichem und dem Zylinder-Aufschraubschloß.

Bitte lesen Sie weiter auf Seite 25

Werkzeugtrage aus Kiefer

Alles dran, alles drin!

Zur Grundausstattung der Werkstatt gehören nicht nur Werkzeuge wie etwa Hammer, Bohrmaschine oder Schraubendreher. Vor allem für die Einsätze außerhalb des Werkraums, in Hof oder Garten etwa, braucht man einen stabilen Behälter mit reichlich Platz, um möglichst viele Arbeitsgeräte mitnehmen zu können. Unsere Werkzeugtrage glänzt zudem durch ihr raffiniertes Innenleben: Die sechs Schubladen für Kleinteile sind durch einen wirksamen Mechanismus vor dem Herausfallen gesichert. Lose herumliegende Dübel, Schrauben oder Muttern dürften daher bei den Besitzern unserer Trage schon bald zur Vergangenheit gehören.

Der Bau der Trage geht mit den nötigen Werkzeugen schnell und ist nicht schwer. Beginnen Sie mit dem Anreißen der Konturen auf den 18 mm starken Kieferplatten und schneiden Sie die beiden Stirnwände aus. Die Schnittkanten kann man am besten mit der Schleifwalze glätten, aber natürlich geht das auch von Hand. Zum Runden oder Fasen der Kanten – ganz nach Geschmack – setzt man die Oberfräse ein. Diese benötigt man auch, um die zwei Seitenbretter, die sich oberhalb der Schubladenfronten befinden, an der Innenseite zu falzen. Auf diese Weise entsteht ein Hohlraum über den Stirnseiten der Laden. In diese Falz greifen Exzenterscheiben, die bei einer Drehung des Griffs die Laden sicher zusperren. Die Sacklöcher für den Tragegriff bringt man am besten auf dem Bohrständer ein, damit sie genau senkrecht ausfallen.

In den Schubladen finden Schrauben, Nägel, Dübel, Muttern, Maßbänder und andere Kleinteile ein sicheres Plätzchen

Unsere Werkzeugtrage ist mit ihrer raffinierten Inneneinrichtung ein Gewinn für jede Heimwerkstatt. Sie verhilft Heimwerkern zu mehr Mobilität und bringt Kleinteile sicher unter

Korpus der Trage

1 Man reißt die Konturen der Stirnplatten an, ritzt die Schnittlinien vor und schneidet die Platten aus – am besten mit einer Stichsäge

2 Mit der aufblasbaren Schleiftrommel an der im Bohrständer eingespannten Bohrmaschine fällt das Glätten der Schnittkanten leicht

3 Runden Sie die äußeren Kanten der fertig zugeschnittenen und geschliffenen Stirnplatten mit einem Abrund- oder Viertelstabfräser

4 Der Tragegriff (19) wird beidseitig mit den Stirnplatten verleimt. Die 30-mm-Löcher dafür bringt man mit dem Forstnerbohrer ein

5 Die Holzdübel zur Verbindung der Seitenbretter (4) mit den Stirnplatten setzen Sie mit dem Tiefenanschlag und Dübelspitzen

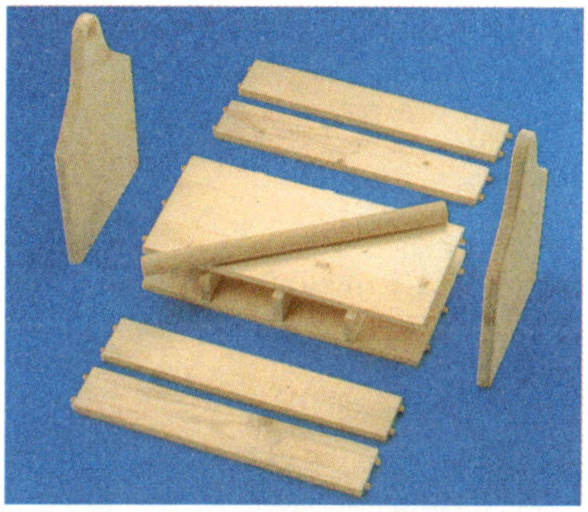

6 Prüfen Sie Stirnwände, Seitenbretter, Bodenplatte, Zwischenboden und -wände sowie den Griff vor dem Verleimen auf Paßgenauigkeit

7 Mit der Oberfräse werden zwei Seitenbretter an der unteren Innenseite gefalzt, um Raum für die Exzenterscheiben (18) zu schaffen

8 Genug Druck ist für dauerhafte Verbindungen unabdingbar – beim Verleimen des Korpus sollten Sie deshalb nicht an Zwingen sparen

Schubläden und Kästen

1 Die sechs Schubkästen aus 5 mm starken Seitenwänden mit 100 bzw. 200 mm Länge und 40 mm Höhe werden stumpf verleimt

2 Mit Hilfe der Oberfräse, die in den Maschinentisch gespannt wird, erhalten die Böden (14) und (15) einen umlaufenden Falz

3 So ein herausnehmbarer Einsatz für kleinere Werkzeuge vergrößert das Ladevolumen ganz erheblich und ist schnell herzustellen

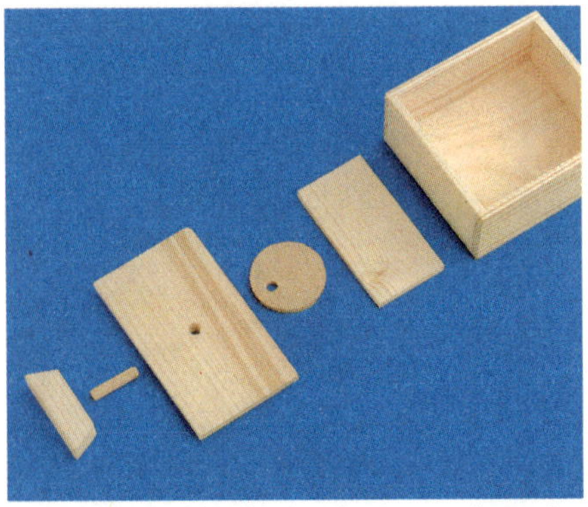

4 Ein ausgeklügelter Mechanismus schützt die Schubladen vor den Herausfallen. Hinter der durchbohrten Frontblende befindet sich eine ...

5 ... Querwand (9). In dem Hohlraum dreht sich eine Scheibe auf einer Achse mit dem Schubladengriff. Sie ist exzentrisch gelagert

6 Dreht man mit dem Schubladengriff diese Exzenterscheibe hoch, greift sie in den Falz von Seitenbrett (4) – die Lade kann nicht heraus

Beachten Sie, daß wir die Schubladen in zwei Größen gebaut haben. Vier kleine Laden liegen einander paarweise gegenüber, die zwei großen beanspruchen die volle Tiefe der Trage. Dementsprechend befinden sich an ihren Rückseiten zwei Frontblenden, die fest mit dem Korpus verleimt sind. Um die Symmetrie zu wahren, kann man auch diese Blenden mit Griffen bestücken. Diese sollten dann allerdings unbeweglich oder gekennzeichnet sein, damit man nicht irrtümlich die ‚blinden' Blenden abreißt. □

Ein sinnreicher Mechanismus hält die Laden unter Verschluß

Die Werkzeugtrage wird komplett ohne Schrauben oder sonstiges Metall gebaut

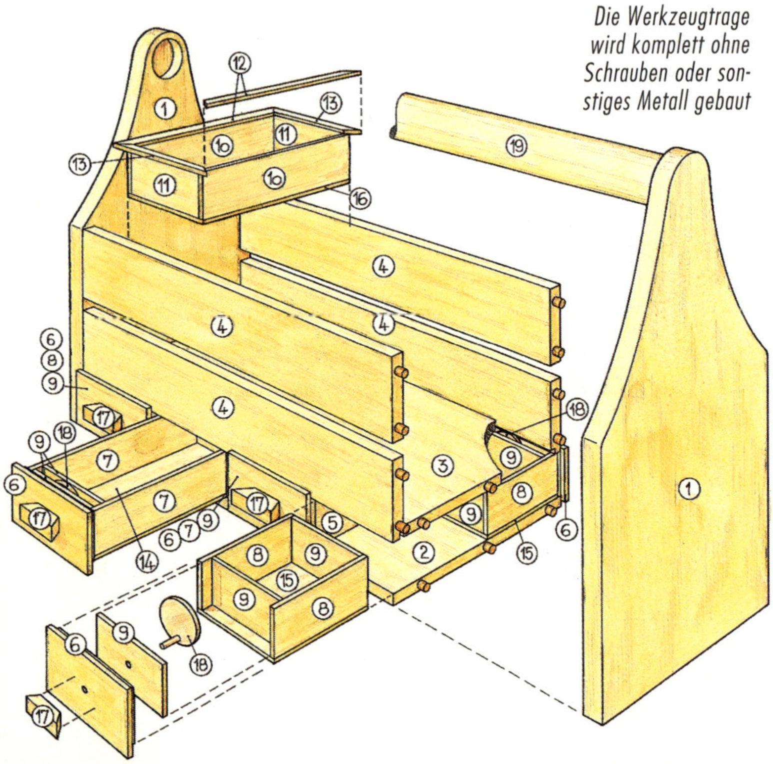

EINKAUFSZETTEL

Pos.	Anz.	Bezeichnung	Maße in mm	Material
①	2	Stirnwände	380 x 215	Kiefer 18 mm dick
②	1	Bodenplatte	415 x 215	Kiefer 13 mm dick
③	1	Zwischenboden	415 x 189	
④	4	Seitenbretter	415 x 70	
⑤	3	Zwischenwände	215 x 50	
⑥	8	Frontblenden	102 x 55	Kiefer 10 mm dick
⑦	4	Seitenwände	200 x 40	Kiefer 5 mm dick
⑧	8	Seitenwände	100 x 40	
⑨	24	Querwände	82 x 40	
⑩	2	Seitenwände	187 x 55	
⑪	2	Querwände	90 x 55	
⑫	2	Rahmenleisten	207 x 15	
⑬	2	Rahmenleisten	120 x 15	
⑭	2	Böden	200 x 92	Kiefer-Sperrholz
⑮	4	Böden	100 x 92	5 mm dick
⑯	1	Boden	187 x 100	
⑰	8	Griffe	50 lang	Kiefer 15 x 15 mm
⑱	8	Exzenterscheiben	4 dick	Buche ∅ 40 mm
⑲	1	Tragegriff	435 lang	Buche ∅ 30 mm

28 Holzdübel ∅ 6 x 40 mm; 8 Holzdübel ∅ 5 x 25 mm; Holzleim. Materialkosten rund 40 Mark

Heimwerker-Lexikon

Aufsparrendämmung bis Beanspruchungsgruppen

Aufsparrendämmung Dämmschicht zwischen Sparren und Dacheindeckung. Bietet den besten Wärmeschutz, da die Schicht fugenlos durchgeht und somit keine Wärmebrücken entstehen. Dadurch geringere Schichtdicken möglich. Die Verlegung bei Hartschaumplatten erfolgt im Nut- und Federsystem, bei Mineralfaser wird stumpf gestoßen.

Aufstecksenker wird auf einen im Durchmesser passenden Holzbohrer aufgesteckt und erlaubt Bohren und Senken in einem Arbeitsgang.

Aufsteckwasserwaage Bei Wasserwaagen gilt, daß die Messungen um so genauer sind, je länger die Waage ist. Die A. besitzt eine Vorrichtung, mit deren Hilfe sie sich an Latten oder langen Brettern befestigen läßt. Dadurch kann die Länge der Wasserwaage erheblich vergrößert werden, wodurch genauere und großflächigere Messungen möglich sind als mit einem herkömmlichen Werkzeug.

Auftragsstärke Noch immer glauben viele Klebstoffanwender, daß ein gutes Klebeergebnis nur mit einem „satten", (d.h. dicken) Klebstoffauftrag zu erreichen ist. Das Gegenteil ist jedoch der Fall. Alle Gebrauchsanweisungen raten zu dünnem Kleberauftrag!

Auftrittsbreite Treppenmaß, gemessen von der Vorder- bis zur Hinterkante einer Stufe.

Aufziehglätter Stukkateurzubehör, zum Auftragen von Gips und Putz auf Flächen. Die Platte ist meist aus Metall oder Kunststoff, der Griff aus Holz. Auch hervorragend zum Glätten von Flächen geeignet.

Ausblühungen Oberflächenschädigung von Fassaden, Putz oder Mauerwerk durch chemische Reaktion zwischen Baustoffen, Kohlendioxid (CO_2) bzw. Schwefeldioxid (SO_2), Luft und Regenwasser. Dabei werden wasserlösliche Salze vom Wasser aus dem Bauteil heraus an die Oberfläche transportiert und bleiben dort nach Verdunstung des Wassers als watteartiges weißes Gebilde zurück. Sie rekristallisieren unter erheblicher Volumenzunahme, was zur fortschreitenden Zerstörung des Baukörpers führt.

Ausgleichsmasse Fließfähige Mörtelmasse, die zum Ausgleich von Unebenheiten auf den Boden aufgebracht und dort gleichmäßig dünn verteilt wird. Das ist wichtig, um eine größtmögliche Kontaktfläche zum nachfolgenden Aufbau zu erreichen. Manche A. für den Boden sind selbstnivellierend: Aufgrund ihrer Konsistenz stellt sich die Ebenheit selbst her. Bodenbeläge erst nach völligem Austrocknen der Nivelliermasse aufbringen!

Auspreßpistole Einkolbenpistole zum Auspressen von spritzfähigen Dichtmitteln in Kartuschen.

Außendämmung liegt außerhalb des tragenden Mauerwerks eines Hauses. Drei Konstruktionen sind üblich:
1. Kerndämmung (zweischaliges Mauerwerk mit dazwischenliegender Dämmung);
2. Wärmegedämmte, hinterlüftete Fassade (Dämmstoff auf tragendem Mauerwerk plus vorgehängter Schale z.B. aus Kunststoff-/Glas-/Natursteinelementen);
3. Wärmedämm-Verbundsystem (einschaliges Mauerwerk mit angebrachter Dämmung, die verputzt wird).

Außenecken schützen erfolgt mit speziellen Außeneckprofilen aus Stahlblech, um ein Ausreißen/Ausfransen leicht brechender Materialien (Porenbeton/Gips) zu verhindern. Profile werden auf die Ecke geklebt und später verputzt.

Außenecken-Kellen Kellen werden zur Verarbeitung von Mörtel und Spachtelmassen verwendet. Diese Kelle besitzt einen 90°-Winkel und wird zur Herstellung von sauberen, exakten Außeneckverläufen verwendet. Sie ist auch unter dem Begriff „Kantenstreicher" bekannt. Das Pendant ist die Inneneckenkelle.

Auszugskraft Notwendige Zugkraft, bei der eine Dübelverbindung durch axiale Belastung, Herausziehen aus dem Bohrloch, Spalten des Bauteils, Stahlbruch des Ankers oder Bruch des Verankerungsgrundes versagt.

Axt ist die schwere Ausführung eines Beils. Eingesetzt werden Äxte bei Holzarbeiten wie Spalten oder dem Einschlagen von Gegenständen.

Balken sind rechteckige oder quadratische Schnitthölzer, die in den Abmessungen von 6 x 6 cm bis 16 x 16 cm liegen. Universelle Anwendung im Fertighaus- und Fachwerkbau, Dach- und Gerüstbau sowie für Schalungen im Stahl- und Betonbau.

Ballen-Mattierung ist eine besondere Art des Holzüberzugs, bei der das Holz mit jedem Auftrag glänzender wird. Der gewünschte Glanzgrad wird so individuell bestimmt. Der Auftrag erfolgt mit einem weichen Baumwolltuch, das zu einem Ballen mit faltenfreier Außenfläche geformt wird.

Bänder Unter dem Oberbegriff Bänder vereinen sich Gegenstände der unterschiedlichsten Art für vielseitige Einsatzgebiete (z.B. Klebebänder, Verpackungsbänder, Möbelbänder etc.).

Bandmaß Das B. ist ein flexibles, aufwickelbares Meßinstrument, das zum Messen von längeren Entfernungen (je nach Ausführung zwischen 2 und 100 m) und zum Vermessen von Gegenständen mit runden Konturen geeignet ist. Als Taschenbandmaße in den Längen zwischen 2 und 8 m erhältlich, als lange Bandmaße zwischen 10 und 100 m.
B. haben Bänder aus kunststoffummantelter Glasfaser oder aus Stahl. Sie sind mit einer Trommelbremse, die zu schnelles Auslaufen des Bandes verhindert, und einer ausklappbaren Kurbel zum Aufrollen ausgestattet.
Ein nichtflexibles Meßinstrument ist der Meterstab.

Bandsägen gehören zu den stationären Sägen. Das Sägeband ist endlos und mit Schneidezähnen an der Bordkante versehen. Mit B. sind exakte, schnelle Kurven-, Längs-, Quer- und Gehrungsschnitte möglich. Das Schneiden von Kurven ist nur mit speziellen, feinen Sägebändern möglich. Die Schnitthöhe der Bandsäge ist mit bis zu 155 cm viel höher als die der Kreissäge. Aufgrund der Möglichkeit für Kurvenschnitte und der größeren Schnitthöhe können mit ihr Sägearbeiten vorgenommen werden, die mit der Kreissäge nicht möglich sind.

Bandschleifer Der B. ist eine elektrische Schleifmaschine. Ein Leinenschleifband wird in endloser Längsbewegung transportiert. Aufgrund der variablen Bandgeschwindigkeit für Vorarbeiten mit hoher Abtragsleistung bis zum Feinschliff empfindlicher Oberflächen geeignet. Durch Untergestell mit Parallel- und Winkelanschlag ist Planschleifen kleinerer Werkstücke möglich. Voraussetzung ist, daß die Flächen schon maßgerecht (z.B. durch Hobeln) bearbeitet wurden. B. mit Zusatzgriff sind mühelos zu führen. Zum randnahen Schleifen ist der Zusatzgriff abnehmbar.

Baustoffklassen DIN 4102 teilt Baustoffe nach ihrem Brandverhalten in verschiedene Baustoffklassen ein: In A1/A2 findet man die „nichtbrennbaren" (i.d.R. mineralischen) Baustoffe, in B 1 die „schwer entflammbaren" und in B2 die „normal entflammbaren". „Leicht entflammbare" Baustoffe (B3) sind im Bauwesen nicht zugelassen.

Beanspruchungsgruppen Glasierte Fliesen klassifiziert man hinsichtlich ihrer Abriebfestigkeit in fünf Beanspruchungsgruppen, die u. a. als Richtschnur bei der Fliesenauswahl dienen sollten: Abrieb 1: ausschl. Wandfliesen, Abrieb 2: Wand- und Bodenfliesen für leichte Beanspruchung (z.B. im privat genutzten Bad), Abrieb 3: Bodenfliesen im Wohnbereich mit mittlerer Beanspruchung, Abrieb 4: Bodenfliesen für stärkere Beanspruchung in Küche, Diele oder auf der Terrasse. Bodenfliesen der Abriebgruppe 5 sind nur in öffentlichen Gebäuden sinnvoll.

Bitte lesen Sie weiter auf Seite 29

Wie man sich kleidet ...

Hand aufs Herz: Haben Sie nicht auch schon mal mit Hauslatschen in Ihrem Hobbykeller gestanden und in lockerer Strickjacke „eben schnell“ ein Brett abgelängt oder ein Loch gebohrt?
Es lohnt sich, künftig wenigstens feste Schuhe und Kittel überzuziehen. Denn sonst wird vielleicht nicht nur Ihr frisch gebügeltes Hemd oder der neue Jogging-Anzug schmutzig, sondern Sie setzen sich dazu noch großen Gefahren aus. Rund 46 000 Unfälle erleiden Heimwerker jährlich allein beim Umgang mit Maschinen. Dies hat die Bundesanstalt für Arbeitsschutz und Arbeitsmedizin in Dortmund ermittelt – und das liegt in der Regel nicht an den Geräten, sondern an deren unsachgemäßer Benutzung.
Sägen sind dabei für den Heimwerker offenbar besonders gefährlich, denn sie führen die Unfallstatistik Jahr für Jahr an. Tragen Sie deshalb unbedingt eng anliegende Kleidung und legen Sie Schmuck und Uhr ab, bevor Sie Kreis-, Stich- oder Bandsäge starten. Handschuhe sind an diesen Geräten ebenso wie an der Bohrmaschine ausdrücklich verboten, weil sie sich in den schnell rotierenden Teilen verfangen und mitgezogen werden können. Für den Umgang mit der Motorsäge lohnt sich die Anschaffung von speziellem Kopf- und Schnittschutz ... (siehe rechts und Seite 28).

Schweißarbeiten:

Besonders wichtig ist der Schutz der Augen mit geeigneten Filtergläsern. Außerdem sollten alle Hautpartien bedeckt sein; den besten Schutz gegen den Funkenflug bietet dabei Leder.

1. *Schutzbrillen mit klappbaren Filtergläsern sind die preiswerteste Augenabdeckung*
2. *Für längere Arbeiten ist ein Handschild vorteilhaft: es wehrt auch die Hitze ab*
3. *Dicke Lederhandschuhe schützen vor Verbrennungen; sie sollten verdeckte Nähte haben*
4. *Eine Lederschürze verhindert Brandflecken durch Funkenflug auf der Kleidung*

Mit Sägen verletzen sich Heimwerker besonders oft. Maschinen und Handwerkzeug

Wer eine einfache Plexiglas-Schutzbrille trägt, schützt seine Augen beim Schleifen gegen fliegende Späne und Splitter, die als Verletzungsursache beim Umgang mit Maschinen an zweiter Stelle stehen.
Besonders wenig benutzt werden unter Heimwerkern Gehörschutz und Staubmasken, obwohl sie nur wenige Mark kosten. Vor allem in engen Hobbykellern vermeiden kleine Hörschutz-Propfen, daß Ihnen noch Stunden nach Abschalten der Maschinen die Ohren pfeifen – und Sie Jahre später vielleicht sogar ein Hörgerät benötigen.
„Wie bitte?“ Das einmal geschädigte Ohr erholt sich nicht, jeder Hörverlust bleibt

Etwa 230 000 Heimwerker verunglücken pro Jahr in Deutschland so schwer, daß sie ärztlich behandelt werden müssen. Doch nicht defekte Geräte oder schädliche Materialien sind der größte Unfallfaktor, sondern fehlende Vorsichtsmaßnahmen und leider auch Leichtsinn

nd 50% aller Heimwerker-Unfälle beteiligt

dauerhaft bestehen und summiert sich bei wiederkehrendem oder dauerhaftem Lärm. Gelegentlich Schleifstaub einzuatmen ist ebenfalls nicht ungefährlich, vor allem aber lästig: Die Schmutzteilchen bleiben in der Nase hängen oder werden geschluckt, nachdem sie aus den Bronchien mit den dort sitzenden feinen

Baustelle:

Wer bei Wind und Wetter Eigenleistung am Bau erbringen will, wird Arbeitshemden schätzen lernen – im Sommer ist auch der Schutz gegen Sonne wichtig

1. *An Gerüst und Kran ist ein Bauhelm Pflicht, sonst reicht (gegen die Sonne) eine Mütze*
2. *Gefütterte Arbeitshemden und eine Wärmeweste engen die Beweglichkeit kaum ein*
3. *Grobe Arbeitshandschuhe gegen Schrammen und aggressive Materialien (Zement)*
4. *Kombi, Latzhose oder Arbeitsanzug sind bequem und bieten praktische Ablagetaschen*
5. *Wenn etwas fällt, dann nach unten – Schuhe mit Stahlkappe schützen die Zehen*

Ihre Beine verdienen einen Kettenschutz

Gegen den scharfen Schnitt einer Motorsäge kann auch der dickste Stoff wenig ausrichten. Da Lederkleidung der nötigen Dicke zu schwer wäre, hat der Sägenhersteller Stihl ein besonderes Schutzsystem mit langen Fasern entwickelt

Unfälle mit der Motorsäge sind zwar selten, führen dann aber zu schwersten Verletzungen. Sie sollten eine Kettensäge deshalb stets mit großer Aufmerksamkeit handhaben. Überzeugen Sie sich vor Beginn der Arbeiten von der Funktion der Sicherheitseinrichtungen des Geräts (zum Beispiel Kettenbremse). Damit ein Abrutschen der Säge nicht gleich zur Katastrophe wird, tragen Sie am besten einen speziellen Beinschutz. Die in den Stoff eingearbeitete relativ dünne Schnittschutzeinlage besteht aus besonders langen Fasern, die in mehreren Lagen übereinander angeordnet sind. Wenn die Sägekette in den Stoff schneidet, werden diese Fasern bündelweise herausgerissen, setzen sich in die Kettenzähne und blockieren den Antrieb der Säge. Ein Vorderbeinschutz mit dieser Ausrüstung ist bereits ab gut 100 Mark zu haben.

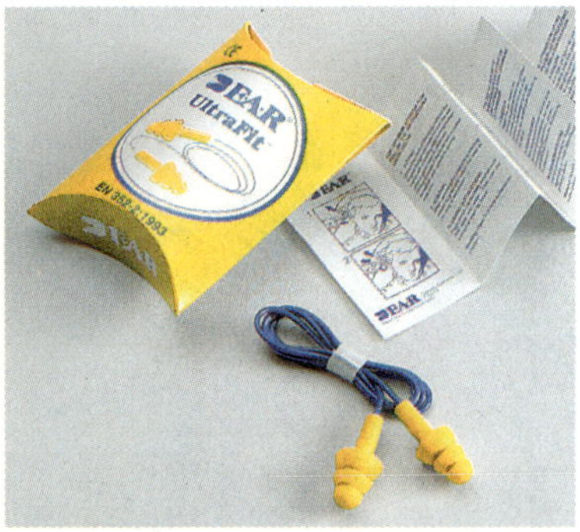

Preiswert und effektiv: Einfache Kunststoff-Ohrstöpsel werden stets mit bebilderter Anleitung geliefert

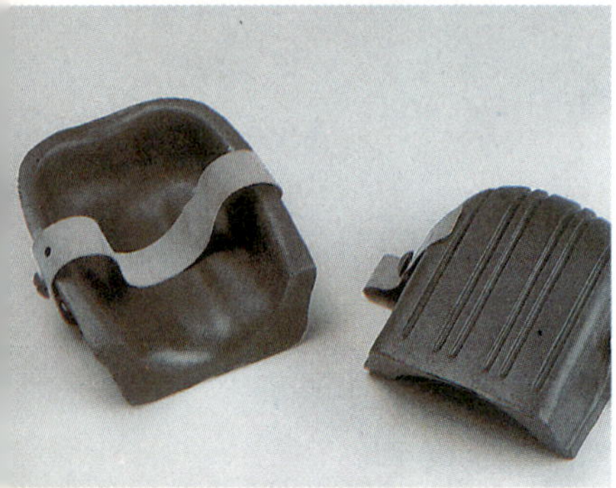

Bei Arbeiten ‚auf allen Vieren' sind solche Knieschützer aus flexiblem Kunststoff eine große Erleichterung

Schutzsysteme für Wald, Bau und Werkstatt

Der Bauhelm (hier mit Gehörschutz) ist ein Klassiker im Arbeitsschutz. Er muß getragen werden, wenn im Bereich von Kränen oder Schrägaufzügen gearbeitet wird und – etwa vom Gerüst – schwere Teile fallen können

Für die Arbeit an der Drechselbank empfiehlt sich dieser spezielle Kopfschutz. Das breite Kunststoff-Visier schützt auch gegen größere fliegende Späne; die offene Bauweise verhindert ein Beschlagen der Scheibe

Wer sein Brennholz gern selber im Wald „erntet", sollte sich einen solchen Waldarbeiter-Kopfschutz zulegen. Das Drahtgitter schützt vor Spanflug, klappbare Ohrmuscheln halten Motorsägen-Lärm ab

Flimmerhärchen heraustransportiert worden sind. Schon einfachste Staubmasken filtern die Staubteilchen aus der Atemluft. Beim Abschleifen alter Farb- und Lackschichten sollte man auf die zugegebenermaßen nicht gerade kleidsamen Feinstaub-Masken deshalb nicht verzichten.

Von teuren Wechselfilter-Masken ist Heimwerkern jedoch eher abzuraten: Man benötigt sie allenfalls für Farb- und Lackspritzarbeiten. Da hierfür spezielle Spritzkabinen und eine aufwendige Absaugung benötigt werden, sollten Sie im Interesse Ihrer Gesundheit solche Arbeiten besser dem Fachmann überlassen.

Insgesamt sind Sie gut beraten, wenn Sie sich als Grundausrüstung zunächst einen gut sitzenden Blaumann, Overall oder Arbeitskittel und Sicherheits-Schuhe anschaffen. Die speziell fürs Arbeiten entwickelte Kleidung ist bequem und erheblich preiswerter als Jeans und Pullover; und die zwischen 60 und 100 Mark teuren Schuhe mit eingearbeiteter Stahlkappe machen sich früher oder später bezahlt, wenn Hammer oder Bohle sonst auf den Zeh gefallen wären. Je nachdem, welche Arbeiten Ihnen besonders liegen, können Sie dieses „Basis-Set" dann leicht ergänzen. □

Waldarbeiten:

Grobe Stoffe schützen vor Mücken- und Zeckenbiß, beim Umgang mit einer Kettensäge empfiehlt sich ein kombinierter Kopfschutz, der sowohl Lärm als auch Späne fernhält

1. *Luftig: Ein Draht- oder Kunststoffgitter beschlägt nicht, der Hörschutz ist klappbar*
2. *Übliche Arbeitshandschuhe sorgen für festen Griff, gefüttert halten sie auch warm*
3. *Eine Schutzhose oder – wie hier – ein Vorderbeinschutz stoppen die Säge (siehe S. 27)*
4. *Festes Schuhwerk muß sein. Für die Arbeit mit Kettensägen gibt es Spezialschuhe*

Immer griffbereit:

Schon wenige Ausrüstungsteile schützen vor den häufigsten Gefahren und bewahren für wenig Geld die Gesundheit im Hobbykeller. Scheuen Sie nicht, sie wirklich systematisch zu tragen!

1. *Gegen Schleifstaub und Späne ist eine (Über-) Brille mit Seitenschutz ideal*
2. *Vor allem an Maschinen ohne Staubabsaugung schützt eine Einweg-Feinstaubmaske*
3. *Einfache Arbeitshandschuhe sind unentbehrlich – aber z. B. an der Kreissäge verboten!*
4. *Feste Schuhe und nicht zu weite Arbeitskleidung sind das Minimum in der Werkstatt*

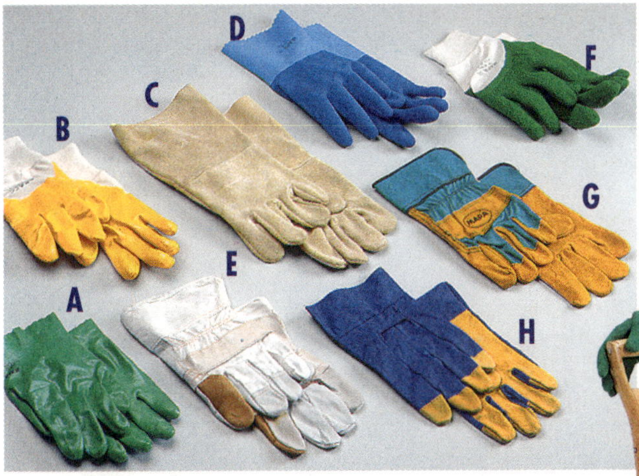

Mit dem richtigen Handschuh alles im Griff: nitrilbeschichtete Baumwolle gegen Nässe, Farben und Fette (A), doppelt gestrickt auch gegen Splitter und Scherben (B); grobes Leder ist gut für Schweißarbeiten (C); Latex auf Baumwolle hilft gegen Kälte (D), doppelt gestrickt auch gegen Dornen (F); Nappaleder (E) oder Leder mit Stoff (G, H) für trockene Arbeiten

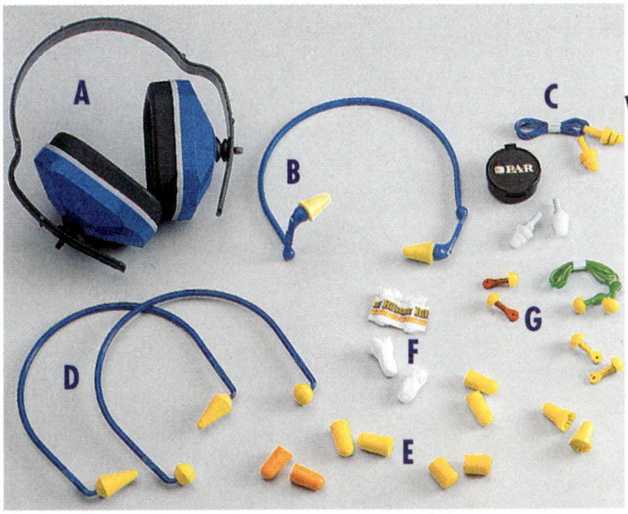

Den besten Lärmschutz bieten gekapselte Hörmuscheln (A), angenehmer zu tragen sind jedoch kleine Schutzstöpsel. Es gibt sie gut handhabbar an leichten (D) und klappbaren (B) Kopfbügeln, mit Schnur (C) oder mit kleinen Handgriffen (G). Einfachere Versionen sind zwar etwas schwerer ins Ohr einzuführen, dafür aber billig (E); eine Alternative ist Schutzwatte (F)

Gärtnerkluft:

1. *Ein Sonnenschutz beugt Kopfschmerzen durch Überhitzung vor. Eincremen nicht vergessen!*
2. *Eine Schürze aus grobem Leinen hält Dreck und Feuchtigkeit von der Kleidung fern*
3. *Für Erdarbeiten sind Nitril-Handschuhe empfehlenswert; diese sind baumwollgefüttert*
4. *Der Gummistiefel ist meist aus Kunststoff, Sonderausstattung sind Stahlsohle oder Futterstoff*

Heimwerker sind keine Staubsauger

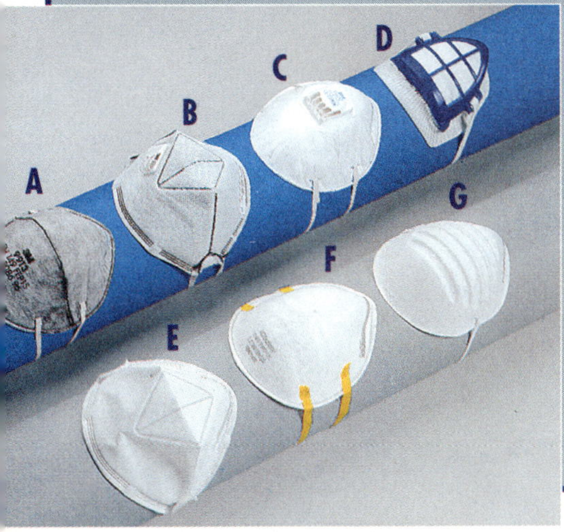

Auch einfachste Staubschutzmasken sind für den Abschliff von Rost und den groben Holzschliff einsetzbar. Sie erfüllen die Filterklasse „P1" (D, F, G). Nur wenige Masken haben tauschbare Flieseinlagen (D), in der Regel sind sie für den Einmalgebrauch bestimmt. Etwas teurer sind Masken der Filterklasse „P2" (C, E), dafür schützen sie vor feinem Holzstaub, beim Abschliff von Metallen (Eisen, Messing) und bei der Verarbeitung von Glasfasern (Dämmstoff). Auch Lackschichten und Farben können mit einem deratigen Filter geschliffen werden. Neuerdings gibt es spezielle Masken der Filterklasse „P1", die auch biologische Gerüche abhalten (A, B), etwa beim Umgang mit Biomüll oder bei der Tierhaltung. Viele Hersteller bieten ihre Feinfilter auch mit Ventil an (B, C), es öffnet sich beim Ausatmen und erhöht den Tragekomfort

Heimwerker-Lexikon

Beil bis Beizen

Beil für kleinere Spalt- und Schlagarbeiten im Holzbereich geeignet. Das B. hat auf der einen Seite eine Schneide, auf der anderen ein Schlagteil. Die Schäfte sind meist aus Esche oder aus einem anderen Hartholz.

Beitel (auch ‚Stech-/Stemmbeitel/-eisen') zur Holzbearbeitung im Tischler- und Holzbaubereich eingesetzt. Wo Maschinen die Formgebung nicht in gewünschtem Maße erreichen können, verwendet man Beitel (z.B. beim Zinken und Zapfen, Ausspitzen von Ecken, Ausstechen von Löchern etc.). B. bestehen aus einer Schneide (Klinge) und einem Holzschaft. B. werden mit dem Hammer/Klüpfel oder von Hand in das Holz eingetrieben. Stechbeitel besitzen eine gerade Schneide mit geschliffenen Seitenbahnen, Hohlbeitel dagegen eine hohlkehlförmige Schneide.

Beizen Unter B. versteht man den Auftrag einer Flüssigkeit (Beize) auf eine Holzfläche, um diese farblich zu verändern oder den vorhandenen Eigenfarbton des Holzes aufzufrischen. Die Maserung des Holzes wird dabei hervorgehoben. Ausschließlich geeignet für Möbelstücke, die innerhalb der Wohnung genutzt werden. Wirkt nicht imprägnierend. Die Holzoberfläche sollte fett-, wachs- und staubfrei (Untergrundvorbereitung) sein. Das Holz wird zunächst gewässert, damit sich lose Holzfasern aufstellen. Nach vollständiger Durchtrocknung werden die Holzfasern mit einem Schleifpapier angeschliffen und das Holz anschließend sorgfältig entstaubt. Beizen lassen sich i.d.R. mit dem Pinsel auftragen oder können aufgespritzt werden. Das Beizmittel sollte nicht in ein Metallgefäß gefüllt werden (Rostflecken). Beizen dienen nicht als Endlackierung. Sie müssen abschließend mit einem klaren Überzug versehen werden.

Bitte lesen Sie weiter auf Seite 33

Schlagbohrmaschinen

Der Klassiker im Hobby-Koffer ist nicht viel mehr als ein starker Motor mit universeller Werkzeug-Aufnahme. Mit zuschaltbarem Schlagwerk macht sich die Maschine im Heimwerker-Alltag schnell unentbehrlich

Wippen, schalten, drehen – und ab durch die Wand! Das Hammer-Symbol verspricht allerdings ein bißchen zuviel, ...

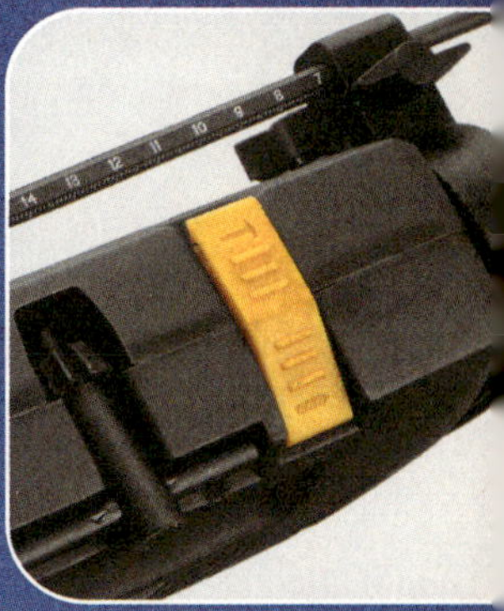

... denn in Wahrheit wird nur die Anpreßkraft des Nutzers in kurze Stoßbewegungen umgewandelt. Manchmal kann die Schlagkraft ...

... immerhin noch dosiert werden, wie das Bedienfeld dieses Akku-Schlagbohrers symbolisch andeutet

Ob Sie etwas verbinden, montieren oder auch nur aufhängen wollen – fast immer sind größere oder kleinere Löcher im Spiel, die für die nötige Stabilität unabdingbare Voraussetzung sind. Das Gerät, das imstande ist, solche Löcher präzise und kraftvoll in beinahe jedes Material zu treiben, bekam schon vor gut 100 Jahren als erstes Werkzeug einen Elektromotor spendiert – und ist bis heute als Schlagbohrmaschine ein wahrer Kassenschlager: Über eine Million Geräte dieses Typs gehen jährlich über den Ladentisch – und das, obwohl mittlerweile eigentlich jeder Heimwerker eins haben dürfte – Sie nicht?

Daß die Bohrmaschine mit Schlagwerk trotz Konkurrenz von Akkuschrauber

Bohrfutter
Hier entscheidet sich, wie komfortabel ein Gerät ist – bei Modellen mit Zahnkranzbohrfutter ist der Werkzeugwechsel umständlich

Lager
Dieses Bauteil bestimmt oft, wie lange die Maschine „lebt“ – labile Billiglager haben manchmal nur einige Stunden „Standzeit“

Schlagwerk
Zwei Rastenscheiben rattern übereinander – dieses Verfahren ergibt bis zu 42 000 Schläge pro Minute, aber nur geringe Schlagkraft

Elektronik
„Intelligenz“ vergrößert die Einsatzbreite: Von der simplen Drehzahlvorwahl bis hin zur Regel-Elektronik gibt es große Unterschiede

Kohlebürsten
Sie übertragen den Antriebsstrom auf den zwischen ihnen rotierenden Kollektor. Als Verschleißteil sollten sie möglichst wechselbar sein

Kupfer-Herz und Elektro-Hirn machen den Bohrer zum Universal-Talent

und Bohrhammer ihre Vorrangstellung bis heute behaupten konnte, kommt nicht von ungefähr: Kein anderes Gerät vereint die universelle Verwendbarkeit für präzise Arbeiten in Holz, Metall und Stein mit einem starken Antrieb in einem so handlich kleinen Gehäuse.

Den größten Platz nimmt darin ein Universalmotor ein, der – versorgt über die Kohlebürsten – den Wechselstrom in die gewünschte kräftige Drehbewegung umwandelt. Ein Getriebe reduziert die bis zu 20 000 Umdrehungen pro Minute und verstärkt dabei das Drehmoment – bei gut ausgestatteten Geräten läßt sich dieser Effekt mit mehreren Gängen materialgerecht abgestuft nutzen. Das Schlagwerk bleibt zwischen Getriebe und Bohrfutter unscheinbar – es besteht aus zwei wellen- oder zahnförmig gestalteten Rastenscheiben, die

Eine Vollwellen-Elektronik hält hier die Drehzahl auch unter Last konstant und erlaubt eine Drehmoment-Vorwahl für sensible Schraubarbeiten

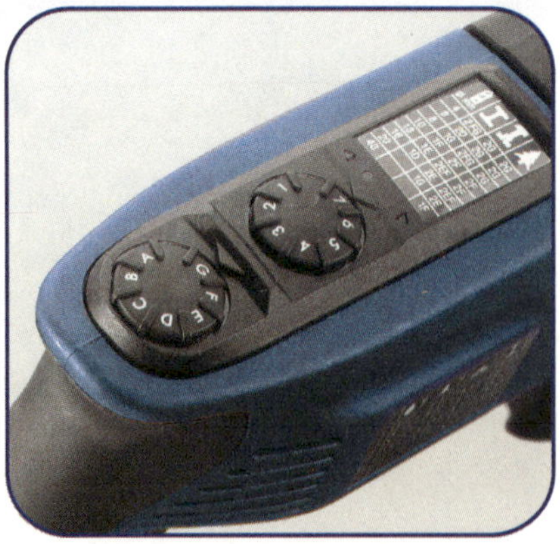

Bei einigen Geräten läßt sich das Bohrfutter durch eine Bitaufnahme ersetzen – mit der dann leichteren Maschine können Sie präziser arbeiten

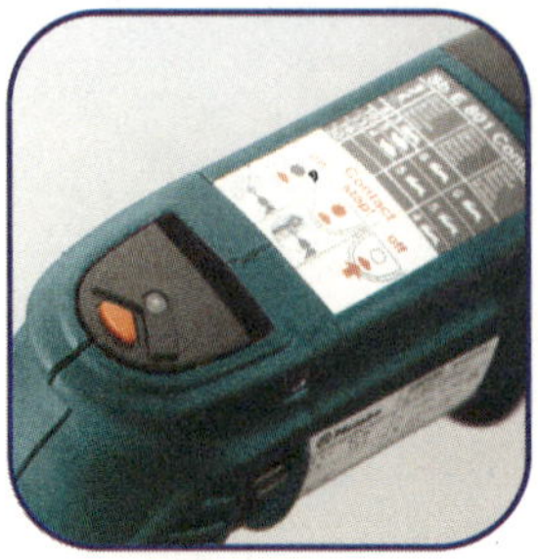

Neue Idee: Sicherheits-Schaltung, die auf geerdetes Metall reagiert und den Motor stoppt, wenn Rohre oder Leitungen verletzt werden

Für den Gelegenheits-„Bohrer“ attraktiv: Kleine Maschinchen für Einsteiger gibt's mit Zubehör inzwischen für unter 100 Mark

Heimwerker-Lexikon

Beizpinsel bis Blindnietmutterzange

Beizpinsel Hochwertige, nicht haarende Pinsel können zum Beizen verwendet werden. Wichtig ist, daß die Borsten nicht durch eine Metalleinfassung zusammengehalten werden (Rostflecken).

Belagsübergang Stoß zwischen unterschiedlichen Boden- oder Wandbelägen. Oft kritischer Punkt für Spannungsrisse aufgrund unterschiedlicher Wärmeausdehnung der Materialien.

Belastungsarten Beanspruchung von Klebeverbindungen. Sie sollten nur durch Druckkräfte (1) bzw. Zugscherkräfte (2) belasten, nicht aber durch Zugkräfte (3) und vor allem nicht durch Schälkräfte (4):
1. Druckbeanspruchung
Klebeverbindungen können auf Druckbeanspruchung am höchsten belastet werden;
2. Zugscherbeanspruchung
Eine für die Klebetechnik geeignete Beanspruchung, weil die Kräfte in der gleichen Ebene wie die Klebstoffschicht wirken und die ganze Klebefläche gleichmäßig belasten.
3. Zugbeanspruchung
Bei Klebeverbindungen sollte man Zugbeanspruchung vermeiden, da sie meist nicht von Biegemomenten freizuhalten sind und daher eine abschälende Wirkung auf die Fügeteile ausüben können.
4. Schälende Beanspruchung
Klebeverbindungen sind extrem empfindlich gegen Schälkräfte, die ein Einreißen der Klebenaht zur Folge haben.

Beplankungen sind Wandschalen aus Gipsfaserplatten, Gipskarton oder Holzwerkstoffen, die auf einem Ständerwerk aus Holz oder Metall verschraubt werden.

Beschläge dienen dem Drehen, Verschließen und lösbaren Verbinden von Möbelteilen. In vielen Fällen haben sie zugleich eine schmückende Aufgabe. Meist aus Messing, Stahl, Leichtmetallegierungen oder Kunststoff gefertigt.
Es gibt eine Vielzahl verschiedener Beschlagarten: Bett-, Exzenter-, Schiebetür-, Faltschiebetür-, Kisten- sowie Schatullen-, Trapez-, Verbindungsbeschläge etc.

Beton besteht aus Zement, feinen und gröberen Zuschlagstoffen (Sand, Kies oder Splitt) und Wasser. Bei der Aushärtung verbinden sich Wasser und Zement zu einem mineralischen Kitt, der die Zuschlagstoffe zusammenhält und dem Material seine Festigkeit verleiht. Den mengenmäßigen Hauptanteil bilden die Zuschlagstoffe. Das Mischungsverhältnis von Sand und Kies und deren Körnung entscheiden den wesentlich über die Härte des fertigen Betons.

Bettbeschläge sind Beschläge, die beim Bettenbau eingesetzt werden.

Bewegungsfugen Mit einer elastischen Masse (z.B. mit Silikon oder Acryl) ausgespritzte Fugen, die eine spannungs- und rißfreie Wärmeausdehnung der Materialien ermöglichen sollen. Abstände und Anordnung der Fugen sind abhängig von der Gesamtlänge des Bauteils und vom sogenannten Wärmeausdehnungskoeffizienten des Materials, der die Längenänderung pro Meter und Grad Kelvin Temperaturunterschied angibt.

Bewehrung Da mineralische Baustoffe (z.B. Beton) nicht in der Lage sind, Zugkräfte in stärkerem Maße aufzunehmen, wird diese Aufgabe von Stahleinlagen (Bewehrungsstäben) übernommen. Die Bewehrungsstäbe dehnen sich unter Belastung unbeschadet aus.

Biegemoment ist vorhanden, wenn Krafteinwirkungspunkt und Krafteinleitungspunkt am Bauteil auf einer Linie liegen. B. ist das Produkt aus Kraft x Hebelarm.

Biegeschablone Originalgroße Nachbildung (meist aus Holz) eines geschwungenen Bauteils, auf der z. B. eine Gipskartonplatte mit entsprechender Technik (perforieren und wässern) der Bauteilform angepaßt und bis zur Trocknung gepreßt wird.

Bims ist ein hochporöses Gestein aus aufgeschäumtem Magma. Die einzelnen Bimskörner enthalten durch die Ausdehnung magmatischer Gase Luftporen, die eine gute Wärmedämmung und eine Gewichtsreduzierung ermöglichen. B. wird als Zuschlagstoff für Leichtbeton-Mauersteine eingesetzt.

Birke Weißbirke (Hänge- oder Trauerbirke) und Haarbirke (Schwarzbirke) gehören zu den Splintholzbäumen und sind an ihren weißen Stämmen gut zu erkennen. Das Holz ist gelblich bis rötlichweiß und dunkelt stark nach. Birkenholz ist mittelhart, zäh, biegsam, schwindet mäßig und läßt sich gut bearbeiten, beizen und polieren. Man findet Birkenholz im Möbelbau bei Furnieren und Intarsien. Als Vollholz verwendet man Birke zur Herstellung von Parkettböden, Tischen, Stühlen sowie beim Drechsler oder Holzschnitzer.

Bit ist die kurze Form einer Schraubendreherklinge. Bits haben in den meisten Fällen einen 1/4"-Außensechskant-Antrieb. Es gibt sie in unterschiedlichen Ausführungen passend zu den verschiedenen Schraubenkopfarten.

Bit-Halter Um einen Schraubendrehereinsatz gut und einfach in einer Maschine oder einem Handwerkzeug einzusetzen, werden B. angeboten. Bits haben einen optimalen Halt, lassen sich aber auch schnell und unkompliziert aus diesem Halter entnehmen. Sie sind daher schnell austauschbar. Diese Halter lassen sich auch an anderen Werkzeugen anbringen. Sie verfügen gewöhnlich über eine 1/4"-Sechskantaufnahme. Somit muß nicht mehr das gesamte Werkzeug ausgewechselt werden, sondern nur noch der Bit. B. gibt es in zahlreichen Ausführungen (je nach Anforderungsprofil).

Blauer Engel Mit diesem vom RAL (Deutsches Institut für Gütesicherung und Kennzeichnung) unter Beteiligung einer Jury vergebenen Umweltzeichen werden Produkte gekennzeichnet, die im Vergleich zu Konkurrenzprodukten umweltfreundlicher sind. Unter jedem „Blauen Engel" steht, für welche gute Eigenschaft das Umweltzeichen vergeben wurde. Sind alle Produkte einer Kategorie lösemittelfrei, wie beispielsweise Dispersionsfarben, wird kein Umweltzeichen vergeben.

Bläueschutz Gegen Bläuepilze und Fäulnis schützt Holzschutz-Grund, eine dünnflüssige, nicht pigmentierte Imprägnierung für den Außenbereich. Er verhindert das Eindringen von Feuchtigkeit in das Holz, um so jeglichen Pilzbefall zu vermeiden. Wärmeeinwirkung (Sonneneinstrahlung) verhilft den Pilzen zu schnellerem Wachstum und fördert so den Holzschwund.

Blechscheren sind in erster Linie Handscheren, die zum Schneiden dünner Bleche verwendet werden (Stahlbleche bis 1,5 mm, Alu-, Kupfer-, Messingbleche bis ca 3 mm). Ein vollständiger Satz besteht aus drei B.: je eine für Linkskurven, für gerade Schnitte und für Rechtskurven. Bei der Verwendung von B. ist darauf zu achten, daß beim Schneiden nicht die gesamte Schnittklinge ausgenutzt wird, da am Klingenende das Blech leicht einreißen kann. Vielmehr sollten nur 4/5 der Schnittklingen im Eingriff sein und danach die Schere wieder geöffnet und nachgeschoben werden. Blechscheren gibt es auch im 220-Volt- und im Akkubetrieb.

Blindniethandzange wird für das Zusammennieten von dünnen Materialien (meist Metallblechen) verwendet, bei denen eine Seite des Werkstücks schlecht zugänglich ist. Zuerst muß ein Loch mit dem Durchmesser des Niets durch die zu verbindenden Werkstücke gebohrt werden. Man steckt den Niet in die geöffnete Zange und dann in das Loch. Nun wird die Zange zusammengedrückt. Dabei bricht der Niet über dem Kopf ab und bildet an der blinden Unterseite eine Verdickung, die beide Teile fest zusammenhält.

Blindnietmutterzange Sie ähnelt in ihrer Funktionsweise der Blindniethandzange. Anstelle des Blindniets werden jedoch Muttern und Einnietschrauben verwendet. Die B. wird auch als Hebelnietzange bezeichnet.

Bitte lesen Sie weiter auf Seite 38

in Funktion schnelle, flache Schläge auf das Bohrfutter ausüben. Zwar ist diese simple Technik nicht so effektiv wie die Pneumatik eines Bohrhammers – dafür eignen sich Bohrhämmer zum Beispiel nicht so gut für die Holzbearbeitung.

Viele Geräte verfügen inzwischen über eine Elektronik, die eine Vorwahl der Drehzahl erlaubt (sogenannte „Steuerungselektronik“) oder – in Geräten der oberen Preisklasse – auch für die Konstanthaltung der Drehzahl sorgt („Regelelektronik“). Beide Systeme

Nehmen Sie die Parade ab! Die Numerierung erlaubt eine Zuordnung der abgebildeten Bauformen

Schlagbohrmaschinen: Aktuelle Marktübersicht

Hersteller	Typ	Abb.	Leistg.[1]	U/min.[2]	Gänge	Elektron.	Bohrfutter[3]	Bohrl.[4]	Torsion[5]	Besonderheiten/ Zub.[6]	Preis ca.
AEG	SBE 500 R	1	500	2650	1	•	10 mm Schnellsp.	13 mm			129,--
AEG	SBE 570 R	2	570	2700	1	•	13 mm Schnellsp.	15 mm		ZH, BT, Koffer, Bitbuchse	159,--
AEG	SBE 630 R		630	2800	1	•	13 mm Schnellsp.	15 mm		ZH, BT, Koffer, Bitbuchse	179,--
AEG	SB2E 680 R	3	680	3200	2	•	13 mm Schnellsp.	20 mm		ZH, BT, Koffer, Bitbuchse	199,--
AEG (gold)	SB2E 700 R	4	705	3200	2	•	13 mm Schnellsp.	20 mm		ZH, BT Koffer	229,--
AEG	SB2E 850 RS		850	3200	2	•	13 mm Schnellsp.	20 mm		ZH, BT, Kof., Bitb., Dämpf.	299,--
AEG	SB2E 1010 RS	5	1010	3400	2	•	13 mm Schnellsp.	20 mm		ZH, BT, Kof., Bitb., Dämpf.	379,--
AEG	SB2E 1200 RST		1200	3400	2	•	13 mm Schnellsp.	22 mm	•	ZH, BT, Kof., Bitb., Dämpf.	399,--
AEG	SB2E 12	6	12V, 1,4 Ah	1100	2	•	13 mm Schnellsp.	13 mm	•	Akku, Lader	329,--
Black&Decker	KD 664 CRE	7	500	2800	1		13 mm Schnellsp.	13 mm		ZH	94,98
Black&Decker	KD 355 CRE		600	3000	1		13 mm Schnellsp.	13 mm		ZH, BT	129,98
Black&Decker	KD 574 CRE	8	680	3000	1	•	13 mm Schnellsp.	16 mm		ZH, BT	159,98
Black&Decker	KD 577 CRT		680	2600	1	•	13 mm Schnellsp.	16 mm	•	ZH, BT	179,98
Black&Decker	KD 795 RE	9	750	2800	2	•	13 mm Schnellsp.	16 mm		ZH, BT	179,98
Black&Decker	KD 795 CRE		750	2800	2	•	13 mm Schnellsp.	16 mm		ZH, BT	199,98
Black&Decker	KD 997 CRT	10	850	2600	2	•	13 mm Schnellsp.	16 mm	•	ZH, BT	259,98
Black&Decker	KC 9682 CK		9,6V, 1,7 Ah	1000	2	•	10 mm Schnellsp.	10 mm	•	Akku, Lader	199,98
Black&Decker	KC 1282 CN	11	12V, 1,7 Ah	1200	2	•	10 mm Schnellsp.	12 mm	•	Akku, Lader	249,98
Black&Decker	KC 1882 CK		18V, 1,7 Ah	1600	2	•	10 mm Schnellsp.	15 mm	•	Akku, Lader	299,98
Bosch	PSB 500 RE	12	500	3000	1	•	13 mm Arretierung	13 mm		ZH, BT	129,--
Bosch	PSB 570 RE		570	3000	1	•	13 mm Arretierung	15 mm		ZH, BT	149,--
Bosch	PSB 600 RE		600	3000	1	•	13 mm Arretierung	16 mm		ZH, BT	169,--
Bosch	PSB 600 RPE	13	600	3000	1	•	13 mm Arretierung	16 mm	•	Dämpfung, ZH, BT	189,--
Bosch	PSB 750-2 RPE	14	750	3000	2	•	13 mm Einhand	20 mm		Dämpfung, ZH, BT	249,--
Bosch	CSB 800-2 RE		800	3000	2	•	13 mm Schnellsp.	20 mm		ZH, BT, Koffer	299,--
Bosch	CSB 850-2 RET		850	3000	2	•	13 mm Schnellsp.	20 mm	•	ZH, BT, Koffer	349,--
Bosch	CSB 1000-2 RET	15	1010	3000	2	•	13 mm Schnellsp.	20 mm	•	ZH, BT, Koffer	389,--
Bosch	PSB 9,6 VES-2		9,6V, 1,4 Ah	1400	2	•	10 mm Einhand	10 mm		Akku, Lader	279,--
Bosch	PSB 12 VSP-2	16	12 V, 1,4 Ah	1550	2	•	10 mm Einhand	12 mm	•	Akku, Lader	339,--
Bullcraft (Neckermann)	6600/555	17	550	k. A.	1	•	13 mm Schnellsp.	13 mm		ZH, BT, Koffer, Bohrzubeh.	129,95
Bullcraft (Neckermann)	6607/207	18	800	k. A.	2	•	13 mm Schnellsp.	16 mm		ZH, BT,	129,--
Einhell	SBC 400		380	3000	1	•	10 mm Zahnkranz	k. A.		ZH, BT, Koffer	63,80
Einhell	BMS 600	19	500	2200	1	•	13 mm Zahnkranz	16 mm		ZH, BT	82,40
Einhell	BMS 700	20	650	2700	1	•	13 mm Zahnkranz	16 mm		ZH, BT	100,34
Einhell	BMS 1000		1000	3000	2	•	13 mm Zahnkranz	16 mm		ZH, BT	123,73
Einhell	BMS 1000 Quick	21	1000	3000	2	•	13 mm Zahnkranz	16 mm		ZH, BT	138,23
Elu	SB 13 EKS	22	701	2700	2	•	13 mm Schnellsp.	13 mm		ZH, BT, Koffer	288,84
Elu	SB 22 EK	23	770	2500	2	•	13 mm Schnellsp.	16 mm		ZH, BT, Koffer	381,64
Elu	SB 43 EK		1010	3100	2	•	13 mm Schnellsp.	20 mm		ZH, BT, Koffer	567,24
Elu	SBA 71 KA	24	14,4 V, 2,0 Ah	1750	2	•	13 mm Schnellsp.	15 mm	•	2 Akkus, Lader	648,44
Kress	SBLR 2250		500	3400	1	•	13 mm Schnellsp.	13 mm			109,--
Kress	SBLR 2360	25	600	3500	1	•	13 mm Schnellsp.	16 mm		ZH, BT, Koffer, ext. Kabel	169,--
Kress	SBLR 2475	26	750	3100	2	•	13 mm Schnellsp.	16 mm		ZH, BT, Koffer, ext. Kabel	199,--
Kress	800 SX	27	800	3300	2	•	13 mm Schnellsp.	18 mm		ZH, BT, Koffer, ext. Kabel	309,--
Kress	1050 SXC		1050	2250	2	•	13 mm Schnellsp.	20 mm	•	ZH, BT, Koffer, ext. Kabel	399,--
Kress	600 SE	28	600	3300	1	•	13 mm Schnellsp.	16 mm		ZH, BT, Koffer, ext. Kabel	249,--
Kress (Jubiläumsgerät)	SBLR 2475 Edition		750	3100	2	•	13 mm Schnellsp.	16 mm		ZH, BT, Koffer, ext. Kabel, Zub.	219,--
Makita	8450		560	2800	1	•	13 mm Zahn	15 mm		ZH, BT	165,40
Makita	8451	29	560	2800	1	•	13 mm Schnellsp.	15 mm		ZH, BT	196,70
Makita	2030	30	710	2900	2	•	13 mm Zahn	20 mm		ZH, BT, Koffer	311,--

[1]) Leistungsaufnahme in Watt, bei Akkus Akkuspannung und Kapazität; [2]) maximal im Leerlauf; [3]) Zahn = Zahnkranz-, Schnellsp. = Schnellspannfutter, Arretierung = Spindelarretierung auf Knopfdruck, Einhand = Einhand-Schnellspannfutter; [4]) in Beton; [5]) Drehmoment-Sensor für Schraubarbeiten; [6]) BT = Bohrtiefenanschlag, ZH = Zweithandgriff; *) ohne Linkslauf.

Ein Werkzeug halten kann jeder – schnelle Wechsel sind des Bohrfutters Kunst

erlauben die stufenlose Drehzahlregelung zur Anpassung an das zu bearbeitende Material. Sinnvoll ist auch die Vorwahl des Drehmoments wie bei Bohrschraubern – Schraubarbeiten werden damit exakter. Verbessert wurde in den letzten Jahren vor allem die Werkzeugaufnahme: Obwohl solide, ist das Zahnkranzbohrfutter „out", auch schlagbohrfeste Schnellspannfutter gelten nur noch dann als innovativ, wenn sie mit Spindelarretierung arbeiten – selbst diese ist bisweilen bereits automatisch.
Neu sind Bemühungen, die Vibrationen (vor allem im Schlagbohrbetrieb) zu dämpfen, einige Hersteller wagen sich bereits mit Akkugeräten auf den Markt der Schlagbohrmaschinen – stärkere Akku-Packs machen's möglich.
Über mehr Kraft verfügen auch viele der neuen Akku-Schrauber. Ab Seite 58 finden Sie eine große Marktübersicht. □

1 Schnellspannfutter mit Arretierung Während das Werkzeug eingespannt wird, ist der Antrieb per Knopf arretiert
2 Schnellspannbohrfutter Die klassische Ausführung dieses Typs hat zwei Hülsen: Vorn wird gespannt, hinten gegengehalten
3 Schnellspannfutter mit Federsicherung Das Werkzeug wird im Schlagbohrbetrieb automatisch nachgespannt
4 Schnellspannbohrfutter aus Metall Besonders robust
5 Zahnkranzbohrfutter Der Klassiker hält Werkzeuge sicher fest, kann aber nur mit einem Schlüssel bedient werden
6 Einhülsiges Schnellspannfutter Neuester Stand der Technik: Der Antrieb wird beim Spannen automatisch arretiert
7 Schnellspannbohrfutter mit Sicherungsring Eine zurückschiebbare Sicherung hält das Werkzeug bei Linkslauf fest

chlagbohrmaschinen: Aktuelle Marktübersicht

ersteller	Typ	Abb.	Leistg.[1])	U/min.[2])	Gänge	Elektron.	Bohrfutter[3])	Bohrl.[4])	Torsion[5])	Besonderheiten/ Zub.[6])	Preis ca.
lakita	2040		650	2900	2	•	13 mm Zahn	20 mm		ZH, BT	254,20
lakita	2041	31	650	2900	2	•	13 mmSchnellsp.	20 mm		ZH, BT	277,40
lakita	2042		650	2900	2		13 mm Schnellsp.	20 mm		ZH, BT	240,--
lakita	8411 DWA		12V, 2 Ah	1150	2	•	10 mm Schnellsp.	10 mm		Akku, Lader, Koffer	570,--
lakita	8412		12 V, 2 Ah	1150	2	•	13 mm Schnellsp.	10 mm	•	Akku, Lader, Koffer	671,--
letabo	SbE 600 R+L		600	2800	1	•	13 mm Schnellsp.	12 mm		ZH, BT, Koffer	175,--
letabo	SbE 600 R+L Impuls	32	600	2600	1	•	13 mm Schnellsp.	12 mm		ZH, BT, Koffer	199,--
letabo	SbE 655/2 S R+L	33	705	2400	2	•	13 mm Schnellsp.	16 mm		ZH, BT, Bitbuchse, Koffer	265,64
letabo	Sb 680 2S-R+L	34	705	2400	2	•	13 mm Schnellsp.	16 mm		ZH, BT, Bitbuchse, Koffer	249,--
letabo	SbE 800/2S-R+S Imp.		800	2600	2	•	13 mm Schnellsp.	16 mm		ZH, BT, Bitbuchse, Koffer	299,--
letabo	SbE 801 Contact	35	800	2600	2	•	13 mm Schnellsp.	16 mm		ZH, BT, Bitbuchse, Koffer	329,--
letabo	SbE 808 Contact		800	2600	2	•	13 mm Schnellsp.	16 mm		ZH, BT, Bitbuchse, Metabox	381,64
letabo	SbE 1000/2S-R+L Sign.	36	1010	2400	2	•	13 mm Schnellsp.	20 mm	•	ZH, BT, Bitbuchse, Koffer	497,64
letabo	ABE 12/2 RT		12V, 1,7 Ah	1400	2	•	13 mm Schnellsp.	8 mm	•	Akku, ZH, Bitbuchse, Koffer	269,--
anasonic	EY 6901		12V	2000	2	•	10 mm Schnellsp.	k. A.	•	Akku, Lader, Koffer	520,--
anasonic	EY 6930		15V	2000	2	•	13 mm Schnellsp.	k. A.	•	Akku, Lader, Koffer	694,--
ro Energy (Wagner)	SBM 500 SL		500	3000	1	•	13 mm Zahn	13 mm		ZH, BT	69,--
ro Energy (Wagner)	SBM 600/1	37	600	2500	1	•	13 mm Zahn	16 mm		ZH, BT	79,95
ro Energy (Wagner)	SBM 800/2	38	800	2900	2	•	13 mm Zahn	20 mm		ZH, BT	99,--
kil	6100	39	500	2700	1	•	13 mm Zahn	10 mm		ZH, BT	69,95
kil	6443		550	2700	1	•	13 mm Zahn	13 mm		ZH, BT, Koffer m. Bohrern etc.	89,95
kil	6453		550	2700	1	•	13mm Schnellsp.	13 mm		ZH, BT	129,--
kil	6464	40	650	2700	1	•	13 mm Schnellsp.	15 mm		ZH, BT, Dämpfung	129,--
kil	6466	41	650	2700	1	•	13 mm Schnellsp.	15 mm		ZH, BT, Dämpfung	149,--
kil	6470	42	750	2900	2	•	13 mm Schnellsp.	16 mm		ZH, BT	149,--
kil	6475	43	800	2800	2	•	13 mm Zahn	16 mm		ZH, BT	199,--
parky	BU 101		500	2800	1*		13 mm Zahn	13 mm		ZH, BT	69,90
parky	BU 101 E		500	2800	1*	•	13 mm Zahn	13 mm		ZH, BT	79,90
parky	BUR 102 E		500	3000	1	•	13 mm Zahn	13 mm		ZH, BT	89,90
parky	BU 150		650	2800	1*		13 mm Zahn	15 mm		ZH, BT	79,90
parky	BU 150 E		650	2800	1*	•	13 mm Zahn	15 mm		ZH, BT	89,90
parky	BUR 150 E	44	600	2800	1	•	13 mm Zahn	15 mm		ZH, BT	99,90
parky	BU 2 160		550	3300	2*		13 mm Zahn	16 mm		ZH, BT	109,90
parky	BUR 2 160 E		500	3100	2	•	13 mm Zahn	16 mm		ZH, BT	119,90
parky	BU2 160 M		650	3600	2*		13 mm Zahn	16 mm		ZH, BT	119,90
parky	BUR 2 160 ME		650	3200	2	•	13 mm Zahn	16 mm		ZH, BT	129,90
parky	BU 2 161		550	3200	2*		13 mm Zahn	16 mm		ZH, BT	119,90
parky	BUR 2 161 E		500	3500	2	•	13 mm Zahn	16 mm		ZH, BT	129,90
parky	BU 2 162		550	3200	2*		13 mm Zahn	16 mm		ZH, BT	109,90
parky	BUR 2 162 E		500	3500	2	•	13 mm Zahn	16 mm		ZH, BT	119,90
parky	BUR 2 162 ME	45	650	3500	2	•	13 mm Zahn	16 mm		ZH, BT	129,90
parky	BUR 2 200		750	3200	2*		13 mm Schnellsp.	20 mm		ZH, BT	129,90
parky	BUR 2 200 E	46	720	3500	2	•	13 mm Schnellsp.	20 mm		ZH, BT	149,90
parky	BU 2 350		1010	2000	2*		13 mm Zahn	35 mm		ZH, BT	199,90
parky	BU 2 350 E	47	1010	2000	2*	•	13 mm Zahn	35 mm		ZH, BT, Bitbuchse	229,90
parky	BUR 2 350 E		1010	2000	2	•	13 mm Zahn	35 mm		ZH, BT, Bitbuchse	249,90
Jniropa (Quelle)	USB 1200 RT	48	1300	3000	2	•	13 mm Schnellsp.	16 mm		ZH, BT, Dämpfung	399,--

Leistungsaufnahme in Watt, bei Akkus Akkuspannung und Kapazität; [2]) maximal im Leerlauf; [3]) Zahn = Zahnkranz-, Schnellsp. = Schnellspannfutter, Arretierung = Spindelarretierung auf Knopfdruck, Einhand = inhand-Schnellspannfutter; [4]) in Beton; [5]) Drehmoment-Sensor für Schraubarbeiten; [6]) BT = Bohrtiefenanschlag, ZH = Zweithandgriff; *) ohne Linkslauf. Sparky: „Alle Maschinen mit Schnellspannbohrfutter lieferbar"

Heimwerker-Lexikon

Bodenbeläge bis Brandschutzwand

Bodenbeläge Die oberste Schicht eines Fußbodenaufbaus, die der sicheren und bequemen Begehbarkeit dient. Darunter fallen Teppiche, Laminate, Parkett, Fliesen und Platten. B. sollten in ihren Eigenschaften der Nutzung des Raumes angepaßt sein. Wichtige Eigenschaften sind z. B. Lichtechtheit (Teppiche), Feuchteverhalten (Holzfußböden) und Eignung für Fußbodenheizung.

Bodenträger sind Einsteckauflagen für Einlege- bzw. Regalböden. Es gibt sie in verschiedenen Ausführungen (z. B. Kunststoff und Metall).

Bohlen sind rechteckige Bauholzzuschnitte, die mit ihren Abmessungen den Brettern etwa gleichen. Sie unterscheiden sich von ihnen in ihrer Anwendung. Ihre Abmessungen reichen von 4,4 x 7,5 cm bis 7,5 x 30,0 cm. Die Zuschnittlängen der Bohlen reichen von 1,5 bis 6,0 cm. Anwendung: Im Gerüstbau eingesetzt als Laufbohlen, begehbare Abdeckung, zum Seitenschutz und als Absperrung an Baustellen.

Bohrer gibt es in einer schier unermeßlichen Auswahl. Nach dem zu bearbeitenden Werkstück werden B. durch ihre Materialgüte und die speziellen Formgebungen unterschieden. Nach dem zu bearbeitenden Werkstoff differenziert man zwischen Metall-, Holz-, Beton-, Stein- und Glas-/Fliesenbohrern.
Eine Besonderheit stellt der Hartmetall-Mehrzweckbohrer dar, mit dem unterschiedliche Materialien bearbeitet werden können. Nach dem Einsatzgebiet unterscheidet man zwischen Balken-, Holzspiral-, Holz-Schlangen-, Forstner-, Flachfräs-, Kunstbohrern und Sägekranz etc.
Nach ihrer Formgebung kann man grundsätzlich unterscheiden zwischen Spitz- und Spiralbohrern. Neben diesen Basisformen gibt es noch eine unermeßliche Vielzahl von Sonderformen.

Bohrhammer Der B. ist ein Elektrowerkzeug mit rotierendem Maschinenwerkzeug, das zum Bohren von Mauerwerk, Beton, Kunst- und Naturstein bestimmt ist. Er hat ein eingebautes Hammerwerk, so daß z.B. Steinbohrer zusätzlich zur rotierenden Bewegung durch mechanisches oder pneumatisches Schlagwerk beeinflußt werden können. Die Schlagenergie ist unabhängig von der Andrückkraft. Bei abschaltbarem Hammerwerk ist der Bohrhammer als Bohrmaschine, bei abschaltbarem Drehwerk als Schlaghammer verwendbar. Werkzeugdrehzahl und Schlagkraft können durch eine Steuer-Elektronik dem zu bearbeitenden Material angepaßt werden. Nach Maschinengewicht Einteilung in leichte (1,8 – 3,0 kg), mittelschwere (4,0 – 5,0 kg) und schwere (6,0 – 12,0 kg) Bohrhämmer.

Bohrlochdurchmesser Maß, in dem das Bohrloch erstellt werden muß. Er entspricht in den meisten Fällen der Dübelbezeichnung z.B. S 8 = 8 mm Bohrerdurchmesser.

Bohrlochtiefe muß bis auf wenige Ausnahmen größer sein als die Verankerungstiefe. So ist für eventuell vorhandenes Bohrmehl oder für die über die Dübelspitze (bei Kunststoffdübeln) hinausragende Schraube Platz vorhanden und die Funktionssicherheit gewährt.

Bohrmaschine (ohne Schlagwerk) ist ein Elektrowerkzeug, das zum Bohren von Metall, Holz, Keramik, Plastik etc. sowie zum Rühren, Schleifen, Raspeln und Feilen eingesetzt werden kann. Die B. verfügt oft über eine Drehzahleinstellung sowie eine Einstellmöglichkeit für Rechts- und Linkslauf. Dadurch ist sie auch zum Schrauben verwendbar.
Es gibt ein sehr breites Spektrum verschiedener Bohrmaschinen (z.B. kabellos mit Akkuantrieb). Entsprechende Elektronikausrüstung garantiert eine stets gleichbleibende Drehzahl und einen spontanen Kraftnachschub bei Belastung. Ein regelbarer Sanftanlauf erlaubt dosiertes Anbohren bei kritischen Untergründen. Bezogen auf das zu bohrende Material wird ein umfangreiches Sortiment von Werkzeugen (Bohrern) angeboten.

Bohrmaschinenzubehör Für Bohrmaschinen gibt es reichhaltiges Zubehör wie Bohrer, Bohrständer, rotierende Raspeln, Feilen, Schleif- und Poliervorsätze, Lochsägen, Drechseleinrichtungen etc.

Bohrraspel Eine B. ist im Prinzip kein Bohrer, funktioniert aber auf die gleiche Weise. Die B. ist nicht spiralförmig aufgebaut, und die Schneiden sind auch nicht in einem bestimmten Winkel zueinander angeordnet. Sie besitzt eine Zentrierspitze, die an einem Flachstahl angebracht ist, und arbeitet nicht schneidend, sondern reibend auf der Arbeitsoberfläche. Geeignet zum Herstellen kleinerer Löcher in Holz. Vorteil: billiger als herkömmliche Spiralbohrer. Nachteil: schlechte Oberflächenqualität.

Bohrständer ermöglicht den stationären Einsatz von Bohr- und Schlagbohrmaschinen sowie anderen Geräten mit 43 mm Spindelhals. Der B. ist mit Hilfe eines Befestigungssatzes starr mit der Werkbank verbunden. Durch den B. ist eine exakt senkrechte Bohrrichtung gewährleistet.

Bohrverfahren unterscheidet man nach Dreh-, Hammer-, Schlag- und Diamant- oder Kernbohrverfahren.
Das B. bestimmt der Baustoff: Vollbaustoffe mit dichtem Gefüge: Schlag- und Hammerbohren. Lochsteine, Baustoffe mit geringer Festigkeit, Fliesen und Gasbeton: nur Drehgang, damit die Bohrung nicht zu groß wird und in Lochsteinen die Stege nicht ausbrechen.
Ein Tip zum Bohren ohne Schlag: Hartmetallbohrer, die man ähnlich einem Stahlbohrer scharf anschleift, bohren schneller (Karatbohrer).

Bohrwinde ist eine Handbohrmaschine mit Kurbel und Zwei-, Drei-, oder Vierbackenfutter zur Aufnahme des Bohrers. Der Stützgriff zum Auffangen des Bohrdruckes ist mit einem Kugellager ausgestattet. Durch Druck auf den Stützgriff bei gleichzeitiger Drehbewegung wird der Bohrer in das Holz vorgetrieben. Qualitativ hochwertigere Bohrwinden sind mit einer Knarre ausgerüstet, die es ermöglicht, entgegen der Bohrbewegung des Bohrers zu drehen, ohne daß sich das Werkzeug mitbewegt. Sie wird eingesetzt bei kleineren Arbeiten im Holzbereich.

Bolzenanker Schwerlastanker für extrem belastbare Befestigungen in Beton.

Bolzenschneider wird benötigt, wenn Bolzen, dicke Drähte oder Kabel etc. zu trennen sind. Dieses Werkzeug besitzt 2 keilförmige Schneiden, die beim Zusammendrücken der beiden Hebel aufeinander zugehen. Durch den langen Hebelarm des Bolzenschneiders lassen sich dickere Gegenstände ohne großen Kraftaufwand zerteilen.

Brandschutz Der vorbeugende B., der in den Landesbauordnungen geregelt ist, stellt u.a. Anforderungen an den Feuerwiderstand von Bauteilen. Dieser wiederum ist abhängig von der Baustoffklasse der verwendeten Baustoffe und ihrer Schichtdicke. Die Bezeichnungen für die Feuerwiderstandsdauer, z. B. F 30, F 60 oder F 90, geben an, wie lange das Bauteil einem Feuer widerstehen kann (30, 60 oder 90 Minuten). Für private Ein- oder Zweifamilienhäuser existieren kaum Auflagen für den vorbeugenden Brandschutz.

Brandschutzdecke Deckenkonstruktionen aus nicht- oder schlecht brennbaren Materialien wie z.B. abgehängte Decken aus Gipskarton-Feuerschutzplatten an einer Stahlträger-Stahlbetonkonstruktion. Kennzeichnung nach Dauer des Feuerwiderstandes; z.B. F 90 für einen 90minütigen Widerstand.

Brandschutzwand Wandkonstruktionen aus nicht brennbaren Materialien; z.B. nichttragende Trennwände mit beidseitiger Feuerschutzbeplankung aus Gipskartonplatten. Brandschutzwände sind oftmals gefordert bei Treppenhäusern und Fluren zur Sicherung der Fluchtwege.

Bitte lesen Sie weiter auf Seite 49

Richtig bohren

Kein Durchkommen und anschließend ein stumpfer Bohrer? Wir zeigen Ihnen, welcher Bohrer mit welcher Drehzahl „paßt“ und geben Tips für Löcher aller Art

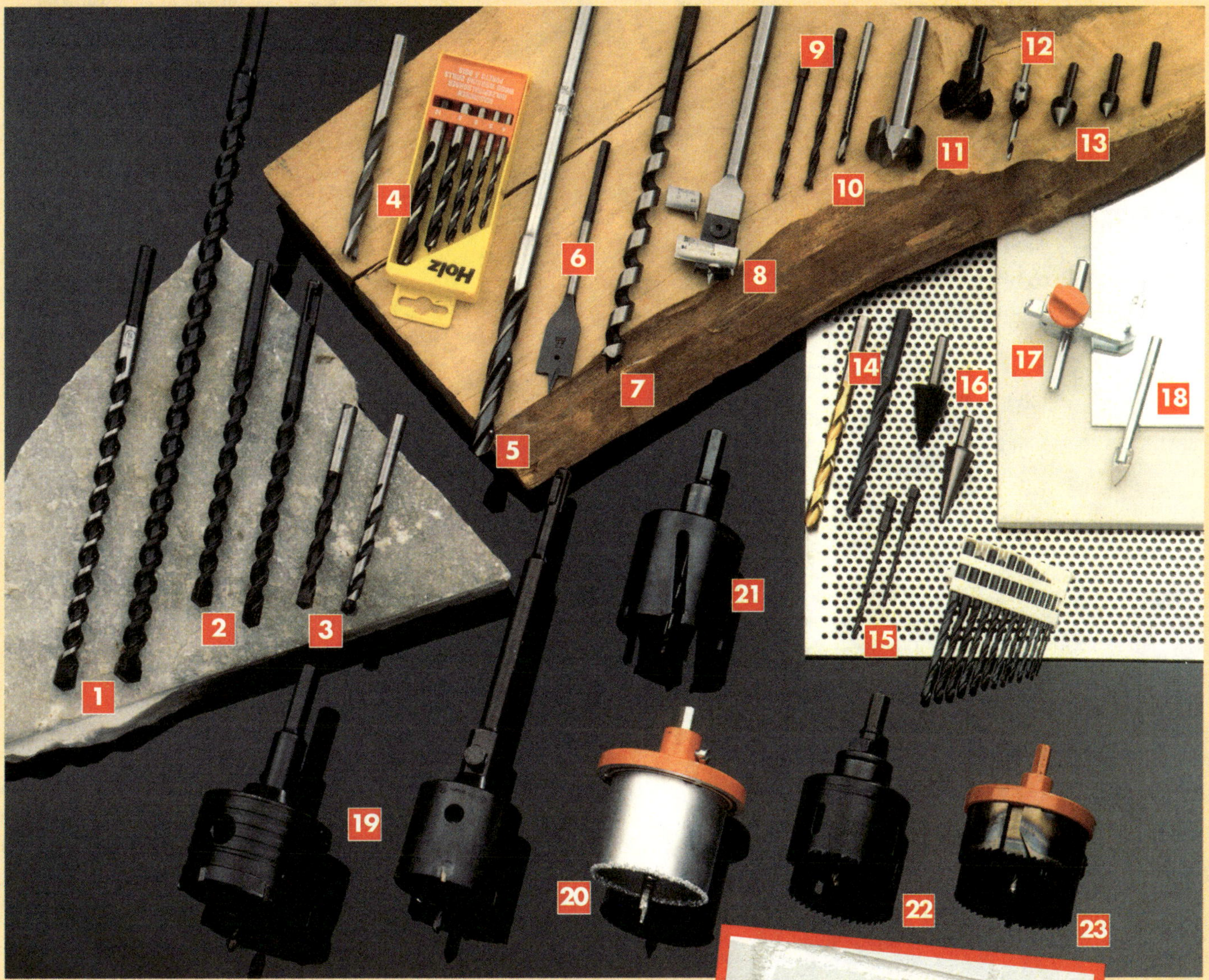

Foto: Archiv, Zeichnungen: Gerd Anthony

Bohrende Werkzeuge für den Maschineneinsatz: 1 Mauerbohrer (rechts langes Exemplar für Durchbrüche); 2 Hammerbohrer (rechts mit SDS-Aufnahme); 3 Steinbohrer; 4 Holzbohrer; 5 Schalungsbohrer; 6 Flachfräsbohrer; 7 Balkenbohrer, auch Schlangenbohrer genannt; 8 Zentrumsbohrer mit verschiedenen verstellbaren Klingen; 9 Holzbohrer mit Bit-Aufnahme (für Akkuschrauber-Einsatz); 10 Fräsbohrer; 11 Forstnerbohrer; 12 Vorbohrer mit Senker; 13 Senker; 14 HSS-Bohrer für Metalle (links mit Titanbeschichtung); 15 HSS-Bohrer mit Bit-Aufnahme; 16 Lochfräser; 17 Fliesenlochschneider; 18 Glasbohrer; 19 Bohrkronen für den Hammerbohrbetrieb (rechts mit SDS-Werkzeugaufnahme); 20 Bohrkranz, HM-bestreut; 21 HM-besetzte Universal-Lochsäge; 22 Bi-Metall-Lochsäge; 23 Lochsäge mit Schnellwechsel-Einsätzen

Spezielle Ansatzlehren sollen exakte Löcher ermöglichen – sinnvoll ist dazu auch der Einsatz eines Bohrmobils

1. Bohrerarten

Gebohrt wird mit dem Bohrer – doch mit welchem? Grundsätzlich kann man zwei Typen von Geräten unterscheiden, entsprechend zweier unterschiedlicher Bohrverfahren. Holz, Metalle und Kunststoffe werden mit einer schneidenden Spitze gebohrt; in Stein und Beton dagegen wird der Bohrer durch Zertrümmerung (meist mit Schlag) vorangetrieben.

Schlag-Bohrer →

Diese für Schlag ausgelegten Bohrer erkennen Sie an einer vorn angefügten, oft überstehenden Schneide aus besonders gehärtetem Stahl, meist HSS.

Schneid-Bohrer →

Bohrer für den schneidenden Einsatz tragen vorn Zentrierspitzen (Holzbohrer) oder eine spitze Schneide (Metallbohrer, 1.1).

Für den Einsatz in Bohrmaschinen geeignete Bohrer haben meist einheitliche Spitzen- und Hinterschliff-Winkel (1.2). Die Qualität wird durch Werkstoff und Zentriergenauigkeit bestimmt.

2. Bohrverfahren

Generell unterscheidet man drei Grundtypen von Bohrverfahren.

Drehbohren →

Beim schneidenden Bohren wird der Bohrer nur gedreht – das kann praktisch jedes Bohrgerät. Je nach Material wird die Maschine dabei mehr oder weniger stark in Bohrrichtung auf das Material gedrückt. Die sich drehende Bohrwendel transportiert das von der Schneide abgelöste Material aus dem Bohrloch kontinuierlich nach hinten (2.1).

Schlagbohren →

Harte, aber poröse Baustoffe wie Stein und Zement werden besser mit Schlag bearbeitet. Zur Drehbewegung kommen hier schnelle Schläge hinzu, die durch einen kräftigen Anpreßdruck auf die Bohrmaschine unterstützt werden müssen. Nach diesem Prinzip arbeiten die Schlagbohrmaschinen (2.2).

Hammerbohren →

Für Beton wurde das Hammerbohren entwickelt, bei dem die sich drehende Bohrerspitze mit längeren, starken Schlägen in das Bohrloch gestoßen wird. Dieses Verfahren ist nur mit speziellen Geräten („Bohrhammer“, 2.3) möglich. Dieses Verfahren ist in Beton deutlich effektiver als das Schlagbohren.

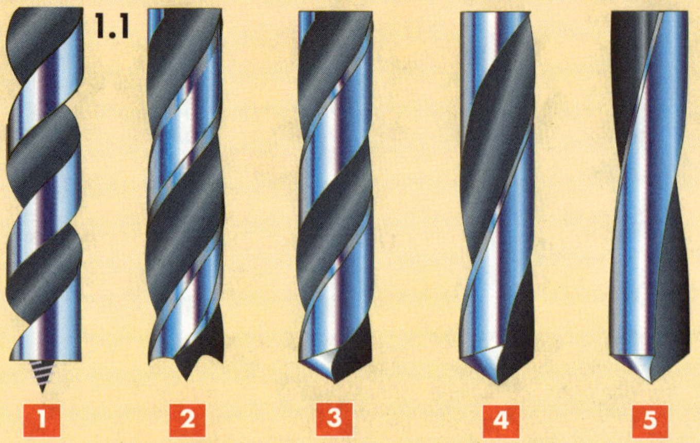

Balkenbohrer mit kleinem Vorbohrer (1); Holzbohrer mit Zentrierspitze für den Maschinen-Einsatz (2); Metall-Spiralbohrer (3); Langgedrallter Spiralbohrer für harte und spröde Werkstoffe (4); Spiralbohrer mit geringer Wendelung für den (manuellen) Einsatz in Bohrwinden (5)

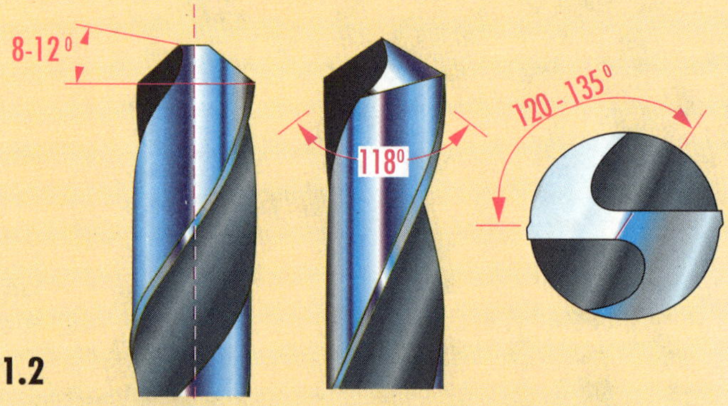

1.2

Die wichtigsten Winkel an der Bohrerspitze. Links: Hinterschliffwinkel an der Schmalseite der Bohrspitze; Mitte: Spitzenwinkel; Rechts: Versatz der Querschneide zur Hauptschneide

1.3

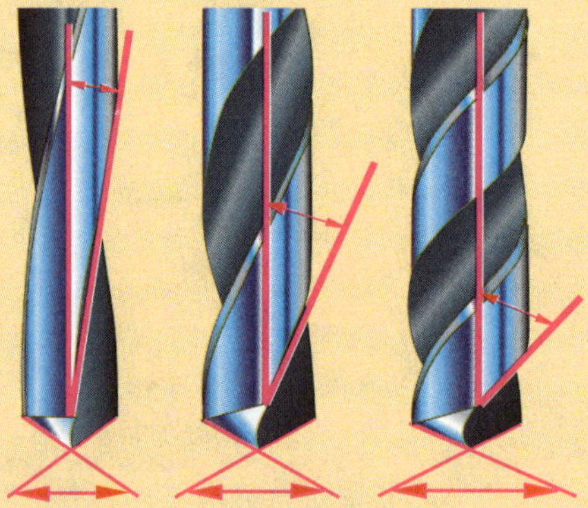

Langer Drall (links) bohrt harte und spröde Werkstoffe am besten (Kunststoffe, Messing); kurzer Drall (rechts) ist für weiche Werkstoffe gut geeignet (weiche Kunststoffe, Aluminium). Die übliche Bohrwendel sehen Sie in der Mitte

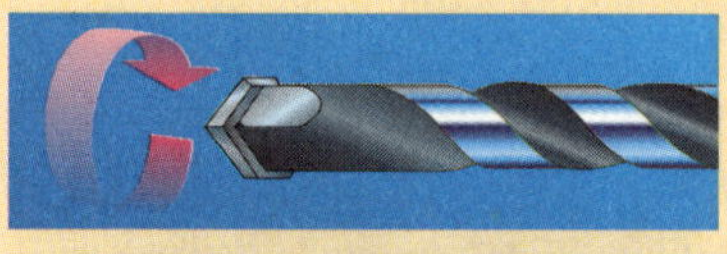

2.1 *Drehbohren: Die Bohrwendel wird nur gedreht; dabei schabt die Schneide das Material ab*

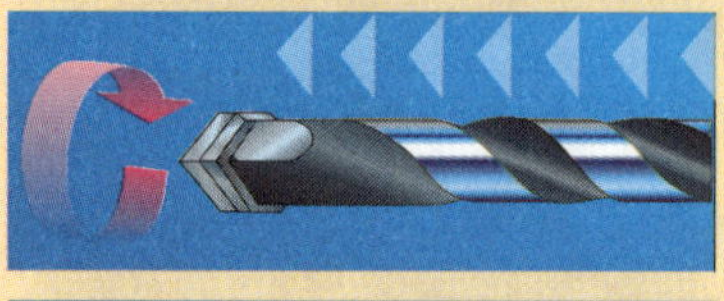

2.2 *Schlagbohren: Schnelle, kurze Schläge und Anpreßdruck unterstützen das Abtragen des Materials*

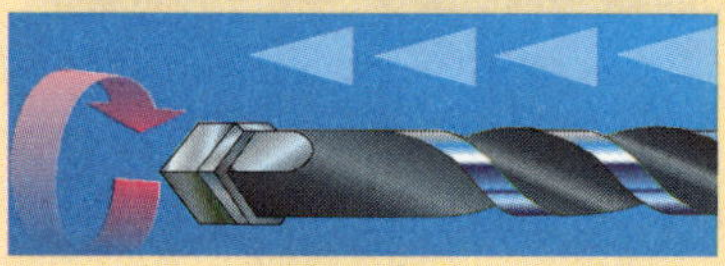

2.3 *Hammerbohren: Lange Schläge mit hoher Energie weisen gute Bohrleistungen in Stein und Beton auf*

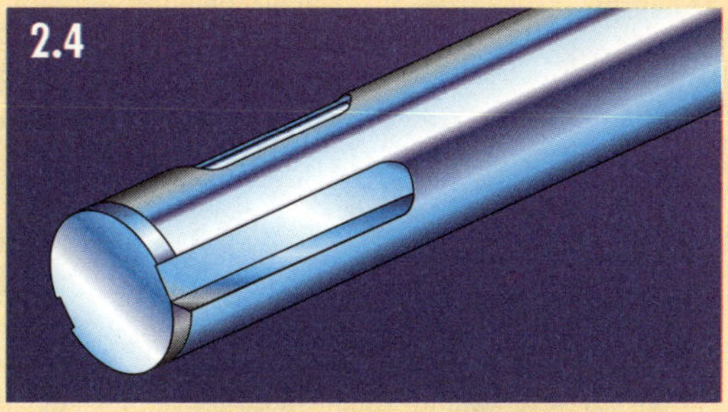

2.4

SDS-Aufnahme für Hammerbohrer. Das System erleichtert den Werkzeugwechsel, ist jedoch nur für grobe Arbeiten ausreichend präzise. SDS-plus-Bohrer haben 10 mm Schaftdurchmesser

3.1 *Damit die Bohrspitze auf hartem Material nicht abrutscht, sollten Sie mit einem Körner zentrieren. Auf Fliesen hilft ein Kreppstreifen*

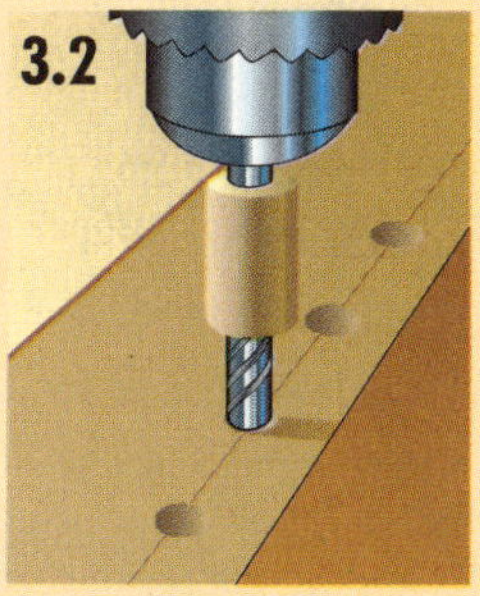

3.2

Ein durchbohrtes Rundholz erlaubt Serienbohrungen gleicher Tiefe

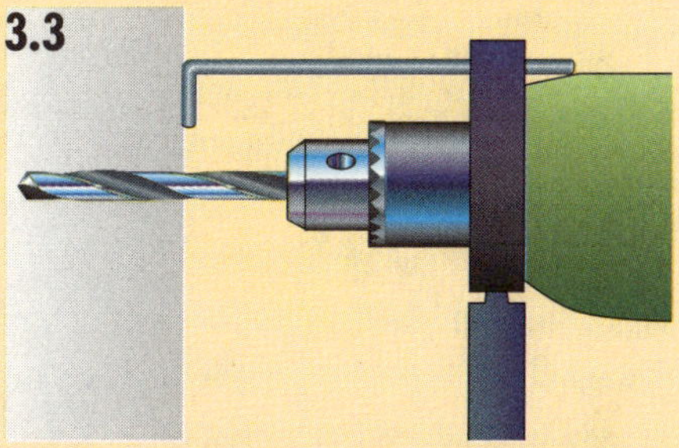

3.3

Bohrungen in Wände können Sie mit einem Tiefenanschlag am besten kontrollieren. Bei Dübellöchern ca. 1/4 Dübellänge zugeben

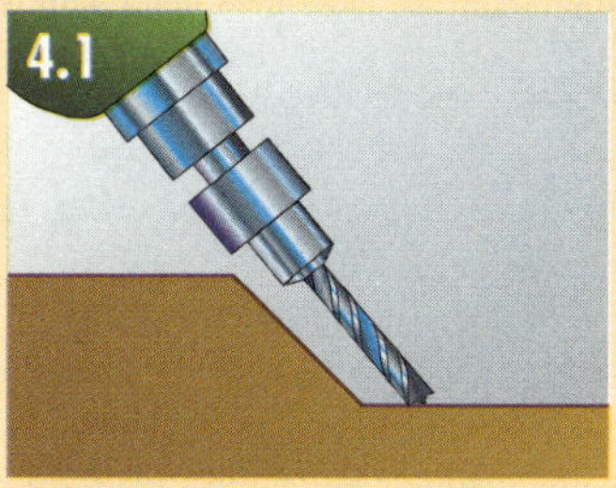

4.1

Schräg bohren: Loch zuerst gerade anbohren, dann die laufende Maschine entsprechend neigen

4.2

Große, flache Löcher können Sie notfalls mit einem Senker herstellen. Mit kleinerem Bohrer vorbohren

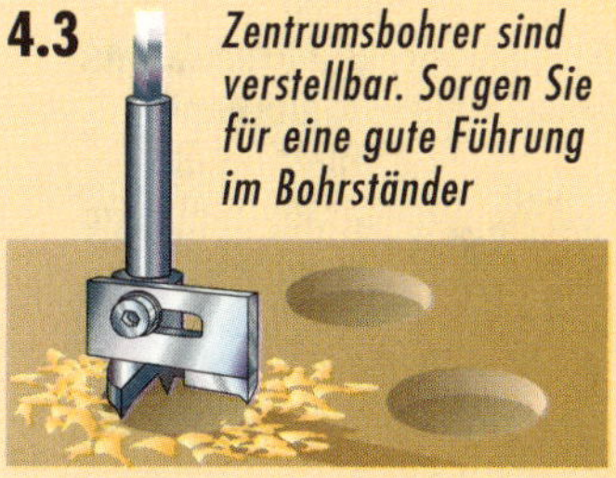

4.3 *Zentrumsbohrer sind verstellbar. Sorgen Sie für eine gute Führung im Bohrständer*

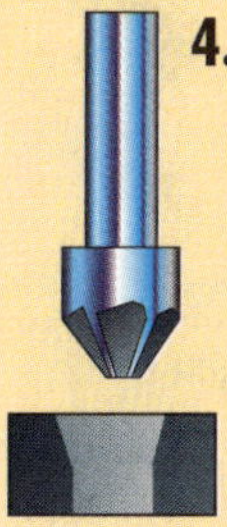

4.4 *Schraublöcher für Senkkopf-Schrauben unbedingt mit einem Senker nachbehandeln – sonst reißt das Holz beim Eindrehen auf oder wird gequetscht*

SDS-Aufnahme

Geräte zum Hammerbohren haben in der Regel eine spezielle Werkzeugaufnahme, in die nur dafür geformte Bohrerschäfte passen. Durchgesetzt hat sich die sogenannte SDS-Aufnahme, die es in zwei Größen gibt: SDS-plus mit 10 mm Schaftdurchmesser für kleinere Maschinen, SDS-max mit 18 mm Schaftdurchmesser für schwere Bohrhämmer (2.4).

3. Hilfsmittel

Körnen

Damit die Bohrerspitze auf glatten Materialien (Metall, Kunststoff) Halt findet, sollten Sie die Bohrstelle zunächst ankörnen. Dazu mit einem spitzen Körner eine Vertiefung in das Material treiben, in der die Bohrerspitze angesetzt werden kann (3.1). Auf empfindlichen Materialien (Glas, Keramik) statt dessen einen Kreppstreifen auf der Bohrstelle anbringen, der ebenfalls ein „Ablaufen" der sich drehenden Spitze des Bohrers verhindert.

„Ablaufen" verhindern

Bohren mit definierter Tiefe

Als Tiefenbegrenzungen können Sie entweder einen entsprechend durchbohrten Holz-Rundstab auf den Bohrer aufstecken (3.2) oder die Tiefe auf dem Bohrer mit einem Klebestreifen markieren oder – präziser – mit einem an der Bohrmaschine montierten Tiefenanschlag arbeiten (3.3). Bohrständer und -mobile bieten ebenfalls einen exakten Tiefenanschlag.

4. Arbeitstechniken

Bohrbeginn

Setzen Sie die Bohrspitze grundsätzlich senkrecht zur Materialoberfläche an, und starten Sie erst dann den Motor – wenn möglich mit Sanftanlauf. Erst wenn die Bohrerspitze festen Halt im Material gefunden hat, Druck auf die Maschine ausüben. Soll das Loch in schrägem Winkel zur Materialoberfläche eingebracht werden, den Bohrer dennoch zunächst senkrecht ansetzen und erst dann entsprechend neigen, wenn die Bohrerspitze Halt im Material gefunden hat – sonst würde die Bohrerspitze abgleiten und die Oberfläche beschädigen (4.1).

Angewinkelte Bohrung setzen

Große Bohrdurchmesser können Sie außer mit den recht teuren Forstner-Bohrern auch mit Flachfräsbohrern oder mit einstellbaren Zentrumsbohrern einbringen; sehr

Schraubenköpfe versenken

Holzmaterial durchbohren

Rundmaterial sichern

Schraubmuttern versenken

Arbeit mit dem Bohrständer

Kühlmittel

flache Bohrungen zur Not mit einem Senker (4.2, 4.3). Verwenden Sie bei großen Durchmessern am besten einen Bohrständer.

Sollen Schrauben in einer Holzoberfläche versenkt werden, arbeiten Sie die Form des Schraubenkopfes mit einem Senker nach – sonst entstehen Risse entlang der Maserung, oder die Oberfläche splittert (4.4).

Soll ein Holzbrett komplett durchbohrt werden, so müssen Sie von beiden Seiten arbeiten oder ein Restholz unterlegen, da der durchstoßende Bohrer das Bohrloch an der Unterseite großflächig ausreißen würde (4.5). Arbeiten Sie in Holz stets mit der größtmöglichen Drehzahl und geringem Anpreßdruck, damit das Bohrloch sauber ausgeschnitten wird.

Rundmaterial sollten Sie gegen Verdrehen und Abrollen sichern, denn der rotierende Bohrer gleitet besonders leicht von gewölbten Oberflächen ab. Es genügt hier jedoch, wenn der Rundstab in eine Nut oder Hohlkehle gedrückt wird (4.6).

Für versenkte Schraubenköpfe arbeiten Sie zunächst mit dem Bohrer, dann mit dem Senker. Soll eine Verschraubung mit Rundkopfschraube oder Schraubmutter versenkt angebracht werden, stellen Sie hingegen zunächst die Versenkung mit Flachfräsbohrer oder Forstner-Bohrer her. Erst dann bohren Sie an der durch den Zentrierstift markierten Stelle das Schraubloch. Würden Sie zuerst das Loch bohren, hätte der großformatige Forstner-Bohrer keine Führung durch den Zentrierstift und könnte selbst bei der Arbeit mit einem Bohrständer abrutschen (4.7)

Saubere Bohrungen in Holz erreichen Sie am besten mit einem Bohrständer (4.8). Vor allem bei größeren Durchmessern gewährleistet dieser außer einer exakten Führung eine gute Sicht auf die Bohrstelle und eine gute Kontrolle über den Bohrfortschritt. Spannen Sie das Werkstück, je nach Größe, am Maschinentisch oder auf der Unterlage fest. Da Sie die Bohrmaschine nicht halten müssen, ist auch die für harte Materialien nötige Zugabe von Kühlmitteln einfacher. Nutzen Sie für Acrylglas Testbenzin als Kühlmittel, für Aluminium und

4.5

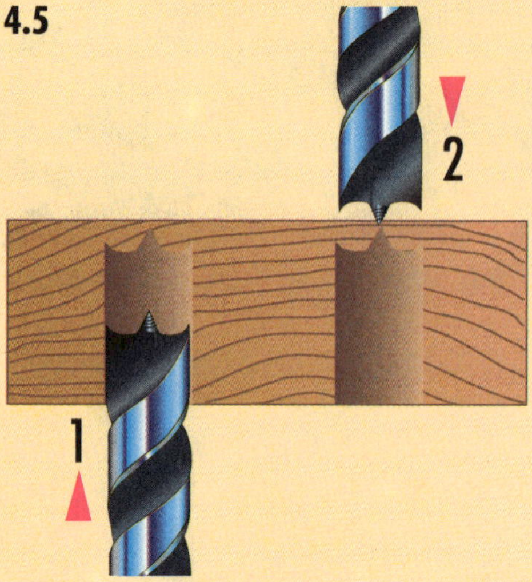

Wird Holz einseitig durchbohrt, reißt es an der Austritts-Stelle unweigerlich aus. Bohren Sie mit einem Holzbohrer zunächst so tief, bis dessen Zentrierspitze die Unterseite durchdringt. Dann von der Gegenseite durchbohren. Oder legen Sie ein Brettrestchen unter

4.6

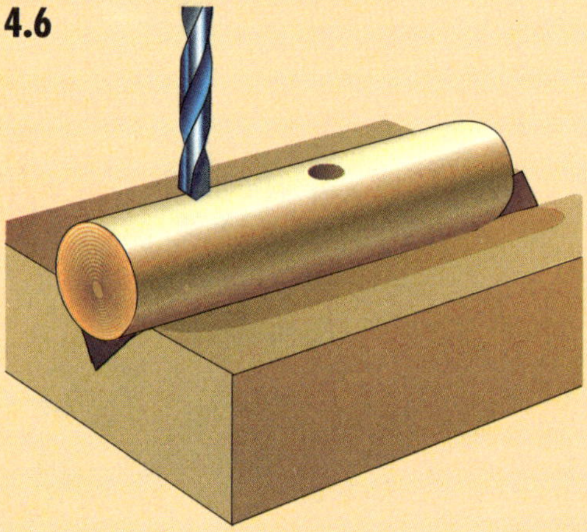

Rundmaterial am besten in einen Schraubstock einspannen. Ist keiner vorhanden, das Rundholz in einer Falz eingeklemmt halten – sonst schiebt der sich drehende Bohrer den Stab aus seiner Position

4.7

Soll der Kopf einer Rundkopfschraube oder eine Mutter versenkt werden, zunächst mit einem Forstnerbohrer die Versenkung für den Kopf bohren – sonst findet später dessen Zentrierspitze keinen Halt

4.8

Arbeiten mit großen Durchmessern am besten mit einem Bohrständer oder Bohrmobil einbringen. Dies gilt besonders bei Bohrungen für Topfbeschläge, denn dabei kommt es auf eine exakt rechtwinklige Führung an

Für größere Bohrdurchmesser in Fliesen ist ein Bohrständer Voraussetzung. Je größer der Radius des Lochs ist, desto geringer sollte die Drehzahl sein – mit dem gezeigten Werkzeug auf jeden Fall deutlich unter 100 Umdrehungen pro Minute

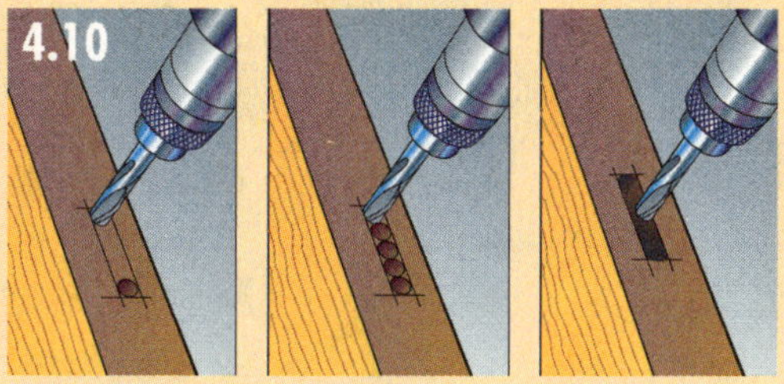

Langloch bohren: Zunächst die begrenzenden Bohrungen einbringen, dann Loch an Loch setzen und zuletzt in Querbewegung ausfräsen

4.11

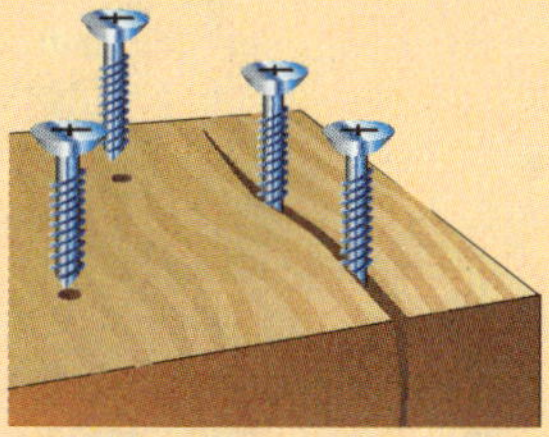

Vorbohren vermeidet das Reißen entlang der Holzmaserung. Noch besser ist es, die (vorgebohrte) Schraubverbindung versetzt anzubringen

Einfache Stein- und Metallbohrer können Sie selbst nachschleifen. Spezielle Lehren sorgen für den richtigen Winkel an der Schleifscheibe und erleichtern die Handhabung auch dünner Bohrer

Mit einem solchen Bohrmaschinen-Vorsatz wird die Handhabung noch einfacher – und sicherer. Mit diesem Gerät gelingt auch der richtige Hinterschliff-Winkel wie von selbst. Holz- und Spezialbohrer lassen sich jedoch nur mit aufwendigem Gerät schärfen

Drehzahlen

Stahl eine spezielle Bohremulsion (Werkzeug-Fachhandel) und für Glas und Fliesen eventuell Wasser. Während für Holz und Holzwerkstoffe die maximale Drehzahl gewählt wird, sollten Sie bei hartem Material zurückschalten: Acrylglas bohren Sie am besten bei Drehzahlen zwischen 600 und 2000 Umdrehungen pro Minute (je kleiner der Durchmesser, desto höher die Drehzahl). Stahl und Aluminium bei rund 2000 U/min und Fliesen bei etwa 100 U/min bearbeiten, bei der Arbeit mit einem Lochschneider (4.9) möglichst noch weniger.

Bohrungen in Glas

Gerade bei Bohrungen in Glas sollten Sie Geduld haben: Da Sie hier nicht aufdrücken können (Bruchgefahr!), muß sich der Glasbohrer eine ganze Weile drehen, bis der Werkstoff klein beigibt.

Fräsen mit dem Bohrer

Mit Bohrern können Sie auch fräsen – etwa zur Herstellung von Langlöchern (4.10). Sie nutzen dabei den Anschliff der Bohrwendel, der bei Holzbohrern ein sauberes Bohrloch fördert. Freilich dürfen Sie die Querbelastung der Wendel nicht zu weit treiben, da das Werkzeug sonst abbricht. Mehr Materialabtrag erreichen Sie mit speziellen Fräsbohrern, deren Flanke für diesen Zweck gerippt ist (siehe Übersicht, Nr. 10).

5. Schärfen

Nur schneidende Bohrer schärfen

Bei den schneidenden Bohrern ist die Schärfe der Schneidklinge von entscheidender Bedeutung. Alle Bohrer ohne Zentrierspitze können Sie recht einfach nachschleifen. Nutzen Sie dafür konstruierte Lehren an einem rotierenden Schleifstein, wie er auch für Messer oder Beitel verwendet wird (5.1) oder benutzen Sie spezielle Vorsatzgeräte für die Bohrmaschine, in denen die Schleifscheibe bereits eingebaut ist (5.2).

Besser unpräzise als stumpf

Auch wenn der Schleifwinkel aufgrund einer geringen Schneidengröße nicht exakt eingehalten werden sollte, ist ein nicht präzise angeschliffener Bohrer immer noch besser als ein stumpfer.

Schlagbohrer nicht schleifen

Bohrer, die mit Schlag arbeiten, benötigen keinen Anschliff. Hier arbeitet die Bohrspitze eher wie ein Meißel – eine scharfkantige Schneide würde angesichts der Kräfte im Bohrbetrieb sogleich wieder stumpf werden. *[pb]*

PKS 66

TECHNIK-LEXIKON

Hand-kreissägen

Mit schnellem, exakt geradem Schnitt macht sich die Handkreissäge im Hobykeller unentbehrlich. Wir zeigen die Technik, wichtige Ausstattungen – und über 70 Geräte

Kreissägen können natürlich keine Kreise sägen – vielmehr sind bei ihnen die sägenden Zähne auf der namengebenden Kreisbahn angeordnet. Den Vorteil dieser Konstruktion erkannte man bereits um 1800 – denn mit der „endlosen“ Anordnung der Sägezähne an einer Scheibe sind exakt gerade, ausrißarme Schnitte möglich. Das Sägeblatt fungiert dabei als Schwungscheibe für einen gleichmäßigen Antrieb und erleichtert durch die im Schnittkanal liegende Blattfläche eine gute Führung der Säge im Material.

So richtig rund gings allerdings erst nach Erfindung des Elektromotors. Die kreisrunde Antriebsbewegung kann mit einfacher Untersetzung leicht elektrisch erzeugt werden – kein Wunder, daß die Handkreissäge nach der Bohrmaschine in den zwanziger Jahren eins der ersten elektrischen Handwerkzeuge war. Die Bauform blieb bis heute im wesentlichen erhalten, technische Innovationen galten eher der Sicherheit als dem technischen Prinzip. Als herausragende Innovation

Robuste Technik mit Biß

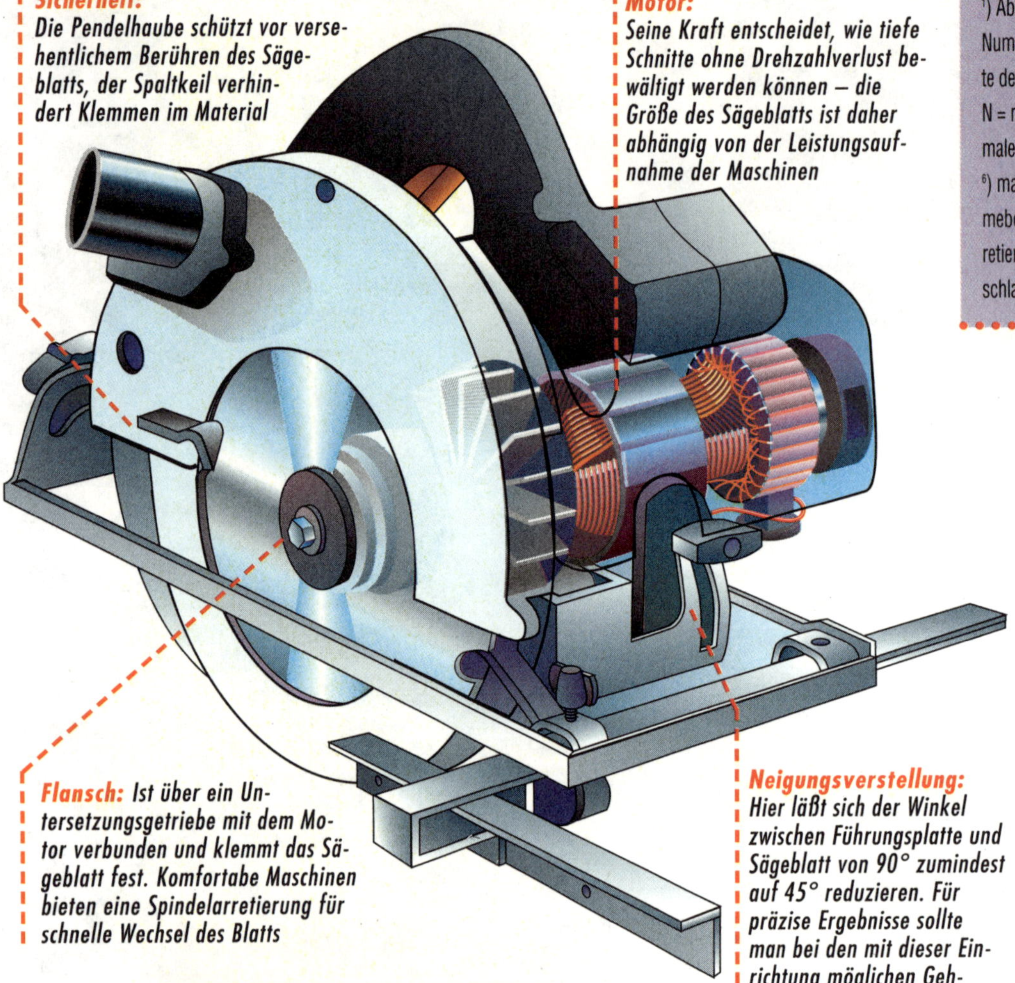

Sicherheit: *Die Pendelhaube schützt vor versehentlichem Berühren des Sägeblatts, der Spaltkeil verhindert Klemmen im Material*

Motor: *Seine Kraft entscheidet, wie tiefe Schnitte ohne Drehzahlverlust bewältigt werden können – die Größe des Sägeblatts ist daher abhängig von der Leistungsaufnahme der Maschinen*

Flansch: *Ist über ein Untersetzungsgetriebe mit dem Motor verbunden und klemmt das Sägeblatt fest. Komfortabe Maschinen bieten eine Spindelarretierung für schnelle Wechsel des Blatts*

Neigungsverstellung: *Hier läßt sich der Winkel zwischen Führungsplatte und Sägeblatt von 90° zumindest auf 45° reduzieren. Für präzise Ergebnisse sollte man bei den mit dieser Einrichtung möglichen Gehrungsschniten am besten eine Sägeschiene nutzen*

Um den Umfang der Tabelle zu begrenzen, haben wir mit Abkürzungen gearbeitet. Hier finden Sie ihre Bedeutung:
[1]) Abbildung: Nicht alle Geräte konnten wir im Foto zeigen, die mi Nummern versehenen Maschinen repräsentieren bauähnliche Ge te des Herstellers [2]) Aufnahmeleistung in Watt; [3]) Gerätetyp: N = normale Kreissäge, T = Tauchsäge, KS = Kettensäge; [4]) maximale Schnitt-Tiefe in mm; [5]) Sägeblatt-Durchmesser in mm; [6]) maximal mögliche Winkeleinstellung des Sägeblatts; [7]) Aufnah mebohrung des Sägeblatts in mm; [8]) Elektronik (• = ja) / Spindela retierung zum Wechsel des Sägeblatts (• = ja); [9]) PA = Paralellan schlag; *) ungefährer Endverkaufspreis mit Mehrwertsteuer in M

kann allenfalls die Elektronik einiger Geräte betrachtet werden, mit der die Rotationsgeschwindigkeit des Sägeblatts herabgesetzt werden kann.
Damit bei dem für Kreissägen berühmten schnellen Schnitt alle Finger des Benutzers an Ort und Stelle bleiben, sind Sicherheitsausstattungen wie Pendelhaube und Spaltkeil bei jeder modernen Maschine Standard. Die Pendelhaube deckt das Blatt der Säge komplett ab und gleitet automatisch zurück, sobald sich die Zähne in das Material vorarbeiten. Der starre Spaltkeil hinter dem Sägeblatt verhindert, daß sich die zertrennten Materialhälften hinter der Maschine wieder zusammenziehen und das Sägeblatt dabei einklemmen – denn dann könnte die gesamte Maschine nach oben aus dem Schnitt herausgestoßen werden.
Die zum Teil erheblichen Preisunterschiede zwischen den Maschinen sind nicht etwa auf deren unterschiedlich starke Motorisierung zurückzuführen, sondern eher auf den Grad der Präzision, mit der sich die Drehbewegung der Sägezähne in das gewünschte Schnittergebnis umwandeln läßt.
Leichtgängige, exakt einstellbare Verstellmechanismen für Neigung und Sägetiefe beeinflussen das Arbeitsergebnis

Parralelanschlag

Dieses Zubehör gehört zu jeder Handkreissäge und ermöglicht gerade Schnitte mit Bezug auf eine (nicht allzu weit vom Schnitt entfernte) Werkstück-Kante. An Art und Ausführung des Anschlags läßt sich auf den ersten Blick erkennen, wie es wohl um die Präzision des gesamten Geräts bestellt ist: Einfache Baukreissägen (zu erkennen auch am meist montierten grobzähnigen Sägeblatt) warten oft mit einem recht dünnen Metallbügel auf, der mit kurzem Anschlagblech nur eine grobe Seitenführung erlaubt (links). Mit dieser Ausstattung lassen sich Zaunlatten oder Schalungsbretter ausreichend genau zusägen, für den Möbelbau sollten Sie sich auf diese Mindest-Technik jedoch nicht einlassen. Präzisere Führung können Sie dagegen von einem Anschlag erwarten, der mit einem stabilen Profileisen oder einer Rundstange an der solide gearbeiteten Führungsplatte der Maschine befestigt wird und idealerweise sowohl vor als auch hinter der Maschine einstellbar ist (rechts). Eine gut ablesbare Skala sollte eine exakte Einstellung des Schnittabstands ohne Zuhilfenahme eines Maßstabs ermöglichen. Nur eine Führungsschiene als Zubehör erlaubt dann eine noch genauere Festlegung des Schnittverlaufs.

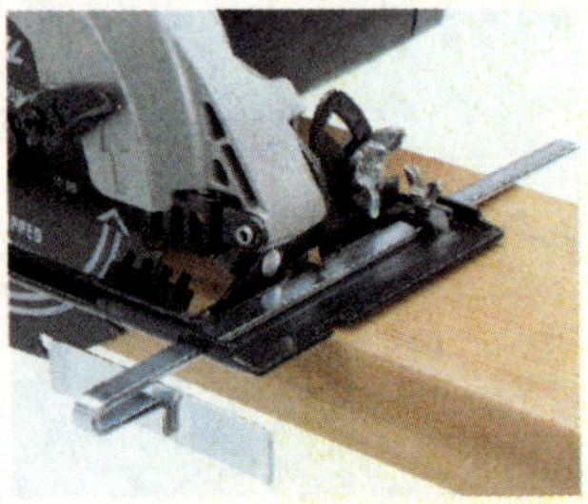

Eine Elektronik hält Reserven für hohe Belastungen vor und erlaubt eine Drehzahlabsenkung für empfindliche Materialien

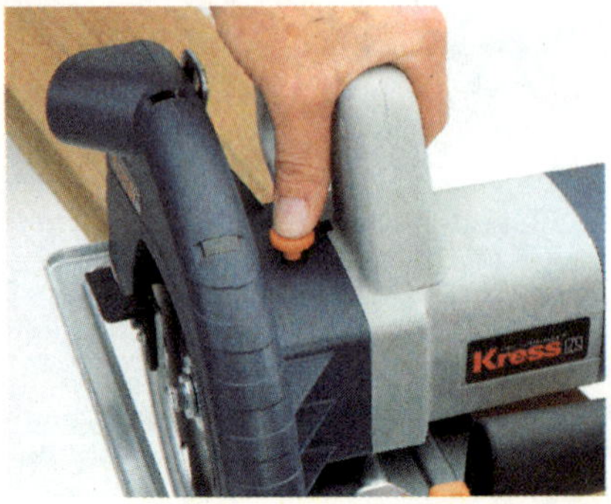

Praktisch, wenn Sie oft unterschiedliche Materialien (mit verschiedenen Sägeblättern) bearbeiten wollen: Eine Spindelarretierung erleichtert den Blatt-Austausch

Linientreu und schnittig: Marktübersicht Handkreissägen (Teil 1)

Hersteller	Typ	Abb.[1])	Leistg.[2])	Typ[3])	S-Tiefe[4])	Blatt-Ø[5])	Säge-Δ[6])	Bohrung[7])	E/ Sp.A.[8])	Besonderheiten/Zub.[9])	Preis ca.*)
AEG	HK 46 N	1	630	N	46	152	45		–/–	PA	179,—
AEG	K 55		1010	N	55	160	45		–/–	PA	239,—
AEG	K 66		1200	N	66	190	45		–/–	PA	299,—
AEG	K 66 E	2	1350	N	66	190	45		•/–	PA	369,—
AEG	HK 75 A		1400	N	75	210	45		–/–	PA	449,—
Black&Decker	KS 840 QS	3	550	N	40	140	45	12,7	–/–	PA	149,98
Black&Decker	KS 855 N		1200	N	55	160	45	16	–/–	PA	199,98
Black&Decker	KS 865 KN	4	1300	N	65	184	45	16	–/–	PA, Koffer	219,98
Black&Decker	KS 865 E		1200	N	65	184	45	16	•/–	PA	249,98
Black&Decker	KS 227 QS		500	N	40		45		–/–	PA	99,98
Bosch	PKS 40	5	550	N	40	130	45	16	–/–	PA	149,—
Bosch	PKS 46		620	N	46	150	45	16	–/–	PA	189,—
Bosch	PKS 54		900	N	45	160	45	16	–/–	PA	209,—
Bosch	PKS 54 CE	6	1050	N	54	160	45	16	•/–	PA	279,—
Bosch	PKS 66		1200	N	66	190	45	30	–/–	PA	299,—
Bosch	PKS 66 CE	7	1400	N	66	190	45	30	•/–	PA	379,-
Bullcraft	CHKS 6066	8	1400	N	66	190	45	22mm	–/•	2. Sägebl., PA, Koffer	299,—
DeWalt	DW 935 K2		295 (Akku)	N	41	136	45		–/•	Lader, Zweitakku, Koffer	599,—
DeWalt	DW 62	9	1150	N	62	160	45	30 mm	–/–	PA	279,—
DeWalt	DW 86	10	1700	N	86	240	45	30 mm	–/•	PA	749,—
Elu	MH 25 K		550	T	30	100	0	12	–/–	PA	577,68
Elu	MH 151	11	850	N	50	152	45	20	–/–	PA	312,04
Elu	MH 165	12	1350	N	65	190	45	30	–/–	PA	544,04
Elu	MH 286		1800	N	86	240	45	30	–/–	PA	810,84
Festo	AP 55 EB		1200	N	55	160	45	20	•*/•	PA, Führungsschiene	680,92
Festo	AP 65 EB	13	1500	N	66	190	45	30	•*/•	PA, Führungsschiene	861,—
Festo	AP 85 EB		1800	N	85	240	45	30	•*/•	PA	904,80

ganz wesentlich – vor allem, wenn im Möbelbau Gehrungen und Nuten gefragt sind. Vorteilhaft sind hier vor allem Geräte, die sich mit einer – meist herstellerspezifischen – Führungsschiene kombinieren lassen, denn damit ist Plattenmaterial größerer Dimension besser zu bearbeiten als mit dem Parallelanschlag.
Eine erhebliche Steigerung der Einsatzbreite bringt zudem eine Elektronik: Sie hält Leistungsreserven für besonders dicke oder harte Materialien bereit und ermöglicht eine angepaßte Drehzahlreduzierung für Kunststoffe und Metall. Wer fast ausschließlich Holz sägen will, kann die Ausgabe allerdings sparen, denn Holzwerkstoffe sollten stets mit voller Kraft geteilt werden. Nicht unbedingt erforderlich ist auch eine Spindelarretierung: Zwar lassen sich mit diesem Extra die Sägeblätter leichter wechseln, doch ein in die Zahnung gesteckter Schraubendreher erfüllt den gleichen Zweck.
In höheren Preisregionen angesiedelt ist die sogenannte Tauchsäge, bei der sich das in Ruhelage oberhalb der Grundplatte liegende Sägeblatt absenken läßt: Diese aufwendigere Konstruktionsvariante ermöglicht es, den Schnitt mitten im Material zu beginnen, also förmlich in den Schnittkanal „einzutauchen“ – einige herkömmliche Sägen (mit versenkbarem Spaltkeil) erlauben dies zwar auch, jedoch verlangt das Manöver bei ihnen einige Übung.
Kreissägen fräsen sich in Sägezahnbreite durchs Material – entsprechend üppig ist der Auswurf von Sägespänen. Alle Geräte haben daher einen Anschluß zur Spanabsaugung

Scharfe Zähne in Rotation:

Einstellungs-Sache

Gehrung:
Der Winkel von Grundplatte und Sägeblatt sollte sich leicht verstellen lassen. Dennoch muß dieser Mechanismus stabil ausgeführt und gegen versehentliches Verstellen gesichert sein

Schnitt-Tiefe:
Diesen Mechanismus sollten Sie vor jedem Schnitt bedienen, um optimale Ergebnisse bei größtmöglicher Sicherheit zu erzielen – entsprechend robust sollte die Verstellung sein. Eine Skala macht die Anpassung an die Materialstärke des Werkstücks einfacher

Schnittanzeiger:
Bei fast allen Geräten ist an der Grundplatte vor dem Sägeblatt zu erkennen, wo der Sägeschnitt verlaufen wird. Allerdings ist diese „Peilung“ meist recht ungenau und zudem abhängig von Sägeblatt und Winkeleinstellung

Mehr Funktion

Spezialist für dicke Balken:
In sonst unerreichte Materialstärken dringt diese „Duosäge“ vor. Bei der Maschine läßt sich das Kreissägeblatt mit wenigen Handgriffen durch eine Kettenführung ersetzen. Dann macht sich das Gerät bei groben Schreinerarbeiten nützlich – bis 20 cm tiefe (grobe) Schnitte sind möglich

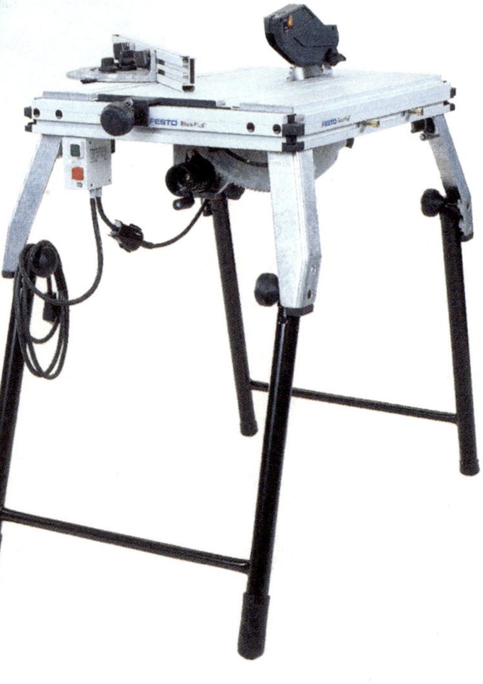

Ein Handgerät wird stationär:
Jede Handkreissäge läßt sich mit geeigneten Sägetischen stationär einsetzen. Einige Hersteller bieten hochwertige Konstruktionen, die an die Präzision aufwendiger Stationärgeräte heranreichen

Marktübersicht Handkreissägen (Teil 2)

Hersteller	Typ	Abb.[1])	Leistg.[2])	Typ[3])	S-Tiefe[4])	Blatt-Ø[5])	Säge-∆[6])	Bohrung[7])	E/ Sp.A.[8])	Besonderheiten/Zub.[9])	Preis ca.*)
Festo	ATF 55 EB	14	1200	T	55	160	45	20	•/–	PA, Führungsschiene	748,20
Festo	AT 65 EB		1500	T	66	190	45	30	•/–	PA, Führungsschiene	923,36
Holz Her	2111		800	T	42	134	45	20 mm	–/–	PA, Gleitschuh für Schiene	382,80
Holz Her	2105	15	1150	N	55	160	45	20 mm	–/•	PA, Führung für Schiene	460,52
Holz Her	2106	16	1150	T	55	160	45	20 mm	–/•	PA, Führung für Schiene	532,44
Holz Her	2103		1300	T	55	160	45	20 mm	•/•	PA, Führung für Schiene	636,24
Holz Her	2117		1700	N	65	190	45	30 mm	–/–	PA	469,80
Holz Her	2119		1700	T	65	190	45	30 mm	–/–	PA	605,52
Kress	1500 KS	17	1500	N	65	190	45	20 mm	–/•	PA	459,–
Kress	CHKS 6066	18	1400	N	66	190	45	20 mm	– •	PA, Koffer	259,–
Kress	Duo-Säge	(18)	1400	N/KS	66/200	190	45	20 mm	–/•	PA, Kettensatz	399,–
Mafell	KSP 55		1100	T	55	160	45	20 mm	–/•	PA	524,–
Mafell	KSP 85	19	1800	T	85	230	60	30 mm	–/•	PA	990,–
Makita	5603 R	20	1100	N	54	165	?	20 mm	–/•	PA	354,–
Makita	5703 R		1300	N	66	190	?	30 mm	–/•	PA	367,–
Makita	5903 R	21	2000	N	85	235	?	30 mm	–/•	PA	585,–
Makita	5103 R		2100	N	100	270	45	30 mm	–/•	PA	1039,–
Metabo	Ks 0852 S	22	800	N	52	152	45	20 mm	–/•	PA	249,–
Metabo	Ks 1266 S	23	1200	N	66	190	45	20 mm	–/•	PA	389,–
Metabo	Ks 1155 S	24	1100	N	55	167	45		–/•	PA	451,24
Metabo	Ks 1468 S		1400	N	68	190	45		–7•	PA	399,–

Heimwerker-Lexikon

Brechstangen bis Dämmschicht

Brechstangen Das etwa 50 bis 100 cm lange Eisenstück mit einem leicht gebogenen Griff wird zum Zerlegen von Holzkonstruktionen, zum Öffnen von Kisten und für viele andere Zwecke eingesetzt. Manche B. besitzen an ihrem Ende eine Öffnung, um Nägel herausziehen zu können. Je länger das Eisen ist, desto besser ist seine Hebelwirkung, desto größer aber auch die Gefahr, daß sich das Werkzeug bei zu starker Beanspruchung verbiegt.

Bretter sind rechteckige Bauholzzuschnitte, deren Abmessungen von 1,6 x 7,5 cm bis 7,5 x 30,0 cm liegen. In ihren Abmessungen gleichen sie in etwa den Bohlen. Bretter unterscheiden sich von Bohlen in deren Anwendung: Brettschalungen, Wandverkleidungen, Dach-, Decken- und Fußbodenabdeckungen, Bretterzäune, Gartenmöbel etc.

Bruchlast Last, bei der z. B. eine Dübelverbindung im Labor versagt. Um ein Versagen zu verhindern, werden die ermittelten Bruchlasten durch einen Sicherheitsfaktor geteilt.

Buche gehört zu den europäischen Laubhölzern. Das Holz der Buche weist ein hartes, festes, zähes und gleichmäßiges Gefüge auf, ist aber wenig elastisch. Bei wechselnder Feuchtigkeit ist es nicht sehr dauerhaft. Anwendung: Treppenstufen, Parkettböden, Türschwellen und Werkbänke. Als Bauholz ungeeignet.

Bügelsägen verdanken den Namen ihrer Form. Der dreiseitig gebogene Bügel besteht aus Stahlrohr oder massivem Stahl. In ihm ist ein Sägeblatt eingespannt. Die bekanntesten Bügelsägen sind Metall-, Baum- oder Laubsägen. Bei den meisten Bügelsägen hält die natürliche Spannung des Bügels das Sägeblatt straff. Die Höhe des Bügels bestimmt die maximale Arbeitstiefe. Laubsägen werden hauptsächlich für feine Bastelarbeiten in dünnen Materialien eingesetzt.

Buntlack Farbige Schlußlackierung für Holz, Metall etc. im Innen- und Außenbereich. Buntlack besteht aus Bindemittel, Lösemittel, Zusatzstoffen und farbigen Pigmenten. Die Palette der Glanzgrade reicht von Matt bis Hochglanz.

Buttering-Floating-Verfahren Methode der Fliesenverlegung, bei der der Fliesenkleber sowohl auf die Fliesenunterseite als auch auf den Untergrund aufgetragen wird. Das Buttering-Floating-Verfahren wendet man vor allem im Außenbereich an, da es ein Eindringen von Feuchtigkeit zwischen Belag und Untergrund weitestgehend verhindert.

CW-Profil Die senkrechten, C-förmigen Ständerprofile eines Wand-Metallständerwerks, an denen die Beplankung direkt mit Schnellbauschrauben befestigt wird. Die C-Profile werden an Boden und Decke in die U-förmigen Anschlußprofile eingeführt und festgeschraubt. Der maximale Achsabstand der Ständer untereinander sollte 62,5 cm nicht überschreiten (je nach Dicke der Beplankung).

CD-Profil Spezielle Profile zum Erstellen der Unterkonstruktionen einer Deckenbekleidung mit Gipskartonplatten.

Cutter siehe ‚Abbrechklingen'

Dämmschicht Mehr- oder einlagig verlegte Dämmstoffe zum Wärme-, Schall- und/ oder Brandschutz. Die Dicke der Schicht hängt davon ab, wie die Gesamtkonstruktion ausgeführt wird und welcher k-Wert (Wärmedurchlaßkoeffizient) für das Bauteil vorgeschrieben ist.

Bitte lesen Sie weiter auf Seite 53

Spurtreue Spanhuber: Marktübersicht Handkreissägen (Teil 3)

21

22

23

24

25

26

27

28

29

30

31

32

33

34

35

Hersteller	Typ	Abb.[1])	Leistg.[2])	Typ[3])	S-Tiefe[4])	Blatt-Ø[5])	Säge-∆[6])	Bohrung[7])	E/ Sp.A.[8])	Besonderheiten/Zub.[9])	Preis ca.*)
Metabo	Ks E 1678 S-Signal		1600	N	78	210	45		–/•	PA	636,84
Panasonic	EY 3503		k.A.	N	46		45		•/•	Lader, PA	695,—
Protool	CSP 55		1100	N	55	160	45	20	–/–	PA	277,24
Protool	CSP 68		1300	N	68	190	45	30	–/–	PA	416,44
Protool	CSP 68 E	25	1500	N	68	190	45	30	–/•	PA	509,24
Ryobi	W 5002	26	830	N	50	152	45	20 mm	–/–	PA	199,—
Ryobi	W 6601		1300	N	64	190	45	15,9	–/–	PA	279,—
Ryobi	W 6602	27	1500	N	65	190	45	15,9	–/–	PA	299,—
Ryobi	W 6402 NC		1450	N	62	184	45	15,9	–/–	PA	309,—
Ryobi	W 8402 NC		1750	N	84	235	45	15,9	–/–	PA	479,—
Ryobi	W 5502	28	1200	N	55	160	45	16	–/–	PA	299,—
Ryobi	W 6403 C		1500	N	61	184	45	16	–/–	PA	369,—
Ryobi	W 6610	29	1300	N	66	190	45	30	–/•	PA	399,—
Ryobi	W 8402 NCi		1750	N	84	235	45	16	–/–	PA	479,—
Skil	1850		830	N	50	152	45	20	–/–	PA	159,—
Skil	1854	30	1100	N	54	170	45	16	–/–	PA	189,—
Skil	5266	31	1250	N	66	190	45	16	–/–	PA	199,—
Skil	5140	32	500	N	40	130	45	16	–/–	PA	109,—
Skil	5566		1400	N	66	190	45	16	–/•	PA	329,—
Skil	5666		1600	N	66	190	45	16	–/•	PA	399,—
Skil	1986		1800	N	86	235	45	30	–/•	PA	499,—
Skil	2977 (Akku)		k. A.	N	24	k.A.	45	k.A.	–/•	Lader, PA	399,—
Sparky	TK 70	33	1400	N	70	200	45	30	•/•	PA	249,90
Sparky	TK 50	34	800	N	50	152	45	k.A.	–/–	PA	179,90
Uniropa	TS 1-70	35	1300	N	70	200	45	30	–/–	PA	169,95

Schutz vor scharfen Zähnen: Arbeiten Sie nie ohne Pendelschutzhaube und montierten Spaltkeil!

– allerdings hapert es mit genormten Anschlüssen für den Saugschlauch. Unbedingt empfehlenswert ist neben einem Staubsauger ein ausreichender Gehörschutz, denn schon im Leerlauf sind die Geräte nicht eben Leisetreter. Bereits beim Kauf sollten Sie Ihrer Säge außerdem vorbeugend „dritte Zähne" spendieren – denn letztlich ist die (Aus-)Wahl der richtigen Zahnung der entscheidende Faktor für gute Arbeitsergebnisse (siehe Kasten rechts). Gerade in dieser Gerätegattung zeigt sich, daß hohe Präzision ihren Preis hat: Ein Brett teilen können Sie mit einer Maschine für rund hundert Mark, für den Möbelbau sollten Sie allerdings eher einen Sägehelfer für wenigstens den zwei- bis dreifachen Preis einkaufen. Vor allem wenn Sie Größeres vorhaben, lohnt sich ein tieferer Griff in den Geldbeutel: Eine gute Handkreissäge gibt mit einem passenden Sägetisch nämlich zusätzlich eine ganz passable Tischkreissäge ab und kann dann mit so manchem Stationärgerät mithalten. □

Immer das richtige Sägeblatt

***CV-Stahl:** Das Sägeblatt ist aus einem Stück, die Zähne sind geschränkt. Diese Blätter eignen sich nur für relativ weiches Material*

***Flachzahn:** Die hartmetallbestückten Zähne sind stets gleich ausgerichtet, jeder Zahn schneidet. Hiermit sägt man Langholz*

***Wechselzahn:** Glatte Schnitte auch im Querholz erlaubt diese Geometrie: Die Zähne tragen abwechselnd auf den Seiten des Schnittkanals Material ab*

***Trapez-Flachzahn:** Kanten (Trapez) und Ecken (Flach) werden im Schnittkanal abwechselnd abgetragen. So können harte Materialien sauber gesägt werden*

Wie schnell sich Materialien sägen lassen und wie gut die Sägestelle dann hinterher aussieht, ist ganz wesentlich abhängig von der Verwendung des passenden Sägeblatts. Generell gilt, daß die Schnittgüte mit steigender Zahnzahl des Blatts zunimmt – allerdings sinkt dafür in der Regel die Schnittgeschwindigkeit. Zwei grundsätzliche Typen von Sägeblättern finden Sie im Zubehör-Regal: Blätter aus Chrom-Vanadium (CV, 1) sind besonders preiswert zu haben, allerdings können sie nicht in jeder Handkreissäge eingesetzt werden (Gebrauchsanleitung lesen!). Der relativ niedrige Preis dieser geschränkten Sägeblätter wird mit geringerer Standzeit erkauft, Vorteilhaft sind allerdings die in Massivholz und Tischlerplatten recht guten Schnittergebnisse und die vergleichsweise kleine Schnittbreite. Alle anderen Sägeblätter sind an den Sägezähnen mit Hartmetallplättchen bestückt, die einen breiteren Schnittkanal hervorrufen. Sind die Sägezähne wechselweise als Flach- und Trapezzahn ausgeführt, so lassen sich auch harte Hölzer und Metalle gut sägen (2), Wechselzahn-Sägeblätter eignen sich für alle Holzwerkstoffe und bieten je nach Sägezahnzahl mehr (3) oder weniger (4) hohe Schnittgüte. Achten Sie beim Kauf von Ersatzblättern neben Durchmesser und Aufnahmebohrung auch auf die Zahl der Zähne (nach der Bezeichnung Z auf dem Blatt aufgedruckt). Schließlich dürfen Sägeblatt und dessen Zähne nicht schmaler sein als der Spaltkeil, denn sonst würde dieses Teil ja gerade das tun, was es verhindern soll – nämlich klemmen.

Sägeblatt richtig einstellen:

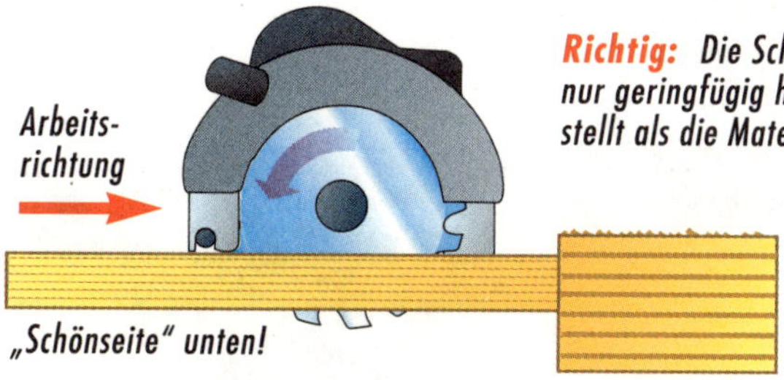

***Richtig:** Die Schnitthöhe ist nur geringfügig höher eingestellt als die Materialdicke*

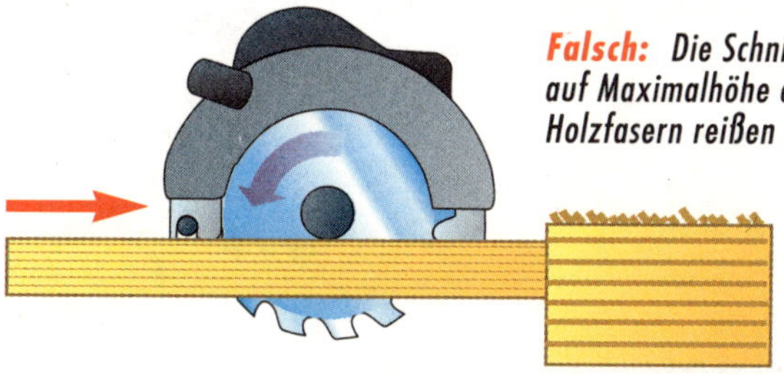

***Falsch:** Die Schnitthöhe ist auf Maximalhöhe eingestellt, Holzfasern reißen aus*

Das Sägeblatt dreht sich entgegen dem Uhrzeigersinn, deshalb werden beim Sägen von Holzwerkstoffen unweigerlich einige Fasern von den im Schnittkanal nach oben laufenden Sägezähnen ausgerissen. Die Oberkante des gesägten Werkstücks wird dadurch rauh, im Extremfall wird auch die Oberfläche in Mitleidenschaft gezogen. Wie stark dieser Effekt auftritt, hängt von der richtigen Wahl des Sägeblatts ab (siehe oben), zusätzlich jedoch auch von der korrekten Einstellung der Schnitt-Tiefe. Den geringsten Außriß erreichen Sie, wenn Sie die Tiefenverstellung Ihrer Maschine so justieren, daß das Sägeblatt nur einige Millimeter unter dem Material herausragt – stellen Sie dazu das Gerät am besten neben das zu sägende Material. Nun tritt das Sägeblatt mit relativ geringem Winkel aus der Oberfläche aus. Führen Sie die Maschine beim Sägen nur mit geringem Druck nach vorn, damit die Sägezähne jeweils nur kleine Späne abnehmen. Bei elektronischer Drehzahlregelung wählen Sie für Holz stets die maximale Einstellung. Sägen Sie außerdem so, daß die spätere Sichtseite des Materials beim Schnitt unten liegt, die Späne also „verdeckt" ausreißen.

Kapp- und

Langes Holz wird quer geschnitten: Beim Ablängen leisten Kapp- und Gehrungssägen präzise Arbeit. Winklige Schnittverläufe und doppelte Gehrungen sind für diesen Maschinentyp kein Problem

Gehrungssägen

Rechte Winkel und schräge Gehrungen sind das Einsatzfeld dieser stationären Geräte – mobile Helfer für das Ablängen von Latten, Brettern, Paneelen und Balken

Ob Sie nun einen Gartenzaun bauen wollen, eine Pergola montieren oder die Verlegung von Laminat bevorsteht – immer wieder sind als Meterware gekaufte Materialien auf das rechte Maß abzulängen. Mancher Heimwerker behilft sich bei dieser Art Aufgabenstellung mit der Stichsäge oder geht gar mit dem Fuchsschwanz zu Werke – genaue Schnitte mit gleichmäßigen, sauberen Sägekanten sind mit diesen Werkzeugen jedoch kaum möglich.
Flottes Arbeiten mit exakt winkligen Abschlüssen ermöglichen Kapp- und Gehrungssägen – ein Maschinentyp, der sozusagen die Handkreissäge mit einer präzisen Führung versieht und sie damit zum Stationärgerät veredelt. Dank des soliden Maschinentischs und eines in mehreren Achsen neigbaren Gerätehalters läßt sich die Sägeblatt-Ebene in fast beliebigen Winkeln verstellen – und damit praktisch jedem gewünschten Sägewinkel exakt anpassen.
Das Material wird getrennt, indem der Motorblock mit dem Sägeblatt auf das Werkstück abgesenkt wird – das ermöglicht eine gute Kontrolle des Sägevorgangs, schränkt allerdings die Breite der zu bearbeitenden Werkstücke stark ein. Kapp- und Gehrungssägen sind deshalb leicht transportable Spezialisten für lange, schmale Werkstücke: Je größer die trennbare Breite, desto größer wird die Abmessung des Sägeblatts – und damit des Gerätes insgesamt. Selbst bei den Giganten von Elu und DeWalt bleibt es dabei – flächiges Material kann auch mit diesen Geräten nicht geteilt werden.

Stationär und doch transportabel: Kapp- und Gehrungssägen lassen sich mit einer Hand tragen und sind deshalb ideale Präzisionswerkzeuge auf der Baustelle

Heimwerker-Lexikon

Dämmstoff-Dübel bis Deckenanschluß

Dämmstoff-Dübel Kunststoffnagel mit pilzförmigem Kopf zur direkten Befestigung von Dämmstoff-Platten und -Matten an der Gebäudefassade. Die Auswahl des Dübels ist abhängig von der Art und Beschaffenheit der Dämmung und der des Verankerungsgrundes.

Dämmstoffe Materialien, die Wärmeenergie schlecht weiterleiten und deren Wärmeleitfähigkeit, nicht mehr als 0,1 W/mK beträgt (s. ‚Dehnungsfugen').

Dampfbremse Folien z. B. aus Polyethylen, Polypropylen oder Aluminium, die das Eindringen von Raumluftfeuchtigkeit in gedämmte Baukonstruktionen unterbinden. Sie werden immer an der warmen Seite der Konstruktion verlegt.

Dampfdiffusion (auch Wasserdampfdiffusion). Wanderung von Wasserdampf durch feste Stoffe aus Bereichen höheren zu Bereichen niedrigeren Dampfdrucks.

Dampfsperre im alltäglichen Sprachgebrauch häufig statt des Begriffs ‚Dampfbremse' verwendet. Geht man von der ursprünglichen Bedeutung des Wortes aus, handelt es sich aber um ein Material, das praktisch dampfdicht ist, also die Wasserdampfdiffusion durch Bauteile komplett unterbindet.

Dauerelastische Dichtmittel Elastisches Dichtungsmaterial, das in Bewegungsfugen eingesetzt wird, um spannungs- und rißfreie Dimensionsänderungen der Umgebungs-Materialien zu ermöglichen.

Dauerelastische Fuge Bewegungsfuge zwischen zwei unterschiedlichen Bauteilen

Dauerschutz-Holzfarbe schützt gegen Nässe und vermindert das Ausbleichen durch UV-Strahlen; auch innen einsetzbar. In zahlreichen wasserbasierten Farben erhältlich.

Dauerschutz-Lasur hält Holz bis zu fünf Jahren wetterbeständig. Wird in zahlreichen Holztönen angeboten.

Deckenanschluß Ausbildung des Übergangs zwischen einer leichten Ständer-Trennwand und der Decke: Zuerst Dichtband auf das Metall- oder Holzprofil kleben, dann das Profil mit Schrauben an der Decke befestigen. Oft kritischer Punkt für den erwünschten Schallschutz. Den Übergang nach dem Streichen der Wand z.B. mit Acryldichtmasse verfugen.

Bitte lesen Sie weiter auf Seite 55

TECHNIK-LEXIKON

Zwar umgehen einige Hersteller dieses Manko, indem den Maschinen sozusagen „huckepack“ noch eine kleine Tischsäge mit aufgeladen wird – doch mit einer echten Tischkreissäge kann eine solche Doppel-Konstruktion natürlich nicht mithalten.

Metabo, Elu und neuerdings auch Scheppach erweitern die Sägeleistung ihrer Maschinen, indem der Motorkopf nach vorn zum Benutzer hin ausgezogen werden kann – das Sägeblatt wird also nicht nur abgesenkt, sondern kann zusätzlich horizontal bewegt werden. Vorteil: Auch mit relativ kleinem Sägeblatt kann man recht breite Bohlen abtrennen, trotzdem bleiben die Geräte klein und leicht handhabbar.

Die Qualität einer Kapp- und Gehrungssäge erkennen Sie vor allem an der soliden Konstruktion des Motorhalters. Weil das Gerät später immer wieder am Bediengriff getragen wird (die meisten Hersteller sehen das ausdrücklich so

Anmerkungen: [1]) Aufnahmeleistung in Watt; [2]) einsetzbar als: K = Kappsäge, G = Gehrungssäge, T = Tischkreissäge, R = Radialarmsäge; [3]) Tischgröße in mm (bei Nutzung als Kappsäge ohne Gehrung); [4])Sägeblatt-Durchmesser in mm; [5])Sägeleistung: Schnitt-Tiefe in mm bei geraden Schnitten; [6]) maximaler Werksstück-Durchmesser in mm bei geraden Schnitten; [7]) maximal möglicher Neigungswinkel des Sägeblatts ; [8]) Aufnahmebohrung des Sägeblatts in mm; [9])Elektronik (• = ja) / Spindelarretierung (• = ja); [10]) PA = Parallelanschlag; [11])Ungefährer Endverkaufspreis in Mark

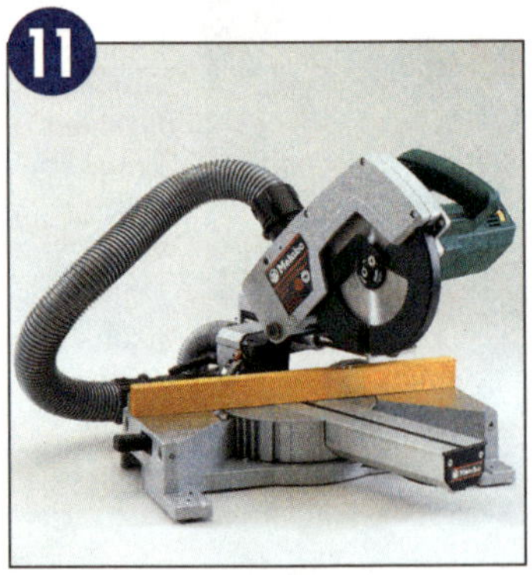

Hersteller	Typ	Abb.	Leistg.[1])	Typ[2])	Tischgr.[3])	Blatt-Ø[4])	Sä.l.[5])	Sä.d.[6])	Säge-∆[7])	Bohrung[8])	E. / Sp.A.[9])	Besonderheiten/Zub.[10])	Preis ca.[11])
Al-Ko	PRO 250 GK		1800	K, G	470 x 140	250	145	66	45	30	- / -		369,–
Black&Decker	KS 805	1	800	K, G	350 x 350	k. A.	135	55	–		– / –		249,98
Black&Decker	KS 810 A		1050	K, G	350 x 350	k. A.	135	55	45	?	– / –		369,98
Bullcraft	TKG 250	2	990	K,G,T	320 x 440	250	?	110	45	30	– / –	2 Verlängerungen, PA	499,–
DeWalt	DW 705	3	1500	K, G	k. A.	305	210	100	48	30	– /–		998,–
DeWalt	DW ,710	4	1000	K, G, T	k. A.	250	135	65	45	30	– / –	PA	759,–
Einhell	KGS 205		800	K, G	140 x 275	205	120	55	45	18	– / –		k. A.
Einhell	KGTN 245		1300	K, G, T	150 x 460	250	150	70	45	20	– / –	PA	k. A.
Einhell	KGTN 250		1200	K, G, T	150 x 460	250	150	105	45	20	– / –	PA	k. A.
Elektra Beckum	KS 210 HM plus	5	1200	K, G	160 x 390	210	130	54	45	18	– / –	Staubsack	249,–
Elektra Beckum	KS 210		1200	K, G	160 x 390	210	130	54	45	30	– / –	Staubsack	379,–
Elektra Beckum	KS 250		1800	K, G	130 x 510	250	130	53	45	30	– / –	2 Tischvrl., Anschl., Staubs.	539,–

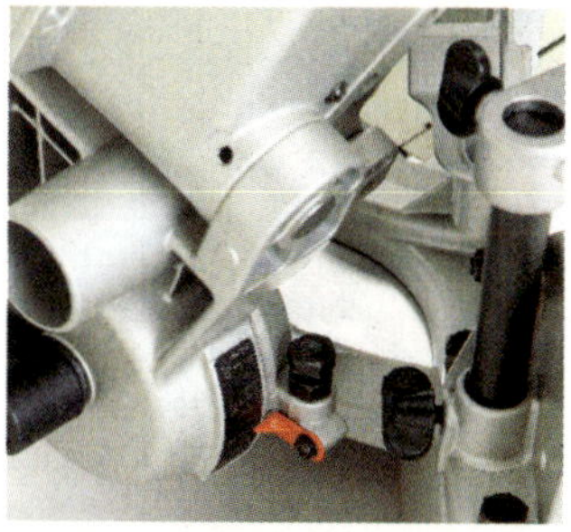

Ein doppeltes Drehgelenk macht eine Verstellung um zwei Achsen möglich – bei diesem Modell mit Skala

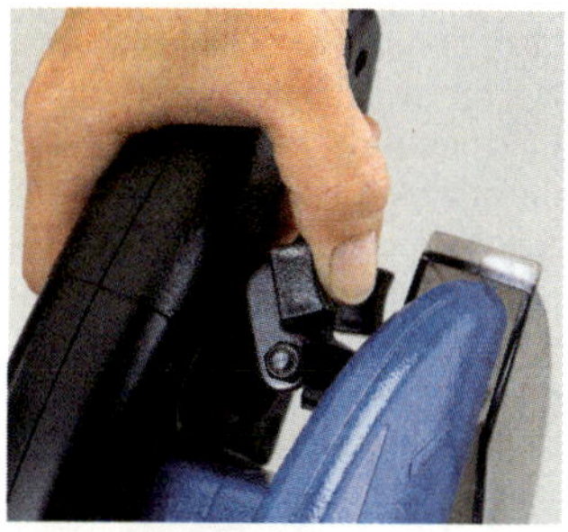

Nur nach Auslösung einer Sperre – hier seitlich am Blattschutz – kann das Sägeblatt abgesenkt werden

Spezialisten für präzisen doppelten Winkelschnitt

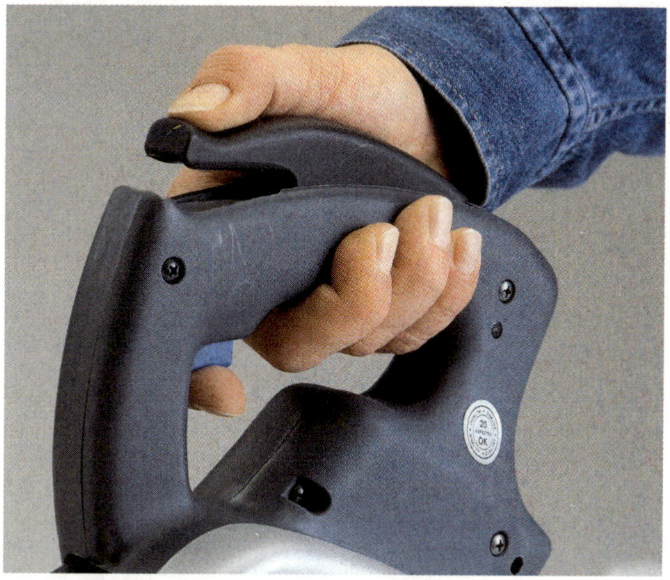

Ein doppelter Netzschalter ist bei Kreissägen generell Pflicht: Der Motor kann nicht versehentlich anlaufen – etwa beim Tragen oder Justieren der Maschine

vor), muß dessen Befestigungs-Gelenk das Gewicht der ganzen Maschine verkraften und sollte daher stabil gebaut sein. Trotzdem sollen sich Gehrungswinkel natürlich leicht einstellen lassen.
Wichtig bei den mit meist sehr agressiv gezahnten Sägeblättern ausgerüsteten Maschinen ist zudem die Sicherheits-Ausstattung: Vorschrift ist ein Sägeblattschutz, der erst unmittelbar vor dem Materialkontakt zurückschwenkt und das Blatt in Ruhestellung komplett umschließt. Der Betätigungsschalter muß mit einer Sicherheitssperre versehen sein, damit das Gerät nicht – zum Beispiel beim Tragen – versehentlich eingeschaltet werden kann. Der Schalter darf – wie bei Kreissägen auch – nicht arretierbar sein.
Bevor Sie mit der Arbeit beginnen, sollten Sie außerdem die korrekte Justierung der Skalen und Rastpunkte am

Heimwerker-Lexikon

Deckenbauarten bis Dispersionsklebstoffe

Deckenbauarten Gebräuchlich sind Betondecken oder Holzbalkendecken.

Deckenbekleidung mit Kassetten Vorgefertigte Deckenelemente, die in Schienensystemen verlegt werden.

Deckenhohlraum Der Raum zwischen Rohdecke und abgehängter Decke. Durch den D. werden die Eigenschaften der Decke sowohl in wärme- als auch in schalltechnischer Hinsicht verbessert, vor allem, wenn der D. mit schallabsorbierendem und wärmedämmenden Dämmstoff gefüllt wird.

Deckenprofil U-förmiges Stahlblech-Formteil für den Anschluß der Ständerprofile an die Decke. Vor der Befestigung an der Decke wird ein Dichtband auf die Rückseite geklebt, um den Schallschutz zu erhöhen.

Dehnungsfugen (auch ‚Bewegungsfugen'). Mit einer elastischen Masse ausgespritzte Fugen, die eine spannungs- und rißfreie Wärmeausdehnung der Materialien ermöglichen sollen. Verwendet werden Silikone, die mit einer Pistole aus einer Kartusche in die Fugen gepreßt werden. Abstände und Anordnung der Fugen sind abhängig von der Gesamtlänge des Bauteils und vom sogenannten Wärmeausdehnungskoeffizienten des Materials, der die Längenänderung pro Meter und Grad Kelvin Temperaturunterschied angibt.

Dekorwalzen zum Strukturieren von Wandfarbe können aus Schaumstoff, Gummi oder Kunststoff etc. bestehen. Mit verschiedenartigen Mustern lassen sich auf der Oberfläche interessante Effekte erzielen. Das Muster wird durch Vertiefungen in der Walze erzeugt.

Deltaschleifer ist eine Sonderform des Schwingschleifers. Die Größe des Geräts und die dreieckige Form der Schleifplatte ermöglichen das Schleifen an schwer zugänglichen Stellen wie Ecken und komplizierten Formteilen. Typischer Anwendungsfall ist das Schleifen von Lamellen (Fensterläden) mit Hilfe einer besonderen Schleifplatte.

Dickbettverfahren Ursprüngliche Methode der Fliesenverlegung: Die Fliesen werden auf einer 10 – 20 mm dicken Frischmörtelschicht angesetzt. Vorteil: Größere Unebenheiten können ausgeglichen werden. Nachteil: Es ist erhebliches handwerkliches Geschick erforderlich.

Dickenhobeln siehe ‚Abricht- und Dickenhobeln'

Diffusionseigenschaften Fähigkeit eines Baustoffes, den durch unterschiedliche Luftfeuchtigkeit innerhalb und außerhalb von Räumen entstehenden Dampfdruck weiterzuleiten.

Dispersionen sind feinstverteilte Kunststoffteilchen in einer wäßrigen Lösung. D. werden verwendet zur Dekoration (Erstanstriche/Renovierung) von Decken und Wänden für Innen- und Außenbereiche. D. werden ‚fest', cremig und flüssig angeboten.

Dispersionskleber Kunststoffdispersionen (in Wasser verteilte kleine Kunststoffteilchen), die durch die Verdunstung des Wassers miteinander verkleben und erhärten.
Im Gegensatz zu hydraulischen Klebern keine Wasserbindung, wasserdampfdurchlässig und gebrauchsfertig.

Dispersionsklebstoffe Bei Dispersionsklebstoffen sind die Feststoffe Kunstharze, die in Wasser feinst verteilt, aber nicht gelöst sind.
Auch die historischen Kleister und Leime bestanden aus Wasser und feinen Partikeln von Mehl, Haut, Knochen, Käse,

Bitte lesen Sie weiter auf Seite 57

TECHNIK-LEXIKON

Gehrung: Damit Sie auch tatsächlich exakte Arbeitsergebnisse erzielen, sollten Sie zuweilen die Anschläge an der Maschine neu justieren. Bei dieser Scheppach-Säge stimmte schon die werksseitige Einstellung nicht

Winkel-Säger: Kapp- und Gehrungssägen können sich mächtig „in die Kurve" legen – hier bei der Einstellung einer doppelten Gehrung. Deutlich ist der Schnittkanal zu sehen, der sich durch den besonderen horizontalen Auszug des Sägekopfes (Pfeil) noch erreichen läßt

Gerät prüfen – und zwar auch bei einer neu gekauften Maschine. Bei Stichproben an neuen Maschinen mußten wir nämlich feststellen, daß lediglich bei den Makita-, Elu- und DeWalt-Geräten alle Einstellungen tadellos in Ordnung waren – viele andere Maschinen wiesen leichte Ungenauigkeiten auf, die sich allerdings nach den Anleitungen in der Gebrauchsanweisung nachjustieren ließen.
Nur bei der Maschine von Bullcraft ließen sich leichte Ungenauigkeiten der Rastung nicht abstellen – es blieb ein Spiel von rund einem Winkelgrad bestehen. Probieren Sie also Ihre Maschine zunächst gründlich aus, bevor Sie etwa teure Paneele ungenau ablän-

Anmerkungen: [1]) Aufnahmeleistung in Watt; [2]) einsetzbar als: K = Kappsäge, G = Gehrungssäge, T = Tischkreissäge, R = Radialarmsäge; [3]) Tischgröße in mm (bei Nutzung als Kappsäge ohne Gehrung); [4])Sägeblatt-Durchmesser in mm; [5])Sägeleistung: Schnitt-Tiefe in mm bei geraden Schnitten; [6]) maximaler Werksstück-Durchmesser in mm bei geraden Schnitten; [7]) maximal möglicher Neigungswinkel des Sägeblatts ; [8]) Aufnahmebohrung des Sägeblatts in mm; [9])Elektronik (• = ja) / Spindelarretierung (• = ja); [10]) PA = Parallelanschlag; [11])Ungefährer Endverkaufspreis in Mark

12

13

14

Hersteller	Typ	Abb.	Leistg.[1])	Typ[2])	Tischgr.[3])	Blatt-Ø[4])	Sä.l.[5])	Sä.d.[6])	Säge-Δ[7])	Bohrung[8])	E. / Sp.A.[9])	Besonderheiten/Zub.[10])	Preis ca.[1])
Elektra Beckum	KGS 300		1600	K, G	300 x 480		300	53	45		– / –		949,–
Elektra Beckum	KGS 330		1600	K, G	300 x 480		300	53	45		– / –	Späneabsaugung, Spannvorr.	1079,–
Elu	PS 174	6	1200	K, G	k. A.	216	254	52	48	30	– / –		925,68
Elu	PS 274 E		1600	K, G	k. A.	216	300	35	48	30	• / –		1216,84
Elu	EMS 705	7	1500	K, G	k. A.	305	210	20	48	30	– / •		1041,68
Elu	PS 374		1500	K, G	k. A.	305	305	102	48	30	– / –		1853,68
Eumenia	M 50L/300	8	1000	R	460 x 360	220	300	52	45	30	– / –	PA	1599,–
Eumenia	M 50 L /600		1000	R	760 x 360	220	600	52	45	30	– / –	PA	1899,–
Makita	LS 0810	9	800	K, G	450 x 163	210	130	55	45	25	– / •	Staubsack, Verl.	727,–
Makita	LS 1040	10	1650	K, G	530 x 135	260	93	135	45	30	– / –		1069,–
Makita	LS 1013		1430	K, G	520 x 420	255	305	91	45		– / •	Staubsack, Klemme	1869,–
Metabo	KGS E 1670 S- Signal	11	1600	K, G	310 x 460	210	300	52	45	30	• / •		1390,84
Ryobi	TS 221	12	900	K, G	340 x 380	220	135	60	45	25,4	– / –	Staubsack, Spannschraubstock	790,–
Scheppach	kg 205 e	13	900	K, G	360 x 400	205	120	55	45		• / –		399,–
Scheppach	kg 260 e		1600	K, G	460 x 470	254	150	70	45		• / –		706,–
Scheppach	tkg 260 e	14	1600	T, K, G	480 x 480	254	150	20	45		• / –	PA	866,–
Scheppach	kg 280 e		1600	K, G	470 x 540	254	150	70	45		• / –		766,–
Scheppach	tkg 280 e		1600	T, K, G	450 x 540	254	150	20	45		• / –	PA	907,–
Scheppach	Capas 1		600	K, G	500 x 185	216	165	50	45	30	– / –	Staubsack	894,–
Scheppach	Capas 3		1800	K, G	525 x 350	305	320	102	48	30	– / –	Staubsack	1097,–

Exakte Arbeit erfordert vorher genaues Justieren

gen und damit im schlimmsten Fall wertlos machen.
Die meisten Kapp- und Gehrungssägen sind für den mobilen Einsatz auf der Baustelle ausgelegt – die Geräte sind jedoch mit umfangreichem Zubehör auch in der Werkstatt nützliche Helfer. Mit einem Tisch für die bequeme Bedienung im Stehen und Verbreiterungen, Werkstückauflagen und Rollenstative zur Bearbeitung besonders langer Werkstücke sind die Sägen schneller als andere Trennwerkzeuge dienstbereit, die leicht einstellbaren Doppel-Gehrungswinkel sind in vielen Fällen sogar für den Möbelbau ausreichend präzise.
Da die Geräte in der Regel nicht nur erheblichen Lärm (Ohrenschutz tragen!), sondern auch große Mengen staubförmigen Sägeabfall absondern, ist allerdings der Anschluß an eine Absaugeinrichtung anzuraten – der meist mitgelieferte Staubsack kann allenfalls als Notbehelf bei Montagen außer Haus angesehen werden. Fast alle Geräte sind mit zwei Sauganschlüssen über und unterhalb der Schnittebene ausgestattet. *[pb]*

Die „Eumenia" kann noch mehr

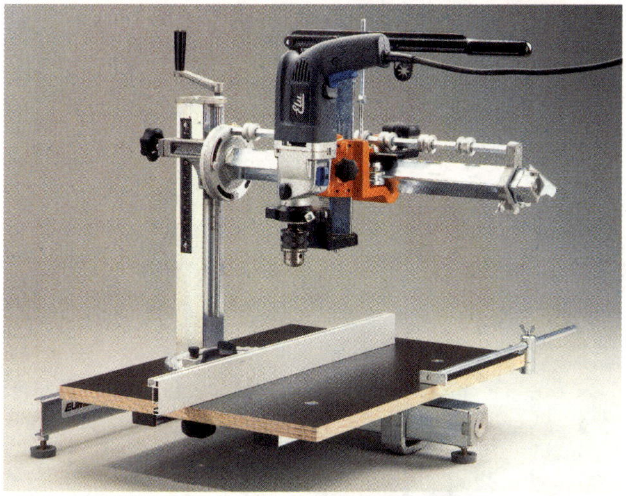

Nicht ganz so handlich wie ihre Kollegen – dafür aber auch vielseitiger ist diese Universalsäge. Bei ihr wird der Sägekopf nicht vertikal, sondern horizontal über das Werkstück bewegt. Clou des Geräts ist die Austauschbarkeit des Gerätekopfes – denn so können übliche Oberfräsen und Bohrmaschinen in neue Anwendungsbereiche vorstoßen. An den serienmäßigen Sägekopf läßt sich zudem ein Bohrfutter montieren, in das Schleifzubehör eingespannt werden kann. Das Gerät verbindet stationäre Präzision mit kompakten Abmessungen – ideal für beengte Verhältnisse im Hobbykeller.

Heimwerker-Lexikon

Dispersionsklebstoffe (Forts.) bis Drechseln

Fortsetzung von Seite 55
Baumharz oder Fischmehl. Zu D. zählen heute Holz- bzw. Weißleime.
Das Basismittel Wasser sorgt dafür, daß der eigentliche Klebstoff, das Kunstharz, an die Stellen transportiert wird, an denen es wirken soll. Voraussetzung ist deshalb, daß die zu verklebenden Teile – in diesem Falle Holz – Wasser aufnehmen und verdunsten lassen können. Wenn das Wasser seine Lösungs- und Transportfunktion erfüllt hat, muß es wieder entweichen können. Nur dann kann das Kunstharz abbinden und damit kleben.
D. sind relativ flüssig eingestellt, damit sie sich auch auf größeren Flächen gut verteilen lassen. Eine gleichmäßige Auftragsdichte erreicht man mit einem Pinsel. Frisch aufgetragener Weißleim läßt sich mit Wasser entfernen. Nach dem Trocknen ist er aber nicht mehr wasserlöslich!
Holzleime sind in der Regel milchig weiß und trocknen transparent auf. Beim Einsatz von Holzleim ist es wichtig, unter den verschiedenen Typen den richtigen, d.h. den dem Klebefall angemessenen Dispersionskleber auszuwählen. So empfiehlt sich für alle Holzarbeiten ohne besondere Ansprüche ein normaler Holzleim. Falls eine schnelle Abbindezeit erforderlich ist, sollte man zu einem Dispersionskleber mit niedrigerem Wasseranteil greifen. Für Arbeiten, die wasser- und witterungsbeständig sein müssen, wählt man einen wasserfesten Holzleim. Sonderfälle wie Verleimungen von lackierten oder beschichteten Flächen mit Holz verlangen ein spezielles Holzleim-Produkt.

Doppelringschlüssel ist ein Schraubenschlüssel zum Lösen und Festziehen von Sechskantschrauben und Muttern. Er besitzt zwei ringförmige Öffnungen für zwei unterschiedliche Schlüsselweiten. Der D. zeichnet sich durch eine höhere Sicherheit verglichen mit dem Doppelmaulschlüssel aus. Alle Seitenflächen der Schraube/Mutter berühren den Ring des Schlüssels, wodurch eine geringere Gefahr des Abrutschens während der Arbeit besteht. Er ist in gerader und gekröpfter Form erhältlich.

Doppelständerwand Nichttragende Trennwand aus zwei parallel laufenden Ständerwerken mit Beplankung. Aufgrund der Zweischaligkeit und der eingebrachten Hohlraumdämmung besitzt sie hohe Schall- und Wärmedämmeigenschaften.

Drahtbürste Die Borsten einer D. bestehen aus Draht- oder Messingstiften. Es gibt Bürsten für Bohrmaschinen und Winkelschleifer sowie Handdrahtbürsten. Anwendung: Lack auf Möbelstücken entfernen, Reinigung von Feilen, Säuberung von Löt-/Schweißstellen, Entfernen von Verunreinigungen auf Metall.

Drainage Soll den ungehinderten Abfluß von Wasser gewährleisten. Wird z. B. bei schweren, lehmigen, also wasserundurchlässigen Böden rund ums Haus angelegt, um Wasser von der Bauwerksabdichtung fernzuhalten. Drainageleitungen bestehen z.B. aus gewellten Kunststoffrohren mit Löchern, durch die das anstehende Wasser in das Rohr sickern kann. Eine Ummantelung der Rohre mit Fasermaterial verhindert, daß feine Erdbestandteile mit eingeschwemmt werden. Das Drainagerohr wird in einem Bett aus feinem gewaschenen Kies verlegt, der eine Filterwirkung hat und ebenfalls ein Zusetzen des Rohrs verhindert. Erforderliches Gefälle des Rohres zwischen 0,5 und 2 %.

Drechseleinrichtung Bohrmaschinen-Vorsatz für kleinere Drechselarbeiten.

Drechseln Beim D. dreht sich ein Werkstück aus Holz um seine eigene Achse. Ein Drehstahl wird mit seiner Schneide so an das rotierende Werkstück herangeführt, daß er einen Span abschält. Mit dieser
Bitte lesen Sie weiter auf Seite 59

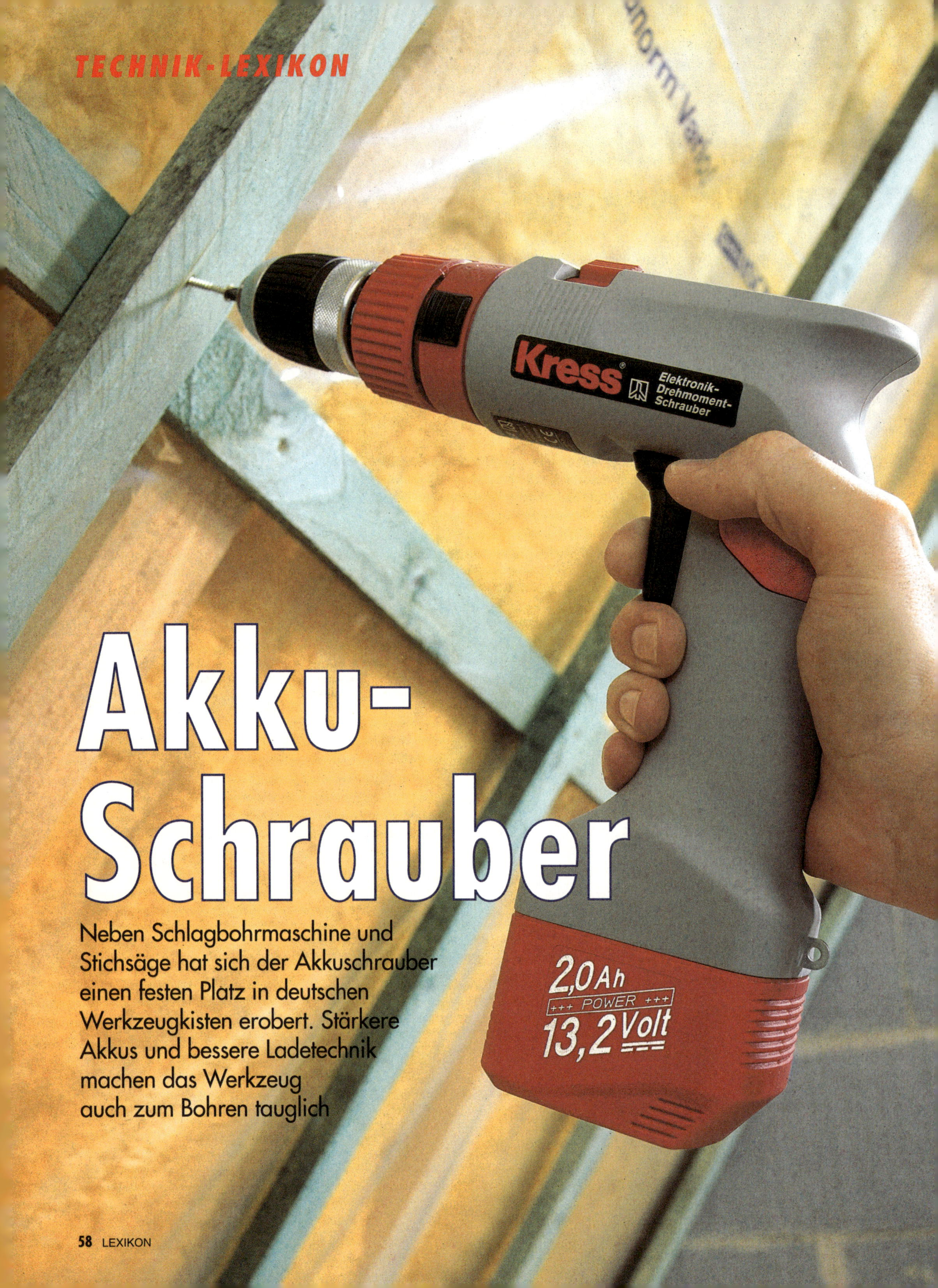

Akku-Schrauber

Neben Schlagbohrmaschine und Stichsäge hat sich der Akkuschrauber einen festen Platz in deutschen Werkzeugkisten erobert. Stärkere Akkus und bessere Ladetechnik machen das Werkzeug auch zum Bohren tauglich

Spätestens nach einem Wohnungsumzug oder etwa dem Ausbau einer Dachetage wird klar, daß Schrauben sozusagen die Zivilisation zusammenhalten – da ist ein motorgetriebenes Schraubwerkzeug äußerst nützlich.
Akkugeräte haben in diesem Segment den Markt erobert, nur im Profibereich sind außerdem kabelgebundene Elektro- oder Luftdruckschrauber anzutreffen. Der Siegeszug des Akkus hängt mit der gestiegenen Leistungsfähigkeit der kleinen Kraftpakete zusammen, die meist steck- oder schiebbar an den Geräten befestigt werden. Das ermöglicht Schraubeinsätze auch abseits jeder Stromversorgung und an schwer zugänglichen Stellen. Dennoch ist die Energiequelle gleichzeitig die Archillesferse dieser Gerätegattung – der Akku hält in der Regel nicht so lange wie das übrige Gerät, muß immer wieder nachgeladen werden (Entladung auch bei längerer Lagerung) und ist in seiner Leistungsfähigkeit begrenzt, so daß Akkugeräte mehr oder weniger deutlich schwächer als die Netz-Konkurrenz sind.
Mit größeren Akkupacks – inzwischen sind Akkuschrauber bis zu 18 Volt Spannung erhältlich – verkürzen die Hersteller diesen Abstand, allerdings zuungunsten der Handlichkeit. Diesen Nachteil

Balanceakt der Akkus: *Bei einigen Geräten läßt sich der Stromspeicher in verschiedenen Positionen montieren – damit soll die Handhabung in kniffligen Arbeitspositionen verbessert werden*

Warten statt Wechsel: *Bei diesen Geräten (unten) sind die Akkus fest eingebaut – beim Laden wird daher eine (meist längere) „Kaffee-Pause" fällig*

Bitte ein Bit: *Kleinere Geräte sind zu schwach zum Bohren – sie haben deshalb meist auch nur eine Bit-Aufnahme*

Nötigung zur Markentreue: *Obwohl in allen Akkus der gleiche Typ Rundzellen eingebaut ist, sind die Akku-Packs nicht universell zu verwenden – jeder Hersteller hat eine eigene Kupplung entwickelt*

Heimwerker-Lexikon

Drechseln (Forts.) bis Drehmomentschlüssel

Fortsetzung von Seite 57

Technik können Schalen, Möbelfüße, Schmuckstäbe für Geländer, Spielzeuge und vieles mehr hergestellt werden.
Nach Art der Werkstückeinspannung unterscheidet man zwischen dem Längs- und dem Querdrehen. Beim Längsdrehen kann das Werkstück nur an einer Außenseite bearbeitet werden. Kegel oder Lampenfüße werden auf diese Weise gefertigt, Hohlkörper wie Schalen und Teller durch die Einspannmethode. Hierbei können zwei Außenseiten bearbeitet werden
Zum Drechseln eignet sich nur trockenes und astfreies Holz, das recht hart sein muß. Bei der Verwendung von weichem und faserigem Holz besteht die Gefahr, daß immer wieder Holzfasern ausreißen. Diese nicht glatte Oberfläche muß dann mit Schleifpapier nachgearbeitet werden.
Zum Drechseln benötigt man eine Bohrmaschine sowie eine Drechseleinrichtung.

Drehkraftvorwahl dient z.B. zum gleichmäßigen Eindrehen von Schrauben.
Bei Elektrobohrern (Bohrmaschine/Akku-Schrauber) findet man häufig einen Drehknopf zur Einstellung der Drehkraftvorwahl. Mit ihr ist die Drehkraft manuell einstellbar. Die D. bietet mehrere Vorteile: Zum einen beim Eindrehen von Schrauben, zum anderen verhindert sie das Abscheren von Schrauben, indem sie die Maschine bei entsprechender Einstellung ab einem bestimmten Widerstand elektronisch oder mechanisch abschaltet.
Der Anwender wird dadurch ebenso geschützt. Setzt sich nämlich der Bohrer in hartem Material wie z.B. Metall fest, verhindert die D. bei entsprechender Einstellung das Drehen der Maschine, das zu erheblichen Verletzungen führen könnte.
Eine weitere wichtige Einstellungsmöglichkeit ist die der Drehzahlvorwahl.

Drehmomentschlüssel finden hauptsächlich im Metallbereich ihren Einsatz, um Schraubenverbindungen mit dem dafür vorgesehenen Drehmoment (Newtonmeter) anzuziehen.
Man unterscheidet normalerweise zwischen zwei Arten von Drehmomentschlüsseln. Die einen besitzen eine Skala, auf der das momentane Drehmoment ablesbar ist, während die anderen eine Einstellschraube besitzen, auf der das zu erreichende Drehmoment eingestellt wird. Wird das Drehmoment überschritten, rastet der Schlüssel aus, wodurch verhindert wird, daß Schrauben durch zu starkes Anziehen abbrechen.

Bitte lesen Sie weiter auf Seite 63

LADE-TECHNIK

Elektronik macht Tempo: *Mit impulsgeregelten und temperaturgesteuerten Ladegeräten läßt sich die Dauer einer Aufladung von einem Dutzend Stunden auf bis zu 8 Minuten verkürzen. Der elektronische Aufwand dafür ist zwar recht hoch (und teuer), dafür lassen sich mit den „schlauen" Ladern auch die neuen Nickel-Metallhydrid-Akkus füllen*

Geduldsfrage: *Impulslader (links) reduzieren die Ladezeit, simple Ladestecker (rechts) dagegen laden mit Konstantstrom. Bei einfachen Ladegeräten die angegebene Ladezeit nicht überschreiten!*

Um den Umfang der Tabelle zu begrenzen, haben wir teilweise bauähnliche Maschinen in Klammern angefügt. Die bei diesen Geräten abweichenden Werte sind dann ebenfalls in Klamern gesetzt. Abgebildete Maschinentypen sind unterstrichen, die Nummer der Abbildung finden Sie in der zweiten Spalte („Abb."). Anmerkungen:

1) Akkuspannung und Kapazität, MH = Nickel-Metallhydrid-Akkus; 2) in Newtonmeter (Nm); 3) Drehmoment-Stopp: Zahl der einstellbaren Stufen, • = Auslaufbremse; 4) Zahn = Zahnkranz-, Schnellsp. = Schnellspannfutter, Zahlenangaben sind die max. Bohrfutterweite in mm; 5) in Holz; 6) in Minuten mit serienmäßigem Ladegerät; 7) Lader = Ladegerät, T. Anschl. = Tiefenanschlag; **)Gerät ist nicht zum Bohren geeignet; k.A. = keine Angabe. Alle Angaben stammen von den Herstellern

wiederum will man nun mit neuer Akku-Technik wettmachen: Neben den bisherigen Nickel-Cadmium-Akkus (Kürzel: NiCd oder NC) haben die ersten Hersteller Werkzeugakkus mit Nickel-Metall-Hydrid-Füllung (MH) auf den Markt gebracht. Vorteil: Die Akkus sind bei gleicher Leistung kleiner und leichter, außerdem entfällt der sogenannte „Memory-Effekt", der herkömmliche Akkus bei zu frühem Nachladen allmählich saft- und kraftlos werden ließ. Nachteil: Die neue Technik ist (noch) deutlich teurer.

Heimwerker werden deshalb sicher noch einige Zeit mit den NiCd-Akku arbeiten und sich lieber einen Zweitakku zulegen, der bei vielen derzeit angebotenen Maschinen schon mit ausgeliefert wird. Das macht es leichter, den gerade am Gerät befindlichen Akku erst zu leeren, bevor nachgeladen wird – nur so wird die optimale Leistungsfähigkeit von NiCd-Akkus langfristig gewahrt. Achtung: Auch NiCd-Akkus dürfen nicht „tiefentladen" werden – deshalb gerade so lange arbeiten, bis die Drehzahl deutlich

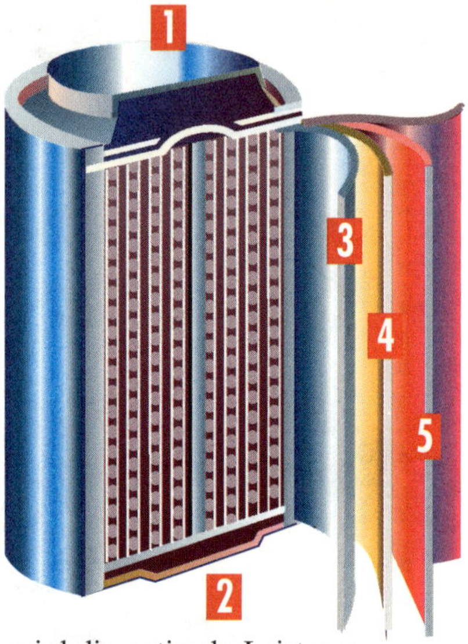

Strom aus Chemie: *In fast allen Akku-Packs befinden sich solche Rundzellen, die durch Lötfahnen elektrisch miteinander verbunden sind. Die Zellenspannung von 1,2 Volt wird durch Hintereinanderschalten addiert – in einem 12-Volt-Werkzeugakku befinden sich also zehn solcher Zellen. Zwischen negativer (3) und positiver Elektrode (5) findet bei Ladung und Entladung eine chemische Reaktion statt, der Separator (4) verhindert dabei einen Kurzschluß. Die Spannung zwischen den aufgewickelten Elektroden wird an den Polen (1,2) abgenommen*

KRAFT AUS DER KONSERVE

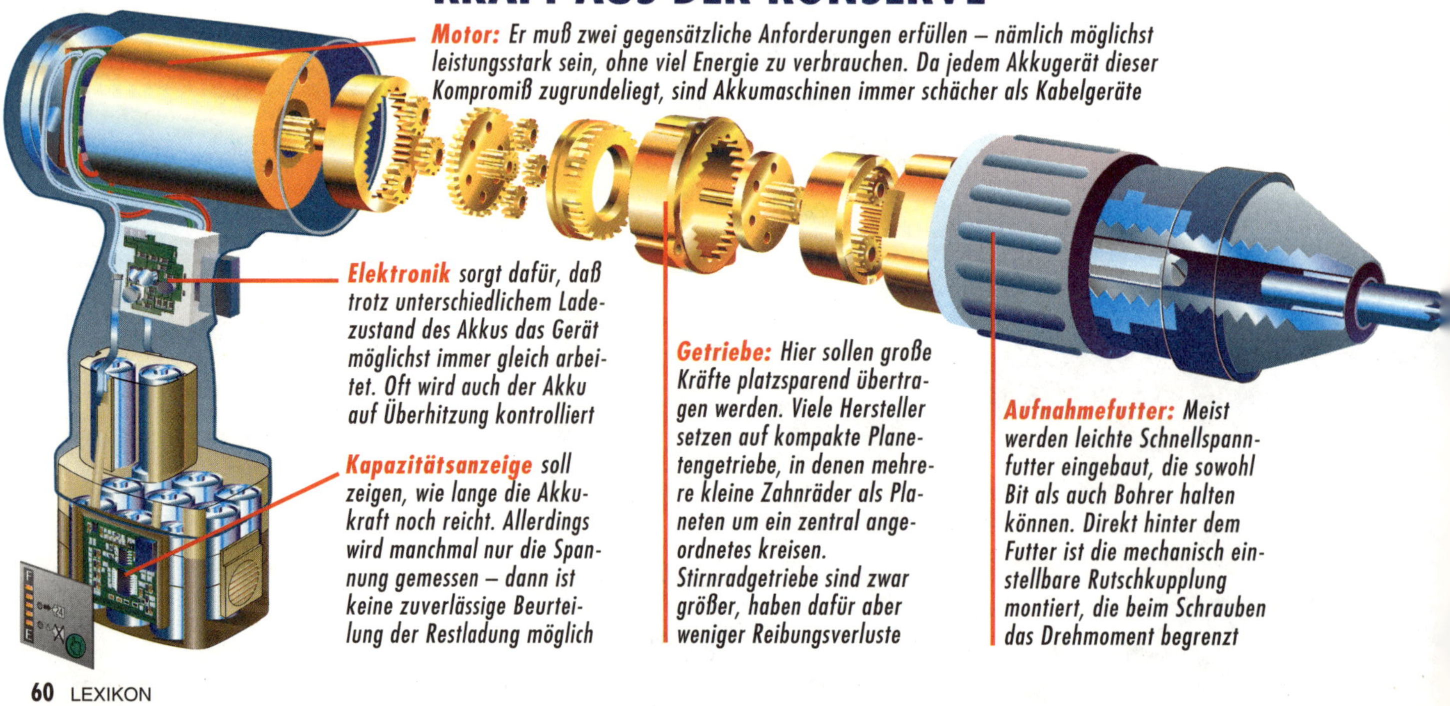

Motor: *Er muß zwei gegensätzliche Anforderungen erfüllen – nämlich möglichst leistungsstark sein, ohne viel Energie zu verbrauchen. Da jedem Akkugerät dieser Kompromiß zugrundeliegt, sind Akkumaschinen immer schächer als Kabelgeräte*

***Elektronik** sorgt dafür, daß trotz unterschiedlichem Ladezustand des Akkus das Gerät möglichst immer gleich arbeitet. Oft wird auch der Akku auf Überhitzung kontrolliert*

***Kapazitätsanzeige** soll zeigen, wie lange die Akkukraft noch reicht. Allerdings wird manchmal nur die Spannung gemessen – dann ist keine zuverlässige Beurteilung der Restladung möglich*

Getriebe: *Hier sollen große Kräfte platzsparend übertragen werden. Viele Hersteller setzen auf kompakte Planetengetriebe, in denen mehrere kleine Zahnräder als Planeten um ein zentral angeordnetes kreisen. Stirnradgetriebe sind zwar größer, haben dafür aber weniger Reibungsverluste*

Aufnahmefutter: *Meist werden leichte Schnellspannfutter eingebaut, die sowohl Bit als auch Bohrer halten können. Direkt hinter dem Futter ist die mechanisch einstellbare Rutschkupplung montiert, die beim Schrauben das Drehmoment begrenzt*

Ein drehfreudiges Angebot: Marktübersicht Akkuschrauber (Teil 1)

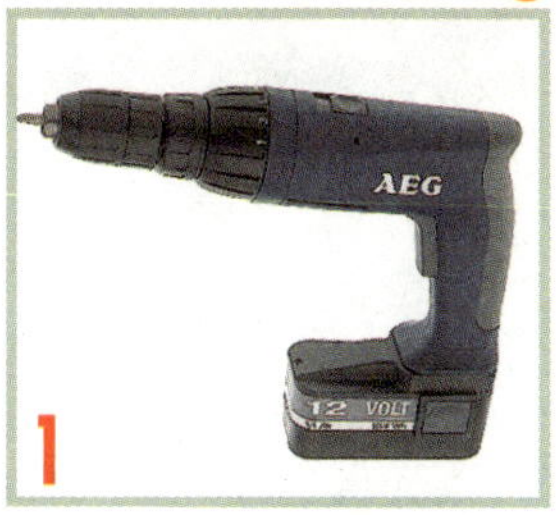
1

2

3

4

5

6

7

8

9

10

11

12

13

14

15

Hersteller	Typ	Abb.	Leistg.[1]	Gänge	Drehmom[2]	Torsion[3]	Bohrfutter[4]	Bohrl.[5]	Ladezeit[6]	Besonderheiten/Zub.[7]	Preis ca.
AEG	BS2E 7,2T		7,2 / 1,4	2	12	5 •	Schnellsp.	15	60	Lader, Bitbox	159,--
AEG	BS2E 9,6 (12) T	1	9,6 (12) / 1,4	2	15 (19)	5 •	Schnellsp.	20 (25)	60	Lader, Bitbox, Koffer	189,-- (219,-)
AEG	BDSE 12/2		12 / 1,4	2	22	7 •	Schnellsp.	25	60	Lader, Zweitakku, Koffer	279,--
AEG	BDSE 12 T S.T.	2	12 / 1,4	2	24,5	19 •	Schnellsp. 13	27	60	Lader, Zweitakku, Koffer	349,--
AEG	BS2E 14,4T	3	14,4 / 1,4	2	25	7 •	Schnellsp.	28	60	Lader, Bitbox, Koffer	249,--
Black&Decker	VP 3621 KA	4	3,6/1,2	1	4,5	6	Bitaufnahme	–**)	[180-360]	Bit	79,98
Black&Decker	VP 7251 CK	5	7,2 / 1,2	1	k.A.	5	Schnellsp. 10	k.A.	180-360	Lader, Koffer	109,98
Black&Decker	KC 96 VE	6	9,6 / k.A.	1	k.A.	5 •	Zahn 10	20	180	Lader, Bits	99,98
Black&Decker	KC 9651 CN	7	9,6 / 1	1	6	5 •	Schnellsp. 10	20	180	Lader, Bit	129,98
Black&Decker	KC 1251 CN		12 / 1	1	6,2	5 •	Schnellsp. 10	25	180	Lader, Bit	149,98
Black&Decker	KC 9652 CB	8	9,6 / 1	2	15	5 •	Schnellsp. 10	20	180	Lader, Bit	169,98
Black&Decker	KC 1252 CK		12 / 1	2	20	5 •	Schnellsp. 10	25	180	Lader, Bit, Koffer	199,98
Bosch	PSR 2,4 V (3,6 VS)	9	2,4 (3,6) / k.A.	1	k.A.	–	Bitaufnahme	– **)	360 (240)	Lader, Halter, Bit	65,-- (79,--)
Bosch	PBM 4,8 V	10	4,8 / k.A.	1	k. A.	–	Zahn 10	12	180	Lader, Halter, Bit	99,--
Bosch	PSR 7,2 VES		7,2 / 1,4	1	8	5 •	Schnellsp. 10	15	60	Lader, Bit	139,--
Bosch	PSR 9,6 (12) VES-2		9,6 (12) / 1,4	2	12 (16)	5 •	Schnellsp. 10	18 (20)	60	Lader, Bit	169,-- (199,--)
Bosch	PSR 14,4 VES-2	11	14,4 / 1,4	2	18	5 •	Schnellsp. 10	20	60	Lader, Bit	239,--
Bullcraft (Neck.)	BS 14,4 (18) V		14,4 (18) / 1,3	1	18 (20)	6 •	Schnellsp. 10	20	180	Lader, Bits u. Bohrer, Koffer	169,95 (189,95)
Bullcraft (Neck.)	PBS 14,4 (18) V		14,4 (18) / 1,7	2	24	24 •	Schnellsp. 10	20	60	Lader, Bits u. Bohrer, Koffer	179,95 (199,95)
DeWalt	DW 922 K2	12	12 / 1,25	2	31	5 •	Schnellsp. 10	22	60	Lader, Zweitakku, Bits, Koffer	339,--
DeWalt	DW 921 K2	13	9,6 / 1,25	2	25	5 •	Schnellsp. 10	20	60	Lader, Zweitakku, Bits, Koffer	298,--
DeWalt	DW 955 K (Winkelbohrm.)		9,6 / 2	2	17	–	Schnellsp. 10	22	60	Lader, Koffer	498,--
Einhell	ITM 14,4 (16,8)	14	14,4 (16,8) / (1,2)	1	k. A. (12,5)	6	Schnellsp. 10	k. A.	720 (300)	Lader	99,95 (119,--)
Einhell	ITS 16,8 (18-L)	15	16,8 (18) /	2	k.A.	23	Schnellsp. 10	k.A.	60	Lader, Koffer	229,-- (249,--)
Elu	BSA 30 KA	16	9,6 / 1,25	2	25	5 •	Schnellsp. 10	20	60	Lader, Zweitakku, Koffer	300,44
Elu	BSA 50 KA		12 / 1,25	2	31	5 •	Schnellsp. 10	22	60	Lader, Zweitakku, Koffer	345,68
Elu	BSA 52 (82) KA	17	12 (18) / 2	2	47 (>60)	15 •	Schnellsp. 10	25 (38)	60	Lader, Zweitaku, Bits, Koffer	602,04 (776,04)
Fein	ABS 9,6 (12)-2 EU (Q)	18	9,6 (12) / 1,3	2	20 (26)	•	Schnellsp. 10 (13)	20 (30)	60	Lader, Zweitakku, Bits, Koffer	299,-- (399,--)
Fein	ASB 12-2 EUQ		12 / k.A.	2	29	•	Schnellsp. 13	30	60	Lader, Zweitakku, Bits, Koffer	449,--

Über 120 Markengeräte: Marktübersicht Akkuschrauber (Teil 2)

16

17

18

19

20

21

22

23

24

25

26

27

28

29

30

Hersteller	Typ	Abb.	Leistg.[1])	Gänge	Drehmom[2])	Torsion[3])	Bohrfutter[4])	Bohrl.[5])	Ladezeit[6])	Besonderheiten/Zub.[7])	Preis ca.
Festo	TDD 9,6 (12) ES-Plus		9,6 (12) / 2	2	22	18 •	Schnellsp. 10	20 (25)	90	Lader, Bits, Koffer (Systainer)	379,- (448,-)
Festo	CDD 9,6 (12) ES-Plus		9,6 (12) / 1,7	2	22	18 •	Schnellsp. 10	20 (25)	60	Lader, Bits, Koffer (Systainer)	389,- (458,-)
Festo	TDD 14,4 ES Plus		14,4 / 2	2	22	18 •	Schnellsp. 13	32	90	Lader, Bits, Koffer (Systainer)	528,--
Holz-Her	2732 (2734)	19	9,6 (12) / 1,7	2	23 (25)	5 •	Schnellsp. 10	20	60	Lader, Koffer	378,16 (423,40)
Kress	MSX 132	20	13,2 / 1,5	2	18	7 •	Schnellsp. 10	16	60	Lader, Bit	199,--
Kress	EDS 132		13,2 / 1,5	2	18	7 •	Schnellsp. 10	16	60	Lader, Bit	199,--
Kress	ASX 132/3		13,2 / 1,5	2	14	3 •	Schnellsp. 10	16	180	Lader, Bit	159,--
Kress	AS 72	21	7,2 / 1,3	1	14	– •	Zahn	10	180	Lader, Bit	119,--
Kress	ASX 132/3	22	13,2 / 1,5	2	14	3	Schnellsp. 10	16	180	Lader, Bit	159,--
Kress	132 ADSE Set	23	13,2 / 2	2	23	5 •	Schnellsp. 13	30	75	Lader, Zweitakku, Bit, Koffer	479,--
Kress	132 MDX Set	24	13,2 / 2	2	18	7 •	Schnellsp. 13	16	75	Lader, Zweitakku, Bit, Koffer	479,--
Makita	6016 DW		7,2 / 1,3	2	12	–	Zahn 10	15	180	Lader, Bit	131,--
Makita	6017 (6018) DWBE	25	7,2 / 2,2 MH	2	12	–	Schnellsp. 10	15	60	Lader, Zweitakku, Bit, Koffer	252,-- (270,--)
Makita	6019 DWBE (6095)	26	7,2 (9,6) / 2,2 MH (1,3)	2	12	5 •	Schnellsp. 10	15 (18)	60	Lader (Zweitak.), Bit, Koffer	287,-- (395,--)
Makita	6096 DWE		9,6 / 1,3	2	12	15 •	Schnellsp.	18	60	Lader, Zweitakku, Bits, Koffer	361,--
Makita	6400 DW		9,6 / 1,3	2	10	5 •	Schnellsp. 10	18	60	Lader, Bit, Koffer	485,--
Makita	6203 (6213) DWBE		9,6 (12) / 2,2 MH	2	23 (26)	17 •	Schnellsp. 10	25	60	Lader, Zweitakku, Bits, Koffer	482,-- (559,--)
Makita	6313 (6333) DWBE	27	12 (14,4) / 2,2 MH	2	26 (31)	17 •	Schnellsp. 13	25	60	Lader, Zweitakku., Bits, Koffer	577,-- (623,--)
Makita	601 DST		12 / 2 Blei	1	k.A.	–	Zahn	10	60	Lader, Kabel	247,--
Metabo	ABE 9,6 (12/2) RT I.	28	12 / 1,4	2	16	5 •	Schnellsp. 10	16	60	Lader, Zweitakku, Bit, Koffer	299,--
Metabo	BEAT 112/2 R+L I.	29	12 / 2	2	22	9 •	Schnellsp. 13	25	60	Lader, Zweitakku, Bit, Koffer	379,--
Panasonic	EY 6220 DR	30	2,4 / k.A.	1	2,9	–	Bitbuchse	k.A.	60	Lader	259,84
Panasonic	EY 6100 FQKW	31	12 / 2	2	19,6	21 •	Schnellsp. 10	k.A.	25	Lader, Zweitakku, Koffer	555,64
Panasonic	EY 6101 FQKW		12 / 2	2	22,5	21 •	Schnellsp. 13	k.A.	25	Lader, Zweitakku, Koffer	578,84
Panasonic	EY 6780 CQK	32	9,6 / k.A.	1	5,9	21 •	Bitaufnahme	–**)	15	Lader, Koffer	544,04
Ryobi	DUO 36	33	3,6 / 1,2	2	6,1	21	Bitaufnahme	–**)	180	Lader, Bits, Halter	79,--
Ryobi	BD 480 RK	34	4,8/ 1,2	1	3,1	4	Zahn 10	10	180	Lader, Bits u. Bohrer, Koffer	89,--
Ryobi	TD 72		7,2 / 1,3	2	11,1	24	Schnellsp. 10	18	180	Lader, Bits, Koffer	139,--
Ryobi	TCD 96 (120)	35	9,6 (12) / 1,3	2	12,2 (15,2)	6 •	Schnellsp. 10	18	180	Lader, Bits u. Bohrer, Kasten	189,-- (219,--)

KLICK ... UND LOS!

Ein Akku für Viele: *Der Trend zum Akku macht bei anderen Elektrowerkzeugen und Leuchten nicht halt – sogar Kreissägen werden schon mit Akku-Power angeboten. Mit bis zu 18 Volt bieten deren Stromspeicher zwar relativ viel Kraft – die Ausdauer der dann recht schweren Geräte ist jedoch arg begrenzt*

Spezialist für Winkel und Ecken: *Solche „Winkelschrauber" empfehlen sich für Einsatzgebiete, in denen es eng zugeht. Als Universalmaschinen sind die Geräte allerdings aufgrund der unausgewogenen Gewichtsverteilung weniger geeignet*

nachläßt, der Schrauber aber noch nicht stehenbleibt – und dann nachladen.

Stellt sich allerdings die Frage, welcher Akku nun „richtig" ist: Der mit 9,6 oder etwa der mit 14,4 Volt ...?

Ebenso wichtig wie die Spannung sind für die Leistungsfähigkeit der Akkus die Kapazität und die Kombination dieser beiden Werte. Denn den Energieinhalt (gemessen in Wattstunden Wh) erkennt man nach der Multiplikation dieser Größen. Akkus mit höherer Spannung erlauben dabei eine höhere Dauerleistung – das ist vor allem fürs Bohren wichtig. Höhere Kapazitäten verbessern die Ausdauer des Geräts, Sie müssen weniger oft nachladen.

Um das richtige Werkzeug auf dem gut bestückten Akkuschrauber-Markt zu finden, sollte man außerdem die Geräteform und die Art der Abschaltung näher betrachten. Feine Schraubarbeiten sind das Richtige für die kleinen Stabschrauber, die meist mit 2,4 Volt arbeiten. Größere Geräte unterscheiden sich in die „T-Form", die für Schraubarbeiten mit seinem Mittelhandgriff eine gute Ausbalancierung und damit eine exakte Kontrolle des Arbeitsvorgangs bietet – und die „Pistolenform", mit der Sie am hinten sitzenden Griff mehr Druck beim Bohren aufbauen können.

Die weitaus meisten Geräte sind mit einer mehrfach verstellbaren Drehmomentkupplung ausgestattet, die für das Festschrauben zum Beispiel von Metallteilen auf Holz oder in Dübel ausgelegt sind – nicht aber für das bündige Einschrauben in Weichholz. Denn mit seiner ungleichmäßigen Maserung bietet Holz keinen gleichbleibenden Widerstand, der für ein

Werkzeugakkus im Garten: *Zunehmend werden Akkugeräte – etwa Heckenscheren oder Kantenschneider, hier ein Tacker – auch mit Werkzeugakku angeboten. Wer schon einen Akkuschrauber (des gleichen Herstellers) hat, kann Akkus sparen*

Heimwerker-Lexikon

Drehmomentschlüssel (Forts.) bis Drillbohrer

Fortsetzung von Seite 59

Bei Autorädern wird durch den Drehmomentschlüssel nach dem Anziehen der Radmuttern sichergestellt, daß das Rad optimal befestigt ist. Auch bei empfindlichen Verschraubungen von Dichtungen eignen sich Drehmomentschlüssel sehr gut, um zu vermeiden, daß Dichtungen zu stark gequetscht werden.

Drehmomentschlüssel Werkzeug/Meßinstrument zum Einstellen und Messen des Drehmoments. Durch das Anziehen des Ankers mit dem D. wird eine definierte kraftkontrollierte Spreizung des Ankers im Verankerungsgrund erzielt. Das Anzugsmoment wird in Nm auf der Verpackung angegeben.

Drehzahl Unter D. ist die Motordrehzahl bei Elektrogeräten bzw. die Umdrehungsdrehzahl des Einsatzwerkzeuges (Bohrer, Schleifscheibe etc.) zu verstehen.

Drehzahlvorwahl Neben der Einstellung der Drehkraft kann bei Schlagbohrmaschinen, Akku-Schraubern und anderen Elektrogeräten die Drehzahl vorab eingestellt werden. Mit einem im Schalter integrierten Drehmechanismus kann die Höchstdrehzahl eingestellt werden, die beim Bohrvorgang nicht überschritten werden kann. Die D. ist besonders wertvoll für materialgerechtes und werkzeugschonendes Arbeiten.

Drempel Traufseitige, meist kniehohe Mauer (Kniestock) im Dachraum. Die dadurch entstehenden Abseiten bieten jede Menge Stauraum. Der Drempel muß gemauert werden, wenn er die Lasten des Daches aufnehmen muß. Nachträglich eingezogene Drempel werden in Leichtbauweise (Ständerwerk mit Beplankung) hergestellt.

Drillbohrer Der D. ist eine weitere Art der manuell betriebenen Bohrgeräte (Bohrwinde, Brustbohrmaschinen). Man bohrt durch einfaches Auf- und Abbewegen eines Drillstückes. Dieses Gerät ist nur für spezielle Drillbohrer geeignet, die sich wiederum nur für feine Arbeiten in dünnem Material einsetzen lassen (Modellbau etc.).

Bitte lesen Sie weiter auf Seite 65

Unabhängige Gesellen: Marktübersicht Akkuschrauber (Teil 3)

31

32

33

34

35

36

37

38

39

40

41

42

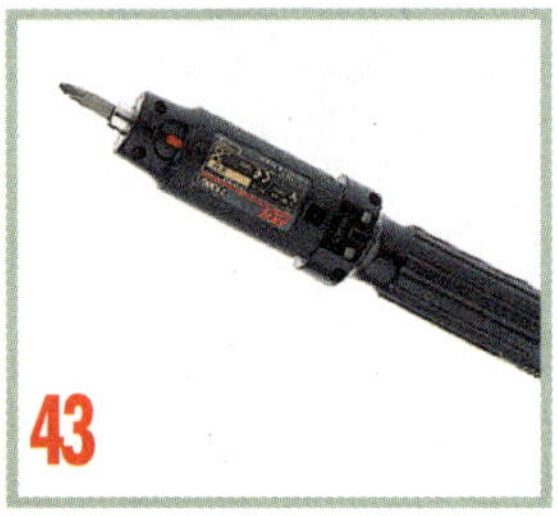
43

44

45

Hersteller	Typ	Abb.	Leistg.[1])	Gänge	Drehmom[2])	Torsion[3])	Bohrfutter[4])	Bohrl.[5])	Ladezeit[6])	Besonderheiten/ Zub.[7])	Preis ca.
Ryobi	TFD 150 (220) VRK2	36	7,2 (12) / 1,3	2	k.A. / 17,4	6 •	Schnellsp. 10	18 (22)	60	Lader, Zweitakku, Bits, Koffer	199,-- (299,--)
Ryobi	BTD 96 (12) -2B	37	9,6 (12) / 1,5	2	18,1 (21,5)	6 •	Schnellsp. 10	18	60	Lader, Zweitakku, Bits, Koffer	279,-- (309,--)
Ryobi	TFD-150iE		7,2 / 1,3	2	18	4 •	Schnellsp. 10	18	60	Lader, Bits, Koffer	255,20
Ryobi	TFD-170 (220) i		9,6 (12) / 1,3	2	20 (24,5)	6 •	Schnellsp. 10	18	60	Lader, Zweitakku, Bits, Koffer	370,04 (404,94)
Ryobi	T-96-2		9,6 / 1,7	2	22	24 •	Schnellsp. 10	19	60	Lader, Zweitakku, Bits, Koffer	382,80
Ryobi	T-120 (144) -2	38	12 (14,4) / 1,7	2	23,5 (25,5)	24 •	Schnellsp. 10	19	60	Lader, Zweitakku, Bits, Koffer	435,--
Ryobi	BDM-2000 (3000)	39	9,6 (12) / 1,3	2	20 (25,5)	6 •	Schnellsp. 10	21 (24)	k.A.	Lader, Bits, Koffer	439,64 (462,84)
Ryobi	BDM-1200	40	12 / 2	2	25,5	16 •	Schnellsp. 13	27	k.A.	Lader, Bits, Koffer	562,60
Ryobi	T-1220 (1420)	41	12 (14,4) /2	2	22,5 (24,5)	24 •	Schnellsp. 13	19	60	Lader, Bits, Koffer	497,64 (544,04)
Ryobi	TDS-4000	42	12 / 1,7	2	–	–	Bitaufnahme	–**)	60	T-Anschl., Lader, Bits, Koffer	416,44
Skil	2105		2,4 / k. A.	1	k.A.	–	Bitaufnahme	– **)	360	Lader, Halter, Bits	k.A.
Skil	2136 (2336)	43	3,6 / k. A.	1	k.A.	–	Bitaufnahme	–**)	180	Lader, Ständer, Bits	69,95 (k.A.)
Skil	2172 (2272)		7,2 / k.A.	2	k.A.	–	Zahn 10	22	180	Lader, Ständer, Bits	k.A.
Skil	2482 (2580)	44	12 (14,4) / 1,3	2	15 (18)	5	Schnellsp. 10	25 (28)	60	Lader, Koffer	k.A. (129,-)
Skil	2350 (2360)	45	12 (14,4) / k.A.	1	k.A.	3	Schnellsp. 10	25	180	Lader	89,95 (99,95)
Uniropa (Quelle)	3193843 (3502910)	46	9,6 (12) / k.A.	1	8 (8,5)	3	Schnellsp. 10	15	90	Lader, Bits u. Bohrer, Koffer	129,95 (139,95)
Uniropa (Quelle)	4634727		14,4 / k.A.	1	13	3	Schnellsp. 10	15	90	Lader, Bits u. Bohrer, Koffer	159,95
Uniropa (Quelle)	2876433 (2885413)		9,6 (12) / k.A.	2	12,26 (14,22)	5 •	Schnellsp. 10	20	90	Lader, Bits u. Bohrer, Koffer	149,95 (159,95)
Uniropa (Quelle)	2904222 (1189046)	47	14,4 (18) / k.A.	2	20 (26)	5 •	Schnellsp. 10	20	90	Lader, Bits u. Bohrer, Koffer	199,95 (229,95)
Wagner	W 36 (S)		3,6 / (1,2)	1	k. A.	–	Bitaufnahme	–	480	Wandhalter, Lader	49,95
Wagner	W 120 (144) SPS	48	12 (14,4) / 1,3	1	k. A.	–	Schnellsp. 10	k.A.	180	Lader, Tiefenstop	149,-- (199,--)
Wagner	W 96 DQ (PG)		9,6 / 1,3 (1,5)	2	13	6 •	Schnellsp. 10	k.A.	60	Lader, Bitdepot, Koffer	149,90 (239,90)
Wagner	W 120 DQ (1200 PG)	49	12 / 1,3 (1,5)	2	15	6 •	Schnellsp. 10	k.A.	60	Lader, Bitdepot, Koffer	179,90 (279,90)
Wagner	W 132 DQ (1320 PG)		13,2 / 1,3 (1,7)	2	17	6 •	Schnellsp. 10	k.A.	60	Lader, Bitdepot, Koffer	199,90 (329,--)
Wagner	W 144 DQ (1440 PG)		14,4 / 1,3 (1,7)	2	22,5	6 •	Schnellsp. 10	k.A.	60	Lader, Bitdepot, Koffer	219,90 (379,90)
Wagner	W 120 CD	50	12 / 1,3	1	8,5	6 •	Schnellsp. 10	k.A.	300	Lader, Bitdepot, Koffer	109,95
Wagner	W 132 CD		13,2 / k.A.	1	10	6 •	Schnellsp. 10	k.A.	300	Lader, Bitdepot, Koffer	119,95
Wagner	W 144 CD		14,4 / k.A.	1	11	6 •	Schnellsp. 10	k.A.	300	Lader, Bitdepot, Koffer	129,95
Wagner	W 168 CD		16,8 / k.A.	1	14	6 •	Schnellsp. 10	k.A.	300	Lader, Bitdepot, Koffer	149,95

46

47

48

49

50

124 Geräte in 50 Fotos: *Aufgrund des sehr großen Angebots haben wir nur Geräte fotografiert, die sich im Aussehen deutlich voneinander unterscheiden. Auch wenn Ihr Wunschgerät nicht direkt zu sehen ist – der „Nachbar" ist ähnlich*

Akkus: Nichts für den Müll

Auch Akkus halten nicht ewig: Die Hersteller gehen von einer Lebensdauer von ca. 700 bis 1000 Zyklen aus (Ein Zyklus: Ladung plus Entladung). Wenn ein Akkupack nach voller Ladung nur noch ein paar Schrauben schafft, wird´s Zeit für einen Wechsel – den alten Akku dürfen Sie aber auf keinen Fall einfach wegwerfen! Sie sind nämlich (seit Oktober 1998) gesetzlich verpflichtet, sämtliche Batterien und Akkus zurückzugeben, damit darin enthaltene Schadstoffe nicht in den Naturkreislauf gelangen können. Nehmen Sie den alten Akku mit ins Geschäft – Ihr Händler sorgt für das vorgeschriebene Recycling alter Akkus und Batterien. Einige Hersteller nehmen auch Altgeräte zurück und stellen die Trennung und Wiederverwertung der Rohstoffe sicher.

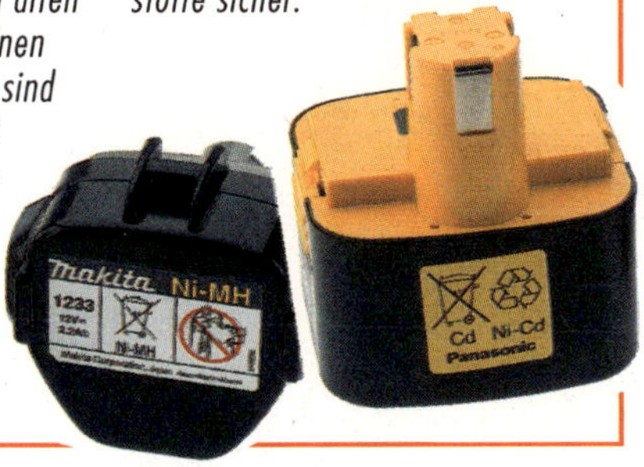

sauberes Funktionieren der Drehmomentabschaltung entscheidend ist. Nur wenige Maschinen sind also Spezialisten für Holzarbeiten – sie sind mit einer sogenannten Ausrück-Kupplung versehen, die Sie am Tiefenanschlag neben dem Aufnahmefutter oder einer Art „Glocke" über dem Schraubbit erkennen können. Dieser Fühler mißt, wann die Schraube bündig sitzt und unterbricht dann über die Kupplung die Kraftübertragung vom Motor zum Bit.
Übrigens ist das oft herausgestellte hohe Drehmoment von Akkuschraubern nicht das Maß aller Dinge. Denn die meisten Schrauben werden im Bereich von 3,5 bis 4,5 mm Durchmesser eingedreht – dazu ist kein sehr großes Drehmoment erforderlich – eher eine feine Dosierbarkeit des Antriebs. □

Heimwerker-Lexikon

Drillbohrereinsätze bis Eckverbindungen

Drillbohrereinsätze Für die handbetriebenen Drillbohrer benötigt man spezielle Bohrer, die in die Aufnahme über Doppelbacken gespannt werden.

Druckbeanspruchung ist die Kraft, die die gesamte Klebefläche angreift.

Druckkräfte bei Dübeln wirken in axialer Richtung zum Verankerungsgrund. Sie treten z.B. bei Fassaden auf, wenn eine Windbelastung zum Bauwerk hin vorliegt.

Dübel Element zum Befestigen eines Gegenstandes am Verankerungsgrund. D. bestehen aus einem Nylonschaft, freistehenden Sperrzungen und tief ausgebildeten Haltezähnen. Durch das Eindrehen einer Schraube werden die Dübelhälften gegen die Bohrlochwandung gepreßt und erzeugen die Haltekräfte.

Dünnbettmörtel Alle Kleber für das Dünnbett-Fliesenverarbeitungsverfahren. Man unterscheidet mineralische D. wie Kalk-, Zement-, oder Kalk-Zementmörtel, Elastikkleber, Epoxydharzkleber und Dispersionskleber.

Dünnbettverfahren Die Fliesen werden auf einer 5–10 mm dicken Kleberschicht angesetzt, die vorher mit einem Glättkelle auf Wand oder Boden aufgebracht wurde. Dann wird der Kleber mit einem Zahnspachtel durchgekämmt. Voraussetzung für das Verfahren ist ein ebener Untergrund.

Durchkämmen Aufrauhen einer noch frischen Kleber- oder Mörteloberfläche beim Verlegen von Fliesen o.ä. Die so entstehenden Rillen sorgen dafür, daß das Kleberbett nicht zu dick wird und sich beim Andrücken gleichmäßig verteilt.

Durchlässe sind mit einer Loch- oder Stichsäge eingeschnittene Löcher in der Beplankung für Installationen o.ä. Sie sollten ca. 10 mm größer als die entsprechenden Rohrdurchmesser sein. Die Schnittkanten werden grundiert, die Fugen zwischen Rohr und Beplankung später mit dauerelastischem, fungizidem Kitt verschlossen.

Durchschläger (auch ‚Nagelversenker' oder ‚Splintentreiber' genannt). Will man verhindern, daß ein Hammer Dellen und Kerben in den Untergrund schlägt, wenn der Nagel vollständig in das Holz getrieben wird, verwendet man zum Schluß den D. Mit seiner Hilfe wird der Nagel so weit in das Holz getrieben, daß über dem Nagelkopf ein Loch im Holz entsteht, das dann zugekittet werden kann, so daß der Nagel unsichtbar wird.

Durchsteckmontage Durch den zu befestigenden Gegenstand wird ein Loch in den Verankerungsgrund gebohrt, anschließend läßt sich der Dübel direkt durchstecken und verspreizen. Beim Bohren dient das Bauteil als Bohrlehre, deshalb kann der Bohrer nicht ‚verlaufen'. Die effektivere Methode ist die Vorsteckmontage.

E1-Spanplatte Für den Innenausbau zulässige Spanplatte der Formaldehyd-Emissionsklasse E1 (Emission kleiner 0,1 ppm). Mindestvoraussetzung für die Zulassung zum Innenausbau. Formaldehyd in Holzwerkstoffen gilt als krebserregend.

Eckrohrzange hat ein um 45° abgewinkeltes Spannmaul. Eine normale Rohrzange hat ein um 90° abgewinkeltes Spannmaul. Man kommt aufgrund ihres geringeren Winkels an schwer zugängliche Ecken oft besser mit der E. heran.

Eckverbindungen an Werkstücken aus Massivholz sind am einfachsten zu fixieren mit Nägeln oder Schrauben. Weitere, zum Teil sehr aufwendige Verbindungsarten sind Rundholzdübel, Flachdübel, Fingerzinken, Schwalbenschwanz-Zinken und Zapfen.

Bitte lesen Sie weiter auf Seite 67

Neue Kraft zum halben Preis

Akku-Tausch

Kommt Ihr älteres Schrauber-Modell trotz frischer Akku-Ladung nicht mehr in Schwung? Dann sollten Sie nicht das Gerät wegwerfen – sondern neue Akkus kaufen. Da Original-Akkus meist sehr teuer sind, lohnt sich dabei etwas Eigenarbeit

In Werkzeugakkus stecken stets runde Akkuzellen – je nach Form des Kraftspenders sind sie jedoch unterschiedlich angeordnet

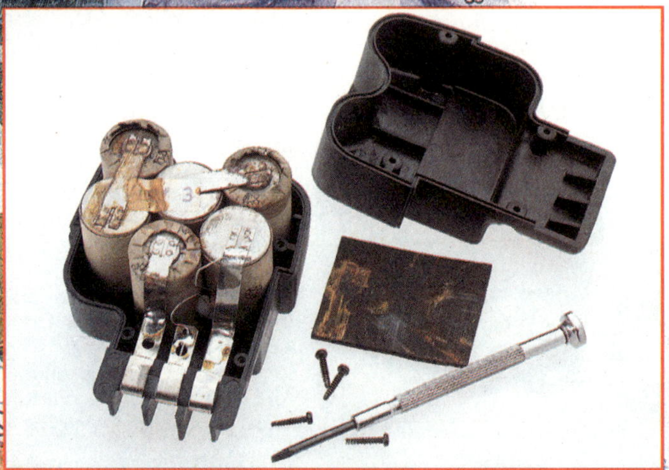

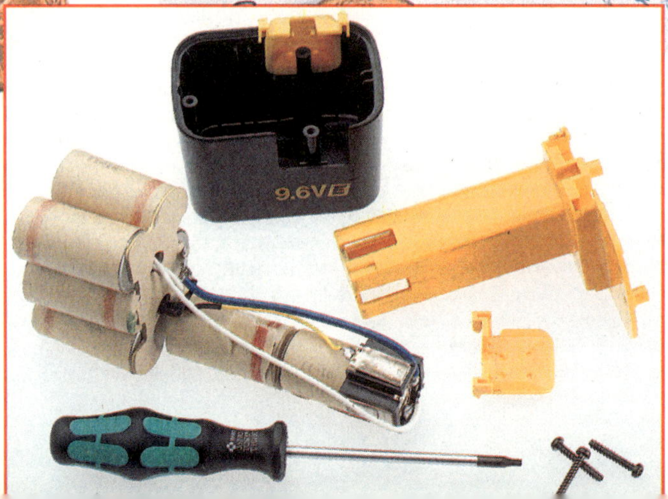

Nicht immer lassen sich die Akku-Packs mit üblichem Schraubwerkzeug öffnen – hier mußten wir eigens einen geeigneten Torx-Schraubendreher mit Innenbohrung kaufen

Kein Werkzeugakku ist wie der andere – Form, Größe und Steckkontakte sind von Hersteller zu Hersteller unterschiedlich. Doch diese Unterschiede haben eigentlich keinen technischen Hintergrund – denn im wie auch immer gestalteten Gehäuse stecken stets die gleichen Rundzellen mit genormter Spannung, allenfalls die Kapazität ist verschieden. Noch etwas eint die eingebauten Akkus: Nach einigen hundert Ladungen – selten werden die versprochenen 1000 „Zyklen" erreicht – machen die Kraftspender schlapp.

Die Hersteller freut's, denn nun wird der Kauf von neuen Werkzeugakkus fällig – Zubehör, das man sich teuer bezahlen läßt. So kostet der 9,6-Volt-Akku als Ersatzteil eines Markenanbieters gut 90 Mark, obwohl die darin enthaltenen acht Rundzellen mit 1,6 Ah Kapazität für insgesamt gerade mal 45 Mark zu haben sind.

Schlagen Sie solchen Apotheker-Preisen ein Schnippchen! Wenn sich das betroffene Akku-Pack zerstörungsfrei öffnen läßt, können Sie die defekten Akkuzellen einfach durch neue ersetzen. Sie brauchen noch nicht einmal besondere Elektronik-Kenntnisse, denn Sie verlöten die neuen Zellen einfach nach dem Muster des alten Akku-Packs.

Die neuen Akkus bekommen Sie im Elektronik-Fachhandel oder auch bei spezialisierten

Versandunternehmen. Kaufen oder bestellen Sie nach den Abmessungen der Rundzellen. Da die Spannung der Akkus mit 1,2 Volt genormt ist, können Sie dabei wenig falsch machen – ein Addieren der Einzelspannungen ergibt die Spannung des gesamten Werkzeugakkus (Beispiel: 9,6-Volt-Packs bestehen aus acht Zellen). Die Kapazität von alten und neuen Zellen muß nicht unbedingt gleich sein – der Wert in Amperestunden (Ah) der einzelnen Akkus entspricht übrigens dem des gesamten Akku-Packs. Mit größerer Kapazität bei den neuen Akkus können Sie die Leistung Ihres Akkupacks also zusätzlich „tunen". Wird der Werkzeugakku mit einem Impulsladegerät geladen (zum Beispiel einem Einstunden-Lader), können Sie anstatt Nickel-Cadmium-Zellen auch leistungsfähigere Metall-Hydrid-Akkus einbauen. Immer sollten Sie jedoch sämtliche in einem Werkzeugakku steckenden Zellen austauschen – sonst „bremsen" alte ausgelaugte Zellen die Leistungsfähigkeit der neuen Akkus, die dabei auch noch vorschnell „altern" würden.
Die einzige Hürde beim Zellen-Tausch könnte sein, daß Sie gar nicht erst an den Inhalt des Werkzeugakkus gelangen – manche Hersteller verwenden für die Verschraubung nämlich Schrauben mit ungewöhnlichen Köpfen. Meist können Sie im Fachhandel spezielle Schraubendreher kaufen – doch manchmal hilft nur, ein ausgedientes Schraubwerkzeug hilfsweise anzuschleifen und damit die Schraube „herauszuoperieren".
Die hier von uns vorgestellten „Tausch-Geschäfte" können Sie natürlich auch mit anderen Haushaltsgeräten abwickeln, in die Akkus eingebaut sind – zum Beispiel elektrische Zahnbürsten, Kleinstaubsauger oder Schnurlostelefone. Immer vorausgesetzt, Sie kommen an die Akkus heran, ohne das

Besonderheiten der Akkutypen

Akkutyp	Kürzel	Vorteile	Nachteile
Nickel-Cadmium	NiCd/NC	preiswert, bis zu 1000mal aufladbar, hochstromfest	sehr hohe Selbstentladung, Memoryeffekt, hoher Schwermetallgehalt begrenzte Kapazität
Nickel-Metall-Hydrid	NiMH/MH	höhere Energiedichte, kein Schwermetall, kein Memoryeffekt	(noch) relativ teuer, temperaturgeführtes Ladegerät erforderlich, hohe Selbstentladung, nur bedingt hochstromfest
Lithium-Ionen	Li-Ionen	sehr hohe Energiedichte, hohe Zyklenzahl möglich, kein Memoryeffekt	für Werkzeugakkus noch nicht erhältlich, (noch) sehr teuer, besonderes Ladegerät erforderlich

Zum Verlöten der Akku-Fähnchen haben wir eine Lötstation verwendet. Solche Geräte lassen sich mit einer regelbaren Temperatureinstellung an viele Lötaufgaben anpassen. Sie können natürlich auch einen normalen Lötkolben benutzen

Heimwerker-Lexikon

Eiche bis Einsteckschlösser

Eiche gehört zu den europäischen Laubhölzern. Das Holz der E. hat eine sehr harte, dichte, tragfähige und langfaserige Struktur. E. ist sehr dauerhaft, auch bei Feuchtigkeitsänderungen. Anwendung: Hochwertiges Bauholz für Außentreppen und -türen, Schwellen und alles, was im Außenbereich liegt. E. ist ein vorzügliches Möbelholz, das sich auch gut zur Herstellung von Furnierholz eignet.

Ein-Mann-Platten Gipskartonplatten von kleinerem Format, die auch eine Person verarbeiten kann.

Einbohrbänder eignen sich für Möbeltüren, Fenster und leichte Türen. E. sind Möbelbänder, die anstelle von Anschraublappen über Einbohrzapfen verfügen. Die Einbohrzapfen können ein Gewinde haben oder glatt sein. Solche mit Gewinde werden in das Holz eingedreht. Dadurch läßt sich die ‚Luft' an der Anschlagseite regulieren. Glatte Einbohrzapfen sind durch Schrauben oder Stifte zusätzlich zu sichern. Die Löcher für die Einbohrzapfen werden nicht durchgebohrt (Sacklöcher). Sie sind leicht mit einem Holzspiralbohrer herzustellen. E. werden bei überfälzten und stumpfen Türen eingesetzt. Sie sind links und rechts verwendbar.

Einlaßschlösser sind Möbelschlösser. Sie werden so in die Rückseite der Tür eingelassen, daß die Schloßplatte mit der Türrückseite bündig ist. Der Riegel faßt in ein Schließblech, das bei einflügeligen Türen in die Korpusseite, bei Doppeltüren in die Kante der anderen Tür einzulassen ist.

Einschraub-Tiefenbegrenzer Bauteil eines Schnellschraubers, das verhindert, daß die Schnellschrauben bis in die Putzlage des darunterliegenden Bauteils eingeschraubt werden. Schrauben, die eine Verbindung zum Mauerwerk haben, bilden Kältebrücken und zeichnen sich später in der Wandfläche dunkel ab. Normale Akkuschrauber besitzen dieses Bauteil nicht.

Einsteckschlösser sind Möbelschlösser, die als Türschlösser weit verbreitet sind. Sie werden fest in den am Türblatt oder an der Schublade vorgesehenen Schlitz eingelassen und verschraubt, so daß nur

Bitte lesen Sie weiter auf Seite 80

1 *Suchen Sie zunächst nach Temperatursensoren und Sicherungsbrücken. Notieren Sie deren Lage und löten Sie diese Teile vorsichtig heraus. Vermeiden Sie dabei Überhitzungen*

2 *Nun trennen Sie das verlötete Akkupaket komplett aus der Verankerung. Je nach Bauweise müssen Sie dabei eventuell auch Verbindungsleitungen ablöten*

3 *Neue Rundzellen bekommen Sie im Elektronik- oder spezialisierten Versandhandel. Berücksichtigen Sie beim Kauf die Abmessungen der Zellen – die Kapazität der neuen Akkus darf natürlich auch höher sein*

4 *Löten Sie die neuen Zellen nach Vorlage des alten Blocks zusammen. Nutzen Sie isolierten Verbindungsdraht, wenn die Maße der Lötfähnchen nicht ausreichen. Zuletzt wird der neue Block ins Gehäuse gelötet*

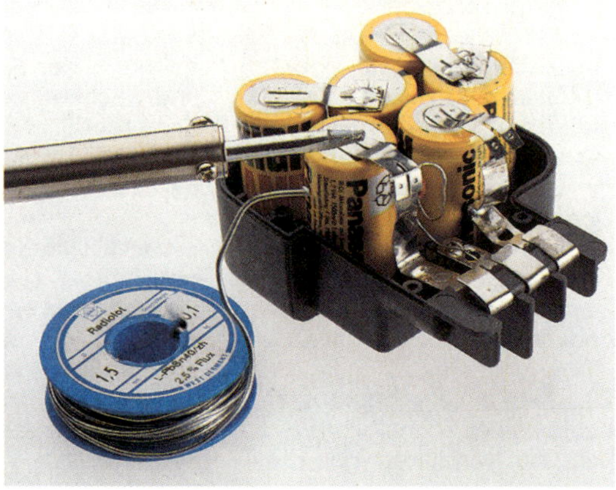

Akku-Entsorgung

Seit Oktober '98 gilt die sogenannte Batterieverordnung, die nun verbindlich regelt, was eigentlich längst selbstverständlich sein sollte: Batterien und Akkus dürfen ausdrücklich nicht mehr einfach in den Hausmüll geworfen werden, sondern werden gesammelt und dem Recycling zugeführt. Verbraucher können – und müssen – nun alle Batterien und Akkus zurück zum Händler bringen und dort in sogenannte „BATT-Boxen" einwerfen. Diese Gefäße sind mit dem GRS-Signet gekennzeichnet (für „gemeinsames Rücknahmesystem") – Sie sehen dieses Symbot unten an diesem Kasten. Dabei brauchen Sie Batterien und Akkus nicht mehr nach Inhaltsstoffen oder Größe zu sortieren: Alle verbrauchten Energiespender kommen gemeinsam in die grünen Sammelboxen – egal ob Knopfzelle oder Blockbatterie. Auch Batterien, die mit Hinweisen wie „Kein Cadmium" als schadstoffarm ausgewiesen sind, müssen abgegeben werden! Ausgenommen sind nur Autobatterien, die im Pfandsystem an der Verkaufsstelle gesammelt werden.

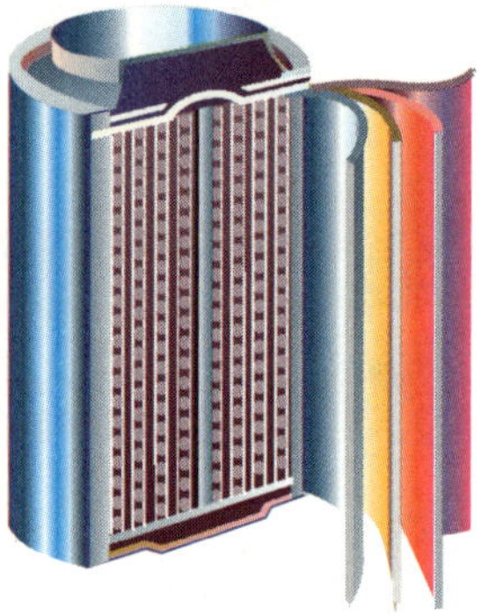

Akku-Rundzellen sind aus verschiedenen Materialschichten gewickelt. Beim Recycling lassen sich die Rohstoffe trennen

damit betriebene Gerät beim Öffnen zu zerstören.

Und so gehen Sie vor: Nach Öffnen des Gehäuses löten Sie zunächst den eventuell vorhandenen Temperatursensor ab. Damit Sie dieses empfindliche Bauteil später wieder einbauen können, sollten Sie die hohe Temperatur des Lötkolbens abfangen, indem Sie den blanken Draht zwischen Lötstelle und Bauteil mit einer Zange festhalten – so wird die Zange erwärmt und nicht der Sensor. Danach trennen Sie die miteinander verbundenen Zellen als Block aus dem Gehäuse.

Orientieren Sie sich beim Zusammenlöten des neuen Akkublocks an der alten „Vorlage". Dabei müssen die Zellen untereinander in Reihenschaltung verbunden werden – Plus- und Minuspole der Zellen werden also wechselseitig miteinander verlötet. Benutzen Sie einen starken Lötkolben, denn sonst dauert das Erhitzen der Lötstellen zu lange – auch die Akkus sind hitzeempfindlich. Wir haben zunächst etwas Elektronik-Lot auf die Lötzungen der einzelnen Zellen aufgebracht und nach Abkühlen die Verbindungen (unter Zugabe weiteren Elektronik-Lots) hergestellt: So wird die Hitzebelastung herabgesetzt. Zum Schluß löten Sie das fertige Akkupack in das Gehäuse ein – vergessen Sie dabei nicht, gegebenenfalls den Temperatursensor wieder mit einzubauen. Bevor Sie den Werkzeugakku das erste Mal nutzen, sollten Sie ihn voll aufladen. □

Austausch von Akkuzellen

Benötigtes Werkzeug: Seitenschneider, Schraubendreher (Klinge je nach Verschraubung des Akku-Packs), starker Lötkolben oder Lötstation, Elektronik-Zange

Benötigtes Material: Neue Akkuzellen, Elektroniklot, nach Bedarf isolierte Kabel (Mindest-Durchmesser 2,5 mm)

Kontakte: Akkuzellen und Lötzubehör bekommen Sie zum Beispiel beim Elektronik-Versand Conrad, ✆ 0180/5312111

Messen und Anreißen

Ob Sie einfache Gegenstände aus Metall oder komplette Möbelstücke aus Holz bauen, eine Terrasse pflastern oder einfach nur Bilder und Regale aufhängen – ohne Werkzeuge zum Messen, Anreißen oder Überprüfen kommen Sie nicht aus. Lesen Sie hier, wie man welche Werkzeuge von Fall zu Fall richtig einsetzt

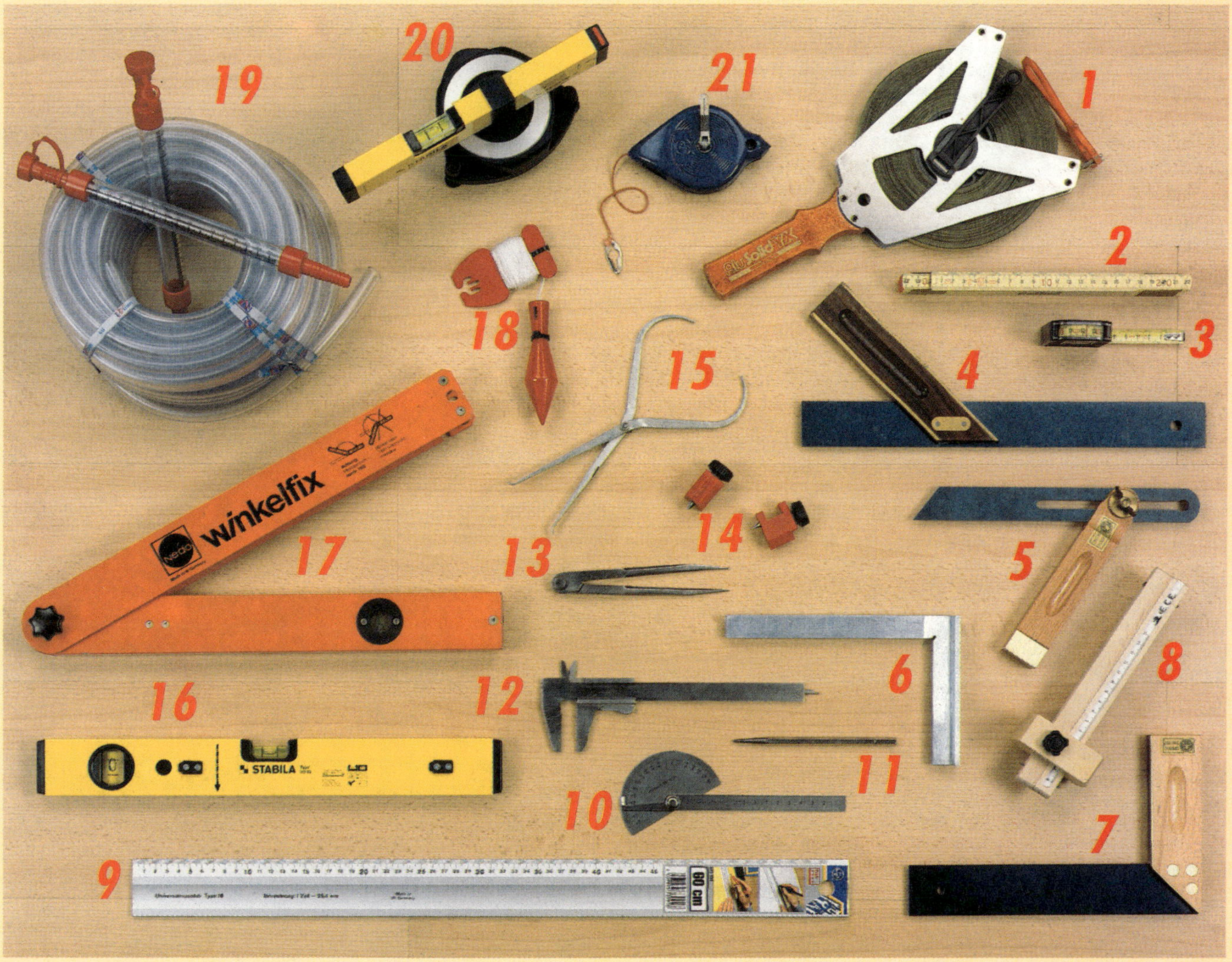

Werkzeuge zum Messen, Anreißen und Prüfen

1 Aufrollbares Bandmaß zum Vermessen von Grundstücken, Baustellen, bis 100 m Länge 2 Gliedermaßstab, auf 2 m ausklappbar 3 aufrollbares Taschenbandmaß mit Gehäuseskala, gibt's in Längen bis ca. 8 m 4 Anschlagwinkel 45° zum Anreißen von Gehrungsschnitten 5 Schmiege zum Abnehmen und Übertragen beliebiger Winkel 6 Schlosserwinkel mit Anschlag 7 Zimmermanns-Anschlagwinkel 90° 8 Streichmaß für parallele Anrisse 9 Metall-Anreißschiene 10 Präzisionswinkelmesser zum Konstruieren vorgegebener Neigungen 11 Anreißnadel 12 Schieblehre mit Tastern für Innen-, Außen- und Tiefenmessungen 13 Stechzirkel 14 Stangenzirkel (Aufsätze mit Anreißdorn für Wasserwaagen oder Holzlatten, die das Anreißen größerer Kreise ermöglichen) 15 Kombinierter Innen-/Außentaster, Standardwerkzeug des Drechslers 16 Wasserwaage (gibt's in vielen Längen) 17 Neigungsmesser mit Winkelgrad-Anzeige, z. B. zum Abnehmen und Übertragen von Dachschrägen beim Möbelbau 18 Senklot 19 Schlauchwaage für Höhenmessungen 20 Laser-Nivelliergerät 21 Kreide-Schlagschnur

Darauf sollten Sie beim Gliedermaßstab achten

1. Meßwerkzeuge

Das meistverwendete Meßwerkzeug, der 2 m lange Gliedermaßstab, findet sich in wohl jedem Haushalt. Aufgeklappt sollte er eine möglichst stabile Stab-Form einhalten. Weiteres Indiz für Qualität: die Angabe der Genauigkeitsklasse (bei Holz: max. III) in Verbindung mit der europäischen Zulassungsnummer und dem Hersteller-Namen (s. 1.1). Üblicherweise benutzen Handwerker wie Heimwerker ungeeichte Meterstäbe, die meist kleine Ungenauigkeiten bergen. Verwenden Sie deshalb bei einer Arbeit möglichst das gleiche Meßgerät. Wichtig für präzise Messungen: Die Glieder ganz auseinanderklappen und die Null-Kante bündig anlegen.
Mit metrisch skalierten Glieder- oder Stockmaßstäben können Sie auch ohne mathematische Rechnung eine Strecke in gleich große Abschnitte teilen, z. B. um Verschraubungen in gleichen Abständen anzubringen (1.2).

Ein Taschenbandmaß ist ideal zum Abnehmen von Innenmaßen

Aufrollbare Taschenbandmaße (s. vorherige Seite) bieten sich vor allem zur Ermittlung von Innenmaßen an: Die Null-Kante anlegen und das Bandmaß herausziehen, bis das Gehäuse an der gegenüberliegenden Seite anschlägt. Zur abgelesenen Entfernung brauchen Sie dann nur noch das Gehäusemaß zu addieren. Es gibt auch Ausführungen, bei denen der Wert direkt auf einer Skala im Gehäuse ablesbar ist. Kleinere Innenmaße können Sie auch mit dem Stechzirkel oder einem Drechsler-Innen/Außentaster (2.5) abgreifen und dann an ein Maßband halten.

Die Schieblehre – ein Präzisions-Meßgerät

Noch präziser – bis in den Zehntelmillimeterbereich – geht das mit der Schieblehre (1.3), die man überwiegend bei Metall-Arbeiten eingesetzt.

2. Winkel und andere Anreißhilfen

Unentbehrlich: der 90°-Anschlagwinkel

Der rechte Winkel ist beim Möbelbau in aller Regel das „Maß der Dinge". Deshalb ist der 90°-Anschlagwinkel (2.2) unentbehrliches Requisit in jeder Heimwerkstatt. Er wird zum Anreißen und Überprüfen rechter Winkel gleichermaßen eingesetzt. Mit einem einfachen Trick können

Gliedermaßstäbe: Das mit einer Metalllasche eingefaßte Ende stellt die Null-Markierung dar. Beim Messen einer Strecke muß es bündig, im rechten Winkel anliegen

1.1

1.2

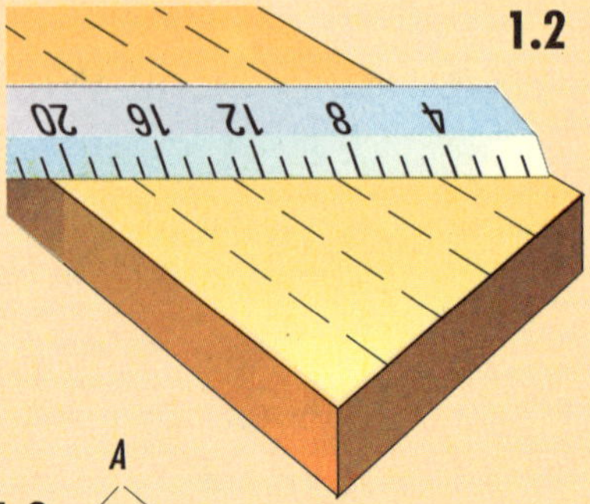

Gleiche Verhältnisse: Um z. B. ein 13 cm breites Holz in fünf gleichgroße Segmente zu unterteilen, dreht man den Maßstab, bis eine gut durch 5 teilbare Zahl, hier 20, auf der Längskante liegt. Strecke an den Quotienten 4,8,12 und 16 markieren

1.3

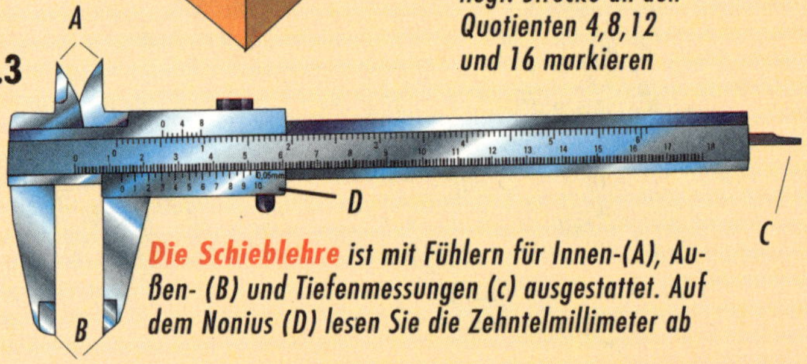

Die Schieblehre ist mit Fühlern für Innen-(A), Außen- (B) und Tiefenmessungen (c) ausgestattet. Auf dem Nonius (D) lesen Sie die Zehntelmillimeter ab

2.1

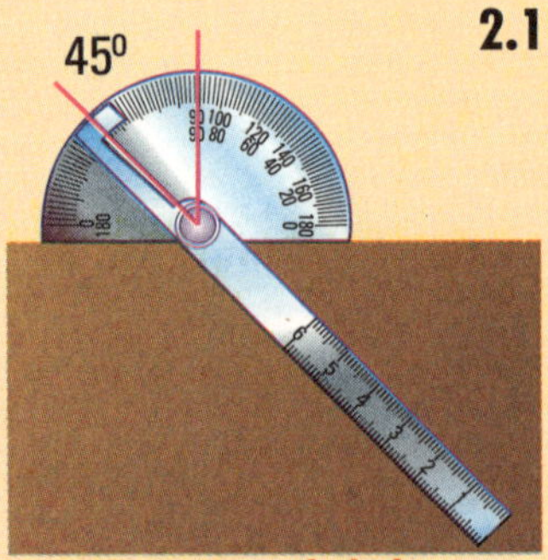

Zum Bestimmen beliebiger Neigungen eignet sich ein solcher Winkelmesser aus Metall mit Gradzahl-Skalierung

2.2

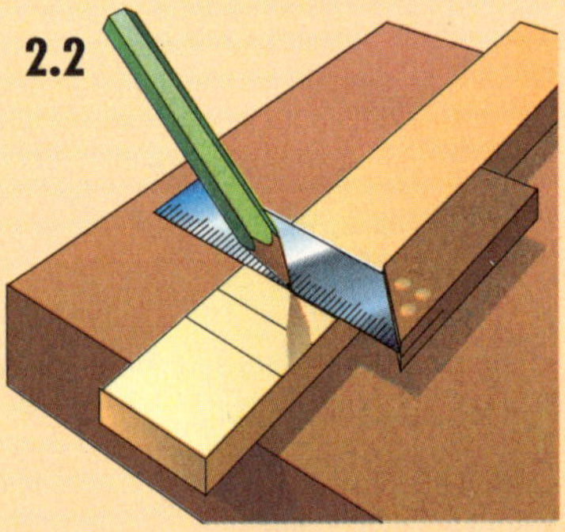

Anschlagwinkel: Zum Anreißen das Werkzeug gegen die Werkstückkante drücken und die Reißnadel fest am Metallschenkel entlangziehen

2.3

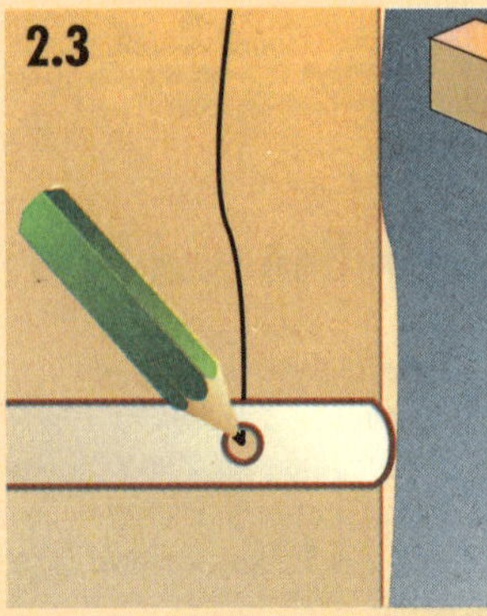

Mit einem Abstandsholz lassen sich z. B. krumme Wandverläufe auf die erste Dielenreihe übertragen

2.4

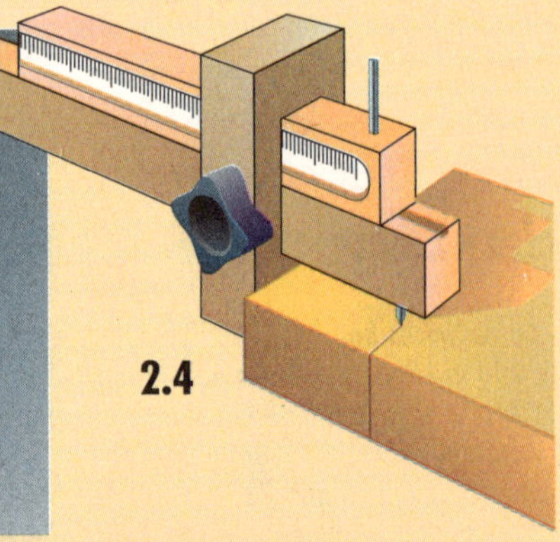

Parallele Linien zu geraden Werkstückkanten reißen Sie am besten mit dem Streichmaß an

2.5

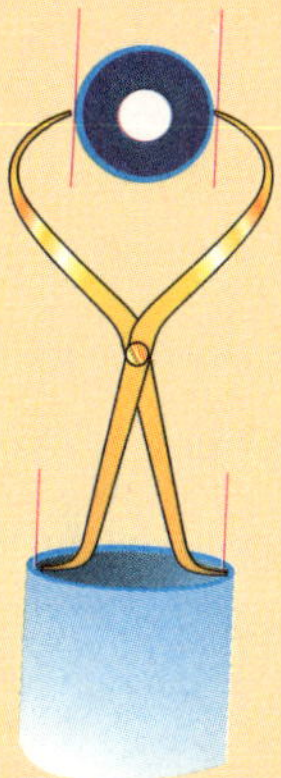

2.6

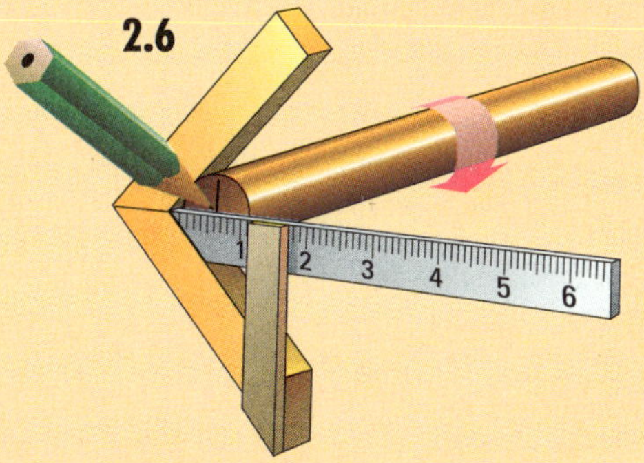

Der Innen-/Außentaster ist in der Form auf die Platzerfordernisse beim Drechseln abgestimmt

Zentrierwinkel: Rundstab in den 90°-Winkel einlegen. Der Schnittpunkt zweier 45°-Linien markiert den Mittelpunkt

3.1

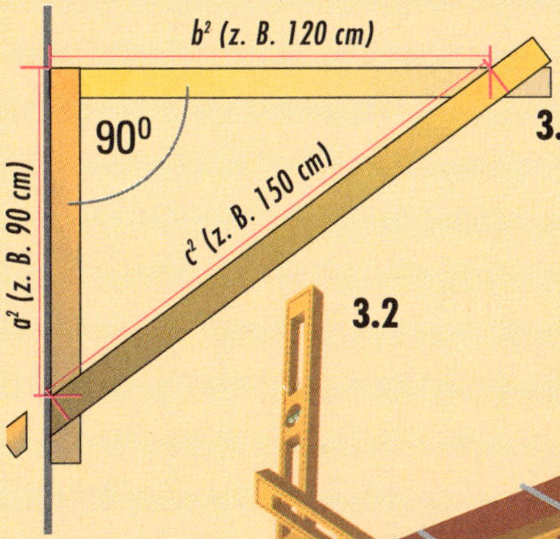

Mit einem Lattendreieck, dessen lange Seite zu den beiden kürzeren im Verhältnis 5:4:3 steht, können Sie rechtwinklig verlaufende Fluchten präszise konstruieren und überpüfen

3.2

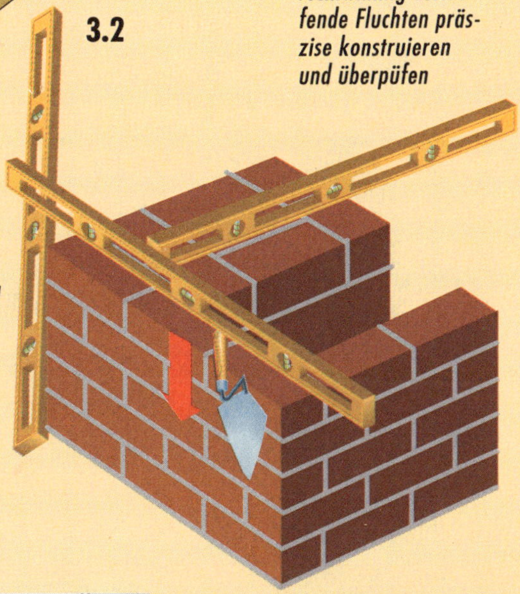

Mit der Wasserwaage überprüft man senkrechte und waagerechte Ausrichtung, hier beim Mauern. Man sollte darauf achten, daß das Gerät stets sauber ist. Schon ein Mörtelklecks könnte das Meßergebnis verfälschen

Sie überprüfen, ob Ihre Winkel noch genau anzeigen: Nach dem ersten Anreißen den Anschlag um 180° auf die andere Seite kippen. Verläuft der Schenkel exakt parallel zur vorher angerissenen Linie, ist das Werkzeug in Ordnung. Seltener wird man einen 45°-Anschlagwinkel benötigen. Er erleichtert vor allem das Anreißen von Gehrungsschnitten. Kombiniert man 90°- und 45°-Winkel, erhält man einen Zentrierwinkel (2.6), mit dem Sie im Nu durch zwei Anreißlinien den Mittelpunkt von Rundstäben markieren können.

Zum Anreißen anderer vorgegebener Neigungsgrade brauchen Sie einen verstell- und fixierbaren Winkelmesser (2.1). Zum bloßen Abnehmen und Übertragen von Winkeln reicht hingegen eine Schmiege aus (s. Foto vorn).

Wenn es darum geht, Markierungen parallel zu geraden Werkstückkanten zu ziehen, z. B. zum Ablängen oder Herstellen von Schlitzen, leistet ein Streichmaß (2.4) gute Dienste. Es besitzt zwei gegeneinander verschiebbare Stäbe mit Millimeterskala und Metalldornen zum Anreißen.

Ungerade Kanten überträgt man 1:1 entweder mit einem Bleistiftzirkel oder einem kleinen Abstandsholz (2.3), mit dem man die krummen Konturen nachfährt.

3. Messen und Anreißen am Bau

Bei kleineren Werkstücken ist das Anreißen rechter Winkel kaum ein Problem. Wenn Sie aber über längere Strecken rechtwinklige Fluchten einhalten müssen, z. B. beim Bau eines Carports oder

Für 45°-Winkel und andere Neigungsgrade

Parallelen anreißen und ungerade Kanten übertragen

Beim Bau gerät der rechte Winkel leicht aus der Flucht

3.3

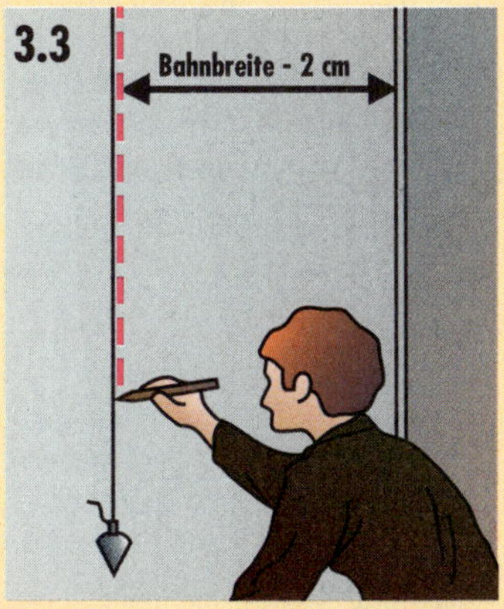

Das Lot eignet sich zum Anzeigen längerer Senkrechten – hier, um den Ansatz der Tapetenbahn anzuzeichnen

3.4

Über kurze Strecken kann die Wasserwaage auch zur Höhenmessung im Gelände eingesetzt werden, z. B. um den Niveauunterschied zum Bau einer Gartentreppe zu ermitteln. Hierzu wird die Wasserwaage auf eine geradkantige Latte gelegt und dann die Differenz von B zu A gemessen

So überprüfen Sie die Rechtwinkligkeit von Konstruktionen

Ohne Wasserwaage kommen Sie am Bau nicht aus

Mit der Schlauchwaage ermitteln Sie höhengleiche Positionen

Laser-Nivelliergeräte

beim Fliesen, sollten Sie sich den Satz des Pythagoras zunutze machen. Der besagt, daß die Quadrate über den beiden kurzen Seiten eines rechtwinkligen Dreiecks in der Summe genau so groß sind, wie das Quadrat, das man über der langen Seite konstruiert ($a^2 + b^2 = c^2$). Das bedeutet: Das Verhältnis der lange Seite zu den beiden kürzeren beträgt stets 5:4:3. Mit einem größeren, selbstgebauten Lattenwinkel, dessen Seiten in diesem Verhältnis stehen (3.1) können Sie also am Bau hervorragend arbeiten. Ob rechteckige Konstruktionen, z. B. die Schalung für ein Streifenfundament oder die Sockelhölzer eines Wintergartens, genau im rechten Winkel stehen, können Sie leicht kontrollieren: Messen Sie die Diagonalen zwischen den Eckpunkten nach; sie müssen gleich lang sein.

Selbst wenn Sie das rechte Augenmaß haben – Bilder und Spiegel aufhängen oder Regale anbringen gelingt mit der Wasserwaage präziser. Unentbehrlich jedoch ist dieses Gerät beim Bau: Mauern müssen exakt senkrecht fluchten, Fundamente und Fußbodenaufbauten in der Waage sein. Ab und zu sollte man die Wasserwaage auf einem ebenen Untergrund überprüfen: Drehen Sie sie in Längsrichtung um 180°. Die Luftblase in der Röhrenlibelle muß dann in der gleichen mittigen Position wie vorher sein. Je länger die Wasserwaage, desto genauer ist die Messung. Sie können aber eine Wasserwaage gängiger Größe leicht mit einer Richtlatte „verlängern" (3.4) – während man zum Bestimmen längerer vertikaler Strecken besser zum Senklot greift (3.3).

Entfernte höhengleiche Punkte ermitteln Sie mit der wassergefüllten Schlauchwaage. Nach dem Prinzip der kommunizierenden Röhren steht die Wassersäule an den Enden stets auf gleicher Höhe. So haben Sie eine Bezugslinie („Meterriß"), von der aus Sie das Höhenniveau einer Ausgleichsschüttung anzeichnen oder die Oberkante eines Fundamants oder Pflasterbelags mit Richtschüren abstecken können (3.9).

Die Schlauchwaage wird heute jedoch zunehmend durch Laser-Nivelliergeräte ersetzt, die es in einfacher Ausführung auch schon in Baumärkten gibt. Wenn sie exakt waagerecht ausgerichtet sind, zeigen sie nicht nur einen Meterriß genau an, sondern auch lotrechte Fluchten (3.6.1 und 3.6.2). □

3.5

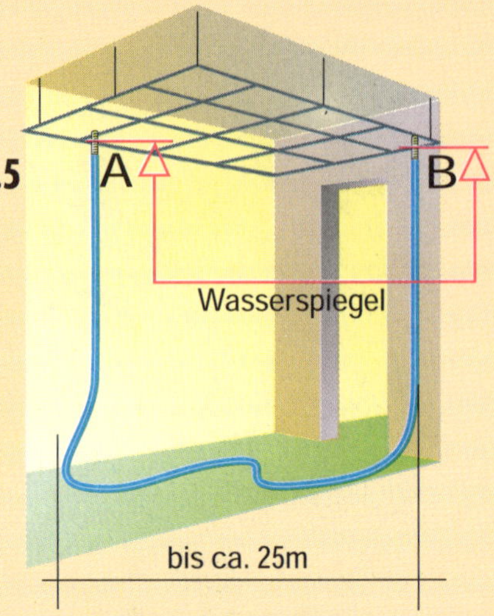

Höhengleiche Punkte, z. B. für den Bau einer abgehängten Zimmerdecke, ermitteln Sie mit einer Schlauchwaage. Nach dem Prinzip der kommunizierenden Röhren befinden sich die Wassersäulen an den transparenten Schlauchenden stets auf gleicher Höhe

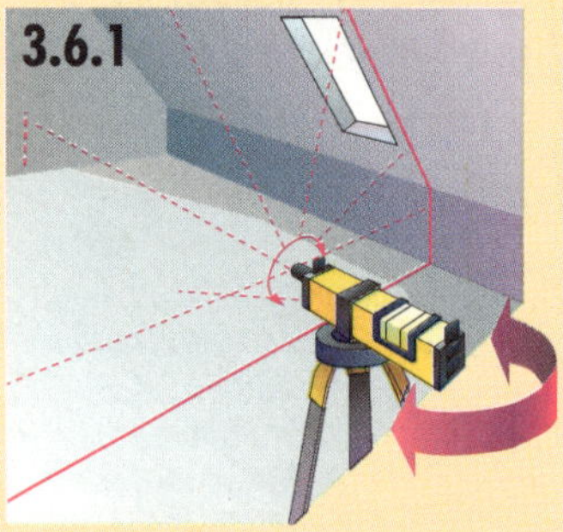

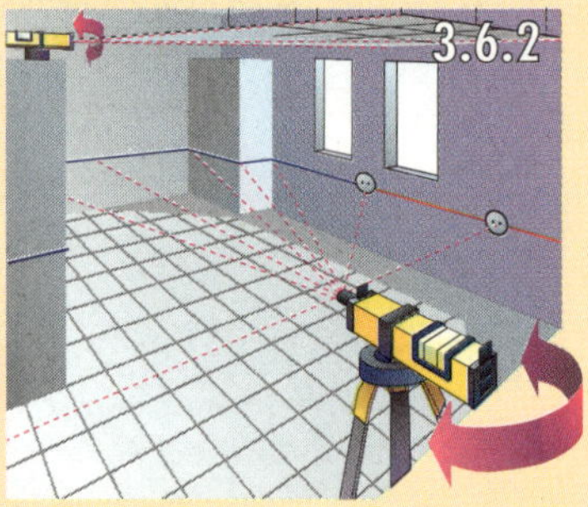

Laserlivelliergeräte sind inzwischen auch für Heimwerker erschwinglich. Sie ersetzen nicht nur eine Schlauchwaage (3.6.2), sondern zeigen auch vertikale Fluchten an, z. B. beim Bau einer Trennwand (3.6.1)

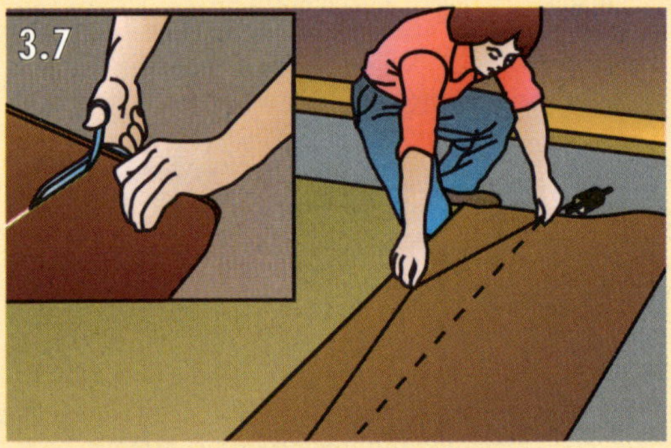

Anriß mit der Schlagschnur: Ob die Schnittkante beim Teppichboden oder der Meterriß an der Hauswand – längere Anrisse sind mit der gespannten Kreide-Schlagschnur schnell und präzise gemacht

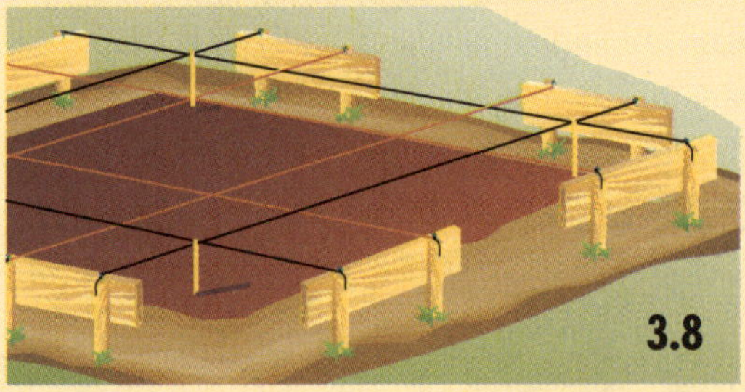

Mit Schnurgerüsten, die mit Laser oder Schlauchwaage höhengleich ausgerichtet sind, steckt man Ecken und Fluchten von Fundamenten und Gebäuden ab

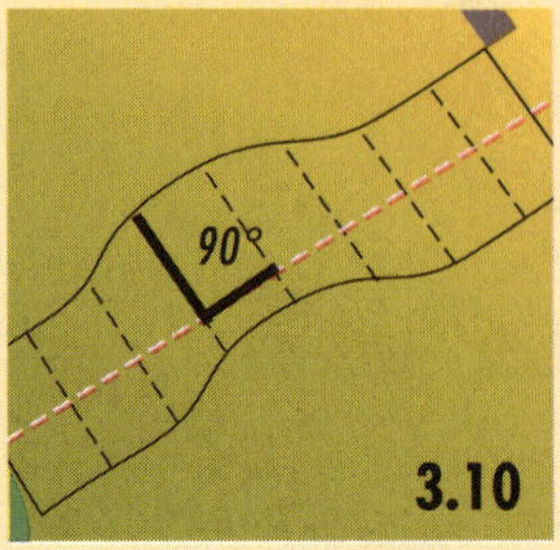

Pflasterflächen steckt man mit Schnüren ab (3.9) Bei geschwungenen Wegen sollte die gerade Linie zwischen den Randpflöcken eine Fluchtlinie im 90°-Winkel schneiden

Entsorgen

Nicht jeder Abfall ist gleich Müll

DER GRÜNE PUNKT

Über 40 Millionen Tonnen Hausmüll müssen in Deutschland jährlich beseitigt werden: Unsere Konsumgesellschaft droht an dem zu ersticken, was sie wegwirft. Wir zeigen, wie Sie umweltbewußter handeln – und damit auch noch ein hübsches Sümmchen Geld sparen

Fotos: Duales System Deutschland (4); Pavel Strnad (12); Peter Baruschke (2)

Müllbeseitigung führt zu steigenden finanziellen Belastungen

1. Abfallbilanz

Mehr als einmal um den Globus würde die Schlange der Müllautos reichen, die mit der jährlichen Menge Abfall aus deutschen Haushalten beladen wäre. Jeden Tag ist ein LKW-Konvoi von 120 Kilometern Länge unterwegs, um das zu beseitigen, was wir alle achtlos wegwerfen.

Auch wenn sich das Umweltbewußtsein schon verbessert hat und inzwischen über 30 Prozent des Abfalls getrennt gesammelt und verwertet werden: Die Müllbeseitigung kostet gewaltige Summen, und das spüren zunehmend auch die Privathaushalte. Nicht umsonst wird die Müllbeseitigung auf der politischen Bühne kontrovers diskutiert: Die Kette der Skandale rund um illegale Abfallentsorgung und unzureichende Deponien reißt nicht ab.

Kreislaufwirtschaftsgesetz

2. Rechtliche Grundlage

„Der beste Abfall ist derjenige, der erst gar nicht anfällt.“ Dieser Idee folgt das sogenannte Kreislaufwirtschaftsgesetz von 1986. Danach soll Abfall vermieden werden. Und nicht vermeidbarer Abfall soll (wieder-) verwertet werden. Erst wenn auch das nicht geht, ist eine umweltgerechte Beseitigung vorgeschrieben.

Umsetzung der Gesetze durch die Kommunen

Finanziell lohnt es sich, möglichst wenig wegzuwerfen: Immerhin kostet jede Leerung einer Mülltonne bares Geld, im Schnitt pro 80-Liter-Tonne 5 bis 7 Mark. Wer mehr Müll erzeugt, muß zum Beispiel bei einer 120-Liter-Tonne schon zwischen 7 und 9 Mark pro Leerung ausgeben. Festgelegt werden diese Gebühren jeweils von der Kommune, die eine entsprechende Gebührensatzung erläßt. Daher sollten Sie sich bei Ihrer Stadtverwaltung bzw. Gemeinde informieren – meist sind dort auch kostenlose schriftliche Informationen (1.1) zu bekommen.

Verpackungsverordnung

3. Verpackungen

Laut Verpackungsverordnung von 1991 müssen Hersteller ihre Verpackungen wieder zurücknehmen. Der allseits bekannte

1.1

Müll-Information: Abfall ist Sache der Kommunen, die ihre Bürger mehr oder weniger gründlich informieren. Unser Foto zeigt Broschüren aus Leipzig (links), Köln (rechts oben), München (rechts unten) und Kiel (unten Mitte)

1.2

Kostenlose Tips zum richtigen Umgang mit Abfall und zu umweltgerechten Produkten gibt's auch beim Umweltbundesamt: Postfach 330022, 14191 Berlin oder www.umweltbundesamt.de

2.1

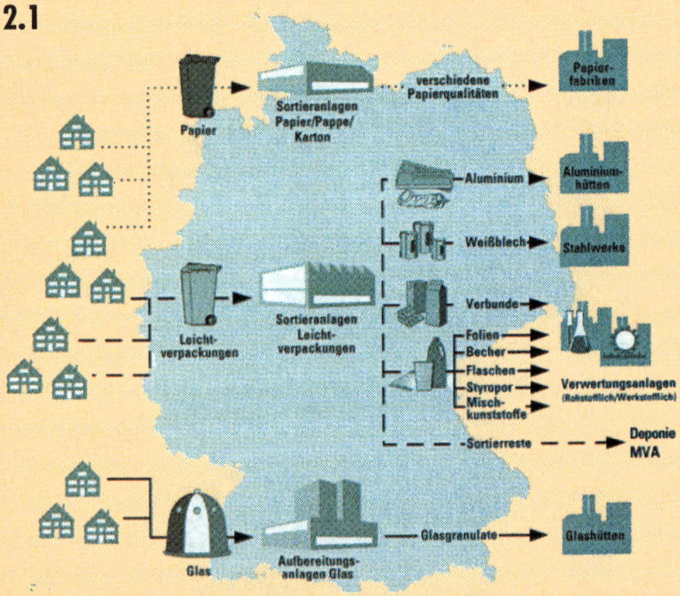

So arbeitet das Duale System Deutschland (DSD), eine privatwirtschaftlich organisierte Verwertungsgesellschaft, die unter dem Zeichen „Grüner Punkt“ auftritt. Viele Kommunen bemängeln allerdings die fehlende Müllvermeidung

2.2

Alle Verpackungen müssen laut Gesetz von den Herstellern zurückgenommen werden. Doch zahlen muß wieder der Verbraucher: Im Preis für das Produkt ist die Entsorgungsgebühr für die Verpackung schon drin

Grüner Punkt: *Verpackungen müssen zu 80 Prozent eingesammelt werden, wiederum 80 Prozent des gesammelten Materials müssen verwertet werden – der „Grüne Punkt" bietet immerhin die Chance zu sinnvollem Recycling*

Mülltrennung: *Sammlung, Transport und Verwertung werden nicht aus Gebühren bezahlt, sondern über den Kaufpreis der verpackten Produkte mit dem „Grünen Punkt"*

Batterien: *Alte Batterien und Akkus müssen abgegeben werden, denn sie enthalten Schwermetalle, die auf keinen Fall auf einer Deponie landen dürfen. Der Handel ist verpflichtet, Batterien jeder Art kostenlos zurückzunehmen*

Bauschaum: *Leere Behälter nicht in den gelben Sack oder zum Kunststoff-Müll geben, sondern am Schadstoffmobil oder im Baumarkt abgeben. Restfüllung und Behälter können direkt stofflich verwertet werden*

„Grüne Punkt" ist eine Folge dieser Pflicht, denn die „Duales System Deutschland AG" hat unter diesem Zeichen die Aufgabe der Hersteller übernommen. Sammlung, Transport und Verwertung aller Verpackungen haben Sie somit schon bezahlt – mit dem Preis für das darin eingepackte Produkt. Wer Verpackungen, Flaschen und Altpapier in seine Restmülltonne wirft, zahlt deshalb doppelt: Der Faule ist der Dumme. Wie das DSD arbeitet, sehen Sie in Grafik 2.1. (Quelle: DSD).

„Grüner Punkt" wird aus Produktabgabe bezahlt

4. Sonderprodukte

Verordnungen für einzelne Produktgruppen

Für einige besonders schadstoffbelastete oder gefährliche Produkte wurden ebenfalls spezielle Verordnungen erlassen, die die Entsorgung regeln.

Batterien

Für Privathaushalte besonders wichtig ist die Batterieverordnung. Danach müssen Sie alle verbrauchten Batterien abgeben. Der Handel ist zur Rücknahme verpflichtet. Autobatterien sollen beim Neukauf ebenfalls abgegeben werden – wer keine alte Batterie abgibt, muß Pfand zahlen (15 Mark).

Altöl

Für Altöl gibt es eine ähnliche Verordnung: Jede Verkaufsstelle, die Motoröl anbietet, muß die gleiche Menge Altöl zurücknehmen. Noch umweltgerechter ist es allerdings, eine Tankstelle oder einen Fachbetrieb mit dem Ölwechsel zu beauftragen. Denn schon einige Tropfen können große Mengen an Trinkwasser verseuchen. Für Altautos und Elektronikschrott sind weitere Verordnungen geplant.

5. PU-Recycling

Bauschaum nicht zum „Grünen Punkt" geben

Für die entleerten Polyurethan-Schaumdosen (Bauschaum) gibt es ein vom „Grünen Punkt" abweichendes Sammelsystem, das ebenfalls privatwirtschaftlich betrieben wird. Die Dosen geben Sie in Baumärkten oder beim Schadstoffmobil ab, größere Mengen werden abgeholt. Vorteil dieses von den Herstellern der Dosen initiierten Verfahrens ist eine Wiederaufbereitung des Restschaums in der Dose (5.1). Auch hier ist die Verwertung bereits mit dem Kaufpreis des Produkts bezahlt.

6. Entsorgungswege

Wie Abfälle gesammelt, sortiert und weiterbehandelt werden, ist regional sehr unterschiedlich. Das gilt auch für die Gebühren, die dafür erhoben werden. In den neuen Bundesländern gelten zudem oft weniger strenge Übergangsregelungen – auch für die Entsorgung von problematischen Stoffen – ein Grund dafür, warum so mancher Müll aus westdeutschen Gemeinden noch immer auf den billigen ostdeutschen Deponien landet.
In unserer Tabelle haben wir für eine ganze Reihe täglich anfallender Reststoffe und Altprodukte die jeweils richtige Art der Entsorgung aufgelistet. Unsere Angaben zu Kosten bleiben jedoch beispielhaft, denn die Gebührenunterschiede zwischen deutschen Kommunen betragen für einzelne Abfallarten derzeit nicht selten mehr als 100 Prozent. Bevor Sie Speicher und Keller entrümpeln oder zu einer Deponie fahren, raten wir Ihnen deshalb dringend, zunächst Erkundigungen darüber einzuholen, ob das anfallende Material angenommen wird und zu welchem Preis.

7. Vermeidung

Wieviel Müll erzeugen Sie pro Tag? – Der Bundesdurchschnitt liegt bei rund 1,5 Kilo pro Person. Schon wenige Verhaltensänderungen genügen, damit weniger Abfall anfällt. Wer ohne Einkaufstasche oder Korb in den Supermarkt geht, muß sich über den wachsenden Plastiktütenberg in der heimischen Küche nicht wundern. Getränkedosen und Einwegflaschen sollten Sie meiden – zumal die darin abgefüllten Getränke oft unverhältnismäßig teuer sind. Lehnen Sie die Plastiktüte im Laden ab. Meiden Sie „Müll ab Werk", also Einwegartikel, die sozusagen schon für die Mülltonne produziert wurden. In unserer Tabelle rechts haben wir auch Tips zur Müllvermeidung in einer Spalte zusammengetragen. Häufig können Sie auf diese Weise auch besonders gefährliche Inhaltsstoffe vermeiden oder auf übermäßig umweltbelastende Produkte verzichten.

Wohin mit dem Abfall?

Stoff	Gefahr	Wie vermeiden?	Wie entsorgen?*)	Kosten**)
Asbestzement	krebsauslösend	(inzwischen verboten)	Entsorgungshof/Deponie	z. B. 5,-/m²
Abbeizer	ätzend, giftig	Farbe abschleifen oder abbrennen (Heißluft)	Schadstoffmobil	keine
Altöl	wassergefährlich	Ölwechsel bei Werkstatt/Tankstelle	Handel oder Schadstoffmobil	keine
Autobatterien	giftig (Blei)		Handel (Pfand!) Autoverwertung	15,- Pfand keine
Baumwurzeln		evtl. langjährig kompostieren	Kompostierungsanlage	z. B. 20,-/St.
Bauschaum	giftig	evtl. mechanische Befestigung	Handel/Schadstoffmobil	keine
Bauschutt		weiterverwenden (z. B. als Füllmaterial)	Wertstoffhof/Deponie	z. B. 50,-/m³
Batterien	giftig (Schwermetalle)	Akkus oder Netzgeräte verwenden	Handel	keine
Chemikalien	(verschieden)	ggf. Verzicht	Schadstoffmobil	keine
Elektrogeräte	(versch.)	(Rückgabe bei Kauf)	Abholung *)	z.B. 20,- *)
Entkalker	ätzend, giftig	mit Essig entkalken	Schadstoffmobil	keine
Farben, Lacke	(versch.)	kleinere Menge kaufen	Schadstoffmobil	keine
Fette			Küchenfett: Biotonne sonst: Schadstoffmobil	keine
Gartenabfälle		kompostieren	Kompostwerk, Häckseldienst	z. B. 15,-/m³
Klebstoffe	Lösemittel	Kleber auf natürlicher Basis (z. B. Leime) kaufen	Schadstoffmobil	keine
Kleidung		an Bedürftige abgeben, Altkleidersammlung, ggf. verkaufen	Restmüll (besser: Sammeltonne)	keine [2]
Korken			Wertstoffhof, Öko-Laden	keine
Küchenabfälle		bedarfsgerecht einkaufen, Komposthaufen anlegen	Biotonne	8,-/Leerung *)
Leuchtstoffröhren [1]	giftig (Quecksilber)		Schadstoffmobil	keine
Lösungsmittel	giftig	wasserlösliche Farben nutzen	Schadstoffmobil	keine
Medikamente	(versch.)		Apotheke, Schadstoffmobil	keine *)
Möbel		verkaufen (Kleinanz.), an Bedürftige abgeben	Sperrmüll, Wertstoffhof	keine bis 85,-/m³ [2]
Papier	giftige Farbstoffe	Werbesendungen ablehnen, Recycling-Papier nutzen	Sammelcontainer	keine
Pflanzenschutzmittel	giftig	giftfreie Mittel, biologische Methoden	Schadstoffmobil	keine
Reinigungsmittel	Gifte, Säuren	Neutralreiniger	Schadstoffmobil	keine
Schuhe		Sammelcontainer an Schuhgeschäften	Restmüll	keine
Spraydosen	z. T. FCKW	ggf. Pumpsprays	leer: gelbe Tonne, sonst: Schadstoffmobil	keine

*) Wird teilweise abweichend gehandhabt, bitte bei Kommune oder Entsorgungsbetrieb erfragen.
**) Jede Abfallbeseitigung kostet Geld. Oft wird die Entsorgung aus Privathaushalten (kleine Mengen) jedoch nicht direkt kostenpflichtig, sondern aus dem öffentlichen Haushalt oder den Müllgebühren bezahlt.
[1] auch Energiesparbirnen; [2] hier können Sie an Altstoffen eventuell sogar verdienen

***Öl:** Motoröl und Schmierstoffe sind extrem umweltschädlich. Geben Sie Öl nur sortenrein ab, denn sonst ist ein Recycling nicht mehr möglich*

***Abbeizer:** Bei langer Lagerung kann sich die aggressive Flüssigkeit durch die Verpackung fressen – deshalb Reste lieber zum Schadstoffmobil bringen*

***Unbekannte:** Solche Aufbewahrungen unbedingt vermeiden. Giftige Substanzen niemals in Lebensmittel-Behälter abfüllen: Ein Irrtum könnte tödlich enden!*

***Spraydosen:** Im Restmüll können noch gefüllte Dosen bei der Abfallsortierung explodieren – sie gehören ins Schadstoffmobil*

***Klebstoffe und Wachse:** Unter Umständen enthalten sie Lösungsmittel – und die gehören zum Sondermüll (Schadstoffmobil)*

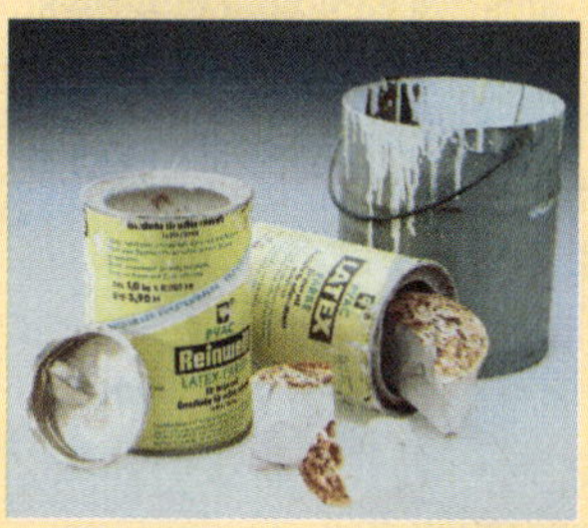

***Farbmasse:** Behälter mit ausgetrockneter Farbe können Sie einfach in den Restmüll geben. Das gilt auch für Pinsel*

***Lösungsmittel:** Sie sind umweltgefährlich und meist auch giftig – nur in der Schadstoffsammlung abgeben*

***Farben, Beizen:** In flüssiger Form müssen sie in die Schadstoffsammlung. Wasserlösliche Produkte austrocknen lassen*

Müllvermeidung kann aber auch bedeuten, vermeintlichen Abfall weiter- oder umzunutzen – etwa alte Möbel, Fahrräder oder Kleidung. Was der eine wegwirft, kann ein anderer vielleicht noch gebrauchen. Prüfen Sie also, ob Sie nicht eventuell sogar noch Profit aus Ihrem alten Krempel schlagen können – und das ganz legal. Altglas und -papier sollten Sie auf jeden Fall sammeln und abgeben, denn diese Stoffe können praktisch vollständig wiederverwertet werden.

Verkauf von gebrauchten Produkten

8. Problemstoffe

Nicht jeder Abfall ist gleich Müll. Das gilt vor allem für Sondermüll, der auf keinen Fall direkt auf die Deponie darf, sondern, je nach Zusammensetzung, ins Recycling kommt oder kontrolliert verbrannt werden muß. Für die privaten Haushalte ist auch hier die Kommune der Ansprechpartner. Meist gibt es eine regelmäßige Annahme von Sondermüll und Problemstoffen in sogenannten Schadstoffmobilen oder sogar ständig bei Wertstoffhöfen.

Im Zweifel zum Schadstoffmobil

Sie erleichtern die Arbeit der Kommune, indem Sie solche Schadstoffe im ‚Originalgebinde' anliefern, also in der Verpackung. Denn dann kann sofort entschieden werden, ob mehrere Gebinde zusammengeschüttet werden können. Sie selbst sollten das auf keinen Fall tun; viele Stoffe vertragen sich nicht oder können gemischt nicht mehr recycled werden. Das gilt zum Beispiel für Altöl.

Verschiedene Stoffe nicht mischen

Beachten Sie bitte, daß auch vergleichsweise harmlose Stoffe manchmal in den Sondermüll gehören. So sollten Sie Pinsel, mit denen Sie Acrylfarben oder -lacke verarbeitet haben, nicht unter fließendem Wasser reinigen oder das Auswaschwasser einfach weggießen. Die Acrylpartikel sind nicht biologisch abbaubar! Das Waschwasser muß also eigentlich zum Schadstoffmobil. Doch es gibt auch einen einfacheren Weg: Das Pinselwasser im Glas einfach im Kellerregal stehen lassen, bis es eingetrocknet ist – und schon ist aus Sondermüll Restmüll geworden. Farben müssen flüssig ebenfalls zur Sammelstelle, eingetrocknet kommen sie einfach in die Mülltonne. *[pb]*

Pinselwasser ist Sondermüll

Farben eintrocknen lassen

1
2
3
4
6
7
8
9
12
13

Holz

Der Stoff, aus dem die Bäume sind, ist eines der wichtigsten Materialien für Heimwerker. Wir geben eine Übersicht

Als natürliches, nachwachsendes Material ist Holz nicht erst in unserer gesundheits- und umweltbewußten Zeit sehr beliebt. Da aber Voll- oder Massivholz – gerade weil es ein Naturstoff ist – immer ‚arbeitet', wird es selten pur verwendet. Erst durch die diversen Verarbeitungsmethoden wird Holz zu dem ansehnlichen, stabilen, maßhaltigen Werkstoff, der sich für den Möbelbau und weitere Heimwerker-Projekte bestens eignet. Spanplatten und andere Holzwerkstoffe, die meist aus Abfällen und starken Ästen gewonnen werden, sorgen daneben für eine nahezu vollständige Nutzung der begrenzten Ressourcen – die Bäume wachsen schließlich nicht in den Himmel. □

1 *Red Cedar-Massivholz: Leichtes, rötliches Holz, das weich, leicht zu bearbeiten und von Natur aus wetterfest ist*

2 *Massivholz Tanne/Fichte: Dieses sehr preiswerte Holz zählt bei uns zu den meistverwendeten*

3 *Leimholz Kiefer: Stäbe aus Vollholz werden zu verwindungssteifen Platten zwischen 19 und 40 mm Stärke verleimt*

4 *Leimholz Tanne/Fichte: Dieses vielseitige Material kann man in Platten-Stärken von 18, 28 und 38 mm bekommen*

5 *Leimholz Buche: Fester als die beiden oben genannten Werkstoffe und wie sie in Größen bis zu 4 x 1,2 m zu bekommen*

6 *Hartfaserplatten: Unter Hitze naß zu Platten von 1,2-6 mm Stärke gepreßte Holzfasern; meist einseitig glatt; bis 5,5 x 2,1 m groß*

7 *Spanplatte mit Echtholzfurnier: (Oft aus Ästen, Resten und Abfällen gewonnene) Holzspäne werden unter Leimzugabe zu Platten gepreßt ...*

8 *... und mit Kunststoff oder (s. 7) Furnier beschichtet. Die Bezeichnung E1/F0 garantiert für Formaldehydfreiheit*

9 *Mitteldichte Faserplatten (MDF): Aus feinstzerfaserten Preßspänen; sehr glatt, gut zu lackieren, leicht zu bearbeiten*

10 *Rohe Spanplatte: Wie die meisten Spanplatten nicht wasserfest; Stärken von 6 bis 70 mm*

11 *OSB-Platte: „Oriented Structural Board" aus kreuzweise verleimten langen Preßspänen besticht v. a. durch seine interessante Oberfläche*

12 *Sperr- oder Furnierholz aus kreuzweise verleimten Holzschichten ist fester und maßhaltiger als Vollholz; in Stärken von 4-50 mm zu haben*

13 *Tischlerplatte: Stäbe aus Vollholz (z. B. Tanne) zwischen zwei Furnierschichten (z. B. Gabun)*

14 *Multiplex: Aus vielen Furnierlagen verleimtes, extrem belastbares Material mit attraktivem Kantenbild; in Stärken bis zu 80 mm erhältlich*

Heimwerker-Lexikon

Einsteckschlösser (Forts.) bis Farb- und Mörtelrührer

Fortsetzung von Seite 67

noch das Schlüsselloch zu sehen ist. Man spricht daher auch von einer verdeckten Bauweise. Das Gegenteil ist die offene Bauweise, bei der das Schloß (auch Aufschraubschloß) angeschraubt wird. Der erforderliche Schlitz im Möbelteil kann leicht mit Hilfe einer Oberfräse und Nutfräser eingearbeitet werden.

Einstemmbänder sind Möbelbänder, die in Rahmen und Türblatt eingelassen und aufgeschraubt werden. Das Einlassen ist maschinell mit einem Fräser und manuell mit einem Stemmeisen möglich.

Einteilen von Fliesen Verlegte Fliesen sollten ein möglichst gleichmäßiges Bild zeigen. Da die Länge und Breite der Boden- und Wandflächen i.d.R. nicht genau durch die Fliesenbreite teilbar ist, entstehen fast immer geschnittene Randstreifen. Darum sollten Fliesen so verteilt werden, daß sie nur an jeweils einer Seite des Raumes geschnitten werden müssen, idealerweise dort, wo die Anschnitte nicht gleich ins Auge fallen. Das Verteilen von Bodenfliesen z. B. muß auch so berechnet werden, daß an der Tür ein sauberer Übergang zum nächsten Raum oder anderen Bodenbelägen entsteht.

Elastische Fugen Mit dauerelastischem Dichtstoff gefüllte Fuge zwischen zwei Bauteilen (Bewegungs-/Dehnungsfuge).

Elektriker-Schraubendreher werden im Bereich von spannungsführenden Teilen (Steckdosen, Schaltschränken, Schaltern usw.) eingesetzt, müssen zum Schutz gegen versehentliches Berühren vom Schaft her über die gesamte Klingenlänge mit einer Isolierung ummantelt sein.

Elektrikermeißel ist für feine Meißelarbeiten gedacht, da er an der Schneide sehr schmal gehalten wird. (Breite zwischen 8 mm und 12 mm und Dicke zwischen 6 mm und 10 mm).

Elektroinstallation (Trockenbau) Sämtliche Elektroinstallationen können bei der Trockenbauweise im Wandhohlraum versteckt werden. Die Befestigung der Kabel und Rohre erfolgt durch Schellen oder Winkel direkt an Wand oder Boden. Vorteil: keine aufwendigen Stemmarbeiten bei der Verlegung und bei späteren Reparaturen.

Elektrotacker sind elektrisch betriebene, handgeführte Einschlagwerkzeuge, die den üblichen Handhammer in vielem nicht nur ersetzen, sondern sein Anwendungsgebiet noch erheblich erweitern. Es lassen sich mit diesem Tacker mühelos Klammern, Nägel (spezielle Nägel für Tacker) und Stifte einschlagen, wobei die Ausführungsform des Gerätes die Klammernbreite und Klammernhöhe bestimmt. Gegenüber dem Handtacker besitzt der E. den Vorteil einer höheren Schlagkraft und -frequenz. Er wird verwendet für das schnelle und bequeme Befestigen von Paneelen und Hartfaserplatten sowie für das schnelle Anheften von Isolier- und Dekorationsmaterial.

Elektrowerkzeuge sind handgeführte, transportable, elektrisch betriebene Handwerkzeuge, bei denen der Motor einen untrennbaren Bestandteil des Werkzeuges darstellt. Dazu gehören beispielsweise Bohrmaschinen, Bohrhämmer, Schlagbohrer, verschiedene Sägen, Fräsen, Schleifwerkzeuge, Heißluftgebläse, Klebepistolen, Lötpistolen, Tapetenlöser und Elektrotacker.

Endfestigkeit Die E. einer Klebeverbindung ist die Summe aller adhäsiven und kohäsiven Kräfte, die bewirken, daß eine Klebung ihre maximale Klebekraft erreicht. Sie kann je nach Klebstofftyp schon nach wenigen Stunden oder erst nach Tagen erreicht werden. Eine kurzfristiger erreichbare Endfestigkeit ist jedoch kein Indiz für die Höhe der Endfestigkeit oder für die Belastungsdauer, denn eine gute Verklebung hängt von vielen Parametern ab, wie z.B. von den zu verklebenden Materialien, von der Art und Größe der Klebefuge, der Art und Höhe der Belastung, der Temperatur und der Luftfeuchtigkeit und anderen spezifischen Faktoren.

Entwässerung ist bei Platten im Außenbereich, z.B. auf der Terrasse, sicherzustellen durch das Einplanen eines Gefälles und/oder eines wasserdurchlässigen Untergrunds, notfalls mit spezieller Flächendränage.

Epoxydharz-Kleber Zweikomponentenkleber, der aus Binder und Härter kurz vor der Verarbeitung angemischt wird. Die Aushärtung erfolgt durch chemische Reaktion (Reaktionsklebstoff).

Esche gehört zu den europäischen Laubhölzern, ist ziemlich hart, zäh und feinfaserig. Da das Holz sehr elastisch ist, läßt es sich gut bearbeiten und durch Wasserdampf in beliebige Formen bringen. Anwendung: geschätztes Nutzholz für Möbel und feine Tischlerarbeiten. Für Sportgeräte und Drechselarbeiten wird es gern benutzt. Als Bauholz eher ungeeignet.

Essigwasser kann eingesetzt werden, wenn der Geruch, nach der Verarbeitung eines Lackes, als störend empfunden wird. Oft verbreiten lösemittelhaltige Farben/Lacke diesen störenden Geruch. Die betreffenden Flächen werden mit einem in Essigwasser getränkten Lappen abgerieben. Der Lack verliert dabei an Geruchsintensität. Herstellung: Auf 10 Liter Wasser einen Schuß Essig. Geruchsbeseitigung bei Dispersionen: Das Aufstellen von Schalen, die mit Essig gefüllt sind.

Estrichelemente Platten aus Gipskarton oder Gipsfaser zur Herstellung eines Trockenestrichs. Es gibt sie auch mit aufkaschierter Dämmung. Die Kanten sind stufenförmig ausgebildet, so daß die verlegten Elemente ineinandergreifen. E. werden i.d.R. schwimmend auf einer druckfesten Wärmedämmschicht oder einer Schüttung miteinander verschraubt.

Estrich ist eine auf einem tragenden Untergrund oder auf einer zwischenliegenden Trenn- oder Dämmschicht aufgetragene, ebene Schicht aus Mörtel (Naßverfahren) oder Estrichplatten (Trockenestrich). E. dient als ebener Unterboden für Bodenbeläge.

Europäische Laubhölzer Zu den wesentlichsten gehören Buche, Eiche, Esche und Ulme.

Europäische Nadelhölzer Zu den wesentlichsten gehören Tanne, Fichte, Kiefer und Lärche.

Exzenterbeschläge sind eine Sonderform der Möbelbeschläge. Das exzentrisch geformte Einsteckrundteil wird in ein vorgefertigtes Sackloch des entsprechenden Möbelteils gesteckt. E. werden vorwiegend im Möbelbau eingesetzt (Schrankwände etc.)

Exzenter-Schleifer Der E. ist ein Elektrowerkzeug, das vorwiegend zum Feinschleifen und Polieren von Flächen verschiedener Werkstoffe, wie Holz, Metall, Glas und Kunststoff bestimmt ist. Er kann auch auf gewölbten Flächen eingesetzt werden. Der runde Schleifteller sitzt exzentrisch auf der Antriebswelle und kann parallel zur Arbeitsfläche frei oder zwangsgeführt um seine Achse rotieren. Mit Zwangsführung wird die Abtragsleistung wesentlich erhöht, so daß auch grobe Schleifarbeiten möglich sind.

Fallrohre verkleiden Sichtbare Installationsleitungen und Rohre können mit einer Vorsatzschale und Dämmung mit integriertem Revisionsschaft verkleidet werden. So sind auch Installationsgeräusche dämmbar.

Faltschiebetürbeschläge sind eine spezielle Art der Möbelbeschläge, die für zusammenfaltbare Schiebe-Elemente wie Faltschiebetüren verwendet werden. F. für vorliegende Türen, Belastbarkeit 40 kg/Tür. Präzisions-Profile, Laufrollen mit Spezial-Kugellagern; problemlose Montage; wartungsfreie Dauerfunktion.

Farb- und Mörtelrührer Unterscheidung Farb- und Mörtelrührer: F. haben eine negative Mischwirkung, das Mischmaterial wird von oben nach unten gezogen, was ein spritzfreies Arbeiten garantiert. M. haben eine positive Mischwirkung. Der Rührer fördert das Mischgut von unten

Bitte lesen Sie weiter auf Seite 98

Holzbearbeitung

Holz ist ein ebenso einfacher wie schwieriger Werkstoff: leicht zu bearbeiten, aber schwer zu beherrschen. Warum das so ist und wie man trotzdem mit diesem faszinierenden und schönen Material zurechtkommt, erfahren Sie in unserem Grundlagenkurs

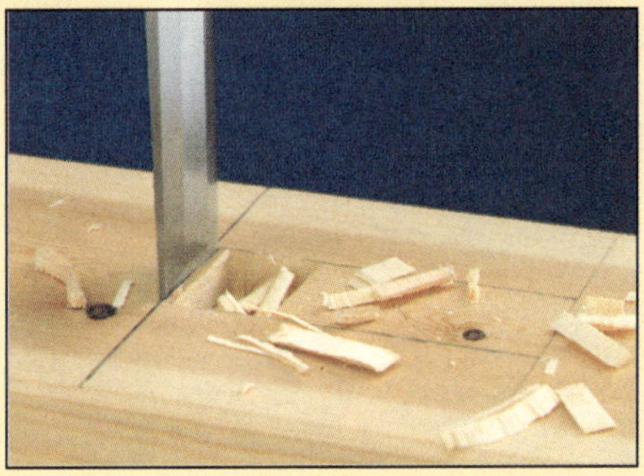

Holzbearbeitung

1. Werkstoff Holz

Ein natürlicher Werkstoff

Im Gegensatz etwa zu den Metallen, Gläsern und Kunststoffen ist Holz ein gewachsener Werkstoff. Dieser Umstand verhilft ihm zu jener Farben- und Strukturvielfalt, die ihn für den Möbelbau so begehrenswert macht. Andererseits führt der natürliche Wuchsvorgang zu unvorhersehbarem Werkstoffverhalten. Um trotzdem zuverlässige und haltbare Holzkonstruktionen anfertigen zu können, sollte man einige der chemischen und physikalischen Besonderheiten dieses natürlichen Werkstoffs kennen.

Die unterschiedlichen Holzzonen

Betrachtet man den Stammquerschnitt eines Baumes (Bild 1.1), so fallen sofort die Jahresringe ins Auge. Sie bestehen aus jeweils zwei Zonen: dem im Frühjahr und Sommer gebildeten Frühholz und dem im Spätsommer und Herbst entstandenen Spätholz. Die äußeren Jahresringe dienen der Wasserversorgung des Baumes. Diesen Teil des Holzes nennt man **Splintholz**, während die innenliegenden Jahresringe, die keine Flüssigkeit mehr transportieren und statt dessen mit Ablagerungsstoffen (Gerb- und Farbstoff, Harz, Wachs, Fett usw.) gefüllt sind, als **Kernholz** bezeichnet werden.

Zersägt man einen Holzstamm in Längsrichtung, entstehen durch die verschiedenen Holzzonen Bretter mit unterschiedlichen Eigenschaften. Das betrifft vor allen Dingen das sogenannte **Arbeiten** des Holzes.

Holz arbeitet

Das Arbeiten ist eine Folge des für Holz charakteristischen ‚hygroskopischen' Verhaltens: Je nach Feuchtigkeit der Umgebung nehmen die Holzzellen Wasser auf oder geben Wasser ab. Dieser Mechanismus führt auch im getrockneten Zustand noch dazu, daß Holz **schwindet** oder **quillt**.

Volumenänderung

Das wiederum hat eine ständige Volumenänderung zur Folge, die allerdings je nach Richtung unterschiedliche Ausmaße annimmt. So beträgt der Schwund in Richtung des Faserverlaufs nur etwa 0,1% bis 0,3%, während er in Richtung der Jahresringe bis zu 10% erreichen kann. Das hygroskopische Verhalten führt darüber hinaus auch zu einer Verformung der Bretter. Aufgrund der unterschiedlichen Wasserspeicherfähigkeit in den einzelnen Holzzonen wirft sich das Holz in

Schnitt durch einen Baumstamm

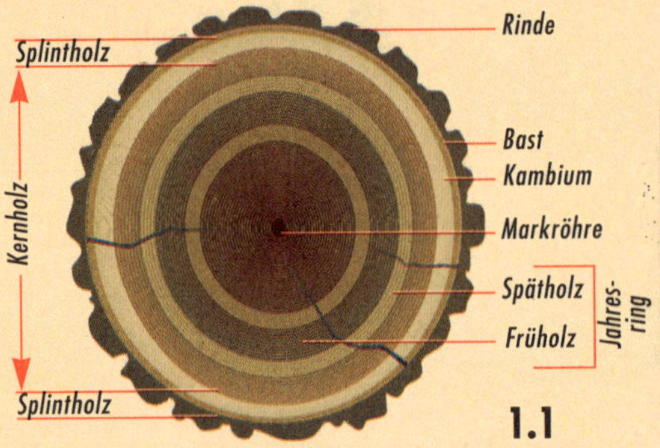

1.1

Tangentialschnitt (Fladerschnitt)

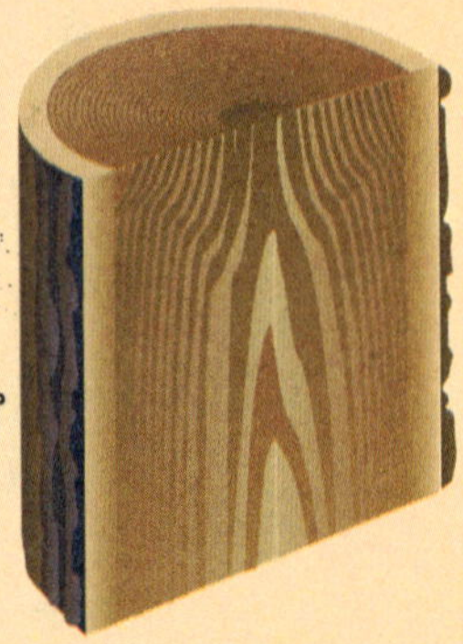

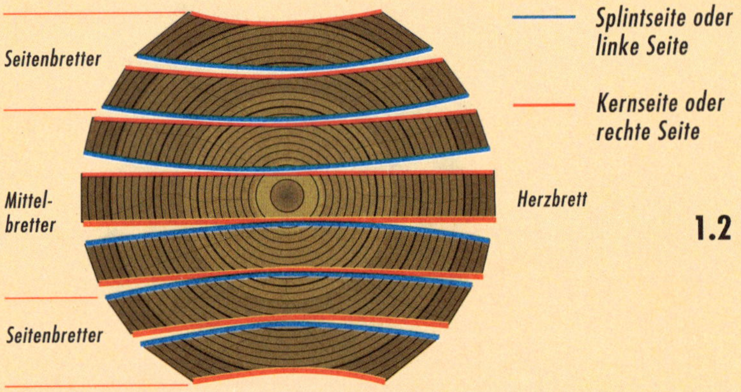

1.2

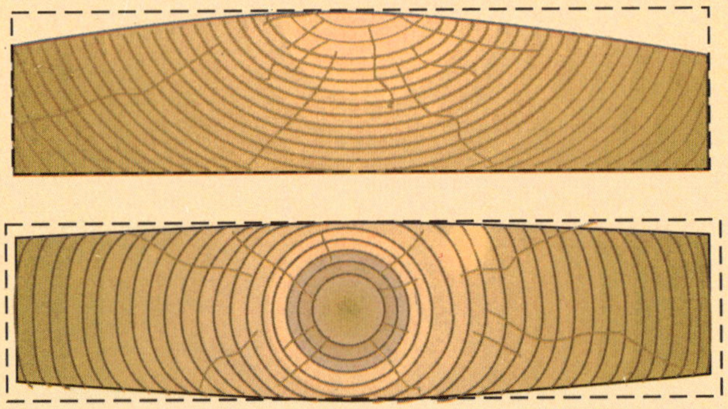

Schwundformen: So verformen sich Bretter in den einzelnen Holzzonen. Oben: Gesamtüberblick. Unten: Mittelbrett und Herzbrett

1.3

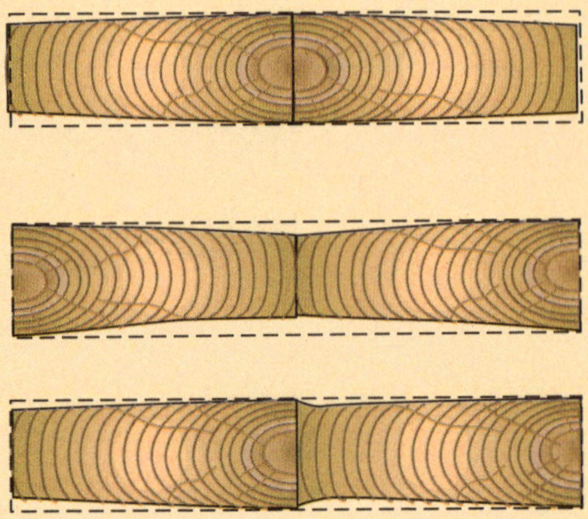

Verleimen von Vollholzbrettern: Stets sollte Kernholz an Kernholz und Splintholz an Splintholz geleimt werden. Fügt man Splint- und Kernholz zusammen, entsteht eine starke Einkerbung (unten)

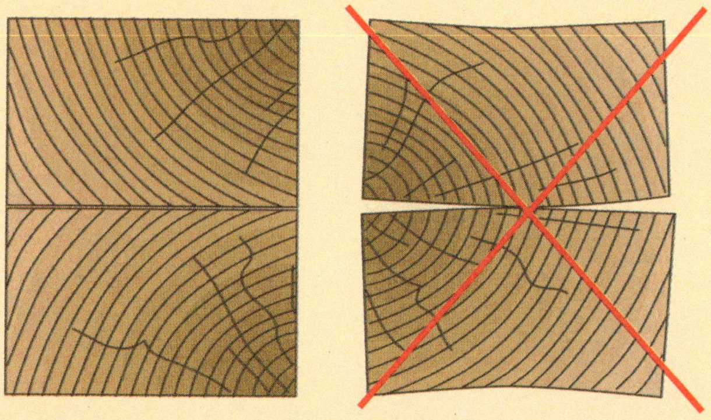

Beim Verleimen von Weichholzbrettern zu starken Bohlen müssen jeweils die Splintholzseiten zusammengeleimt werden (links)

1.4

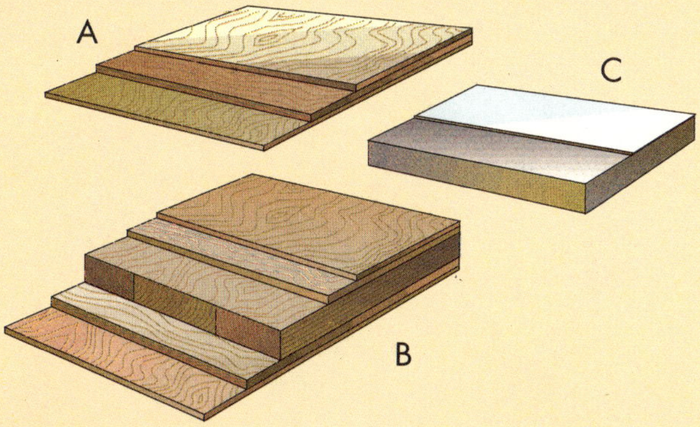

Holzwerkstoffe: Dreilagiges Furniersperrholz (A), Tischlerplatte (B) und beschichtete Spanplatte (C)

2.1

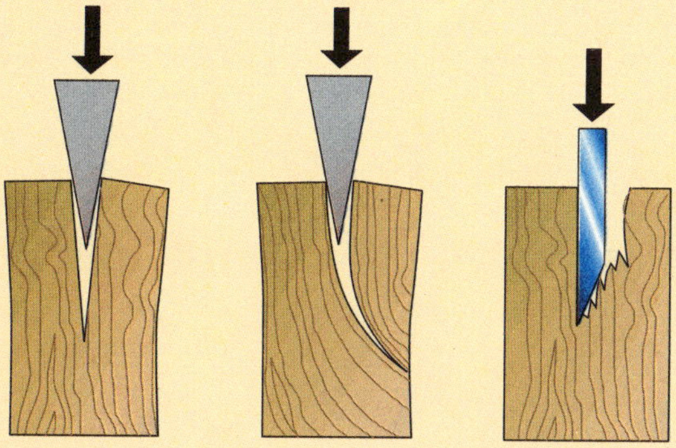

Keilwirkung: Ein zweiseitiger Keil spaltet das Holz in Richtung des Faserverlaufs. Die einseitige Klinge schneidet den Werkstoff

2.2

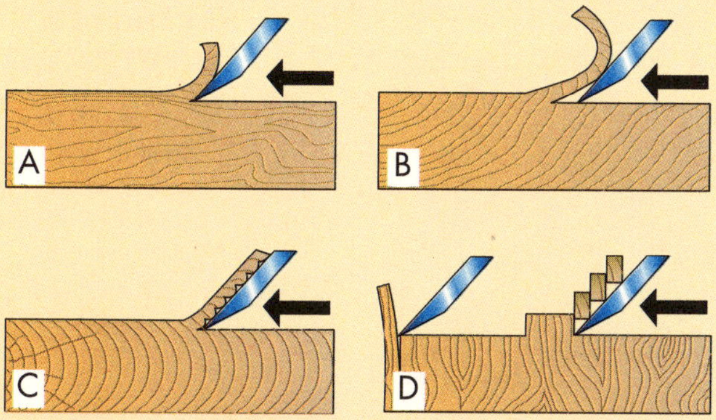

Bearbeitungsrichtung und Faserverlauf: Schneiden in Richtung der Faser (A), gegen die Faser (B), quer zur Faser (C) und auf Hirn (D)

Verformung von Vollholz

einer ganz bestimmten Weise: Die Bretter und Bohlen verformen sich stets so, daß die dem Kernholz zugewandte Seite (**Kernholzseite** oder **rechte Seite** genannt) rund und die dem Splintholz zugewandte Seite (**Splintholzseite** oder **linke Seite**) hohl wird. Ein Brett, das die Markröhre einschließt (**Herzbrett**), schwindet jeweils nur an den Außenkanten; das heißt, es wölbt sich nach beiden Seiten (Bild 1.2).

Vollholz zu Brettern verleimen

Bei der Verleimung von Brettern zu Platten müssen die genannten Eigenheiten unbedingt berücksichtigt werden. Hier gilt die Grundregel: Kernholz an Kernholz und Splintholz an Splintholz (Bild 1.3). Außerdem sollten bei massiven Flächen, deren Maserung sichtbar bleiben wird, die rechten Brettseiten (Kernholzseiten) beim Zusammenzeichnen nach oben weisen.

Holzwerkstoffe

Berechenbarer und maßhaltiger als Vollholz sind die sogenannten Holzwerkstoffe. Hier unterscheidet man zwischen **Lagenholz, Verbundplatten, Holzspanwerkstoffen und Holzfaserwerkstoffen** (Bild 1.4).

Lagenholz

Ein typischer Vertreter von Lagenholz ist **Sperrholz**. Es besteht aus kreuzförmig aufeinandergeleimten Schälfurnieren. Je nach Anzahl der Lagen spricht man von dreilagigen, fünflagigen und mehrlagigen **Furnierplatten**. Dickere, viellagige Sperrhölzer werden als **Multiplexplatten** bezeichnet. Sie gibt es in Dicken bis zu 80 mm.

Verbundplatten

,Verbundplatte' ist der Sammelbegriff für Holzwerkstoffe, die aus einer Mittellage und den beidseitigen Decklagen aufgebaut sind. Bekannt ist hier vor allem die **Tischlerplatte**, die eine Mittellage aus Stäbchen besitzt.

Holzspanwerkstoffe

Holzspanwerkstoffe stellt man aus Holzspänen und Kunstharzleimen unter Einwirkung von Wärme und Druck her. Wegen der Härte des Kunstharzes sollte man zur Bearbeitung dieser Werkstoffe Hartmetall-Werkzeuge einsetzen.

2. Grundformen der Bearbeitung

Keilwirkung

Alle schneidenden Werkzeuge arbeiten mit der Keilwirkung. Das heißt, die Klinge läuft nach unten keilförmig zu. Treibt man eine solche Klinge ins Holz, spaltet sie den Werkstoff. Die Spaltfuge läuft hierbei der Schneide

Holzbearbeitung

voraus und folgt dem Faserverlauf des Holzes (Bild 2.1). Zur präziseren Bearbeitung muß die Spaltwirkung in eine Schneidwirkung umgewandelt werden. Hierzu dient der einseitige Keil. Während die schräge Wange auch hier für die Spaltung sorgt, dringt die gerade Seite immer wieder in die Holzfaser ein und durchschneidet diese.

Faserverlauf und Bearbeitungsrichtung

Schneidende Werkzeuge haben bei gewachsenem Holz je nach Bearbeitungsrichtung unterschiedliche Wirkungen (Bild 2.2): Die Bearbeitung **mit der Faser** führt zu den besten Ergebnissen: Das Eisen schneidet. Lange Späne, eine glatte Fläche und leichte Bearbeitung sind die Folge. Schneidet man **gegen die Faser**, spaltet die Klinge. Das Ergebnis: kurze Späne, rauhe Oberfläche, Einrisse im Holz und Schwergängigkeit. Bei der Bearbeitung **quer zur Faser** reißt das Eisen ins Holz. Auch das ergibt eine rauhe Oberfläche. Am schwierigsten gestaltet sich das Bearbeiten **auf Hirn**: Es entstehen unzusammenhängende Späne. Beim Bestoßen können die Kanten leicht abgespalten werden. Man sollte hier möglichst scharfe Klingen benutzen.

3. Anreißen

Voraussetzung für perfekte Arbeitsergebnisse ist das maßgenaue und präzise Anreißen der Schnittlinien. Bei Vollholzbrettern sollte dies immer auf der rechten Seite (Kernholzseite; s. o.) geschehen.

Rechte Seite liegt oben

Denn diese Seite weist wegen ihrer größeren Widerstandsfähigkeit, der geringeren Feuchtigkeitsaufnahme und der lebendigeren Maserung beim fertigen Möbel immer nach außen. Zudem liegt das Brett mit der (hohlen) linken Seite (Splintholzseite) naturgemäß fester auf dem Arbeitstisch. Zum Anreißen gibt es viele bewährte Hilfsmittel. In Bild 3.1 haben wir die wichtigsten Meß- und Anreißwerkzeuge zusammengestellt. Zu den Anreißwerkzeugen zählen vor allem das Streichmaß und die verschiedenen Zirkel. Als Winkelmeßzeuge kommen unterschiedliche Hilfsmittel zum Einsatz. Diese Werkzeuge sollten von Zeit zu Zeit geprüft werden.

Winkel überprüfen

Dazu legt man den Winkel an einer geraden Brett- oder Platten-

3.1

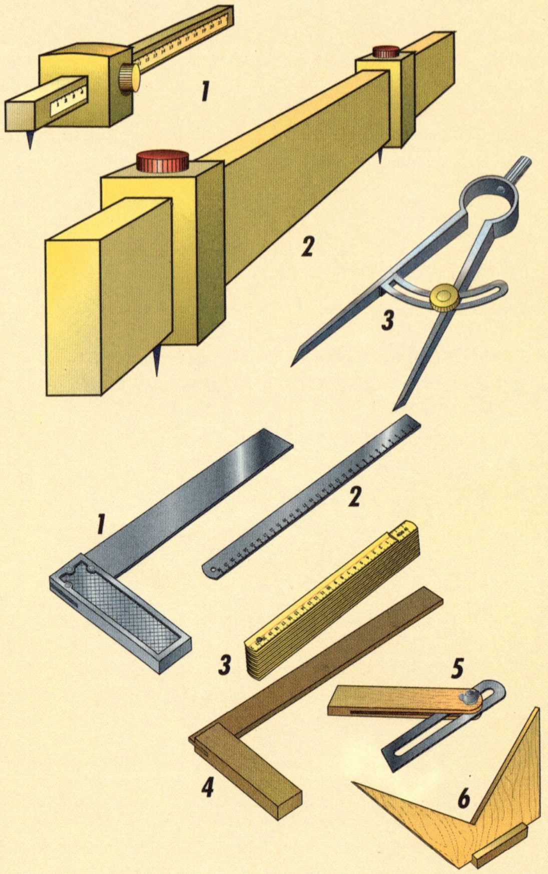

Anreißwerkzeuge

1 Streichmaß zum parallelen Anreißen
2 Stangenzirkel
3 Eisenzirkel

Meßwerkzeuge

1 Eisenwinkel
2 Stahllineal
3 Gliedermaßstab (Zollstock)
4 Holzwinkel
5 Schmiege
6 Winkellehre

3.2

Parallelriß: *Mit einem Gliedermaßstab kann man mit ein wenig Übung eine exakte parallele Linie anreißen. Der Abstand läßt sich durch die Maßeinteilung leicht kontrollieren*

3.3

Profile übertragen: *Mit einem in Form gebrachten Holzreststück können unregelmäßige Konturen auf das Brett übertragen werden*

3.4

Kreisfunktion: *Mit einer Leiste läßt sich leicht ein Stangenzirkel realisieren: An einem Ende wird ein Achsloch gebohrt, im gewünschten Abstand werden Kerben für den Bleistift eingearbeitet*

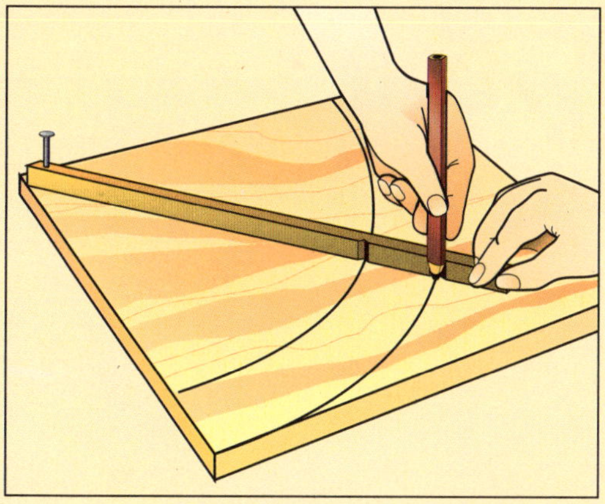

3.5

Auch das zieht Kreise: *Knöpfe, Teller, Dosen und ähnliche Gegenstände geben gute Schablonen für kreisrunde Anrisse ab*

4.1

Das Zusammenzeichnen von Brettern am Beispiel einer Tür

Die Tür im fertig montierten Zustand

kante an und zieht entlang der Außenkante seiner Zunge einen Riß. Nach dem Umschlagen des Winkels muß die Zunge mit dem Riß übereinstimmen.
Neben den üblichen Anreißwerkzeugen lassen sich in mancher Situation aber auch sehr gut selbstgebaute Hilfsmittel oder zweckentfremdete Gegenstände einsetzen. Einige dieser Speziallösungen zeigen wir in den Bildern 3.2 bis 3.5. In jedem Fall sollten Sie zum Anreißen einen angespitzten Schreinerbleistift verwenden. Er sorgt für eindeutige Linien. In einigen Fällen ist auch ein scharfer Riß angebracht. Er wird mit einem Spitzbohrer in die Holzfläche ‚graviert'.

Stets einen spitzen Bleistift benutzen

4. Zusammenzeichnen

Beim Bau von Möbeln muß man hin und wieder Holzplatten aus einzelnen Brettern zusammenleimen. Dabei wird in der Regel auch eine Kantenbearbeitung fällig. Um bei all diesen Arbeitsgängen nicht die Übersicht zu verlieren, werden die Bretter erst einmal zusammengezeichnet, d. h. richtig zusammengestellt und mit geeigneten Markierungslinien versehen. Mit dieser Technik vermeidet man übrigens auch bei einfacheren Vorhaben langwierige Suchaktionen nach dem gerade benötigten Brett.
Bild 4.1 zeigt übliche Zeichen für Breiten- und Längsverbindungen. Diese Figuren zeichnet man mit einer weichen Kreide auf die Oberseite der Bretter. Wenn eine Konstruktion aus mehreren gleichartigen Elementen besteht, werden die Einzelteile dieser Elemente zusätzlich mit einer Nummer oder einem Buchstaben markiert. Bei größeren Vorhaben ist es auch sinnvoll, alle Einzelteile mit der Nummer zu versehen, unter der sie in der Stückliste des Bauplans aufgeführt sind.

Nach Stückliste numerieren

Die Markierungen sind ebenfalls hilfreich bei der Anordnung der Bretter, wenn diese zum gemeinsamen Bestoßen (Hobeln der Kanten) übereinandergelegt werden: Man sollte dabei nämlich zwei zusammengehörige Bretter so aufeinanderlegen, daß die Markierung einmal nach oben und einmal nach unten weist. Bei einer nicht ganz rechtwinkligen Kantenbearbeitung gleichen sich dann die Fehler aus.

Kantenbearbeitung

Holzbearbeitung

5. Arbeiten mit dem Beitel

Beitel gehören zur Grundausstattung jeder Werkstatt. Sie werden zum Stemmen von Durchbrüchen und Nuten in Holz benötigt, aber auch für filigrane Oberflächenarbeiten eingesetzt. Für die einzelnen Anwendungen haben sich im Laufe der Zeit verschiedene Beitelformen herausgebildet. Die wichtigsten sind der **Stechbeitel**, der **Hohlbeitel** und der **Lochbeitel**.

Stechbeitel

Stechbeitel dienen in erster Linie dem Ausstemmen von Zinken, Schwalbenschwänzen und Gratnuten sowie zum Einlassen von Beschlägen. Es gibt sie sowohl mit seitlich abgeschrägten Kanten, als auch mit rechteckigem Querschnitt.

Stemmbeitel

Letztere halten stärkerer Beanspruchung stand und werden deshalb für robustere Arbeiten eingesetzt. Man nennt diese Werkzeuge **Stemmbeitel**.

Zum Ausstemmen von Zinken und Schwalbenschwänzen sollte man besser zu Stechbeiteln mit angefaster Klinge greifen, weil damit die Ecken sauber ausgestemmt werden können.

Stechbeitel sind in Breiten von 3 bis 50 mm erhältlich. Als Grundausstattung für die gut eingerichtete Werkstatt hat sich in der Praxis ein Satz mit den Breiten 6, 10, 12, 16, 20 und 26 mm bewährt.

Lochbeitel

Lochbeitel sind für das Ausstemmen von Zapfenlöchern optimiert: Da bei dieser Anwendung oft große Kräfte auftreten, ist hier im Gegensatz zum Stechbeitel die Klinge dicker als breit. Außerdem verjüngt sie sich seitlich. Dadurch gleitet die Klinge besser in das Stemmloch ein und verklemmt sich nicht so leicht.

Lochbeitel werden in Breiten von 4 bis 26 mm hergestellt. Gebräuchlich sind davon die Breiten 4, 5, 6, 8, 10, 12, 13 und 16 mm.

Hohlbeitel

Hohlbeitel werden zum Nachstechen von Hohlkehlen und zum Einlassen von runden Beschlagteilen benutzt. Sie werden in Breiten von 4 bis 32 mm angefertigt. Für die unterschiedlichen Anwendungen gibt es Hohlbeitel, bei denen die Schneide innen angeschliffen ist (Form A) und solche, bei denen sie außen angeschliffen ist (Form B). Form A wird zum Ausstemmen von Innenradien eingesetzt, während Form B sich zum Bearbeiten von Außenrundungen eignet.

5.1

Kanten ausstemmen: Die senkrechte Fläche wird erst mit der glatten Seite des Beitels abgestochen. Dann stemmt man mit der schrägen Seite der Klinge den Boden gegen die Kante aus

5.2

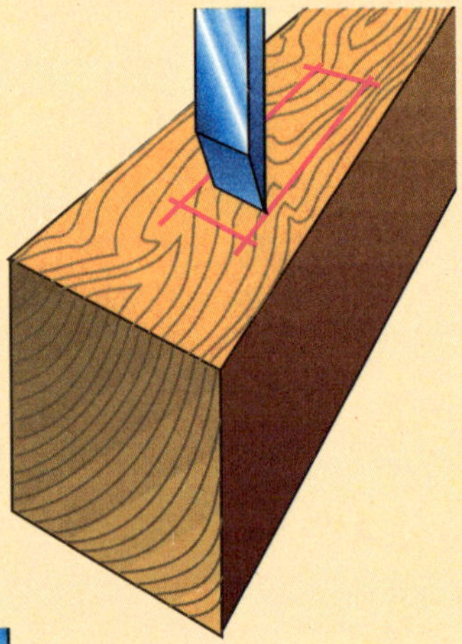

Wahl der Klingenbreite: Zum Ausstemmen von Zapfenlöchern sollte man immer einen Beitel mit exakt der gleichen Breite wie das auszustemmende Loch wählen

5.3

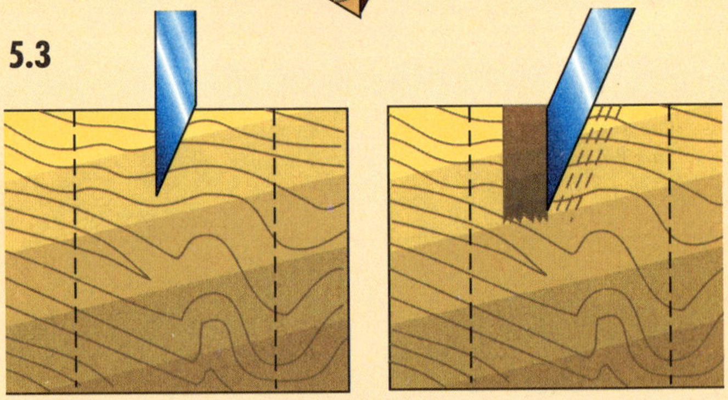

So stemmt man ein Loch: Der erste Einstich sollte in genügendem Abstand vom Anriß erfolgen. Mit den weiteren Stichen wird das ...

5.4

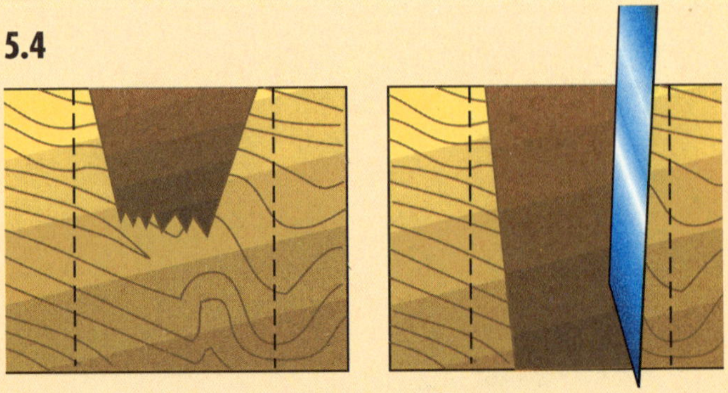

... Loch mit der gleichen Tiefe bis kurz vor die Anrißlinien erweitert. Auf die gleiche Weise stemmt man die „zweite Etage" aus

5.5

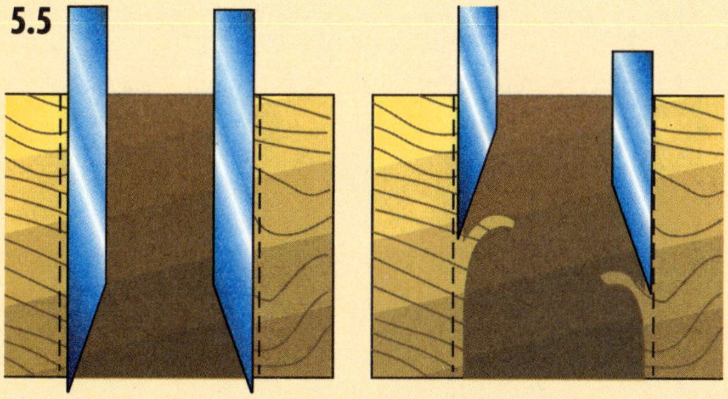

Ist man bei der gewünschten Tiefe angelangt, werden die Kanten senkrecht abgestochen, wobei man sich vorsichtig den Anrissen nähert

5.6

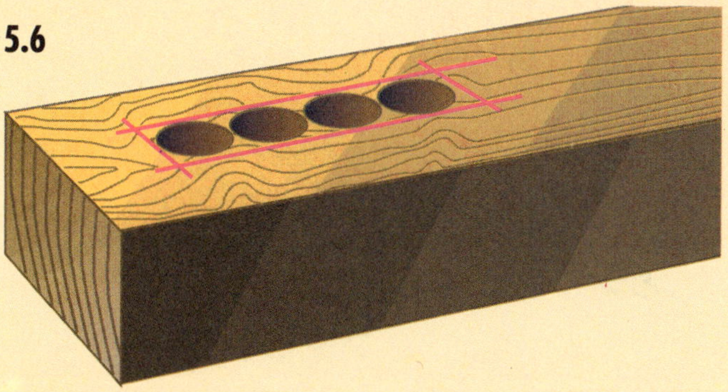

***Bei langen Zapfenlöchern** ist es ratsam, erst einige Löcher mit passendem Durchmesser entlang des gewünschten Ausschnitts zu bohren*

***Nut anfertigen:** Markieren Sie die Nut auf der Oberfläche und den beiden Seiten*

5.7

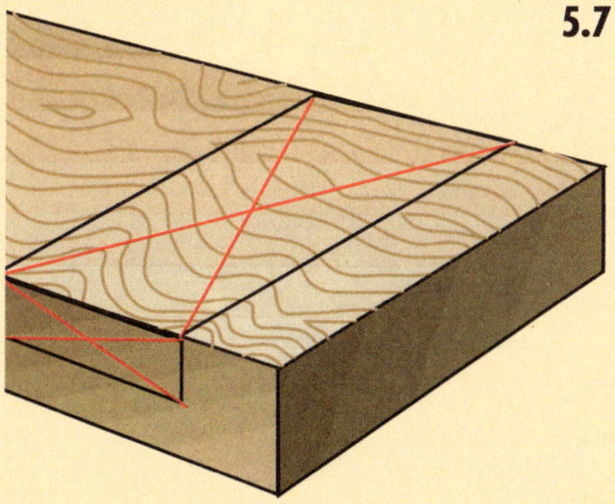

5.8

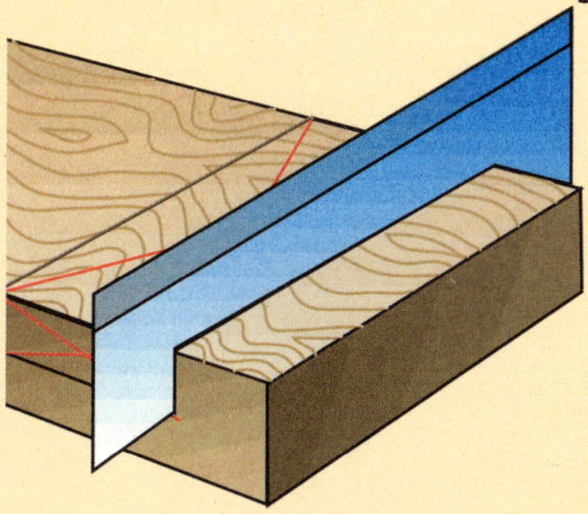

Mit der Rückensäge werden die Seiten der Nut vorsichtig bis auf die angezeichnete Tiefe eingesägt. Achten Sie darauf, die Säge waagerecht zu halten!

Beitel schärfen

Gute Arbeitsergebnisse lassen sich nur mit scharfen Beiteln erzielen. Stumpfe Klingen müssen deshalb rechtzeitig nachgeschliffen werden. Bei Stech- und Lochbeiteln kann das am üblichen Doppelschleifblock geschehen. Arbeiten Sie nicht mit hohem Anpreßdruck: Wenn die Klingen zu heiß werden (sie laufen braun oder blau an), ändert sich das Werkstoffgefüge und die Klinge wird unbrauchbar.

Kleine Schleifscheiben führen zum Anschleifen einer Hohlfase. Wird die Fase zu hohl, bricht die Schneide leicht aus. Man sollte deshalb Stemmwerkzeuge möglichst immer mit einer geraden Fase versehen. Das läßt sich am besten dadurch erreichen, daß man die Klinge an der seitlichen Fläche der Schleifscheibe schärft. Dabei ist auf jeden Fall eine feste Auflage erforderlich.

Der Keilwinkel (Schneidwinkel) sollte etwa 25° betragen.

Abziehen von Hohlbeiteln

Hohlbeitel legt man zum Abziehen auf eine feste Unterlage und zieht mit einem kleinen Abziehstein über die Fase. Die Spiegelseite (hohle Seite) muß mit einem kleinen halbrunden Abziehstein bearbeitet werden.

Schreinerklüpfel

Das Treibwerkzeug für Beitel ist üblicherweise der Schreinerklüpfel. Dabei handelt es sich um einen Hammer aus Buchenholz. Der hölzerne Schlagkopf schont die Hefte der Stemmwerkzeuge.

Arbeitstechnik

Zum Ausstemmen von Zapfenlöchern sollte man stets einen Beitel mit exakt der gleichen Breite wie das auszustemmende Loch wählen. Der erste Stich erfolgt in einigem Abstand von der ersten Anrißlinie. Mit den folgenden Stichen wird das Loch in Richtung der gegenüberliegenden Anrißlinie erweitert. Tiefere Zapfenlöcher und Durchbrüche stemmt man in mehreren Stufen aus, wobei man jede „Etage“ bis etwa 2 mm vor die Anrißlinien ausarbeitet. Erst zum Schluß werden die Kanten senkrecht abgestochen. Auch dabei arbeitet man sich Stück für Stück an den jeweiligen Anriß heran.

Holzbearbeitung

6. Hobeln

Hobelarten

Unter Hobeln versteht man das Abtrennen eines Holzspanes von einer Holzfläche. Die Werkzeuge dazu werden dementsprechend Hobel genannt. Es gibt viele Arten von Hobeln. Die wichtigsten sind die Rauhbank, der Doppelhobel, Putzhobel, Schlichthobel, Schrupphobel, Zahnhobel, einfacher und doppelter Simshobel. Der Aufbau all dieser Werkzeuge ist ähnlich. Sie bestehen aus dem Hobelkasten mit dem Spandurchgang oder Maul und Spanloch sowie aus dem Hobeleisen und der Einrichtung zu seiner Befestigung. Der wichtigste Teil dabei ist das Hobeleisen. Mit seiner Schneide wird der Span abgetrennt. Um optimale Ergebnisse zu erzielen, ist die Schneide stets scharf zu halten. Wenn sie nur wenig stumpf ist und keine Scharten aufweist, kann sie durch Abziehen wieder geschärft werden. Andernfalls muß man sie nachschleifen.

Hobeleisen schärfen

Um dabei den jeweiligen Winkel mit der erforderlichen Präzision einhalten zu können, werden für viele elektrische Schleifböcke Schlittenstative als Zubehör angeboten. Mit ein wenig Übung kommt man aber auch mit einer einfachen, ebenen Auflage zu guten Ergebnissen. Beim Schleifen wird das Hobeleisen seitlich hin und her bewegt. Um eine Überhitzung der Schneide und damit ihre Zerstörung zu vermeiden, nur mit mäßigem Druck arbeiten – wenn das Eisen blau oder braun anläuft ist es schon zu spät! Wie bei den Beiteln sollte man den Keilwinkel übrigens auch hier auf etwa 25° anschleifen. Nach dem Schleifen muß das Eisen abgezogen werden; erst dadurch erhält es die richtige Schärfe. Dazu führt man die Fase der Schneide gut aufliegend in kreisender Bewegung so lange über den Abziehstein, bis der vordere Teil der Fase blank und der Schleifgrat vollkommen entfernt ist. Die Spiegelseite (vordere Seite) des Hobeleisens wird nicht abgezogen, sondern nur flach aufliegend über den Abziehstein geführt, um den Grat wieder auf die Fase zurückzudrücken.
Achten Sie beim Einsetzen des Hobeleisens darauf, daß die Schneide nicht zu weit über die Hobelsohle hinausragt und parallel zu ihr verläuft.

5.9 *Mit leichten Schlägen treibt man nun den Beitel vom unteren Anriß her schräg nach oben ins Holz*

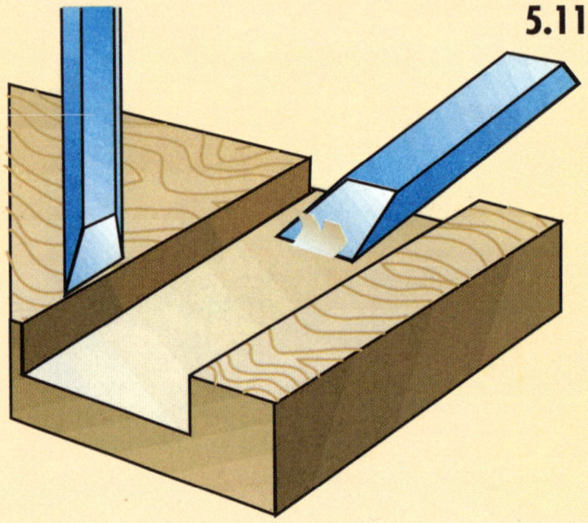

5.11 *Der Rest ist Feinarbeit: Das saubere Ausstechen der Kanten und Flächen*

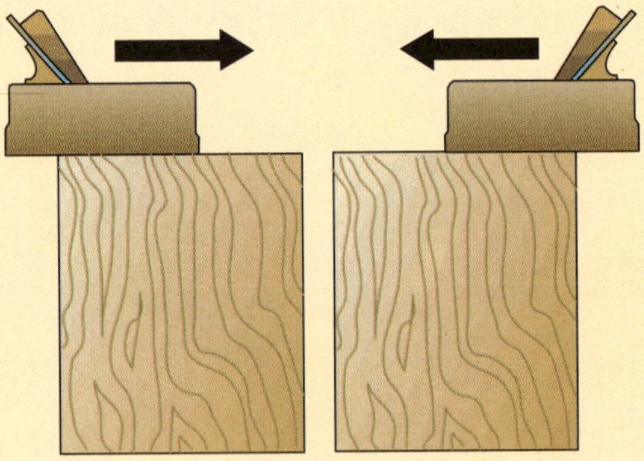

Kantenenden hobeln: *Um das Einreißen und Abspalten der Fasern am Ende einer Kante zu verhindern, sollten Sie immer vom Kantenende aus zur Mitte hin arbeiten*

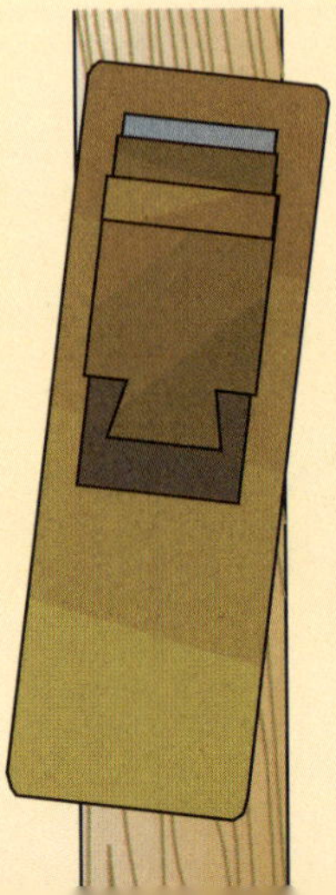

Durch eine leicht schräge Führung des Hobels unterstützen Sie die Schnittwirkung des Hobeleisens. Hierbei ist allerdings eine sichere Führung erforderlich

5.10

Anschließend wird die Nut mit horizontalen Schnitten ausgestemmt

5.12

Zum Nivellieren des Nutgrundes eignet sich eine Raspel hervorragend

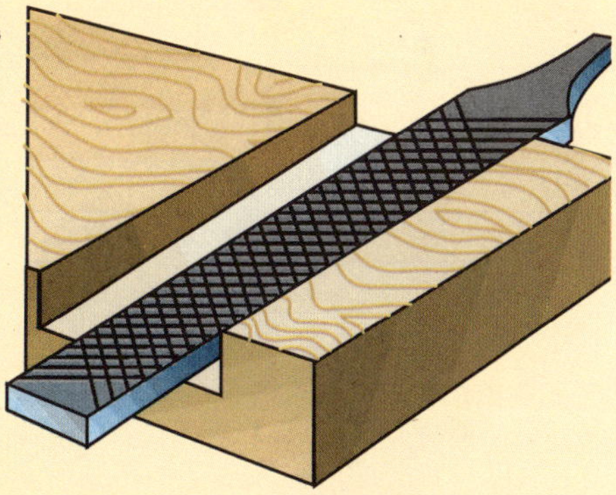

6.1

Kante hobeln: *Führen Sie den Hobel, indem Sie mit der linken Hand an der Längsseite des Brettes entlangfahren. Achten Sie dabei auf Holzsplitter!*

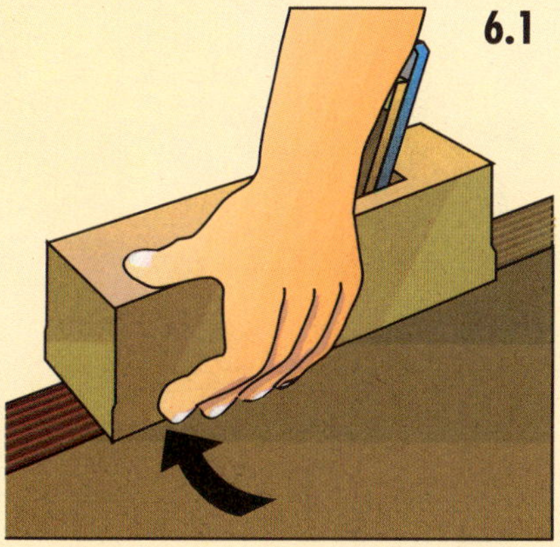

6.2

Die Hobelsohle muß fest auf dem Brett aufliegen, damit der Span geschnitten wird und sich die Fasern nicht spalten. Die vordere Hand drückt also, während die hintere schiebt

Furnierpresse

Beim Furnieren von großen Flächen wie Schranktüren oder Schubladenfronten müssen Heimwerker meist kapitulieren, da wohl in den seltensten Fällen eine Furnierpresse zur Verfügung steht. Mit etwas Aufwand kann man sich eine solche Vorrichtung aber selbst bauen: Dafür benötigen Sie zunächst einmal Kanthölzer von 40 x 40 mm Querschnitt und einer Länge von 500 mm. Diese werden nun zu den Stirnseiten hin 4-6 mm abgehobelt, so daß über die gesamte Länge ein gleichmäßiger Bogen entsteht. Jetzt streicht man das Trägermaterial beidseitig mit Leim ein und legt das Furnier auf. Darüber kommen dann eine Schicht Zeitungspapier und Zulagen. Im Abstand von 300-400 mm werden die Kanthölzer festgespannt. Die Schraubzwingen zieht man an, bis die Kanthölzer außen aufliegen. So entsteht über der Fläche ein gleichmäßig großer Druck.

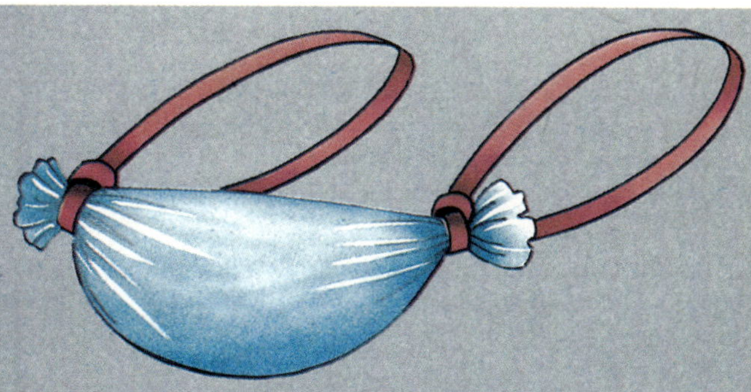

Einfacher Mundschutz

Gerade beim Schleifen von Holz, aber auch bei anderen Tätigkeiten ist das Tragen einer Atemschutzmaske sehr empfehlenswert. Wenn man jedoch eine braucht, ist gerade keine da! Eine billige und gute Lösung besteht aus einem Papiertaschentuch und zwei Gummibändern, die sich wohl in jedem Haushalt finden lassen. Das Taschentuch wird an beiden Enden mit den Gummiringen zusammengefaßt. Deren Enden hängt man sich dann hinter die Ohren.

Holzbearbeitung

7. Sägen

Eine der grundlegenden Techniken bei der Bearbeitung von Holz ist das Sägen. Hierunter versteht man das Abtrennen und Auswerfen kleiner Holzspäne durch Hin- und Herbewegen der Sägen – genauer: der Sägeblätter. Das sind Streifen aus gehärtetem Werkzeugstahl, die mit geeigneten Zähnen versehen sind. Diese Sägezähne haben die Form eines Keils, deren Zahnspitze wie die Schneide eines schmalen Hobeleisens wirkt. Je nach Säge – und damit je nach Anwendungsfall – besitzen die Zähne jedoch eine unterschiedliche Form. Der wichtigste Unterschied liegt dabei im Keilwinkel. Der bestimmt nämlich, ob die Säge auf Zug, Stoß oder in beiden Richtungen arbeitet. Letzteres ist der Fall, wenn der Schnittwinkel 120° beträgt und der Sägezahn somit ein gleichseitiges Dreieck bildet. Die meisten Sägen hierzulande arbeiten jedoch **auf Stoß**, d. h. ihre Zähne besitzen einen Winkel kleiner als 120°. Man unterscheidet hier zwischen Sägen die **„schwach auf Stoß"** (Schnittwinkel etwa 100°), **„auf Stoß"** (Schnittwinkel etwa 90°) und **„stark auf Stoß"** (Schnittwinkel unter 90°) schneiden. Mit der Verkleinerung des Schnittwinkels nimmt sowohl die Sägewirkung als auch der erforderliche Kraftaufwand zu. Ähnliches gilt auch für die Größe der Zähne: Je größer sie sind, desto rascher der Sägefortschritt, aber um so größer auch der Kraftaufwand. Außerdem wird der Schnitt grob und unsauber. Wo ein sauberer, feiner Schnitt nötig ist, verwendet man deshalb Sägen mit kleiner Bezahnung. Ausschließlich **auf Zug** arbeitet hierzulande übrigens nur die Gratsäge, ein Spezialwerkzeug zum Einschneiden von Gratnuten. Allerdings werden auch in unseren Breiten immer häufiger japanische Handsägen angeboten, die traditionell auf Zug schneiden.

Auch bei Sägen hängt das Arbeitsergebnis in starkem Maße von der Schärfe und dem Zustand der Schneiden ab. Da heutzutage fast nur noch gehärtete Blätter verwendet werden, die sich von Hand nicht nachschleifen lassen, beschränkt sich die Wartung auf das Kontrollieren und rechtzeitige Auswechseln des Sägeblattes.

Sägezähne

Auf Stoß und auf Zug

Auf Stoß

Auf Zug

Sägen mit Anschlag: *Um mit einem Fuchsschwanz gerade Schnitte auszuführen, sollte man einen Anschlag (z. B. eine ebene Latte) zur Hilfe nehmen*

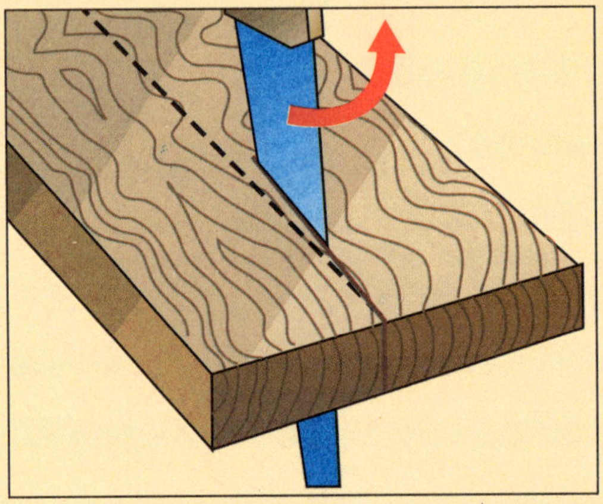

Kurskorrektur: *Wenn die Säge beim Schnitt aus der Spur läuft, korrigieren Sie die Richtung durch sanftes (!) Beidrehen des Sägeblattes*

Spaltkeil: *Um ein Verklemmen des Sägeblattes zu verhindern, kann man ein Holzbrettchen in den Sägespalt klemmen. Nutzen Sie immer die volle Länge des Sägeblattes*

Ausschnitt sägen: *Bei Innenausschnitten bohrt man erst Löcher in die Ecken und sägt dann mit der Stichsäge die Form aus. Bei Bedarf werden die Kanten mit einem Fuchsschwanz nachgearbeitet*

Holzverbindungen

Gute Verbindungen sind das A und O jeder Kastenkonstruktion. Ohne sie wären weder die einfachste Kiste noch das nobelste Möbel denkbar. Im letzten Beitrag des Grundlagen-Kapitels zeigen wir die Verbindungstechniken, mit denen man sowohl das eine wie auch das andere fachgerecht zusammenhält

Kasten-Eckverbindungen

Holzverbindungen

Grundregel: Die Nagellänge sollte immer das 2,5fache der Dicke des zu befestigenden Teils betragen

1. Genagelte Eckverbindungen

Während genagelte Konstruktionen bei vielen „First-Class-Heimwerkern“ äußerst verpönt sind, weiß der Profi-Schreiner die Drahtstifte sehr wohl sinnvoll einzusetzen. Und dabei handelt es sich nicht immer nur um einfache Kisten und Regale, für die aufwendige Verbindungstechniken geradezu abwegig sind: Auch bei Möbeln der feineren Art werden Nägel oft als zusätzliche Sicherung eingesetzt.

Nageltechnik

Das Problem der Drahtstifte liegt darin, daß ihr Schaft glatt ist und sie sich deshalb in Richtung der Nagelachse leicht herausziehen lassen. Um die Haltbarkeit einer Verbindung zu erhöhen, sollte man die Nägel deshalb abwechselnd schräg einschlagen (1.1). Muß nahe an der Kante genagelt werden, besteht die Gefahr, daß die Nagelspitze das Holz spaltet. Man kann dem entgegenwirken, indem man die Spitze vorher mit einem leichten Hammerschlag staucht (1.2). Unter der stumpfen Spitze werden die Holzfasern dann zerdrückt und nicht auseinandergekeilt. Da sich Nägel niemals mit der erforderlichen Präzision setzen lassen, stören sichtbare Nagelköpfe meist das Erscheinungsbild eines Möbels. Man versucht deshalb, die Drahtstifte weitestgehend aus dem Sichtfeld zu verbannen.

Nagelköpfe verstecken

Das einfachste Mittel dazu ist, Nägel mit den kleinen Stauchköpfen zu verwenden und diese mit einem Senkstift oder dem Kopf eines weiteren Nagels im Holz zu versenken (1.4). Der entstandene Krater wird dann später zugespachtelt. Noch eleganter ist es, den Drahtstift unter einem aufgestemmten Span zu verstecken (1.5). Wenn dieser Span dann anschließend wieder festgeleimt wird, ist von der Nagelung wirklich nichts mehr zu sehen.

Haltbarkeit der Nagelverbindung steigern

Da Nägel im Hirnholz nicht so gut halten wie im Langholz, sieht man bei Transportkisten, Lagerregalen und ähnlichen Konstruktionen, bei denen es auf große Haltbarkeit der Verbindung ankommt, Eckleisten vor. Die Haltbarkeit kann dann noch gesteigert werden, indem man die Nägel durch die Eckleiste ganz durchschlägt und ihre Spitzen auf der anderen Seite mit Hilfe eines Profileisens winklig umschlägt (1.6).

1.1 *Schräg nageln: Durch eine schwalbenschwanzförmige Nagelung wird die Haltbarkeit der Verbindung erhöht*

1.2 *Eine gestauchte Nagelspitze verhindert das Spalten des Holzes*

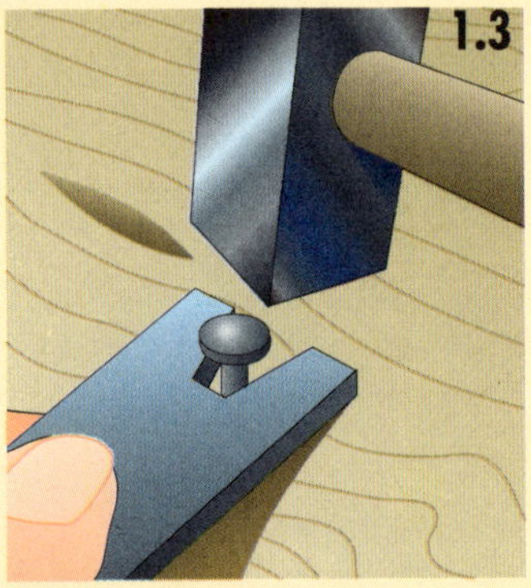

1.3 *Daumenschoner: Ein Pappstreifen hält kleine Nägel in Stellung*

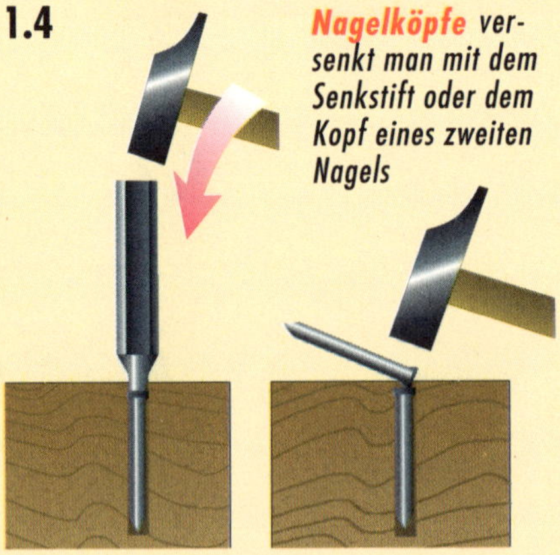

1.4 *Nagelköpfe versenkt man mit dem Senkstift oder dem Kopf eines zweiten Nagels*

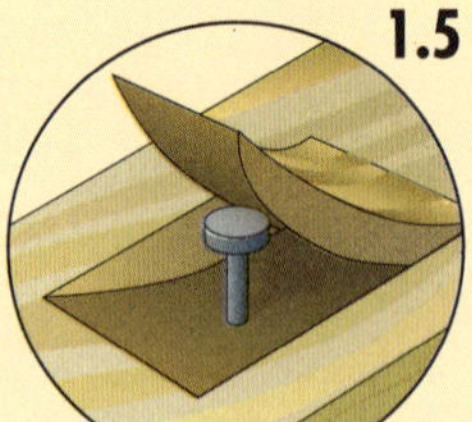

1.5 *Unsichtbar wird eine Nagelung, wenn sie unter einem Span angebracht wird, den Sie mit dem Beitel aufspalten und hinterher wieder verleimen*

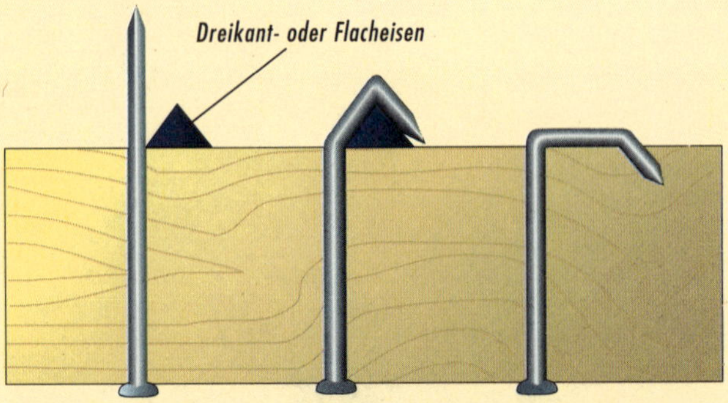

1.6 *Klammernagelung: Große Haltbarkeit bietet eine Verbindung, bei der die Nägel durch- und auf der anderen Seite umgeschlagen werden*

2.1

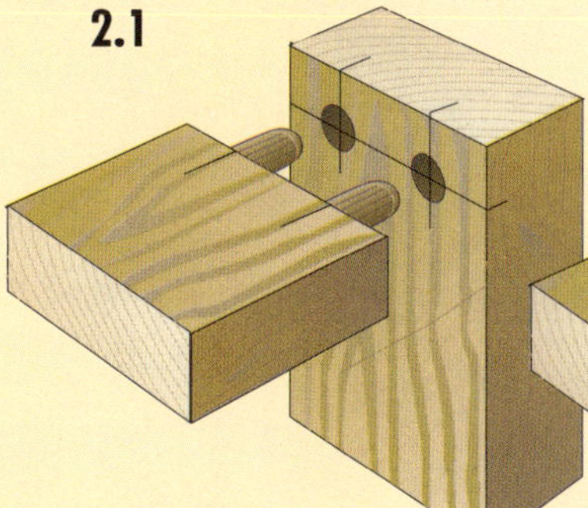

2.2

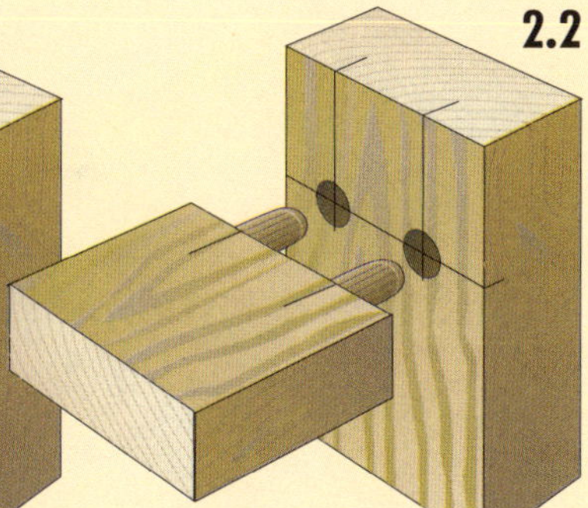

***Verbindungen mit Runddübeln** lassen sich relativ einfach herstellen. Die erforderlichen Bohrungen erfordern aber höchste Präzision*

2.3

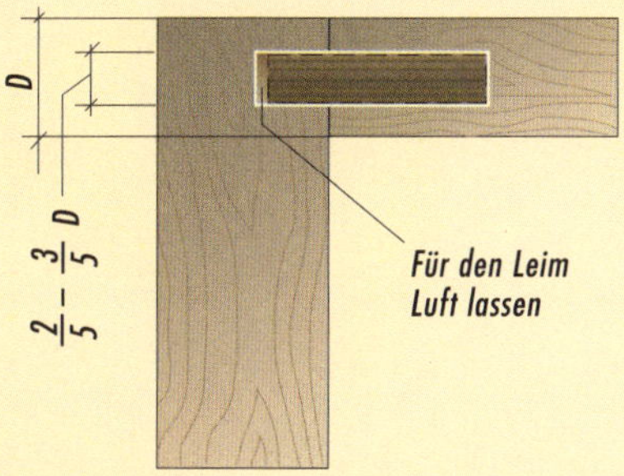

2.4

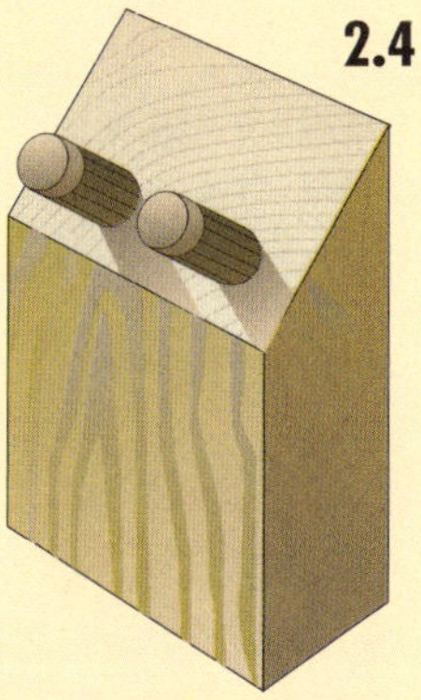

Anatomie einer Dübelverbindung

Dübelverbindung bei Gehrungen

2.5 ***Dübelbohrungen markieren:** Schlagen Sie Drahtstifte an den vorgesehenen Dübelstellen ins Holz und knipsen Sie diese jeweils 2-3 mm über der Brett-Oberfläche ab. Dann wird das zu befestigende Brett ...*

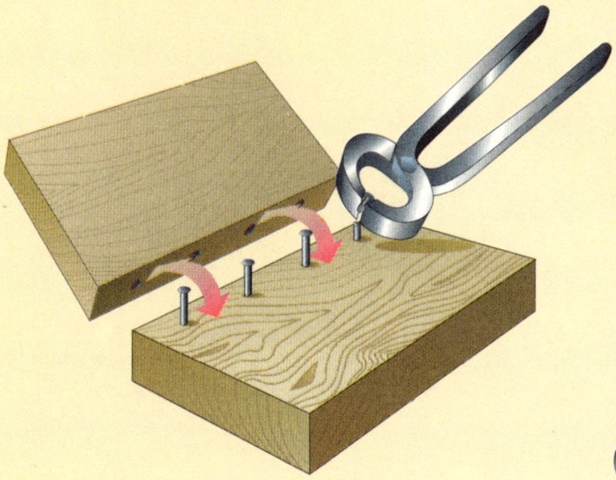

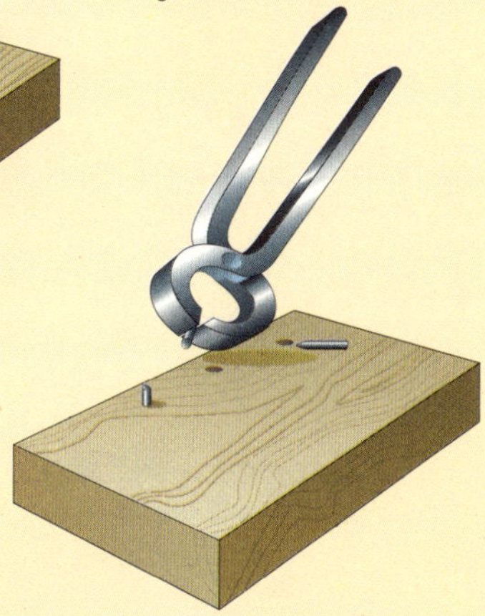

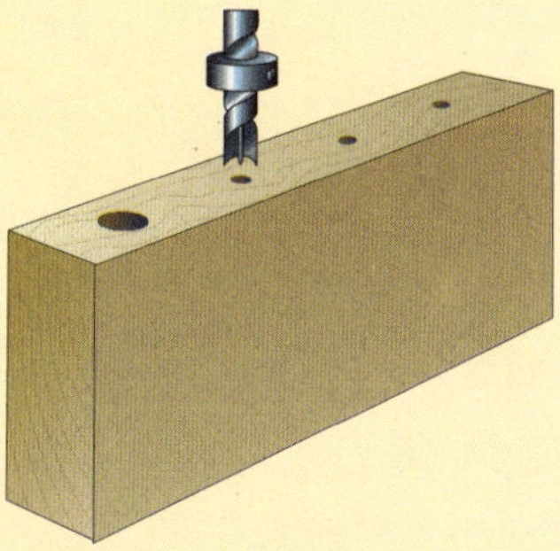

... an Ort und Stelle angepreßt, so daß sich die Nägelstümpfe eindrücken. Nachdem die Drahtstifte entfernt wurden, bohrt man an den markierten Stellen senkrecht ins Holz

2. Gedübelte Eckverbindungen

Dem Nageln eng verwandt ist das Dübeln. Es kann zur Verbindung von Möbelteilen aus Vollholz, Sperrholz und Spanplatten eingesetzt werden. Vornehmlich verwendet man Dübel beim Zusammenbau von Zargen (2.1) und von Zwischenböden (2.2). Handelt es sich um eine Gehrung, sollten die Dübel im unteren Drittel der Gehrungsfläche und senkrecht zu ihr gesetzt werden (2.4).
Der Vorteil einer gedübelten Eckverbindungen liegt darin, daß sie durch die runde Form und durch die Abstände der Dübel das Holz der zu verbindenden Teile nur sehr wenig schwächt. Darüber hinaus läßt sie sich mit relativ wenig Aufwand realisieren, so daß sie gerade für Heimwerker sehr attraktiv ist. Man bekommt die Holzdübel als Stangenware oder gebrauchsfertig abgelängt. Sie sollten aus zähem Hartholz (Buche oder Esche) gefertigt sein.
Die Schwierigkeit der gedübelten Eckverbindung liegt darin, daß die Bohrungen der beiden zu befestigenden Teile exakt übereinanderliegen und zudem genau in der Flucht stehen müssen. Außerdem muß die „Anatomie" der Verbindung stimmen. Das heißt, man muß den richtigen Dübeldurchmesser wählen ($2/5$ bis $3/5$ der Holzdicke) und so tief bohren, daß noch ein kleiner Leerraum für den Leim verbleibt (2.3).
Ohne Hilfsvorrichtungen sind alle diese Forderungen kaum zu erfüllen. Der Handel bietet deshalb Dübelhilfen an, die die Handbohrmaschine genau führen und sicherstellen, daß die Bohrungen präzise sitzen. Zumindest bei der Markierung der Dübelbohrungen kann man sich allerdings auch selbst gut helfen (2.5): Nachdem die Dübelpunkte angerissen sind, schlägt man dort möglichst senkrecht kleine Drahtstifte ein. Diese werden knapp über der Oberfläche mit einer Kneifzange abgeknipst. Dann drückt man das zu befestigende Gegenstück auf diese Nagelstümpfe und erhält somit die Markierungspunkte für die Bohrungen. Auf dem ersten Wekstück dienen die Löcher, die nach dem Herausziehen der Drahtstifte zurückbleiben, als Markierung. Nun muß natürlich noch sichergestellt werden, daß die Bohrung senkrecht erfolgt.

Einsatzgebiet

Vorteile der Dübeltechnik

Voraussetzungen

Der korrekte Dübeldurchmesser

Hilfsmittel

Markierung der Bohrungen

Grundregel: Der Durchmesser eines Dübels sollte immer $2/5$ bis $3/5$ der Holzdicke des zu befestigenden Teils betragen

Holzverbindungen

3. Gefederte Eckverbindungen

Feder-Arten

Grundregel: Die Federdicke sollte nicht mehr als ¹/₄ bis ¹/₃ der Bodendicke betragen und nicht tiefer als ⁴/₁₀ der Seitendicke eingenutet werden

Mit Hilfe einer Feder lassen sich sowohl Außenecken als auch Zwischenböden mit Seitenwänden verbinden. Für Außenecken von Spanplattenkörpern ist diese Verbindungstechnik allerdings nicht geeignet. Die Feder kann eingesägt bzw. ausgefräst sein (3.3) oder aus einem Streifen Querholz, Furnierplatte oder Holzfaser bestehen (3.1). Besonders die Lamello-Feder (3.2) erfreut sich wachsender Beliebtheit, da sie ein gewisses Spiel zuläßt und somit relativ unproblematisch zu verabeiten ist. Darüber hinaus werden Spezialmaschinen und Vorsatzgeräte für Winkelschleifer angeboten, die die Anwendung der ovalen Flachdübel nochmals erleichtern. Bei Außenecken muß die Feder genau in die zugehörige Nut passen, da ein zu strammer Sitz diese bereits beim Zusammenbau sprengen könnte.

Lage der Feder

Bei Zwischenböden kann die Feder oben oder unten ausgeformt sein. Es ist allerdings zu bedenken, daß starke Belastung bei einer oben angeschnittenen Feder die Aufspaltung des Holzes bewirken kann, während sie bei der unten angesetzten Feder womöglich dazu führt, daß sich eine sichtbare Fuge bildet.

4. Gegratete Eckverbindungen

Einsatzgebiet

Das Einsatzgebiet gegrateter Eckverbindungen beschränkt sich auf T-förmige Plattenverbindungen aus Vollholz. Man unterscheidet zwischen zweiseitigem und einseitigem Grat (4.1).

Lage von Nut und Grat

Die Nut wird immer in das durchgehende Teil eingefräst, während man den Grat am stumpf auftreffenden Teil ausarbeitet. Er wird angefräst oder mit dem Grathobel angeschnitten und erhält eine Schräge von 75-80°.

5. Gezinkte Eckverbindungen

Die Königsdisziplin in der Holzverbindungstechnik ist ohne Frage die Zinkung. Sie ist ebenso zweckmäßig wie optisch reizvoll. Allerdings erfordert sie einigen Aufwand in der Herstellung.

3.1

Eckverbindungen mit eingesetzter Feder: *Die Feder kann aus Querholz, Furnierplatten oder Holzfaserplatten ausgeschnitten werden*

3.2

Lamello-Feder: *Der ovale Flachdübel ist leicht zu verarbeiten*

3.3

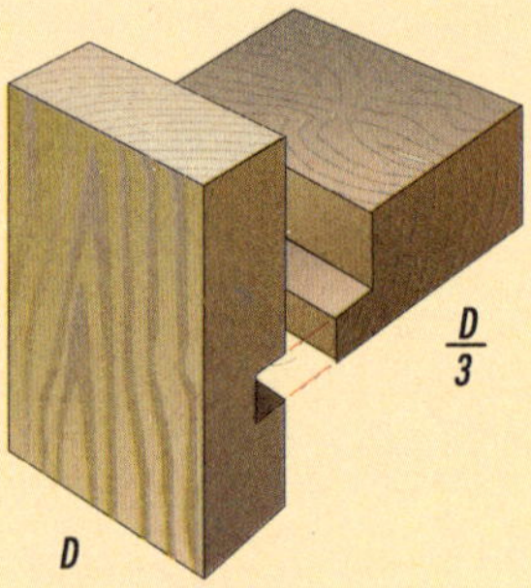

Eingeschnittene bzw. angefräste Feder

4.1

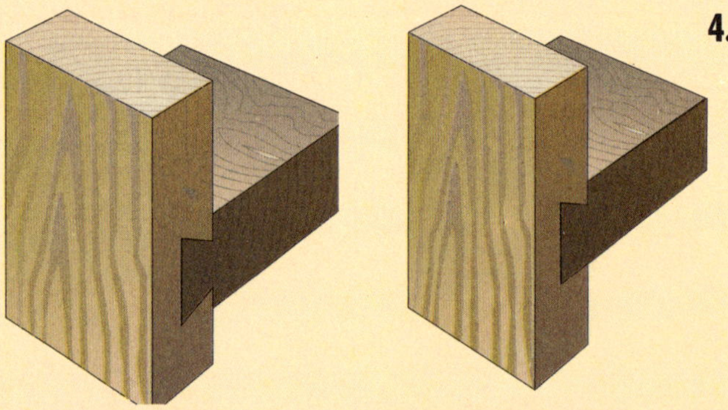

Der zweiseitige Grat *dient häufig der Befestigung von Mittelseiten*

Der einseitige Grat *wird hauptsächlich bei Zwischenböden eingesetzt*

5.1

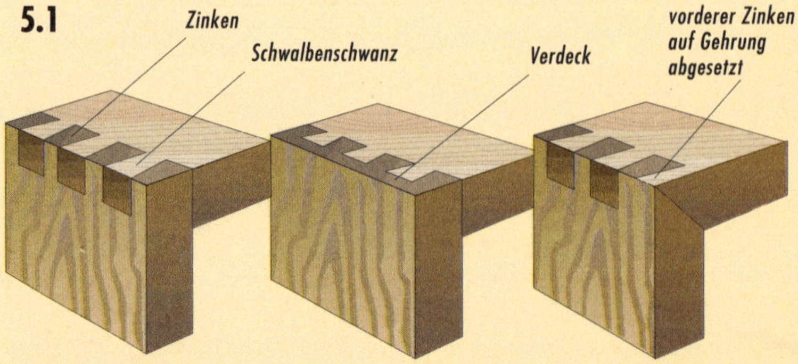

Zinkungsarten: *Einfache Zinkung (links), halbverdeckte Zinkung (Mitte). Bei der rechts abgebildeten Variante wird eine Gehrung angeschnitten*

5.2

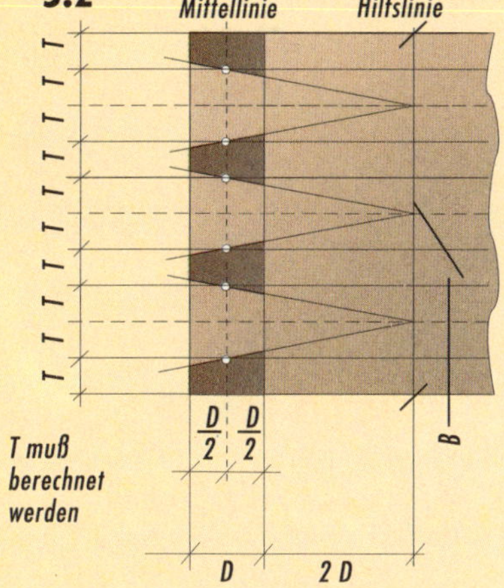

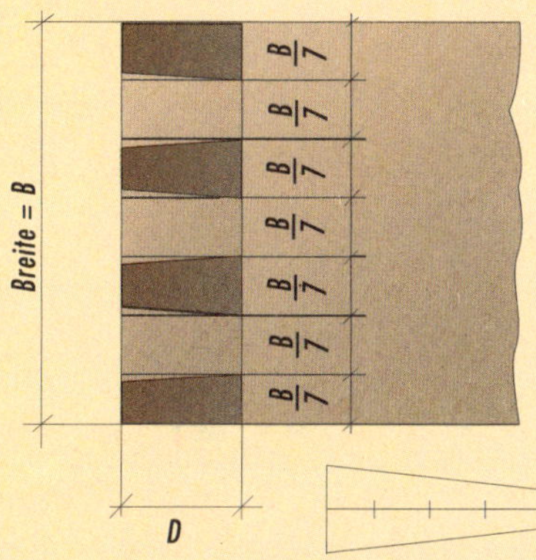

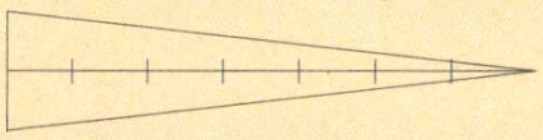

Zinkenschmiege. Teilung 1:7 (bei Hartholz) oder 1:6 (bei Weichholz)

Die Konstruktion der Zinken *kann auf zwei Arten erfolgen. Bei der ersten wird zunächst die Dicke des Brettes (D) auf der Oberfläche angerissen. Im Abstand von ½ D zeichnet man die sogenannte Mittellinie ein, und im Abstand 3xD die Hilfslinie. Nun wird die Anzahl der Schwalben nach der Formel*

$$\frac{\text{Holzbreite (B)}}{3 \times \frac{1}{2} D}$$

berechnet. Das Ergebnis wird auf eine gerade Zahl abgerundet und dazu die Anzahl der Zinken (= Anzahl der Schwalben + 1) addiert. Durch diese Summe teilt man nun die Holzbreite und erhält damit den Wert (T). Die obere Abbildung zeigt, wie mit diesen Maßen Zinken und Schwalbenschwänze konstruiert werden. Die zweite Möglichkeit ist einfacher: Die Holzbreite wird durch eine ungerade Zahl geteilt, so daß die Teilung etwa der Holzdicke entspricht. Von den Teilstrichen ist die gezeigte Schmiege jeweils nach außen abzutragen.

5.3

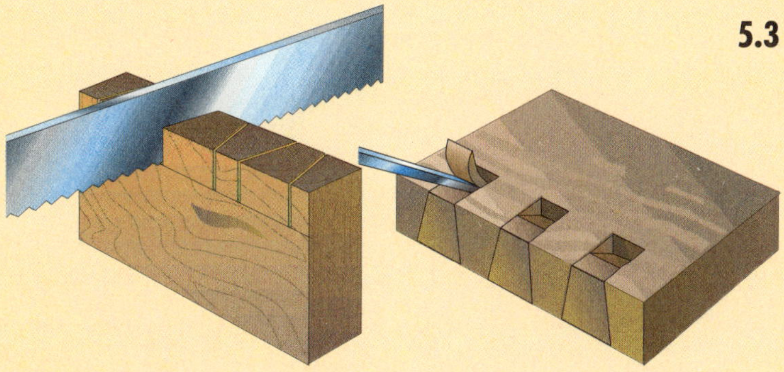

Zinken aussägen: *Achten Sie auf die senkrechte Führung des Sägeblattes*

Zinken ausstemmen: *Auf der 1. Seite nicht ganz durchstemmen*

5.4

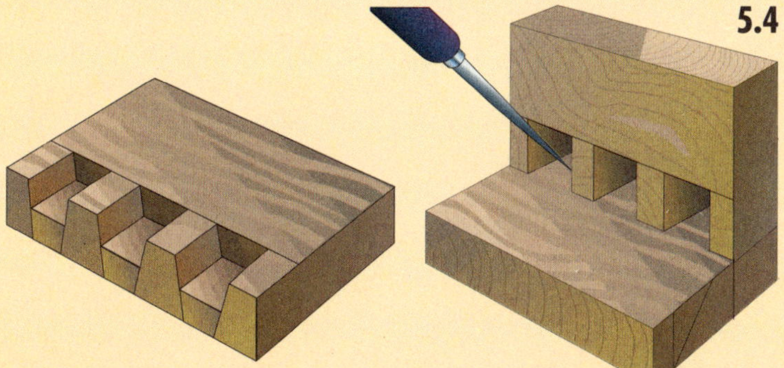

2. Seite bearbeiten: *Das Holz muß fest aufliegen und darf nicht federn*

Schwalbenschwänze anreißen: *Der Spitzbohrer sorgt für klare Linien*

Die gezinkte Eckverbindung besteht aus der Verzahnung keilförmiger Zapfen, die als Zinken bzw. Schwalbenschwänze bezeichnet werden.

Einsatzgebiet

Sie wird vor allen Dingen bei der Verbindung von Vollholzflächen eingesetzt, weil sie die verbundenen Teile ungehindert quellen und schwinden läßt.

Zinkungsarten

Es gibt mehrere Zinkungsarten. Die gebräuchlichsten sind die einfache und die halbverdeckte Zinkung (5.1). Auch die Fingerzinkung, auf die wir später eingehen, kommt sehr häufig zur Anwendung.

Die Kunst des Zinkens beginnt mit dem Anreißen der Schnittlinien.

Kriterien bei der Zinkenteilung

Da bei dieser Verbindungsart auch der optische Gesichtspunkt eine sehr wichtige Rolle spielt, muß man die Einteilung äußerst sorgfältig vornehmen.

Belastungsrichtung

Auch ist es wichtig, sich vorher darüber klar zu sein, welches Teil der Verbindung wie und vor allen Dingen in welche Richtung belastet wird. Danach richtet sich nämlich, wo die Zinken und wo die Schwalbenschwänze anzubringen sind. So wäre es etwa ungünstig, eine Schubladenfront als Schwalbenstück auszulegen, da sich dieses Teil bei Zugbelastung relativ leicht vom Zinkenstück abziehen läßt.

Zum Anreißen der Zinken haben sich zwei Vorgehensweisen bewährt (5.2). Erfahrene Schreiner nehmen die Einteilung aber auch nach freien Stücken vor. Wichtig ist nur, daß die Zinken nicht zu schräg werden, da sonst durch die entstehenden spitzen Winkel an den Schwalbenschwänzen das Holz zu kurz wird und beim Zusammenstecken leicht absplittert.

Wenn die Zinken angerissen sind, werden diese eingesägt. Und zwar so, daß die Risse auf der Zinkenseite stehen bleiben.

Geeignete Sägen

Als Werkzeug kommt bei schwachem Holz ein feinzahniger Fuchsschwanz zum Einsatz, während man bei stärkerem Holz zur Absetzsäge greifen sollte.

Ausstemmen der Zinken

Nach dem Sägen werden die Zwischenräume ausgestemmt. Dazu empfiehlt es sich, die einzelnen Werkstücke (falls mehrere zu zinken sind) treppenförmig übereinanderzulegen und mit einer Zwinge auf die Hobelbank zu spannen. Das Ausstemmen erfolgt zuerst grob und nur bis etwar zur Hälfte der Holzdicke. Anschließend arbeitet man die Kanten entlang des Anrisses

Holzverbindungen

genau senkrecht nach (5.3). Nun werden die Werkstücke umgedreht und von der Gegenseite fertig ausgestemmt. Die so angefertigten Zinken dienen jetzt als Schablone zum Anreißen der Schwalbenschwänze. Verwenden Sie hierzu einen Spitzbohrer oder einen scharf angespitzten Bleistift (5.4).

Ausstemmen der Schwalbenschwänze

Die Schwalbenschwänze werden wie die Zinken ausgesägt und ausgestemmt, wobei hier genau auf dem Riß gearbeitet wird – das heißt, der Riß bleibt zur Hälfte stehen.
Nachdem sämtliche Innenseiten verputzt und geschliffen sind, können die Bretter verleimt und unter Verwendung eines Hartholz-Klotzes mit einem Hammer zusammengeklopft und anschließend rechtwinklig ausgerichtet werden (5.5).

Halbverdeckte Zinkung

Obwohl die Zinkung optisch äußerst reizvoll ist, kann sie bei manchen Möbeln bzw. Möbelteilen störend wirken. Bei Schubladenfronten etwa ist sie in der Regel unerwünscht. In diesen Fällen fertigt man eine halbverdeckte Zinkung an. Der Anriß kann auch hier nach den beschriebenen Methoden (5.2) konstruiert werden. Allerdings muß man dann statt der Holzdicke die Höhe der Zinken einsetzen.

Austemmen der Zinken

Das Aussägen der Zinken gestaltet sich hier etwas schwieriger, da die Säge von der Innenseite des Werkstücks und zudem schräg angesetzt werden muß. Die von der Säge nicht erfaßbaren Ecken sticht man mit dem Beitel nach (5.6). Bei Weichholz ist es hilfreich, die Ecken mit einer alten Ziehklinge oder mit einem Stück Sägeblatt vorzuschlagen. Das erleichtert die Stemmarbeit.

Grundregel: Bei der halbverdeckte Zinkung sollte die Dicke des Verdecks etwa 1/4 bis 1/3 der Holzdicke betragen

Nachdem man das Verdeck sorgfältig nachgestochen hat, werden auch hier mit dem Zinkenstück die Schwalbenschwänze aufgerissen. Diese sägt und stemmt man dann nach gleichem Muster aus wie bei der einfachen Zinkung. Bevor die Verbindung zusammengeklopft wird, sollten Sie die Eckstücke mit Hilfe eines kleinen hölzernen Anschlagwinkels sauber absetzen (5.8).

Einfache Zinkung mit auf Gehrung abgesetztem Zinken

Die Optik einer Zinkung kann in manchen Fällen noch verbessert werden, indem man an der vorderen, sichtbaren Kante eine Gehrung einarbeitet. Dazu wird der entsprechende Zinken auf Gehrung abgesetzt und am Schwalbenteil ein passendes Gegenstück angeschnitten (5.1).

5.5

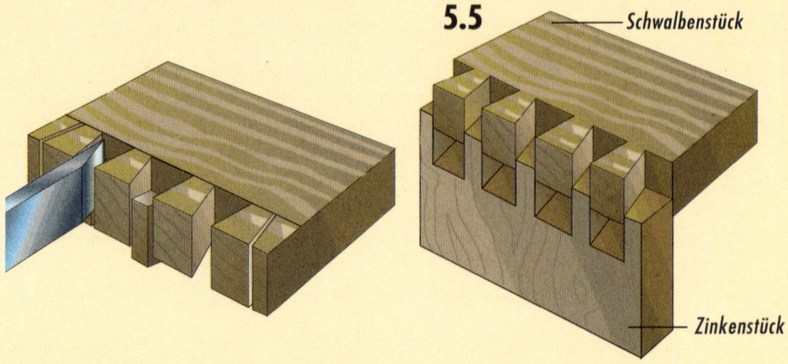

Schwalbenschwänze ausstemmen: Mit einem Beitel arbeitet man die Schwalbenschwänze aus und klopft dann die Verbindung zusammen

5.6

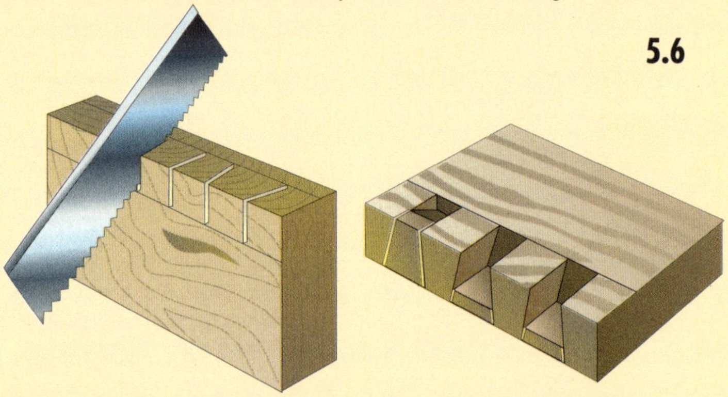

Einsägen und Ausstemmen der Zinken bei der halbverdeckten Zinkung: Der Sägeschnitt muß mit dem Beitel nachgestemmt werden

5.7

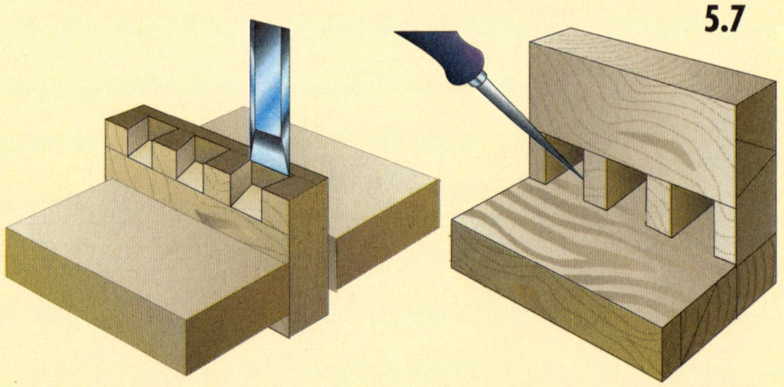

Verdeck nachstechen — **Schwalbenschwänze anreißen**

5.8

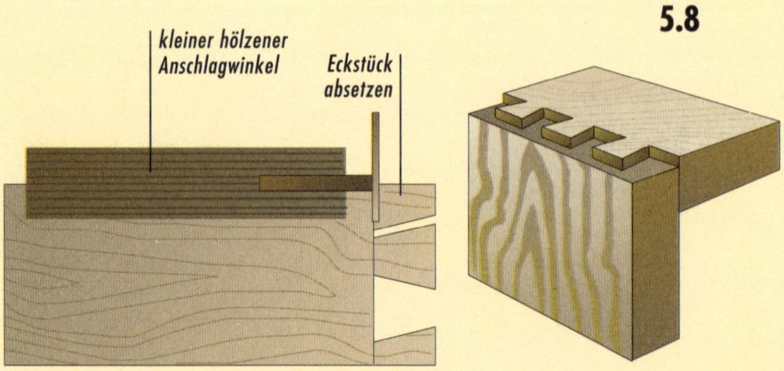

Ausstemmen der Schwalbenschwänze: Beim Absetzen des Eckstücks sorgt ein Anschlagwinkel für saubere Kanten

6.1

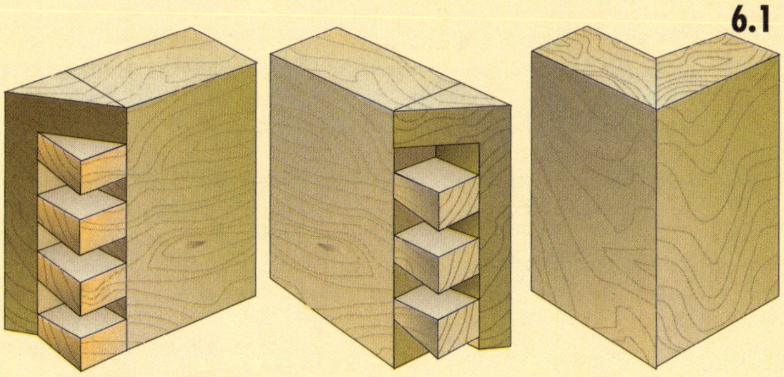

Gehrungszinkung: *Diese Eckverbindung ist sehr attraktiv, erfordert aber zusätzlichen Aufwand*

6.2

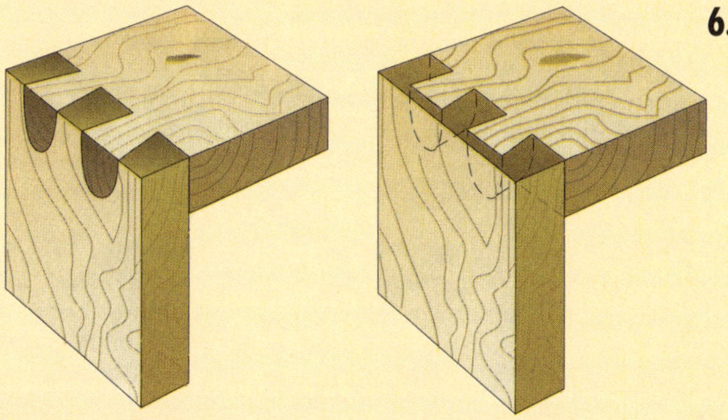

Maschinenzinkung: *Mit Oberfräse und Zinklehre lassen sich sowohl die einfache Zinkung als auch die halbverdeckte Zinkung anfertigen*

6.3

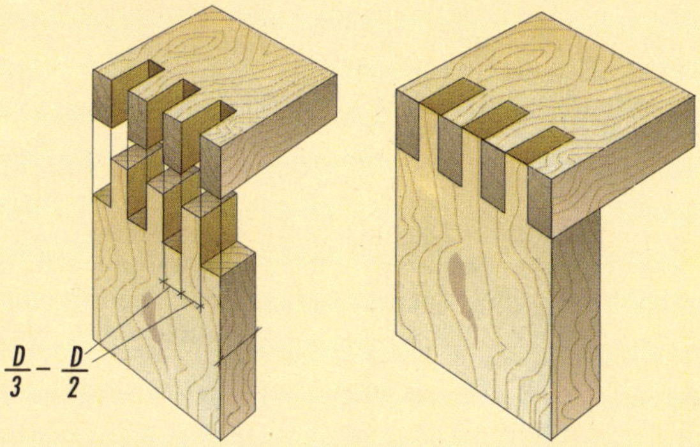

Fingerzinkung: *Diese Zinkungsvariante eignet sich aufgrund ihrer parallel verlaufenden Linien besonders gut für die maschinelle Herstellung*

6.4

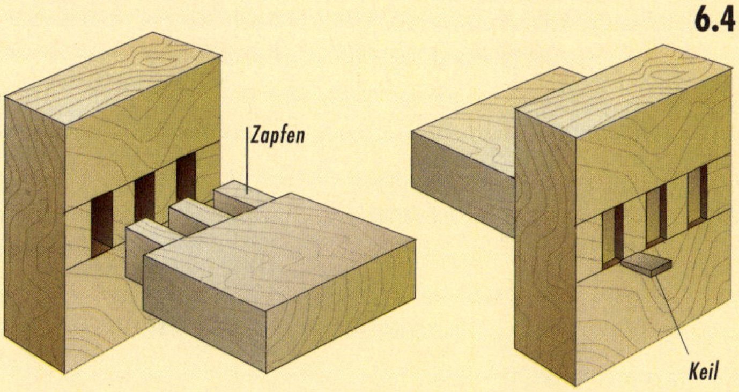

Fingerzapfen: *Die Zapfenlöcher müssen von Hand ins Holz gestemmt werden. Zum besseren Halt kann man die Zapfen zusätzlich verkeilen*

6. Sonderformen der Zinkung

Gehrungszinkung

Bei der doppelt verdeckten Zinkung (auch Gehrungszinkung genannt) sind die Zinken und Schwalbenschwänze rundherum unsichtbar (6.1).

Dazu werden das Verdeck der Zinken und das der Schwalbenschwänze auf Gehrung zusammengepaßt. Die Herstellung dieser Eckverbindung ist ziemlich aufwendig und erfordert höchste Sorgfalt. Wenn am fertigen Möbel später nur eine Seite sichtbar ist, erspart man sich meist das Zuschneiden der Gehrung auf der hinteren Seite.

Maschinenzinkung

Obwohl die Zinkung für viele der Inbegriff traditioneller Handarbeit ist, dringen auch hier Maschinen immer weiter vor. Besonders für Heimwerker bieten diese Geräte die Möglichkeit, auch ohne jahrelange Fachausbildung gute, sachgerechte Verbindungen herzustellen. So kann man mit einer Oberfräse und der passenden Zinkenfräsvorrichtung ohne große Übung und relativ schnell sowohl die einfache als auch die halbverdeckte Zinkung anfertigen (6.2).

Fingerzinkung

Noch besser läßt sich mit Hilfe von Maschinen die sogenannte Fingerzinkung (6.3) herstellen. Da hier alle Schnitte parallel verlaufen, kann man die Zinken außer mit einer Fräse auch mit einer Kreissäge ausschneiden.

Allerdings ist die Fingerzinkung bei weitem nicht so stabil wie die anderen Zinkungsarten, da sie sich nicht verkeilt. Auch muß sie je nach Werkstück aufwendig eingespannt werden, da sie beim Zusammenbau nicht von selbst anzieht. Die Zinken sollten hier jeweils eine Breite von einem Drittel bis zur Hälfte der Holzdicke aufweisen.

Fingerzapfen

Das Pendant zur Fingerzinkung beim Einbau von Zwischenböden sind die Fingerzapfen (6.4). Hier müssen die Zapfenlöcher von Hand in die Seitenteile gestemmt werden. Für eine saubere Arbeit ist es erforderlich, die Durchbrüche vorher auf beiden Brettseiten genau anzureißen.

Um die Haltbarkeit der Fingerzapfenverbindung zu steigern, kann man die Zapfen von außen verkeilen. Dabei muß unbedingt darauf geachtet werden, daß die Keile quer zur Holzfaser des Seitenteils eingetrieben werden.

Heimwerker-Lexikon

Farb- und Mörtelrührer (Forts.) bis Fliesenbrechzange

Fortsetzung von Seite 80

nach oben. Hierdurch wird das Mischmaterial optimal durchgerührt sowie eine Klumpenbildung verhindert.

Farbe entfernen Lackanstriche sowie Dispersionen lassen sich auf unterschiedliche Weise entfernen. Dispersionen: Nicht waschbeständige Farben (Leimfarben u.a.) lassen sich mit Wasser, Schwamm und Deckenbürste abwaschen. Befinden sich mehrere waschbeständige Farbschichten auf der Wand, kann es zum Aufplatzen der gesamten Farbschicht kommen. In diesem Fall sind sämtliche Farbschichten durch Abbeizen zu entfernen. Lackanstriche: Alte Farbreste können abgebeizt oder mit einer Heißluftpistole angewärmt und dann mit einem Spachtel entfernt werden.

Fassadendübel Dübel für Befestigungen im Außenbereich. Mit seinem langen Schaft überbrückt er auch nichttragende Schichten aus Putz, Fliesen, Isolierungen sowie Hohllagen.

Fäustel Schwerer Hammer (auch ‚Steinschlegel'). Er besitzt gewöhnlich zwei ebene Schlagflächen und einen verhältnismäßig kurzen Stiel (aus Holz/Metall), weshalb er einarmig gehandhabt wird. Ein unentbehrliches Werkzeug, um z.B. einem Meißel bei Abbrucharbeiten die nötigen schweren Schläge zu versetzen oder um leichtes Mauerwerk abzureißen. Sie sind in Gewichten zwischen 1 und 7 kg erhältlich.

Fäustelaufsatz Bei Steinverlegearbeiten wird auf eine Seite des Fäustels ein Gummiaufsatz aufgesteckt, um Beschädigungen am Verlegematerial zu vermeiden. Durch die abgefederten Schläge kann man nun gefühlvoll Platten, Steine oder Pflaster in ein Sand- oder Mörtelbett einklopfen.

Federn sind Verbindungsteile in Flachform aus Holz, Kunststoff oder Metall. Holzfedern werden in der Regel jeweils zur Hälfte in die Nuten der zu verbindenden Teile geleimt. Die Nuten werden mit Oberfräsen, Nutfräsen oder Scheibennutfräsern gefertigt.

Federklappdübel Hohlraumdübel, der sich nach Einführen in das Dübelloch hinter der Beplankung per Federmechanismus aufklappt.

Feilen sind Werkzeuge mit vielfältigen Aufgaben. Sie dienen zum Ebnen und Glätten, zum Entgraten, Abrunden, Nacharbeiten, Schärfen usw. durch Abtragen feiner Späne vom Werkstück. Für jeden zu bearbeitenden Werkstoff werden unterschiedliche F. hergestellt. Man unterscheidet sie durch ihren Hieb (Verzahnung). Ferner unterscheidet man nach Schrupp- und Schlichtfeilen. Schruppfeilen dienen dazu, viel Material pro Hub vom Werkstück abzunehmen. Sie besitzen eine große Zahnteilung, anders als die Schlichtfeilen. Diese sollen für die Oberflächengüte sorgen und nehmen demnach nur wenig Material pro Hub vom Werkstück ab. Das Feilenblatt besteht aus gehärtetem Stahl. F. gibt es mit Holz- oder mit Plastikgriffen. Feilenblätter sind auch einzeln erhältlich.

Feilenbürsten unterscheiden sich von Drahtbürsten durch die feinere Ausführung.

Feinkeramik wird aus Ton, Quarz und Feldspat hergestellt und bei unterschiedlich hohen Temperaturen gebrannt. Man unterscheidet Steingut, Irdengut und Steinzeug.

Feinmechanikersätze Für Feinmechaniker gibt es vielerlei Werkzeug-Sets. So z.B. einen Feinmechaniker-Schraubendrehersatz, der nur für sehr feine bzw. kleine Schrauben vorgesehen ist.

Feinsägen sind Sägen mit rechteckigem Sägeblatt, das eine feine Zahnteilung aufweist. F. arbeiten sowohl auf Zug als auf Hub. Das Blatt ist am Rücken verstärkt und mit einem Griff verbunden. F. gibt es gerade und gekröpft. Gekröpft läßt sich das Blatt durch einfaches Lösen einer Schraube um 180° drehen. Dadurch eignet sich diese Ausführung gut für die Umstellung von Rechts- auf Linkshandbetrieb und wenn z.B. ein eingeleimter Zapfen unmittelbar an der Wand abzusägen ist.

Feinsteinzeug Feinkörnige und durch das Brennen dichtgesinterte Platten. Sie haben eine geringe Wasseraufnahme, eine harte Oberfläche, sind frostbeständig und können glasiert und unglasiert sein. Geeignet auch für stärker belastete Böden.

Fensterrahmendübel zur Befestigung von Tür- und Fensterrahmen in der Abstandsmontage.

Flachdübel- und Schattenfugenfräse ist ein elektrisches Säge- und Fräsgerät. Die F. ermöglicht leichtes und paßgenaues Abschneiden von Decken- und Wandpaneelen sowie saubere und ausrißfreie Schnitte entlang der Holzkante für perfekte Schattenfugen sowie das Herstellen von Schlitzen für Flachdübel.

Flächenabdichtung Anstrich mit wasserabweisenden oder feuchtigkeitssperrenden Mitteln.

Flachfräsbohrer ist ein aus hochwertigem Stahl gefertigter Bohrer mit geschliffener Zentrierspitze zum exakten Bohransatz. Der Aufnahmeschaft ist ein 1/4"-Sechskant. Einsatzgebiet: Schnelles Bohren in Holzwerk- und Leichtbaustoffen. F. sind auch in größeren Bohrer-Durchmessern erhältlich.

Flachmeißel ist ein Meißel mit einer flachen Schneide. Die Schlagenergie wird hier auf die gesamte Schneide übertragen, wogegen sie sich beim Spitzmeißel nur auf die Spitze konzentriert. F. eignen sich für gröbere Arbeiten am Mauerwerk, zum Bewegen eingerosteter Schrauben oder zum Öffnen einer Kiste. Die Trennspitze ist aus gehärtetem Werkzeugstahl und muß gut nachschleifbar sein.

Flachpinsel sind Allzweckpinsel. Erhältlich in Breiten von 5 bis 100 mm. Besonders für den Auftrag von Lackfarben oder Klarlacken geeignet.

Flachzangen sind kleine Zangen, die zum Festhalten von Werkstücken eingesetzt werden. Sie besitzen zwei Backen, die man über die beiden Griffe und ein Gelenk betätigt.

Fliese auf Fliese kleben Grundsätzlich möglich, entweder mit flexiblen Klebern oder Dispersionsklebern (nur Wandfliesen). Der alte Belag muß absolut sauber und fettfrei sein.

Fliese auf Holzboden Grundsätzlich möglich. Der Holzboden muß absolut eben sein und grundiert werden. Nur Elastikkleber verwenden.

Fliesen auf Fußbodenheizung Ebenfalls flexiblen Elast-Kleber wählen, der die Spannungen durch die Wärmedehnung des Estrichs aufgrund der Temperaturwechsel aufnimmt.

Fliesen auf Trockenbauplatten Sowohl auf Gipsfaserplatten als auf Gips-Trockenunterböden problemlos möglich. Eine Grundierung ist grundsätzlich erforderlich.

Fliesenbohrer Fliesen können mit dem Hartmetall-Mehrzweckbohrer bearbeitet werden. Es gibt aber auch spezielle Fliesenbohrer, die hartmetallbestückt sind und über eine exakt geschliffene Spitze verfügen. F. eignet sich für genaues Anbohren und sicheres, leichtes Arbeiten mit Glas, Fliesen und Porzellan.

Fliesen verlegen Fliesen können im Dünn- (heimwerkerfreundlich, ebener Untergrund nötig) oder Dickbettverfahren (etwas für Profis) verlegt werden. Außen nur im Buttering-Floating-Verfahren fliesen, Alternative: Fließkleber.

Fliesen schneiden Mit einer Reißnadel mit Hartmetallspitze (Fliesenschneider) die Oberfläche anritzen. Fliese entlang dieses Ritzes von Hand oder mit der Fliesenbrechzange brechen. Zum Schneiden von hartgebrannten Platten benutzt man einen Trennschleifer.

Fliesenbedarf berechnen Die Faustformel lautet: zu fliesende Wand- und Bodenfläche in Quadratmetern plus 5% Verschnitt (bei Diagonalverlegung 10%) plus 5% Reserve.

Fliesenbrechzange Handwerkzeug zum Fliesenbrechen, ähnlich einer Kneifzange.

Bitte lesen Sie weiter auf Seite 121

Holzoberflächen

Holzoberflächen vermitteln Naturnähe und setzen mit ihrer gemaserten Struktur gestalterische Akzente. Ohne Oberflächenschutz ist die Schönheit allerdings durch Staub, Schmutz, Sonnenlicht und Holzschädlinge gefährdet. Mit konstruktiven Maßnahmen und der richtigen Oberflächenbehandlung machen Sie Möbel sowie Holzbauten im Freien dauerhaft attraktiv

Werkzeuge und Hilfsmittel für die Holzbehandlung:

1 Schale und Schwamm zum Wässern **2** Schutzhandschuhe für die Arbeit mit Beize und Ballen **3** Schleifpapiere verschiedener Körnung dienen der Vorbehandlung, Zwischenschliffe mit Körnung 220 **4** Schleifschwamm für enge Profile und Kanten **5** Meßbecher und Spatel (metallfrei) zum Anmischen von Pulverbeize **6** Pipette zum Abtönen von Flüssigbeize **7** Glas- oder Kunststofftopf, erleichtert den Pinselauftrag von Beize **8** Flachpinsel für Lasuren oder Öl **9** Vertreiberpinsel ohne Metallanteile verbessert die Egalisierung der Beize **10** Rundpinsel verschiedener Größe: Für Schnellschliffgrund und Lasuren Naturborsten, für Öl Kunsthaar **11** Fusselfreier Stoffballen zum Mattieren **12** Bürste mit Lederstegen für den Wachsauftrag

Holzbehandlung innen

1. Vorbereitung

Neben der Auswahl der für die vorgesehene Nutzung passenden Holzart entscheidet die Oberflächenbehandlung darüber, wie lange ein Möbelstück oder eine Holzkonstruktion dem „Zahn der Zeit" widersteht. Während im Außenbereich vor allem Feuchtigkeit, Sonne und Holzschädlinge berücksichtigt werden müssen, ist für die Behandlung von Möbeln entscheidend, wie intensiv sie genutzt werden und welchen Temperatur- und Feuchtigkeits-Schwankungen sie – etwa in Küche oder Bad – ausgesetzt sein werden.

Vorbereitung: Schleifen und entstauben

Beginnen Sie erst mit der Oberflächenbehandlung, wenn das Holz ausreichend trocken ist und Sie alle Flächen fertig geschliffen und, zum Beispiel mit einer Bürste, gründlich entstaubt haben.

Holz wässern

Wenn Sie das Holz mit einer Beize färben wollen, sollten Sie die Oberfläche zuerst wässern, um die Holzporen für die Beize aufnahmefähig zu machen. Tragen Sie kaltes Leitungswasser mit einem Schwamm gleichmäßig auf (Bild 1.1). Die sich durch das Wasser aufstellenden Holzfasern kann man nach dem Trocknen an der rauhen Oberfläche erkennen, sie werden mit feinem Schleifpapier der Körnung 220 per Hand abgeschliffen (1.2).

Zwischenschliff

Benutzen Sie keinen Schleifklotz und üben Sie bei diesem Zwischenschliff nur wenig Druck auf das Schleifpapier aus, um die Fasern nicht wieder herunterzudrücken. Auch nach dem Zwischenschliff wird die Oberfläche mit einer Bürste entstaubt, damit kein Staub in den Holzporen zurückbleibt.

2. Beizen

Beize vorher ausprobiern

Beizen können Sie entweder gebrauchsfertig kaufen oder als Pulverbeize mit warmem Wasser anmischen. Metallfreie Pinsel und Gefäße verhindern Verfärbungen durch Oxidation. Da Beize je nach Holzart unterschiedlich stark färbt, sollte die Tönung an verdeckter Stelle ausprobiert werden.

Gleichmäßige Färbung

Die Lösung wird mit einem breiten Pinsel satt und möglichst gleichmäßig aufgetragen (2.1). Um eine ausgeglichene Färbung zu erreichen, egalisieren Sie die Beize gleich danach mit dem sogenannten Vertreiberpinsel. Bei größeren senkrechten

1.1

Wässern: Soll das Holz gebeizt werden, muß man es zuerst wässern. Dabei stellen sich die Holzfasern auf. Nach dem Zwischenschliff kann die Beize nun gleichmäßig in die Poren dringen

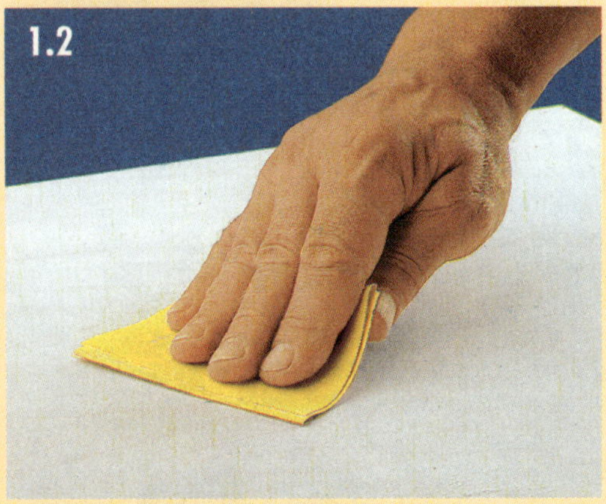
1.2

Schleifen: Gleich, welchen Schutzüberzug Sie wählen – nach der Grundierung ist ein Zwischenschliff mit feinem Schleifpapier nötig. Aufgestellte Fasern werden dabei entfernt

2.1

Beizen: Mit einem breiten Flächenpinsel die Beize satt auftragen und danach mit dem Vertreiber großflächig egalisieren

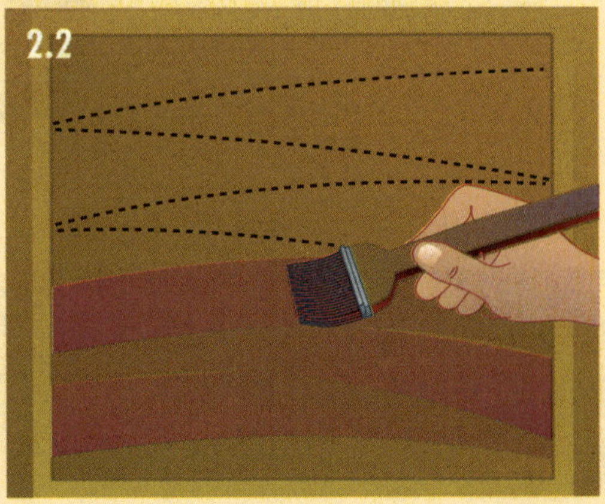
2.2

Verteilen: Sollen größere senkrechte Flächen gebeizt werden, von unten beginnen und in schnellen, gleichmäßigen Zügen auftragen, damit die Beize nicht über noch unbehandeltes Holz herunterläuft

Holzbehandlung innen

Zwischenschliff: *Auch zwischen den einzelnen Aufträgen von Beize und Grundierungen das Holz leicht anschleifen, um die Fläche zu glätten*

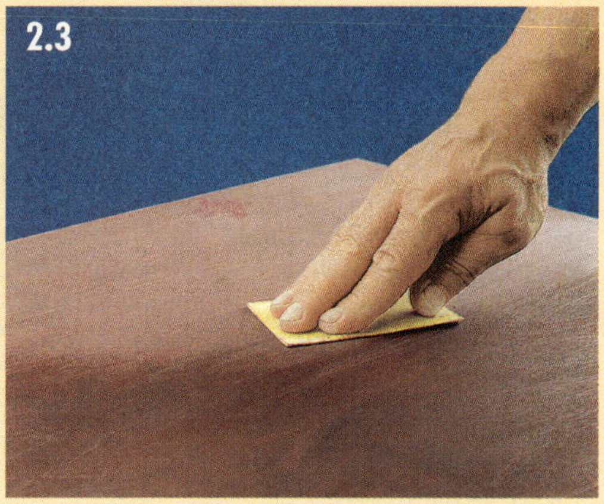

2.3

Lasieren: *Die klassische Holzbehandlung in Innenräumen. Wasserlösliche Mittel enthalten inzwischen erheblich weniger chemische Lösungsmittel*

3.1

Ölen: *Schützt nicht so gut gegen Kratzer, bietet aber guten Hitze- und Feuchtigkeits-Schutz: zum Beispiel bei Küchenplatten, die mit Lebensmitteln in Kontakt kommen*

3.2

Wachsen: *Aufgrund der geringen Schutzwirkung nur geeignet für Flächen, die wenig benutzt werden. Wachs erzeugt einen warmen, matten Glanz und erhält die Holzstruktur besonders gut*

3.3

Senkrechte Flächen beizen

Flächen mit schnellen, waagerechten Pinselzügen von unten nach oben arbeiten, damit herunterlaufende Beize keine Farbnasen auf dem noch unbehandelten Holz hinterlassen kann (2.2). Sie können Beize auch mit dem Ballen auftragen, den Sie aus einem fusselfreien Tuch um einen Stoffrest oder Watte herum faltenfrei zusammenbinden.

Ballenauftrag

Mit dem Ballen erreicht man eine besonders gleichmäßige, seidige Oberfläche. Tragen Sie bei diesem „Mattieren" mit dem Ballen jedoch unbedingt Schutzhandschuhe. Nach dem Trocknen wird die Oberfläche mit einem leichten Zwischenschliff geglättet (2.3).

3. Oberflächenschutz

Soll die Oberflächenstruktur des Holzes sichtbar bleiben, so verwendet man in Innenräumen vor allem Lasuren, Öle und Wachse, um Möbel und Täfelungen zu behandeln. Eine lasierte Oberfläche bietet den besten Schutz vor Staub und Kratzern, weil die Lasur eine feste Schicht auf dem Holz bildet (3.1).

Holz mit Lasur behandeln

Lasuren lassen sich am besten mit einem Naturhaar-Pinsel auftragen. Als Grundierung nimmt man Schnellschliffgrund, der das Eindringen des Anstrichs in tiefere Holzschichten begrenzt und die Fasern aufstellt. Nach einem Zwischenschliff tragen Sie dann ein bis zwei Schichten Lasur auf.

Wasserlösliche Lasuren

Obwohl die Umwelt- und Schadstoffdiskussion inzwischen schon zu wasserlöslichen Lasuren geführt hat, die bei der Trocknung deutlich weniger Lösungsmittel an die Raumluft abgeben, wird auch die Behandlung mit Öl und Wachs immer beliebter. Beide Verfahren bieten allerdings praktisch keinen Schutz gegen Kratzer. Während Holzöl tief einzieht und unempfindlich gegen Feuchtigkeit und Hitze ist, bietet Wachs nur bei wenig beanspruchten Möbeln einen ausreichenden Schutz gegen Staub und oberflächliche Verschmutzung.

Ölen

Öl zieht tief in das Holz ein, deshalb wird die Oberfläche immer wieder erneut mit Öl getränkt, bis sie weitgehend gesättigt ist (3.2). Doch auch danach muß die gute Tiefenwirkung des Öls mit erneuten Behandlungen erkauft werden – allerdings in größer werdenden Abständen. Öl trägt man mit einem weichen Kunst-

Holzbehandlung innen

Überschüssiges Öl abwischen

haarpinsel oder einem Ballen satt auf. Nach etwa 20 Minuten nicht eingezogenes Öl mit einem Lappen abnehmen, sonst trocknet die Oberfläche später nicht ab und klebt. Lappen und Ballen danach ausgebreitet trocknen lassen (Selbstentzündung, s. Kasten unten). Nach 24 Stunden ist die Fläche trocken und kann nach einem Zwischenschliff erneut behandelt werden. Rohes Holz sollten Sie mindestens dreimal ölen, danach ist eine Auffrischung nach einigen Monaten ratsam.

Wachsen

Wachs tragen Sie zu Beginn ebenfals mehrmals hintereinander mit Tuch oder Bürste entlang der Maserung auf. Spezielle Wachs-Bürsten mit eingearbeiteten Lederstreifen (3.3) reiben das Wachs besonders gut in die Holzporen. Auch eine Wachsbehandlung sollte ein- bis zweimal im Jahr wiederholt werden.

Kalken

Eine besonders effektvolle, aber aufwendigere Behandlung, die sich gut mit Beize kombinieren läßt, ist das Kalken von Möbeloberflächen. Dabei entsteht je nach Beiz- oder Holzfarbe eine graue bis milchigweiße Oberfläche, die Maserung bleibt dunkler und wird dadurch betont. Einen besonders starken Effekt erzielen Sie, wenn Sie das Holz zuvor dunkel beizen. Nach Trocknung wird dann Füllgrund aufgetragen, der die Poren versiegelt und dort die Farbe fixiert.

Kontrast von Beize und Weiß

Erst danach erfolgt ein Zwischenschliff. Nun tragen Sie sogenannte Porenpaste mit einem Ballen quer zur Maserung auf. Überschüssige Paste nehmen Sie mit einem Tuch längs der Maserung wieder ab. Nach einer Trockenzeit von 3-4 Stunden erfolgt mit 240er Körnung ein Feinschliff. Nach vollständiger Trocknung – am besten über Nacht – können Sie die Oberfläche dann entweder mit Lasur behandeln oder klar lackieren.

4. Gesundheit

Beachten Sie bei allen Arbeiten die Grundregeln für den Arbeitsschutz, denn schließlich wollen Sie Möbel imprägnieren und nicht Ihre Lunge. Arbeiten Sie in gelüfteten Räumen: selbst Öle und Wachse enthalten meist Lösungsmittel, die zwar nicht gleich krank machen, aber Kopfschmerzen verursachen können. Wenn es geht, sollten Sie deshalb auf Balkon oder Hof arbeiten.

3.4

Mattieren: Mit einem Ballen lassen sich besonders gleichmäßige, matt glänzende Oberflächen herstellen. Beim Beizen mit dem Ballen unbedingt Handschuhe tragen!

3.5

Kalken: Nach dem Beizen wird die Fläche zunächst mit Füllgrund gestrichen. Nach Trocknung und einem weiteren Zwischenschliff ...

3.6

... sogenannte Porenpaste quer zur Maserung auftragen. Sofort danach überschüssige Paste mit einem Lappen längs zur Maserung abwischen, nach Zwischenschliff lackieren

Sicherheitstips

- Reinigen Sie Ihre Hände niemals mit Lösungsmitteln, sondern benutzen Sie geeignete Reinigungsmittel.
- Beachten Sie die Sicherheitshinweise auf den Verpackungen. Tragen Sie beim Beizen Schutzhandschuhe.
- Ölgetränkte Lappen und Ballen niemals offen liegenlassen – sie können sich von selbst entzünden. Entweder im verschließbaren Behälter aufbewahren oder draußen ausgebreitet trocknen lassen.
- Farben, Lacke und Lasuren sowie Lösungsmittel nicht direkt im Hobbykeller aufbewahren: Brandgefahr!
- Arbeiten Sie nur in gut gelüfteten Räumen – insbesondere beim Umgang mit lösungsmitelhaltigen Anstrichmitteln!

Holzbehandlung außen

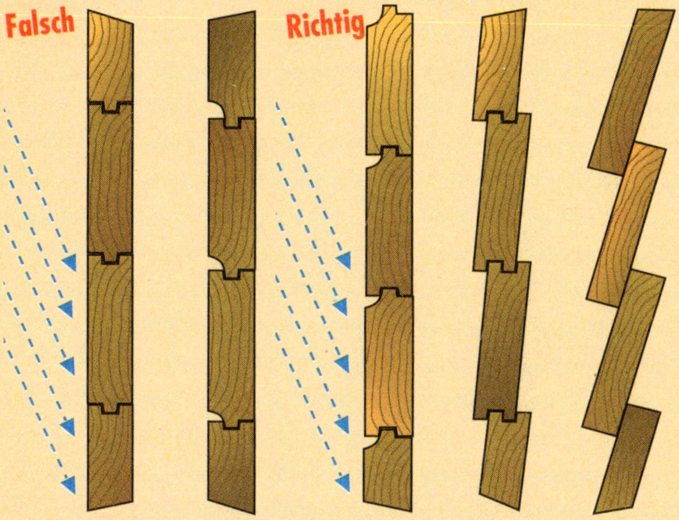

***Fugen schützen:** In direkt bewitterte Ritzen dringt Feuchtigkeit ein, die nur schwer abtrocknet. Tropfkanten und versetzte Fugen lassen das Wasser schnell ablaufen und erschweren ein Eindringen ins Holz*

5.1

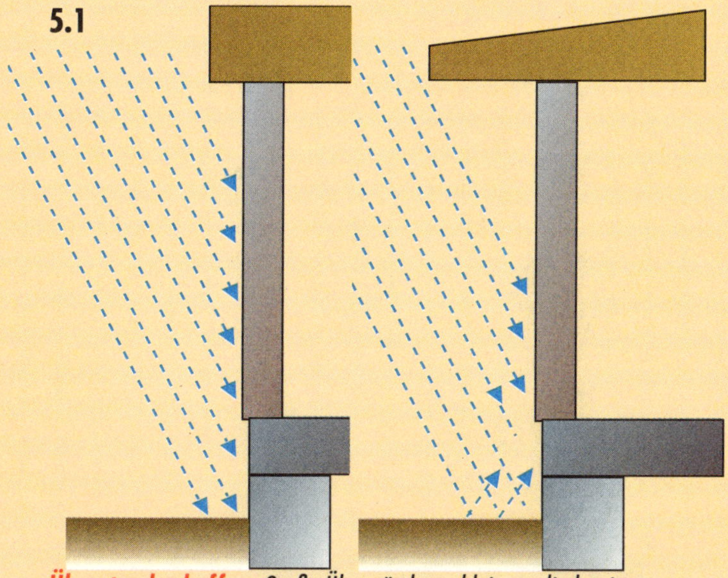

***Überstand schaffen:** Große Überstände verkleinern die bewitterte Fläche, ein hoher Sockel schützt Holzbeplankungen vor Spritzwasser von unten. Ein kleiner Wand-Überstand über dem Sockel wirkt als Tropfkante*

5.2

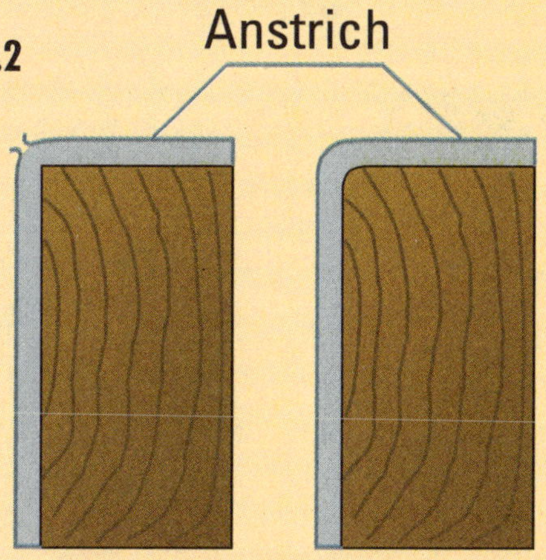

***Ecken vermeiden:** An Ecken und Kanten platzt der Schutzanstrich leichter ab, Rundungen fördern den Wasser-Abfluß*

5. Außenschutz

Anstrich schützt nur bedingt

Holz im Außenbereich kann durch chemische Oberflächenbehandlungen nur bedingt dauerhaft vor den Folgen der Witterung geschützt werden. Zwar ist ein Schutzanstrich des Holzes vor allem gegen Schädlinge und Sonneneinstrahlung Voraussetzung für lange Haltbarkeit. Wichtiger ist es jedoch, das Holz mit konstruktiven Maßnahmen vor direktem Regen und stauender Nässe zu bewahren. Ist der Kontakt von Holzbauteilen mit Wasser unvermeidlich, so muß für einen schnellen Abtransport der Feuchtigkeit gesorgt werden, damit das Wasser an den imprägnierten Flächen abperlen kann.

Konstruktiver Holzschutz

In horizontalen Fugen und Vorsprüngen bleibt Wasser stehen, es bilden sich Feuchtigkeitsnester (links). Stehendes Wasser sickert durch die Kapillarkraft allmählich in das Holz ein und bewirkt unweigerlich ein Aufquellen.

Wasserabfluß erleichtern

Traufkanten und versetzte Holzlagen bieten dem ablaufenden Wasser dagegen keine Widerstände.

Große Dachüberstände bieten den besten Schutz gegen die Einflüsse der Witterung. Sowohl direkte Beregnung als auch die UV-Strahlung der Sonne werden so am effektivsten von Wandkonstruktionen ferngehalten (5.1).

Dachüberstand

Zusätzlich müssen Wandverkleidungen aus Holz hinterlüftet werden, damit auch die aus dem Mauerwerk austretende Feuchtigkeit abgeführt werden kann.

Hinterlüftung

Ein ausreichend hoher Stein- oder Betonsockel entkoppelt Holzbauwerke von direktem Erdkontakt und schützt gleichzeitig vor Spritzwasser (5.1). Außenbauteile, die dem Niederschlag ausgesetzt sind, sollten keine scharfen Kanten und Ecken aufweisen, weil hier der Anstrich weniger gut haftet und aufplatzen würde (5.2). Hirnholzflächen sollten abgedeckt werden, weil gerade sie das Wasser besonders gut aufnehmen und speichern.

Verbindungen abdecken

Das gleiche gilt für konstruktive Elemente wie Zapfen- oder Stoßverbindungen: Aus ihren Ecken und Ritzen trocknet das Wasser nur langsam ab. Auch Oberflächenrisse des „arbeitenden" Holzes nehmen besonders viel Feuchte auf – deshalb sollten Sie dicke Holzbauteile aus Brettschichtholz zusammensetzen, um großen Rissen vorzubeugen.

Vorbeugung gegen Risse

Holzbehandlung außen

Kein Kontakt mit dem Erdreich

Holzbauteile auf Anker stellen

Außen kein Öl oder Wachs

Eine Fäulnisbildung des Holzes wird auch durch einen direkten Kontakt mit anderen feuchten Stoffen wie zum Beispiel Erdreich gefördert. Graben Sie deshalb Holzbauteile nie direkt in das Erdreich ein, denn gegen die Zersetzungskraft des dauerhaft feuchten Bodens knapp unter der Oberfläche hilft kein noch so gründlicher Holzschutz. Einen gewissen Feuchte-Schutz erreichen Sie schon, wenn Sie das Bauteil mit Steinen und Kies vor direktem Erdkontakt bewahren – verankern Sie das Holz erst tiefer direkt im Erdreich, damit dort Feuchtigkeit abgeleitet wird (6.1). Erheblich besser ist es jedoch, das Holz vom Untergrund zu entkoppeln, zum Beispiel mit Metallankern, die aufgeschraubt oder in ein Betonfundament eingelassen werden (6.2).
Im Außenbereich werden Sie um biozide (also giftige) Substanzen im Anstrich nicht herumkommen. Bestes Anstrichmittel sind Lasuren mit Fungiziden (gegen Pilze) oder Insektiziden (gegen Insekten) – je nachdem, wie stark die Konstruktion gefährdet ist. Lasuren sind Lacken überlegen, weil sie auch in die Holzoberfläche eindringen und nicht nur einen oberflächlichen Film bilden, der aufbrechen und abblättern kann. Öl- und Wachsüberzüge sind außen nicht sinnvoll: Sie werden ab- und ausgewaschen und verhindern nicht, daß Holzschädlinge sich ausgerechnet Ihre neue Pergola als leckeren Happen aussuchen.

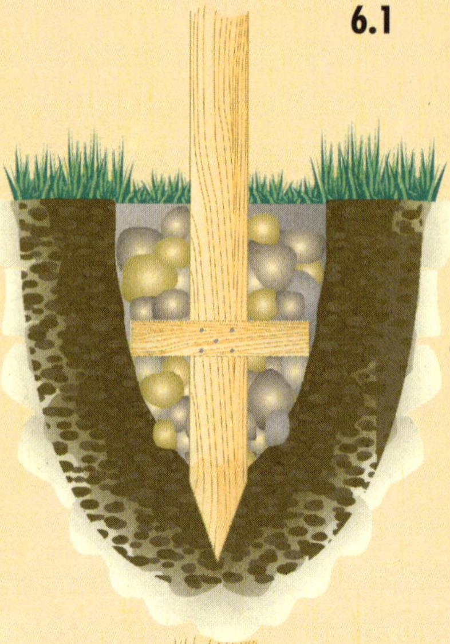

6.1 *Drainage: Holzkonstruktionen niemals direkt ins Erdreich eingraben, sondern mit Stützkreuzen in ein Steinbett einlassen. Pfosten sollen bis ins Erdreich hinabreichen, um die Wasserableitung zu ermöglichen*

6.2 *Entkopplung: Noch besser – und auch erheblich stabiler – sind spezielle Pfostenanker, die das Holz vor der Erdfeuchte und vor Spritzwasser optimal schützen. Die Anker werden auf Betonfundamente gedübelt oder direkt eingegossen*

Wann ist chemischer Holzschutz unvermeidbar?

Umgebungs-Bedingungen	Gefahren	Konstruktive Maßnahmen	Anstrich
Räume sind stetig beheizt und belüftet	Parkettkäfer (selten)	Flächen möglichst hinterlüften	wie Möbel
gelegentliche höhere Luftfeuchte	Nagekäfer, Schimmel in Feuchtenestern	Zwangslüftung	kein Klarlack, außen ggf. Vorbehandlung mit bioziden Inhaltsstoffen
ständige Feuchtigkeitsbelastung	Eiablage von Insekten, Pilzsporen, UV-Strahlung	Zwangslüftung	außen Schutzanstriche mit biozider Wirkung, Schutz gegen UV-Belastung
extreme Feuchte	alle obigen	möglichst anderen Werkstoff wählen	auch Schutzanstriche mit biozider Wirkung haben nur begrenzte (Dauer-)Schutzwirkung

Teil 1: Anreißen, Trennen, Feilen, Bohren

Metall bearbeiten

So mancher Heimwerker, der es in der Holzbearbeitung zu wahrer Meisterschaft gebracht hat, schreckt vor dem Umgang mit den vermeintlich widerspenstigen metallischen Werkstoffen zurück. Doch mit geeigneten Werkzeugen und dem richtigen Know-how können auch Sie sich Stahl, Messing & Co gefügig machen

Anreißen

Trennen

Feilen

Bohren

Bei Metallarbeiten ist Präzision gefordert

Beim Bearbeiten von Metall sollten Sie eine Devise immer im Hinterkopf behalten: Präzision ist der Schlüssel zum Erfolg. Lassen sich geringfügige Maßtoleranzen beim weichen Werkstoff Holz meist relativ einfach korrigieren, so ist das bei Metall im nachhinein nur schwer möglich. Sie sollten deshalb schon beim Messen, Anreißen und Heraustrennen der gewünschten Werkstückformen aus den Metall-Rohlingen – z. B. Rohre, Blechtafeln, Winkel- oder Vierkant-Profile – sehr genau arbeiten.

Sicherheit beim Arbeiten

Ein zweiter Aspekt darf beim Bearbeiten von Metall nicht vernachlässigt werden: die Sicherheit. Der Härte und Schärfe des Materials sollten Sie unbedingt durch geeignete Schutzmaßnahmen (auf die wir im folgenden eingehen) Tribut zollen!

1. Messen und Anreißen

Meß- und Anreißwerkzeuge für Metallarbeiten

Zum Messen und Anreißen sollten folgende Werkzeuge in Ihrer Werkstatt bereitliegen: ein stabiler Schlosserwinkel mit Anschlag (1.1) für exakte rechte und eine Metallschmiege zum Abgreifen beliebiger Winkel, ein Stahllineal, ein Parallelreißer zum Markieren parallel verlaufender Linien , ferner Stechzirkel (1.3), Reißnadel (1.4), Körner (1.5) und Schieblehre (1.2).

Die Schieblehre ist ein echtes Präzisionsgerät, auf dem Sie Maße bis 0,05 mm genau ablesen können. Sie besteht aus einem Grundkörper, auf dem ein Nonius mit Zehntelmillimeterskala spielfrei gleitet. Die Schieblehre verfügt über zwei obere Metallschnäbel für Innenmessungen, z. B. eines Rohrdurchmessers, und zwei untere Schenkel für Außenmessungen. Mit der am Schieber befestigten Tiefenmeßlehre lassen sich auch Lochtiefen genauestens ermitteln. Achten Sie beim Arbeiten darauf, daß die Meßschenkel das Werkstück immer gerade einklemmen.

Genauigkeit bis auf den Zehntelmillimeter

Zu Ungenauigkeiten kann es auch beim Ablesen kommen, wenn der Blick nicht genau senkrecht auf die Meßskala fällt.

Sind die Werkstückformen durch das Messen ermittelt, müssen sie auf die Metallrohlinge übertragen werden. Um Ungenauigkeiten durch zu breite Striche auszuschließen, „kratzt" man die

1.1

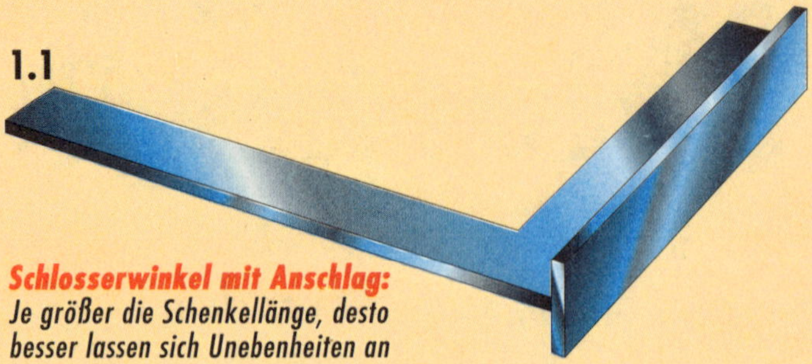

Schlosserwinkel mit Anschlag: Je größer die Schenkellänge, desto besser lassen sich Unebenheiten an der Anlagekante ausgleichen

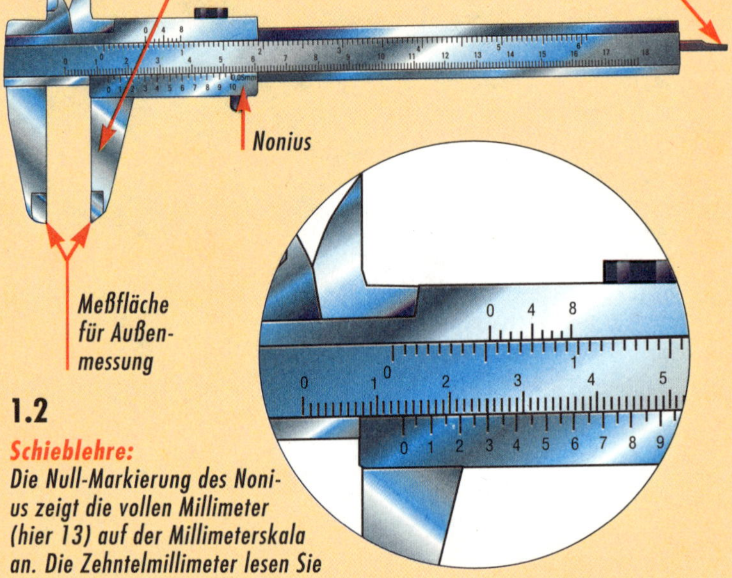

1.2

Schieblehre: Die Null-Markierung des Nonius zeigt die vollen Millimeter (hier 13) auf der Millimeterskala an. Die Zehntelmillimeter lesen Sie auf dem Nonius ab, und zwar dort, wo sich eine durchgehende Linie auf den Skalen ergibt (bei 3). Maß: 13,3 mm

1.3.1

Stechzirkel: Mit diesem Werkzeug lassen sich Maße exakt abgreifen und übertragen. Die Feststellschraube fixiert die beiden Winkel

1.3.2

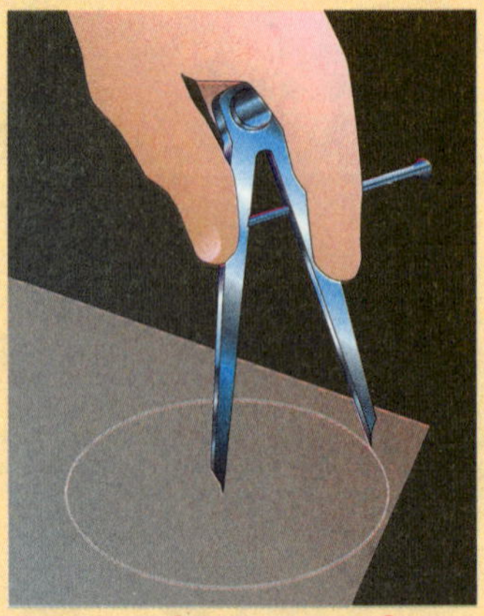

Kurven und Kreise anreißen: Markieren Sie den Mittelpunkt des Stechzirkels mit dem Körner. Dann läßt er sich sicher führen

1.4.1

Reißnadel: *Die Spitze ist immer exakt entlang der unteren Linealkante zu führen. Ziehen Sie die Reißnadel zum Körper hin*

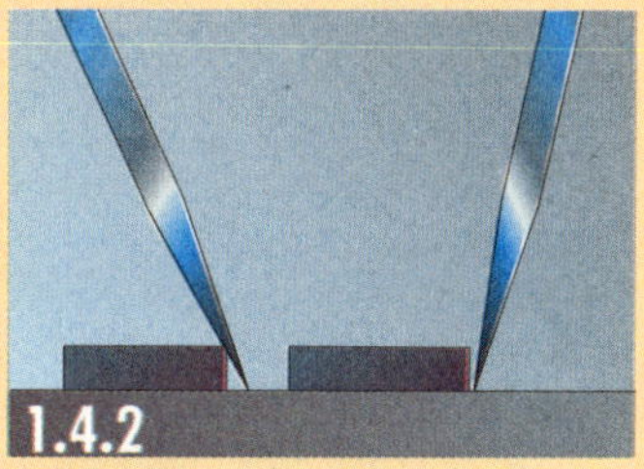

1.5.1

Körner: *Das Werkzeug hat eine gehärtete Stahlspitze, mit der Ansatzpunkte für Bohrungen und Stechzirkel geschlagen werden*

1.5.2

Exakt ankörnen: *Um den Anriß besser zu sehen, setzt man den Körner schräg an. Dann wird er geradegestellt und eingeschlagen*

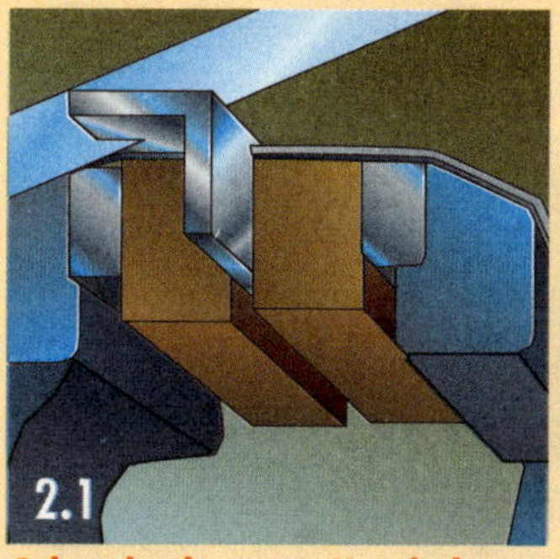

Schutzbacken aus Hartholz: *Winkelstücke spannen Sie am besten zwischen solchen Holzschutzbacken in den Schraubstock ein*

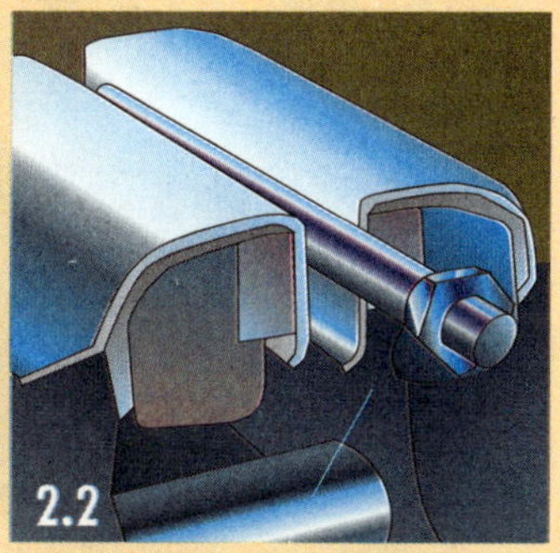

Schutzbacken aus Aluminium: *Aluminium-Backen schützen das Gewinde beim Einspannen von Gewindestäbe in den Schraubstock*

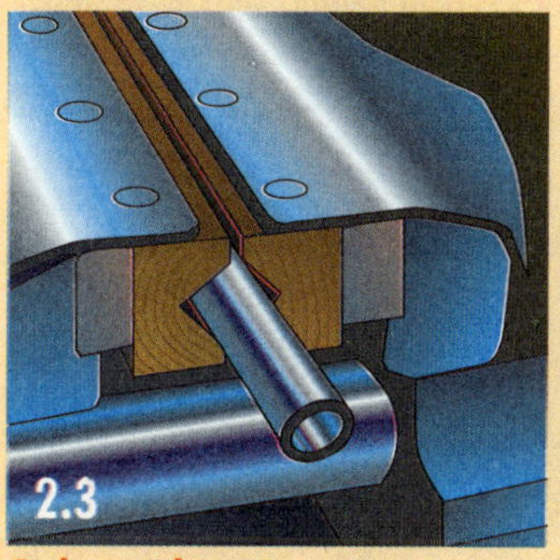

Rohre sicher einspannen: *Runde Werkstücke lassen sich mit Schutzbacken aus eingekerbten Hartholz-Zulagen sicher fixieren*

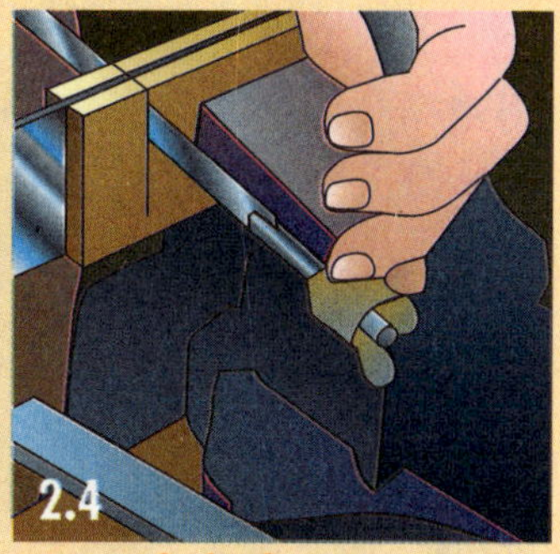

Dünne Bleche fixieren: *Der Profi nimmt Metall-Spannwinkel. Aber auch zwischen Holzlatten lassen sich Bleche fest einspannen*

Markierungen ganz dünn in die Metalloberfläche ein.

Maße werden auf dem Metall angerissen

Bei geraden Linien nimmt man dazu eine Reißnadel, die mit kräftigem Zug an der unteren Kante des Stahllineals oder Winkels entlanggeführt wird (1.4.2). Das Werkstück muß dabei auf einer ebenen Unterlage liegen und darf nicht wegrutschen oder kippen. Positionieren Sie das Werkstück so, daß Sie die Reißnadel in Körperrichtung führen können. **Ein Tip zur Sicherheit: Schrauben Sie die gekrümmte Spitze ab, wenn Sie auf ebenen Flächen anreißen. Sie kann leicht Verletzungen verursachen, wenn das Werkzeug abrutscht.**

Sicherheit beim Arbeiten mit der Reißnadel

Kreisförmige Linien reißt man mit dem Stechzirkel an. Seine beiden Stahlschenkel verfügen über gehärtete Spitzen und können mit einer Feststellschraube fixiert werden. Auf diese Weise lassen sich mit diesem Werkzeug auch Maße exakt abgreifen und übertragen. Um zu verhindern, daß der Zirkel beim Anreißen verrutscht, ist der Mittepunkt immer mit der gehärteten Spitze eines Körners zu markieren.

Dabei setzt man den Körner zunächst schräg an, um den Anriß besser sehen zu können. Dann senkrecht stellen und mit einem Hammerschlag ankörnen. Legen Sie dünnere Bleche auf eine feste Unterlage, und schlagen Sie nicht zu fest zu, damit die Körnerspitze nicht gleich ein Loch durchschlägt. Auch Bohrlöcher sind immer anzukörnen, weil der Bohrer auf der glatten Metalloberfläche eine Zentrierung braucht.

Richtig ankörnen

2. Werkstücke einspannen

Um Metalle genau und sicher bearbeiten zu können, müssen sie fest fixiert sein. Sie brauchen also unbedingt einen guten Schraubstock. Dazu verschiedene Schutzbacken, mit deren Hilfe sich Werkstücke unterschiedlichster Geometrien materialschonend und sicher einspannen lassen (Bilder 2.1 bis 2.4). Um ein Federn des Metalls weitestgehend zu vermeiden, spannt man ein Werkstück immer so ein, daß die zu bearbeitende Stelle möglichst nahe an den Schraubbacken liegt. Das Arbeiten mit Säge und Feile wird Ihnen wesentlich leichterfallen, wenn Ihr

Metall-Werkstücke müssen zum Bearbeiten fixiert werden

Richtige Schraubstockhöhe erleichtert die Arbeit

Schraubstock in der richtigen Höhe montiert ist. Sie können das selbst kontrollieren: Winkeln Sie den Arm an und schieben Sie die Faust unter das Kinn. Wenn Ihr Ellenbogen in dieser Haltung den Schraubstock berührt, hat er die optimale Position.

3. Metalle trennen

Sägen trennen Metall durch Zerspanen

Haben Sie die Konturen Ihres Werkstücks angerissen, ist das Abtrennen alles Überflüssigen der nächste Arbeitsschritt, der ansteht. Metalle lassen sich mit den unterschiedlichsten Werkzeugen trennen. Eines der gebräuchlichsten ist die Metallsäge. Ihre trennende Wirkung beruht darauf, daß viele kleine Schneidkeile das Material in Spanform abheben. Nach diesem Prinzip bahnt sich übrigens auch der Bohrer seinen Weg durchs Metall, und auch Feilen tragen das Material ab, indem sie es zu Spänen zerkleinern. Das Verhältnis von Keilwinkel zu Span-, bzw. Freiwinkel (siehe Bild 3.1.2) beeinflußt den Kraftaufwand beim Sägen, den Materialabtrag und die Haltbarkeit des Schneidkeils. Das ideale Verhältnis gibt es nicht, da man zwei Vorteile immer mit einem Nachteil erkauft. Als guter Kompromiß hat sich ein Keilwinkel von 50° herausgestellt, den man deshalb auch bei fast allen gängigen Metallsägeblättern vorfindet.

Auswahlkriterien bei Sägeblättern

Wichtigere Kriterien für den Heimwerker bei der Auswahl eines Sägeblatts sind Material und Anzahl der Zähne. Härtere Stoffe, wie Stahl oder Edelstahl, erfordern eine feinere Zahnung; weicheres Metall, wie Aluminium, Messing oder Kupfer, eine grobere Zahnung mit großen Spanräumen. Auch die Dicke des Werkstücks muß bei der Wahl der Zahnteilung berücksichtigt werden (Bild 3.1.3). Um die Säge bei kurzen Schnittfugen – wie sie bei dünnwandigen Rohren vorkommen – ohne Verhaken sicher führen zu können, muß die Zahnteilung entsprechend klein sein. Eine Faustregel besagt, daß mindestens drei Zähne gleichzeitig ins Material greifen sollten.

Die passende Zahnteilung

Die Zahnteilung ist auf den Sägeblättern (neben Länge, Breite und Schnittstärke) als Anzahl der Zähne pro Zoll (= 25,4 mm) angegeben. Als Materialien für Sägeblätter kommen verschiede-

3.1.1

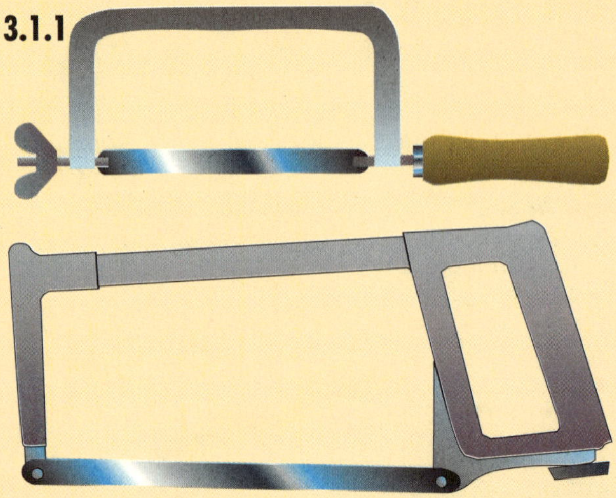

Handsägen: Mit der Handbügelsäge können die meisten Sägearbeiten erledigt werden. Die Sägezähne müssen in Schnittrichtung zeigen. Spannmutter so weit festdrehen, bis das Blatt gespannt ist

3.1.2

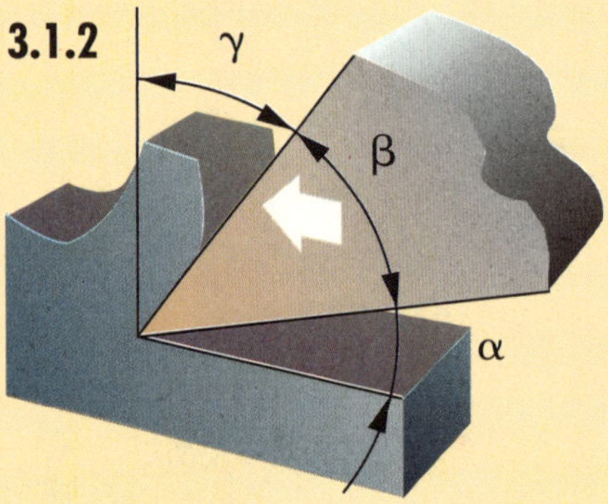

Winkel des Schneidkeils beim Sägevorgang: Die Größe des Keilwinkels β zu Freiwinkel α und Spanwinkel γ beeinflußt Materialabtrag und Kraftaufwand beim Sägen.

3.1.3

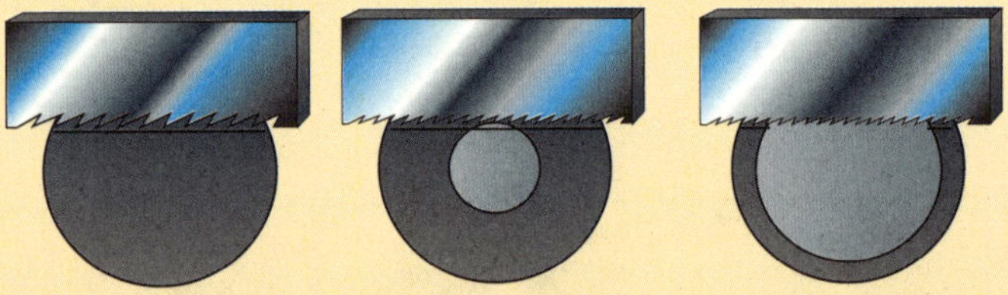

grobere Zahnteilung bei Vollmaterial z. B. 16 Zähne/Zoll (= 25,4 mm)	mittlere Zahnteilung für starkwandige Rohre und Profile z. B. 24 Zähne/Zoll	feine Zahnteilung für dünnwandige Rohre, Bleche, Kabel usw. z. B. 32 Zähne/Zoll

Zahnteilung des Sägeblatts: Je kürzer die Schnittfuge, desto feiner muß die Zahnteilung sein, damit die Säge ruhig geführt werden kann

3.1.4

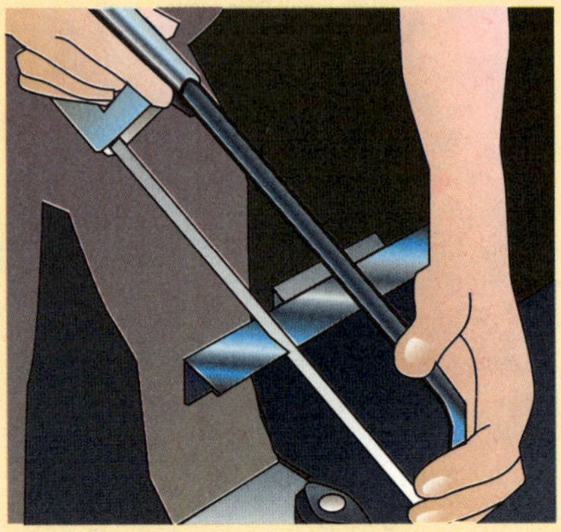

Richtige Sägetechnik: Die Bügelsäge mit beiden Händen gleichmäßig und mit Druck nach vorn in Schnittrichtung führen. Dabei nicht nach unten drücken. Gesägt wird hauptsächlich mit den mittleren Zähnen. Säge mit einem Aufwärtsschwung und ohne Druck zurückführen

3.2

Trennen mit dem Winkelschleifer: *Starkwandige Profile und längere Schnitte in dickeren Blechen lassen sich mit Hilfe des Winkelschleifers schnell und leicht trennen. Sie sollten dabei unbedingt die erforderlichen Sicherheitsmaßnahmen einhalten!*

3.3

Trennmeißel: *Er eignet sich für grobe Trennarbeiten. Die Schneide sollte scharf angeschliffen und gehärtet sein, der Keilwinkel zwischen 40 und 60° liegen. Im Bild: ein Flachmeißel. Beim Kreuzmeißel liegt die Schneide quer zum Schaft*

3.4
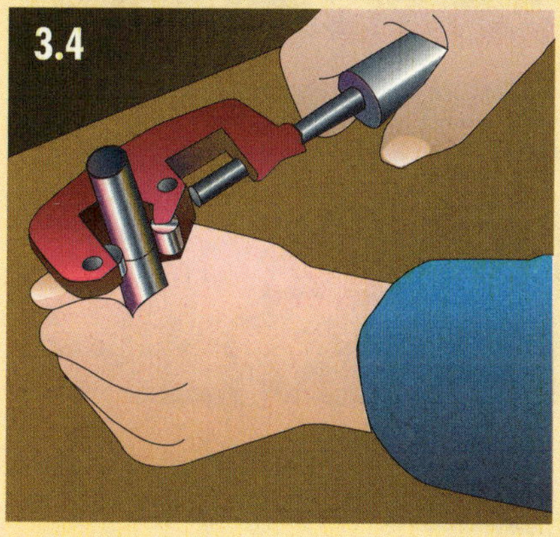

Rohrschneider: *Ein keilförmig ausgebildetes Schneidrad wird in einer Kreisbewegung um das Rohr geführt. Durch ständiges Nachstellen der Spindel dringt das Schneidrad immer tiefer in das Werkstück ein, bis es zerteilt ist*

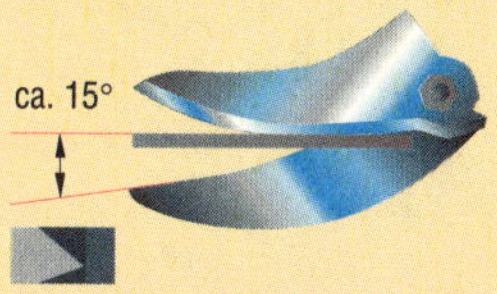

Gängige Handblechscheren: *Bild 3.5.1 zeigt eine Schere mit gerader Schneide. Sind die Schneiden gekrümmt (Bild 3.5.2), beträgt der Öffnungswinkel über die gesamte Schnittfläche immer 15° (s. Bild oben). Der Kraftaufwand ist über die Schnittfläche gleich*

ne Stähle zum Einsatz. Gute Allround-Eigenschaften haben Sägen aus HSS-Stahl („Hochleistungs-Schnellschnittstahl"). Ebenfalls empfehlenswert sind die nur wenig teureren Bimetallblätter. Sie sind elastischer und damit bruchsicherer als HSS.

Alle gängigen Sägeblätter gibt es mit einer Länge von 300 mm und gelochten Enden auch zugeschnitten auf den Einsatz in Handbügelsägen (3.1.1). Achten Sie beim Einspannen des Sägeblattes darauf, daß die Zahnspitzen nach vorn zeigen und das Blatt stramm sitzt, damit es beim Sägen nicht verkantet. Es empfiehlt sich, vor den ersten Sägestößen eine Schnittspur, z. B. mit der Dreikantfeile, vorzulegen. Das Sägeblatt hat so von Beginn an eine sichere Führung. Im nachhinein können Sie eine schiefe Schnittfuge nur schwer korrigieren. Das Einsatzgebiet der Metallbügelsäge läßt sich durch die drehbaren Griff- und Spannbolzen noch erweitern. So sind mit einem um 90° gedrehten Sägeblatt auch längere Schnitte möglich als dies die Bügelhöhe sonst zulassen würde.

Für gerade wie für bogenförmige Schnitte sind auch handelsübliche Elektrostichsägen mit Metallsägeblatt sehr gut geeignet. Bei langen Schnitten sollten Sie jedoch mit einer Anschlagschiene arbeiten. Stichsägen schneiden in der Aufwärtsbewegung. **Schützen Sie darum Ihre Augen und Hände mit Schutzbrille und Handschuhe vor herumfliegenden scharfkantigen Metallspänen!**

Das gilt erst recht für die Arbeit mit dem Winkelschleifer (3.2), der auch vor starkwandigen Profilen und dickeren Blechtafeln nicht kapituliert. Achten Sie aber unbedingt darauf, daß das Werkstück fest eingespannt ist, damit die Trennscheibe nicht verkantet, und halten Sie das Gerät mit beiden Händen fest. Der Einsatz des Winkelschleifers (mit Schruppscheibe) bietet sich auch an zum Schleifen grober Schnittkanten an größeren Werkstücken, die sich im Schraubstock schlecht in die richtige Feil-Position bringen lassen. **Neben Schutzbrille und Arbeitshandschuhen sollten Sie wegen des Funkenflugs beim Arbeiten mit dem Winkelschleifer schwerentflammbare Kleidung tragen und leichtentzündliche Stoffe wie**

Materialien für Sägeblätter

Handbügelsägen

Elektro-Stichsägen: gut in Kurven und auf der Geraden

Schutz vor Metallspänen

Vorsicht beim Arbeiten mit dem Winkelschleifer !

Trennmeißel für grobe Schnitte

Rohrschneider

Blechscheren

Feilen zum Glätten und Entgraten

Benzin oder Lösungsmittel, aber auch Papier und Holzspäne außer Reichweite bringen. Wenn' s nicht auf den Millimeter ankommt, können Sie Bleche auch mit einem scharfen Meißel (Bild 3.3) trennen. Dieses Werkzeug eignet sich ebenfalls zum Aufstemmen festgerosteter Muttern oder zum Trennen von dicken Drähten. Ein weiterer Tip zur Sicherheit: **Tragen Sie eine Schutzbrille, und benutzen Sie Trennmeißel mit Handschutz!** Weniger gefährlich und dazu noch schnell und sauber arbeiten Sie, wenn Sie zum Abtrennen von Rohren einen Rohrschneider (Bild 3.4) benutzen. Verformungen, wie sie bei sehr dünnwandigen Installationsrohren durch Verhaken der Säge leicht entstehen, sind so ausgeschlossen.

Bleche aus verzinktem Stahl, Kupfer und Aluminium bis zu 1 mm sowie Edelstahlbleche bis 0,5 mm Stärke sind ideale Einsatzgebiete der Blechschere. Sie trennt Metallflächen – im Gegensatz zu den spanabhebenden Werkzeugen – ohne Materialverlust auseinander. Sowohl Blechscheren mit geraden wie auch mit gekrümmten Schneiden (3.5.1 und 3.5.2) sind universell einsetzbar. Bei den ersteren ist der Kraftaufwand bei weit geöffneten Schneiden im hinteren Teil am geringsten. Nach vorne hin nimmt er zu. Bei gekrümmten Schneiden ist hingegen der Kraftaufwand aufgrund des stets gleichen Öffnungswinkels über die ganze Schnittfläche gleich.

4. Metalle feilen

Haben Sie die Konturen Ihres Werkstücks entlang den Anrissen erfolgreich herausgetrennt, zeigen sich die Säge- und Schneidekanten meist stark bearbeitungsbedürftig. Sie müssen entgratet und geglättet werden. Für diese Feinarbeiten sollten Sie ein Sortiment von Feilen in Ihrer Werkstatt bereitliegen haben.

Die Arbeitsfläche von Feilen besteht aus vielen Einkerbungen, die Schneidkeile bilden. Die Schneidenreihe bezeichnet man als Hieb. Bei einhiebigen Feilen verlaufen die Schneidenreihen schräg oder bogenförmig hintereinander. Durch diese Anordnung können große Späne besonders gut abgeführt werden, weshalb sie zur Bearbeitung weicher

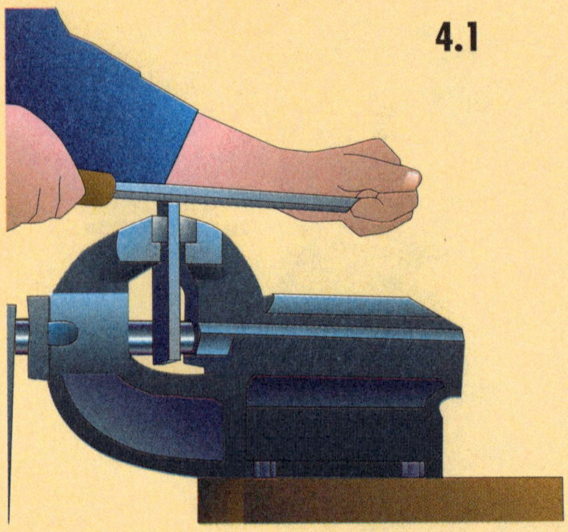

4.1

Richtig feilen: *Die Feile wird mit beiden Händen gehalten und mit Druck, aber ruhig und gerade über das fest eingespannte Werkstück nach vorn geführt. Ohne Druck zurückschieben. Das geht am besten, wenn Sie in Schrittstellung stehen und den Oberkörper leicht mitschwingen lassen*

4.2

Die gängigsten Feilen: *Feilen unterscheiden sich in der Struktur der Arbeitsfläche (Einhieb, Kreuzhieb, Hiebteilung), und im Querschnitt (halbrund, rechteckig, rund, drei- und vierkantig)*

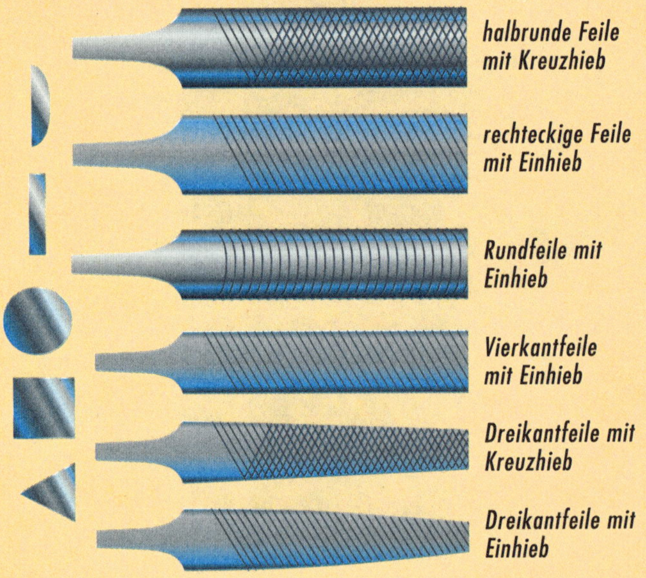

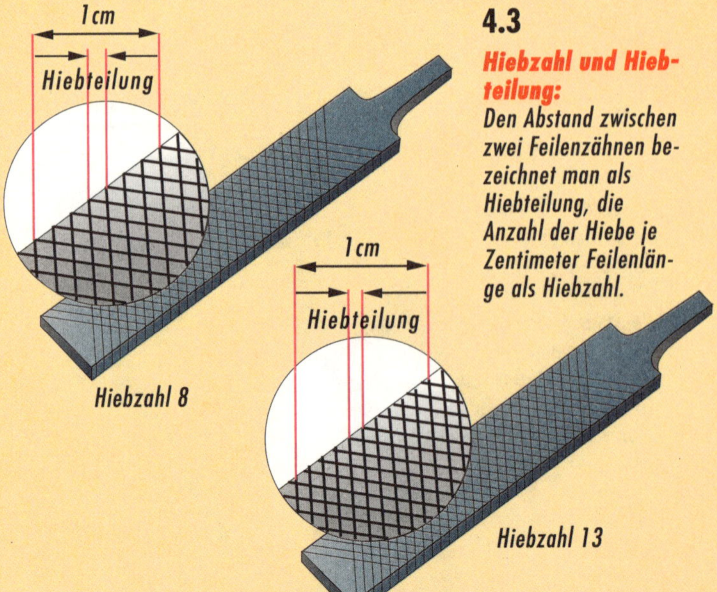

4.3

Hiebzahl und Hiebteilung: *Den Abstand zwischen zwei Feilenzähnen bezeichnet man als Hiebteilung, die Anzahl der Hiebe je Zentimeter Feilenlänge als Hiebzahl.*

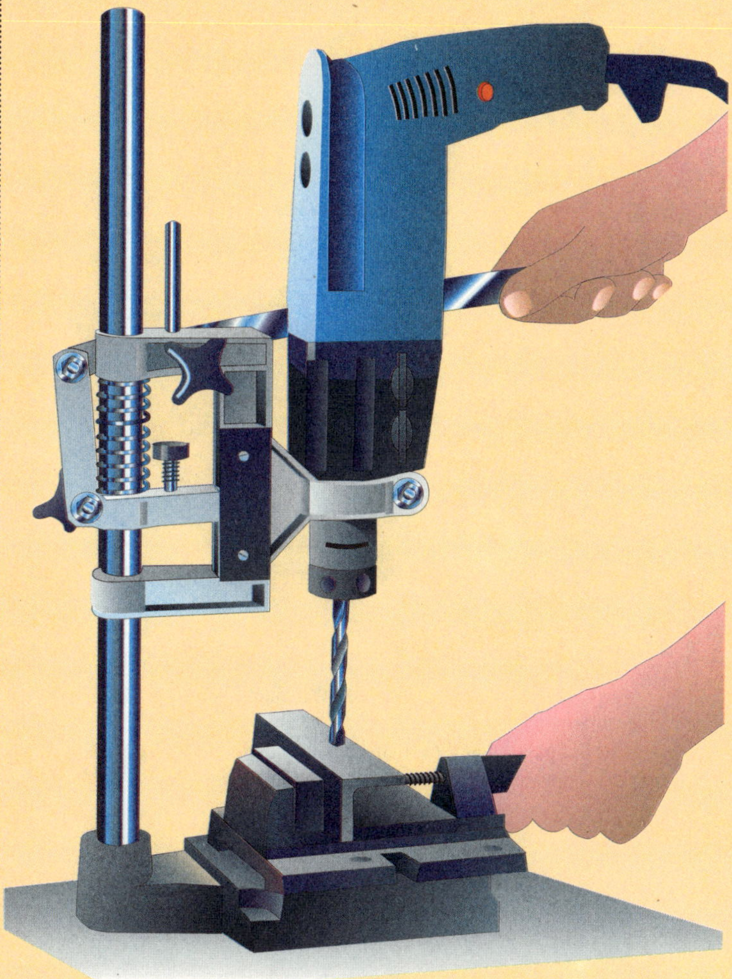

5.1

Metalle bohren: *Arbeiten Sie stets mit Bohrständer! Nur dann sind Arbeitssicherheit und ein befriedigendes Arbeitsergebnis gewährleistet. Die Schnittgeschwindigkeit der Bohrmaschine richtet sich nach der Dicke des Bohrers und dem Härtegrad des zu bearbeitenden Materials*

5.2

Spiralbohrer: *Die Eignung von Spiralbohrern für bestimmte Werkstoffe hängt von der Steigung der wendelförmigen Nut und dem Spitzenwinkel ab. Die Typbezeichnungen H, N und W stehen für harte (Stein), normale (z. B. Stahl) und weiche (z. B. Alu, Kupfer) Werkstoffe*

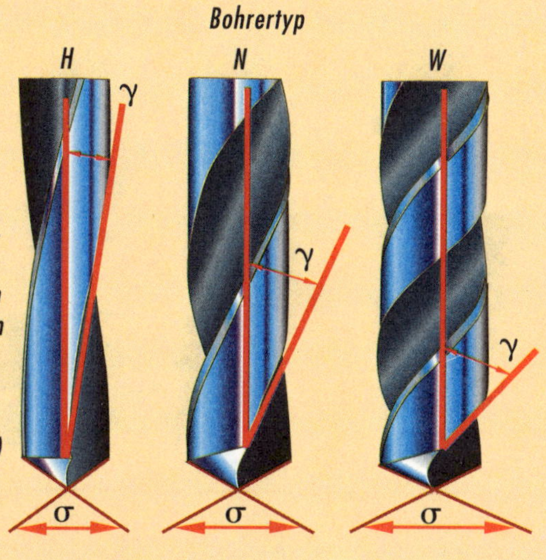

Bohrertyp	H	N	W
Spanwinkel γ	10°...13°	16°...30°	35°...40°
Spitzenwinkel σ	z.B. 80°	z.B. 118°	z.B. 125°

Metalle mit großem Spanabtrag prädestiniert sind. Kreuzhiebfeilen sind an den quer zueinander verlaufenden Unter- und Oberhieben leicht zu erkennen. Dadurch entstehen viele kleine Schneidkeile, die kleine Späne bilden. Kreuzhiebfeilen verwendet man bei härteren Materialien, wie z. B. Stahl. Den Abstand zwischen den Hieben bezeichnet man als Hiebteilung, die Anzahl der Hiebe je cm Feilenlänge als Hiebzahl (4.3). Je größer die Hiebzahl, die auf der Feile angegeben ist, desto höher ist die Oberflächenqualität, die Sie erzielen. Bei geringen Hiebzahlen (zwischen 5 und 15) sind Materialabtrag und Kraftaufwand sehr hoch, die Oberfläche wird jedoch weniger glatt. Sowohl Ein- als auch Kreuzhiebfeilen gibt es mit verschiedenen Querschnitten (Bild 4.2), so daß sich die unterschiedlichsten Werkstück-Geometrien gut bearbeiten lassen. So eignen sich Dreikantfeilen für die Herstellung von Ecken und flache Feilen für die Bearbeitung gerader Flächen.

An der Hiebzahl erkennt man den Feinheitsgrad der Feile

Verschiedene Feilen-Querschnitte

Auch beim Feilen muß das Werkstück fest in den Schraubstock eingespannt werden (Bild 4.1). Führen Sie die Feile mit beiden Händen gerade und mit Druck vorwärts über das Werkstück und ohne Druck wieder zurück. Da die feinen Metallspäne die Hiebe schnell zusetzen, muß die Feile während der Arbeit immer wieder mit einer Feilenbürste in Hiebrichtung gereinigt werden. Bei feinen Feilen verbessern Sie die Spanabfuhr, wenn Sie die Feile mit Tafelkreide einreiben. Sorgen Sie auch dafür, daß Ihre Feilen frei von Öl und Rost sind.

Feil-Technik

5. Bohren und Ansenken

Wenn Sie richtig bohren, gibt das vermeintlich widerspenstige Metall nach wie ‚Butter'. Einige Punkte sollten Sie dabei beachten: Wichtig ist, daß nicht nur das Werkstück, sondern auch die Bohrmaschine fest fixiert ist. Sie sollten deshalb immer mit Bohrständer arbeiten, der auf der Werkbank aufgeschraubt oder festgeklemmt wird. Damit ist auch die Bohrtiefe justierbar, so daß Sie gleichtiefe Bohrungen beliebig oft durchführen können. Beim Bohren von Metall ist die richtige Schnittgeschwindigkeit

Metalle bohren – immer mit Bohrständer

Harte Metalle mit niedriger Drehzahl bohren

wichtig. Sie hängt ab vom Bohrerdurchmesser und dem Werkstoff. Härtere Metalle und größere Durchmesser bohrt man mit niedrigen Drehzahlen, bei denen die Maschine die größte Kraft entwickelt. Auf den meisten Bohrmaschinen befinden sich Drehzahl-Empfehlungen für das Bohren von Metall. Sie beziehen sich auf normalen Baustahl. Bei weichen Metallen kann dann die Drehzahl verdoppelt werden.

Schneidöl vermindert die Reibung und kühlt den Bohrer

Zum Metallbohren verwendet man spiralförmige HSS-Bohrer, deren Schneiden wendelförmig in einem bestimmten Winkel an der Spitze zusammenlaufen (5.2). Wenn sich nach häufigem – oder unsachgemäßem – Gebrauch die Schneiden abgenutzt haben, können sie nachgeschliffen werden. Sie erhöhen aber die Lebenserwartung der Bohrer beträchtlich, wenn Sie stets mit Schneidöl bohren (5.3). Dies ist ein Öl/Wasser-Gemisch, das die Reibung um den Faktor 10 vermindert und den Bohrer kühlt, so daß er nicht ausglühen kann.

Ankörnen und vorbohren

Körnen Sie Bohrlöcher immer vorher an. Denn die Bohrerspitze benötigt einen Punkt, in dem sie sich beim Anbohren zentrieren kann. Löcher ab 6 mm Durchmesser sollten Sie mit einem 4-mm-Bohrer vorbohren.

Bohrlöcher entgraten und ansenken

Nach dem Bohren müssen die scharfen Lochränder entgratet werden. Das kann mit einem größeren Bohrer, besser aber mit einem Kegelsenker (5.4.1 und 5.4.2) geschehen. Wenn Werkstücke versenkt verschraubt werden sollen, braucht man diesen Vorsatz ohnehin. Wählen Sie beim Ansenken eine sehr niedrige Drehzahl, und führen Sie die Bohrmaschine dann mit leichtem Druck auf das Werkstück. Für Schrauben mit zylindrischem Kopf, also etwa Innen-Sechskantschrauben, verwendet man einen Flachsenker (5.4.2). Da dieser etwas schwieriger zu zentrieren ist, macht man sich die Arbeit leichter, wenn man nach dem Bohren des Loches das Werkstück und die Maschine eingespannt läßt, in der Maschine lediglich den Bohrer gegen den Senker austauscht und dann das Loch sofort ansenkt. □

5.3

Schneidöl bringt Kühlung: *Beim Bohren von Metall sollten Sie stets ein Schmiermittel verwenden. Es senkt die Reibung um den Faktor 10. Der Bohrer ist gut gekühlt und nutzt sich darum nicht so schnell ab. Beachten Sie die Angaben des Schneidöl-Herstellers zum Gesundheitsschutz!*

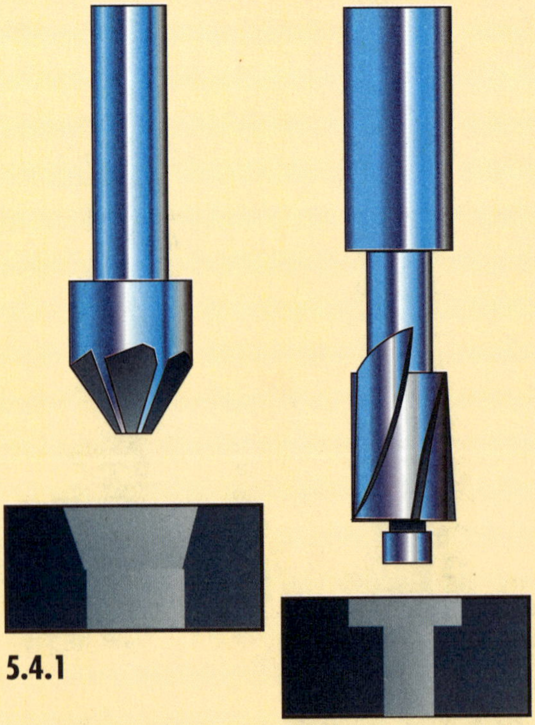

5.4.1

5.4.2

Bohrlöcher senken: *Um Verletzungen zu vermeiden, sollten Sie die scharfen Bohrkanten anschließend mit einem Senker entgraten. Kegelsenker (5.4.1) verwendet man zum Versenken von Schraubenköpfen und Nieten, Flachsenker (5.4.2) bei Schrauben mit Innensechskant*

Teil 2: Gewinde schneiden, Verformen, Verbinden

Metall bearbeiten

Nachdem wir uns im ersten Teil mit dem Trennen, Feilen und Bohren von Metall beschäftigt haben, geht es in diesem Kapitel darum, die bearbeiteten Teile durch Biegen, Hämmern und Verbinden in ihre neue Form zu bringen – und das mit relativ einfachen Techniken, ohne Löten und Schweißen

Innengewinde

Außengewinde

Verformen

Verbinden

1. Gewinde bohren und schneiden

So ist der Gewindebohrer aufgebaut

Mit dem Bohren von Metall und dem Ansenken von Bohrlöchern hatten wir den 1. Teil des Grundwissens abgeschlossen. Diese Arbeiten sind Voraussetzung für das Bohren eines Innengewindes. Zum Schneiden eines Innengewindes mit der Hand braucht man einen Gewindebohrer (1.1), der mit einem genormten Vierkant-Antrieb in das sog. Windeisen (1.2) oder einen passenden Werkzeughalter mit Ratschen-Mechanik eingespannt wird. Das Herzstück des Gewindebohrers besteht aus einem gehärteten Schneidgewinde mit spanabführenden Nuten und dem unteren Anschnitt, der je nach Anwendungszweck verschieden lang sein kann. Bei durchgehenden Löchern ist ein über 4 bis 5 Gewindegänge gehender Anschnitt üblich – was den Vorteil bietet, daß der Gewindebohrer eine bessere Führung hat und sich leichter eindreht. Bei nicht durchgehenden, sog. Grund- oder Sacklöchern, sollte der Anschnitt mit 2 bis 3 Gewindegängen ziemlich kurz sein, damit das nutzbare Gewinde nahe an den Grund des Loches heranreicht.

Handgewindebohrer gibt's im Dreier-Set

Handgewindebohrer werden in der Regel als Dreiersatz, bestehend aus Vor-, Mittel- und Fertigschneider angeboten. Damit wird die Zerspankraft auf drei Arbeitsgänge verteilt, und es fallen bei jedem Bohrvorgang entsprechend weniger Späne an, die das Schneidgewinde zusetzen könnten. Unterscheiden lassen sich die Bohrer an Ringmarkierungen am oberen Schaft. Der Vorschneider ist mit einem, der Mittelschneider mit zwei Ringen gekennzeichnet. Der Fertigschneider trägt entweder drei Ringe oder gar keinen.

Maschinengewindebohrer passen in die Bohrmaschine

Maschinengewindebohrer hingegen, die sich in die Bohrmaschine (mit Bohrständer und auf kleinste Drehzahl stellen!) einspannen lassen, sind immer Einschnitt-Bohrer. Deshalb findet man unter dieser Spezies oft gewendelte Nuten, die eine bessere Spanabfuhr ermöglichen. Zum Bohren von Grundlöchern empfiehlt sich die Verwendung von rechtsspiralgenuteten Gewindebohrern, die die Späne nach oben aus dem Loch abführen. (1.4).

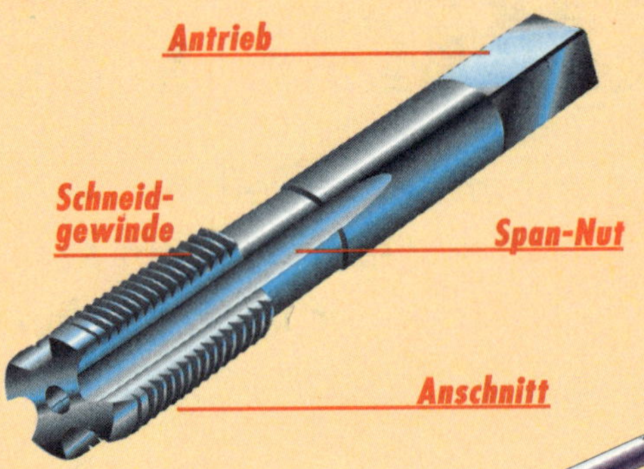

1.1 Gewindebohrer: Sie verfügen über ein Schneidgewinde mit vorderem Anschnitt und der spanabführenden Nut. Der Antrieb dient zum Einspannen

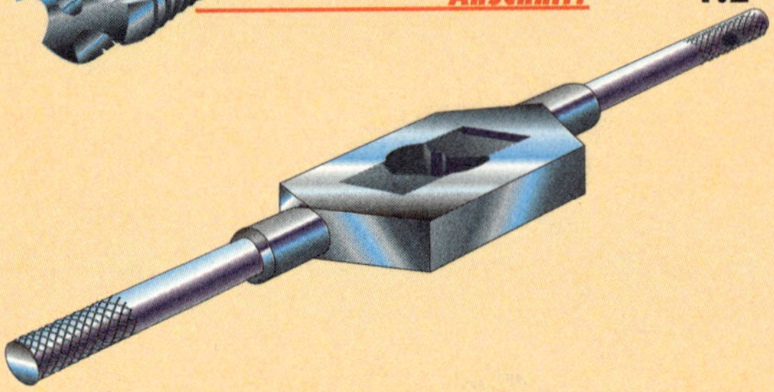

1.2 Windeisen: In das Windeisen können Gewindebohrer mit verschiedenen Antriebs-Abmessungen eingespannt werden

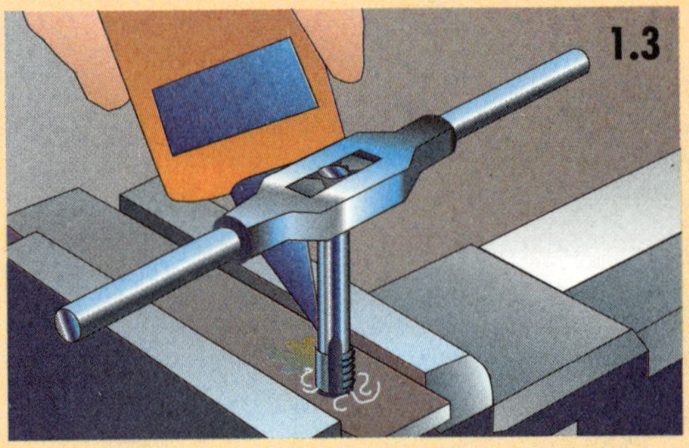

1.3 Gewinde bohren: Geben Sie beim Eindrehen des Gewindebohrers Schneidöl zu. Drehen Sie den Bohrer etwas zurück, wenn er haken sollte

1.4

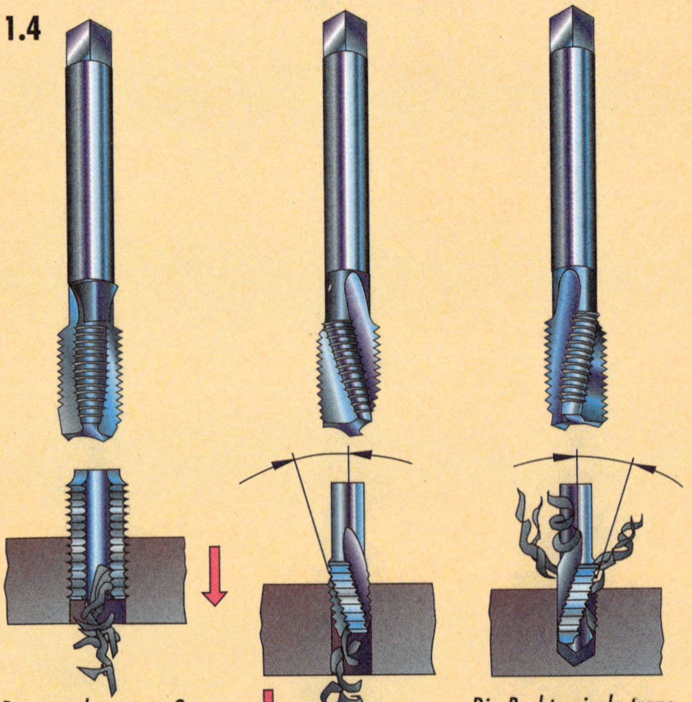

Der geradgenutete Gewindebohrer führt die Späne nach unten ab

Auch die Linksspirale führt die Späne in Schneidrichtung

Die Rechtsspirale transportiert die Späne aus dem Sackloch nach oben

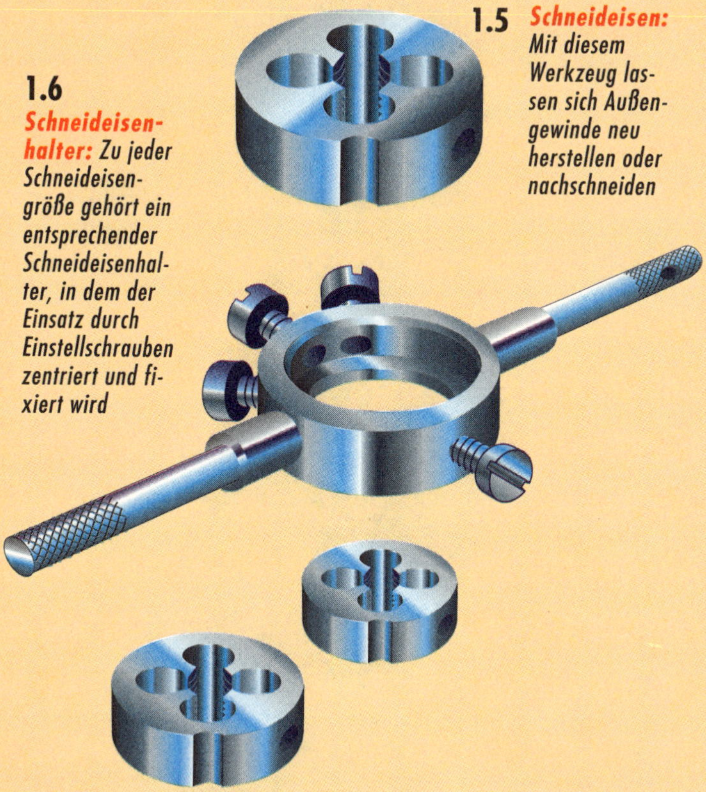

1.5 ***Schneideisen:*** *Mit diesem Werkzeug lassen sich Außengewinde neu herstellen oder nachschneiden*

1.6 ***Schneideisenhalter:*** *Zu jeder Schneideisengröße gehört ein entsprechender Schneideisenhalter, in dem der Einsatz durch Einstellschrauben zentriert und fixiert wird*

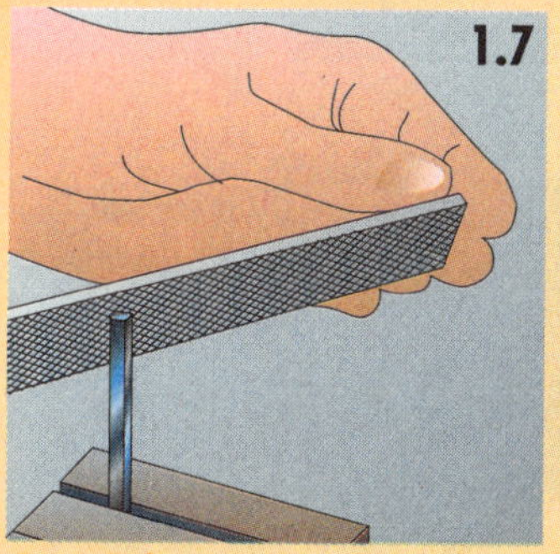

1.7

Gute Führung: *Bevor Sie das Schneideisen ansetzen, sollten Sie das Bolzenende gleichmäßig anfasen*

1.8

Gewinde schneiden: *Nach einem geraden Anschnitt bleibt das Schneidgewinde exakt in der Spur*

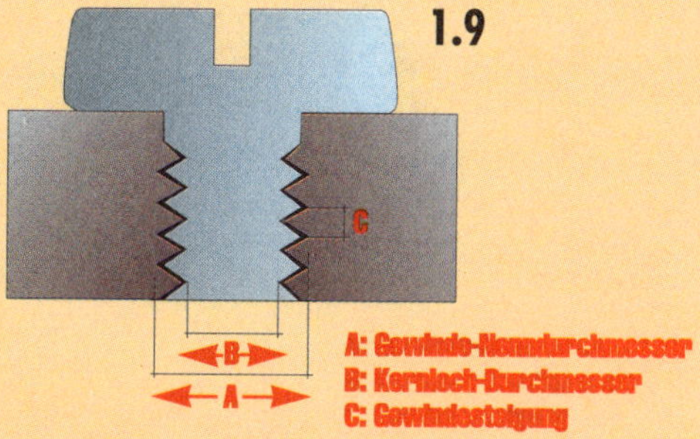

1.9

Wichtige Maße: *A ist der Nenndurchmesser, der hinter der Gewindebezeichnung M... angegeben ist. Der Kernloch-Durchmesser B gibt das Innenmaß an*

1.10

Metrisches Gewinde														
Gewinde	M1	M2	M3	M4	M5	M6	M7	M8	M9	M10	M11	M12	M13	
Kernloch ∅	0,75	1,6	2,5	3,3	4,2	5	6	6,8	7,8	8,5	9,5	10,2	12	mm
Bolzen ∅	0,97	1,93	2,92	3,91	4,9	5,88	6,88	7,87	8,87	9,85	10,85	11,83	13,82	

Das Pendant zu Gewindebohrer und Windeisen sind Schneideisen (1.5) und Schneideisenhalter (1.6) zum Anfertigen von Außengewinden auf Metallbolzen oder zum Nachschneiden von beschädigten Schraubengewinden. Das runde Schneideisen hat zwischen den einzelnen Gewindebacken Bohrungen, über die die Späne abfließen können. Bohrungen an der Außenseite nehmen die Einstellschrauben des Halters auf, die das Schneideisen durch Spreizen und Klemmen sicher fixieren. Das Schneidgewinde ist an einem, manchmal auch an beiden Enden mit einem Anschnitt versehen. Ist nur ein Anschnitt vorhanden, so liegt er stets gegenüber der Aufdruckseite. Um dem Schneideisen eine sichere Führung zu geben, sollten Sie den Metallbolzen am oberen Ende mit der Feile anfasen (1.8). Dann setzt man das Schneideisen genau im rechten Winkel zur Bolzenachse auf und dreht es mit leichtem Druck auf das Material. Wenn das Schneidgewinde gefaßt hat, zieht es sich von selbst in der richtigen Spur weiter. Mit etwas Schneidöl geht das noch leichter, weil die Reibung stark herabgesetzt wird.

Das gilt auch beim Bohren von Innengewinden. Bevor Sie den Gewindebohrer ansetzen, brauchen sie allerdings – wie anfangs erwähnt – ein angesenktes Kernloch. Dessen Durchmesser richtet sich nach dem Nenndurchmesser (1.9) des neuen Gewindes. Unsere Tabelle 1.10 gibt Auskunft über die jeweiligen Kernlochgrößen beim hierzulande gebräuchlichen metrischen Gewindesystem (erkennbar an der Bezeichnung „M“ vor der Gewindegröße). In der Regel nimmt man zum Vorbohren einen Bohrer, dessen Durchmesser mit der Kernloch-Angabe identisch ist. Gegebenenfalls kann er aber auch 2 bis 3 Zehntelmillimeter kleiner gewählt werden. Wichtig ist, daß Sie das Loch genau senkrecht in das Werkstück bohren und den Gewindebohrer gerade eindrehen. Gehen Sie dabei aber nicht mit Gewalt vor. Wenn der Bohrer hakt, drehen Sie ihn etwas heraus und versuchen es noch einmal.

Noch ein Wort zum Thema Gewindesysteme: Im Sanitärbereich findet man das metrische System kaum. Hier dominiert auch in Deutschland das englische Whitworth-Zollgewinde.

Für Außengewinde nimmt man das Schneideisen

So geben Sie dem Schneideisen eine gute Führung

Mit Schneidöl setzen Sie die Reibung herab

Im Sanitärbereich ist das metrische Gewindesystem unüblich

2. Metalle verformen

Um Metalle dauerhaft und ohne Einwirkung von Hitze in eine andere Form bringen zu können, muß man sie über ihre natürliche Elastizitätsgrenze hinaus verbiegen. Die Kraft, die man dabei aufwenden muß, richtet sich nach Form und Größe des zu bearbeitenden Querschnitts und der materialspezifischen Elastizität. Die Techniken, die wir hier beschreiben, werden alle „kalt“ ausgeführt. Im Prinzip läßt sich geglühtes Metall natürlich stärker und mit weniger Kraftaufwand verformen. Dafür braucht man aber ein Mehr an Erfahrung und Fertigkeiten, so daß wir dieses Kapitel hier ausklammern.

Zum Kaltbiegen müssen bestimmte Voraussetzungen stimmen

Zum Kaltverformen eignen sich nur Metalle, die auch nach dem Überschreiten der Elastizitätsgrenze über eine gewisse Dehnbarkeit verfügen. Es empfiehlt sich, die Bearbeitbarkeit eines Materials im Einzelfall vorher an einer kleinen Probe zu testen.

Das Abkanten von Blechen macht wenig Probleme

Das Abkanten von dünneren Blechen dürfte im allgemeinen keine größeren Probleme aufwerfen. Zunächst wird das Blech zwischen zwei längeren Zulagen aus Hartholz so im Schraubstock eingespannt, daß es direkt über die Kante der Schutzbacke gebogen werden kann. Um eine gute Kantenausbildung zu erreichen, legt man an der Biegekante ein Hartholz an und zieht es mit dem Blech in Körperrichtung so weit es geht herum (2.1.1). Mit gleichmäßigen Hammerschlägen auf die Zulage kantet man dann das Blech rechtwinklig ab (2.1.2). Entsprechend ziehen Sie das Blech bei Rundungen über ein eingespanntes Rundholz (2.1.3).

Bördeln verleiht der Blechkante mehr Stabilität

Je nach Werkstück kann es sinnvoll sein, die Kanten eines Bleches durch Umschlagen zu verstärken, eine Technik, die man als „Bördeln“ bezeichnet. Auch hier steht als erster Arbeitsschritt eine 90°-Abkantung an (2.1.4). Diese schlägt man dann über ein eingespanntes Flachprofil herum (2.1.5). Zum Schluß das Blech an der Außenkante – und nicht am Knick – anschlagen (2.1.6). Schlagen Sie dabei nie direkt mit dem Hammer auf das Blech. Schlaghölzer sorgen für eine bessere Kraftverteilung und verhindern Kerben im Material. Wenn

Umbiegen: *Das Blech wird zunächst unter Verwendung einer Hartholzzulage mit der Hand umgebogen*

Abkanten: *Benutzen Sie beim Anschlagen ein Schlagholz. Es verteilt den Druck gleichmäßig auf die Abkantung*

Rundbiegen: *Statt einer rechtwinklig abgekanteten Zulage nimmt man in diesem Fall ein Rundholz. Beim Herumziehen des Blechs können Sie mit Hammer und Schlagholz nachhelfen*

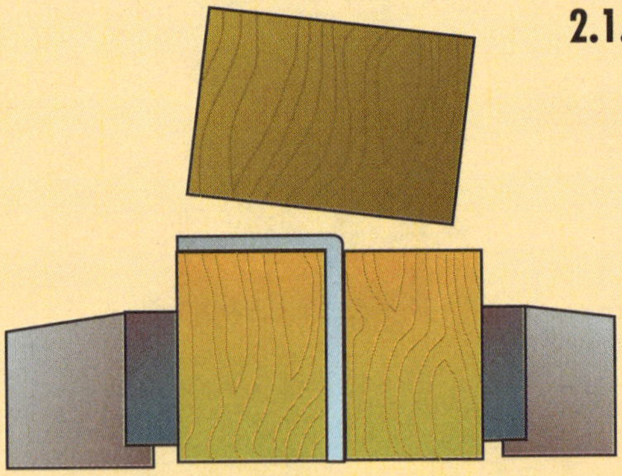

2.1.4 Bördeln: *Die schmale 90°-Abkantung biegt man über einem Flachprofil weiter (2.1.5). Dann das Profil entfernen und die Blechkante anschlagen (2.1.6)*

2.1.5

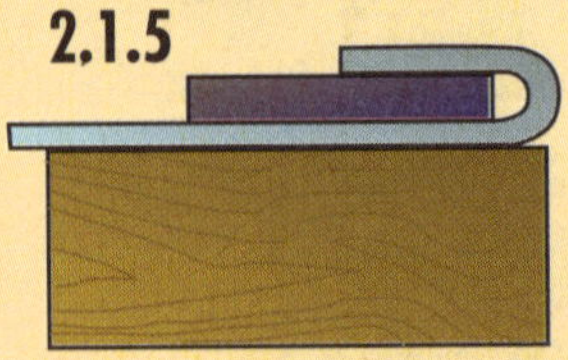

2.1.6

2.2 Umformen durch Treiben: *Mit vielen gezielten Hammerschlägen läßt sich ein Blech zu einem Hohlkörper umformen*

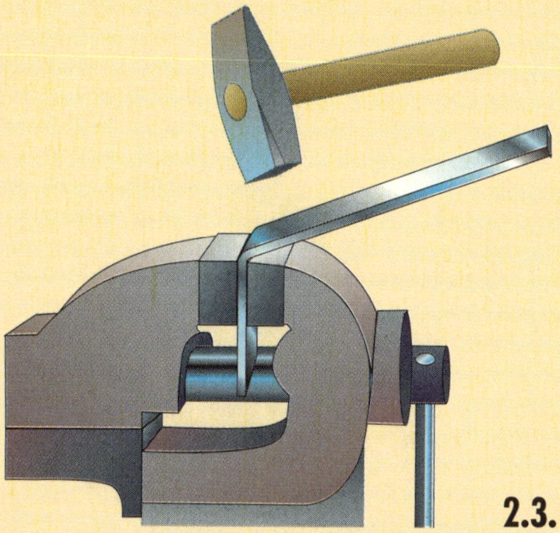

2.3.1

Flacheisen biegen: *Biegen Sie das Flachprofil so weit es geht mit der Hand vor. Halten Sie es mit einer Hand weiter auf Zug, während Sie es mit dem Hammer umschlagen*

Flachprofile rundschlagen: *Flachstähle lassen sich auch durch kräftige Hammerschläge kreisförmig biegen. Man schlägt dabei zwischen die abgerundeten Kanten dieses U-förmigen Aufsatzes*

Holz-Biegeschablone: *Beim Schablonenbau muß berücksichtigt werden, daß kalt gebogenes Material zurückfedert. Dies gleicht man durch einen engeren Schablonenradius aus*

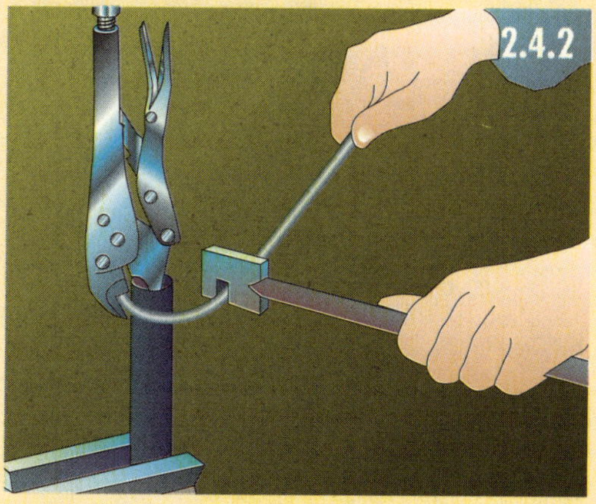

Auch das zieht Kreise: *Eine kleinere Öse läßt sich gut um ein passendes Rohr herumziehen. Das abgebildete Hilfswerkzeug eignet sich auch sehr gut zum Biegen von Flachprofilen*

Werkstücke von außen nach innen abkanten

an einem Werkstück mehrere Falze erforderlich sind, sollten Sie immer mit den äußeren beginnen. Sonst gerät man leicht in die Situation, daß man das Werkstück z. B. zum Bördeln der Kanten nicht mehr richtig in den Schraubstock einspannen kann.

Bleche lassen sich auch zu Hohlkörpern hämmern

Ist beim Abkanten der direkte Kontakt von Hammer und Blech tunlichst zu vermeiden, so basiert das Treiben von Blechen auf genau diesem Vorgang. Durch viele gezielte Hammerschläge läßt sich nämlich aus einer Platte ein Hohlkörper formen. Man braucht dazu jedoch spezielle, kugelförmig gerundete Hämmer. Die Formgebung beruht auf zwei entscheidenden Arbeitsprinzipien: Beim „Aufziehen" staucht man das Metall durch Faltenschlagen zusammen, um es anschließend beim „Knaufen" durch viele Hammerschläge wieder zu seiner neuen Form zu glattzuziehen. Um Messing- oder Kupferbleche so zu bearbeiten, müssen sie vor jedem Arbeitsgang ausgeglüht werden (s. Kapitel 3).

Flachprofile im Schraubstock biegen

Auch bei stärkeren Flachprofilen kommt man auf ‚kaltem Wege' in vielen Fällen zum Ziel. So können Sie z. B. Flach-Baustähle bis zu einem Querschnitt von 40 x 5 mm auf diese Weise problemlos abkanten (2.3.1). Zunächst biegt man das Werkstück so weit wie möglich mit den Händen vor. **So verhindert man, daß das Metall bei den ersten Hammerschlägen stark zurückspringt – was erhebliche Verletzungsgefahr in sich bergen würde.**
Flachstähle können mit dem Hammer nicht nur abgekantet, sondern auch rundgeschlagen werden, wie in Zeichnung 2.3.2 zu sehen ist. Durch gezielte Schläge, die man genau zwischen zwei abgerundete Auflagen setzt, lassen sich Flachprofile zu kreisförmigen Radien biegen. Man braucht dazu einen abgerundeten Hammer, dessen Gewicht auf das Material abgestimmt ist – und einiges an Kraft und Ausdauer.

Das Verformen mit Biegeschablonen

Flachprofile oder Rundstäbe lassen sich auch mit Hilfe von Schablonen in eine andere Form bringen. Beim Bau einer passenden Holzschablone, wie sie auf Bild 2.4.1 zu sehen ist, müssen Sie allerdings berücksichtigen, daß das Material zurückfedert. Dem begegnet man, indem man den Schablonenradius etwas enger wählt. **Für den Arbeitserfolg wie für Ihre Sicherkeit**

Sicherheit beim Arbeiten mit Schablonen

gleichermaßen wichtig ist es, daß das eine Ende des Werkstücks fest zwischen Lagerböcken eingeklemmt, besser noch verschraubt ist, damit es nicht verrutschen und damit Verletzungen verursachen kann.
Zum Herstellen enger Radien, z. B. für Zier-Ösen, eignen sich ein im Schraubstock eingespanntes Rohr als Schablone. Wichtig ist auch hier, daß das Werkstück fest fixiert ist, z. B. mit einer Klemmzange (Bild 2.4.2).
Vierkantstähle lassen sich gut verwinden und können damit auch auf kaltem Wege zu Zierstäben gedreht werden (2.5). Als Drehwerkzeug eignet sich ein Windeisen sehr gut. Sie können den Kraftaufwand beim Drehen durch eine größere Hebelwirkung verringern, wenn Sie rechts und links passende Rohre auf das Windeisen stecken.

Entspannte Kupferrohre lassen sich leicht biegen

Kupferrohre für den Sanitärbereich lassen sich leicht verbiegen, wenn sie ausgeglüht sind. Bei Ware von der Rolle ist das meist der Fall. Achten Sie bei Kauf auf die Angabe „weich", „mittel" oder „hart". Da dünnere Rohre beim Biegen dazu neigen, an der Innenseite einzuknicken, fängt man die auftretenden Kräfte mit einer Biegefeder ab. Diese Spiralen, die es für alle Standarddurchmesser gibt, werden von außen über das Rohr geschoben. Sie hindern es daran, in engen Kurven ihren Querschnitt zu verändern. Den gleichen Effekt erzielt man mit einer Rohrfüllung aus feinem, verdichteten Sand. Allerdings darf er während des Biegens nicht herausrieseln.

3. Metall entspannen

Einige Metalle wie Kupfer und Messing lassen sich durch Ausglühen und anschließendes „Abschrecken" mit kaltem Wasser entspannen. Das setzt die Materialspannung herab und vermindert die Steifigkeit. Was den Effekt hat, daß das Metall kalt stärker gebogen werden kann, bevor es seine Riß-Grenze erreicht. Dieses Phänomen macht man sich auch beim Hämmern (Kap. 2) von Kupfer- oder Messingblechen zunutze. **Denken Sie beim Arbeiten mit der Lötlampe an die Sicherheit. Begrenzen Sie die Feuerstelle z. B. mit Ziegel- oder Schamottsteinen.**

Beim Erhitzen des Metalls Feuerstelle sichern

2.5

Vierkantstahl verdrehen: *Eingespannt in ein Windeisen, lassen sich Vierkantstähle auch zu dekorativen Zierstreben verdrehen*

2.6

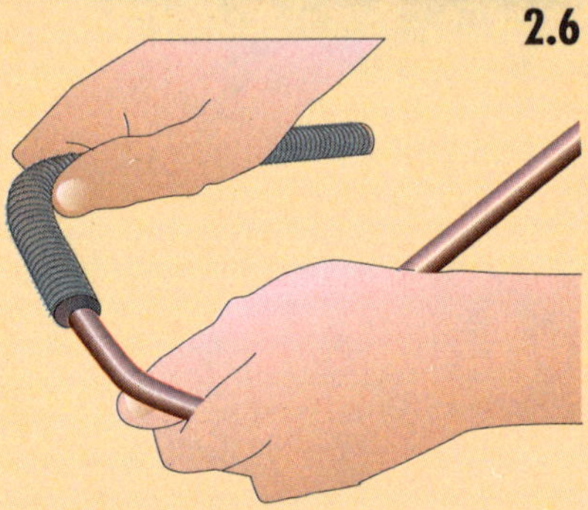

Kupferrohre biegen: *Spiralfedern, die auf das Rohr geschoben werden, dienen zum Ausgleich des Biegedrucks*

3.1

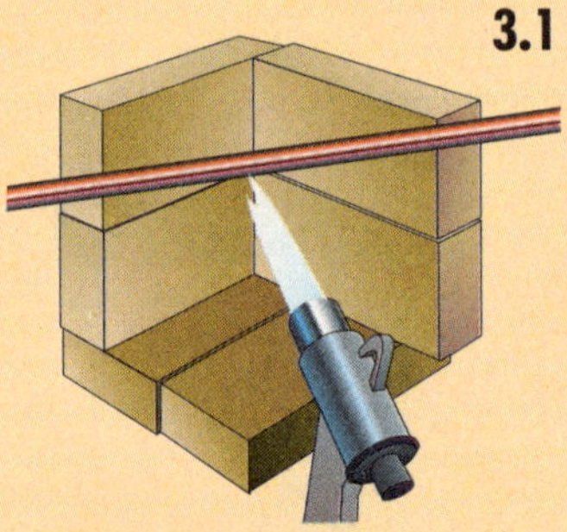

Metall erhitzen: *Das Material wird mit einer Lötlampe erhitzt, bis es dunkelrot glüht. Denken Sie an die Sicherung der Feuerstelle!*

3.2

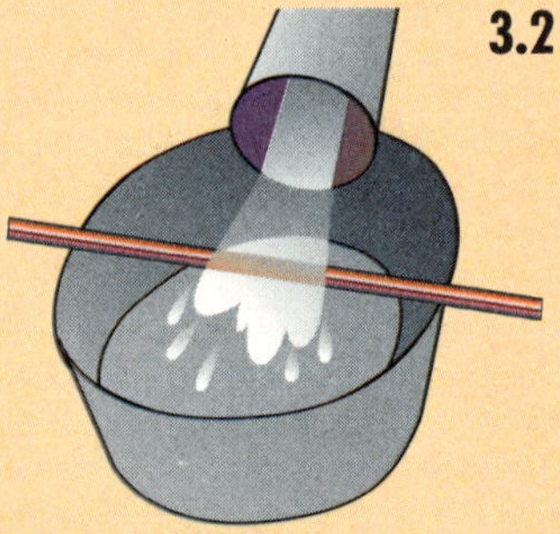

Kalt abschrecken: *Übergießen Sie das glühende Metall mehrmals mit kaltem Wasser z. B. über einer Zinkwanne. Besser ist Eintauchen*

4.1

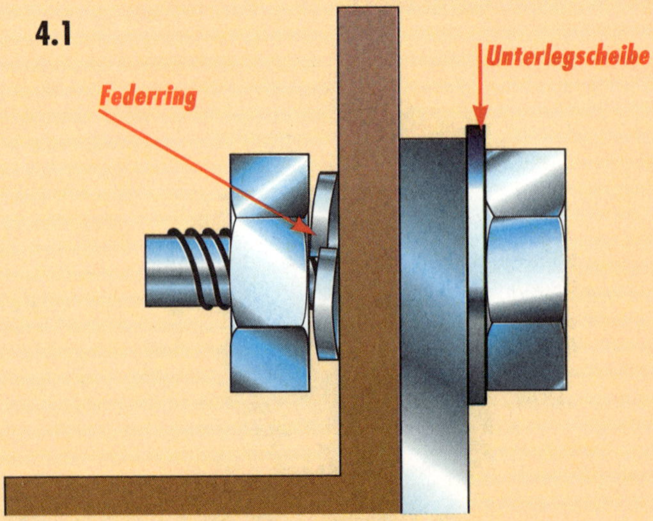

Verbindung mit Schraube und Mutter: *Die Schraubverbindung ist eine der gebräuchlichsten, wenn es darum geht, Metallwerkstücke lösbar miteinander zu verbinden*

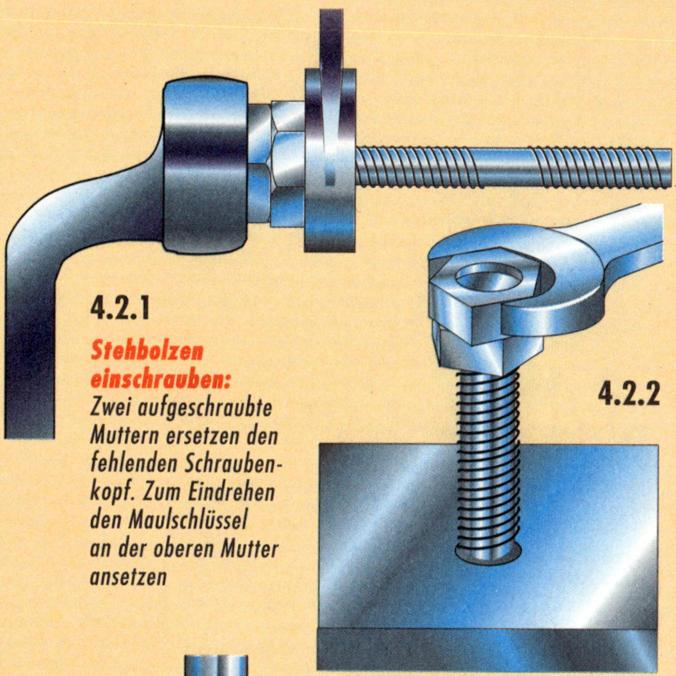

4.2.1

Stehbolzen einschrauben: *Zwei aufgeschraubte Muttern ersetzen den fehlenden Schraubenkopf. Zum Eindrehen den Maulschlüssel an der oberen Mutter ansetzen*

4.2.2

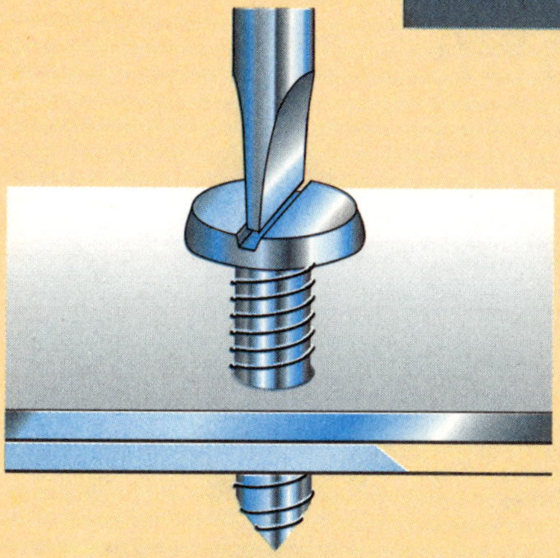

4.3

Blechschrauben: *Sie erfordern nur ein Kernloch. Dann schneiden sie sich von selbst durchs Blech. Sie brauchen keine Sicherung an der Rückseite*

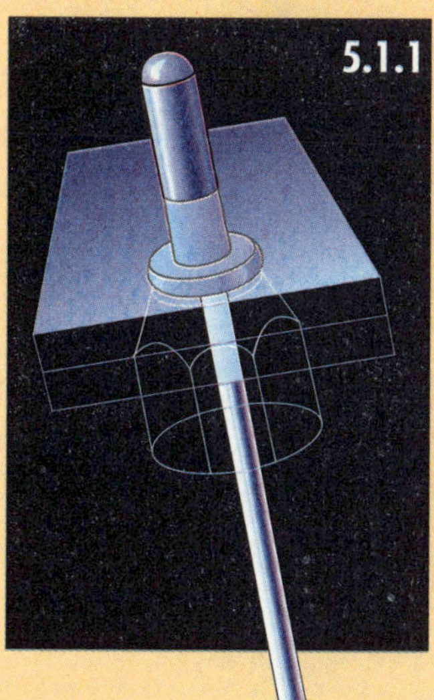

5.1.1

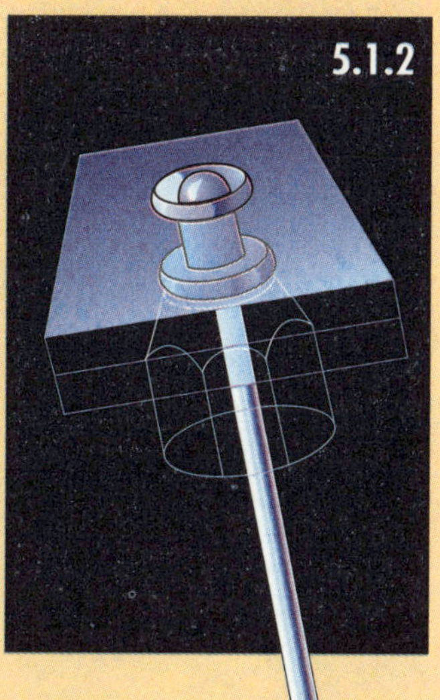

5.1.2

Funktionsprinzip von Blindnieten: *Die Niethülse durch das vorgebohrte Loch stecken und das Führungsstück der Nietzange über den Zugstift schieben. Beim Zusammendrücken der Zange quetscht der Nietstift das untere Ende der Hülse kugelförmig auf. Der Stift reißt dann ab*

4. Lösbare Metallverbindungen

Als lösbare Verbindungen bezeichnet man solche, die sich trennen lassen, ohne daß das Werkstück oder die Verbindung dabei zerstört werden. Gerade im häuslichen Bereich handelt es sich dabei im allgemeinen um geschraubte Verbindungen.

Wenn zwei Metallstücke durch Schraube und Mutter zusammengefügt werden sollen, ist – wie beim Holz – zunächst ein Loch zu bohren. Während dieses beim Holz in der Regel identisch ist mit dem Schraubendurchmesser, wählt man bei Metallen einen etwas größeren Bohrer, z. B. 8,5 mm für eine Schraube mit M8-Gewinde. Wie auf Bild 4.1 zu sehen ist, muß die Verbindung zusätzlich mit Unterlegscheibe und Federring gesichert werden. Alternativ können Sie auch selbstsichernde Muttern einsetzen.

Wenn der Schraubenkopf nicht über die Oberfläche des Werkstücks hinausragen soll, verwendet man Schrauben mit Senkköpfen, die in allen gängigen Größenmaßen erhältlich sind. Sie müssen das Bohrloch dann allerdings im gleichen Winkel ansenken (s. Grundwissen, Teil 1).

Wenn es darum geht, an einem massiven Werkstück ein weiteres Bauteil anzubringen, ist oft die Verwendung eines Stehbolzens erforderlich. Es handelt sich dabei um einen Metallbolzen mit beidseitigem Gewinde. Um ihn mit einem Schraubenschlüssel in ein Gewinde drehen zu können, muß man zwei Muttern kontern (Bilder 4.2.1 und 4.2.2). Das Gewinde-Sackloch sollte übrigens tiefer sein als das Gewinde des Stehbolzens lang ist.

Eine oft genutzte Variante der geschraubten Verbindungen ist die Blechschraube. Sie hat Ähnlichkeit mit einer Holzschraube und braucht keine Mutter an ihrer Rückseite, weil sie durch die Federwirkung des Blechs gehalten wird. Allerdings muß die Schraube das zweite Blech, das nicht dicker als 2,5 mm sein darf, durchdringen **(Stellen Sie sicher, daß die Spitze keine Verletzungen verursachen kann!)**. Zum Eindrehen müssen Sie ein Loch mit dem Kernlochdurchmesser der Schraube vorbohren. Ihr Gewinde schneidet sich die Blechschraube dann selbst.

Die Schraubverbindung ist die gebräuchlichste lösbare Verbindung

Schraube und Mutter bilden eine stabile Verbindung

Stehbolzen werden mit gekonterten Muttern eingeschraubt

Blechschrauben brauchen keine Sicherung an der Rückseite

Der klassische Niet wird nur noch selten eingesetzt

Blindnieten sind ideal für Hohlraumbefestigungen

Die Klebeflächen müssen absolut sauber sein

Klebeverbindungen eignen sich nicht für jede Beanspruchung

5. Unlösbare Metallverbindungen

Zu den unlösbaren Metallverbindungen zählen Nieten, Kleben, Schweißen und Löten. Die beiden letztgenannten Techniken werden auf den Seiten 122 bis 125 (Schutzgas-Schweißen) und 127 bis 132 (Löten) behandelt.

Der klassische Niet, der sehr feste Verbindungen herstellt, wird heute meist nur aus optischen Gründen eingesetzt. Alternativ kann man auch Schraube und Hutmutter verwenden. Der Niet hat den Nachteil, daß die Rückseite des Werkstücks zugänglich sein muß. Genau das ist bei Blindnieten, landläufig auch Poppnieten genannt, nicht der Fall. Sie sind zwar nicht so haltbar wie Niete, eignen sich aber hervorragend für Hohlraumbefestigungen von Blechen. Die Arbeitstechnik ist denkbar einfach: Der Blindniet wird durch die zu nietenden Bleche hindurch in ein vorher gebohrtes Loch gesteckt und sein Stift in die Nietzange geschoben. Beim Drücken der Zange „pilzt" sich der Niet an der Rückseite auf und der Stift bricht ab. Blindniet-Verbindungen lassen sich auch problemlos wieder aufbohren. Allerdings wird der Niet dadurch unbrauchbar.

Prinzipiell lassen sich Metalle auch mit Klebern zusammenfügen. Wie lange solch eine Verbindung hält, hängt entscheidend von einer optimal vorbereiteten Kontaktfläche und der Art der Klebenaht-Beanspruchung (Bilder 5.2.1 bis 5.2.4) ab. Die Klebeflächen müssen absolut rost-, öl- und fettfrei sein. Zusätzlich empfiehlt sich ein Anschleifen mit 60er oder 80er Schleifpapier. Metallkleber gibt es auf Ein- und Zweikomponentenbasis. Erstere, unter die auch Kontaktkleber fallen, sind oft dauerelastisch und haben die Neigung zu schrumpfen. Sie eignen sich vor allem auf großen Kontaktflächen bei weniger hohen Belastungen. Mit Zweikomponentenkleber erzielt man zum Teil sehr gute Ergebnisse. Bei Aluminium z. B. mit einem Zweikomponentenkleber auf Vinylharz- oder Epoxidharzbasis. **Achten Sie aber beim Arbeiten mit Klebern auf gute Durchlüftung der Räume. Und tragen Sie Gummihandschuhe!** □

Kerb-Beanspruchung: *Wo Kerb-Beanspruchungen auf eine Metallverbindung ausgeübt werden, sollte man auf eine Klebebefestigung verzichten, weil sie nicht dauerhalt haltbar ist*

Schäl-Beanspruchung: *Auch bei Schäl-Beanspruchung sind Klebeverbindungen nicht geeignet, um die Metallteile dauerhaft zusammenzufügen. Weichen Sie auf andere Verbindungstechniken aus!*

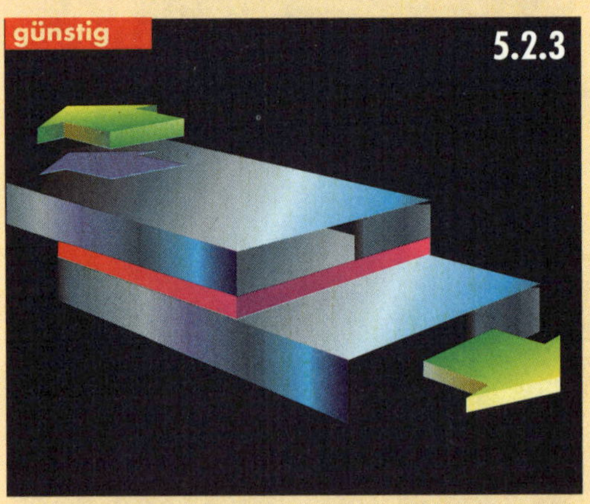

Zug-Scher-Beanspruchung: *Klebeverbindungen, auf die Zug-Scher-Beanspruchungen einwirken, können auch langfristig haltbar sein*

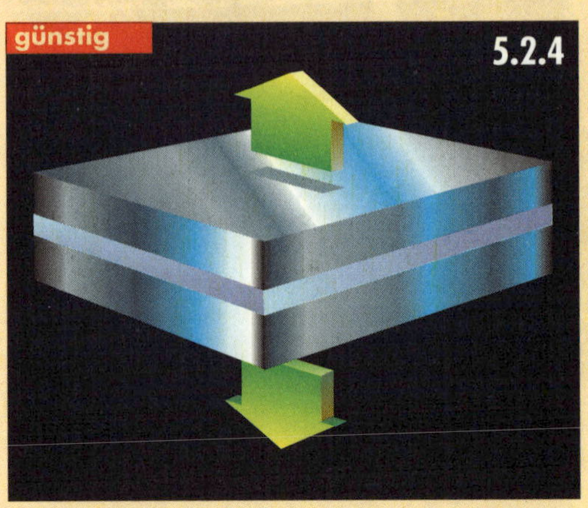

Zug-Beanspruchung: *Auch diese Art der Beanspruchung bietet günstige Voraussetzung für eine haltbare Klebeverbindung zwischen Metallteilen*

Heimwerker-Lexikon

Fliesenfeilen bis Fummelbrett

Fliesenfeilen Mit Hilfe der F., die meist hartmetallbestückt sind, lassen sich scharfe Kanten an Fliesen entgraten.

Fliesenhammer Handwerkzeug zum Herstellen von Aussparungen und Ausschnitten durch Beschlagen von Fliesen.

Fliesenkreuze kreuzförmige Kunststoffteile, die in die Schnittstellen von horizontaler und vertikaler Fliesenfuge gesetzt werden, um eine gleichmäßige Fugenbreite und Ausrichtung zu erhalten. Meist nur bei Wandfliesen eingesetzt.

Fliesenleger-Ecken Zwei mit einer Gummischnur verbundene Metallecken, die man an die erste und letzte Fliese einer Reihe klemmt. Die Schnur gibt die Flucht der Reihe vor.

Fliesenlochapparat Werkzeug für Fliesen, bei dem eine Spannbacke einen kreisrunden Ausschnitt zum Herausschlagen eines Fliesenstückes hat. Durch das Einspannen werden Sprünge in der Fliese vermieden.

Fliesenlochschneider Bohrmaschinen-Vorsatz zum kreisrunden Bohren in Fliesen.

Fliesenlochzange auch Papageienschnabel genannt. Zum Herausbrechen kreisrund angeritzter Fliesenaussparungen.

Fliesenmeißel ist um 15° gekröpft und wird mit SDS-Plus-Einsteckende für Elektro- und Bohrhämmer angeboten. Der F. eignet sich sehr gut für das Abschlagen alter Fliesen. Die Kröpfung erleichtert es, mit der Meißelfläche unter die Fliesen zu stoßen.

Fliesenmörtel Gemisch aus Zement, Sand (1:4 bis 1:6 Raumteile) und Wasser für das Verlegen von Fliesen im Dickbettverfahren. Der Sand (maximal 4 mm Korngröße) darf keine Verunreinigungen enthalten.

Fliesenrastermaß Achsmaß der Fliesenfugen oder Fliesenmitten zueinander. Wichtig, um Anschlüsse von Sanitärinstallationen sauber in den Fugen oder Plattenmitten zu verlegen.

Fliesenraster Verlauf- und Verlegeschema beim Fliesen unter Berücksichtigung des Verschnitts.

Fliesensägebogen Handsäge, die aus einem Bogen und einem speziell hierfür geeigneten Sägeblatt besteht.

Fliesenschneidemaschine Gerät zum Schneiden von Fliesen. Das Schneidrad aus Wolframkarbid wird mit einem Hebel angedrückt und dann mit leichtem Druck über die Fliese gezogen, um die Glasur anzuritzen.

Fliesenspiegel Die Oberkante der obersten Fliesenreihe. Um kleine Räume durch das Fugenraster nicht optisch zu verkleinern, fliest man die Wände oft nur bis zur Höhe von zwei Metern. Das ist auch die Einbauhöhe der Türzargen, so daß sich eine gerade, ruhige Linie mit dem Fliesenspiegel ergibt.

Fließbettmörtel Fließfähiger, geschmeidiger Pulverkleber für eine weitestgehend hohlraumfreie Einbettung der Fliesen. Im Außenbereich kann F. das Buttering-Floating-Verfahren ersetzen.

Fließspachtel Selbstverlaufende, zähflüssige Spachtelklebemasse zum Ausgleich von Bodenunebenheiten.

Formschluß Beim F. werden die Lasten über die Anpassung der Dübelgeometrie an die Form des Untergrundes bzw. des Bohrloches eingeleitet. F. ist das Wirkprinzip der Hinterschnitt- und Injections-Anker. Das Bohrloch wird mit Hilfe eines speziellen Bohrers in der Tiefe erweitert. Der Dübel füllt diese Erweiterung aus und überträgt die Last durch Verzahnung im Ankergrund.

Forstnerbohrer Flächenbohrer mit kleiner Zentrierspitze, Peripherieschneide und zwei Flächenschneiden. Einsatzgebiet: Bohren von maßgenauen, ausriß- und splitterfreien Bohrungen in Massiv- und Natur-, vergüteten und furnierten Hölzern sowie Plattenwerkstoffen.

Fräsen ist das Spanen mit geometrisch bestimmter Schneide, die man zur Herstellung von ebenen und gekrümmten Flächen, Nuten, Profilen verwendet. Beim F. führt das ein- oder mehrschneidige Fräswerkzeug die kreisförmige Schnittbewegung aus. Gefräst werden kann jedes zerspanbare Material. Im Heimwerkerbereich ist jedoch das Fräsen von Holz eines der wichtigsten Einsatzgebiete. Hier kann das Fräsen zum Herstellen von Holzverbindungen, zum Anfräsen von Profilen und zum Ausfräsen von Holz eingesetzt werden. Bei den Geräten unterscheidet man Tisch-, Ober-, Zinken-, Ketten- und Kantenfräsmaschinen.

Fräsertypen Es gibt eine Vielzahl unterschiedlicher Fräsereinsätze für die Oberfräse. Für optimale Fräsarbeiten ist es erforderlich, daß die Fräserauswahl dem Material des Werkstücks angepaßt ist. Das Spektrum reicht von Nuten-, Kanten- und Profilfräsen bis zum Langloch- und Kopierfräsen.

Fräskorb ist das Unterteil einer Oberfräse. Hierzu gehören die Tiefeneinstellung, der Anschlag, die Halterung des Motors der Maschine etc. Je nach Maschinentyp ist der F. austauschbar oder fest verankert.

Fuchsschwanz Eine Säge, die als Elektrowerkzeug sowie ohne Elektroantrieb bekannt ist. Der F. besitzt keine Rückenverstärkung. In seiner Funktion ist der elektrische F. der Stichsäge sehr ähnlich. Er ist für grobe Arbeiten bestens geeignet. Einsatzgebiet: Universelle Anwendung in der Holz- und Holzwerkstoffbearbeitung. Er sägt dicke Äste, Bretter, Bohlen, Kanthölzer und Balken mühelos, erlaubt bei Holz schnelle, gerade oder Kurvenschnitte. Der F. eignet sich, bei Verwendung des entsprechenden Sägeblatts, ebenso für Porenbeton, Gipskarton, Kunststoffe, Weichstahl, Aluminium etc.

Fugen Allgem.: Offener Stoß zwischen zwei Bauelementen, der meist mit einer Fugenmasse verfüllt wird. Oft kritischer Punkt, wenn es um absolut dichte Beläge geht. F. können mit F.masse verfugt, mit elastischen Dichtmassen ausgespritzt oder mit Schaumstoffbändern abgedichtet werden.

Fugen im Fliesenbelag werden mit Fugenmörtel gefüllt. Er wird in Fugenweiß, -grau und -bunt angeboten. Grundlage dieser Fugenfüller ist Weißzement. Bei farbigen Fugenfüllern ist darauf zu achten, daß immer das gleiche Mischungsverhältnis (Wasser zu Zement) angerührt wird. Es kann sonst zu leichten Farbunterschieden kommen. Übergänge zu anderen Bodenbelägen, Wandabschlüssen oder Fliesenfugen an Innenecken sind dauerelastisch mit Silikon zu verfugen.

Fugenabstand ist abhängig von der Größe der Fliesen. Bei kleineren, feinkeramischen Wandfliesen ca. 2 bis 3 mm. Bei Fliesenseitenlängen über 150 mm kann die Fugenbreite bis zu 8 mm betragen. Bodenfliesen werden meist mit einem etwas größeren Abstand gelegt als Wandfliesen. Für gleiche Fugenbreiten sorgen Fliesenkreuze, schmale Holz- oder Kunststoffleisten oder -späne.

Fugenfüller Spachtelmasse zum Glätten der Stoßfugen von Gipsplatten-Beplankungen. Je nach Produkt ist das Einlegen eines Glasfaserbewehrungsstreifens erforderlich.

Fugengummi Handwerkszeug, mit dem der Mörtel in die Fugen eingedrückt wird.

Fugenkelle Schmale, längliche Kelle zum Einbringen des Mörtels in Mauerwerksfugen.

Fühlerlehren sind Werkzeuge, mit denen sich die Breite einer Öffnung oder eines Spalts, wie beispielsweise der Elektroden-Bügelabstand bei Zündkerzen, exakt bestimmen läßt. F. besitzen eine Anzahl von Stahlblättchen mit unterschiedlichen Dicken. Der Größenabstand zwischen zwei Blättchen beträgt je nach Ausführung der Fühlerlehre zwischen 1/100 mm und 1 mm.

Fummelbrett ein Putzreibebrett mit abgeschrägter Vorderkante, durch die es sehr gut für Ecken geeignet ist. Es wird aber auch zum Glätten verputzter Flächen verwendet.

Bitte lesen Sie weiter auf Seite 126

Schutzgas-Schweißen

PRAXIS

Da Spezialwerkzeug und Schutzausrüstung erforderlich sind, scheuen Heimwerker vor der Metallverarbeitung zurück. Dabei ist der Rohstoff Metall unübertroffen preiswert

1. Vorbereitung

Was ist Schweißen?

Schweißgeräte für Heimwerker arbeiten mit einem Lichtbogen als Hitzequelle, mit dessen Hilfe gleichartige Metalle unlösbar in der Schweißstelle verbunden werden. Das Zusammenfügen erfolgt im geschmolzenen Zustand der Schweißstelle, dabei wird ein Schweißzusatzwerkstoff zugeführt. Beim Elektrodenschweißen ist dies der Kern der ummantelten Elektrode. Die Ummantelung verdampft durch die entstehende Hitze und schützt die Schweißstelle vor dem Luftsauerstoff. Die gleiche Aufgabe übernimmt das Schutzgas beim MAG-Schweißen.

MAG-Schweißen

Hier wird der dünnere Schweißdraht von einer Rolle automatisch zugeführt und vom Schutzgas vollständig umspült. Zwar sind MAG-Schweißgeräte technisch aufwendiger und teurer als Elektroden-Geräte, dafür ist ihr Anwendungsspektrum deutlich größer, das Verfahren ist außerdem für Laien nach einiger Übung gut beherrschbar. Nähere Angaben

Arbeiten Sie nie ungeschützt: *Die Haut soll an allen Stellen bedeckt sein, Handschuhe sind ein Muß. Mit einem Schutzglas wird der Lichtbogen erst „ansehnlich"*

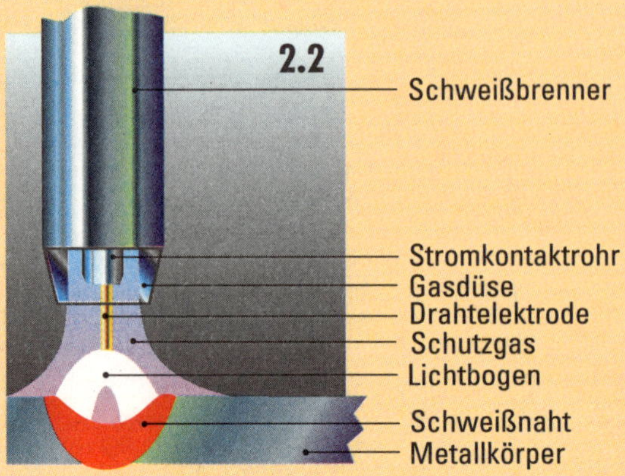

Schweißvorgang (MAG): *Die dünne Drahtelektrode wird von einem Motor aus der Düse gefördert und ist von **M**etall-**A**ktiv-**G**as (MAG) umgeben. Es besteht meist aus Argon und Kohlendioxid*

3.1

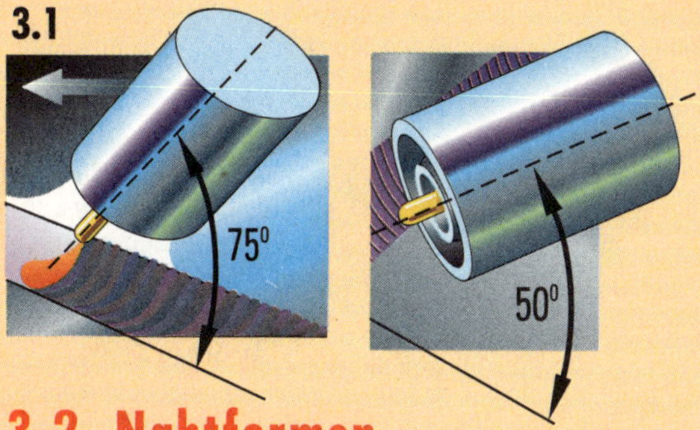

Führung des Brenners: Die Düse sollte leicht geneigt über der Schweißnaht geführt werden, in Ecken reduzieren Sie den Anstellwinkel

3.2 Nahtformen

I-Naht: *Dünne Bleche direkt aneinanderlegen, ab 2 mm Dicke sollte der Spalt „b" etwa die halbe Materialstärke breit sein. Materialien, dicker als 4 mm sind, auch von der Rückseite verschweißen*

V-Naht: *Die Materialflanken (ab 4 mm) werden vor dem Schweißen abgeflacht, dadurch kann das Metall leichter erhitzt werden*

Y-Naht: *Dickeres Metall (ab ca. 10 mm) wird so besser schweißbar, eventuell sollte in mehreren Lagen – und beidseitig – gearbeitet werden*

Doppel-V-Naht: *Sehr dickes Material (ab 12 mm) sollte beidseitig angeschliffen und – eventuell mehrlagig – geschweißt werden. Dafür müssen Sie jedoch ein sehr starkes Schweißgerät einsetzen (ab 250 A)*

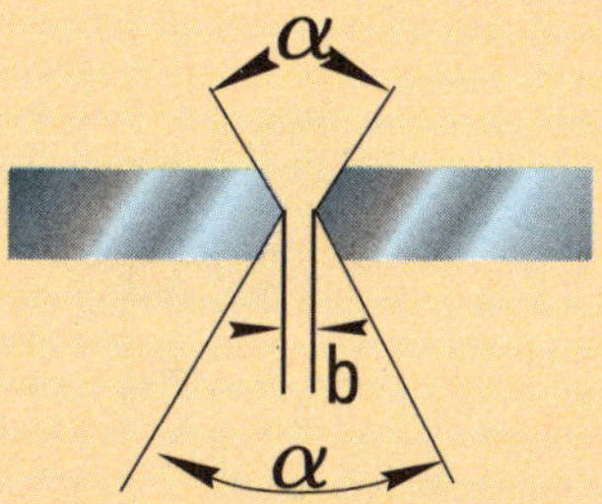

3.3

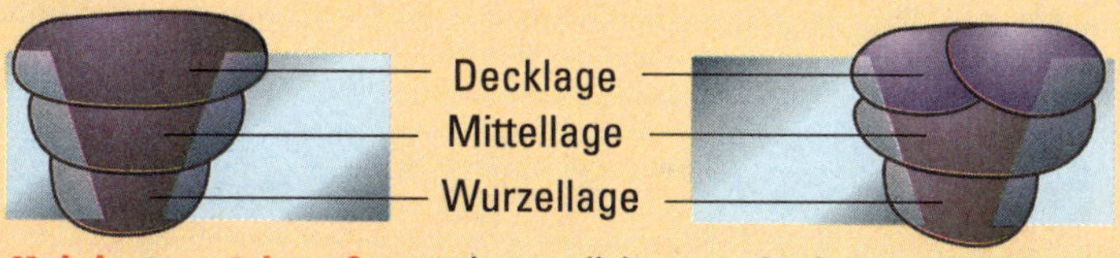

Mehrlagiges Schweißen: Dicke Metallplatten verbinden Sie mit mehreren Schweißnähten, die versetzt übereinander angeordnet werden. Mit dieser Technik kommen Sie auch mit etwas schwächeren Geräten zum Ziel

zu diesem Schweißverfahren finden Sie in einschlägiger Fachliteratur. Auch die Fachleute in etablierten Handwerker-Betrieben geben Ihnen sicher Auskunft.

Schweiß-Theorie in der ersten Folge

2. Arbeitsschutz

Haut bedecken

Bevor Sie mit der Arbeit beginnen, bedecken Sie alle Körperpartien zum Schutz vor der ultravioletten Strahlung des Lichtbogens („Sonnenbrand!") mit dickerem, lichtdichtem Stoff, ziehen Sie lederne Arbeitshandschuhe an und halten Sie ein Schweißer-Schutzschild mit dunklem Schutzglas (mindestens Schutzstufe 12) bereit. Betrachten Sie den Lichtbogen nur durch dieses Schutzglas, nie direkt! Vermeiden Sie, das von der Schweißstelle aufsteigende Rauchgas einzuatmen, und sorgen Sie für eine gute Durchlüftung des Arbeitsraums.

Schutzglas

3. Anpassung der Schweißtemperatur

Zuerst auf Reststücken probieren

Vor Zusammenfügen der ersten Metall-Konstruktion sollten Sie mit Reststücken die richtige Haltung der Schweißpistole (3.1) und verschiedene Einstellungen des Geräts ausprobieren. Es kommt ganz wesentlich darauf an, daß die Flanken der zusammenzufügenden Materialkanten angeschmolzen werden und sich dabei mit dem Zusatzmaterial aus dem Schweißdraht verbinden – findet diese Verbindung nur unzureichend statt, spricht man von sogenannten „Flankenbindefehlern". Die Schweißstelle sieht in diesem Fall zwar ganz passabel aus, reißt jedoch schon bei relativ kleiner Belastung entlang der Naht ab. Flankenbindefehler sind die Folge, wenn die Schweißstelle nicht ausreichend erwärmt wurde. Ist die Hitze dagegen zu groß, kommt es zum „Durchbrennen", also zu Löchern im Material.

Flankenbindefehler

Prüfen Sie Ihre Probe-Schweißnaht, indem Sie die Verbindung mit einem Hammer auseinanderschlagen. Wird dabei eher das Material verbogen als die Naht gelöst, so ist die Naht ausreichend tragfähig.

„Hammer-Test"

4. Hilfsbleche

Wärmeableitung

Kupfer unterlegen

Es gibt ein paar Tips, die die Arbeit vereinfachen können und mit denen man erreicht, daß man auch mit wenig Übung zu ansehnlichen Ergebnissen kommt. So verhindert man das Durchbrennen dünnerer Bleche, indem man ein gut wärmeleitendes Metall (z. B. Kupfer) unterlegt (4.2). Ein angelegtes Stück Kupfer verhindert auch, daß Endkrater entstehen, wenn das Ende einer Schweißnaht an einer Materialkante liegt – sonst fließt das flüssige Material aus der Schweißnaht heraus (4.3). Da Kupfer mit dem MAG-Schweißverfahren nicht schweißbar ist, kann es sich nicht ungewollt mit den zu schweißenden Teilen verbinden.

5. Werkstücke fixieren

Schweißteile in Zwangsposition festklemmen

Die Hitze des Lichtbogens führt dazu, daß sich das Metall während des Schweißvorgangs deutlich verziehen kann. Deshalb sollten Sie die zu verschweißenden Teile in ihrer Lage zueinander und auf dem Untergrund mit Schraubzwingen oder Grip-Zangen fixieren und die Teile zunächst mit einzelnen Schweißpunkten vorläufig aneinanderheften.

Verzug durch Abkühlen

Auch beim Erkalten der Schweißnaht kommt es zu Verzug des Materials. Zum einen zieht sich das erwärmte Metall beim Abkühlen wieder zusammen, außerdem schrumpft das Volumen der Schweißnaht selbst, so daß stumpf aneinandergeschweißte Metallteile später einen Winkel von bis zu 10° aufweisen können.

6. Verzug verringern

Verbindung mit Punkten fixieren

Es gibt mehrere Möglichkeiten, diesen Einfluß der Schweißhitze auszugleichen. So können Sie die Teile in einer Art „Überstreckung" zueinander mit einigen Grad Winkelposition schweißen, indem Sie in der Nähe der Schweißnaht an beiden Seiten dünne Hilfsleisten unterlegen. Besser – und stabiler – ist es, die Schweißnaht auf der einen Seite der Verbindung mit Punkten oder einer Gegenschweißnaht zu versehen (6.2).

Durchbrennen: *Dünne Bleche (hier mit einem Millimeter Stärke) werden schnell überhitzt und schmelzen dann großflächig auf. Als Folge entstehen selbst bei routinierten Schweißern Löcher in der Schweißnaht*

Kupfer gegen Durchbrennen: *Ein untergespanntes Blech aus Kupfer transportiert die überschüssige Wärme ab und sorgt so für eine glatte Naht (unten: Rückansicht)*

Werkstücke fixieren: *Schraubzwingen verbessern den Wärmetransport*

Vermeiden von „Kratern":

Saubere Anschlußstellen: *Am Nahtende läuft das flüssige Metall leicht aus der Nahtfuge – ein angelegtes Kupferstück vermeidet Krater*

Füllen von Fehlstellen: *Sollen Löcher oder Einschnitte gefüllt werden, verhindert ein Kupferblech das Durchschmelzen*

Winkel:

Fixieren mit Punkten: *Um den Verzug des Metalls in der Schweißhitze gering zu halten, größere Teile zunächst mit Schweißpunkten fixieren – danach erst die Nahtstellen linear verbinden*

Flachmaterial:

Verzug verringern: *Die auskühlende Schweißstelle zieht sich zusammen, die Verbindung „verzieht" sich. Abhilfe schafft zumindest teilweise eine Gegen-Naht (überstehendes Material können Sie später abschleifen)*

Eckverbindungen:

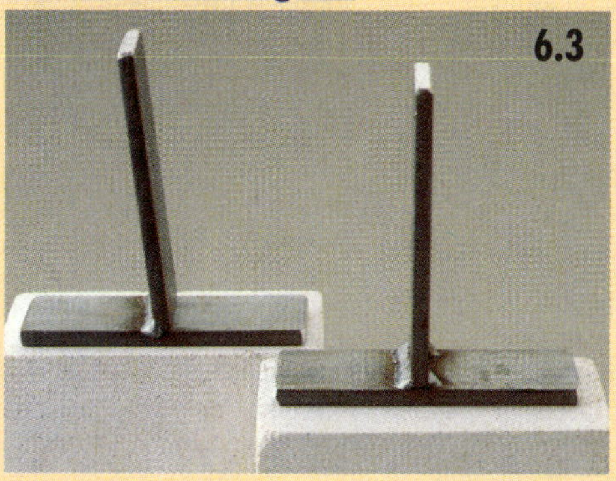

6.3

Verzug minimieren: *Bei Eckverbindungen wird der Verzug bei auskühlender Naht besonders deutlich (links). Setzen Sie auf der Gegenseite zumindest – am besten vorher – Punkte, um den Effekt zu verringern*

Dies gilt besonders für Eckverbindungen (6.3), denn hier fällt es ins Auge, wenn die Teile „schief" aneinandergeschweißt sind. Wenig hilft es hingegen, das Metall nur besonders fest einzuspannen – da die physikalische Verformung beim Abkühlen sehr stark ist, würde im Extremfall die Schweißnaht selbst reißen.

Planen Sie den Verzug mit ein

7. Extreme Dimensionen

Besonders dicke Bleche ab etwa 5 mm Stärke sollten Sie in mehreren Lagen und am besten von beiden Seiten schweißen. Schleifen Sie die Materialflanken talförmig an und schweißen Sie in der entstandenen Sohle zunächst die sogenannte Wurzellage. Weitere Schweißlagen ordnen Sie leicht versetzt zueinander darüber an, sodaß der Spalt zwischen den Metallteilen schließlich ganz ausgefüllt wird (7.1). Wollen Sie auch an der Rückseite eine Schweißnaht setzen, schleifen Sie die Materialkanten in Doppel-V-Form an (siehe Tabelle 3.2).

In Lagen schweißen

Bleche unter einem Millimeter Stärke lassen sich nicht mit einer durchgehenden Naht verbinden, da die Schweißhitze das Metall zwangsläufig großflächig aufschmilzt. Dünne Bleche werden daher mit Schweißpunkten verbunden, die danach mit dem Winkelschleifer (Schruppscheibe) verschlichtet werden können. □

Schweißpunkte

Dickes Material:

7.1

Lagen schweißen: *An diesem Probestück haben wir nur die Wuzellage fertig geschweißt, die Position der beiden versetzten Decklagen ist deutlich zu erkennen. Mit einem Hammer können Sie prüfen, ob Bindefehler bestehen*

Punkten:

7.2

Punkten: *Bleche, die dünner als einen Millimeter sind, können nur mit Schweißpunkten verbunden werden. Viele Schweißgeräte bieten für diesen Zweck eine Timer-Einrichtung, die exakt gleichmäßig große Punkte ermöglicht*

7.3

Punktdüse: *Mit zwei Nasen wird die (isolierte) Düse aufgesetzt – der Kontaktabstand bleibt gleich*

7.4

Punktverbindung: *Hier wurden die Schweißpunkte an den Rand des oberen Blechs gesetzt*

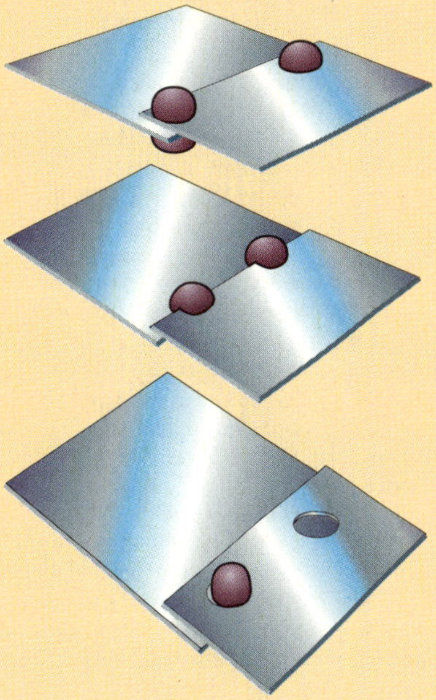

Formen von Punktverbindungen: *Sehr dünne Bleche können übereinandergelegt und auf der gedoppelten Fläche per Durchbrennen gepunktet werden (oben) – die Verbindung ist etwas weniger rostanfällig als das Punkten am Rand (Mitte). Dickere Blechte punktet man am besten durch Bohrungen, die im oberen Bech gebohrt werden – der Überstand der Punkte läßt sich dann gut abschleifen*

Heimwerker-Lexikon

Fungizides Silikon bis Gips

Fungizides Silikon Silikon-Dichtmasse mit pilzabtötenden (fungiziden) Substanzen, meist im Badbereich eingesetzt. Nach einigen Jahren verlieren die fungiziden Bestandteile aber ihre Wirkkraft.

Furnieren ist das Aufleimen eines Edelfurniers auf Blindholz. Als Blindholz können Furnier-, Tischler-, Span- und Faserplatten sowie Vollholz dienen. Beim Zurichten der Furniere ist zu beachten, daß die Faserrichtung des Deckfurniers beim Aufleimen auf Sperrholz immer quer zur Faserrichtung des Sperrfurniers verlaufen muß, beim Aufleimen auf Vollholz immer in gleicher Richtung wie die Fasern des Vollholzes.

Furnierplatten (auch ‚Sperrhölzer') gehören zu den Holzwerkstoffen. Sie werden gebildet durch kreuzweise übereinander verleimte Furnierschichten, deren Faserrichtung im rechten Winkel zueinander stehen. Da die Faserrichtung der beiden Deckfurnierplatten in die gleiche Richtung zeigen muß, ergibt sich immer eine ungerade Anzahl von F. Sehr dicke F. werden Multiplexplatten genannt. Tischlerplatten sind ebenso F.
Eigenschaften: F. haben eine höhere Festigkeit, Maßhaltigkeit und Formbeständigkeit als Vollholz. Der verwendete Leim wirkt sich negativ auf die Lebensdauer (Standzeit) der verwendeten Trenn- oder Schneidewerkzeuge aus.
Anwendung: Innen-F. werden wegen der geringen Schwindmaße für großflächige, meist nicht selbsttragende Teile im Möbel- und Innenausbau wie Rückwände, Füllungen und Schubkastenböden verwendet.

Furniersägen Kl. Sägen mit ovalem Blatt, das beidseitig fein gezahnt ist. Der Griff ist auf dem Blatt befestigt. F. benötigt man zum Sägen von Furnieren und anderen sehr dünnen Materialien (Holz). Man sollte sie immer längs einer Führung einsetzen, da das Freihandsägen mit F. sehr schwierig ist.

Gabelringschlüssel Kombination von Maul- und Ringschlüssel in einem Werkzeug mit derselben Schlüsselweite. Der G. wird eingesetzt zur Bearbeitung von Sechskantschrauben/-muttern; der Ringschlüssel bei gut zugänglichen, der Gabelschlüssel bei schwer erreichbaren Stellen.

Galvanisch verzinkt Elektrolytisch aufgebrachter Zinküberzug als Rostschutz. Die Zinkplatten dienen dabei als Anode und die zu verzinkenden Gegenstände als Kathode. Dies stellt einen ausreichenden Schutz gegen Korrosion in geschlossenen Räumen (z.B. Wohnungen) dar.

Gasbeton Veraltete Bezeichnung für ‚Porenbeton', Vollsteine mit porigem Gefüge.

Gauben Dachaufbauten, die den Einbau senkrechter Fenster ermöglichen.

Gebindegrößen Unter G. versteht man die unterschiedlichen Behältergrößen, in denen Farbe und Lack handelsüblich verkauft wird.

Gefälle Eingearbeitete Neigung des Bodenbelags, die in der Regel zwischen 1 und 2 % liegt, um den Oberflächenabfluß des Wassers zu einem Abwasserrohr oder einer Drainage hin zu gewährleisten. Der einzuarbeitende Höhenunterschied (1 bis 2 cm pro Meter) ist schon beim Untergrund zu berücksichtigen.

Gehörschutz Um bei Arbeiten in hohen Lärmkonzentrationen keine Gehörschädigung zu erlangen, werden unterschiedliche G.-Möglichkeiten angeboten. Man unterscheidet im wesentlichen nach 3 Arten: 1. Ohrenstöpsel aus Watte (werden in den Gehörgang eingedrückt); 2. Ohrenstöpsel aus Gummi (noch schalldichter als Wattestöpsel); 3. Ohrenschützer in Kopfhörerform (bestmöglicher Lärmschutz).

Gehrungsmaß ist ein fest fixierter Anschlagwinkel, der mit der Anschlagkante einen 90°-Winkel bildet.

Gehrungssäge ist ein Gerät, in das eine Rückensäge eingesetzt werden kann. Durch die exakte Führung der Säge können Bretter, Balken und Latten quer oder unter verschiedenen Winkeln abgelängt werden. Der Winkel ist durch Drehen der Säge schnell verstellbar. Da das Gestell zusätzlich eine Säulenführung für die Säge besitzt, werden auch tiefe Schnitte optimal parallel. Winkelschnitte sind ebenso mit einer Gehrungsschneidlade und einer Feinsäge möglich.

Gehrungsschneidlade In ihrer Grundfunktion ähnelt sie der Gehrungssäge, verfügt jedoch über keine Säge oder verstellbare Winkel. Es sind rechts und links nur 90°- und 45°-Winkel möglich. Durch das Einsetzen der Feinsäge in die vorgegebenen Winkelschnitte erhält man die für das Winkelsägen notwendige Führung im Material. Die G. wird in Kunststoff, Holz oder Aluminium angeboten.

Gehrungsschnitte eignen sich zur Herstellung sauberer Eckverbindungen. Hierbei sind die Stoßflächen der Eckteile zuzuschneiden. Bei einer rechtwinkligen Korpusecke beträgt der Gehrungswinkel jeweils 45° (entspricht der Hälfte des Gesamtwinkels). Bei verändertem Winkelmaß (z.B. 120°) ist der Winkel entsprechend zu verändern (um jeweils 60°). Zur Herstellung der G. eignen sich Handkreissägen, die auch stationär verwendbar sind. Der Vorteil dieser Verbindung ist, daß keine Stirnholzflächen sichtbar sind.

Gehrungszwingen halten auf Gehrung geschnittene Ecken beim Verleimen ideal zusammen, da sie sich von außen an die Ecken anlegen. Ein Verrutschen ist somit nicht mehr möglich. Auch hier gibt es unterschiedliche Ausführungen, die teilweise auch auf Sechseck ausbaubar sind.

Gewindebohrer ist ein Werkzeug, mit dem man in die Metallwandungen der vorgebohrten Löcher ein Gewinde zur Schraubenbefestigung schneiden kann. Man unterscheidet Gewindebohrer nach ihrer Größe und ihrer Art. Gute Gewindebohrer für den maschinellen und manuellen Einsatz bestehen aus 3 Teilen: Vor-, Mittel- und Fertigschneider. Billigere Ausführungen haben alle drei Schneider in einem Werkzeug vereint. Beim Gewindeschneiden ist ein Schneidöl zu verwenden, um die Standzeit des Werkzeuges zu erhöhen.

Gewindeschneider Das Anbringen eines Gewindes auf einem Rohr oder einem Stabmaterial nennt man Gewindeschneiden. Dies geschieht durch ein Schneideisen mit Halter. Wie beim Gewindebohrer geschieht das Schneiden des Gewindes in drei Phasen. Jedoch sind alle drei Schneideisen in einem Werkzeug integriert. Man unterscheidet sie jedoch im Gewindedurchmesser. Auch hier ist beim Schneiden des Gewindes ein Schneidöl zu verwenden, um die Standzeit des Werkzeugs zu erhöhen.
Es gibt Schneideisen in unterschiedlicher Größe, die in einem Schneideisenhalter befestigt werden.

Gewindeschneidwerkzeug Gewindeschneider und -bohrer stellen zusammen das G. dar. Auch Sortimentskästen sind erhältlich.

Gezapfte Verbindungen Im Möbelbau verwendet man oft die G. Sie wird als Eck- und als T-Verbindung mit Schlitz und Zapfen ausgeführt. Arbeitstechnik: Das Streichmaß auf ein Drittel der Holzdicke einstellen und Schlitz und Zapfen an den zu verbindenden Holzleisten anreißen. Dann eine Leiste so zurecht schneiden, daß nur noch der Zapfen stehenbleibt; die andere Leiste erhält nur den Schlitz. Anschließend werden Zapfen und Schlitz ineinandergesteckt und verleimt. Zapfen und Schlitze sind mit einer Säge bzw. Oberfräse zu fertigen. Bei der Herstellung des Schlitzteils mit einer Säge sind zusätzlich Stemmwerkzeuge erforderlich.

Gips Gips wird aus natürlichen Vorkommen und als Nebenprodukt aus der Rauchgasentschwefelung (REA-Gips) gewonnen. Verwendung als Bindemittel für Putze und Mörtel, als Spachtelmasse sowie in Gipskartonplatten. Gips ist wasserlöslich und unbedingt vor Feuchtigkeit zu schützen.

Bitte lesen Sie weiter auf Seite 137

Löten

So mancher versierte Heimwerker schreckt vor den ›heißen Verbindungen‹ zurück. Daher ist das Löten als Einstieg in diese Materie gut geeignet. Die Technik ist nicht schwierig – sorgfältige Vorbereitung des Werkstücks und richtiges Erwärmen vorausgesetzt. Lesen Sie, welche Grundregeln sonst noch wichtig sind, um das ›Spiel‹ mit dem Feuer zu beherrschen

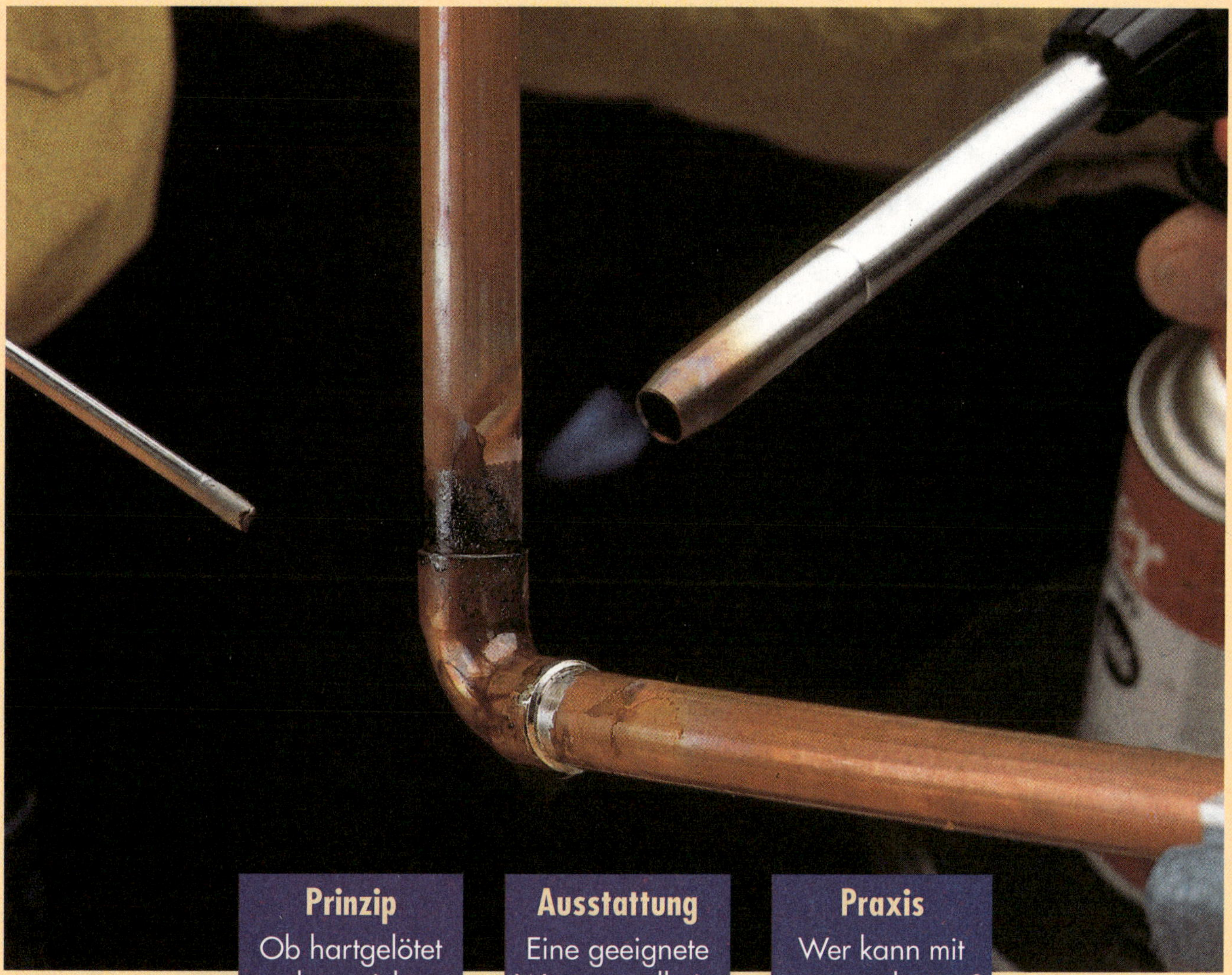

Prinzip
Ob hartgelötet oder weich – das Wirkungsprinzip ist immer gleich: Zwei Metalle verbinden sich durch Zugabe eines dritten

Ausstattung
Eine geeignete Wärmequelle ist das A und O beim Löten. Preiswerte, leicht bedienbare Brenner erleichtern den Einstieg

Praxis
Wer kann mit wem am besten? Unterschiedliche Metallwerkstoffe haben auch verschiedene Vorlieben für Lote und Flußmittel

1. Das Wirkungsprinzip

Unterschied Schweißen/Löten

Beim Löten wie beim Schweißen werden metallische Werkstoffe unter Einwirkung von Hitze miteinander verbunden. Und doch passiert an den Fügezonen etwas grundsätzlich Unterschiedliches. Während beim Schweißvorgang die Werkstücke selbst bis in den flüssigen Bereich erwärmt werden und unlösbar miteinander verschmelzen, bleiben die Metalle beim Löten im festen Zustand. Sie werden durch ein hinzugefügtes drittes Metall, das geschmolzene Lot, verbunden, indem dieses in die feinsten Oberflächenporen der Werkstücke eindringt. Man spricht hier von einer Legierung (1.1).

Das Lot legiert mit den Metall-Werkstoffen

Das Lot kann die Kontaktflächen der Metalle aber nur dann vollflächig benetzen, wenn diese dicht genug beieinanderliegen. Der Lötspalt sollte nicht breiter sein als 0,2 mm. Nur dann entsteht die sogenannte kapillare Saugwirkung, die das flüssige Lot in den Spalt hineinzieht (1.2). Die kapillare Saugwirkung kennt man z. B. auch von Löschpapier oder Öldochten her, wo Tinte bzw. Öl durch diesen Effekt entgegen der Schwerkraft hochsteigt.

Das Lot fließt durch kapillare Saugwirkung

Nach dem beschriebenen Prinzip laufen sowohl das Hart- wie auch das Weichlöten ab. Der wesentliche Unterschied liegt in der Höhe der Arbeitstemperatur und – daraus resultierend – in der Festigkeit der Verbindung: Beim Weichlöten verwendet man Lote, die in einem Temperaturbereich zwischen 200 und 450 °C schmelzen. Damit lassen sich zwar feste und dichte, aber nicht sehr belastbare Verbindungen herstellen. Für höher beanspruchte Nähte empfiehlt sich das Hartlöten. Neben anderen Loten und Flußmitteln (s. Kap. 3) wird dazu vor allem eine Temperatur über 450 °C (meist zwischen 600 und 1100 °C) benötigt.

Weich- und Hartlöten

2. Die Ausstattung

Der Erfolg beim Löten hängt entscheidend davon ab, ob die Lötstelle ausreichend erwärmt wird. Und zwar in relativ kurzer Zeit, da z. B. Flußmittel bei zu langer Erwärmung (über 4 min.) ihre Wirksamkeit verlieren. Deshalb

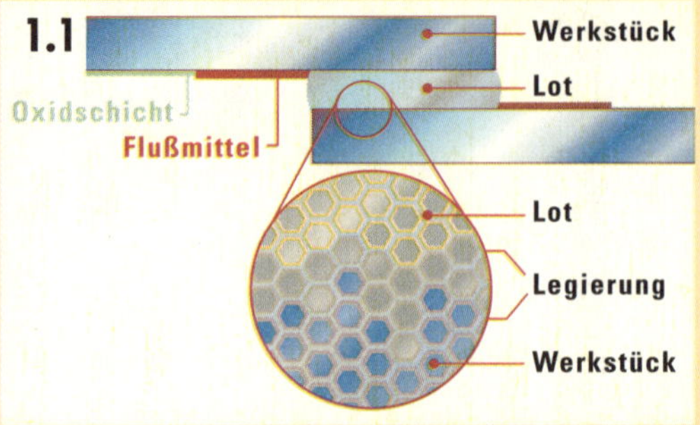

Verbindungsprinzip: Das geschmolzene Lot füllt den Spalt zwischen den Bauteilen und legiert in den Randzonen mit den festen Werkstoffen (s. Vergrößerung)

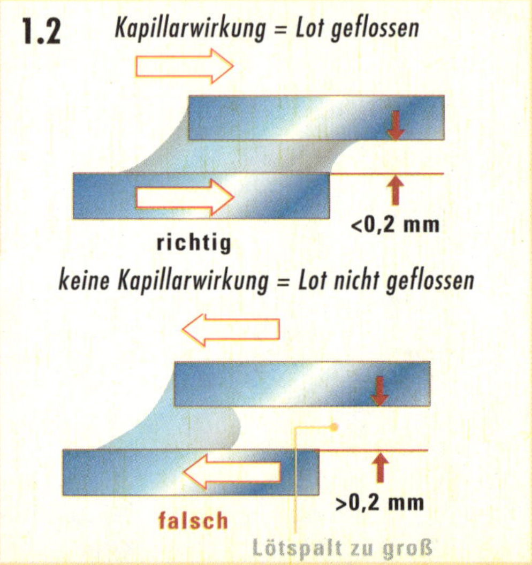

Kapillare Saugwirkung: Das flüssige Lot wird durch den sog. kapillaren Fülldruck zwischen die Werkstoffe gezogen. Das funktioniert aber nur, wenn der Spalt nicht breiter ist als ca. 0,2 mm (Bild oben). Ist er zu groß, kann das Lot nicht fließen (Bild unten)

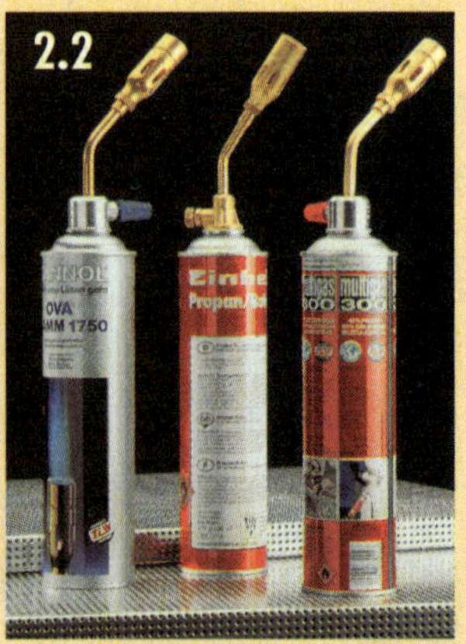

Energie aus der Flasche: Die Mini-Gaslöter (2.1) gibt's als Lötkolben (links) und als Lötlampe mit offener Flamme (rechts). Unkompliziert: die Einwegflaschen mit Butan/Propan-Gasgemisch (2.2)

Universell: Diese Lötlampen beziehen die Energie aus Einweg-Kartuschen, die mit Butangas gefüllt sind. Oben rechts im Bild: ein Lötaufsatz mit Piezo-Element, das auf Knopfdruck die Flamme zündet

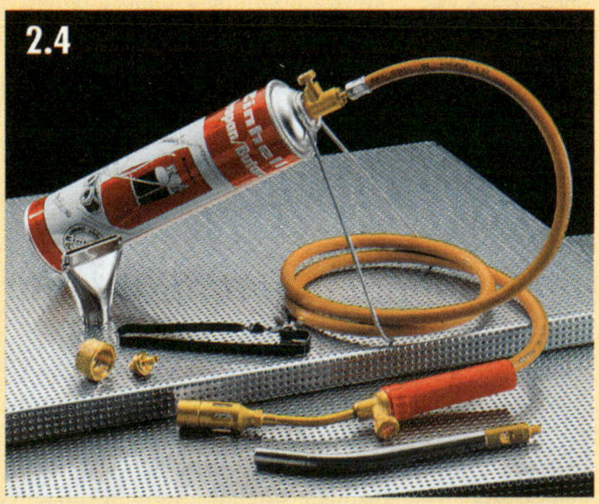

Variabel: *Eine Schlauchgarnitur ermöglicht das Arbeiten mit abwärts gerichter Flamme. Sie läßt sich an Einweg-Behälter ebenso anschließen wie an nachfüllbare Campinggas-Stahlflaschen*

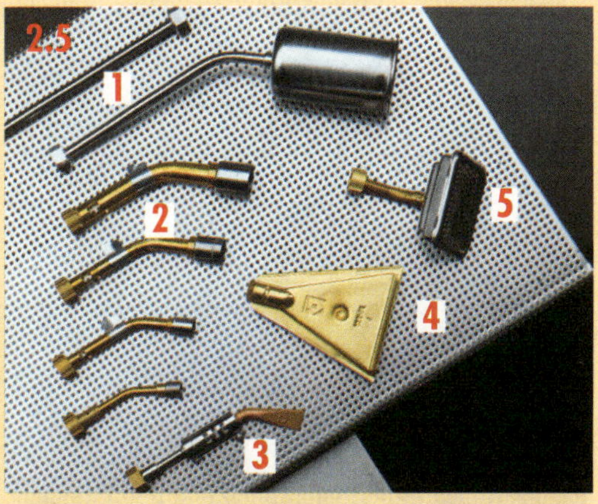

Gasbrenner-Vorsätze: ***1*** *60-mm-Brenner mit Verlängerung,* ***2*** *Brennersatz für unterschiedlich starke Flammen,* ***3*** *Lötkolben-Vorsatz,* ***4*** *Flachbrenner z. B. zum Lackentfernen,* ***5*** *Glühbrenner*

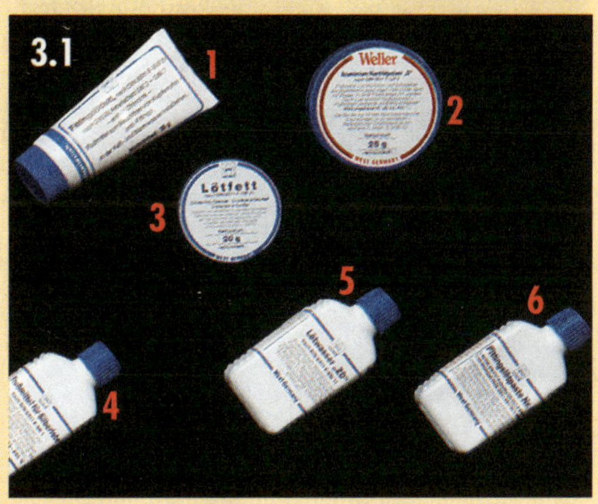

Flußmittel: ***1*** *zum Weichlöten von Kupferrohren,* ***2*** *Alu-Hartlötpulver,* ***3*** *Lötfett,* ***4*** *Hartlotflußmittel (unter 800 °C),* ***5*** *Lötwasser zum Weichlöten verzinkten Stahlblechs,* ***6*** *Lötpaste*

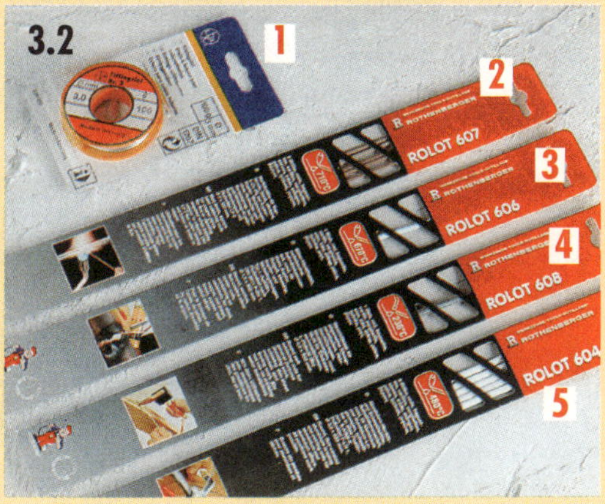

Verschiedene Lötstäbe: ***1*** *Fittingslot für Kupferrohre,* ***2*** *Kupfer-Hartlot,* ***3*** *flußmittelummanteltes Silber-Hartlot,* ***4*** *Zinnlot,* ***5*** *Aluminium-Hartlötstäbe, flußmittelummantelt*

Elektro- und Gaslötkolben

sollten Sie sich vor dem Kauf einer Ausstattung überlegen, welche Lötarbeiten bei Ihnen anstehen könnten. Der elektrische Lötkolben ist das klassische Einsteigergerät und ideal für Lötungen an Elektro- oder Elektronikbauteilen – auf die wir hier allerdings nicht im Detail eingehen. Alternative hierzu sind die kleinen Minigaslöter mit Lötkolbenvorsatz (2.1). Sie können wie Feuerzeuge nachgetankt werden und machen den Nutzer unabhängig vom Stromnetz. Die Wärme wird nicht durch eine Flamme, sondern durch Andrücken des Kolbens übertragen. Allerdings sind mit diesen Geräten nur Temperaturen bis etwa 400 °C zu erreichen.

Universell: Brenner mit Einweg-Gasbehältern

Universell für Weich- und Hartlötungen einsetzbar sind Brenner, die einfach auf Einweg-Behältnisse gesetzt werden. Hier stehen als Brennstoffbehälter einmal die als Camping-Zubehör bekannten Butan-Kartuschen (2.3) zur Wahl, zum anderen Einweg-Flaschen mit einem Butan-/Propan-Gasgemisch. (2.2). Wobei letztere über den Vorteil von Ventil und Schraubanschluß verfügen, so daß auch ‚Über-Kopf-Betrieb' möglich ist. Sowohl an Einweg-Flaschen wie an nachfüllbare Campinggas-Stahlflaschen anschließbar sind Schlauchgarnituren (2.4). Sie lassen sich mit allen möglichen Brennervorsätzen kombinieren. Eine Auswahl haben wir in Bild 2.5 zusammengestellt.

Die Wahl der Brennergröße

Als Orientierung zur Auswahl des richtigen Brenner-Mundstücks: Beim Löten von Rohrleitungen z. B. sollte der Brennerdurchmesser nicht mehr als 3 mm vom Rohrdurchmesser abweichen. Generell gilt: Ein zu großer Brenner ist besser als ein zu kleiner.

3. Lote und Flußmittel

Flußmittel machen eine Legierung erst möglich

Flußmittel lösen Oxydationen auf den Metallwerkstücken und verhindern ihre Neubildung. Ohne Flußmittel wären Lötverbindungen nicht möglich (Ausnahme: siehe S. 132), weil ein Oxydationsfilm – der beim Erwärmen von Metallen zwangsläufig entsteht – das flüssige Lot daran hinderte, in die Oberflächenporen der Werkstücke einzudringen. Eine Legierung könnte also nicht stattfinden. Als Flußmittel werden verschiedene Stoffe eingesetzt, von Kolophonium über Borax bis hin zu Schwermetallsalzen. Es

3.3 Lötverbindungen: Lotdrähte, Werkstoffe, Temperaturen

Lötdraht	Zusammensetzung	Blei	Zinn	Zink	Elektroinst.	Kupferrohr	Aluminium	Messing	Eisenblech	Stahl	V2A	Silber/Gold	Arbeitstemperatur	Zusatzmittel
Neusilber-Hartlot,flm.-umhüllt	L-CuNi10Zn42								■	■	■		890-920 °C	
Messing-Hartlot,flußmittelumhüllt	L-CuZn40							■	■	■	■		900 °C	
Kupfer-Hartlot	L-CuP6					■							ca. 730 °C	
Kupfer-Hartlot	L-CuP6							■					ca. 730 °C	Hartlotflußmittel
Silber-Hartlot, cadmiumfrei	L-Ag34Sn					■		■	■	■	■	■	ca. 710 °C	Hartlotflußmittel
Silber-Hartlot,flußmittelumhüllt	L-Ag30Cd					■		■	■	■	■	■	680 °C	
Spezial Silber-Hartlot,flm.-umhüllt	L-Ag40Cd	■	■	■		■			■	■	■	■	ca. 610 °C	
Aluminium-Hartlot	S-AlSi12						■						ca. 590 °C	Alum.-Hartlötpulver
Fittingslot (trinkwassergeeignet)	Sn97Cu3					■		■					230-250 °C	Fittings-Weichlötflm.
Zinnlot	PbSn35 (Sb)	■	■	■		■		■					235 °C	Lötwasser
Bastler-/Standardlot, flm.-gefüllt	L-PbSn30	■	■	■	■	■		■	■	■	■		183-235 °C	

Cu = Kupfer, Ni = Nickel, Zn = Zink, P = Phosphor, AG = Silber, Cd = Cadmium, Sn = Zinn, Si = Silizium, Al = Aluminium, Pb = Blei

Hartlöt-Verbindungen

Weichlöt-Verbindungen

Flußmittel fördern Korrosion

Das Lot wird abhängig vom Werkstück gewählt

Kennzeichnung der Lote

gibt sie als Lötwasser, -fette, -pulver und Lötpasten. Jedes Flußmittel hat einen bestimmten Temperaturbereich, in dem es Oxyde lösen kann (Wirktemperaturbereich). Dieser muß auf die Arbeitstemperatur des Lotes und auf das jeweilige Metall abgestimmt sein. Flußmittel haben allerdings auch unerwünschte Nebenwirkungen. Je besser sie die Oxydationen beseitigen, um so stärker ist in der Regel ihre korrosionsfördernde Wirkung. Deshalb müssen Reste nach dem Löten sorgfältig entfernt werden. Flußmittel gibt man vor dem Erwärmen auf die Lötstellen der Werkstücke. Es sei denn, Sie verwenden ein flußmittelummanteltes oder -gefülltes Lot. Die Auswahl des richtigen Lotes ist zunächst einmal abhängig vom Material der Werkstücke und deren Schmelzpunkten. Zum Weichlöten setzt man Zinn-Blei-Legierungen ein. Beim Hartlöten werden u. a. Messing- und silberhaltige Lote verwendet. Welche Metalle bei welchen Temperaturen mit welchem Lot zusammenpassen, können Sie der Tabelle 3.3 entnehmen. Die dort aufgeführten, genormten Kennzeichnungen finden sich auf den Verpackungen wieder. Sie informieren über die enthaltenen Metalle und ihre Masseanteile. So besteht ein Lot mit der Kennzeichnung L-CuZn46 aus 46% Zink und 54% Kupfer. Auf den Verpackungen steht auch, welches Flußmittel zum Lot paßt.

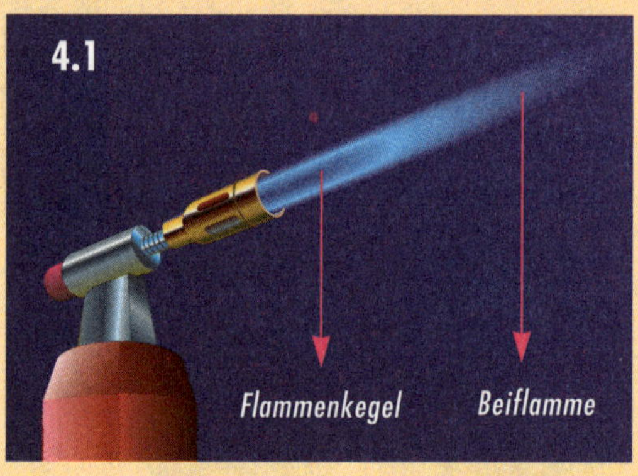

Unterschiedlich heiß: *Zum Weichlöten erwärmt man das Metall mit der vorderen Beiflamme. Die heißeste Stelle markiert der blaue Flammenkegel*

4.2

Messing, weichgelötet: *Diese T-Stoß-Verbindung zwischen zwei Messingteilen ist ausreichend fest*

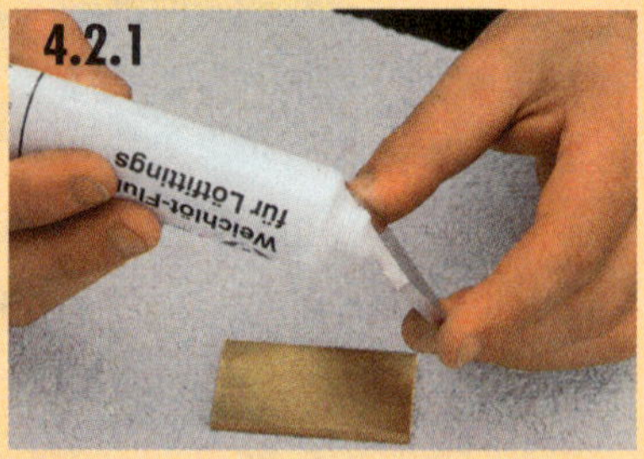

Vorbereitung: *Das Flußmittel wird auf die gesäuberte Kontaktfläche gegeben*

Lötvorgang: *Den Werkstoff von einer Seite her erwärmen, Flamme abwenden und das Lot von der anderen Seite her kurz an den Lötspalt halten*

Weichgelötet: *Um mit Weichlot eine feste Verbindung zu erzielen, wurden die Kontaktflächen durch Überlappung der Teile vergrößert*

4.3.1

Hartgelötet: *Um die gleichen Messingplättchen mit einer Stoßnaht fest zu verbinden, mußten wir die Teile hartlöten*

4.3.2

Weichgelötet: *Mit Hilfe eines Verstärkungsstücks wurde die Kontaktfläche vergrößert und die Gehrungsverbindung zwischen den Messingteilen ausreichend fest*

4.4.1

Hartgelötet: *Wenn nur die Gehrungskanten verbunden werden sollen, muß man sie – aufgrund der geringen Kontaktflächen – hartlöten*

4.4.2

Gehrung löten: *Wichtig ist, die Teile z. B. durch Auflegen von Gegenständen zu fixieren, damit sie ihre Position unter dem Einfluß von Wärme nicht verändern, wobei der Lötspalt eventuell zu groß werden könnte*

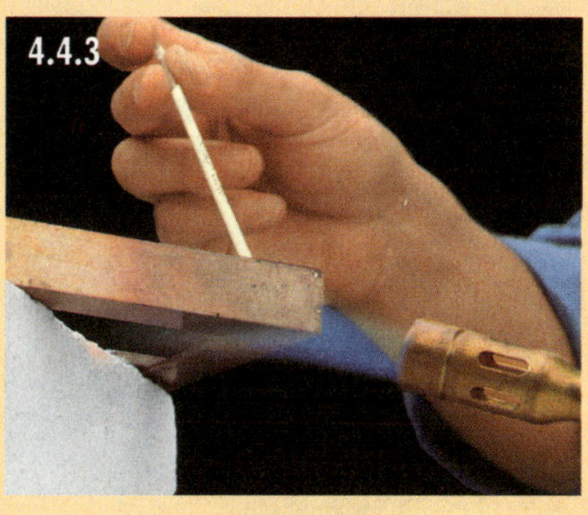

4.4.3

4. Löt-Praxis

Vorab zum Thema Sicherheit: Arbeiten Sie stets auf Schamottesteinen, und bringen Sie brennbare Stoffe außer Reichweite. Sorgen Sie für gute Durchlüftung, vor allem, wenn Sie im Keller mit Propangas arbeiten. Gehen Sie nicht zu nahe an die Lötstelle heran. Die Dämpfe der meisten Flußmittel sind gesundheitsschädlich. Wer über einen längeren Zeitraum lötet, sollte seine Augen mit einer dunklen Schutzbrille vor dem Austrocknen schützen.

Und so gehen Sie beim Löten vor: Die Lötstellen müssen zunächst von Fett, Korrosion und Oxydationen befreit werden. Zum Säubern eignen sich z. B. Stahlwolle oder feines Schleifpapier (240er). Oxydationsreste werden durch das Flußmittel entfernt. Dann kommt es darauf an, die Werkstoffe so zu fixieren, daß sie sich unter dem Einfluß von Wärme nicht bewegen und der Lötspalt zu groß werden könnte. Metallzwingen nur mit isolierenden Zwischenlagen verwenden, damit sie keine Wärme wegleiten. Dann werden die Werkstücke so weit erwärmt, bis ihre Temperatur etwas über dem Schmelzpunkt des Lots liegt. Dabei ist ein leichtes Verdampfen des Flußmittels zu beobachten. Beim Weichlöten die Flamme abwenden und das Lot nur kurz an den Lötspalt halten. Es wird sofort vom erwärmten Metall geschmolzen. Um die kapillare Saugwirkung zu verstärken, führt man das Lot nicht von der erwärmten Seite an die Lötstelle, sondern von der gegenüberliegenden (4.2.2). Wenn der Lötspalt richtig gefüllt ist, bildet sich bei waagerechter Lage ein Löttropfen, bei senkrechter entsteht eine Hohlkehle. Lassen Sie Ihr Werkstück in Ruhe abkühlen, bevor Sie Flußmittelreste mit Wasser entfernen und die Lötstelle mit Scheifpapier säubern. Überschüssiges Lot mit einer Schlichtfeile entfernen.

Beim Hartlöten z. B. von Kupferrohren, werden die Teile solange erwärmt, bis sie kirschrot glühend sind. Dann das Hartlot in der Flamme abschmelzen, bis der Lötspalt gefüllt ist. Dabei muß das Rohr glühend gehalten werden. Je nach Arbeitstemperatur des Hartlots reichen die mit Butan-/Propan-Gas gespeisten Lötbrenner nicht mehr aus. Die höhere

Sicherheit beim Löten

Die Lötstellen metallisch blank machen

Werkstücke gut fixieren

Flamme beim Abschmelzen des Weichlots abwenden

Zum Hartlöten reichen Propan-Gasbrenner oft nicht aus

Heizleistung ist dann nur mit dem Zusatz von Sauerstoff zu erreichen (4.6.2). Ein Autogen-Hartlötgerät ist vor allem zum Löten größerer Metall-Bauteile nötig, wo die Wärme sehr schnell abfließen kann. Insbesondere, wenn es sich dabei um Stahl handelt.

Weichlot-Verbindungen brauchen größere Kontaktflächen

Wie sich Weich- und Hartlot-Verbindungen bei zwei identischen Messingteilen unterscheiden, machen die Bildern 4.3.1 bis 4.4.2 deutlich. Nur durch eine Vergrößerung der Kontaktflächen war mit Weichlot eine feste Verbindung gewährleistet. Messing läßt sich mit Kupfer- oder Silberhartlot löten, wobei letzteres die saubersten Nähte gibt.

Arbeiten mit Silber-Hartlot

Allerdings erfordert Silberlot ein sehr exaktes Vorbereiten der Lötstellen. Geschmolzenes Silberlot fließt nämlich schnell weg und ist im Gegensatz zum zäheren Kupferlot nicht geeignet, größere Spaltenbreiten zu füllen.

Wenn Messing mit Kupferlot verbunden wird – z. B. beim Hartlöten von Kupferrohren und Rotguß-Fittungs (4.5.2) – muß ein passendes Flußmittel eingesetzt werden.

Phosphor wirkt wie Flußmittel

Wenn Sie aber Kupferrohre untereinander (4.5.1) mit dem phosphorhaltigen Kupferhartlot (L-CuP6) löten, können Sie auf das Flußmittel verzichten. Die Oxydschicht wird hier vom freiwerdenden Phosphor zerstört.

Kupferleitungen werden heute allerdings zunehmend weichgelötet. Ein Lötspiegel leistet dabei übrigens gute Dienste (4.6.1). Lediglich dort, wo thermische Spannungen zu erwarten sind, wie bei langen Warmwasser-Leitungsstrecken, sollte man die Rohre hart verlöten.

Trinkwasser-Installation

Ganz wichtig bei der Rohrinstallation: Lot wie Flußmittel müssen auf der Verpackung als trinkwassergeeignet deklariert sein.

Beim Löten von Zinn und Zink setzt man Lötwasser als Flußmittel ein, z. B. bei Dachrinnen. Diese erwärmt man übrigens mit einem leistungsfähigen Lötkolben, der ab und zu an einem Salmiakstein gereinigt wird.

Probleme beim Löten gibt es meistens nur dann, wenn die Schmelzpunkte von Lot und Werkstück zu dicht beeinanderliegen wie beim Löten von Blei mit Zinnlot. Auch beim Hartlöten von Kupfer ist deshalb Silberlot mit niedrigerem Schmelzpunkt zu empfehlen. Übrigens: Aluminium läßt sich nur in einem speziellen Profi-Verfahren löten bzw. schweißen.

4.5 **Kupferrohre weichlöten:** *Das mit Fittingslötfett bestrichene Rohrende, das bis zum Anschlag im Fitting steckt, mit der Flamme erwärmen, dann das Zinnlot am Rohr schmelzen*

4.5.1 **Ohne Flußmittel:** *Hartlöten von Kupfer-Kupfer-Verbindungen mit phosphorhaltigen Loten macht Flußmittel überflüssig*

4.5.2 **Rotguß-Fittings:** *In jedem Fall muß das Rohrende mit Flußmittel bestrichen werden, bevor es in den Fitting geschoben wird*

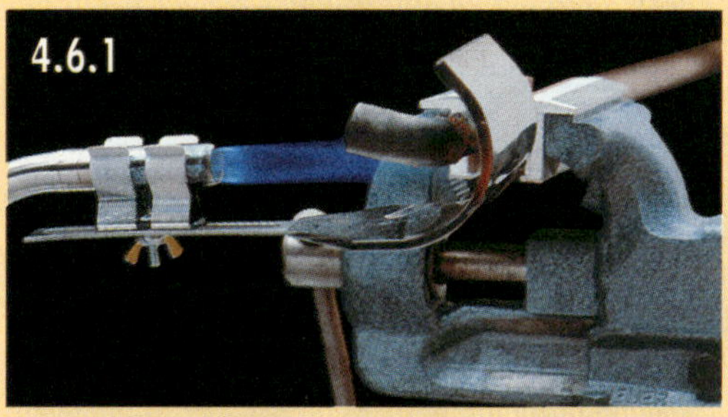

4.6.1 **Wärme von hinten:** *Der Lötspiegel lenkt die Flamme um das Rohr und sorgt so für gleichmäßige und schnelle Erwärmung*

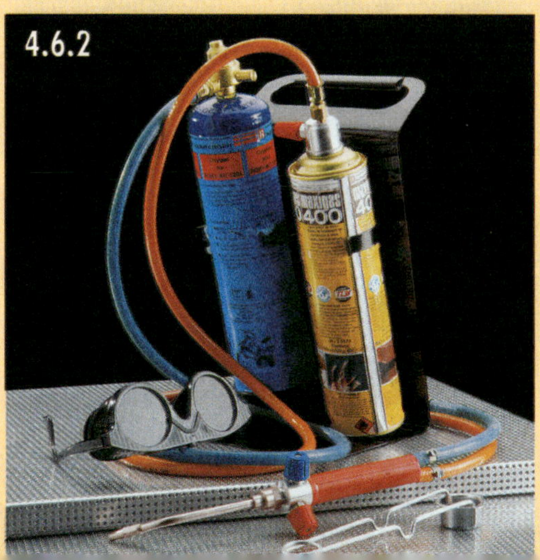

4.6.2 **Für ganz heiße Verbindungen:** *Mit einem Autogen-Schweiß- und Hartlötgerät erreicht man durch die Zugabe von Sauerstoff (Acetylen) Arbeitstemperaturen von bis zu 1250 °C*

Acrylglas

Acrylglas, landläufig unter dem Markenamen Plexiglas bekannt, ist ein edler, nicht ganz preiswerter Kunststoff, der sich für höchst unterschiedliche Einsätze eignet – ob als Kontaktlinse, Auto-Rücklicht, lichtdurchlässige Bedachung oder modernes Phono-Möbel. Lesen Sie in unserer ›Grundwissen‹-Folge, wie man diesen trotzdem nicht alltäglichen Werkstoff selbst bearbeiten kann

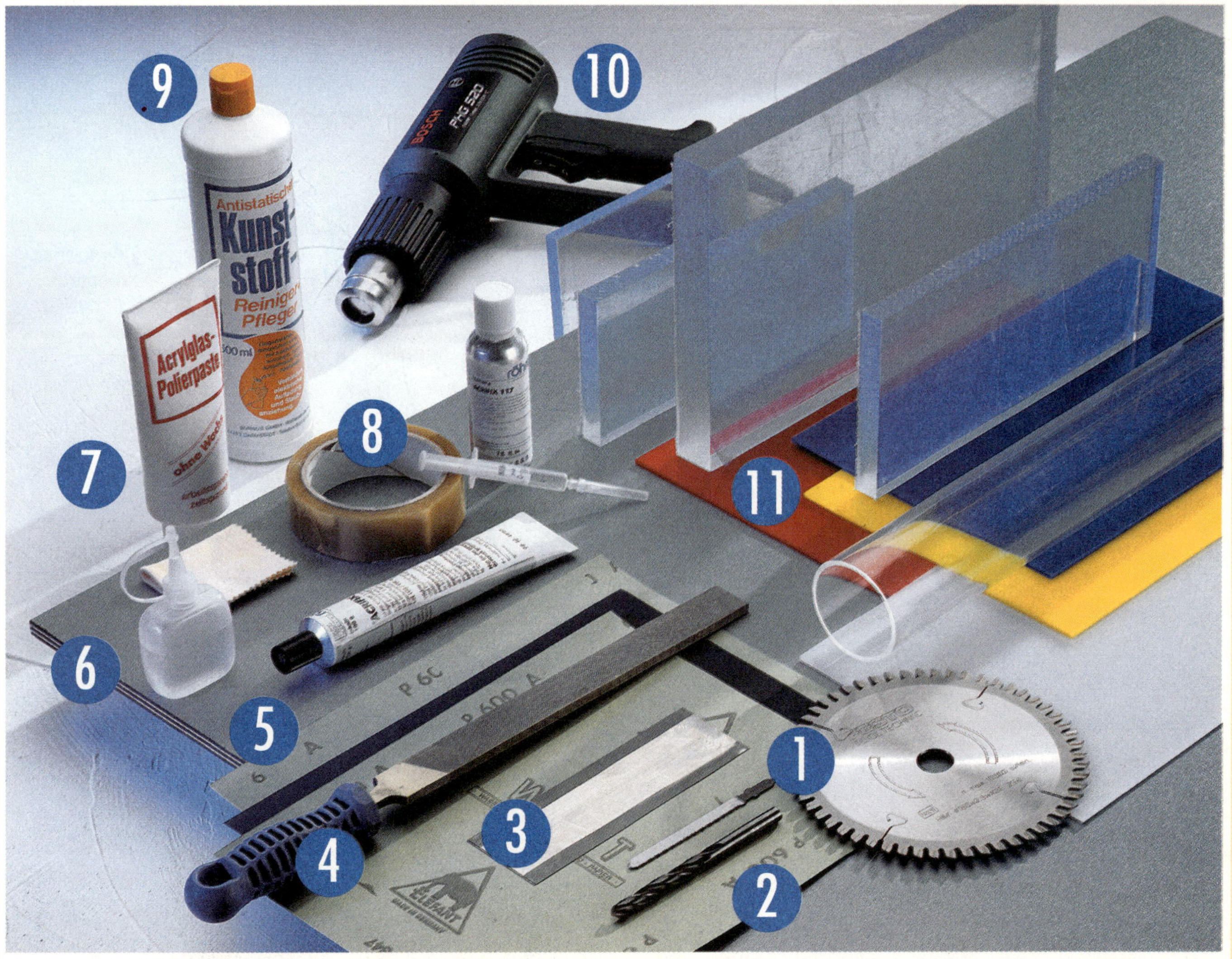

Werkzeuge und Materialien für die Acrylglas-Bearbeitung: *Viele Standard-Werkzeuge zur Holz- oder Metallbearbeitung können Sie auch bei Acrylglas einsetzen. Darüber hinaus ist einiges an Spezial-Zubehör jedoch unentbehrlich, wie z. B. materialgerechte Kreis- und Stichsägeblätter (**1**). Für die Kantenbearbeitung brauchen Sie Ziehklinge (**3**), Feile (**4**), feines Schleifpapier (**5**) und Polierpaste (**7**). Handelsübliche HSS-Spiralbohrer müssen zurückgeschliffen werden, damit sie für Acrylglas geeignet sind (**2**). Außerdem ist beim Bohren ständiges Kühlen des Werkstücks mit Wasser (**6**) erforderlich. Spezial-Klebstoffe (**8**) brauchen Sie, wenn es darum geht, glasklare, optisch schöne Werkstoffverbindungen herzustellen. Die Wärme, die Sie zum Umformen von Acrylglas benötigen, kann z. B. eine Heißluftpistole (**10**) liefern oder ein Backofen. Last, but not least, das Wichtigste: die Werkstoff-Rohlinge. Acrylglas gibt's als Plattenware in unterschiedlichen Dicken und in Rohrform, transparent mit werkseitig aufgebrachten Folien zum Schutz der kratzempfindlichen Oberflächen, aber auch in vielen Farben. Zur Pflege sollten Sie Spezialmittel (**9**) einsetzen, die unter anderem auch die ausgeprägten elektrostatischen Anziehungskräfte von Acrylglas herabsetzen*

Gegossenes und extrudiertes Acryglas

Wie „Tempo“ für Papiertaschentücher und „Uhu“ für Klebstoff, so wird „Plexiglas“ oftmals als Synonym für eine ganze Werkstoffgruppe verwendet: das Acrylglas. Tatsächlich ist Plexiglas der geschützte Markenname des Herstellers, der das Acrylglas 1933 erfand: der Firma Röhm. Je nach Fertigungsverfahren unterscheidet man gegossenes Acrylglas („Plexiglas GS“) und extrudiertes („Plexiglas XT“). Die Bearbeitung ist bei beiden gleich; generell erfordert sie ein wenig Übung und Fingerspitzengefühl – und das Wissen um die Eigenheiten des Materials, vor allem unter Wärme-Einfluß. Insbesondere extrudiertes Material neigt bei unsachgemäßer Behandlung zu Spannungsrissen. Ein Risiko, daß sich sowohl durch „Tempern“ als auch durch materialgerechte Bearbeitung mit den richtigen Werkzeugen verringern läßt.

1. Trennen

Trennen mit der Kreissäge

Beim Sägen kommt es darauf an, mit möglichst wenig Wärmeentwicklung saubere Schnittkanten zu erzielen. Die richtige Wahl des Sägeblattes hilft dabei. Verwenden Sie für die Kreissäge nur ungeschränkte Blätter. Als optimal haben sich Sägeblätter mit der in 1.3 beschriebenen Zahngeometrie und 13-mm-Zahnteilung erwiesen, mit denen Sie ohne Wasserkühlung sehr gute Ergebnisse erzielen können. Das Sägeblatt sollte nur knapp über den Maschinentisch ragen. Arbeiten Sie stets mit Anschlag, sägen Sie vorsichtig mit laufendem Blatt an, und wählen Sie eine mittlere Vorschubgeschwindigkeit.

Arbeiten mit der Stichsäge

Für die Stichsäge brauchen Sie ein feinzahniges, leicht geschränktes Sägeblatt, das für die Bearbeitung harter Kunststoffe geeignet ist (Verpackungshinweis). Auch hier mit laufender Maschine an das gut fixierte Werkstück herangehen. Setzen Sie den Sägeschuh fest auf die Schutzfolie und arbeiten Sie mit hoher Schnittgeschwindigkeit und mittlerem Vorschub.

2. Kanten bearbeiten

Nach dem Trennen werden die matten, unregelmäßigen Schnittkanten in mehreren Arbeitsgängen geglättet, geschliffen und po-

Ob Kreis- oder Stichsäge, zum Trennen von Acrylglas sollten Sie spezielle, auf das Material abgestimmte Sägeblätter einsetzen. Werkstück gut fixieren, damit es nicht flattern kann. Die beidseitig aufgebrachte Folie schützt die Acrylglas-Oberfläche während der Bearbeitung

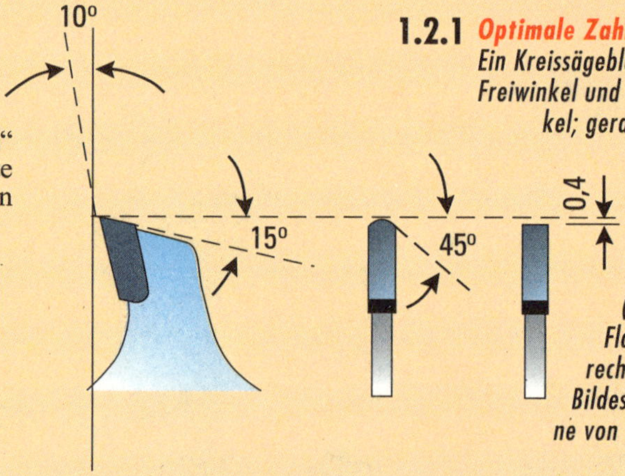

1.2.1 *Optimale Zahngeometrie: Ein Kreissägeblatt mit 15°-Freiwinkel und 10°-Spanwinkel; gerade und mit Fase geschliffene Sägezähne wechseln einander ab („Trapez-Flachzahn“). Im rechten Teil des Bildes sind die Zähne von vorn zu sehen*

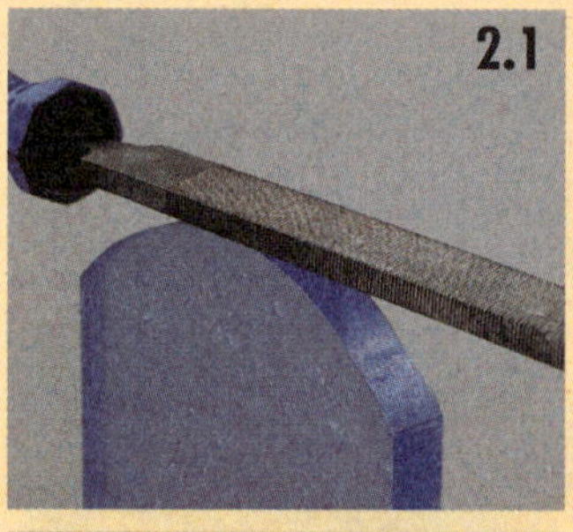

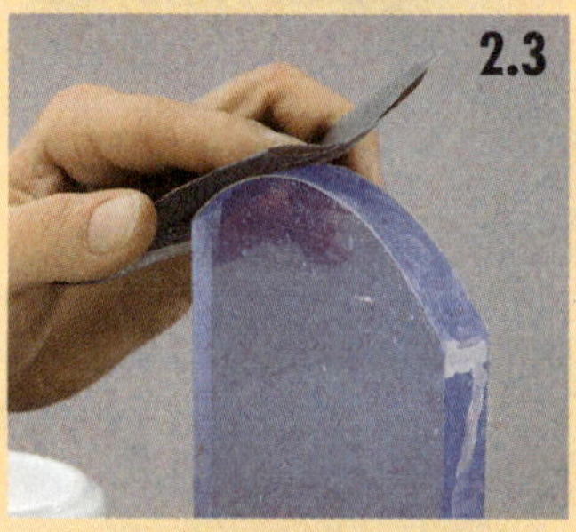

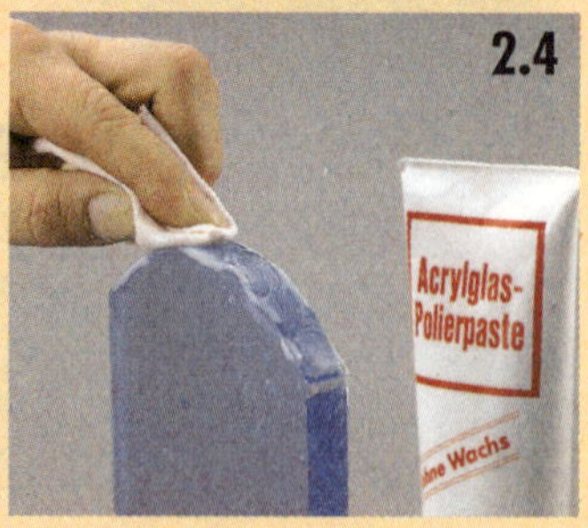

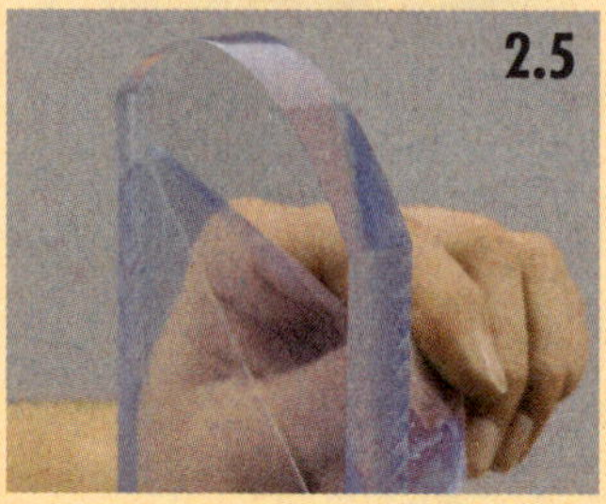

Kanten bearbeiten: Die matte Sägekante wird zunächst mit einer mittelgroben Schruppfeile geglättet, mit der Ziehklinge entgratet und dann erst mit groberem, abschließend mit feinem Papier naß geschliffen. Zum Polieren ein weiches Tuch verwenden. Schutzfolie erst ganz zum Schluß abziehen

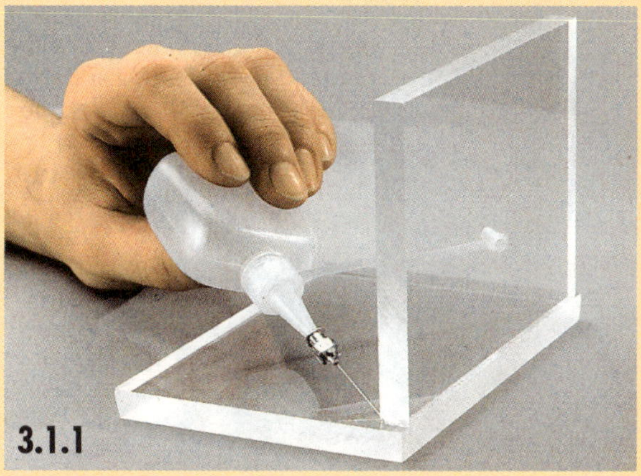

3.1.2

Kapillar-Methode: *Der bei dieser Klebetechnik eingesetzte, dünnflüssige Kleber (3.1.2) wird mit einer Kanüle nur an den Kanten aufgetragen und zieht sich durch Kapillar-Wirkung selbst in die Klebenaht*

3.2.2

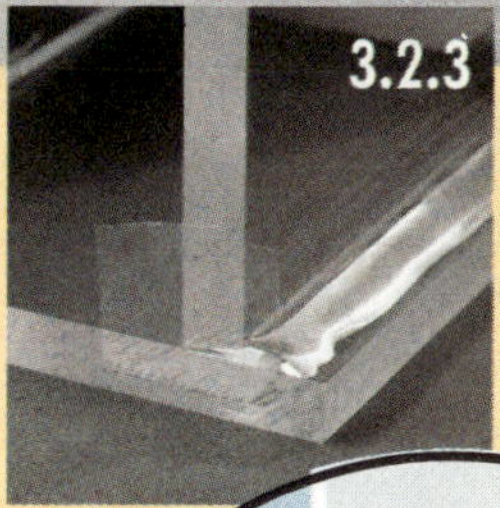

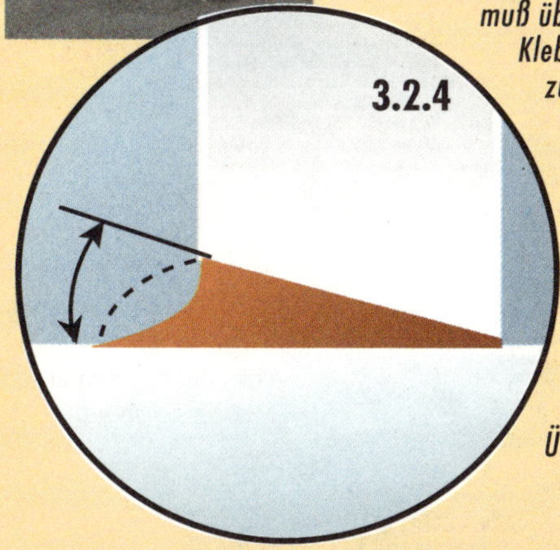

Spaltfüllend: *Der hier gezeigte Polymerisationskleber wird spaltfüllend eingesetzt. Klebekante V-förmig anfasen und Werkstück gut fixieren. Die liegende Platte muß überstehen, um den Klebstoff-Überschuß aufzunehmen. Dieser ist nötig, damit der Kleber nicht in den Spalt hineinschrumpft. Die kleine Hohlkehle (3.2.4) muß außerhalb der Klebenaht liegen und wird später mit dem Überstand abgefräst*

liert, bis sie völlig transparent sind (2.1 bis 2.5). Zum Feilen eignen sich mittelgrobe Schruppfeilen am besten. Eventuell mit der Raspel vorarbeiten. Den letzten Naß-Schliff führt man mit feinem 400er bis 600er Papier aus.

In vier Arbeits-Schritten werden die Kanten glatt und transparent

3. Kleben

Um optisch einwandfreie, glasklare Verklebungen herzustellen, braucht man Spezialkleber, von denen wir hier zwei gängige, methylenchloridfreie vorstellen. Der erste („Acrifix 117") ist ein sehr dünnflüssiger Kleber und erfordert ebene Klebeflächen (3.1.1 und 3.1.2). Man gibt ihn mit einer Kanüle (z. B. Einwegspritze aus der Apotheke) an die Klebekante. Durch Kapillarwirkung zieht er sich selbst in die Naht. Feingeschliffene Klebekanten verhindern weitgehend, daß Luftbläschen eingeschlossen werden.

Kapillarwirkung zieht den Kleber zwischen die Werkstücke

Der Kleber kann auch im Tauchverfahren aufgebracht werden. Hierzu gibt man etwas Kleber z. B. auf eine Glasscheibe und bewegt die Klebekante ca. 45 Sekunden im Tauchbad hin und her. Dabei wird sie angelöst. Das Werkstück langsam aufsetzen und darauf achten, daß eventuelle Luftbläschen austreten. Rund zwei Stunden später können Sie das Werkstück weiterbearbeiten.

Tauchverfahren

Der zweite Kleber („Acrifix 192") ist ein Polymerisationskleber, der zum Härten Licht benötigt. Er wird spaltfüllend eingesetzt und ermöglicht die brillantesten Klebenähte. Da der Kleber beim Härten schrumpft und „Nachschub" braucht, wird er üppig aufgetragen. Deshalb ist der in 3.2.1 und 3.2.3 erkennbare Materialüberstand nötig, der später bündig zur senkrechten Werkstoff-Oberfläche abgefräst wird. Übrigens: Auch Kleben kann zu Spannungsrissen führen. Tempern vermindert dieses Risiko.

Polymerisations-Kleber brauchen einen Klebespalt

4. Fräsen und Bohren

Acrylglas läßt sich mit handelsüblichen Fräsern gut bearbeiten. So eignet sich zum Nachbearbeiten eines mit Polymerisationskleber verbundenen Werkstücks ein normaler Bündigfräser mit

Acrylglas läßt sich mit gängigen Fräsern gut bearbeiten

Spiralbohrer müssen zurückgeschliffen werden

Anlaufring (4.1). Eine Kühlung ist nicht erforderlich.
Anders beim Bohren. Hier ist die Wärmeentwicklung so stark, daß das Bohrloch ständig mit Wasser gekühlt werden muß. Zusätzlich sollte der Bohrer nach jedem gebohrten Millimeter gelüftet, also angehoben werden. Für Acrylglas geeignet sind alle Kegelbohrer sowie handelsübliche Spiralbohrer, deren Spitze und Schneiden allerdings zurückgeschliffen werden müssen (4.2.2). Der Grund: Der Bohrer darf nicht schneiden, er muß schaben. Arbeiten Sie stets mit Bohrständer.

Durch Erwärmen wird Acrylglas biegsam

5. Umformen

Durch Erwärmen können Sie Acrylglas so biegsam machen, daß Sie es leicht mit den Händen umformen oder über eine Schablone biegen können. Die einzige Schwierigkeit: Sie müssen ziemlich genau die Temperaturmarke erreichen, bei der ein Umformen möglich ist. Für extrudiertes Material liegt sie bei 150 °C, für gegossenes bei 160 °C. Schon bei 170 °C ist der richtige Zeitpunkt verpaßt: Es kommt zur Bildung von Bläschen (5.3). Umgeformtes gegossenes Acrylglas kehrt übrigens – im Gegensatz zu extrudiertem – bei nochmaligem Erwärmen in seine Ursprungsform zurück. Soll das ganze Werkstück umgeformt werden, eignet sich ein normaler Backofen als Heizquelle. Partiell läßt sich Acrylglas besser mit der Heißluftpistole erwärmen (5.1, 5.2).

Ab 170 °C kommt es zur Blasenbildung

Umformen bzw. richtiges Erwärmen erfordert Erfahrung – wie die Bearbeitung von Acrylglas überhaupt. Als Anfänger sollten Sie – schon wegen des nicht ganz preisgünstigen Materials – die gezeigten Techniken an kleineren Probestücken üben. Vor allem sollten Sie sich die Zeit nehmen, die Werkstücke zu tempern: Durch Aufheizen und langsames Abkühlen vor und während der Bearbeitung läßt sich die Materialspannung und damit die Gefahr von Rißbildung senken. Dabei wird das Acrylglas mindestens zwei Stunden lang einer Temperatur von 80 °C ausgesetzt, z. B. im Backofen. Bei größeren Platten braucht man allerdings schon eine Sauna zum Tempern. □

Tempern senkt das Risiko von Spannungsrissen

Kontakt: Otto Wolff Kunststoffvertrieb, Hans-Günther-Sohl-Str. 1, 40235 Düsseldorf, ✆ 0211/967-554

Fräsen und Bohren: Während man für Acrylglas gängige Fräser einsetzt, müssen bei Spiralbohrern Spitze und Schneidkanten (Spanwinkel 4-0°) zurückgeschliffen werden

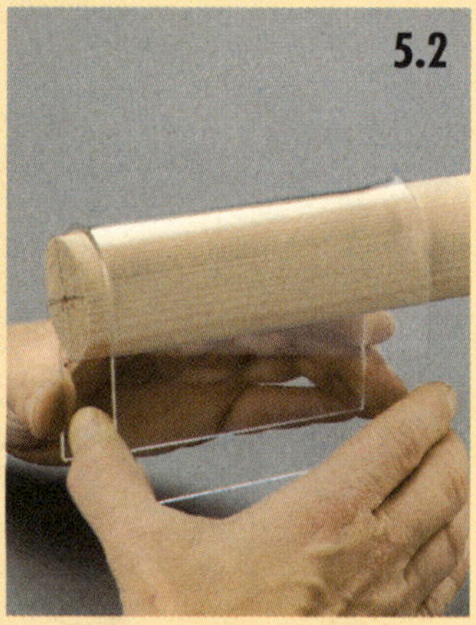

Für partielles Erwärmen eignet sich eine Heißluftpistole. Die Teile abdecken, die nicht erwärmt und umgeformt werden sollen. Wenn die richtige Temperatur erreicht ist, Werkstück sofort umformen

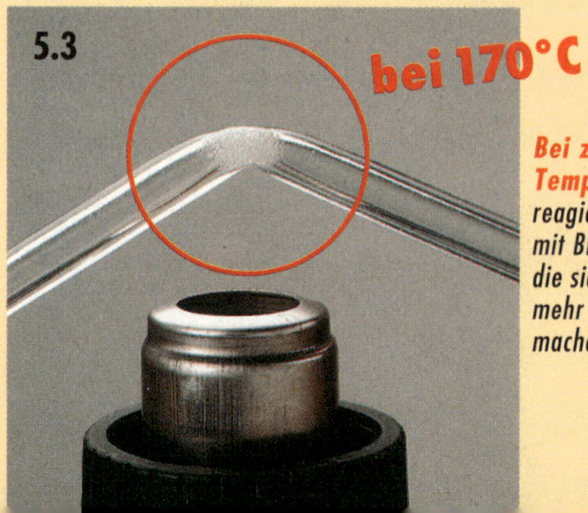

Bei zu hohen Temperaturen reagiert Acrylglas mit Blasenbildung, die sich nicht mehr rückgängig machen läßt

Heimwerker-Lexikon

Gipskartonplatten bis Halogenspot

Gipskartonplatten Mit Karton beidseitig fest ummantelte Gipsplatte. Dicken: 9,5; 12,5; 15; 18 und 20 mm.

Gipsfaserplatten Gemisch aus Gips und Zellulosefasern über den gesamten Plattenquerschnitt.

Gipskartonplatten biegen Trocken und naß mit Hilfe von Biegeschablonen möglich.

Gipsspachtelmasse Mit Wasser angemachter pulverförmiger Gips, der zum Ausgleich von Fugen und anderen Unebenheiten an der Beplankung verwendet wird.

Glättkelle Rechteckige Edelstahlkelle mit einem Holz- oder Kunststoffgriff, die dazu verwendet wird, den aufgetragenen Putz durch gleichmäßiges Abziehen zu glätten.

Glanzgrad Bei Lacken unterscheidet man fünf Glanzgrade. Manche Hersteller kennzeichnen den G. durch ein spezielles Farbcodesystem.

Glasbohrer ist ein Spezialbohrer zum Bohren von Glas. Er ist speerförmig zugeschliffen und besitzt zwei Hartmetall-Schneiden. G. gibt es für den Handgebrauch und den maschinellen Einsatz. Beim Umgang mit diesen Bohrern ist darauf zu achten, daß neben einer guten Schmierung (z.B. mit Petroleum) nur mit einer geringen Drehzahl und einem geringen Anpreßdruck gearbeitet wird, da sonst das Glas springen kann.

Glasfaserbewehrungsstreifen Verhindert Spannungsrisse zwischen unterschiedlichen Materialien. Wird z. B. an Plattenstößen und beim Anschluß einer Trennwand an eine Betondecke mit eingespachtelt.

Glasschneider Ein mit einer Diamantspitze ausgerüstetes oder aus Hartmetall bestehendes Arbeitsgerät zum Schneiden von Glas. Man ritzt in die Glasoberfläche entlang eines Anschlages eine Linie ein. Auf der anderen Seite klopft man leicht entlang der Schnittlinie auf das Glas. Das Glas springt weiter durch. Nun legt man die Scheibe entlang des Ritzes auf ein Brett und drückt die andere Seite nach unten. Das Glas zerspringt an der Rißlinie. Glasschneiden erfordert einige Übung. Man muß erst herausfinden, welches Glas man wie stark einritzen muß, damit es auch wirklich dort bricht, wo man es erwartet.

Glastürscharniere sind Scharniere, die nur bei Möbeltüren verwendet werden, die vollständig aus Glas bestehen (Zimmer-, Schranktüren etc.) Gegenüber den herkömmlichen Scharnieren (z.B. Aufschraubscharniere) unterscheiden sie sich hauptsächlich in der Art ihrer Montage bzw. Befestigung. Der mit der Tür verbundene Teil des Scharniers wird nicht aufgeschraubt oder in das Möbelteil eingelassen, sondern durch Kleben oder Klemmen mit der Glastür verbunden.

Glasur Wasserundurchlässige, eingebrannte Überzugschicht auf Steingutfliesen, verschiedene Farbtöne und Motive sind möglich.

Glaswolle Mineralischer, faseriger Dämmstoff, hergestellt aus einer Schmelze von Kalk, Quarzsand, Soda und bis zu 70 % Altglas. Glaswolle besitzt eine hohe Elastizität und gute Wärme- und Schallschutz-Eigenschaften. Ohne Kaschierung nicht brennbar.

Gliedermaßstab (ugs. auch ‚Meterstab' oder ‚Zollstock') ist ein zusammenlegbares Meßwerkzeug aus Holz, Metall oder Kunststoff, in Gesamtlängen von 1 oder 2 m. Die kleinste Maßeinteilung des G. sind Millimeter. Der G. ist das auf dem Bau und im Haushalt verbreitetste Meßinstrument.

Gratverbindungen sind Holzverbindungen. Sie bestehen aus einer Gratleiste und einer passenden, in die Holzfläche eingeschnittenen oder maschinell eingefrästen Gratnut. Für eine manuelle Ausarbeitung der Gratnut werden ein Grathobel, eine Gratsäge sowie ein Grundhobel benötigt. Einfacher geht es maschinell mit einer Oberfräse mit Nut- und Zinkenfräser. Um die Gratnut herzustellen, fräst man zuerst eine Nut in passender Breite. Anschließend erfolgt mittels Zinkenfräser (mit Hinterschnitt) das Ausfräsen der restlichen Gratnut. Dies verhindert die Spreizung der scharfkantigen Gratleiste. Man unterscheidet zwischen stehenden und liegenden Gratleisten. G. eignen sich nicht für Holzwerkstoffe (Flachpreßplatten), sondern nur für Vollholzteile, die T-förmig miteinander verbunden werden.

Gripzangen Je nach Ausführung unterscheidet man nach Universal-, Parallel-, Ideal-, Langbeck-, Schweißer-, Rohrschweißer- und Breitmaulgripzangen. G. besitzen eine hohe Klemmkraft, um Gegenstände bei der Bearbeitung festzuhalten oder um z.B. Schrauben und Muttern zu lösen. Diese Klemmkraft wird an einer Schraube eingestellt, die sich am Griff der Zange befindet. Vornehmlich werden G. bei der Verarbeitung von Metallblechen benutzt, um diese für Schweiß- oder Lötarbeiten in die richtige Position zu bringen, so daß man mit beiden Händen arbeiten kann. Mit ihr können so z.B. zwei Teile wie mit einer Schraubzwinge zusammengehalten werden.

Grobkeramik Gebrannte Plattenbeläge werden je nach Reinheit der verwendeten Tone als Feinkeramik oder Grobkeramik hergestellt.

Grundfarben sind Rot, Gelb und Blau. Durch Mischen dieser drei Farben unter Zugabe der „unbunten" Farben (Weiß und Schwarz) lassen sich alle anderen Farben herstellen.

Grundieren ist die Vorbehandlung des Untergrundes vor der Oberflächenbearbeitung (z.B. Fliesen, Tapezieren etc.). G. dient der Haftverbesserung zwischen Untergrund und nachfolgendem Aufbau sowie zur Regulierung der Saugfähigkeit des Untergrundes.

Grundierungen Anstriche, die tief in die Poren des Untergrundes eindringen und ihn verfestigen. Durch Schließen der Poren verliert der Untergrund an Saugfähigkeit.

Grundlattung Die Holzlatten, die direkt auf dem tragenden Untergrund (Wand, Decke) befestigt werden. Da die G. eine statische Funktion hat, ist, abhängig von der Belastung, ein maximaler Achsabstand der Latten untereinander einzuhalten.

Gummihammer ist ein Hammer, dessen Kopf aus massivem Gummi besteht. Der G. ist in verschiedenen Größen erhältlich und dient zur Bearbeitung von Materialien, deren Oberflächen nicht beschädigt werden dürfen. Deshalb ist der G. das ideale Werkzeug zum Eintreiben von Fliesen und Platten in ein Sandbett oder eine Mörtelschicht. Man findet ihn auch häufig in Karrosseriebetrieben.

Gummischnur Bestandteil der Fliesenleger-Ecken, der durch Spannen zwischen der ersten und letzten Fliese einer Reihe die Fluchtlinie für die restlichen Fliesen vorgibt.

Gummispachtel Für Gipsarbeiten wird häufig ein weicher Gummispachtel verwendet, da er sich den Konturen und Flächen besser anpassen kann.

Gummiwischer als Alternative zum Fugengummi verwendbar, um die Fugenmasse über eine große geflieste Fläche hinweg in die Fugen zu drücken.

Haftklebstoffe sind dauerhaft klebrig. Hauptanwendung: ein- und doppelseitige Klebebänder sowie der Haft- und Selbstklebe-Etiketten. Es gibt sie in wiederablösbarer und in permanent klebriger Ausstattung

Haken sind häufig eingesetzte Befestigungsmittel. Hierzu werden Rund-, Winkelhaken und Ösenschrauben angeboten. Der Korrosionsschutz ist durch eine galvanische Verzinkung mit Chromatierung garantiert. Für anspruchsvolle Befestigungen gibt es weiß beschichtete Haken und Ösen.

Halogenspot Bevorzugte Lichtquelle im Trockenbau, unkompliziert einzubauen, sparsam im Verbrauch und sehr effektvoll. Gut einzusetzen bei vorgehängten Wand- und Deckenbekleidungen.

Bitte lesen Sie weiter auf Seite 138

Heimwerker-Lexikon

Hämmer bis Hobel

Hämmer ist der Oberbegriff für schlagende Werkzeuge. Für fast jeden Bereich gibt es unterschiedliche H.: Fäustel, Fliesenleger-, Gummi-, Holz-, Latt-, Maurer-, Schlosser-, Schreiner-, Spalt- und Vorschlaghämmer etc. Sie bestehen aus einem Stiel und einem Kopf aus unterschiedlichen Materialien. Aus Sicherheitsgründen ist es wichtig, daß Hammer und Stiel eine unlösbare Einheit bilden. Neben dem herkömmlichen Hammer gibt es auch elektrisch betriebene H. (z.B. Bohrhammer).

Hammerbohren bedeutet Drehen und eine kleinere Zahl von Schlägen, diese jedoch mit hoher Schlagenergie. Die entsprechende Maschine ist der elektropneumatische Bohrhammer.

Hammerbohrer sind Bohrer für Bohrhämmer zum Bohren in Stein, Beton etc. Bei Hammerbohrern gibt es je nach Material und Anwendung wiederum eine Vielzahl unterschiedlicher Bohrer (z.B. Hammer-Wendelbohrer, -Dübelbohrer, -Rapidbohrer etc. Die Werkzeugaufnahmen der Bohrhämmer können verschieden sein.

Hammerholzkeile dienen der stabilen Fixierung des Hammerkopfs am Stiel.

Hammerringkeile sind aus Metall. Funktion wie vor.

Hammerschlaufe Die H. hat die gleiche Funktion wie die ‚Hammerkette'. Sie dient der Aufbewahrung des Hammers „am Mann".

Handhobel gibt es als Elektro- und als Handwerkzeug. H. dienen zur Oberflächenbehandlung von Holzteilen. Dabei werden Späne von Holzoberflächen abgetrennt. Schrupphobel werden zur Abnahme von dicken Hobelspänen eingesetzt. Der Schlichthobel dient zum ersten Glätten ungehobelter Bretter, der Putzhobel schließlich wird für feinste Putzarbeiten benötigt.

Handkreissäge ist eine mobile Kreissäge. Sie wird durch Rotationsbewegung des Sägeblatts zum Trennen von Holz und anderen Werkstoffen (je nach Sägeblatt) eingesetzt. Die H. ist auch für Schrägschnitte geeignet (max. 45°). Präziser Zuschnitt unterschiedlichster Materialien: Hartholz, Weichholz, Spanplatten, MDF, Alu, Metall und Acrylglas. Ein integrierter Parallelanschlag führt die H. beim Beschnitt sicher entlang der Materialkanten.

Handsägen sind Sägen mit und ohne Gestell zum manuellen Trennen von Holz. Sie eignen sich auch sehr gut zum Beschneiden von Bäumen.

Handtacker werden unterschieden nach Elektrotacker und nichtelektrischem Tacker. Der H. ermöglicht das schnelle Einschlagen von Klammern in verschiedene Untergründe. Es gibt H., die man durch Drücken eines Griffs auslöst. Andere werden wie ein Hammer auf das Werkstück geklopft. Die Klammern können portioniert gekauft und geladen werden. Der manuelle H. besitzt im Vergleich zum Elektrotacker eine geringere Schlagkraft und Schlagfrequenz.

Hartfaserplatten haben eine glatte Sichtseite und sind besonders geeignet für großflächige Abdeckungen im Möbelbau.

Hartmetall-Mehrzweckbohrer Der H. ist auch unter dem Namen Karat-Mehrzweckbohrer bekannt. Er wird aus vergütetem Spezialstahl hergestellt. Die Hartmetallschneide ist diamantgeschliffen und mit einem spitzen Zentrieranschliff versehen. Der H. ermöglicht daher sofortiges Anzentrieren auch auf harten Oberflächen. Für einen schnellstmöglichen Bohrfortschritt in allen Materialien müssen die Schneiden immer scharf sein. Der H. wird für Fliesen, Keramik, Marmor, Eternit, Porenbeton, Mauerwerk, Holz, Kunststoffe, Gußeisen, Weichstahl und Armierungseisen eingesetzt. Wichtig: Er ist nur für drehenden Einsatz ohne Schlag gedacht.

Hartschaumplatten Durch Blähmittel aufgeschäumte Kunststoffe für die Wärme- und Schalldämmung. Man unterscheidet EPS (expandiertes Polystyrol, z.B. Styropor), XPS (extrudiertes Polystyrol, z.B. zur Außendämmung gegen Erdreich) und PUR (Polyurethan, z.B. Aufsparrendämmung). Häufig mit Stufenfalzausbildung zur Vermeidung von Wärmebrücken. Gute Wärmedämmung.

Haushaltsscheren eignen sich zum Schneiden von Stoff, Papier, Pappe und sonstigen leicht trennbaren Materialien.

Heftpistolen s. ‚Handtacker'.

Heißkleben Beim H. werden Materialien durch Verwendung von verflüssigtem Klebematerial befestigt. Der Klebevorgang erfolgt mit Hilfe einer Heißklebepistole. H. ermöglicht ein saubereres, präziseres und sparsameres Arbeiten als beim herkömmlichen Kleben. Die Anbindezeit wird ebenso erheblich verkürzt. Vorgang: Ein Klebestift wird in die Heißklebepistole eingeführt. Der Klebestift wird auf 150 – 200° C erhitzt. Der flüssige Klebstoff kann nun mit der Heißklebepistole punktgenau dosiert auf die entsprechenden Flächen aufgetragen werden. Anschließend fügt man die beiden Teile zusammen. Schmutz reduziert die Haftfähigkeit des Klebers. Es empfiehlt sich daher, vor dem Klebevorgang die entsprechenden Flächen von Schmutz zu reinigen und ggf. etwas aufzurauhen. Mit H. können die unterschiedlichsten Materialien wie Holz, Kunststoff, Metall, Keramik, Glas, Textilien, Leder u.a. miteinander verbunden werden.

Heißklebepistole ist ein elektrisches Gerät, durch das die unterschiedlichsten Materialien miteinander verklebt werden. Beim Heißkleben wird der in die Maschine eingeführte Klebestift durch die Heißklebepistole erhitzt, wodurch beim Klebevorgang sehr präzise Klebepunkte plaziert werden können.

Heißluftpistole Ein sehr leistungsfähiger, vielseitig einsetzbarer Elektroföhn. Die H. bläst einen bis zu ca. 600° C heißen Luftstrom aus.

Heizkörperpinsel In verschiedenen Breiten und Formen erhältlicher Spezialpinsel zum Streichen schwer zugänglicher Stellen an Heizkörpern und Rohren.

Heizkörperweiß ist ein wasserverdünnbarer, hitzebeständiger und nicht vergilbender Schlußanstrich für alle Stahl- und Gußeisen-Heizkörper im Innenbereich. Heizkörper und Rohre sollten nur in kaltem Zustand gestrichen werden. Beim Anheizen entsteht keine Geruchsbelästigung. Blankgeschliffene Stellen sind mit Metallgrund vorzustreichen.

Henkellocheisen Mit diesem Eisen schlägt man Löcher in Leder, Pappe, Gummi etc. Das Vorderteil des Eisens wird an die zu bearbeitende Stelle des Materials gesetzt. Durch Hammereinschlag auf die Hinterseite des Eisens entstehen die gewünschten Löcher. Henkellocheisen sind in verschiedenen Größen erhältlich.

High Solid Technologie d.h. weniger Lösemittel, dafür aber neue Bindemittel in hochwertigen, aktuellen Lacken.

Hartmetallfräse(r) ist ein Zubehörwerkzeug für Oberfräsen. Der Fräserwerkstoff ist gehärteter Stahl. Die Schneiden sind mit Hartmetallplättchen bestückt. Beim Nachschleifen der Schneidflächen entsteht immer Materialverlust. Irgendwann ist der Fräser nicht mehr nachschleifbar. Der H. ist besonders geeignet für harte Materialien, wie Harthölzer, Kunststoffe, Acrylglas und Spanplatten. Für Weichholz und Aluminium eignen sich HSS-Fräser besser.

Hobel unterscheidet man nach Handhobel, elektrischem Handhobel und stationärer Hobelmaschine. Alle Werkzeuge werden zum Glätten von Oberflächen und zur Maßhaltigkeit von Werkstücken verwendet. Beim Handhobel unterscheidet man zwischen Schrupp- und Schlichthobel. Der Schrupphobel nimmt große Späne vom Werkstück ab, um es schnell auf Maß zu bringen. Mit dem Schlichthobel wird zum Schluß die Oberflächengüte hergestellt. Die Hobelmaschine eignet sich vornehmlich für große Werkstücke und Holzplatten.

Bitte lesen Sie weiter auf Seite 139

Fortsetzung von Seite 138

In der Maschine befinden sich die Messer, die je nach Zustellung große oder kleine Späne vom Werkstück abnehmen. Die maximale Zustellung sollte 5 mm nicht überschreiten, da sonst die Standzeit des Werkzeuges stark reduziert wird.

Höhenmessung Zur H. eignet sich z.B. eine Schlauchwaage, ein mit Wasser gefüllter, transparenter Schlauch. Mit ihr kann man Höhenmaße über fast beliebig große Entfernungen und um Ecken herum übertragen. Zur Höhenbestimmung dient auch der Meterriß. Er liegt genau 1 m über der Oberkante des fertigen Fußbodens. Zur H. eignet sich auch ein Laser-Nivelliergerät.

Hohlbeitel sind Stechbeitel, deren Klingen in Querrichtung leicht gebogen sind. Man unterscheidet zwischen Innen- und Außenschliff des Hohlbeitels. H. mit Außenschliff dienen dazu, Hohlprofile auszustechen, diejenigen mit Innenschliff dagegen braucht man zum Anfertigen ovaler Oberflächen an Werkstücken. Sie dienen also zur Formgebung von Hölzern.

Hohlkammersteine können aus Grundstoffen mit dichtem oder auch porigem Gefüge bestehen, haben aber immer einen Lochanteil von mindestens 15 % und somit sehr gute Wärmedämm-Eigenschaften.

Hohlraumdübel halten durch Formschluß in plattenförmigen Baustoffen, z. B. in abgehängten Plattendecken oder Gipskarton-Wänden. Angeboten in verschiedenen Ausführungen aus Nylon oder Metall.

Hohlraumdämpfung Dämmmaterial mit guten schalldämmenden Eigenschaften, z.B. Mineralfaserdämmstoff, in zweischaligen Wandkonstruktionen zwischen den Wandschalen zur Dämpfung der Schallübertragung eingesetzt.

Holz Das ideale Baumaterial. Bereits seit Jahrtausenden gehört es zum Alltag, und auch heute hat Holz als Bau- und Werkstoff nichts an Aktualität eingebüßt. Natürlich wachsender Rohstoff, ebenso leicht zu gewinnen wie zu bearbeiten. Das beginnt mit der richtigen Auswahl des Holzes. Der Heimwerker sollte sich bei den Vorzügen der jeweiligen Holzarten auskennen. Umfangreiche Informationen dazu finden Sie in nahezu allen Kapiteln dieses Buches.

Holz-Imprägnierung Wo Holz normalen oder gar extremen Witterungseinflüssen ausgesetzt wird, ist es durch eine Imprägnierung zu schützen. Das Holz wird widerstandsfähig gegen Schädlinge und Feuchtigkeit. Oft enthalten gebrauchsfertige Imprägniermittel giftige Wirkstoffe, um Pilze und Insekten abzutöten.

Holzbalkendecken Decken, deren tragende Konstruktion aus Vollholzbalken, Brettschichtträgern oder Balken mit zusammengesetzten Querschnitten besteht.

Holzbeize läßt sich bequem verarbeiten und ist schnelltrocknend. Verschiedene wasserbasierte Holzfarbtöne sind untereinander mischbar. Speichel-/schweißecht. Unbedenklich für Kinderspielzeug nach Trocknung des Anstrichs.

Holzdübel sind glatte oder geriffelte Holzstäbe mit verschieden großen Durchmessern und Längen. Neben den Dübelstäben gibt es auch Fertigdübel mit verschiedenen Abmessungen als Riffel-, Spiral- sowie Quelldübel. Durch die Rillen und die Quelleigenschaften schmiegen sich die Dübel enger an die Dübellochwandung an. Sie erhöhen dadurch die Verzahnung. Die Dübelverbindung hält somit besser. Das Dübeln ist eine feste Verbindungsart. H. eignen sich für stumpfe und für Gehrungsverbindungen in Vollholz, Tischlerplatten und Spanplatten.

Holzeigenschaften Jede Holzart besitzt spezielle Eigenschaften, die maßgeblich ihre Einsatz- oder Verwendungsmöglichkeiten bestimmen. Wichtige Eigenschaften sind beispielsweise die Elastizität, Härte des Holzes, Witterungsbeständigkeit und die Kriterien für die Bearbeitung.

Holzfarbe Deckende H. macht das Holz wetterfest und bietet Intensivschutz vor Nässe, UV-Strahlung und Umwelteinflüssen. Bei neuen oder stark verwitterten Nadelhölzern ist für einen wirkungsvollen vorbeugenden Tiefenschutz vor Schimmel-Bläuepilzbefall eine Grundierung erforderlich.

Holzfaserplatten Dieser Plattenwerkstoff erhält seine Konsistenz durch die Verfilzung der zerfaserten Holz- oder linozellulosehaltigen Rohstoffe und der zugesetzten Bindemittel. Die Eigenschaften der H. können durch Preßdruck, Temperatur, Additive und Oberflächenbehandlung verändert werden. Nach Festigkeit wird zwischen weichen, mitteldichten und harten H. unterschieden. Weiche H. werden auch zur Wärme- und Schalldämmung eingesetzt.

Holzfußboden ausgleichen Notwendige Maßnahme, wenn es um nachträgliche Fußbodenaufbauten geht wie z.B. Fliesenbelag oder Trockenestrich zur Trittschallverbesserung. Verwendet wird u.a. Fließspachtel oder Trockenschüttung.

Holzhärte Die Härte der verschiedenen Holzarten ist sehr unterschiedlich. Mit steigender Dichte des Fasergefüges steigt auch die Härte des Holzes. Zur Unterscheidung der unterschiedlichen Härten hat man das Holz in drei Kategorien eingeteilt. Nur einige der bekannten Holzarten werden nachfolgend aufgeführt: Hart bis mittelhart: Eiche, Lärche, Ulme. Weich: Fichte, Tanne, Birke, Kiefer. Sehr weich: Balsa. Die Holzhärteskala läßt sich nicht durch ein enges Schema begrenzen. Die Grenzen zwischen hart bis mittelhart und weich sind fließend.

Holzhammer Für Stechbeitel mit gefaßtem Heft sollte man auf keinen Fall einen normalen Stahlhammer benutzen, da dieser das Holzheft beschädigen würde. Ein H. hingegen nimmt einen Teil der Schlagenergie auf und verformt nicht das Heft des Beitels. Er hat die gleiche Aufgabe wie der Gummihammer. Auch beim Schnitzen werden Holzhämmer verwendet.

Holz-Imprägnierung wirkt vorbeugend gegen Fäulnis, Bläue (Bläuepilz) und Insektenbefall. Sie ist wasserabweisend und vermindert das Quellen und Schwinden. Die H. wird zur Behandlung aller Hölzer in allen Bereichen wie z.B. Fenster, Türen, Gartenmöbel, Dachstühle u.s.w. eingesetzt.

Holz-Isoliergrund auf Wasserbasis vermindert das Durchschlagen von wasserlöslichen Holzinhaltsstoffen und verbessert die Haftung der nachfolgenden Anstriche.

Holzkonsolen sind Träger aus Holz für Auflagen und Borde. Neben Holzkonsolen werden sehr oft auch Metallkonsolen eingesetzt.

Holzlack Wasserbasierter Lack für schmutz- und wasserabweisende sowie strapazierfähige Oberflächen. Als Erst- bzw. Renovierungsanstrich erhöht er die Wirkung der Holzmaserung; als Versiegelung von gebeiztem Holz schützt und unterstreicht er die Farbkraft von Holzbeizen.

Holzmöbelfüße eignen sich für Tische, Stühle, Schränke usw. Kunstvolle Holzmöbelfüße können durch Drechseln auch selbst hergestellt werden.

Holzpaste ist ideal für die Ausbesserung größerer Oberflächenschäden wie Löcher, Risse oder Unebenheiten. Viele aktuelle Holztöne auf Naturholzbasis stehen zur Auswahl. H. ist überstreich-, bohr- und schleifbar. Die zahlreichen angebotenen wasserbasierten Holztöne sind leicht zu verarbeiten.

Holzpflege-Öl erhöht deutlich die Widerstandsfähigkeit der Holzoberfläche, z. B. gegen Wasser und Alkohol.

Holzraspel Für grobe Abtragsarbeiten an Holz werden Raspeln verwendet, die sich im Hieb von den Feilen unterscheiden, d.h. die Beschaffenheit der Raspel-/Feilenoberfläche in Form von Zähnen ist unterschiedlich: bei der Raspel grob, bei der Feile fein. Je nach Zahl der Hiebe (Hiebzahl) unterscheidet man

Bitte lesen Sie weiter auf Seite 140

Fortsetzung von Seite 139

drei Hiebnummern (1,2,3). Unter Hiebzahl versteht man die Anzahl der Einhiebe je Quadratzentimeter Raspelfläche. Man unterscheidet bei Raspeln in flachstumpfe Holzraspeln, halbrunde Holz-, Kabinett- und runde Holzraspeln.

Holzschrauben Schrauben mit einem schwach kegeligen Schaft zum Eindrehen in Holz oder andere weiche Materialien. Sie sind im Handel in den unterschiedlichsten Kopfformen, Stahlqualitäten, Durchmessern und Längen erhältlich, werden aber immer mehr durch Spanplatten-Schrauben verdrängt.

Holzschutz Nicht gleich zur „chemischen Keule" greifen! Um Holz vor Schäden zu bewahren, muß es sinnvoll geschützt werden.
Die Möglichkeiten, Holzschädigungen vorzubeugen, beginnen schon beim „konstruktiven Holzschutz". Dabei geht es lediglich um die Berücksichtigung verschiedener baulicher, konstruktionsbedingter Kunstgriffe. Dem Wetter ausgesetzte Hölzer sollten zum Beispiel keine waagerechten Flächen aufweisen, auf denen sich Wasser sammelt, Bodenkontakte können durch Metallständer oder Betonsockel vermieden werden.
Dort, wo das Risiko von Pilzbefall unvermeidlich ist, ist chemischer Holzschutz notwendig. Ob und welcher dann angewandt wird, ist vor allem abhängig von der Holzart. Dabei gilt: Wenn chemischer Holzschutz unvermeidbar ist, muß er auch *im* Holz wirken können, denn *auf* der Holzoberfläche ist er zwecklos. Ziel muß sein: So viel Schutz wie möglich, so wenig Chemie wie nötig!
Hintergrund des physikalischen Holzschutzes ist, das durch Wettereinflüsse (z.B. Sonnenlicht) hervorgerufene Verwittern der Holzzellen zu verringern und Feuchtigkeitsaufnahme des Holzes zu reduzieren. Beides bereitet holzzerstörenden Pilzen freie Bahn. Hier sind deckende Holzfarben und Lacke sowie transparente Lasuren hilfreich. Lasuren zeichnen sich dabei durch ihre gute Haftung und ihr tieferes Eindringen in die Holzzellen aus. Die Zellen bleiben dabei für die Verdunstung von Wasser frei (diffusionsoffen). Das Holz bleibt so trocken und geschützt.

Holzschutz-Grund eignet sich zum Imprägnieren und Grundieren von rohem und verwittertem Holz; besonders für alle Hölzer im Außenbereich sowie für die Innen- und Außenseiten von Fenstern und Außentüren. H. ist ferner ein tiefenwirksamer vorbeugender Schutz vor Bläue und Schimmel auf Wasserbasis. Außerdem verbessert er die Haftung nachfolgender Anstriche, verhindert das Verfärben des Holzes sowie der Folgebeschichtung und eignet sich als Voranstrich für alle Lasuren und Holzfarben, die im Außenbereich eingesetzt werden. H. ist farblos und schnelltrocknend.

Holzspaltkeile verwendet man zum Verkeilen und Spalten von Holzblöcken.

Holzspiralbohrer besitzen zwei Vorschneider, eine geschliffene Zentrierspitze, Fase und Schneiden. Durch die wendelförmigen Nuten verfügt er über eine gute Spanabfuhr. Hergestellt ist der H. aus CV-Stahl. Einsatzgebiete: Hart- und Weichholz, beschichtete und unbeschichtete Spanplatten und Sperrholz. Geeignet auch zum exakten und splitterfreien Bohren.

Holzunterkonstruktion Die Grund- und Traglattung, auf der die Beplankung montiert wird. Sie dient weiterhin dem Ausgleich von Unebenheiten des Verlegeuntergrundes. Je nach statischen Erfordernissen darf ein bestimmter Achsabstand nicht überschritten werden. Am besten geeignet sind gehobelte (je nach Einsatz evtl. imprägniert) Fichtenholz-Dachlatten der Dimensionen 40/60 mm oder 30/50 mm.

Holzverbinder sind gebogene oder gerade Metallwinkel, die man mit Schraubnägeln an Holzbalken befestigt. Die H. werden in den unterschiedlichsten Formen angeboten, damit sie so möglichst vielen statischen und bautechnischen Problemen gerecht werden können.

Holzveredelung Holz kann man mit verschiedenen Schutzschichten (Grundierung, Lack, Lasur, Wachs, Beize, Holzöl, Holz-Imprägnierung) überziehen, um Feuchtigkeits- und Hitzeschäden, Kratzern und Schädlingen vorzubeugen.

Holzwinkel Ein Meßgerät (z.B. Zimmermanns-, Schlosserwinkel) um die Winkeligkeit eines Holzwerkstückes festzustellen. Er besteht komplett aus Holz. Die am meisten verwendeten H. sind die 90°-Winkel. Man legt sie so an das Werkstück, daß man erkennen kann, ob zwischen Meßgerät und Werkstück ein Spalt entsteht.

Holzwolle-Leichtbauplatten aus Holzwolle und Zement gepreßte Platten, häufig mit Styroporkern zur Verbesserung der Wärmedämmfähigkeit. Sehr guter Putz-Untergrund.

HSS-Bohrer sind aus Hochleistungsschnellschnittstahl hergestellt. Bei den H. gibt es wiederum verschiedene Qualitätsstufen, die von Legierung und Anschliff abhängen. Einsatzgebiete für H. sind: Stahl, Stähle mit hoher Festigkeit und hohem Legierungsanteil, Stahlguß (legiert und unlegiert), Grau-, Temper-, Druckguß, Messing und Aluminiumlegierungen. Bestimmte Ausführungen eignen sich auch für schwer zerspanbare Werkstoffe und Schweißnähte.

HSS-Fräser sind Werkzeuge für die Oberfräse. Sie bestehen aus Hochleistungsschnellschnittstahl. H. eignen sich besonders gut für Weichholz und Aluminium, besitzen aber auch noch gute Standzeiten in Hartholz. H. werden wie HM-Fräser in unterschiedlichsten Ausführungen angeboten.

Hub Arbeitsvorgänge, die durch Hubbewegungen ausgeführt werden, findet man bei Stichsägen, Säbelsägen, Scheren etc. Hubbewegungen sind die Auf- und Abbewegungen des Einsatzstücks (z.B. Sägeblatt). Durch Hubbewegungen bei schlagend/drehenden Elektrowerkzeugen (Schlagbohrmaschinen etc.) wird das Gestein zerschlagen. Der Arbeitshub des Exzenters bei Schwing- und Exzenterschleifern ist eine wichtige Größe für die Abtragsleistung.

Hubzahl Hubzahl bezeichnet die Anzahl der Hubbewegungen. Die H. ist bei verschiedenen Elektrogeräten einstellbar.

Hydraulischer Mörtel Gemisch aus Sand, Zement und/oder hydraulischem/hochhydraulischem Kalk und Wasser, der, nach mehrtägiger Luftlagerung, auch ohne das Kohlendioxid der Luft (z.B. unter Wasser) aushärtet.

Imprägnierte Gipskartonplatten Speziell behandelte GK-Platten zum Einsatz in Feuchträumen. Sie bieten einen verbesserten Schutz des Gipskerns vor eindringender Feuchtigkeit.

Inbusschlüssel ist ein Werkzeug, um Innensechskant-Schrauben anzuziehen oder zu lösen. Eine Innensechskantschraube besitzt einen zylindrischen oder einen Senkkopf, in dem sich eine sechseckige Vertiefung befindet. Um mit diesen Schrauben arbeiten zu können, benötigt man I., die es in verschiedenen Größen gibt.

Injections-Kartuschen enthalten einen hochfesten schnell abbindenden Zwei-Komponenten-Kunstharzmörtel. Dieser Verbundmörtel verankert spreizdruckfrei. Das Auspressen der Kartuschen erfolgt mit gängigen Auspreßpistolen.

Injektionsverankerung Bei der I. wird eine stoff- oder formschlüssige Verbindung mit einem Kunstharzmörtel im Verankerungsgrund hergestellt. Die Injektionsverankerung zeichnet sich durch ihre universelle Verwendung aus. Sie erzielt größtmögliche Haltewerte in allen Baustoffen.

Innendämmung Wärmedämmung einer Außenwand von innen, entweder direkt aufgeklebt und verputzt oder zwischen einem Ständerwerk verlegt. Eine Dampfbremse zur Raumseite ist erforderlich.

Inneneckenkelle Speziell geformte Kelle für Gipsarbeiten an Innenecken von Wänden.

Bitte lesen Sie weiter auf Seite 147

Dübel-Technik

Der erste Allzweck-Dübel hielt sich Jahrhunderte in ein und derselben Ausprägung: Es handelte sich um ein konisch geformtes Stückchen Holz, das man in das aufgestemmte Mauerwerk einmörtelte. Ähnlich gute Alleskönner gibt es heute immer noch, dazu aber auch jede Menge Spezialisten

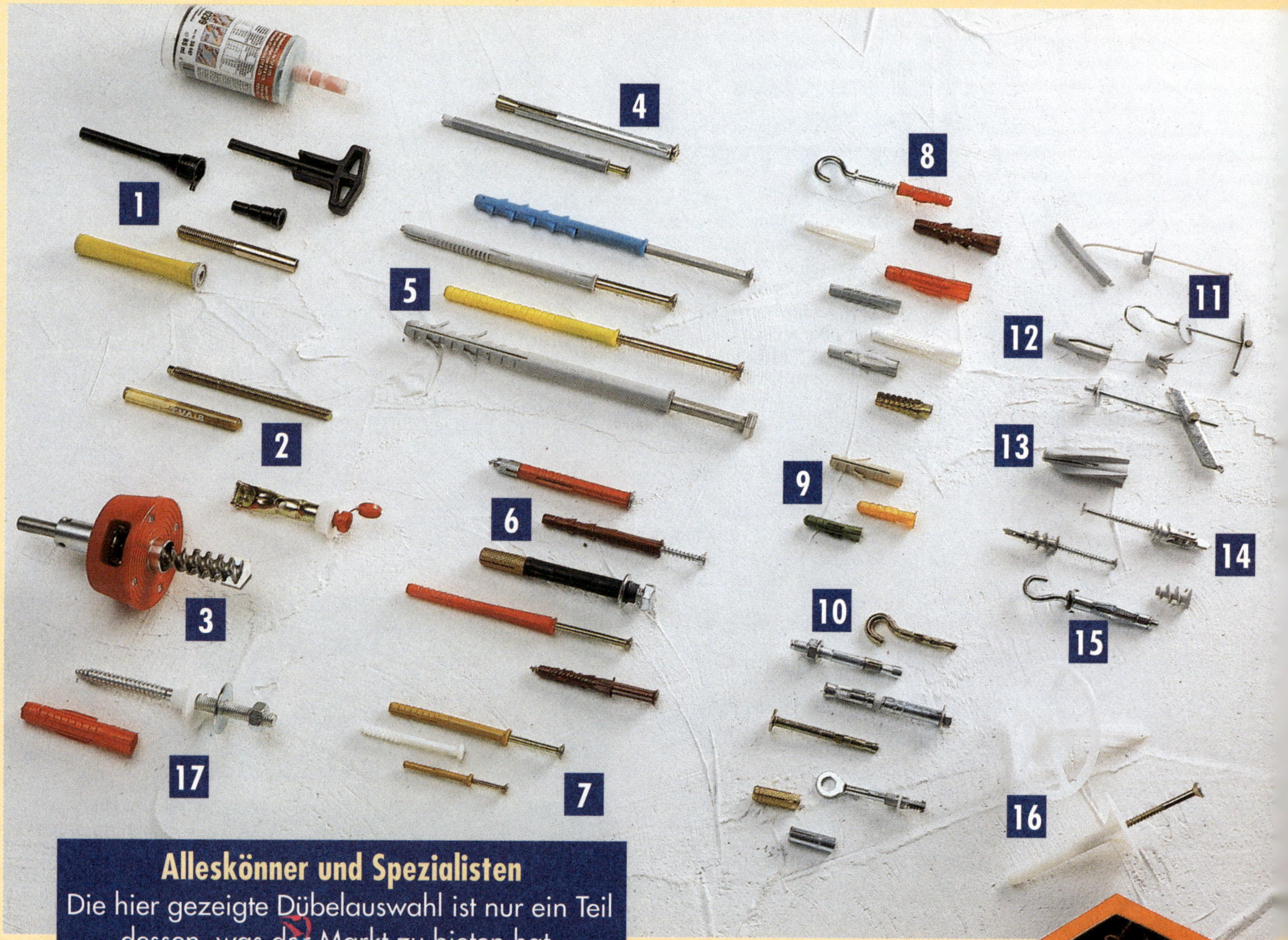

Alleskönner und Spezialisten

Die hier gezeigte Dübelauswahl ist nur ein Teil dessen, was der Markt zu bieten hat. Wir haben aus den wichtigen Dübelgruppen ein paar typische Vertreter ausgewählt

1-3 Verbundbefestigungen (1 Netzanker mit Mörtelpresse, 2 Verbundanker, 3 Mörtel-Injektionsanker mit Konusbohrer), 4-7 Rahmendübel (4 Fenster-Rahmendübel, 5 Fassadendübel, 6 Allzweck-Rahmendübel aus Metall und Kunststoff, 7 Nageldübel) 8 Allzweck- und Universaldübel 9 Spreizdübel, 10 Ankerbolzen, Deckenschnellanker und Messingspreizdübel für Beton-Gründe, 11 Kipp- und Federklappdübel aus Metall und Nylon 12 Kunststoff-Hohlraumdübel, 13 Porenbetondübel, 14 Gipskartondübel, 15 Metall-Hohlraumdübel, 16 Dämmstoff-Dübel, 17 Befestigungsset für Waschtische mit Dübel und Stockschraube

Der erste maschinell hergestellte Dübel war ein Spreizdübel

Die Urform der Dübel-Technik wurde weiterentwickelt, nachdem man gelernt hatte, mittels Handschlagbohrer runde Löcher in massives Mauerwerk zu treiben. Diese wurden dann meist mit Faserstoffen wie Flachs und Hanf gefüllt, die beim Eindringen einer Schraube verspannt und gegen die Bohrloch-Wandung gepreßt wurden und durch Reibung hielten – damit war der erste Spreizdübel geboren. Der später maschinell hergestellte Faserdübel trug eine Blech-Ummantelung. Ende der 50er Jahre wurde er vom noch heute gängigen Kunststoff-Spreizdübel abgelöst.

1. Baustoff-Vielfalt

Doch schon bald erforderten neue Baustoffe auch Weiterentwicklungen in der Dübel-Technik. Hohlkammersteine und Leichtbaustoffe wie Porenbeton, die einfacher zu handhaben waren und bessere Dämmeigenschaften aufwiesen, setzten sich zunehmend durch. Hinzu kam: Man entdeckte die Vorzüge der Trockenbauweise. Damit betraten unter anderem die heute so beliebten Gipskartonplatten die „Baustoff-Bühne“. Mit welchen Baustoffen Sie heute rechnen müssen, wenn Sie ein Dübelloch bohren, haben wir in Diagramm 1 zusammengestellt. Es zeigt die im Bauwesen übliche Einteilung von Baustoffen. Die Obergruppen sind – von links nach rechts – mit abnehmender Festigkeit aufgeführt.

Neue Baustoffe waren leichter und dämmten besser

2. Richtig bohren

Ob Sie es mit einem festen oder weicheren Baustoff, einem massiven oder einem Hohlkammerstein zu tun haben, merken Sie spätestens, wenn Sie das Dübelloch bohren. Wissen Sie nicht, aus welchem Baustoff die Wand besteht, sollten Sie die Bohrmaschine zunächst im Drehgang laufen lassen. Das Schlagwerk nur dann zuschalten, wenn Sie keinen Fortschritt erzielen. Bei Lochsteinen besteht die Gefahr, daß durch's Schlagbohren die Stege wegbrechen. Geht der Bohrer im Drehgang durch „wie Butter“, können Sie von einem weichen Baustoff ausgehen. Rutscht er plötzlich ins Leere und trifft dann nochmal auf Widerstand, handelt

Es empfiehlt sich, zunächst im Drehgang zu bohren

1

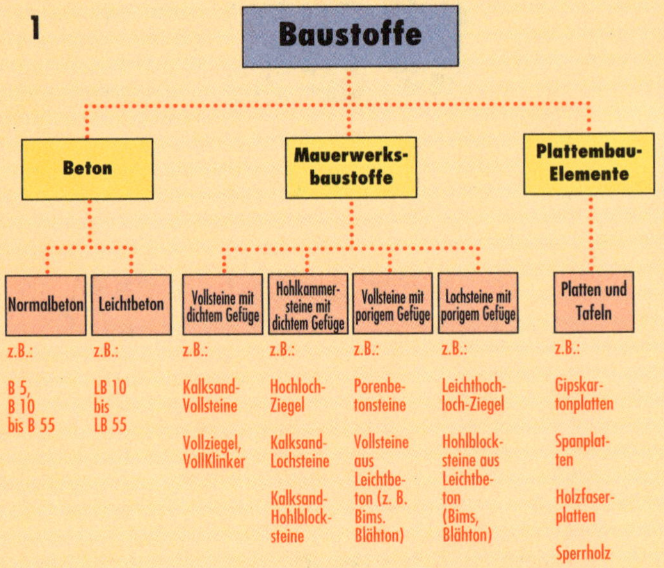

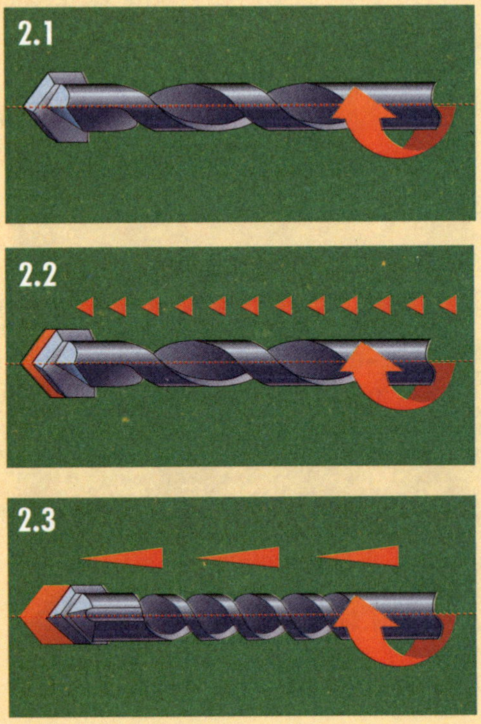

Bohrverfahren: *Baustoffe mit porigem Gefüge und Platten lassen sich im Drehgang bohren. Die spiralförmige Schneide des Bohrers reicht aus, um das Material abzutragen (2.1). Mit Schlag bohrt man Baustoffe mit dichtem Gefüge. Dabei wird der Bohrer durch viele leichte Schläge der Maschine vorwärtsgetrieben (2.2). Der Bohrhammer arbeitet mit weniger, dafür aber wesentlich kräftigeren Schlägen (2.3), für Beton*

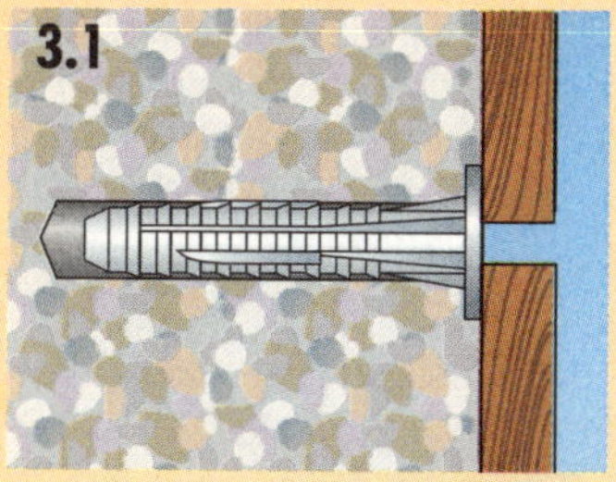

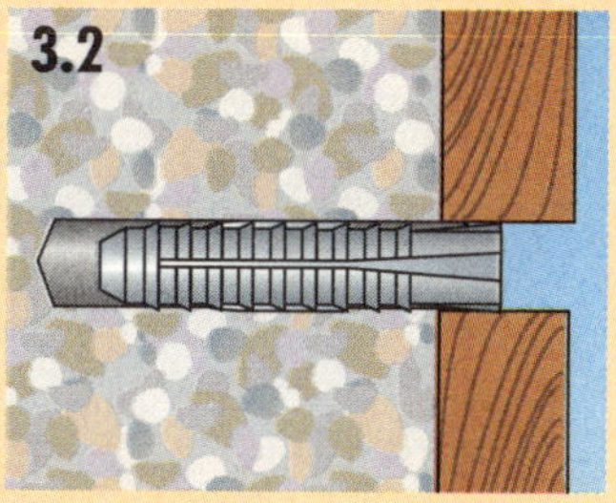

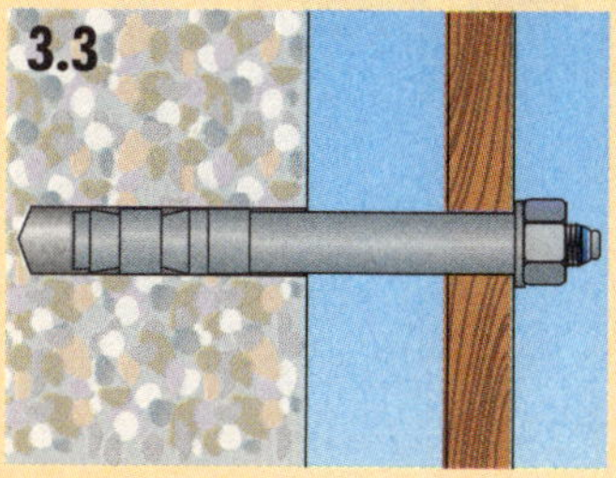

Montage-Arten: *Bei der Vorsteckmontage (3.1) schließt der Dübel bündig mit der Baustoff-Oberfläche ab. Wenn der Dübel durch das Montageteil in das Bohrloch gesteckt wird, spricht man von Durchsteck-Montage (3.2), während bei der Abstands-Montage (3.3) das Anschluß-Bauteil mit definiertem Abstand fixiert wird*

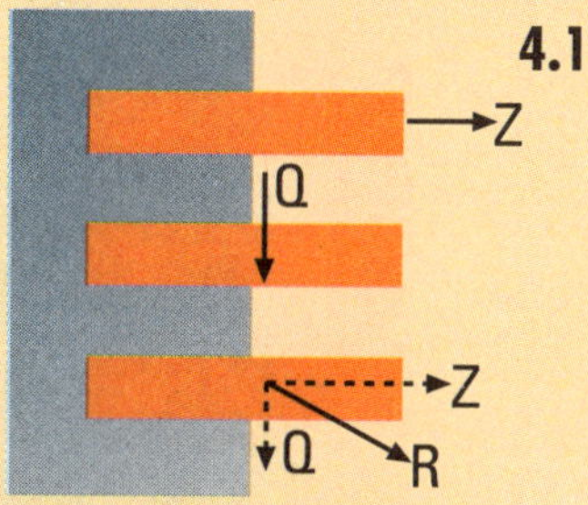

Dübel-Beanspruchung: *Auf eine Dübelbefestigung können die verschiedensten Kräfte einwirken. Es gibt drei Belastungsrichtungen: in Achsrichtung Zug- (Z) bzw. Druckkräfte, vertikal den Querzug (Q) sowie den Schrägzug (R), der sich aus den Zug- und Querkräften addiert*

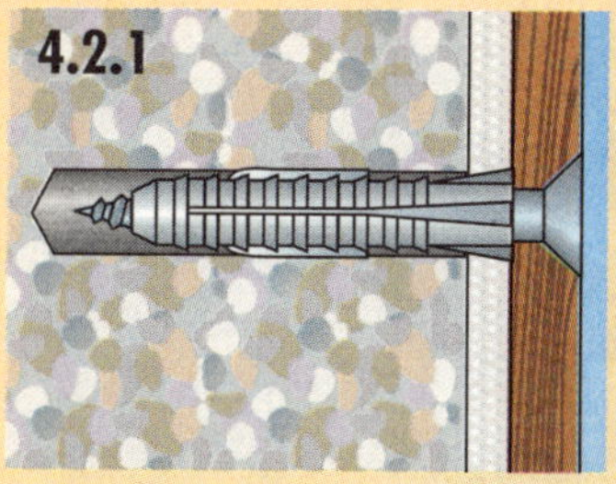

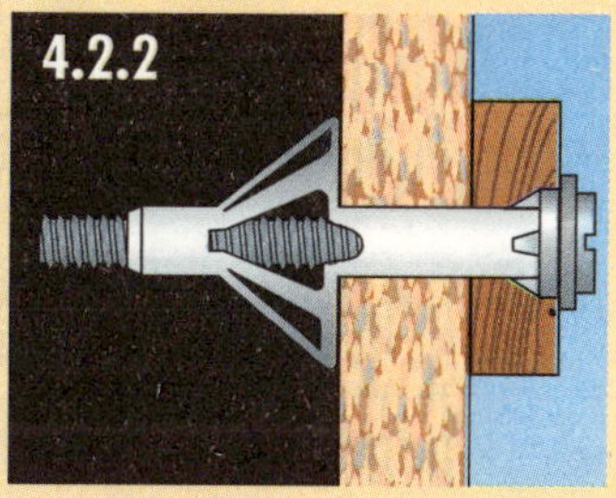

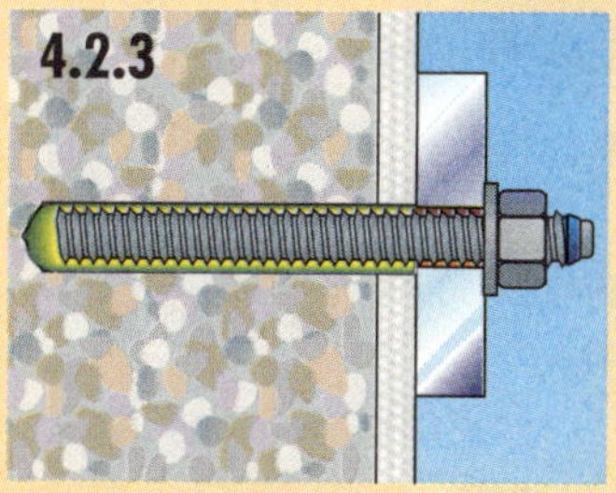

So halten Dübel: *Beim Reibschluß (4.2.1) wird der gespreizte Dübel an die Bohrlochwand gedrückt und trägt durch Reibung. Beim Formschluß (4.2.2) paßt sich der Dübel der Geometrie der Umgebung an. Beim Stoffschluß (4.2.3) verbindet er sich durch Mörtel oder Kunstharz stofflich mit dem Ankergrund*

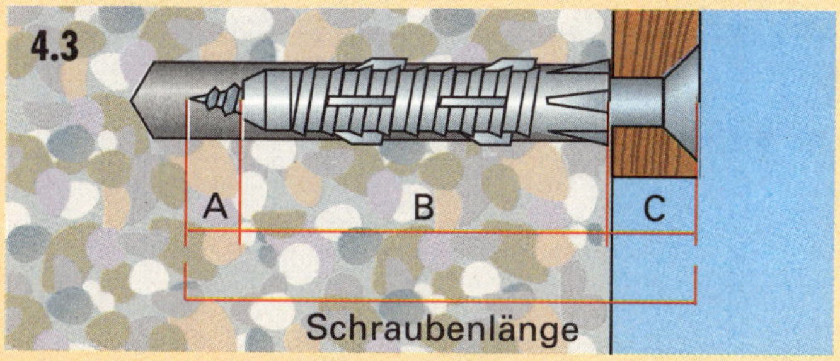

Korrekte Verhältnisse:
1. Bohrlochtiefe = B (Dübellänge) + 10 mm,
2. Schraubenlänge = A (Schraubendurchmesser) + B + C (Montageteil),
3. Bohrerdurchmesser = Dübeldurchmesser

Das Bohrmehl läßt auf den Baustoff schließen

es sich mit ziemlicher Sicherheit um einen Kammerstein. Die Analyse des Bohrmehls gibt weitere Hinweise: Ist es rot, hat man es meist mit einer Ziegelwand zu tun, Weiß deutet auf Kalksandstein hin, während Grau auf Beton schließen läßt. Zum Bohren von Beton setzt man am besten einen Bohrhammer ein, der mit wesentlich höherer Schlagenergie arbeitet (2.1 bis 2.3). Das Dübelloch exakt rechtwinklig zum Mauerwerk bohren und immer etwas tiefer als nötig. 10 mm Sicherheits-Reserve werden empfohlen – für den Fall, daß trotz sorgfältiger Säuberung Bohrmehl im Dübelloch verbleibt.

3. Montage-Arten

Vorsteck-Montage

Auch die Montage-Art hat Einfluß auf die Dübelwahl. Man unterscheidet Vorsteck-, Durchsteck- und Abstands-Montage (3.1 bis 3.3). Bei der Vorsteck-Montage schließt der Dübel bündig mit der Oberfläche des Verankerungsgrundes ab. Das Bohrloch ist größer als das Loch im Anschluß-Bauteil. Der Nachteil beim Arbeitsablauf: Man muß die Lochabstände des Montageteils auf den Verankerungsgrund übertragen.

Durchsteck-Montage

Bei der Durchsteckmontage entfällt dieser Schritt. Man bohrt das Dübelloch in einem Arbeitsgang durch die Löcher des Anschluß-Bauteils. Beide haben also den gleichen Durchmesser. Der Dübel wird durch das Bauteil in das Bohrloch gesteckt und verspreizt.

Abstands-Montage

Die Abstands-Montage wendet man z. B. bei Fassaden-Elementen an, die aufgrund der dazwischenliegenden Dämmung und des erforderlichen Luftraumes in einem bestimmten Abstand vor der Verankerungsfläche fixiert werden müssen.

4. So halten Dübel

Dübelbefestigungen können in unterschiedlicher Weise belastet werden, wobei die Kräfte in drei Richtungen wirken können. Man bezeichnet diese als Zug, Querzug und Schrägzug (4.1). Die auftretenden Kräfte muß der Dübel sicher in den Verankerungsgrund leiten können. In der modernen Dübeltechnik nutzt man dazu drei verschiedene Tragmechanismen: Reibschluß, Formschluß und Stoffschluß (4.2.1 bis 4.2.3). Zur

Halte-Mechanismen

Zulässige Lasten und Bruchlastwert

Beschreibung der jeweiligen Haltewerte ist der Begriff „zulässige Gebrauchslast" derjenige, der den Anwender interessiert. Angegeben ist er in Kilonewton (kN). 1 kN entspricht etwa 100 Kilopond (kp). Die angegebenen Gebrauchslasten liegen – bedingt durch die Abrechnung eines Sicherheitsfaktors – deutlich unter dem „Bruchlastwert", dem Wert, bei dem unter Laborbedingungen das Mauerwerk versagt, die Schraube bricht oder der Dübel aus dem Loch gezogen wird. Bei Kunststoffdübeln rechnen die Hersteller mit 5facher, bei Metalldübeln mit 3facher Sicherheit.

Den größten Schraubendurchmesser wählen

Um die maximalen Haltewerte zu erreichen, sollten die Schrauben immer den – in Hinblick auf den Dübel – größtmöglichen Durchmesser aufweisen. Die Schrau-

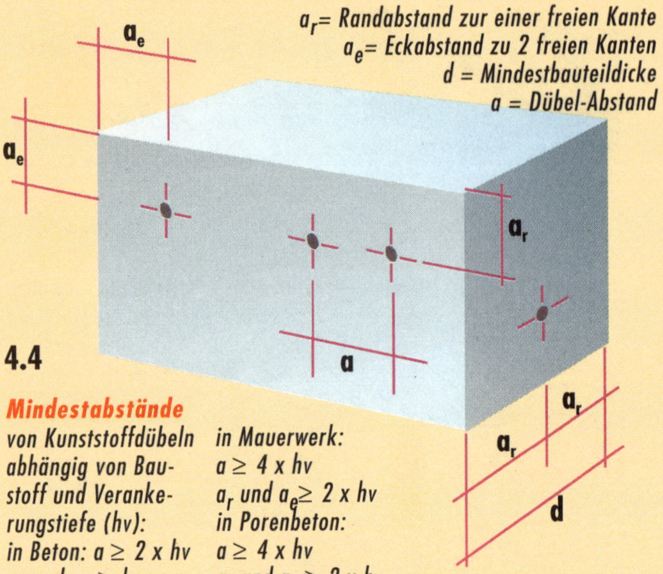

4.4

Mindestabstände *von Kunststoffdübeln abhängig von Baustoff und Verankerungstiefe (hv): in Beton: $a \geq 2 \times hv$, a_r und $a_e \geq hv$; in Mauerwerk: $a \geq 4 \times hv$, a_r und $a_e \geq 2 \times hv$; in Porenbeton: $a \geq 4 \times hv$, a_r und $a_e \geq 2 \times hv$*

Tabelle: Welcher Dübel eignet sich bei welchem Baustoff?

Dübel-Auswahl: *Dieser Tabelle können Sie entnehmen, welcher Dübel für welchen Baustoff geeignet ist. Da wir in dieser „Grundwissen"-Reihe nicht alle auf dem Markt erhältlichen Produkte aufführen können, haben wir uns hier auf eine Auswahl aus einem Hersteller-Programm beschränkt*

	Normalbeton	Leichtbeton	Vollziegel	Klinker	Kalksand-Vollstein	Hochlochziegel	Kalksand-Lochstein	Kalksand-Hohlblockstein	Beton-Hohlblockstein	Vollstein aus Leichtbeton	Porenbeton	Leichthochlochziegel	Leichtbeton-Hohlblockstein	Gipsdielen	Gipskartonplatten	Gipsfaserplatten	Spanplatten	Hartfaserplatten	Sperrholz
Kunststoff-Allzweckdübel	●	●	●	●	●	●	●	●	●	●	●	●	●	●	●	●			
Kunststoff-Spreizdübel	●	●	●	●	●														
Knet-Dübel			●	●	●						●			●					
Nagel-Dübel	●	●	●	●	●														
Kunststoff-Allzwecklangdübel	●	●	●	●	●	●	●	●	●	●	●	●	●	●	●	●			
Metrische Langdübel	●	●	●	●	●	●	●	●	●	●	●	●	●						
Metall-Rahmendübel	●	●	●	●	●	●	●	●	●	●		●	●						
Feder-Klappdübel															●	●	●	●	●
Kippdübel															●	●	●	●	●
Metall-Hohlraumdübel														●	●	●	●	●	●
Schnell-Deckenanker	●																		
Messing-Spreizdübel	●	●	●	●	●														
Maschinen-Dübel	●																		
Bolzen-Anker	●																		
Schwerlast-Anker	●																		
Verbund-Anker	●																		
Allzweck-Dämmstoff-Dübel	●	●	●	●	●	●	●	●	●	●	●	●	●	●					

Quelle: Tox-Dübel

Allzweckdübel:

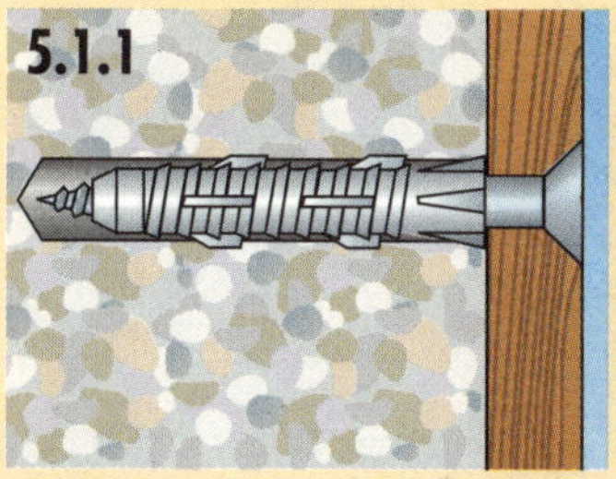

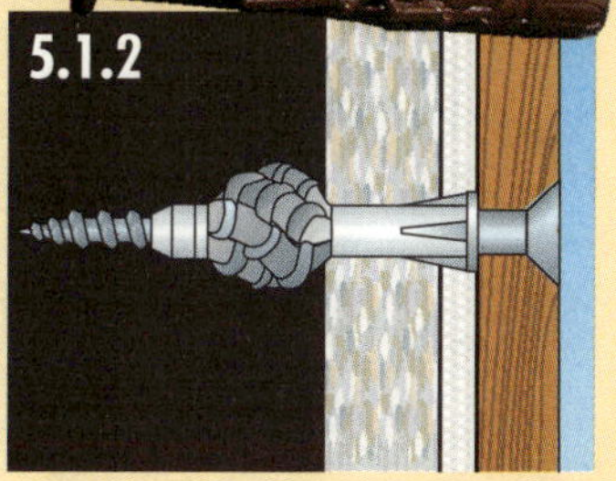

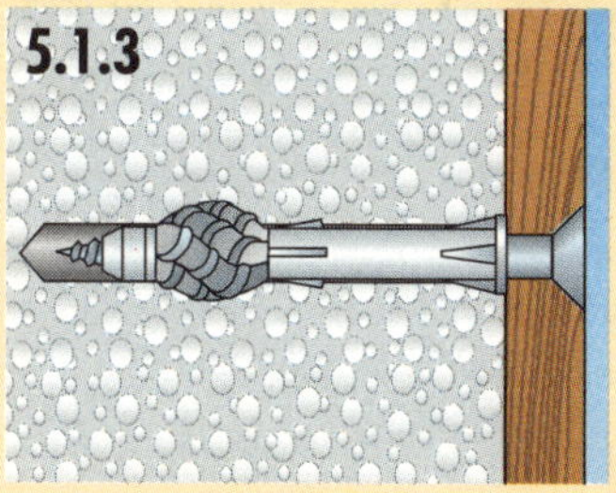

Alleskönner: *Der eine nennt sie Allzweck-, der andere Universaldübel. Kennzeichnend für diese Spezies ist, daß sie sowohl den Reibschluß (5.1.1) als auch den Formschluß (5.1.2) perfekt beherrschen. Die lange Ausführung des Allzweckdübels (5.1.3) verknotet sich tief im weichen Baustoff Porenbeton*

Hohlraumdübel:

Formschluß-Spezialisten: *An Gipskartondecken z. B. bewähren sich Kipp- und Federklappdübel bestens. Sehr gute Haltewerte an Plattenwänden haben Metall-Hohlraumdübel, die sich beim Eindrehen der metrischen Schrauben auffalten (s. auch 4.2.2)*

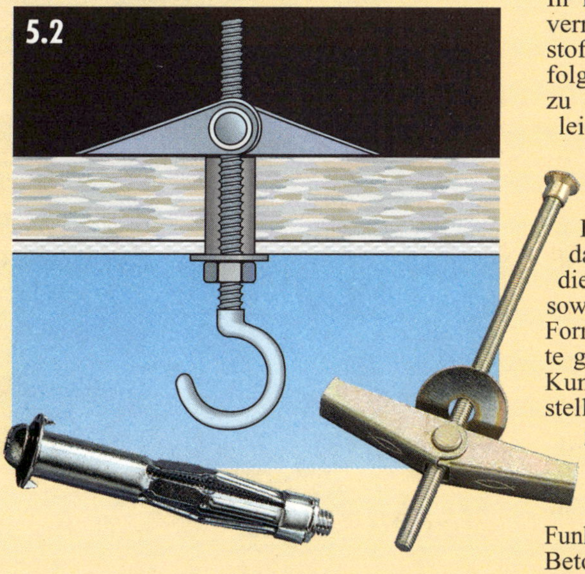

Gipskartondübel

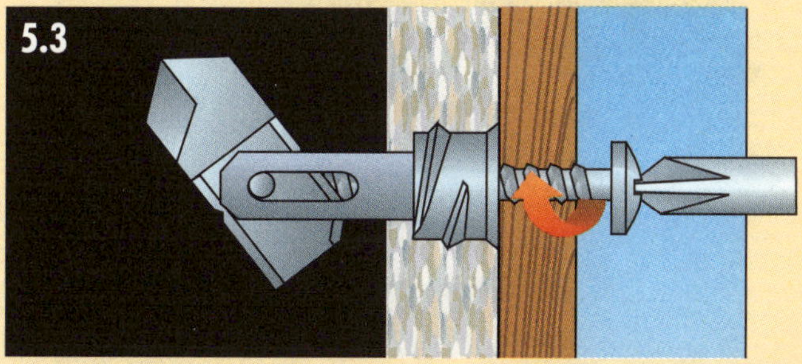

Für Gipskarton und Spanplatten: *Beim Eindrehen der Schraube klappt die Schneidespitze um 90°, bis sie als Gegenlager an der Plattenrückseite anschlägt. Der Dübelschaft ist mit einem Schneidgewinde ausgestattet*

benlänge ermitteln Sie, indem Sie die Länge des Dübels, die Dicke des Montageteils und den Schraubendurchmesser addieren. Das Ergebnis wird dann auf die nächste gängige Schraubenlänge aufgerundet (4.3).

Mindest-Abstände von Dübelbefestigungen

Damit ein Dübel hält, müssen Sie auch bestimmte Mindestabstände zu freien Kanten und Ecken des Mauerwerks sowie zwischen einzelnen Dübeln einhalten. Diese hängen u. a. entscheidend von Verankerungsgrund und -tiefe (h_v) ab. Wenn Metalldübel in Beton verankert werden, müssen Rand- und Eckabstände (a_r und a_e) sowie der Achsabstand (a) jeweils doppelt so groß sein wie die in 4.4 angegebenen Werte für Kunststoffdübel.

5. Alleskönner und Spezialisten

Die Dübel, die fast alles können

In massiven, festen Baustoffen verrichtete der Standard-Kunststoffspreizdübel lange Jahre erfolgreich seinen Dienst – bis, wie zu Beginn beschrieben, neue, leichtere Baustoffe mit besseren Wärmedämmwerten immer mehr Marktanteile erobern konnten. Folglich gingen die Bemühungen der Industrie dahin, Dübel zu entwickeln, die mehr konnten – genauer: die sowohl den Reib-, als auch den Formschluß „beherrschten". Heute gibt es diese Alleskönner aus Kunststoff in verschiedenen herstellerspezifischen Ausprägungen: ob z. B. als „Allzweck"-Dübel (von Tox) oder „Universal"- oder „Allround"-Dübel (von Fischer). Das Funktionsprinzip ist gleich: In Beton und Vollmauerwerk verspreizt er sich, in Hohlmauerwerk oder hinter Plattenbaustoffen verknotet er beim Eindrehen der Schraube (Bilder 5.1).

Hohlraum-Spezialisten

Das bedeutet aber nicht, daß man deshalb in der Disziplin „Hohlraumbefestigung" keine Spezialisten mehr braucht. So verteilen z. B. Kipp- oder Federklappdübel die Kräfte, die in Achsrichtung auf sie einwirken, durch eine vergrößerte Auflagefläche günstiger als die punktförmige Verknotung eines Kunststoff-Allweckdübels (5.2). Sie sind darum bei höheren Lasten vorzuziehen. Das gleiche trifft auf den Metall-Hohlraumdübel zu, der sich beim Eindrehen der – metrischen – Schraube hinter der Wand auffaltet (4.2.2).

Gipskartondübel

Die Spezies der Gipskartondübel trägt dem weichen Baustoff Gips Rechnung. Ihr Tragmechanismus basiert ebenfalls auf Formschluß, Er entsteht durch das grobe, in die Gipsplatte eingedrehte Gewinde. Für höhere Lasten prädestiniert ist das in Bild 5.3 gezeigte Exemplar, das sich mit seiner Schneidespitze selbst das erforderliche Loch bohrt und durch einen ausgeklügelten Mechanismus zusätzlich im Hohlraum hinter der Platte breitmacht. In diesem Zusammenhang sei auch noch der Porenbeton-Spezialdübel erwähnt, der durch eine große Kontaktfläche für guten Reibschluß sorgt und gleichzeitig für den Formschluß einen stabilen, sich in den Baustoff grabenden Spiralsteg aufweist.

Extra lang: Rahmendübel

Gilt es, besonders dicke Bauteile zu befestigen, nimmt man die langen Rahmendübel, die sich für die rationelle Durchsteckmontage, teils auch für die Abstandsmontage eignen. Meist ist die dazugehörige Schraube vormontiert. Man verwendet die Dübel z. B. zur Befestigung von Fensterrahmen, Fassaden-Unterkonstruktionen und Holzlattungen im Innenbereich. Fassadendübel benötigen immer eine allgemeine bauaufsichtliche Zulassung.

Schwerlastdübel für Beton

Diese ist immer dann vorgeschrieben, wenn bei Versagen einer Dübelbefestigung Gefahr für Leib und Leben besteht. So u. a. bei Befestigungen von Treppen, Geländern, Vordächern usw. Für derartige Einsätze eignen sich beispielsweise Metall-Bolzenanker oder Schnell-Deckenanker (5.5.1). Allerdings bieten ihnen nur feste Verankerungsgründe aus Beton den nötigen Widerstand.

Dübel, die durch Stoffschluß halten

Müssen schwere Lasten in Mauerwerk aus weicheren Baustoffen oder Hohlkammersteinen verankert werden, kommen die Injektionsanker (5.6.1) zum Zuge – die ebenfalls eine bauaufsichtliche Zulassung brauchen. Auch bei zu geringen Rand- und Achsabstände in Beton-Ankergründen – wo die Gefahr besteht, daß der Baustoff durch die Spreizwirkung des Schwerlastankers bricht – gibt es mit dem Verbundanker (5.6.2) eine Lösung. Beide Befestigungssysteme basieren auf dem Stoffschluß. Beim erstgenannten sorgen Mörtel, beim zweiten Reaktionsharze als Verbindungsmedium für eine spreizdruckfreie, sehr belastbare Verankerung. □

Rahmendübel:

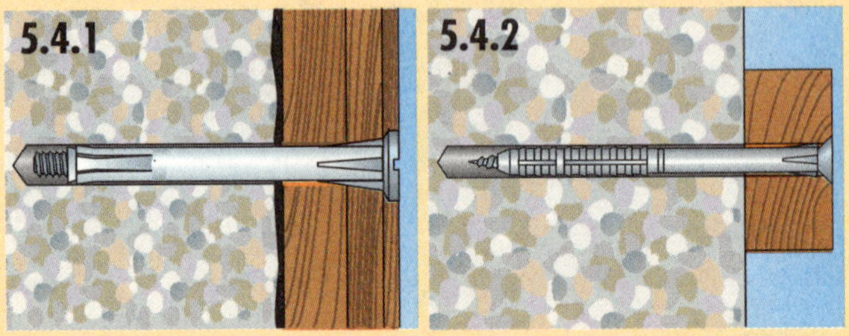

Spezialisten für die schnelle Durchsteckmontage: *Zwei klassische Einsatzgebiete für Rahmendübel aus Metall und Kunststoff: Befestigung von Fensterrahmen (5.4.1) und Andübeln von Unterlattungen (5.4.2)*

Schwerlast-/Deckenanker

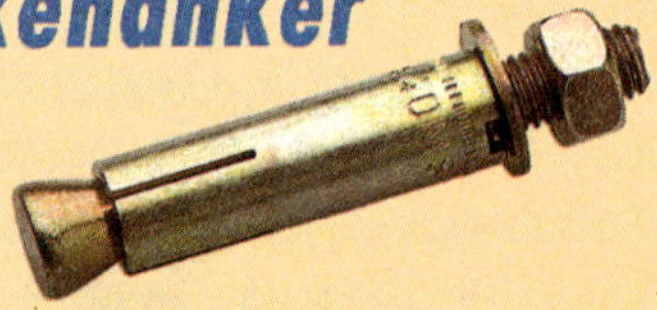

Für Beton: *Deckenanker (5.5.1) und Metalleinschlagdübel (5.5.2) – letzterer für mittelschwere Belastungen – halten durch Spreizung im Verankerungsgrund*

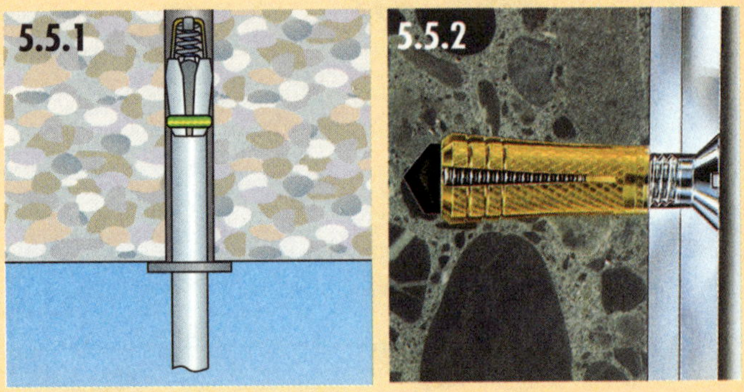

Verbundanker

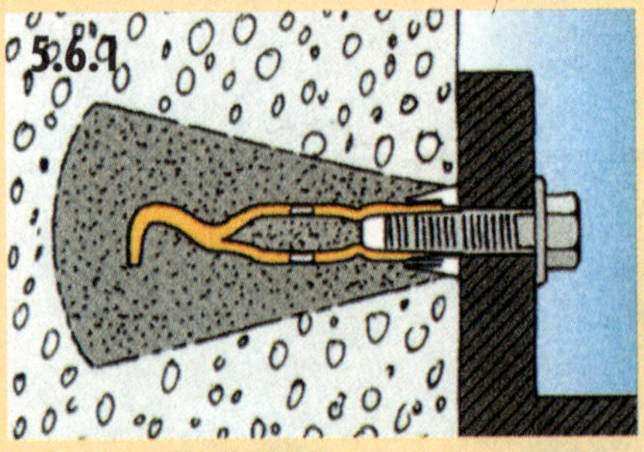

Mörtel-Injektionsanker: *In das konisch geformte Dübelloch, mit einem zum System gehörenden Spezialwerkzeug gebohrt, füllt man durch die Öffnung im Dübel den Injektionsmörtel mit Hilfe einer Presse ein*

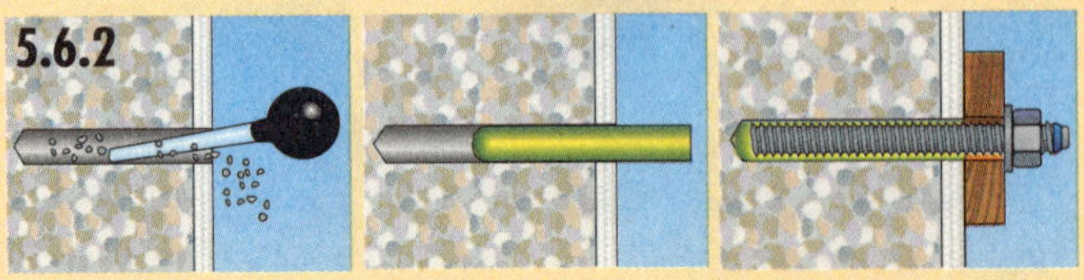

Verbundanker: *Die in der Patrone getrennt aufbewahrten Reaktionsharze vermischen sich beim Eindrehen der Gewindestange und härten aus*

Heimwerker-Lexikon

Innen-Lasur bis Klappenhalter

Innen-Lasur eignet sich für alle Hölzer im Innenbereich. Angeboten werden verschiedene wasserbasierte Farbtöne und Farblos. I. macht Holzoberflächen schmutz- und wasserabweisend. Geruchsarme Verarbeitung, speichel- und schweißecht, frei von Wirkstoffen gegen Schädlinge.

Installationen Verlegen von Elektro- und Sanitärsystemen. Inzwischen werden auch spezielle Systeme angeboten, die der Bauherr selbst verlegen kann. Sanitär-I. z.B. für die Badneugestaltung sind auch vor der Innenwand möglich.

Installationsdurchlässe Aussparungen in der Beplankung, durch die Kabel und Rohre geführt werden.

Installationsschacht Element bei Vorwandinstallationen zur Aufnahme von Kabelsträngen oder Zu- und Abflüssen.

Installationswand Spezielles Ständerwerk für die Aufnahme von Sanitär-Installationen wie Waschbecken, Duschtasse und Toilette.

Irdengut-Fliesen Aus besonders aufbereitetem Ton unterhalb der Sintergrenze gebrannte Fliesen, die ihre wasserdichte Abschließung auf der Sichtfläche durch einen zweiten Brand mit leichtschmelzender Glasur erhalten.

Isoliergrund eine meist lösemittelhaltige Farbe zum Absperren von z.B. Wasser- oder Nikotinflecken vor dem Neuanstrich der Wand.

Isolierung Elektrisch nicht leitendes Material zur Verhinderung eines ungewollten Stromflusses, z.B. Ummantelung von Elektrokabeln, selbstklebendes Isolierband.

Justierschraube Die J. (Typ JS-S), gehärtet und galvanisch verzinkt, ist ein montagefertiges Befestigungs-System für den Innenausbau. Der zylindrische Ansatz unter dem Schraubenkopf ermöglicht eine saubere, bündige Montage ohne Vorbohren, auch bei beschichteten Holzplatten. Die J. wird für Abstandsmontagen von Holzlatten ohne Keile und Klötze, zug- und druckfrei auf Holz – ohne Dübel – mittels Elektroschrauber verwendet.

k-Wert Abk. für den Wärmedurchgangs-Koeffizient. Der k-Wert gibt die Wärmemenge in W/m^2K an, die durch ein Bauteil von $1 m^2$ Fläche und einer bestimmten Dicke bei 1° Kelvin Temperaturunterschied hindurchfließt. Je kleiner der k-Wert, desto besser ist das Bauteil gedämmt.

Kalksand-Lochsteine sind Kalksandsteine mit einem Lochanteil von mehr als 15 %.

Kalksandsteine Dampfgehärtete Mauersteine aus Quarzsand und Weißkalk mit guter Druckfestigkeit. Sehr guter Luftschallschutz, aber schlecht wärmedämmend.

Kalte Farben Dazu zählen alle Farbtöne mit einem hohen Blauanteil.

Kanten Holzplatten und deren Kanten sollen möglichst gleich aussehen. Deshalb bearbeitet man die Kanten mit Aufleimern, Umleimern oder durch Verspachteln.

Kantenausbildung Je nach Einsatzzweck sind Bauelemente nicht nur mit geraden Kanten, sondern auch mit Nut und Feder ausgestattet (z.B. Profilhölzer oder Paneele), mit Stufenfalz (Dämmstoff-, Holzfaserplatten) oder Fase (abgeschrägte Kanten bei Gipskartonplatten) zur festeren Verbindung, leichterem Verspachteln von Stößen oder zur Vermeidung von Wärmebrücken. Üblich sind bei Gipskartonplatten beispielsweise auch abgerundete Kanten.

Kantenhobel Um die Gipskartonplatten später paßgenau zusammenzufügen, glättet man die Schnittkanten mit einem K.

Kantenzangen sind Zangen, die auch als Beißzangen bekannt sind. Sie werden häufig bei Zimmer- und Schreinerarbeiten zum Entfernen von Nägeln eingesetzt.

Kanthölzer sind rechteckige oder quadratische Schnitthölzer, die in den Abmessungen von 6 x 6 cm bis 16 x 18 cm liegen. Universelle Anwendung im Fertighausbau, Fachwerkbau, Dach- und Gerüstbau, für Schalungen im Stahl- und Betonbau.

Kapillarwirkung physikalisches Phänomen; Flüssigkeiten steigen in sehr engen Gefäßen und Röhren entgegen der Schwerkraft hoch. Die Kapillarwirkung von porösen Baustoffen bedingt bei fehlender horizontaler Abdichtung ein Aufsteigen von Bodenfeuchtigkeit in das Mauerwerk.

Kapp-Fräsertisch Erweitert mit dem Führungsschienensystem die Anwendung von Kreissägen, Oberfräsen und Bohrmaschinen erheblich. Beim Arbeiten mit Kreissägen gestattet der Tisch ein exaktes Ablängen von Brettern und Leisten. Gehrungsschnitte bis 45° sind ebenso möglich.

Kapp-Gehrungssägen sind stationäre Kreissägen zum rechtwinkligen Abschneiden und Gehrungsschnitte.

Kardätsche Besondere Form eines Reibebretts zum ebenen Abziehen von Putzflächen. Es ist sehr schmal und in Längen bis 1200 mm erhältlich.

Keile sind keilförmige Zuschnitte aus Holz (z.B. Hammerholzkeil) oder Metall, die zur Befestigung und Sicherung von Teilen verwendet werden. Neben dem herkömmlichen Keil gibt es auch ringförmige K., die aus Metall hergestellt werden. Holz-K. sind mit einer Säge leicht selbst herzustellen.

Keramik Sammelbegriff für alle aus Ton gebrannten Erzeugnisse wie Irdengut, Sinter- bzw. Steinzeug, Fliesen aller Art, Klinker, Dachziegel, aber auch Geschirr und sanitäre Einrichtungen. Unterteilung in Grob- und Feinkeramik.

Kettensägen sind elektrische oder mit Benzinmotor betriebene Handsägen, bei denen das Trennen des Holzes durch eine umlaufende Sägekette erfolgt. Aufgrund des groben Schnitts wird sie nicht für feine Arbeiten eingesetzt. Hauptanwendungsbereiche sind das Zuschneiden von Brenn- und Bauholz. Beim Einsatz der K. ist äußerste Vorsicht geboten, da bei Unachtsamkeit schlimme Unfälle möglich sind.

Kettensägenfeilen Feilen aus Metall zum Schärfen der Sägekette von Kettensägen.

Kiefer gehört zu den europäischen Nadelhölzern. Anwendung: K. eignet sich gut zum Möbel- und Innenausbau. Verwendung als Bauholz für Türen, Fenster, Fußböden, Treppen, Verkleidungen und Vertäfelungen.
Das Holz der K. ist mittelhart und harzreich, nicht sehr zäh und wenig elastisch. Das Kernholz der K. ist auch im Wasserbau sehr dauerhaft.

Kippdübel sind spezielle Hohlraumdübel aus Metall. Das Spreizteil besteht aus zwei Flügeln, die infolge der Schwerkraft nach dem Durchstecken durch das Bohrloch im Hohlraum umkippen und so eine große Auflagefläche bilden.

Kistenbänder sind Aufschraubbänder für Kisten, Kästchen und Truhen.

Kitt (Holz-, Wachskitt) dient zum Füllen von Löchern und Rissen im Untergrund, sowie zum Glätten rauher Anstrichflächen. K. muß spezifisch für jeden zu bearbeitenden Untergrund ausgewählt werden. Alle K.-Arten zeichnen sich durch gute Schleifbarkeit aus.

Kittmesser Mit dem K. wird der Kitt beim Einglasen in die Ecken gedrückt, gleichzeitig glattgestrichen und seitlich abgedrückt, wodurch man eine saubere Fuge erhält. Meist ist das K. vorne abgerundet.

Klammernägel Heftklammern, mittels Tacker ‚eingeschossen'.

Klappenhalter sind Beschläge, die man für stumpf aufschlagende Klappen einsetzt. Es gibt K. für nach oben oder nach unten bewegliche Klappen. K. dienen dem Öffnen und Schließen sowie dem Halten der geöffneten Klappe. Sie werden aufgeschraubt oder in verdeckter Bauweise montiert.

Bitte lesen Sie weiter auf Seite 159

Grundkurs Kleben

Bei Bastelarbeiten wie beim Spielzeug- oder Möbelbau muß immer wieder geklebt werden. Hier zeigen wir Ihnen, worauf Sie achten müssen, damit Klebeverbindungen auch dauerhaft halten

Klebstoffe stellen eine dauerhafte Verbindung zwischen zwei Teilen her. Die dabei aufgetragene Klebschicht härtet je nach Art des Klebers entweder durch Trocknung oder durch eine chemische Reaktion aus und hält so die Materialien dauerhaft zusammen. Zwei physikalische Faktoren beeinflussen die Haltbarkeit einer Verklebung: die Adhäsion und die Kohäsion.

Unter Adhäsion (Grenzflächenhaftung) versteht man den engen molekularen Kontakt zwischen den Oberflächen verschiedener Teile. Adhäsionskräfte wirken beispielsweise, wenn ein nasses Blatt Papier an einer Glasscheibe hängenbleibt, dort sozusagen „anklebt".

Eine hohe Adhäsion bzw. Haftung eines Klebstoffs am zu verklebenden Material erreichen Sie stets dann, wenn zwischen der Oberfläche des Werkteils und dem Klebstoff ein möglichst inniger Kontakt entsteht. Die Klebflächen müssen deshalb sauber, fett- und staubfrei sein. Durch Anrauhen mit grobem Schleifpapier wird die Adhäsion noch verbessert, weil sich dabei die Oberfläche des Materials deutlich vergrößert.

Kleber ist im frischen Zustand relativ flüssig, daher benetzt er die – mikroskopisch gesehen – stark zerklüftete Oberfläche des Werkstoffs vollständig und

stellt ein ideales Brückenmedium zwischen den zu verbindenden Teilen dar. Nur ist diese Verbindung nicht belastbar. Erst nachdem der Klebstoff im engen Kontakt zu den Klebeflächen durch Trocknung oder chemische Reaktion erstarrt ist, kann die Verbindung auch mechanisch belastet werden.
Wie stabil der nun dauerhaft hergestellte Kontakt zwischen den verklebten Werkstoffen ist, hängt von der Kohäsion, nämlich der inneren Festigkeit des Klebstoffs nach dem Erstarren ab.

Vorbereitung der Klebeflächen

Ganz unabhängig davon, welchen Klebstoff Sie wählen, sollten Sie stets folgende Grundregeln beachten:

- Oberfläche von Rost, Farbresten und anderen Fremdstoffen reinigen
- Oberfläche durch Schleifen anrauhen
- Klebeflächen gegebenenfalls gründlich entfetten (geeignet sind z. B. Aceton, Alkohol oder Nitroverdünner)
- Klebestellen trocknen lassen
- Vorbereitete Flächen nicht mehr berühren, um die Übertragung von Hautfett zu vermeiden
- Klebstoff gleichmäßig und dünn auftragen (bei Kontaktklebern die vorgeschriebene Ablüftzeit beachten)
- Schmutz und Staub von frisch mit Klebstoff bestrichenen Flächen fernhalten (Schleifarbeiten unterbrechen).

Die physikalischen Grundlagen der modernen Klebetechnik

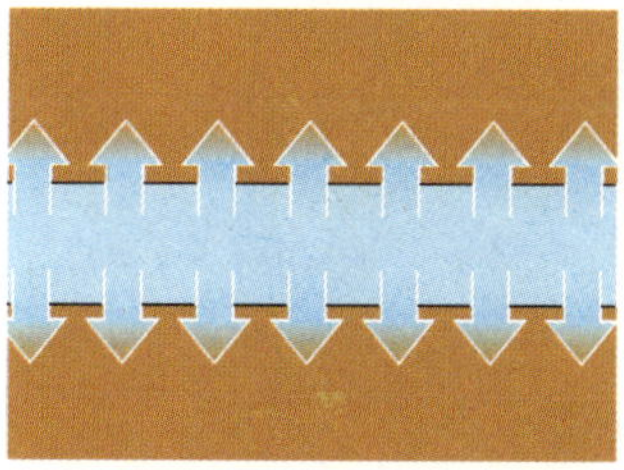

Die beim Kleben wirksamen Adhäsionskräfte in der schematischen Darstellung

Sie verbessern die Adhäsion, wenn Sie die Oberfläche der Werkstücke anrauhen

Die Endfestigkeit des Klebstoffs, die sogenannte Kohäsion, bestimmt die Stabilität der Verbindung

Klebstoff-Arten

Ein Klebstoff erstarrt, wenn – je nach Klebertyp – das darin enthaltene Wasser bzw. Lösemittel verdunstet, wenn eine chemische Reaktion stattfindet oder wenn der Kleber erkaltet. Letzteres gilt bei der Heißklebepistole.

Kontaktkleber muß dünn und gleichmäßig aufgetragen werden. Warten Sie dann einige Minuten ab, bis sich beide Klebeflächen „trocken" anfühlen

Entscheidend für die Stabilität der Verbindung ist nun der Anpreßdruck, nicht die Anpreßdauer. Wirkungsvoll sind Hammerschläge auf eine Zulage

In vielen Fällen kann man auf lösemittelhaltige Kleber nicht verzichten. Vor allem, wenn es schnell gehen soll bzw. wenn Papier verklebt wird, das sich bei Aufnahme von Wasser wellen würde. Dichte (nicht poröse) Werkstoffe wie Kunststoffe oder Porzellan klebt man am besten mit Kontaktklebern. Dabei werden beide Klebeflächen dünn und gleichmäßig mit Klebstoff bestrichen. Anschließend dürfen Sie die Teile aber nicht gleich zusammenfügen: Zunächst muß das im Klebstoff enthaltene Lösemittel ablüften. Erst wenn sich die Klebeflächen „trocken" anfühlen, preßt man die Flächen mit kurzem, aber möglichst hohem Druck zusammen.

Bei porösen Werkstoffen kann das Lösemittel durch das Material entweichen

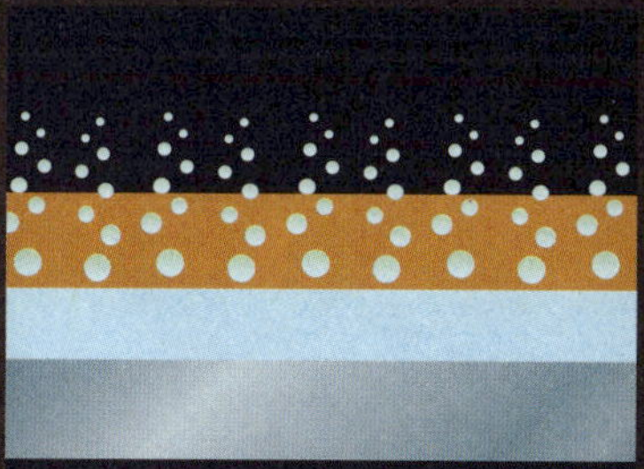

Ist eine Klebefläche „dicht", entweicht das Lösemittel nur in einer Richtung

Sind beide Flächen „dicht", muß das Lösemittel seitlich abwandern können

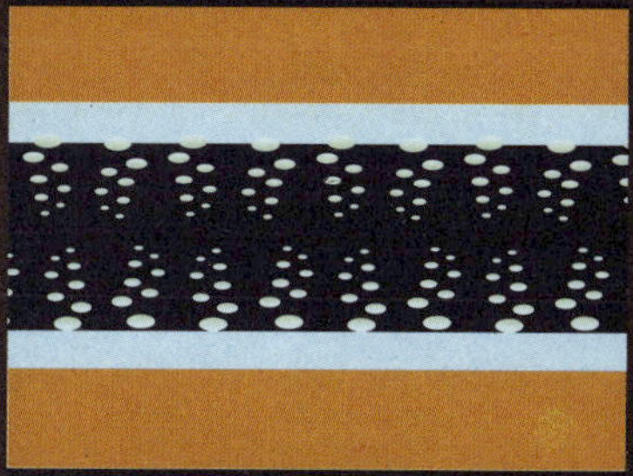

Kontaktkleber müssen ablüften, bevor man die Klebeflächen zusammenpreßt

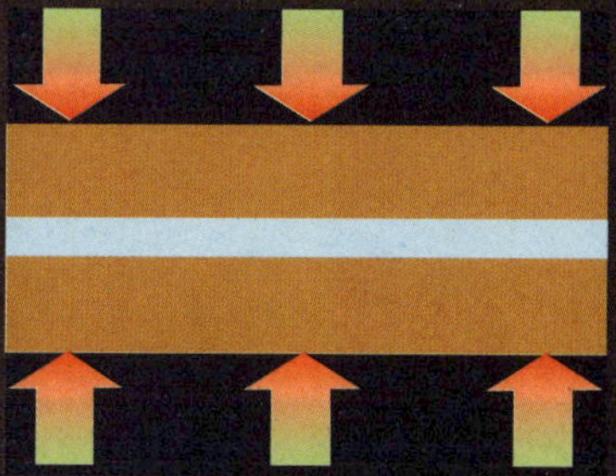

Hoher Anpreßdruck verbessert die Belastbarkeit von Kontaktklebungen

Die im Haushalt häufig verwendeten Alleskleber sind heute durchweg auch in umweltfreundlichen, lösemittelfreien Varianten erhältlich. Sogar Kontaktkleber gibt's mittlerweile auf Wasserbasis. Sogenannter Sekundenkleber (Cyanacrylat) bietet sich für kleine Klebeflächen an, die sehr schnell belastbar sein müssen. Diese Kleber gehören allerdings nicht in die Hände von Kindern!
Die meisten Kunststoffe lassen sich verkleben, wenn man ihre Oberfläche leicht anlöst. Mit dieser Methode arbeiten die sogenannten Kunststoffkleber.
Der klassische Kleber für Holz und alle Holzwerkstoffe ist der sogenannte Weißleim, ein Dispersionskleber, bei dem in Wasser verteilte Kunstharze den eigentlichen Klebstoff bilden.

Sekundenkleber verbindet zerbrochene Porzellanteile im Nu wieder miteinander. Vorsicht: Dieser Kleber gehört auf keinen Fall in Kinderhände

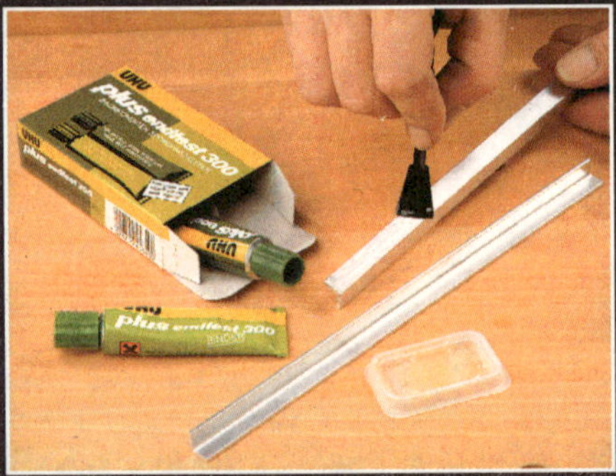

Mit Zwei-Komponenten-Klebern, die man vor Gebrauch anmischt, lassen sich harte Materialien wie Glas, Porzellan oder Metall sehr gut verbinden

Kunststoffkleber lösen die Oberfläche des Materials leicht an. Tabellen der Hersteller zeigen, welcher Kleber für welchen Kunststoff geeignet ist

Die Beanspruchung geklebter Verbindungen

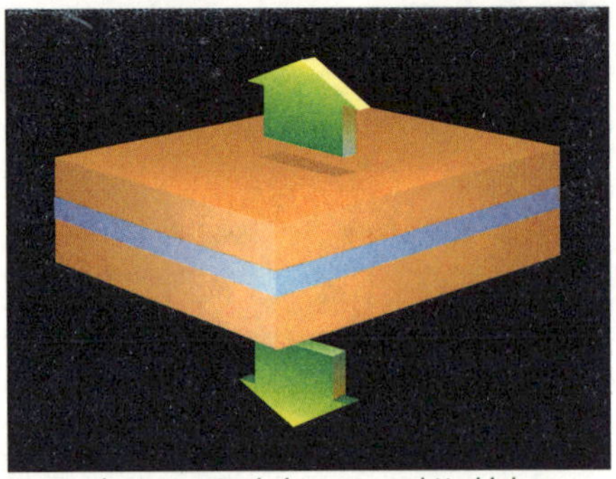

Gegenüber einer Zugbelastung sind Verklebungen relativ stabil. Die angreifende Kraft wird gleichmäßig auf die gesamte Klebefläche verteilt

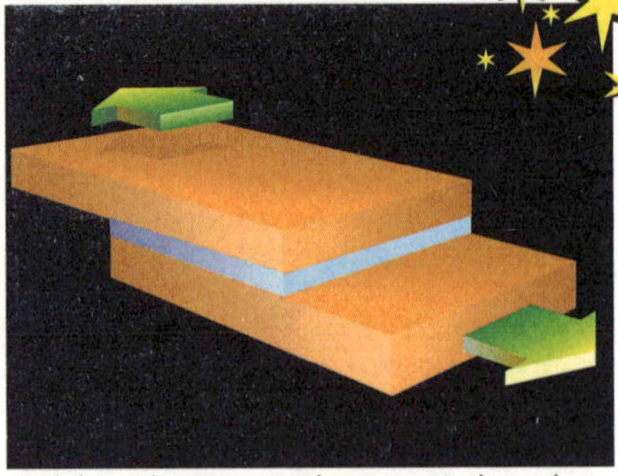

Auch bei Scher-Beanspruchungen verteilen sich die Kräfte günstig. Eine solche Verklebung wird sich bei sorgfältiger Ausführung kaum lösen

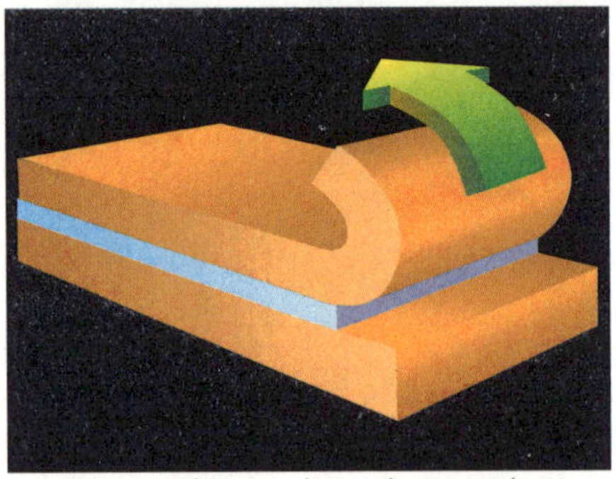

Schälbeanspruchungen, die an der Kante der Verklebung angreifen, sind gefährlich. Hier halten relativ wenige Adhäsionsbrücken die gesamte Last

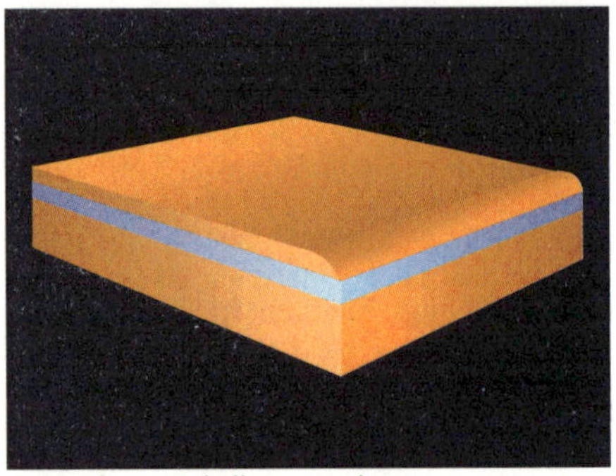

Ein Trick, um Schälbeanspruchungen zu vermeiden: Die Kante des aufgekebten Teils wird abgerundet, um so die Angriffsfläche zu verkleinern

Besserer Halt

Wenn Sie eine Verklebung sorgfältig ausgeführt haben, dann sorgen Millionen kleinster Adhäsionsbrücken zwischen dem erstarrten Kleber und den Oberflächen der Werkstoffe für eine hochbelastbare Verbindung.
Bei Zug- und Scher-Belastungen (siehe die beiden Grafiken ganz oben) wird die Kraft gleichmäßig auf die gesamte Klebefläche verteilt. Bei einer sogenannten Schälbeanspruchung (dritte Grafik) greifen die Kräfte jedoch konzentriert an der Außenkante der Verbindung an. Dabei müssen relative wenige Adhäsionsbrücken im Kantenbereich die gesamte Last aufnehmen. Die Klebestelle kann bei einer solchen punktuellen Belastung leicht brechen. Abhilfe schaffen hier Verstärkungen wie ein zusätzlich aufgeklebter versteifender Randstreifen.
Besonders gefährdet sind schmale Klebeverbindungen, bei denen verhältnismäßig kleine Klebeflächen großen Belastungen standhalten müssen (rechts oben). Hier können Sie die Belastbarkeit deutlich erhöhen, indem Sie die Klebeflächen durch Schäftung vergrößern (rechts Mitte) oder die Klebung durch aufgelegte Laschen stabilisieren (rechts unten).

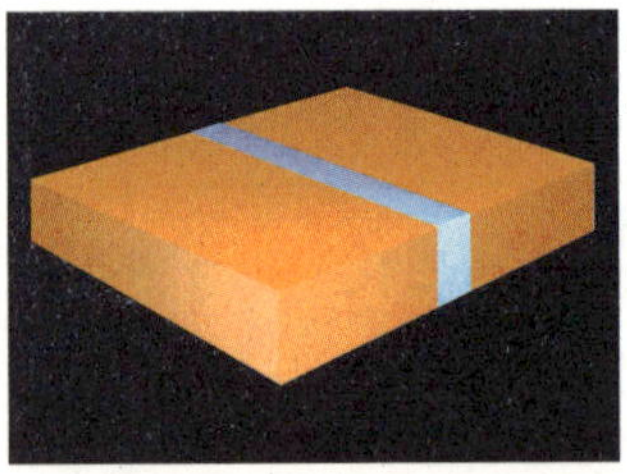

Bei schmaler Klebefläche ist die Bruchgefahr besonders groß

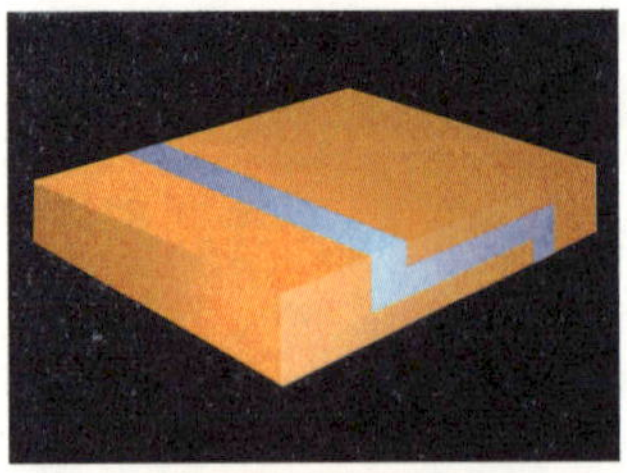

Eine abgestufte Schäftung vergrößert die Klebefläche

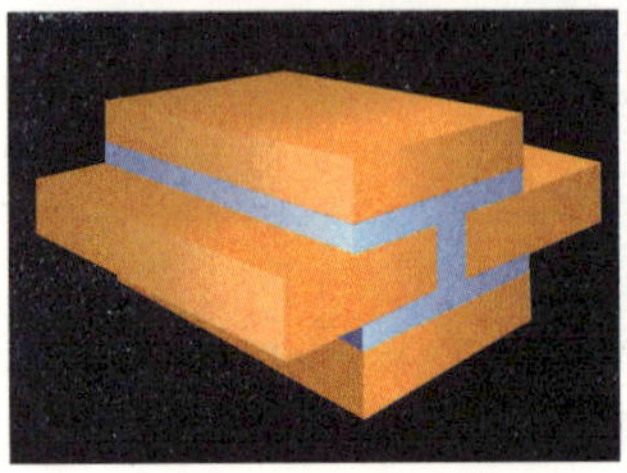

Optimal: Die Sicherung einer Klebung durch beidseitig aufgelegte Laschen

Holz

Jeder Heimwerker kennt und benutzt sie: Holzleime sind unentbehrlich beim Schreinern, Reparieren und Verlegen von Holzfußböden

Papier und Pappe

Daß man diese Materialien gut kleben kann, zählt zu den Kindheits-Erfahrungen. Naßkleber mit oder ohne Lösungsmittel sind bei diesen porösen Stoffen ideal

Heiße Verbindung

Schmelzkleber, die durch Erhitzen in der Klebepistole und nicht durch Lösungsmittel flüssig werden, lassen sich fast überall einsetzen

Klebe-verbindungen

Daß Knochenleim, Pech oder Harze ›anziehende‹ Wirkung zwischen festen Körpern entwickeln, wußte und nutzte man schon in der Antike. Moderne Kleber haften nach dem gleichen Prinzip – nur haltbarer, schneller und auf fast allen Materialien. Lesen Sie, wo welche Kleber wie funktionieren

Stein und Metall ...

sind dichte, nicht saugfähige Materialien. Kontakt- oder Zweikomponentenkleber sind hier die richtige Wahl

1. Wie Klebstoffe funktionieren

Adhäsion und Kohäsion beeinflussen die Klebeverbindung

Physikalisch gesehen, beruht die verbindende Wirkung von Klebstoffen auf zwei Faktoren: der Adhäsion und der Kohäsion. Versteht man unter Kohäsion die Kraft, die die Moleküle *eines* Stoffes (hier die des Klebers) zusammenhält, so ist die Adhäsion (Grenzflächenhaftung) die *gegenseitige* Anziehungskraft zweier fester Körper. Allerdings haben die Adhäsionskräfte nur eine minimale Reichweite. Sie liegt in molekularen Größenordnungen. In der Praxis kommen sich Gegenstände selten so nahe, daß es zu einer spürbaren Adhäsion kommt. Der Grund: Ihre Oberflächen sind – mikroskopisch gesehen – so rauh und zerklüftet, daß sich lediglich hier und da einige „Bergspitzen" berühren. Nur ein flüssiger Stoff könnte sich den Oberflächenkonturen vollständig anpassen und als „Brückenmedium" eine Adhäsion bewirken.

Flüssigkeiten bilden ein Brückenmedium

Das Handicap besteht allerdings darin, daß der innere Zusammenhalt, also die Kohäsion, von Flüssigkeiten äußerst gering ist. Als verbindendes Element zwischen zwei Körpern sind sie nicht geeignet. Es sei denn, sie verfestigen sich, nachdem sie sich dicht an die Oberflächen geschmiegt haben, und behalten dabei ihre Form – wie es die Klebstoffe tun.

Beim Erstarren erhalten Kleber die erforderliche Kohäsion

Die Eigenschaften einer Verklebung hängen also sowohl von der erzielbaren Adhäsion zwischen den Werkstücken als auch von der Kohäsion des Klebstoffs ab.

2. Voraussetzung für optimale Haftung

Je mehr Adhäsionsbrücken zwischen Kleber und Werkstoff bestehen, desto belastbarer ist die Verbindung. Daraus leiten sich einige Regeln für die Vorbereitung der Klebestellen ab:

Die Klebestellen müssen sauber sein

So müssen die Oberflächen der Werkstücke frei sein von Rost, Staub, Fett und anderem Schmutz. Diese Fremdstoffe verhindern die Adhäsion (s. Zeichnung 1). Je nach Material ist es günstig, die Klebeflächen vorher durch Schleifen aufzurauhen. Neben dem Säuberungseffekt vergrößert sich dabei auch die Oberfläche, so daß mehr Adhäsionsbrücken entstehen können.

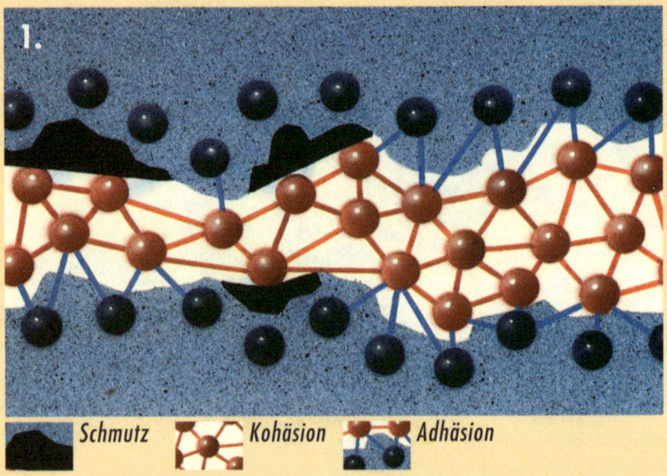

So funktionieren Klebstoffe: *Durch Adhäsion – d.h., die Anziehungskräfte zwischen den Molekülen zweier Körper – verbindet sich der Kleber mit den Oberflächen der zu verbindenden Materialien. Wichtig für die Stabilität der Klebeverbindung ist auch die Festigkeit des erstarrten Klebers, die Kohäsion. Oberflächenverschmutzung verhindert die Adhäsion*

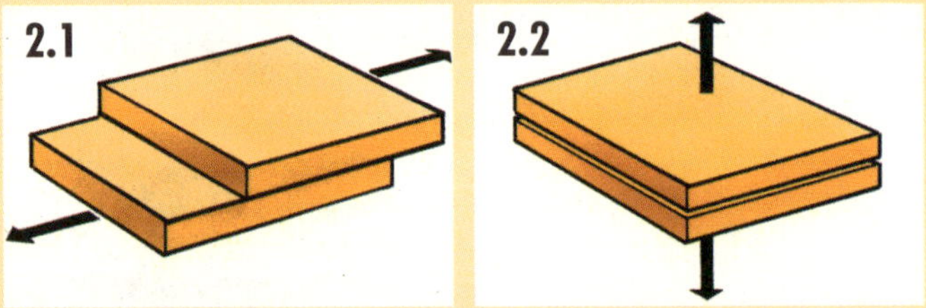

Guter Zusammenhalt: *Bei Scher- (2.1) und Zugbeanspruchungen (2.2) sind Klebeverbindungen recht stabil, da sich die angreifenden Kräfte auf eine große Klebekontaktfläche verteilen*

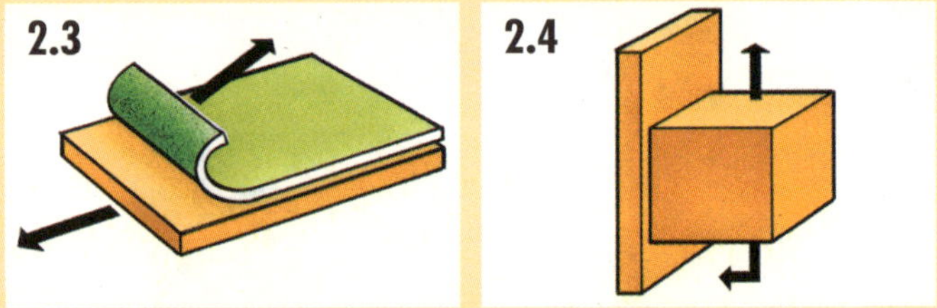

Schlechter Halt: *Bei Schäl- (2.3) und Biegebeanspruchungen (2.4), wo die angreifenden Kräfte auf nur wenige Adhäsionsbrücken an den Klebekanten einwirken, ist die Klebeverbindung meist nicht sehr beständig*

Bruchgefahr: *Sind die Klebekontaktflächen sehr schmal, ist die Gefahr groß, daß die Verbindung reißt*

Schräge Schäftung: *Hier verbessert sich die Belastbarkeit durch Vergrößerung der Kontaktfläche*

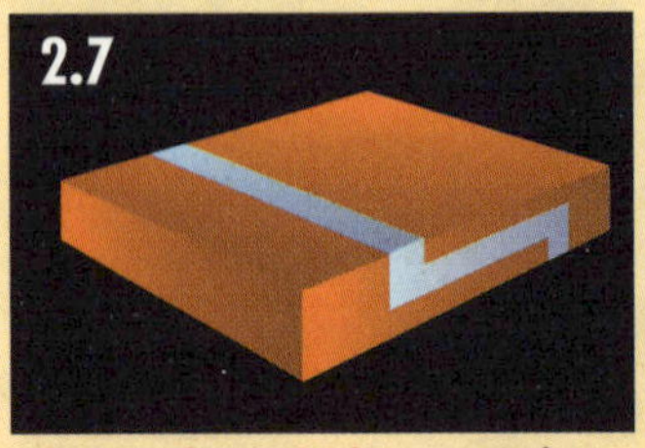

Abgestufte Schäftung: *Noch stabiler wird die Verbindung, wenn die Schäftung abgestuft ausgeführt wird*

Einseitige Lasche: *Eine weitere Verstärkung erfährt die Verbindung durch ein- oder zweiseitige Laschen*

3.1

Naßklebstoffe *sind dadurch gekennzeichnet, daß sie nach dem Zusammenfügen der Werkstücke noch größere Anteile an Lösungs- oder Dispersionsmittel enthalten, die nach einiger Zeit verdunsten. Dazu gehören Papier- und Alleskleber, aber auch Holzleime*

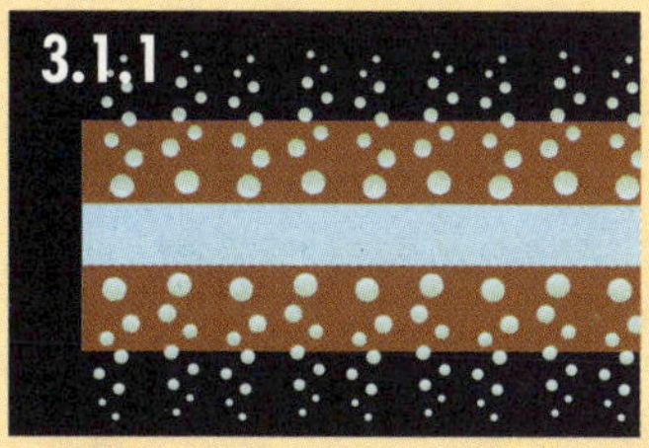

Verklebung poröser Werkstoffe: *Hier kann das Lösemittel durch die verklebten Materialien entweichen*

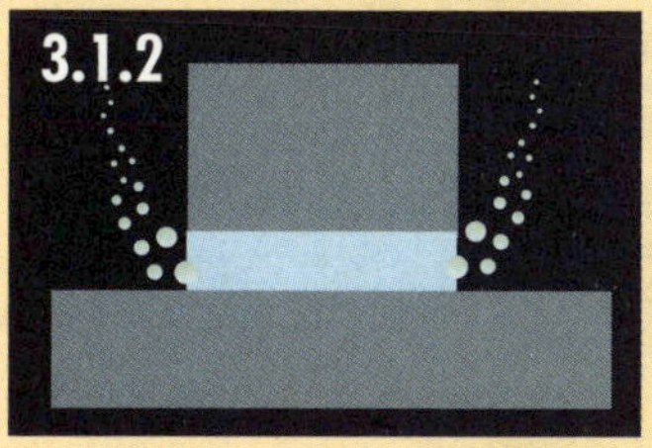

Dichte Materialien: *Naßklebstoffe sind weniger geeignet. Das Lösemittel kann nur seitlich entweichen*

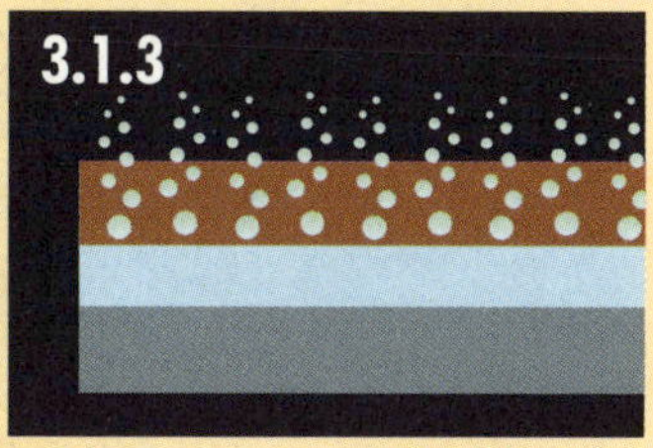

Dichte und poröse Stoffe: *Das Lösungsmittel kann durch den oberen, porösen Stoff verdunsten*

3.2

Kontaktkleber *schaffen feste Verbindungen zwischen dichten Stoffen und bei großflächigen Verklebungen. Vor dem Zusammenfügen der Teile muß der Kleber vollständig ablüften*

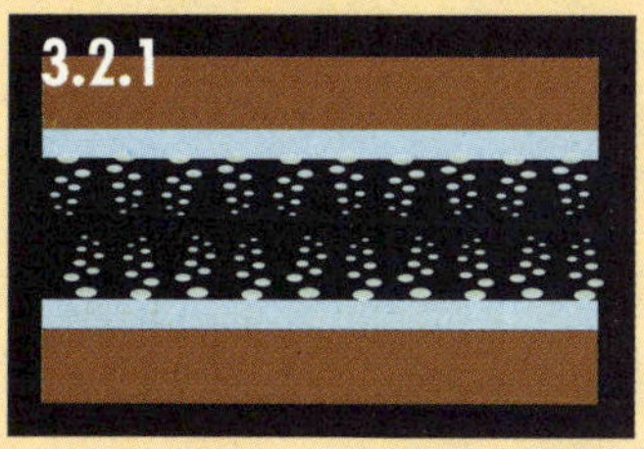

Kontaktkleber *trägt man auf beide Flächen auf. Das Lösemittel muß vor dem Zusammenpressen ablüften*

Schmelzkleber *erhalten ihre flüssige Konsistenz durch Erhitzen. Dabei unentbehrlich: die Klebepistole*

3.3

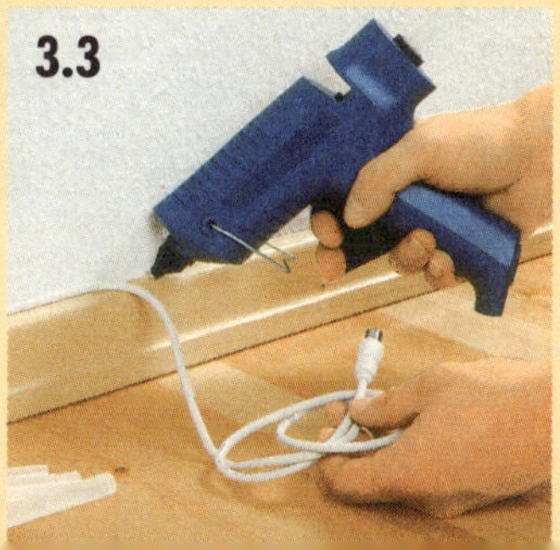

Mögliche Beanspruchungen einer Verklebung

Wichtig für die Haltbarkeit ist aber auch, daß sich die auftretenden Belastungen gleichmäßig auf die Klebestelle verteilen – wie es bei Scher- und Zugbeanspruchungen (2.1 und 2.2) der Fall ist. Weniger günstig sind Schäl- und Biegebeanspruchungen (2.3 und 2.4). Dabei konzentrieren sich die einwirkenden Kräfte auf die Klebekante, wo nur wenige Adhäsionsbrücken der Last standhalten müssen. Abhilfe schafft man z. B. durch aufgeklebte versteifende Randstreifen oder Laschen. Stumpfe Stöße (2.5) sollte man nur bei sehr geringen Belastungen wählen, da aufgrund der kleinen Klebefläche keine große Kraftübertragung möglich ist. Bessere Alternativen zeigen die Bilder 2.6 bis 2.8.

Weitere Faktoren beinflussen die Festigkeit

Daneben beeinflussen der Klebstoffauftrag, Aushärtetemperatur und -zeit sowie das Zusammenfügen der Teile ebenfalls die Festigkeit einer Klebung. So kann die Kohäsion des Klebers nur dann optimal genutzt werden, wenn der Klebstoff gleichmäßig und nicht unnötig dick aufgetragen wird. Natürlich muß auch die Kleberart dem Material und der zu erwartenden Belastungen entsprechend gewählt werden.

3. Klebstoffarten und Klebstoffauswahl

Klebstoffe unterscheidet man u. a. nach den physikalisch trocknenden und chemisch abbindenden. Zur ersten Kategorie gehören die sog. Naßkleber, die Kontakt- und Schmelzklebstoffe, zur zweiten die Ein- und Zweikomponentenkleber.

Naßkleber sind für poröse Stoffe bestens geeignet

Die größte und bekannteste Gruppe sind die Naßkleber (3.1). Hier enthält der – einseitig – aufgetragene Kleber beim Zusammenfügen der Teile noch wesentliche Anteile an Löse- oder Dispersionsmitteln (z. B. Holzleime), die durch das Material entweichen müssen. Bei porösen Stoffen, wie Holz, Pappe oder Leder, gelingt das (3.1.1 und 3.1.3), bei dichten Werkstücken wie Metall oder Stein geht das nur, wenn die Klebefläche dünn und schmal ist (3.1.2). Es gibt lösemittelhaltige

3.4

Einkomponenten-Klebstoffe: Der bekannteste Vertreter ist der Sekundenkleber, dessen Härter bei Luftfeuchtigkeit aktiv wird und für blitzschnelle Erstarrung des Klebers sorgt

und lösemittelfreie Produkte unter den Naßklebstoffen. Wobei die letzteren mit Wasser verflüssigt sind. Diesem Umwelt-Vorteil steht eine langsamere Trocknung gegenüber – die bei Papier leicht zu einer Wellung führt. Deshalb den Kleber nur sehr dünn auftragen. Poröse Werkstoffe vorausgesetzt, gleicht die Klebkraft von lösemittelfreien Produkten aber der von lösemittelhaltigen Klebern.

Kontaktkleber trägt man stets auf beide Werkstücke auf

Auch in der Gruppe der Kontaktkleber gibt es inzwischen neben den lösemittelhaltigen auch lösemittelfreie Produkte. Kontaktkleben ist ein Verfahren, bei dem beide Werkstücke dünn und gleichmäßig mit Kleber bestrichen und zunächst offen liegengelassen werden, so daß das Lösungsmittel ablüften kann (3.2.1). Erst wenn sich die Flächen „berührtrocken" anfühlen, legt man sie aufeinander und preßt sie kurz, aber kräftig zusammen. Die Stärke des Drucks, nicht die Dauer ist dabei entscheidend. Kontaktkleber eignen sich besonders für dichte Materialien. Sie ermöglichen sofort haftende Verbindungen mit hoher Festigkeit und bleiben nach dem Trocknen elastisch. Auch für großflächige Verklebungen sind sie ideal (z. B. beim Furnieren).

Schmelzkleber werden durch Wärme flüssig

Schmelzklebstoffe sind feste Substanzen, die keine Lösungsmittel enthalten. Sie erhalten die flüssige Konsistenz durch die Wärme der Klebepistole. Sie benetzen die Oberflächen sehr gut und sind für fast alle Materialien geeignet, außer für wärmeempfindliche.

Sekundenkleber reagieren blitzschnell

Durch chemische Reaktion härten die Ein- und Zweikomponentenkleber aus. Bekanntester Vertreter der ersten Gruppe sind die Sekundenkleber, die mit der vorhandenen Oberflächen- bzw. Luftfeuchtigkeit reagieren und in Sekunden abbinden. Sie eignen sich besonders zum Verkleben kleiner Flächen, bei denen schnelle Aushärtung und hohe Festigkeit gefragt sind. Nicht in die Hände von Kindern geben.

2-Komponenten-Kleber schaffen sehr belastbare Verbindungen

Zweikomponentenkleber bestehen stets aus getrennt verpackten Bindern und Härtern. Gut durchgemischt, eignen sie sich besonders für luftundurchlässige, dichte Materialien und sorgen für extrem beanspruchbare Verklebungen. Auch für Kunststoffe gibt es eine Reihe leistungsfähiger Spezialkleber. Doch trotz intensiver Forschung ist es bisher nicht gelungen, Klebstoffe für Polyäthylen und Polypropylen zu entwickeln. □

3.4.1

Der Sekundenkleber ist nach drei Minuten voll belastbar. Ideal für kleine, auch nicht saugfähige Flächen, die aber sehr glatt sein sollten

3.5

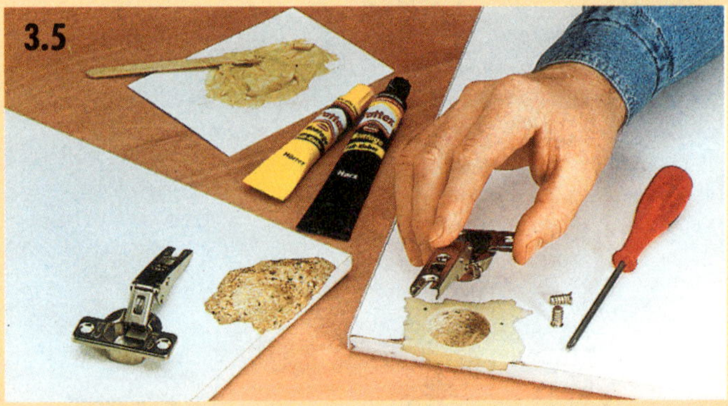

Auch spaltüberbrückend können Zweikomponenten-Kleber eingesetzt werden, einige auch – wie hier – als bearbeitbarer Materialersatz für Holz

3.5.1

Zweikomponenten-Klebstoffe bestehen aus getrennt verpacktem Binder und Härter, die vor dem Auftragen gut gemischt werden und durch chemische Reaktion aushärten

3.6

Eigenschaften von Klebern

	Dispersionsklebstoffe Lösemittelklebstoffe	Kontaktklebstoffe	2-Komponentenkleber	Sekundenkleber	Schmelzkleber
Fixierung erforderlich?	ja	nein	ja	nein	nein
belastbar nach 3 Minuten?	nein	ja	nein	ja	ja
Spaltüberbrückung größer als 2 mm?	nein	nein	ja	nein	ja
bei nicht saugenden Flächen anwendbar?	nein	ja	ja	ja	ja
großflächig anwendbar?	ja	ja	bedingt	nein	bedingt

Richtig verfugen

Wo Bauteile aneinander gesetzt werden, entsteht eine Fuge. Solch ein offener Spalt sieht unschön aus und lässt obendrein je nach Einsatzort Wasser, Wind und Schallwellen ungehindert passieren. Lesen Sie, wie Sie Fugen dicht und dauerhaft verschließen und was Sie bei der Auswahl des Dichtstoffs beachten müssen

Fugen in Badezimmern und Küchen sind nicht nur durch Nässe, sondern auch durch Putzmittel und Wischlappen besonders stark beansprucht

Der Spalt zwischen Mauerwerk und Fenster muss wasserdicht und elastisch verfugt werden

Risse in der Wand schließt man mit spritzbaren Fugenmassen, meist mit einem Acryl-Dichtstoff

Wenn der Dichtstoff versagt, *kann Nässe durch die Ritzen eindringen oder ein Luftzug entsteht. Mögliche Ursachen: Bei der Auswahl des Dichtstoffs hat man das Bewegungspotential der angrenzenden Bauteile falsch berechnet oder die Fugendichtmasse nicht fachgerecht verarbeitet*

Auch der Übergang zwischen verschiedenen Bodenbelägen, hier Fliesen und Parkett, lässt sich mit Fugenmasse sauber abdichten

Fotos: Pavel Strnd, Claudio Kalex, Peter Baruschke

1. Wie Fugen beansprucht werden

Baustoffe dehnen sich unterschiedlich stark aus

Auch wenn Sie mit bloßem Auge nichts erkennen: Jeder Stoff – also auch jedes Bauteil – ist ständig in Bewegung. Abhängig von der Umgebungstemperatur dehnt er sich aus oder zieht sich zusammen. Wie stark dieser Bewegungsdrang ist, hängt unter anderem vom Material ab. Besonders „agil" sind z. B. Acrylglas-Stegplatten oder Fensterrahmen aus PVC. Nur halb so bewegungsfreudig zeigt sich Holz (quer zur Faser). Am formstabilsten sind mineralische Stoffe wie Ziegel, Fliesen, Glas, aber auch Holz in Faserrichtung.

Dichtstoffe gleichen Bauteil-Bewegungen aus

Ein Fugendichtstoff zwischen Bauteilen muss daher mehr können, als gegen Wasser oder Luftzug abzudichten. Er muss in der Lage sein, die dauernden Stauchungen und Dehnungen auszugleichen (1.1 und 1.2) – ohne zu reißen. Allerdings ist die Fähigkeit, nach Beanspruchung in die Ausgangsposition zurückzukehren, bei den Dichtstoffen unterschiedlich stark ausgeprägt – was bei der Auswahl zu bedenken ist (siehe Tabellen 1.3 und 4.3).

2. Damit der Dichtstoff „arbeiten" kann

Der Dichtstoff darf nur an den Flanken haften

Die Haltbarkeit einer Dehnungsfuge hängt auch entscheidend davon ab, wie sie ausgeführt ist. Um „arbeiten" zu können, darf der Dichtstoff nur zu den Seitenflächen eine feste Verbindung haben. Haftet er am Fugengrund, so kommt es zwangsläufig zu Rissen. Dies können Sie mit einem Streifen PE-Folie verhindern, der punktförmig am Fugengrund festgeklebt wird (2.1.1 und 2.1.2). Bei tiefen Fugen bieten sich PE-Rundschnüre an, die es in jedem Baumarkt gibt. Zu schmal geratene Fugen zwischen senkrecht zueinander stehenden Bauteilen schließen Sie am besten mit einer sogenannten Dreiecksfase (2.3.2).

3. Tipps für die Praxis

Kartusche oder ›Fugenautomat‹?

Von der benötigten Materialmenge sollten Sie es abhängig machen, welche Produktform Sie wählen: Für den kleinen Bedarf empfiehlt sich der sogenannte

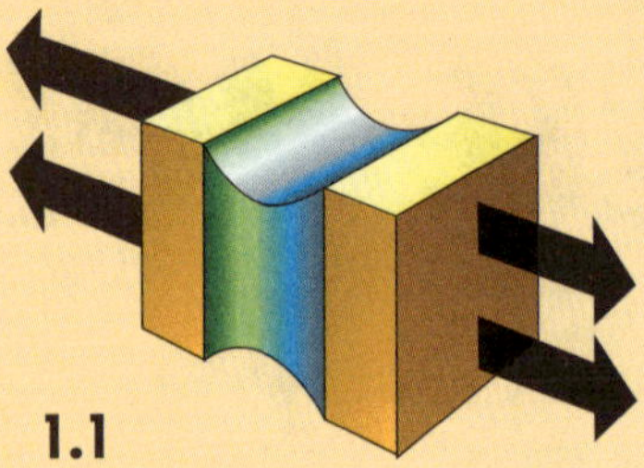
1.1

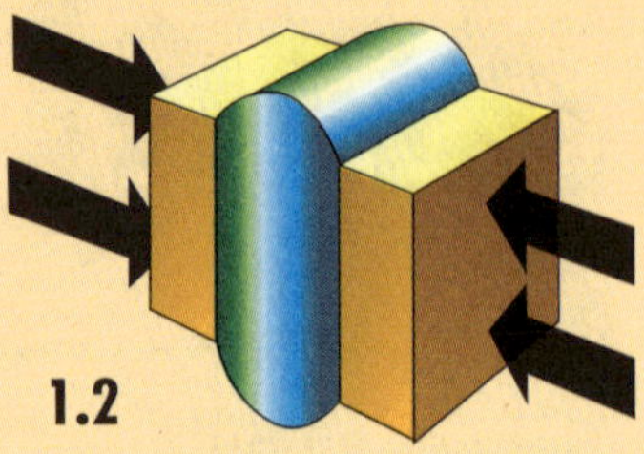
1.2

Das müssen Dichtungsmassen aushalten: Durch Bauwerksbewegungen werden Fugenmaterialien ständig gedehnt (1.1) und gestaucht (1.2)

1.3

Dichtstoffe	Rückstellvermögen	Eigenschaft
Silikone	95 bis 99 %	elastisch
Polyurethane	90 bis 98 %	elastisch
wässrige Acrylate	20 bis 80 %	elasto-plastisch bis elastisch
lösemittelhaltige Kunstharze	10 bis 20 %	plastisch bis elasto-plastisch

Rückstellvermögen: Die Eigenschaft von Dichtstoffen, nach Dehnung und Entlastung in ihre Ausgangsform zurückzukehren, ist unterschiedlich stark ausgeprägt. Besonders elastisch sind Silikone, während diese Eigenschaft bei Lösemittel-Acrylaten nur minimal ausgebildet ist

2.1.1

2.1.2

Zwei-Flanken-Haftung: Wenn der Dichtstoff am Fugengrund haftet, sind Kerbrisse programmiert (2.1.1). Eine eingelegte Folie verhindert dies (2.2.2)

2.2.1

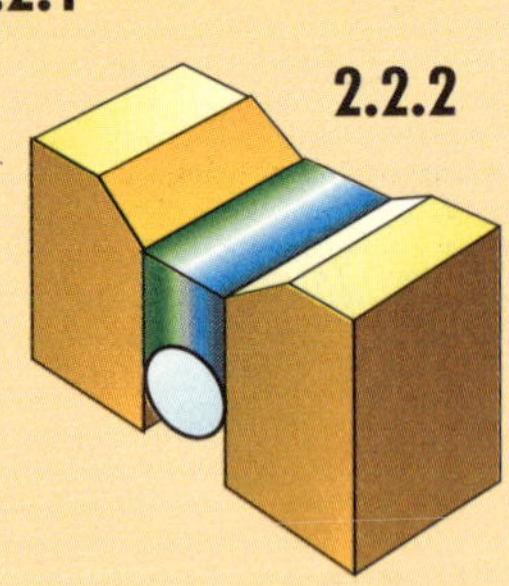
2.2.2

Füllmaterial: Eingelegte PE-Rundschnüre (2.2.1) verhindern ebenfalls die Haftung am Fugengrund (2.2.2)

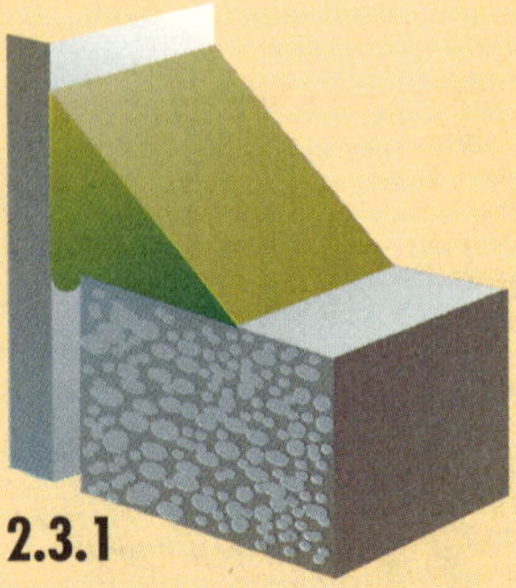
2.3.1

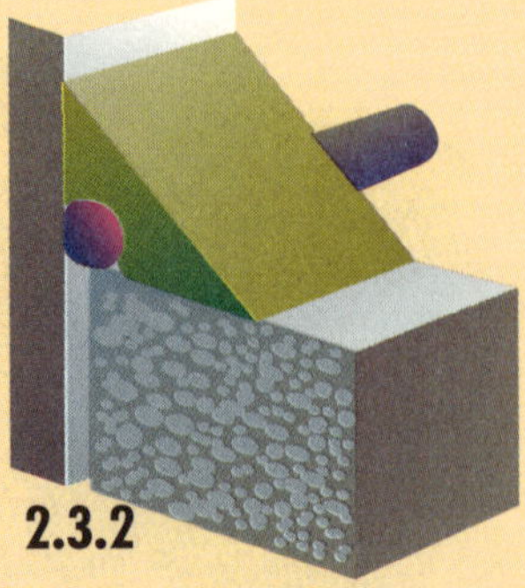
2.3.2

Bei zu engen Fugen gibt man der Dichtungsmasse mit einer Rundschnur (violett) mehr Bewegungsfreiheit (Dreiecksfase, Bild 2.3.2)

Idealfall: *Achten Sie beim Fliesen Ihres Badezimmers darauf, dass zwischen Wand- und Bodenfliesen eine Anschlussfuge wie hier entsteht. Wird sie kleiner als 5 mm, sollten Sie mit einer Dreiecksfase (2.3.2) arbeiten*

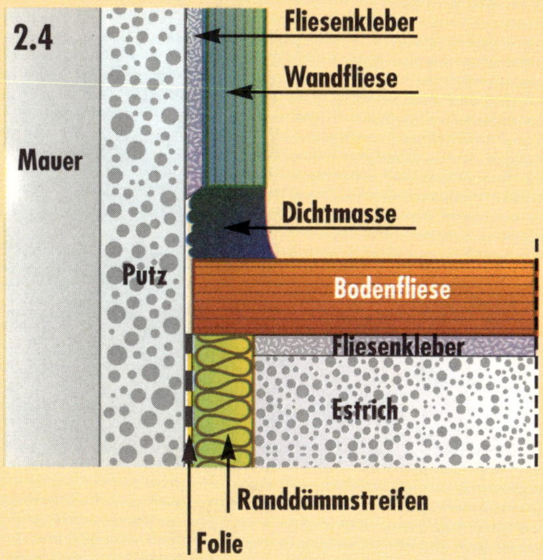

Dichtstoffbehälter: *Eine gängige Form ist die Kunststoff-Kartusche (3.1.1), die man mit einer speziellen Pistole (3.1.2) ausdrückt. Der „Fugenautomat" (3.1.3), der kein Zubehör erfordert, ist ideal für den kleineren Bedarf*

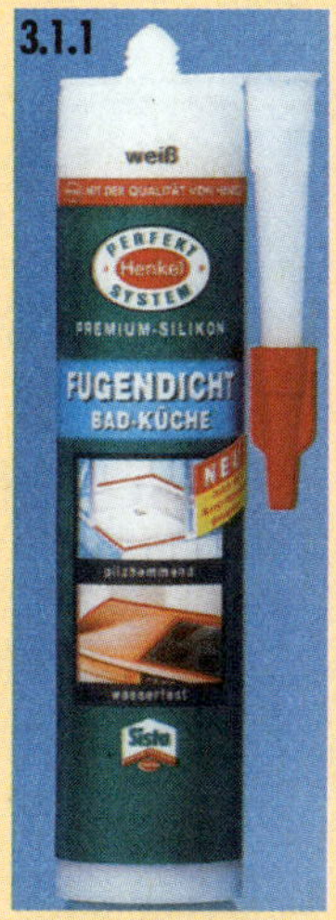

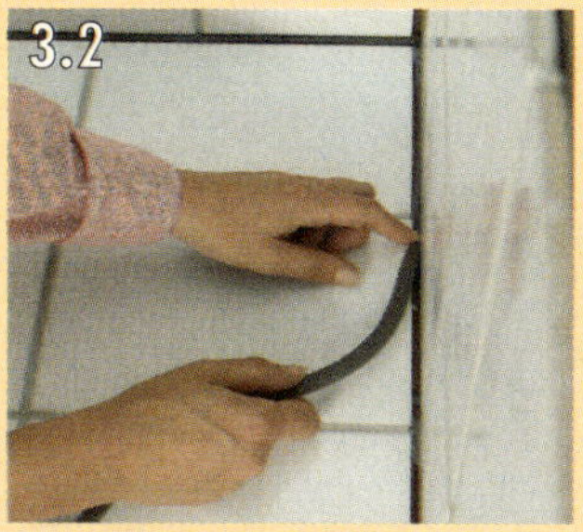

Ist die Fuge zu tief, sollte man eine PE-Rundschnur einlegen und mit Silikon punktförmig fixieren

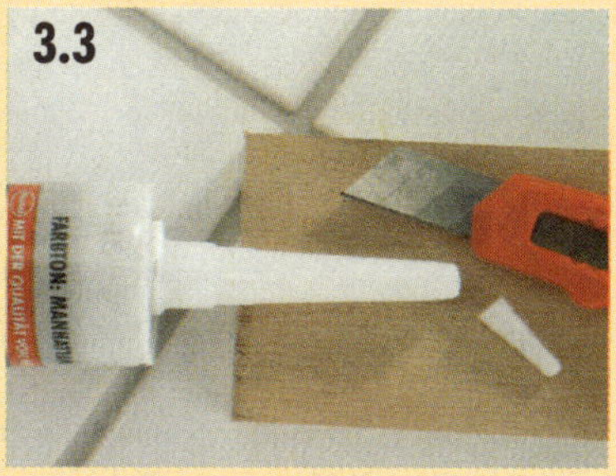

Das Ausspritzloch in der Kartuschenspitze sollte der Fugenbreite entsprechen. Empfehlenswert ist ein gerader Schnitt

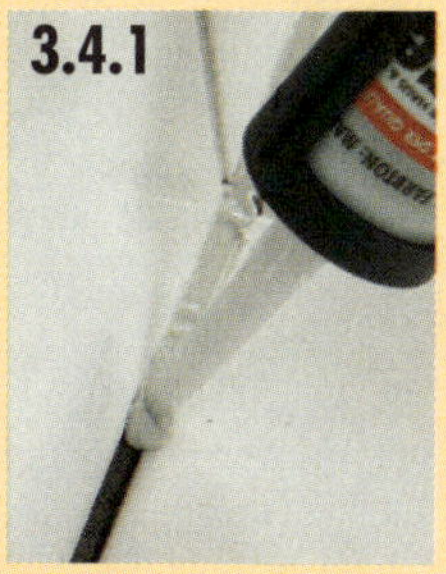

Die kleine „Bugwelle" vor der Düse zeigt die richtige Dosierung an

Dichtstoff-Überschuss zieht man mit einem löffelartigen Werkzeug ab

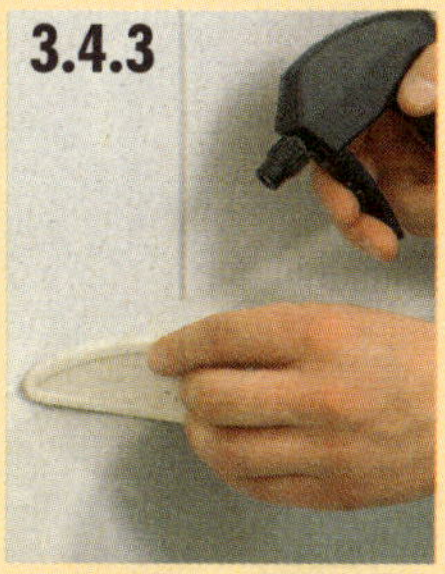

Spüli-Wasser auf die Fuge sprühen und die Dichtmasse glätten

Fugenautomat. Wer häufiger und viel verfugt, z. B. beim Hausbau oder bei der Badrenovierung, wird eher zur Kartusche greifen, die über eine Pistole entleert wird (Zeichnungen 3.1). Wichtig ist, dass Sie die beiliegende Kunststoff-Spitze so abschneiden, dass das Loch der größten Fugenbreite entspricht. Ein gerader Schnitt erleichtert dem Anfänger das richtige Verfugen. So kann er die austretende Dichtstoff-Menge besser kontrollieren als bei einer diagonal eingeschnittenen Öffnung. Setzen Sie die Kartusche so an, dass Sie die unbearbeitete Fuge im Auge behalten. Drücken Sie dabei soviel Fugenmasse nach, dass die Kartuschenspitze stets eine kleine Bugwelle vor sich herschiebt (3.4.1). Dann ist gewährleistet, daß genügend Dichtmasse eingespritzt ist. Wenn alle Fugenflanken benetzt sind, den Dichtstoff mit einer Spülmittel/Wasser-Lösung benetzen und mit einem geeigneten Glättwerkzeug (3.4.2 und 3.4.2) glattstreichen. An den Ecken eventuell mit dem Finger nacharbeiten (Handschuh tragen).

4. Dichtstoffe und ihre Eigenschaften

Spritzbare Fugendichtmassen erhärten nach einem von zwei Prinzipien: entweder chemisch vernetzend oder physikalisch trocknend. Zum erstgenannten Typ gehört unter anderem die große Gruppe der Silikone. Sie nehmen zum Aushärten Feuchtigkeit aus der Luft auf und setzen gleichzeitig gasförmige Spaltprodukte frei. So entsteht bei den gängigen Sanitärsilikonen, die sauer vernetzen, Essigsäure – was man an dem stechenden Geruch erkennt. Essigsäure verträgt sich aber mit alkalischen Stoffen, z. B. mit Kalkputzen, überhaupt nicht. Um für jeden gängigen Baustoff ein geeignetes Dichtmaterial zu haben, war es deshalb notwendig, verschiedene Vernetzungssysteme zu entwickeln. So gibt es auch Silikone, die neutrale oder alkalische Spaltprodukte absondern. Allen Silikonen gemeinsam sind die hohe Elastizität, das gute Haftvermögen auch auf glatten Flächen und die Beständigkeit gegenüber Wasser und Chemikalien. Allerdings: Überstreichen

Das Ausspritzloch entspricht der Fugenbreite

Behalten Sie die unbearbeitete Fuge im Auge

Silikone erhärten durch chemisches Vernetzen

Die Spaltprodukte haben Einfluss auf den Einsatz der Dichtmasse

kann man sie nicht. Selbst wenn Silikone Farbe annähmen, würde diese Schicht auf dem hochflexiblen Material schnell reißen. Anders verhält es sich bei Acryl-Dichtstoffen auf Dispersionsbasis, die physikalisch durch Abgabe von Wasser trocknen. Sie nehmen Farbe an, und da sie weniger elastisch sind, wird die Farbschicht in der Regel auch nicht reißen. Doch in punkto Hafteigenschaften können wässrige Acrylate es mit den Silikonen nicht aufnehmen. Dafür lassen sie sich auf feuchten, saugenden Untergründen verarbeiten. Wie Tabelle 4.3 zeigt, gibt es noch weitere Dichtstoffsysteme, die um Teil spezielle Anwendungsbereiche abdecken, in denen Silikone oder Acrylate nur die zweite Wahl wären. Beim Kauf sollten Sie deshalb die Verpackungshinweise genau studieren – auch in Hinblick auf Einschränkungen des Einsatzbereiches.

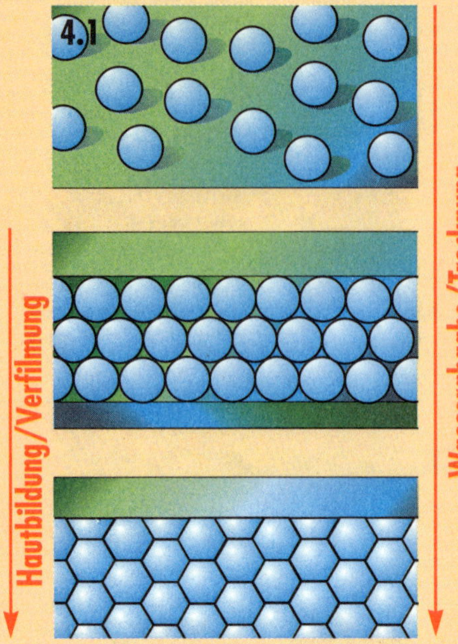

***Acryl-Dichtstoffe** trocknen, indem sie die in ihnen enthaltenen wässrigen Bestandteile an die Luft abgeben*

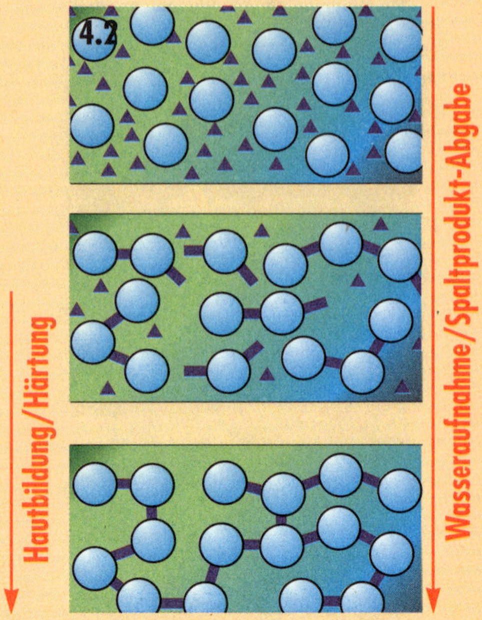

***Silikon-Dichtstoffe** erhärten, indem sie Wasser aus der Luft aufnehmen. Dabei sondern sie Spaltprodukte ab*

4.3

		Eigenschaften, Verarbeitung und Wechselwirkungen	Einsatzorte
physikalisch trocknend	wässrige Acrylate	überstreichbar, übertapezierbar, umweltfreundlich, preiswert, haftet auf feuchten, saugenden Untergründen, schlechte Trocknung bei feuchter, kalter Witterung, Volumenschwund (nacharbeiten), nicht für Dauerwasserbelastung, bei Metallen Korrosionsgefahr, Alternative: wasserfreie, neutrale Silikonsysteme	nur Wandbereich, Anschlussfugen Fenster/Türen, Rolladenkästen, Treppenstufen, Putz- und Mauerrisse, auch an der Fassade
	lösungsmittelhaltiges Kunstharz	sehr gute Haftung auch auf feuchten, nichtsaugenden Untergründen, sofort wasserfest, nur ganz geringes Dehnungs- und Rückstellvermögen, lösemittelhaltig	Abdichten von Fugen an Dächern und Dachrinnen, Verkleben von Metall-, Kunststoff-, Eternitplatten
chemisch vernetzend	Silikone, allgemein	hochelastisch, kälteflexibel, nicht überstreichbar, chemikalien- und UV-beständig, u. U. Geruchsbelästigung beim Erhärten durch Spaltprodukte, witterungsbeständig, geringe Wasseraufnahme, wegen Weichmacherwanderung und Spaltprodukten nicht zu verwenden bei Marmor oder Spiegeln (Fettränder, Wolkenbildung; Alternative: MS-Systeme), Fugen müssen bei der Verarbeitung absolut trocken sein	breites Einsatzspektrum (siehe „saure", „neutrale" und „alkalische" Silikone)
	Silikone, sauer vernetzend	haften hervorragend auf Glas und glasierten Flächen wie Emaille oder Fliesen, aufgrund der freiwerdenden Essigsäure nicht bei basischen Untergründen (z. B. Kalkputzen) einsetzen, Alternative: Neutralsilikon oder andere Systeme	Fugen im Sanitärbereich, Anschlussfugen Arbeitsplatte/Spüle, Glasversiegelung an Holzfenstern, Aquarien
	Silikone, neutral vernetzend	gute Haftung auf Aluminium, Kunststoffen, Lacken, Glas und glasierten Flächen, hochelastisch, alterungs- und UV-beständig, verträglich mit alkalischen Untergründen, kaum Gerüche bei der Verarbeitung	dehnungsbeanspruchte Baufugen, Abdichtungen an Boot u. Auto, Glas-/Fensterversiegelung, Kunststoffbau
	Silikone, alkalisch vernetzend	bei der Verarbeitung am intensiven Fisch-Geruch zu erkennen, in den letzten Jahren durch neutrale Silikone nahezu vom Markt verdrängt	wie neutrales Silikon
	Polyurethane	chemisch neutral, hochflexibel auch bei Kälte, geruchlos, meist ist ein Voranstrich der Fuge mit Primer erforderlich, beim Vernetzen auf saugenden Untergründen kommt es mitunter zur Blasenbildung	Dehnungsfugen im Fassadenbereich (erfüllen zum Teil die vorgegebenen Hochbaunormen)
	MS-Polymere	chemisch neutral, breites Haftungsspektrum, gute Lagerstabilität bei saugenden und wasserbelasteten Untergründen Primer erforderlich, mäßige Abriebfestigkeit	für Marmor- und Naturstein-Fugen, allgemeine Baufugen, u. U. Verkleben von Spiegeln
	Polysulfide	chemisch neutral, breites Haftungsspektrum, gute Lagerstabilität, Grundierung bei saugenden, wasserbelasteten Untergründen, mäßige Abriebfestigkeit, sehr lange Aushärtzeit bei Einkomponenten-Systemen	Dehnungsfugen an der Fassade und Glasversiegelung

Heimwerker-Lexikon

Klappenscharniere bis Lacke

Klappenscharniere sind Aufschraubmöbelbänder. Auch in Verbindung mit Klappenhaltern einzusetzen.

Klarlack gibt Holz innen den nötigen Schutz gegen Feuchtigkeit, Schmutz und Beanspruchung. K. schafft als Endanstrich (z.B. für gebeizte Hölzer) strapazierfähige Oberflächen. Als Erst- oder Renovierungsanstrich bringt er – seiden- oder hochglänzend – die Holzmaserung gut zur Geltung. K. ist wasserbasiert, schnelltrocknend, speichel- und schweißecht. Unbedenklich für Kinderspielzeug nach dem Trocknen des Anstrichs.

Klebefuge Mit K. wird der durch Klebstoff auszufüllende Raum zwischen zwei Klebeflächen bezeichnet.

Klebepistolen arbeiten mit Schmelzklebern, die durch elektronisch geregelte Heizelemente zum Schmelzen gebracht werden. Die auswechselbare Düse ist mit einem Hitzeschutzmantel versehen und mit einer Tropfsperre ausgerüstet.
K. kleben alles mit allem! Durch die Färbung der Schmelzkleber ist das Anwendungsgebiet erkennbar.
Schmelzkleber gelb:
Holz, Papier, Karton, Pappe, Verpackungen, Umleimer;
Schmelzkleber schwarz:
Teppich, Kabel, Abdichtungen;
Schmelzkleber grau:
PVC-Rohre, Kabelschellen, Elektroinstallation, Teppich;
Schmelzkleber transparent:
Kunststoffe, Glas, Keramik, Metall, Leder.

Klebestifte sind als Papierkleber bekannt. Sie werden wegen ihrer sauberen, einfachen Anwendung bevorzugt im Büro und von Kindern verwendet.

Klebeverbindungen Nachfolgend die physikalischen Grundlagen der Klebetechnik:

Klebstoff ist ein Oberbegriff für Leim, Kleister, Kleber, Klebekitt usw. Nach DIN 16920: „K. ist ein nichtmetallischer Werkstoff, der Körper durch Oberflächenhaftung und innere Festigkeit (Adhäsion und Kohäsion) verbinden kann, ohne daß sich das Gefüge und der Körper wesentlich verändern." K. stellen eine dauerhafte Verbindung zwischen zwei Teilen her. Die aufgetragene Klebstoffschicht härtet dabei je nach Art des Klebers entweder durch Trocknung oder durch eine chemische Reaktion aus und hält so die Materialien zusammen. Zwei physikalische Faktoren beeinflussen die Haltbarkeit einer Verklebung: Adhäsion und Kohäsion.

Adhäsion (Grenzflächenhaftung) ist der enge molekulare Kontakt zwischen den Oberflächen verschiedener Teile. Adhäsionskräfte wirken z.B., wenn ein nasses Blatt Papier an einer Glasscheibe hängenbleibt, sozusagen klebt.
Eine hohe A. bzw. Haftung eines Klebstoffs am zu klebenden Material erreichen Sie stets dann, wenn zwischen der Oberfläche des Werkteils und dem Klebstoff ein möglichst inniger Kontakt entsteht. Die Klebflächen müssen deshalb sauber, fett- und staubfrei sein. Durch Anrauhen mit Schleifpapier wird die A. noch verbessert, weil sich dabei die Oberfläche des Materials vergrößert.

Kohäsion Wie stabil der nun dauerhaft hergestellte Kontakt zwischen den verklebten Werkstoffen ist, hängt von der K., nämlich der inneren Festigkeit des Klebstoffs nach dem Erstarren ab. Gegenüber einer *Zugbelastung* sind verklebte Materialien relativ stabil. Hier wird die angreifende Kraft auf die gesamte Klebefläche verteilt. Auch bei *Scherbeanspruchungen* verteilen sich die Kräfte günstig. Eine solche Verklebung wird sich bei sorgfältiger Ausführung kaum lösen. Verklebungen, die *Schälbeanspruchungen* unterliegen, sind relativ gefährdet. Hier müssen wenige Adhäsionsbrücken der Last standhalten.

Klebeflächen-Vorbereitung
– Oberfläche von Rost, Farbresten und anderen Fremdstoffen reinigen;
– Oberfläche durch Schleifen anrauhen;
– Klebeflächen ggf. gründlich entfetten (geeignet sind z.B. Aceton, Alkohol oder Nitroverdünner);
– Klebestellen trocknen lassen;
– vorbereitete Flächen nicht mehr berühren, um die Übertragung von Hautfett zu vermeiden;
– Klebstoff gleichmäßig und dünn auftragen (bei Kontaktklebern Ablüftzeit beachten!);
– Schmutz und Staub von frisch mit Klebstoff bestrichenen Oberflächen fernhalten (beispielsweise Schleif- oder Fräsarbeiten unterbrechen).

Kleister Der Begriff steht für Tapetenkleber (Tapetenkleister), auf der Basis von Methylzellulose.

Klemmfilz Elastischer Mineralwolledämmstoff, der durch eine Überbreite beim Zuschnitt zwischen zwei Bauteilen eingeklemmt wird, beispielsweise zwischen Sparren.

Klemmzwingen sind Spannzwingen mit Hebelspannung zum Befestigen von Teilen nach Leimarbeiten. Die K. werden durch Umlegen eines Hebels gespannt und nicht wie bei Schraubzwingen über eine drehende Bewegung.

Klimaregulierung Eigenschaft von Baustoffen, z.B. Gips, durch Feuchtigkeitsaufnahme und -abgabe ausgleichend auf das Raumklima einzuwirken.

Klinkerplatten Vorwiegend in gewerblich genutzten Bereichen, aber auch im Wohnbereich als Balkon und Terrassenbelag verwendete Platten. Sie müssen verschleißfest, frostbeständig, biege- und druckfest sein.

Knopfmaß ist ein aus Metall gefertigtes Meßwerkzeug mit langem Schnabel und mit mm-Einteilung. Das K. wird in vielen Bereichen eingesetzt. Es eignet sich für Messungen kleiner Teile (Schraubendurchmesser etc.), die zwischen die Schnabelseiten gelegt werden.

Kohäsion s. ‚Klebeverbindg.'

Kombizange ist durch die Form ihrer Greifflächen vielseitig einsetzbar, wird aber hauptsächlich für das Bearbeiten von Drähten verwendet. Zwei wichtige Anwendungsmöglichkeiten: Drähte können einerseits mit den Backen festgehalten werden, anderseits erlaubt sie auch das Abzwicken von Drähten. Der Seitenschneider ist dazu allerdings besser geeignet.

Komplementärfarben sind Farben, die sich im Farbkreis gegenüber liegen. Beide Farben gemischt ergeben immer ein neutrales Grau.

Konsolen sind Träger aus Metall, Holz und anderen Materialien für Auflagen und Borde. Unter K. versteht man aber auch aus der Wand heraustretende Tragelemente für Sanitärinstallationen, Regale etc.

Kontaktkleber Rohstoffbasis ist ein synthetischer Kautschuk. Wird der daraus hergestellte Kleber beidseitig auf die zu verklebenden Materialien aufgetragen, haften beide Stücke nach einiger Zeit fest aufeinander. Diesen Effekt nennt man Autohäsion. Die Verklebungen sind sofort belastbar und bleiben elastisch.

Lacke bestehen im wesentlichen aus Pigment, Bindemittel und Lösemittel.
Das *Pigment* gibt dem Lack Farbe und Deckkraft. Ein hoher Pigmentanteil gewährleistet, daß der Untergrund bereits mit ein bis zwei Anstrichen einwandfrei abgedeckt wird und die Farbkraft des Anstrichs länger erhalten bleibt.
Als *Bindemittel* werden verschiedene Stoffe verwendet. Am besten eignen sich Kunstharze (Alkyd-Lack). Sie verleihen dem Lack in besonderem Maß die Fähigkeit, auf Untergründen zu haften und einen glatten, gleichmäßigen Oberflächenfilm zu bilden. Nur bei hochwertigen Lacken ist dieser Film extrem widerstandsfähig gegen mechanische Beanspruchung, Witterungseinflüsse etc.
Lösemittel beeinflussen die Fließfähigkeit und die Trocknungsgeschwindigkeit des Lacks. Beide Eigenschaften sind wichtig bei der Verarbeitung. Allerdings wird die Streichfähigkeit eines Lacks nicht vom Lösemittel allein beeinflußt, sondern letztendlich von der Abstimmung der gesamten Rezeptur.

Bitte lesen Sie weiter auf Seite 169

Tapetenkleister & Wandbelagskleber

Welcher Kleister ist der richtige für meine Tapete? Die Vielfalt an Kleisterprodukten erscheint verwirrend – allerdings nur auf den ersten Blick

Kennen Sie das Rezept? Man nehme Mehl oder Stärke, füge Wasser hinzu, rühre das ganze zu einem pastösen Brei – und schon ist der Kleister fertig. Als Kinder haben wir unseren Bastelleim auf diese Weise selbst zusammengemixt. Ähnlich stellte man vor 100 Jahren auch den Tapetenkleister her – bis die Industrie bessere Produkte entwickelte. Die heute üblichen Tapetenkleister basieren ebenfalls auf einem pflanzlichen Rohstoff: auf Zellulose. Da deren lange Molekülketten so dicht aneinanderliegen, daß kein Wasser eindringen kann, macht man sie bei der Herstellung durch Zugabe von Methylchlorid wasserlöslich.

Kleister trägt man mit dem Quast von innen zu den Rändern hin gleichmäßig auf

Kleisterpulver klumpenfrei einzurühren ist mit den heutigen Produkten ein Kinderspiel: kaltes W

Normalkleister

Ob leicht oder schwer: Bei glatten Papiertapeten ist der Normalkleister die richtige Wahl. Das Ansatzverhältnis richtet sich nach Gewicht und Saugfähigkeit der Tapete. Stärkere Tapeten, die höhere Trocknungsspannungen aufweisen, sollten mit entsprechend konzentriertem Kleister geklebt werden (s. Ansatzverhältnis auf Verpackung). Gleiches gilt für sehr saugfähige Tapeten. Die heute gängigen Normalkleister bestehen meist aus reiner Methylzellulose ohne Kunststoff-Zusätze, sie sind kalkbeständig, geruchlos und auch zum Vorkleistern geeignet (s. Kasten nächste Seite).

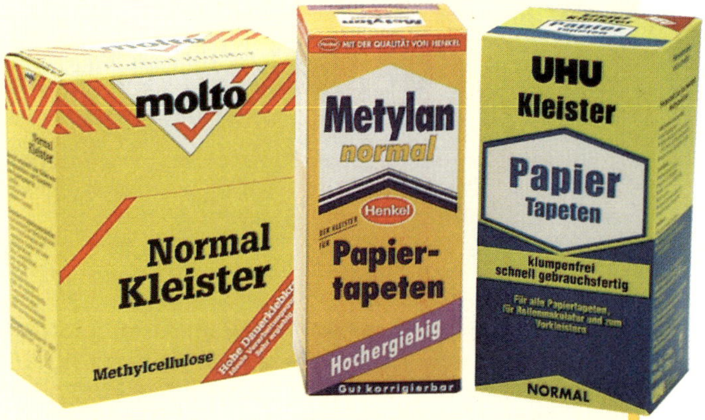

Spezialkleister

Die Spezialkleister könnte man fast als Allround-Produkte betiteln. Sie zeichnen sich gegenüber dem Normalkleister durch eine etwas höhere Klebkraft, besonders aber durch eine sehr gute Anfangshaftung aus. Bedingt ist dies durch Kunstharz-Zusätze, die man dem Zellulosekleister beimengt. Spezialkleister eignet sich deshalb besonders für schwerere Tapeten. Das niedrige Ansatzverhältnis (1:20) prädestiniert ihn auch zum Verkleben diffusionsdichter Wandbeläge wie Vinyl- oder Reliefdrucktapeten. Alternative: 20% Dispersionskleber in angerührten Normalkleister geben.

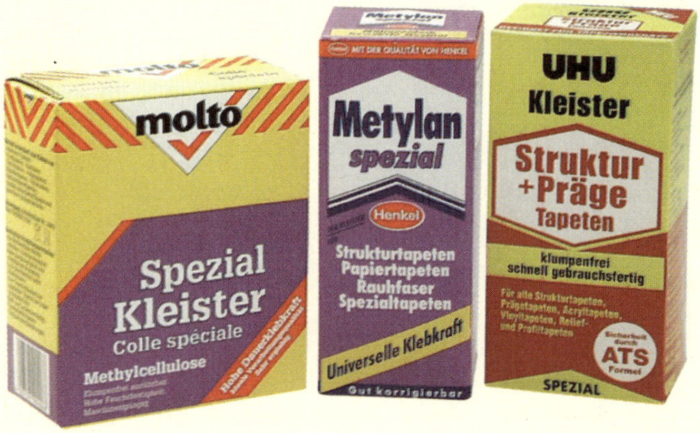

'sende Bewegung versetzen, Pulver einrühren, durchschlagen und fertig

Die hier gezeigten Pulverkleister basieren alle auf reiner Methylzellulose. Man rührt sie in kaltes (wichtig!) Wasser ein, wartet eine bestimmte Zeit, schlägt noch einmal durch – und fertig. Die gewünschte Viskosität läßt sich durch die Menge des zugefügten Wassers einstellen.

Methylzellulosekleister sind kalk- und zementverträglich und deshalb sowohl auf kalkhaltigem Putz wie auf Beton einsetzbar. Wenn sie abgebunden haben, sind sie beständig gegen Mikroorganismen – im Gegensatz zum eingangs beschriebenen Kleister vergangener Zeiten, dessen nahrhafte Grundbestandteile auch schon mal Mäuse und Ungeziefer anlockten.

Der flüssige Kleister dringt in die Poren des Untergrunds und die Fasern der Tapete ein. Die Klebewirkung setzt mit der Trocknung des Kleisters ein, die physikalisch durch Verdunsten des Wassers erfolgt. Allerdings setzt dieser Vorgang eine wasserdampfdurchlässige Tapete voraus. Bei dampfundurchlässigen

Fotos: Pavel Strnad

Vor dem Kleisterkauf den Tapeten-Beipackzettel lesen

Vinyl- oder Strukturtapeten kann das Wasser nicht verdunsten und der Kleister folglich nicht kleben. Deshalb setzt man reinen Zellulosekleister – der üblicherweise unter dem namen „Normalkleister“ angeboten wird – nur bei Papiertapeten ein. Um gleich gute Klebkraft auch bei anderen Tapetenarten sicherzustellen, fügt man dem Zellulosekleister Kunstharz- und andere klebkraftverstärkende Zusätze bei – je nach Anwendungszweck weniger oder mehr. Aus den Anforderungen der verschiedenen Tapetenmaterialien entstand die hier gezeigte Produktvielfalt.
Maßgeblich für die Kleisterwahl sind die Empfehlungen auf dem Beipackzettel der Tapetenrollen, der allerdings allzuoft von außen unlesbar in der Folienverpackung steckt. Hier sind auch die jeweiligen Weichzeiten vermerkt, die Sie bei allen Tapeten mit Papierrücken unbedingt einhalten sollten. Durch den wässrigen Kleister dehnen sich die Bahnen bis zu 1,5 cm aus. Dieser Dehnungsprozeß muß abgeschlossen sein, bevor man die Bahn an die Wand klebt. Klebt man sie zu früh, entstehen fast zwangsläufig Längsfalten. Weichzeiten sollten aber auch nicht wesentlich überschritten werden. Durchnäßte Tapeten sind schwieriger zu kleben und reißen schnell ein. Ganz wichtig bei Mustertapeten sind gleich lange Weichzeiten. Ansonsten kann es zu Verschiebungen des Musteransatzes kommen.
Es gibt auch Tapeten mit dimensionsstabilen Vliesrükken, die keine Weichzeiten brauchen. Im Handel werden sie u. a. unter dem Logo „Stabilit“ angeboten. Sie lassen sich mit Kleister (s. Tabelle) auch im Wandklebeverfahren verarbeiten.

Rauhfaserkleister

Eine gegenüber dem Spezialkleister nochmals erhöhte Klebkraft zeichnet die Produkte aus, die unter dem Namen Rauhfaserkleister angeboten werden. Sie sind durch Kunststoffzusätze so eingestellt, daß sie eine höhere „Feuchtefestigkeit“ aufweisen. Diese ist notwendig, weil beim Halbfertigprodukt Rauhfaser nach dem Verkleben noch ein Anstrich folgt, der die Klebeverbindung wieder durch Feuchtigkeit belastet. Gleiches gilt auch für Präge- und Strukturtapeten, die ebenfalls häufig überstrichen werden. Wie beim Spezialkleister ist die Anfangshaftung besonders hoch. Das Ansatzverhältnis kann noch niedriger gewählt werden (1:15).

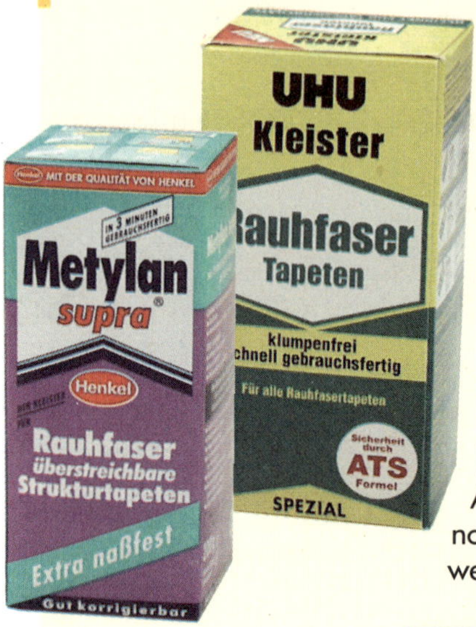

Tapeziergerätekleister

Früher tapezierte nur der Profi mit einem Tapeziergerät. Seit einigen Jahren werden sie auch in Baumärkten zu erschwinglichen Preisen angeboten, und in vielen Haushalten wartet dieses praktische Utensil auf den nächsten Renovierungseinsatz. Deshalb findet man heute in den Baumärkten auch den Kleister zum Gerät. Es handelt sich um ein Methylzellulose-Produkt mit Kunstharz-Zusatz. Die Klebkraft liegt zwischen der von Normal- und Spezialkleistern. In seiner Konsistenz ist er optimal auf den Maschinen-Einsatz abgestimmt.

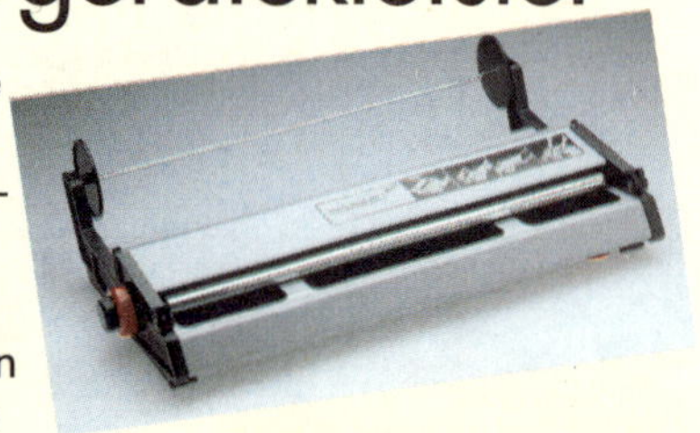

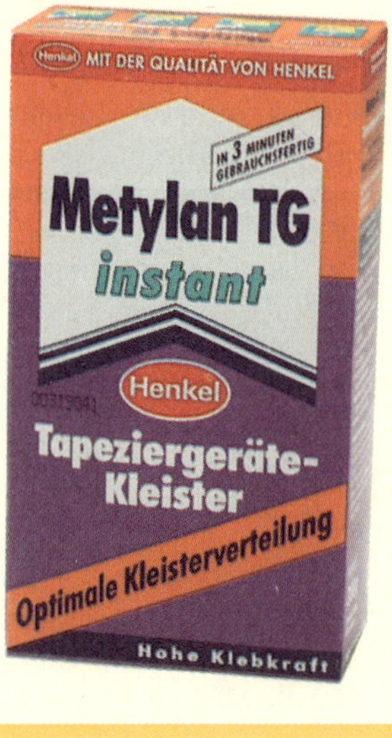

Bordüren- und Nahtkleber

Bei diesen Spezialklebern handelt es sich um gebrauchsfertige Dispersionskleber, die durch Verpackungsgröße und -form exakt auf die Anwendung abgestimmt sind. Durch hohe Klebkraft und geringen Wasseranteil stellen sie auch zwischen diffusionsdichten Materialien eine gute H tung sicher, z. B. beim überl penden Verkleben von Vinyl tapeten an Ecken oder bei Bordürenkleben. Wässrige Kleister können hier kaum binden. Das Wasser kann weder in die Wand noch durch die Tapete verdunste

Kleister leistet auch Unterg

Für haltbare Verbindungen ist ein poröser Untergrund mit ausreichender Saugfähigkeit Voraussetzung. Allerdings darf die Saugfähigkeit nicht zu stark sein, weil der Kleister sonst zu schnell in den Untergrund zieht. Um die Saugfähigkeit von glatten, ebenen Untergründen zu mindern, reicht oftmals ein Voranstrich mit verdünntem Normalkleister (Ansatz 1:80). Er wird mit einer Bürste gleichmäßig aufgetragen. Auch an glatten, ab stark saugenden Fertigbeto decken können Sie Kleister setzen: 2 Teile Normalkleist auf 1 Teil Styroporkleber (z Assil). Als Haftbrücke auf s dichten Untergründen, z. B. Lackanstrichen oder Kunsts Oberflächen, eignet sich üb gens Styroporkleber + 20 % Wasser. Sehr stark saugen Gipsputze und Gipsbaupla sollten Sie jedoch mit Tiefgr oder Wechselgrund behand

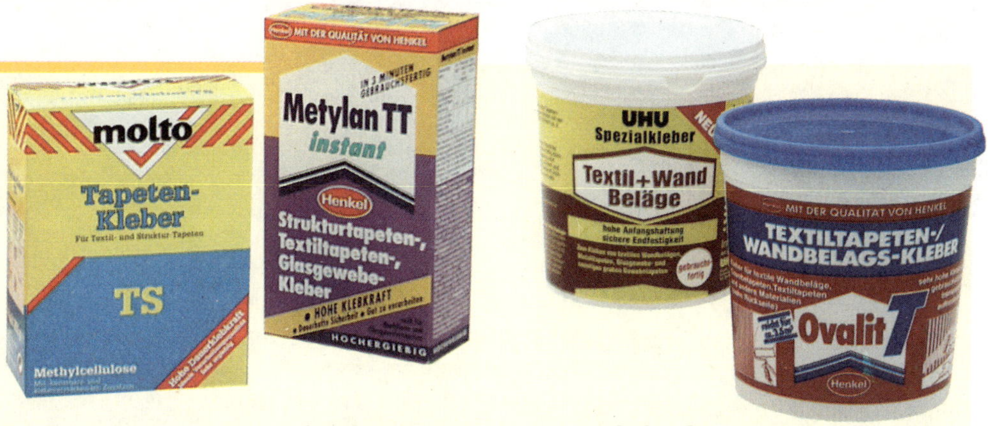

Tapeten- und Dispersionskleber

Die Bezeichnung „Kleber" auf den oben links abgebildeten Verpackungen läßt ahnen, daß es sich hierbei um Produkte mit sehr hoher Klebkraft handelt. Durch ein niedriges Ansatzverhältnis garantieren diese wasserarmen Kleber nicht nur die sichere Verarbeitung von hochwertigen Gewebe- und Kettfadentapeten, sondern auch von wasserdampfundurchlässigen Materialien wie Strukturtapeten. Dimensionsstabile Vliestapeten mit geprägtem Rücken sollten Sie ebenfalls mit diesen, auf Methylzellulose basierenden Produkten verkleben – wenn Sie die Bahnen im Wandklebeverfahren verarbeiten. Ein stärkerer Kleber ist hier deshalb sinnvoll, da die Tapete durch die Prägung nur punktförmig verklebt wird.

Die rechts abgebildeten, gebrauchsfertigen Produkte sind Dispersionsklebstoffe. Unverdünnt eignen sie sich bei Wandbekleidungen, für die der Hersteller das Einbetten in Dispersionklebstoffe empfiehlt. Ansonsten werden sie häufig als klebkraftverstärkender Zusatz zum Normal- oder Spezialkleister eingesetzt, z. B. in Feuchträumen wie Bad und Küche.

So hält der Kleister länger

Tapetenkleister ist im pulverförmigen Zustand praktisch unbegrenzt haltbar – sofern Sie ihn trocken lagern. Es dürfen sich keine Klumpen bilden. Angerührter Kleister hält sich in einem sauberen, verschlossenen Eimer mindestens zwei Wochen, oft auch wesentlich länger. Wenn sich Wasser an der Oberfläche gebildet hat, kräftig durchrühren. Hat der Kleister eine sehr dünnflüssige Konsistenz angenommen, klebt er nicht mehr. Für verdorbenen Kleister gibt's außerdem ein untrügliches Merkmal: Er sondert üble Gerüche ab.

it

Welcher Kleister für welche Tapete?

Papiertapeten	normaler Methylzellulosekleister (Ansatzverhältnis je nach Tapetengewicht)
Rauhfaser	Spezialkleister oder Rauhfaserkleister
Prägetapeten	Spezialkleister oder Rauhfaserkleister (wenn überstreichbar)
Vinyltapeten	Spezialkleister (+ 20% Dispersionskleber-Zusatz in Feuchträumen und bei dickerer Tapetenqualität; für überlappende Verklebungen: Naht-/Dispersionskleber)
Reliefdrucktapeten	Spezialkleister
Strukturtapeten	Spezialkleister oder Rauhfaserkleister (wenn überstreichbar)
Glasgewebetapeten	Tapetenkleber (in Feuchträumen und auf schwach saugenden Untergründen mit Dispersionskleber-Zusatz)
Kettfaden-, einfache Gewebetapeten	Spezialkleister (evtl. + 20 % Dispersionskleber) oder Textiltapetenkleber auf Zellulosebasis
hochwertige Gewebetapeten	meist Dispersionskleber (oft Wandauftrag des Klebers)
Vliestapeten mit glattem Rücken	Spezialkleister (Wandauftrag gut möglich)
Vliestapeten mit geprägtem Rücken	Tapetenkleber (Wandauftrag gut möglich)
Rollenmakulatur	identisch mit dem jeweils folgenden Tapetenkleister

Diese Tabelle dient zu Ihrer groben Orientierung. Sollten die Angaben im Einzelfall nicht exakt mit dem Beipackzettel Ihrer Wunschtapete übereinstimmen, halten Sie sich an die Empfehlung des Tapetenherstellers. Dispersionskleber-Zusätze, z. B. für Tapeten in Feuchträumen, sollten Sie nur im angegebenen Verhältnis zufügen

Farben & Lacke

Eine bunte Umgebung ist nicht nur eine Sache des Gemüts, sondern oft auch technische Notwendigkeit: Anstriche schützen Bauteile vor Sonne, Wind, Regen und anderen zerstörerischen Elementen. Mit welchen Mitteln und Rezepten sie ihren Aufgaben allerdings am besten gerecht werden, darüber streiten sich die Geister

Lacke sind ins Gerede gekommen. In Zeiten, in denen immer offensichtlicher wird, daß der hemmungslose Raubbau an der Natur am Schluß auch die Lebensgrundlage des Menschen in Frage stellt, sind es vor allem die Lösemittel im Lack, die dem umweltbewußten Anwender Kopfschmerzen bereiten.

Diese Substanzen, die bei konventionellen Anstrichmitteln einen Anteil von 50 bis über 70 Prozent ausmachen, verduften im wahrsten Sinne des Wortes während und nach der Anwendung in die Atmosphäre, wo sie wesentlich zum Treibhauseffekt beitragen. Leider lassen sich organische Lösemittel aber nicht ohne weiteres aus Lacken und Farben verbannen. Schließlich verhindern sie, daß die Filmbildner vorzeitig eine Verbindung mit den Pigmenten eingehen.

Es liegt aber nahe, statt der problematischen Kohlenstoffverbindungen einen harmloseren Stoff als Lösemittel einzusetzen: Wasser.

Aus diesen Stoffen werden Lacke und Farben gebraut

Funktion	*Funktionsbeschreibung*	*eingesetze Chemikalien*
BINDEMITTEL		
Filmbildner	bildet einen Film auf der Oberfläche und sorgt für die gleichmäßige Verteilung der Pigmente	künstliche Harze (aus Monomeren): PVC, Polyurethan (PU), Acrylharz; natürliche Harze und Öle: Leinöl, Colophonium
Weichmacher	bewirken besseren Verlauf und größere Elastizität des Films	Phthalate, Chlorparaffine, Carbamidsäure- und Alkydharze und weitere
LÖSEMITTEL	Lösung und Verteilung von Bindemittel, Pigmenten und Hilfsstoffen	Testbenzin (=Terpentinersatz), Aromaten, Citrusterpene, Balsamterpentinöl, Äthanol, Undekan/Dodekan, Glykole, sonstige organische Lösemittel, Wasser
PIGMENTE	Farbgebung und Schutz vor UV-Strahlung	natürlich anorganisch: Ocker, Graphit; synthetisch anorganisch: Titandioxid, Eisenoxid, schwermetallhaltige wie Bleichromat; natürlich organisch: Carotin, Cochenille; synthetisch organisch: Anthrachinon- und Azofarbstoffe, Phthalocyanine
HILFSSTOFFE:		
Sikkative	Trockenhilfsstoffe, sie beschleunigen die Filmbildung und Trocknung	Octoate oder Naphthenate von Kalzium, Kobalt, Blei Mangan, Zirkonium
Topfkonservierer (Biozide)	verhindern das Wachstum von Bakterien oder Schimmelpilzen in der Dose	Organozinnverbindungen, Thiazolinone, Methyl- u. Chloracetamid, Formaldehyd
Anstrichkonservierer (Biozide)	soll bestrichenes Gut vor Schimmelpilzbefall schützen	Dichlofluanid, Carbamate, Borax; oft wie Topfkonservierer, nur höhere Konzentration
Antihautmittel	verhindert die Hautbildung in der Dose	Oxime
Emulgatoren	verhindern die Eindickung und Flockenbildung	Traganth, Methylcellulose, Tylosen, Oleate, Borax
Schaumverhinderer	verhindern das Schäumen des Produkts	Siliconöle, Tributylphosphat
Verlaufsmittel	begünstigen den gleichmäßigen Verlauf bei der Verarbeitung	Siliconöle, Benzoesäure, Crotonsäure

Schematische Darstellung einer Lackschicht: Nach der Verdunstung des Lösemittels vernetzt das Bindemittel die Farbpigmente und Hilfsstoffe zu einem festen Gefüge

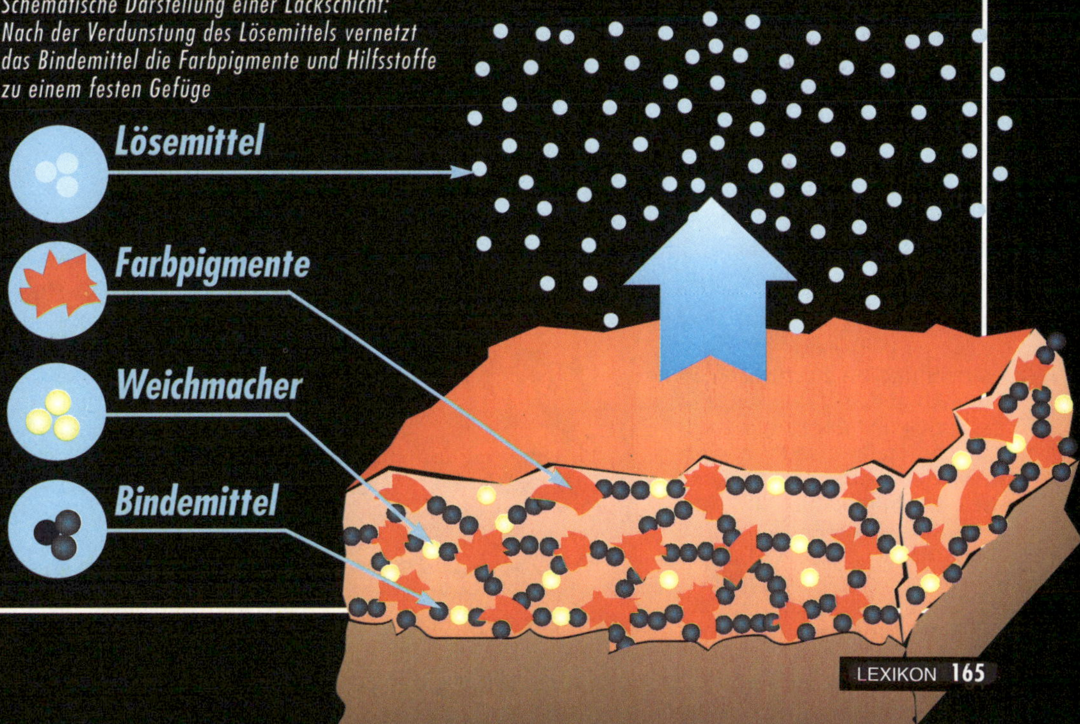

So einleuchtend dieser Gedanke auch ist, so schwierig ist seine Umsetzung. Schließlich wird von Farben und Lacken in der Regel gefordert, daß sie im Endzustand eben nicht wasserlöslich sind. Den Ausweg aus diesem Dilemma brachten Emulgatoren. Das sind Zusatzstoffe, die die Wasserlöslichkeit der an sich wasserfesten Bindemittel übergangsweise ermöglichen. Dieser Kunstgriff funktioniert inzwischen so gut, daß sich der Gebrauchswert von „Wasserlacken" kaum noch von dem der konventionellen Anstrichmittel unterscheidet. Lediglich in den Verlaufseigenschaften und der Haftung auf rohem Holz müssen kleine Abstriche gemacht werden, da die Filmbildner hier als größere Bausteine vorliegen und damit nicht so tief in kleinste Poren eindringen können. Mit dem Fortfall organischer Lösemittel ist bei

TIP

Farbe auf Pump

Lacke in Spraydosen vereinfachen Auftrags-Arbeiten ungemein: Man erspart sich das lästige Hantieren mit Pinsel oder Lackrolle und vor allen Dingen die Verunstaltung der frisch gestrichenen Fläche durch ausgefallene Borsten. Doch das Lackieren auf die bequeme Tour hat auch seine Nachteile: Mit dem Sprühnebel gelangt das gesamte Spektrum der Lackbestandteile in die Atemluft und gefährdet auf diesem Wege Ihre Gesundheit. Darüber hinaus belastet ein großer Teil des Lacknebels auch die Umwelt

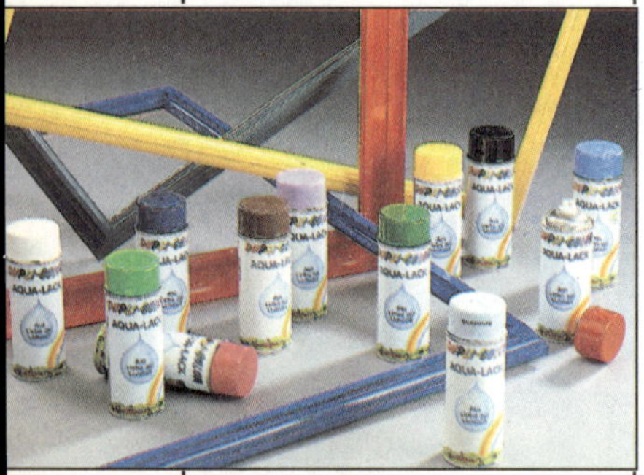

Wenn schon Lackspray, dann sollten Sie einen wasserbasierten und FCKW-freien Typ wählen! **TIP**

Konventionelle Lacke

Mit konventionellen Lacken sind hier jene Anstrichmittel gemeint, die einen hohen Anteil an organischen Lösemitteln enthalten. Diese Stoffe stehen nicht nur im Verdacht, die Gesundheit zu gefährden, sondern belasten vor allem in hohem Maße die Umwelt: Die Lösemittel verdampfen während und nach der Anwendung in die Atmosphäre, wo sie unter UV-Einstrahlung in umweltgefährdende Zwischenprodukte zerlegt werden. Immerhin gelangten Anfang der achtziger Jahre alljährlich etwa 350000 bis 500 000 t organische Lösemittel aus Farben und Lacken in die Umwelt.

Bei Lacken mit hohem Lösemittelanteil liegen die Bestandteile als kleinste Moleküle vor. Daraus resultieren die guten Verlaufseigenschaften dieser Lacke

Pigmente: Hier kommen unterschiedliche Stoffe zum Einsatz. Höchst bedenklich sind die früher üblichen Zink- und Bleichromate

Hilfsstoffe: Manche Lacke enthalten Biozide als Anstrichkonservierer. Zumindest für Innenräume sollte man auf diese Lacke verzichten

Lösemittel: Hohe Konzentrationen an organischen Lösemitteln belasten Umwelt und Gesundheit

Bindemittel: Neben synthetischen Harzen als Filmbildner zählen hierzu ggf. auch Weichmacher

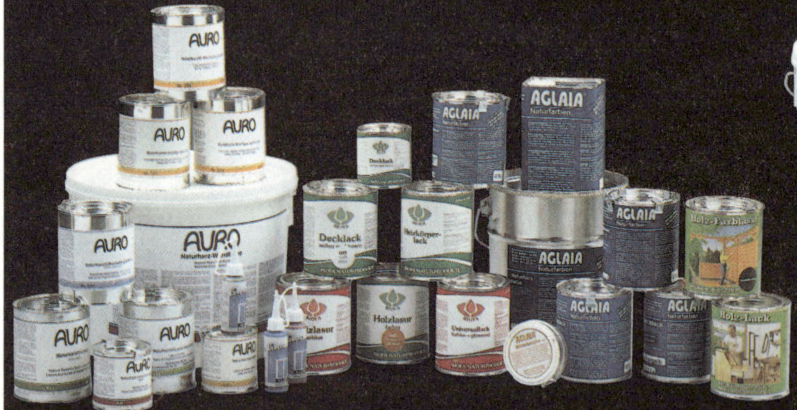

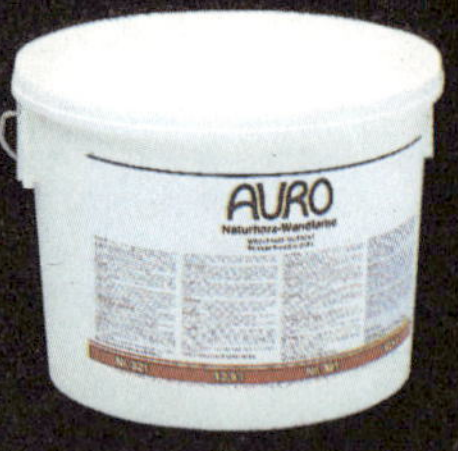

Konsequent ökologisch: Die Firma Auro liefert diese Natur-Wandfarbe in einem Mehrwegbehälter. Die Rückgabe des Eimers wird mit 6 Mark vergütet

Naturfarben

Zunehmendes Umweltbewußtsein und – zuweilen nicht unbegründetes – Mißtrauen in die Produkte der chemischen Großindustrie haben den Herstellern von Naturharzlacken und -farben einen regelrechten Boom beschert. Deren Produkte greifen meist auf Rezepturen aus der Zeit vor der industriellen Lackherstellung zurück. Als Filmbildner und Weichmacher kommen dabei natürliche Harze und Öle zum Einsatz. Diese Stoffe benötigen ebenfalls einen hohen Gehalt an Lösemitteln. Die sind zwar hier natürlichen Ursprungs (Balsamterpentinöl, Zitrusschalenöle) und daher nicht umweltschädigend, dafür aber mitunter gesundheitsbelastend

Wasserverdünnbare Lacke

Nachdem immer offensichtlicher wurde, daß der hohe Gehalt an Lösemitteln aus ökologischer und gesundheitlicher Sicht nicht befriedigend ist, entwickelte die Industrie Lacke, die weitestgehend ohne organische Lösemittel auskommen. Wie bei den konventionellen Rezepturen besteht das Bindemittel auch hier aus Kunststoffen. Nur sind sie diesmal nicht echt gelöst, sondern zu größeren Bausteinen zusammengefaßt, die wiederum in Wasser fein verteilt (dispergiert) sind. Aufgrund dieser grundlegende Technik spricht man hier auch von Dispersionslacken.

In wasserverdünnbaren Lacken sind die Filmbildner nicht gelöst. Sie liegen als gröbere Bausteine vor, die durch Emulgatoren wasserlöslich gehalten werden

Pigmente. Bei Dispersionslacken kommen die gleichen Pigmente zum Einsatz, die auch bei lösemittelhaltigen Anstrichmitteln für Farbe sorgen

Hilfsstoffe. Da Mikroorganismen im wässrigen Milieu besonders gut gedeihen, sind hier kleine Mengen an Biozid erforderlich

Lösemittel. Hauptsächlich Wasser. Manchmal noch geringe Mengen an organischen Lösemitteln

Dispersion. Bei wasserverdünnbaren Lacken sind die Bindemittel nicht echt gelöst, sondern im Wasser fein verteilt (dispergiert)

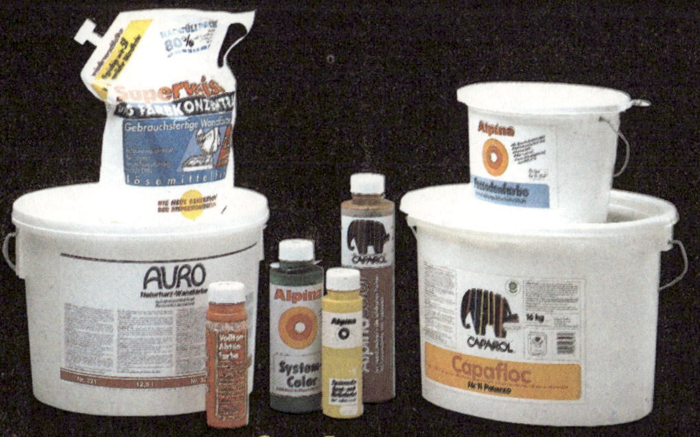

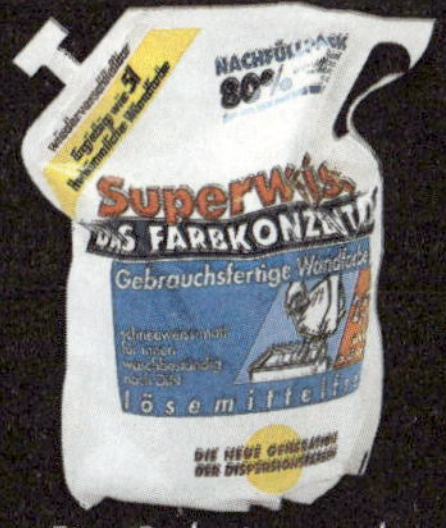

Eine Reduzierung des Verpackungsmülls verspricht sich die Firma Ostendorf durch ihr neues Farbkonzentrat, das es gebrauchsfertig im Nachfüll-Beutel gibt

Dispersionsfarben

Fassaden und Innenräume werden heute meist mit Dispersionsfarben „behandelt". Wie bei den Wasserlacken besteht auch hier das Bindemittel aus Kunststoffdispersionen. Je nach Einsatzgebiet werden dabei unterschiedliche Rezepturen verwendet. So sollten Bindemittel für den Innenbereich in erster Linie ein hohes Pigmentbindevermögen und eine hohe Filmhärte aufweisen. Kunststoffdispersionen für Außenfarben müssen UV- und wetterbeständig sowie hart und elastisch zugleich sein. Generell können Außenfarben (dazu gehören auch Abtönfarben) für den Innenbereich eingesetzt werden. Innenfarben eignen sich aber niemals für Außenwände.

Was Sie sonst noch über Farben wissen sollten

Beizen
Farbstofflösungen, die die Holzfasern anfärben oder chemische Lösungen, die Farbreaktionen auf dem Holz bewirken. In beiden Fällen bleibt die Holzstruktur sichtbar.

Farben
Anstrichstoffe mit viel Pigmenten und wenig Bindemittel

Lacke
Anstrichstoffe mit wenig (bzw. keinen) Pigmenten und viel Bindemittel. Man unterscheidet zwischen Klarlack (weder lösliche Farbstoffe noch Pigmente), Transparentlack (lösliche Farbstoffe, keine Pigmente) und Lackfarbe (lösliche Farbstoffe und Pigmente).

Lasuren
Anstrichmittel mit Lasurpigmenten. Das sind Farbmittel, die den Untergrund nicht abdecken, sondern durchscheinen lassen.

Leimfarbe
Sie besteht aus Leim als Bindemittel. Da Leim auch nach der Trocknung wasserlöslich ist, können Leimfarben später wieder abgewaschen werden.

Titandioxid
Gebräuchlichstes Pigment für weiße Farbe. Bei seiner Herstellung fällt hochgiftige Dünnsäure an. Während und nach der Anwendung hingegen ist Titandioxid unproblematisch.

Umweltzeichen
Lacke mit dem Umweltzeichen („blauer Engel") enthalten weniger als 10% Lösemittel, keine erbgutverändernden Stoffe oder besonders problematische Biozide und Topfkonservierer. Bei der Vergabe des Zeichens werden allerdings mögliche Umweltbelastungen bei der Rohstoffgewinnung und der Produktion nicht berücksichtigt. Wandfarben, die von vornherein keine Lösemittel enthalten, werden nicht ausgezeichnet.

TIP Pinsel für Dispersionslacke

Der Trend ist eindeutig: Die Zukunft der Anstrichmittel liegt im Wasser. Zumindest im Heimwerkerbereich, wo Verfahren wie Pulverbeschichtung usw. nicht realisierbar sind, werden Wasserlacke auf Dauer Rezepturen mit hohen Lösemittelgehalten verdrängen. So bekömmlich Wasser aber nun für die Umwelt ist, so schwer verdaulich ist es für die verwendeten Pinsel: Naturborsten quellen bei längerem Gebrauch auf. Aus diesem Grunde wurden spezielle Pinsel mit profilierten Polyesterborsten entwickelt, die den guten Eigenschaften von Naturborsten in nichts nachstehen.

TIP

den Dispersionslacken zwar der eigentliche Umweltsünder aus dem Farbeimer verbannt, doch immer noch tummeln sich hier einige hundert Erzeugnisse petrochemischer Herkunft. Und solche Stoffe sind konsequenten Ökologen von vornherein ein Dorn im Auge. So erleben zur Zeit Naturfarben, die auf petrochemische Erzeugnisse ganz verzichten, einen regelrechten Boom. Allerdings sind auch diese Produkte nicht ganz frei von Problemstoffen. □

Effektlacke

Wie wärs mit Kupfer- oder Hammerschlageffekt? Spezielle Pigmente und Füllstoffe sorgen bei Effektlacken für mehr Wirkung

Anwendungen mit Farbe

Eine gute Oberfläche erhält man, wenn man den Lack mit einer Moltoprenrolle aufbringt und ihn dann mit einem Pinsel verschlichtet

Die Basis f… eine perfe… Lackoberfl… bildet der A… trag einer Grundierun… Dieses Mitt… schließt die… ren und bil… eine Haftbrücke zu … Deckanstri…

Für die Ver… gelung von Holzfußbö… stehen heu… strapazierf… ge Lacke a… Wasserbasi… zur Verfüg… Hauptvorte… weniger un… weltbelast… und geruch… neutral

Neben seinen schützenden Aufgaben bildet Lack auch den glänzenden Abschluß jeder Oberfläche. Damit er in dieser Hinsicht seine volle Pracht entfalten kann, muß der Lackaufbau mit höchster Sorgfalt erfolgen. Daß die Untergründe trocken, staub- und fettfrei sein sollten, versteht sich von selbst. Abstehende Fasern im Lack von Massivholzflächen können vermieden werden, indem man die Fläche vorher mit einem Pinsel anfeuchtet und anschließend abschleift. Glatte Lackoberflächen erreicht man durch mehrmaliges Spachteln (jeweils dünne Schichten!).

Wenn die Holzmaserung sichtbar bleiben soll, biete… sich die Verwendung von Lasuren an. Für den Außenbereich gibt es sie auch mi… Wetterschutz-Funktion

Schwamm drüb… Nicht nur Pinse… Farbrollen und Spritzpistolen sorgen für bun… Ergebnisse. We… extravagante … re schätzt, soll… mit einem Schwamm einn… die Marmorier… technik versuc…

Alles klar mit Lack & Co

Nitrolack → Klassischer Möbellack, ungefärbt auch „Zapon-Lack". Sehr harte Oberfläche, allerdings empfindlich gegen Licht und Lösungsmittel. Extrem hoher Anteil (80%) organischer Lösungsmittel, deshalb kaum noch zu haben

Kunstharz-Lack → Enthält chemisch hergestellte Harze als Bindemittel. Polyurethan-Produkte werden auch als PUR oder DD-Lacke bezeichnet. Da der Lack durch eine chemische Reaktion trocknet, sind die Oberflächen sehr widerstandsfähig und dennoch in gewissen Grenzen elastisch. Das übliche Alkydharz ist eine Unterform des Polyesterharzes; Polyesterlack (UP-Lack) ergibt sehr harte, glänzende Oberflächen

Naturharz-Lack → Statt chemisch erzeugter Kunstharze werden planzliche oder tierische Rohstoffe als Bindemittel eingesetzt. Allerdings sind oft organische Lösemittel enthalten

Dispersion → Bezeichnung für wasserlösliche Anstriche. Die als Bindemittel eingesetzten Acrylpartikel sind zusammen mit organischen Lösungsmitteln im Wasser fein verteilt, man spricht von „dispergiert"

Hilfsstoffe → Auch als Additive oder Zusatzstoffe bezeichnet. Substanzen, die einem Produkt in geringen Mengen beigegeben werden, um dessen (Verarbeitungs-) Eigenschaften zu verbessern. Häufig sind Hilfsstoffe gegen Absetzen, Antischaummittel, Netzmittel für einen gleichmäßigen Anstrichaufbau und Verdickungsmittel beigegeben.

Thixotrop → Auch als „tropffrei" oder „Gel" bezeichnet. Das sonst dünnflüssige Lösemittel ist gelartig gebunden. Bem Aufrühren und Streichen wird das Material durch die Bewegung dann dünnflüssig.

Heimwerker-Lexikon

Lackwalzen bis Laubsägezwingen

Lackwalzen und Lackroller gibt es aus Schaumstoff oder Mohair. Mohairwalzen sollten bereits mehrfach verwendet worden sein, bevor man sie für die Endlackierung einsetzt, da sie zur Flusenbildung neigen.

Lagerbeständigkeit die Zeitspanne zwischen der Herstellung eines bauchemischen Produkts und dem Zeitpunkt, zu dem es unter Einhaltung der vorgeschriebenen Lagerungsbedingungen (Verpackung, Temperatur, Luftfeuchtigkeit) die ausgelobte Leistung erfüllt. Alle Farben und Lacke trocken und kühl, aber frostfrei lagern.

Längsanschlag Bei handgeführten Elektrowerkzeugen ist es oft schwierig, eine genaue Führung an einer sauberen geraden Werkstückskante einzuhalten. Der L. ist ein gutes Hilfsmittel, um z.B. mit einer Kreisbzw. Stichsäge einen parallelen Schnitt zu erreichen.

Langhaken gegen Abrutschen sind zwei lange selbstsichernde Tragarme mit abgerundeten Krallenenden. Die gelagerten Gegenstände haben keinen Kontakt zur Wand. Einfach zu montieren. Zum platzsparenden Lagern von Werkzeugen, Geräten, Sportschlägern und Schuhen.

Lappenband ist ein Aufschraubband, das ein- bzw. doppelseitig eingelassen oder stumpf verschraubt wird. Das L. ist auch in gekröpfter Ausführung erhältlich.

Lärche gehört zu den europäischen Nadelhölzern. Das Holz der L. ist harzreich, elastisch und zäh, sehr hart, fest und dadurch tragfähig. Trotz wechselnder Feuchtigkeitseinflüsse sehr dauerhaft. Sehr gutes Holz für Möbel- und Innenausbau. Als Bauholz sehr gut geeignet. Außerdem Verwendung bei Wagner-, Küfer- und Drechselarbeiten.

Laser-Nivellierer Elektronisches Meßgerät zum Feststellen der Ebenheit von Untergründen bzw. Übertragung von Höhenmaßen.

Lasieren Möbelstücke lasiert man, wenn die vorhandenen farblichen Eigenschaften verändert werden sollen. Die Farbstärke der Lasur ist, je nach Häufigkeit des Auftrages, variabel. Bei farbloser Lasur wird die Maserung aufgefrischt.

Last Situation der verschiedenen Kräfte, die auf einen Dübel einwirken. Oft müssen sie in Zug- und Scherkräfte zerlegt werden. Aus Biegekräften sind die Zugbelastungen zu ermitteln.

Lasuren sind transparente bis halbdeckende Anstriche, die Oberflächen widerstandsfähig gegen Umwelt- und Witterungseinflüsse machen. Die Struktur des Holzes bleibt sichtbar. L. dringen in das Holz ein. Sie halten das Holz gesund und elastisch und lassen es nicht austrocknen. Die Feuchtigkeit kann entweichen, das Quellen und Schwinden wird reduziert. L. sind farblos und in zahlreichen Farbtönen erhältlich.

Latthammer ist ein Zimmermannshammer mit Spitze. Durch seine besondere Form lassen sich sehr gut große Nägel aus dem Holz entfernen.

Lattung Genagelte oder geschraubte Tragkonstruktion aus Dachlatten der Dimensionen 30/50 oder 40/60 mm.

Laubsägeblätter sind feine Sägeblätter zum Sägen feiner Konturen mit Hilfe eines Laubsägebogens. Es gibt auch Rundsägeblätter, mit denen man in alle Richtungen sägen kann.

Laubsägebogen ist eine Handsäge, die sich sehr gut für sehr feine Sägearbeiten (z.B. im Modellbau) eignet.

Laubsägebrettchen Auflagebzw. Haltebrettchen, auf das das Werkstück beim Laubsägen gelegt wird. Das L. wird mit einer Laubsägezwinge am Werktisch befestigt.

Laubsägezwingen dienen zum Befestigen der Laubsägebrettchen am Werktisch.

Bitte lesen Sie weiter auf Seite 185

Technik-Lexikon

Pinsel & Farbroller

Damit bei Ihren Farbkompositionen keine Mißtöne aufkommen, stellen wir Ihnen das komplette Streichorchester vor: Vom Ringpinsel, der hierzulande immer noch die erste Geige spielt, bis zum flächendeckenden Farbroller

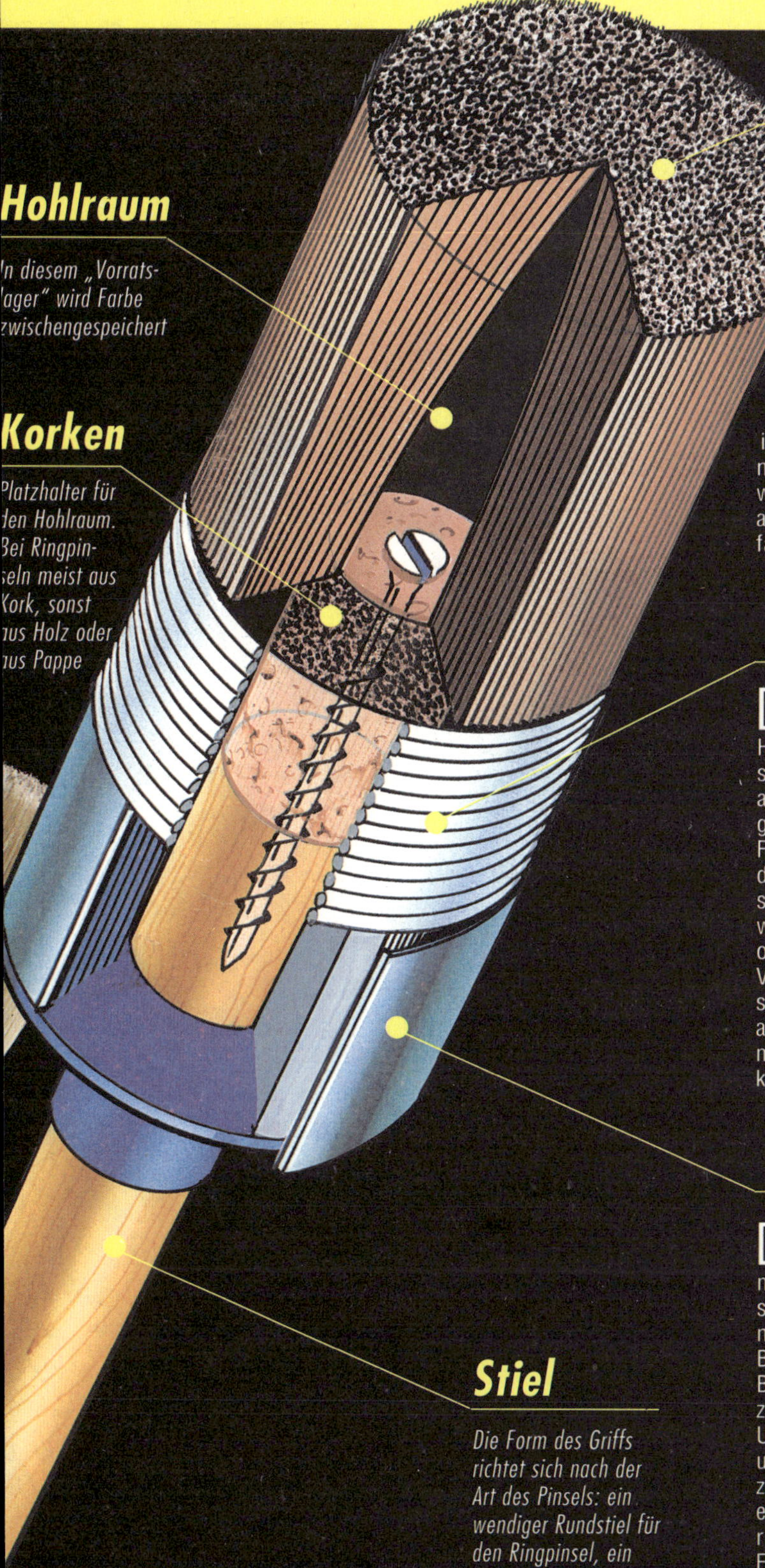

Hohlraum

*n diesem „Vorrats-
'ager" wird Farbe
zwischengespeichert*

Korken

*Platzhalter für
den Hohlraum.
Bei Ringpin-
seln meist aus
Kork, sonst
aus Holz oder
aus Pappe*

Borsten (Besteckung)

Die Borste hat die Aufgabe, Farbe möglichst gleichmäßig an den zu beschichtenden Gegenstand abzugeben. Neben der Schweinsborste, die sich durch ihren nierenförmigen und konisch zulaufenden Schaft sowie ihrem gesplißten Ende (Fahne) seit jeher bestens bewährt hat, kommen heute auch unterschiedliche Kunstfasern zum Einsatz

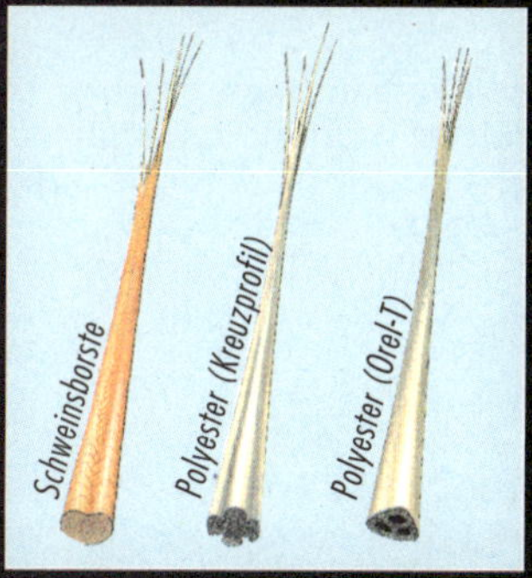

Wie Schweinsborsten verfügen hochwertige Polyesterfasern über profilierte und konisch zulaufende Schäfte

Vorband

Der Korken, der bei Qualitäts-Ringpinseln den Hohlraum zur Farblagerung schafft, treibt die Borsten auseinander. Um dem entgegenzuwirken, wird meist ein Faden bis kurz über die Höhe des Korkens gewickelt. Besonders langborstige, hochwertige Pinsel haben einen oder zwei Knoten in diesem Vorband. So kann es bei Verschleiß der Borsten teilweise abgetrennt werden. Natürlich muß man dann auch den Korken entsprechend kürzen

Bei guten Ringpinseln läßt sich das Vorband (aus Hanffaden, Metall oder Kunststoff) stufenweise entfernen

Zwinge

Die Zwinge umschließt die sogenannte Vulkanisationsmasse, in der die Pinselborsten vergossen sind. Traditionell besteht die Zwinge aus Blech, das sich ohne weitere Behandlung (2) jedoch als ziemlich rostanfällig erweist. Um die Haltbarkeit der Zwinge und damit auch des Pinsels zu erhöhen, verwendet man entweder nichtrostende Materialien wie Kunststoff (1) oder Edelstahl (4), oder man vernickelt bzw. vermessingt das Zwingenblech (3)

Entscheidend für die Rostanfälligkeit einer Zwinge ist ihr Material bzw. die Oberflächenbehandlung

Stiel

Die Form des Griffs richtet sich nach der Art des Pinsels: ein wendiger Rundstiel für den Ringpinsel, ein griffiger Profilstiel für den Flachpinsel

Ein Pinsel hat ja fast schon etwas Unanständiges. Nicht nur, daß es sich bei den Borsten meist um eine ausgemachte Schweinerei handelt – nämlich um das Haar dieses häuslichen Nutztiers. Zu allem Überfluß wurzelt der Begriff Pinsel auch noch im lateinischen „Peniculus" und damit in Bereichen, über die des Sängers Höflichkeit beflissen schweigt. Trotz alledem werden Pinsel natürlich nicht unterm Ladentisch gehandelt. Im Gegenteil: Zu Abertausenden gehen sie über die Theke, um unsere Welt ein Stückchen bunter zu gestalten. Dieser Bericht handelt von den Arbeitern dieses Metiers, den Malerpinseln.

TECHNIK

Wichtigster Bestandteil eines jeden Pinsels ist die Borste. Sie sollte im wesentlichen steif, aber elastisch sein und das Auftragsmaterial gut halten können. Alles Eigenschaften, die Schweinehaare von Natur aus mitbringen. Wie die Haare aller Säugetiere bestehen Schweinsborsten aus dem widerstandsfähigen Naturstoff Keratin. Ihr nierenförmiger Querschnitt verleiht ihnen eine ausgezeichnete Elastizität. Der Schaft verläuft konisch und endet in drei bis vier einzelnen Fasern. Diese sogenannte Fahne ermöglicht eine gleichmäßige Verschlichtung

des Farbauftrags. Und nicht zuletzt sorgt die feinschuppige Oberfläche dafür, daß die Farbe gut anhaftet.
Natürlich gleicht auch im Falle der Schweinsborste kein Haar dem anderen, so daß es hier wesentliche Qualitätsunterschiede gibt. Zum Beispiel eignen sich Borsten freilebender Schweine für die Pinselherstellung ganz besonders gut, weil sie steifer und widerstandsfähiger sind als die Haare ihrer arrestierten Artgenossen. Auch sind in allen industrialisierten Ländern die Schweine so gezüchtet worden, daß sie immer weniger Borste abwerfen. So kommen heute die meisten (ca. 90%) und besten Borsten aus China. Nun sind Naturstoffe in ihrer unberechenbaren Verfügbarkeit für den Hersteller eines Massenprodukts immer ein wenig suspekt. Hinzu kommt, daß Schweinsborsten in Wasser ein wenig aufquellen, was mit dem Aufkommen der wasserverdünnbaren Farben und Lacke zu Problemen

Breite Auftragsarbeiter: Fußboden-Streichbürste zum Aufbringen von Siegellacken und Ausgleichsmassen

Strichzieher, Rotmarder-Schlepper, Borst-Gussow-Pinsel und Co.: Feinpinsel für den Kunstmaler

Halten sich nicht bei Haarspaltereien auf: Billigprodukte mit Schaumstoffzungen als Streichmedium

PINSEL

TIP

Worauf man beim Kauf eines Pinsels achten sollte

Prüfen Sie, ob die Borsten gleichmäßig geformt sind und sich elastisch, aber nicht weich anfühlen. Die Enden dürfen sich nur leicht spreizen, wenn man den Pinsel in die Handfläche drückt. Die unsaubere Verarbeitung von Zwinge und Vorband sind Alarmzeichen!
Erfahrene Malermeister fahren ihren Pinsel regelrecht ein. Das ist natürlich nur bei hochwertigen Pinseln sinnvoll, die nach Gebrauch sorgfältig gereinigt und gepflegt werden. Dazu gehört vor allen Dingen, daß man sie nicht auf den Borsten stehend aufbewahrt.

TIP

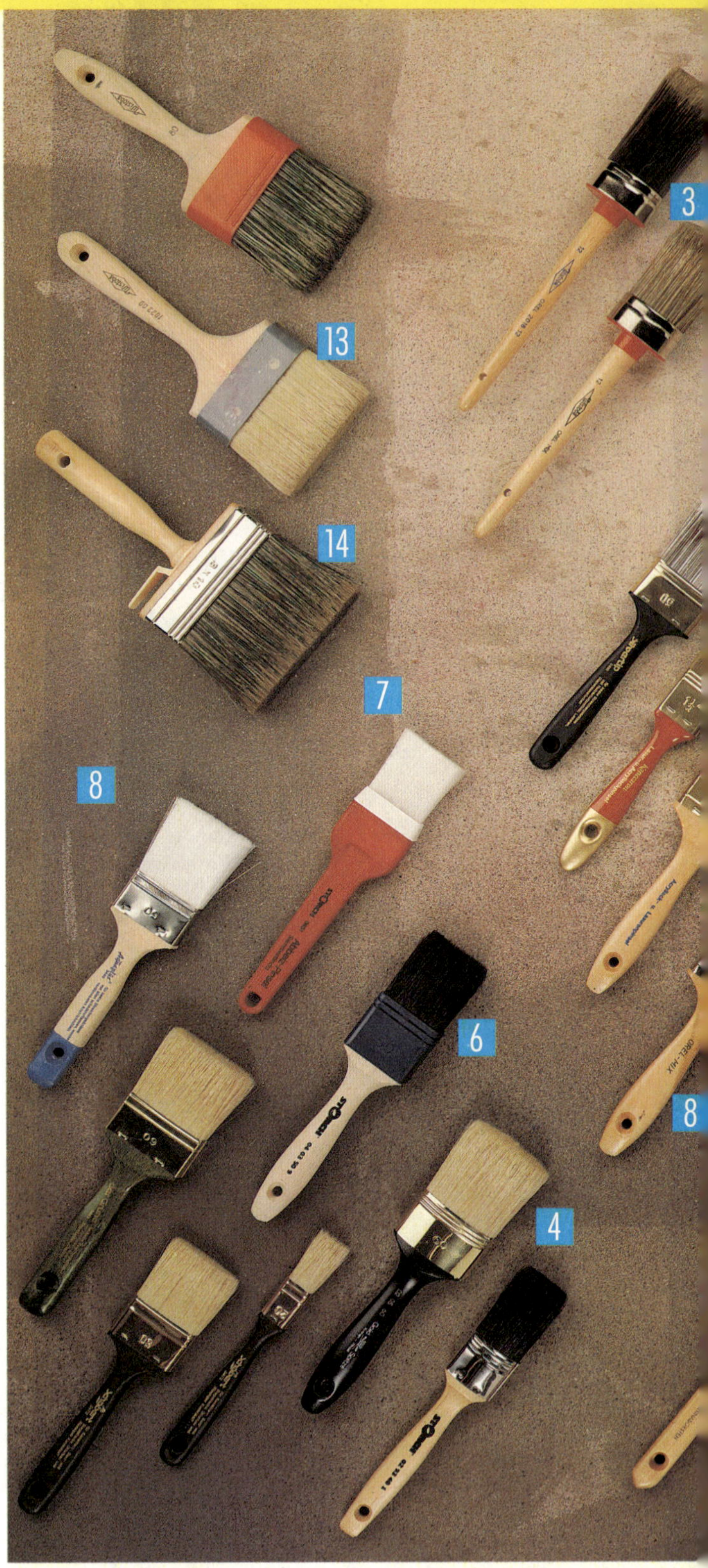

Haar um Haar: Borsten unter der Lupe

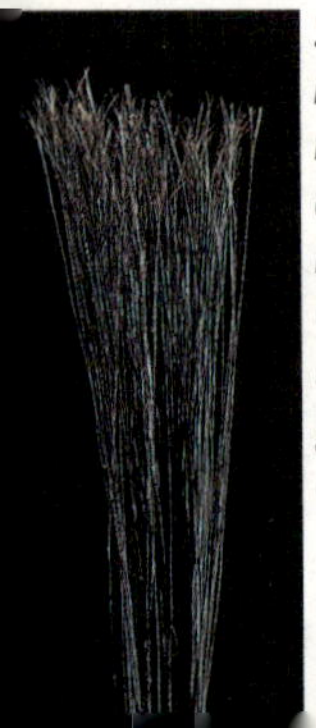
Schwarze Chinaborsten: Sie stammen meist aus dem Erzeugergebiet Tientsin in China. Borsten aus dieser Gegend gelten als besonders hochwertig

Weiße Chinaborsten: Steife Naturborste mit guten Streicheigenschaften. Wird aus optischen Gründen oft noch gebleicht

Graue Chinaborsten: Wie das schwarze und graue Schweinshaar eine ausgezeichnete Borste für Pinsel

Polyesterfasern: Hochwertige Kunststoffaser, oft konisch geschliffen. Besonders geeignet zur Verarbeitung wasserverdünnbarer Lacke und Farben

Polyamidb… (Nylon, Pe… Hitzebestä… und säuref… Faser. Wir… Deckenbür… häufig bei… mischt ode… alleine ver…

Streichorchester in großer Besetzung

Ringpinsel
Zum Lackieren von glatten und kantigen Flächen mittlerer Größe (z.B. Türen und Fenster), für Korrosionsschutzanstriche usw.

1 Naturborste
2 Nylonfaser (Abbeiz-Ringpinsel)
3 Polyesterfaser
4 Ovalpinsel
5 Französischer Lackier-Ringpinsel: für exakte Beschneidearbeiten (Exakter Ab- oder Anschluß von Farbflächen)

Flachpinsel
Für das Aufbringen von Lacken und Lasuren auf größere Flächen

6 Naturborste
7 Nylonfaser (Abbeiz-Flachpinsel)
8 Polyesterfaser

Winkelpinsel (Heizkörperpinsel)
Zum Lackieren schwer zugänglicher Flächen (Nischen in Räumen und an Fassaden, Heizkörper, Maschinen usw.)

9 schwarze Chinaborste
10 Polyesterfaser
11 Chinaborste

Plattpinsel (Strichzieher)
Für Linier- und Dekorarbeiten

12 schwarze Chinaborste

Flächenstreicher u. Deckenbürsten
Zur Beschichtung großer Flächen: Grundierungen, Imprägnierungen, Makulaturanstriche, Betonlasuren usw., die nicht mit der Farbrolle ausgeführt werden können

Flächenstreicher:
13 Chinaborste; Kunststoffassung; metallfrei (Beizvertreiber)
14 Chinaborste

Deckenbürsten:
15 helle Chinaborste (Kleisterbürste)
16 schwarze Chinaborste
17 graue Chinaborste
18 Naturfaser (Abbeiz- und Kalkbürste)

Sonstige Pinsel
19 Leimpinsel
20 Fensterpinsel
21 Malerabstäuber

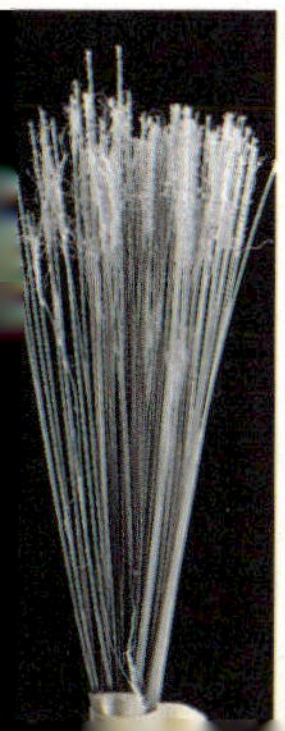

Silverprenborsten: Preiswerte, lösungsmittelbeständige PP-Faser. Auch zum Auftragen von Tiefgrund und ähnlichen Materialien geeignet

Polymexborsten (Myhalon): Polyesterbasierter Nachfolger der PVC-Faser. Einsatz bei preiswerten Pinseln und Bürsten. Nicht lösungsmittelfest

PVC-Borsten: Nicht mehr hoffähig, da bei Verbrennung Dioxin freigesetzt wird. Früher bei billigen Deckenbürsten verwendet. Nicht lösungsmittelfest

Naturfaser (Fiber): Gegen aggressive Mittel (Tiefgrund u.ä.) beständige pflanzliche Faser. Einsatz bei preiswerten Abbeiz- und Kalkbürsten

Technik-Lexikon

führt. Es hat daher nicht an Versuchen gefehlt, synthetischen Ersatz für das Schweinehaar zu entwickeln. Neben preiswerten Alternativen wie Fasern aus PVC oder Polyamid wurden auch hochwertige Kunstborsten geschaffen, die in Form und Aufbau dem natürlichen Vorbild sehr nahe kommen (Silvertrip von Storch, Orel-T von Wistoba). Für „Wegwerfpinsel" ist dieser Aufwand sicher etwas übertrieben, aber auch bei einfacheren Kunstborstenpinseln für Malerarbeiten sollte man darauf achten, daß die Enden der Fasern geschlitzt sind.

ROLLER

Wenn es darum geht, größere Flächen zu beschichten, wird man meist zum Farbroller greifen. Die Geschichte dieses relativ einfachen, aber äußerst wirkungsvollen Werkzeugs beginnt in den dreißiger Jahren, als finnische Maler herausfanden, daß eine Textilwalze viel Farbe aufnehmen kann, die sie beim Abrollen auf einer Fläche wieder gleichmäßig verteilt.
Aus diesen Anfängen entwickelte sich im Laufe der Zeit die Lammfellrolle, die dann Anfang der fünfziger Jahre auch in Deutschland fabrikmäßig hergestellt wurde. Obwohl inzwischen eine Vielzahl anderer Bezüge auf

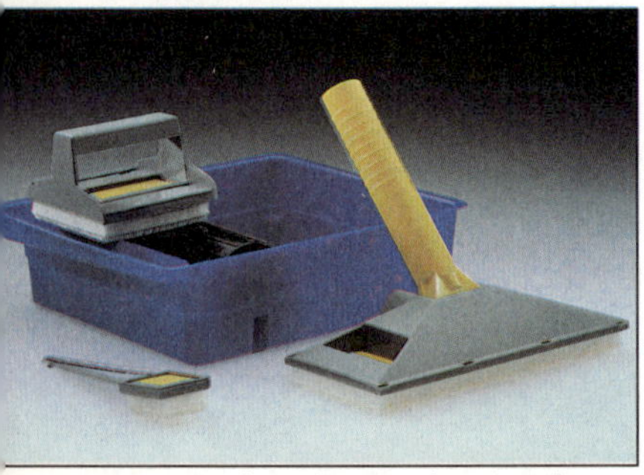

Wandstreicher: Bei dem Streichssystem „Pinty" sorgt eine Kissen mit Mohairauflage für bunte Ergebnisse

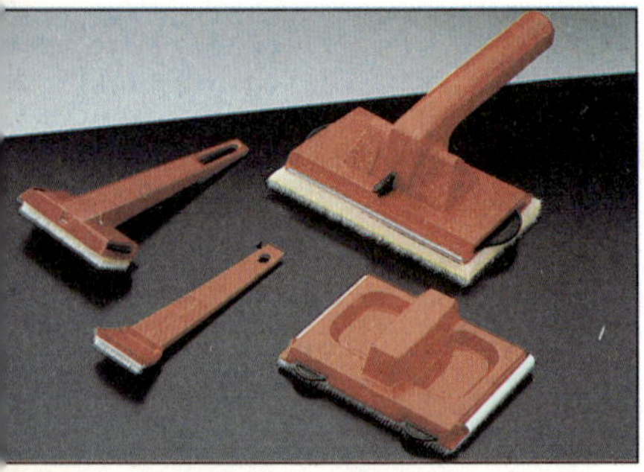

Streichkissen der Firma Lehnartz: Hier versuchen sich Fiberfasern am gleichmäßigen Farbauftrag

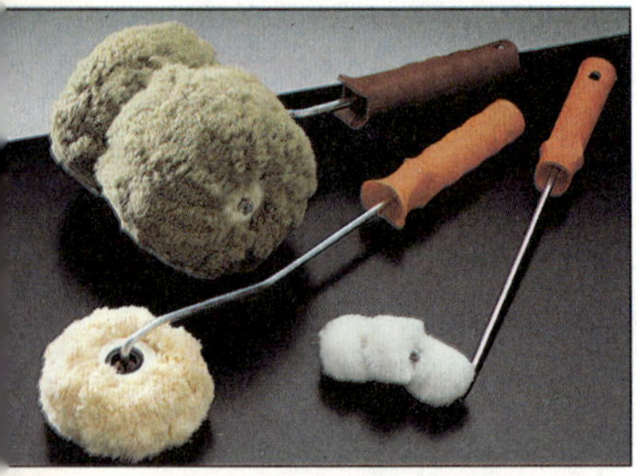

Roller für spezielle Fälle: Zum Streichen von gewelltem Material, von Ecken, Rohren und Rundungen

Farboller mit eingebautem Vorratstank und einstellbarer Farbzufuhr: „Roll-Rocket" von Lehnartz

Kunst von der Rolle: Für das Auftragsgerät „Roll-Art" von Storch gibt's über 20 Musterrollen

Das paßt: Farben, Lacke, Pinsel

Anstrichmittel	Eigenschaften	Pinselborste	Pinsel reinigen
Acryl-Lacke	wasserlöslich (wasserverdünnbar); erkennbar am blauen Umweltengel	Polyesterborsten (Kunststoffborsten)	gut ausstreichen (auf Zeitungspapier) und dann in Wasser ausspülen
Alkydharz-Lacke Alkydharz-Lasuren	stark lösemittelhaltig; sehr strapazierfähig	Naturborsten	Gut ausstreichen und dann in Testbenzin, Terpentin oder Pinselreiniger (Hautkontakt vermeiden!) durchwalken
Nitro-Zellulose-Lacke	Für stark strapazierte Holzoberfläche	Naturborsten	Gut ausstreichen und in Nitro-Verdünnung (Hautkontakt vermeiden!) durchwalken
Beizen	wasserbasiert	Polyesterborsten (Kunststoffborsten)	Gut ausstreichen und dann in Wasser ausspülen
Dispersionsfarbe	wasserlöslich	Naturborsten, Farbroller	Gut ausstreichen und dann in Wasser ausspülen

Schutzblech für saubere Kanten: Mit dem Fensterroller erübrigt sich das Abkleben von Flächen

Der Fensterpinsel von Wistoba: Durch die dreieckige Form werden Beschneidearbeiten erleichtert

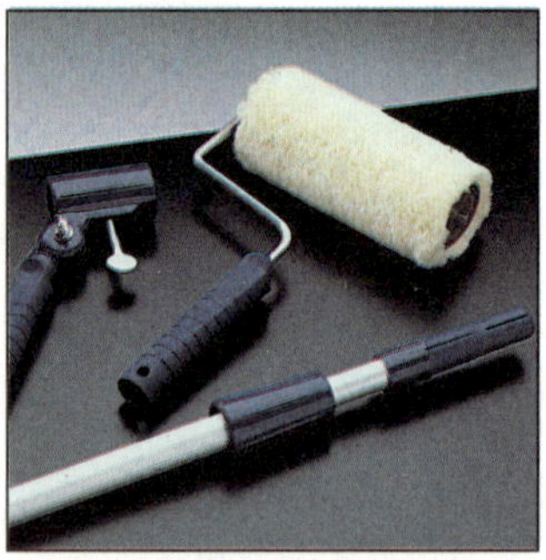

Für Farbrollen, die hoch hinaus müssen: Stufenlos verstellbarer Teleskopstab und Winkelaufsatz

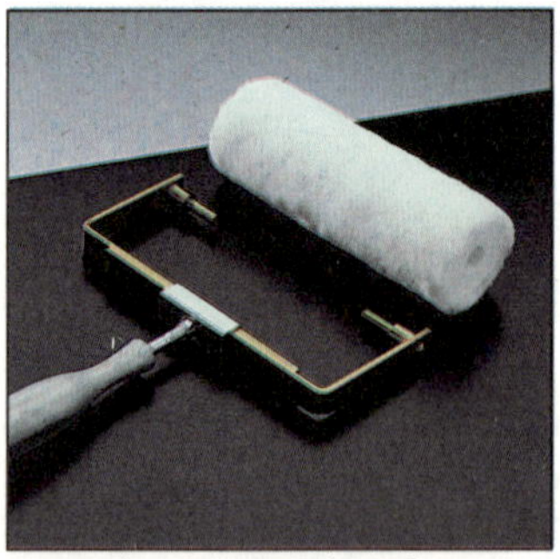

Spurverbreiterung nach Maß: Der zweischenklige Rollerbügel paßt sich unterschiedlichen Farbwalzen an

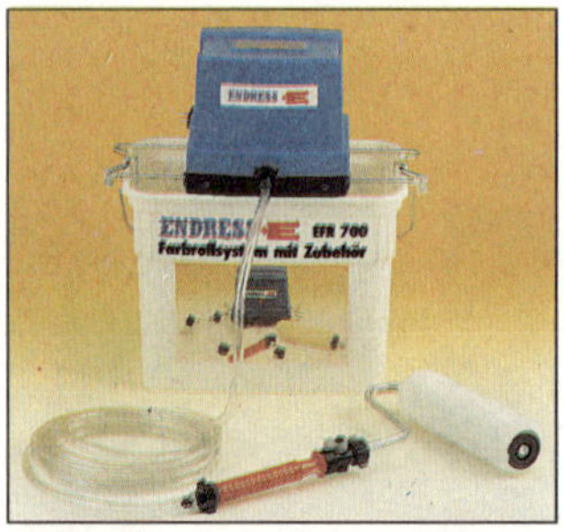

Elektrischer Farbroller von Endress: Das Aggregat wird einfach auf den jeweiligen Farbeimer gesetzt

Wagner hat auch den Pinsel elektrifiziert: Die tragbare, batteriebetriebene Pumpe sorgt für Farbnachschub

TIP

Rolle im Frischhaltebeutel

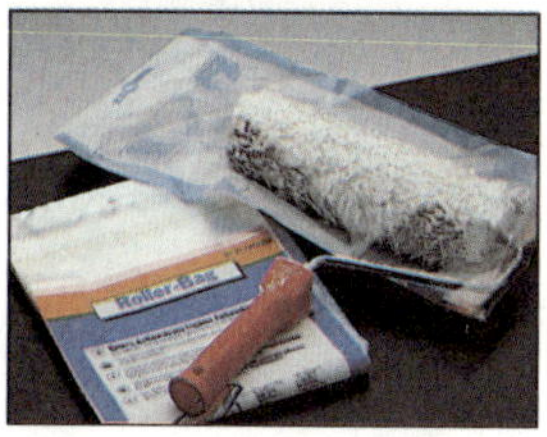

Wenn Sie die Anstricharbeiten für kurze Zeit (etwa für einen Tag) unterbrechen, sollten Sie sich und der Umwelt die wasserintensive Farbrollenreinigung ersparen. Die Rolle einfach in einen Plastikbeutel stecken und diesen möglichst dicht verschließen. Sogar bis zu mehreren Wochen bleibt das Arbeitsgerät frisch, wenn Sie es komplett in einen Beutel einpacken.

TIP

Merino Lammfell

Naturprodukt. Bester Bezug für Spitzenfarbroller. Sehr hohe Quadratmeterleistung

Girpaint Multicolor

Polyamid-Webware (Perlon). Hohe Quadratmeterleistung. Lösungsmittelbeständig

Girpaint Blaufaden

Wie Girpaint Multicolor, aber niedrigere Florhöhe

Malaflor

Webware, verbessertes Perlonmaterial. Ansprechende Quadratmeterleistung

Malaplüsch

Polyester-Wirkware. Sehr saugfähig. Wie alle vorgenannten Bezüge für wasserlösliche Farben im Innen- und Außenbereich sehr gut geeignet

Moltopren fein

Polyesterschaum mit feiner Porung. Zum Beschichten, Versiegeln und problemlosen Lackieren

Moltopren mittel

Polyesterschaum mit mittlerer Porung. Zum Strukturieren von Lack- und Spachtelmassen bestens geeignet

Moltopren grob

Polyesterschaum mit grober Porung. Dieser meistverkaufte Strukturroller eignet sich sehr gut für rustikale Wandstrukturen

Moltopren gebrannt

Polyesterschaum mit gebrannter Porung. Beim Aufbringen von Rollputz und Spachtelmasse ergibt sich eine Erbslochstruktur

Mohair

Ziegenhaar. Borstenähnliche, lösungsmittelfeste Oberfläche. Zum blasenfreien Lackieren (auch von PE-Harz)

Velour

Wollplüsch. Ähnlich wie Mohair, jedoch nicht für die Polyesterharz-Verarbeitung geeignet

Pumpe mit langer Leitung: Elektrische Farbroller erleichtern zwar das Auftragen der Farbe, erfordern aber hinterher meist eine langwierige Reinigung

den Markt kamen, gilt das Lammfell nach wie vor als erste Wahl für hochwertige Farbroller. Es erreicht Spitzenwerte im Farbaufnahme- und Farbhaltevermögen und hinterläßt auf der Fläche eine äußerst feine Struktur. Andererseits benötigt dieses anspruchsvolle und doch relativ empfindliche Naturprodukt besonders sorgfältige Pflege. Strapazierfähiger erweisen sich Bezüge aus Perlon oder Nylon, die ebenfalls sehr gute Streicheigenschaften bieten. Allerdings stellt sich auch hier wie bei den Pinseln die Frage, ob man als Gelegenheitsanwender zu den hochwertigen Anstreichwerkzeugen greifen muß. Angesichts des hohen Wasserverbrauchs bei der Reinigung sollte man vielleicht auch einmal (billige) Einwegroller benutzen.

Klares Finish

Naturfarbene Möbel, Paneele und Fußböden müssen vor Staub, Schmutz und Kratzern geschützt werden – der richtige Anstrich ist stets ein Kompromiß zwischen Naturnähe und Haltbarkeit

Holz ist als natürlicher Werkstoff empfindlich gegen Feuchtigkeit, mechanische Einflüsse und die UV-Anteile des Lichts. Bleibt die Oberfläche unbehandelt, dann können Wasser und Schmutz durch die Holzporen eindringen – das Holz quillt, verzieht sich (oder reißt durch spätere Austrocknung) und wird allmählich grau.

Welche Materialien sich für die Holzveredelung am besten eignen, darüber gibt es selbst bei Fachleuten unterschiedliche Meinungen. Wir stellen die vier wichtigsten farblos schützenden Anstrichmittel vor, mit denen Sie unkompliziert und in vertretbarer Zeit zu guten Ergebnissen kommen.

Beginnen Sie stets mit de Oberflächenbehandlung, in dem Sie das Holz mit einer feuchten Schwamm wässer und nach dem Trocknen mi sehr feinkörnigem Schlei papier feinschleifen (sieh Kasten auf Seite 180).

Für Möbel sollten Sie nu Behandlungsmittel wähler die ausdrücklich für Inner räume gedacht sind. I Feuchträumen kann es sinn voll sein, Anstriche mit Fun giziden (gegen Schimme anzuwenden – oder ein ar deres Material einzubauer Besondere Sorgfalt bei de Auswahl der Oberflächer behandlung ist bei Kinder möbeln und Spielzeug ange bracht, weil Kinder an de behandelten Teilen lecke könnten und Spielzeug i den Mund nehmen. Einig

Behandlungsmittel sind speziell daraufhin getestet (siehe Kasten Seite 178).

Lack

Die Lackierung ist der klassische Oberflächenschutz für Möbel. Klarlack bildet einen festen Film auf der Holzfläche und schützt daher besonders gut. Lackiertes Holz vermittelt mit einer gleichmäßigen, glänzenden oder mattseidenen Oberfläche einen hochwertigen Eindruck. Bei stark beanspruchten Möbeln, etwa Stühlen, Tischen oder Naturholzböden gibt es zur robusten Lackoberfläche kaum eine Alternative. Allerdings werden die Holzporen durch den Lack verschlossen, es ist also keine Diffusion von Feuchtigkeit mehr möglich. Das führt zu Problemen, wenn der Lacküberzug schadhaft wird: An Rissen oder Kratzern eingedrungenes Wasser kann nicht mehr verdunsten. Das Holz quillt auf und sprengt die Lackoberfläche von innen – der Lack platzt ab und muß erneuert werden.
Konventionelle Lackprodukte bestehen aus Harzen und geringen Mengen Öl als Bindemittel, die den eigentlichen Lackfilm bilden, und Lösemitteln, die für die Streichfähigkeit sorgen und bei der Trocknung verdunsten. In konventionellen Lacken werden überwiegend Kunstharze eingesetzt, die in organischen Lösemitteln gelöst sind.
Vor allem der mit über 40 Prozent hohe Anteil organischer Lösemittel, die bei der Verdunstung gesundheits- und umweltschädlich sind, führte zur Entwicklung alternativer Lackprodukte.

Der klassische Lack sowie die „High Solids" enthalten organische Lösemittel und sollten nur bei guter Lüftung verarbeitet werden. In Spraydosen ist der Anteil der Lösemittel etwas höher als sonst

Daraus bestehen Lacke und Lasuren

konventionell
- + Erlaubt glattere und sehr kratzfeste, robuste Oberflächen
- + Bleibt länger verstreichbar und läßt sich daher gut verarbeiten
- – Hoher Anteil organischer Lösemittel, daher umweltschädlich

„High Solid"
- + Weniger Lösemittel, hoher Anteil von schichtbildendem Material
- – Anteil organischer Lösemittel ist umwelt- u. gesundheitsschädlich
- – Nur Dickschicht-Produkte mit dicker Anstrichschicht möglich

wasserverdünnbar
- + Großer Wasseranteil am Lösemittel ist umweltfreundlich
- + vor dem Trocknen wasserlöslich, Reinigung der Geräte in Wasser
- – Geringere Oberflächenqualität, fertige Schicht wirkt rauher

Alternative Rezepturen verfolgen zwei Zielrichtungen: Die stärkere Konzentration von Bindemitteln in den „High Solids“ (deutsch: „hohe Dichte“) oder den teilweisen Ersatz der organischen Lösemittel durch Wasser. „High Solids“ enthalten weniger als 30 Prozent organische Lösungsmittel, ergeben allerdings auch bei dünnem Auftrag eine recht dicke Lackschicht. Diese „Dickschicht“-Lacke eignen sich vor allem für Türen oder Fenster. Innenliegende Schrankflächen sollte man auf keinen Fall mit diesen Materialien behandeln, da die Lackschicht ohne Lichteinfluß zum Vergilben neigt. Bei wasserlöslichen (meist Acryl-) Lacken wurde der Anteil der organischen Lösemittel auf rund 10 Prozent reduziert, etwa die Hälfte des Produktvolumens besteht aus Wasser. Diese Lacke sind deshalb deutlich umweltfreundlicher, lassen sich weitgehend ohne Geruchsbelästigung verarbeiten, trocknen schnell und erlauben die einfache Reinigung der Arbeitsmittel in Seifenwasser. Allerdings müssen Sie dafür Abstriche bei der Oberfläche machen: Das Finish wird nicht wirklich hochglänzend und auch nicht so hart wie bei den konventionellen Lacken. Außerdem sollten Sie beachten, daß das Reinigungswasser für die Pinsel nach dem Auswaschen als Sondermüll betrachtet werden muß, denn die als Bindemittel enthaltenen Acrylpartikel sind fürs Klärwerk nicht „verdaulich“ – lassen Sie das Reinigungswasser am besten im Freien eintrocknen, der Rest kommt zum Hausmüll.

Lasuren bilden eine diffusionsoffene Oberfläche und erhalten die Holzstruktur. Übliche Lasuren und „High Solid“-Produkte enthalten größere Mengen organischer Lösemittel

Wasserlösliche Lasuren sind weniger umweltschädlich – organische Lösemittel sind aber trotzdem noch drin (knapp 10 Prozent).

Wundern Si[e] sich nicht, wen[n] Sie eine als „farblos“ a[us]gezeichnete Dose mit w[as]serlöslichem Anstrich ö[ff]nen: Die milchige Färb[ung] des Materials verschwi[n]det erst beim Trocknen

Geprüft und deshalb mehr wert?

Der sogenannten „blaue Engel“ wird für „High Solids“ und wasserlösliche Produkte vergeben

Nicht von der Art des Lösemittels abhängig: Hinweis auf speichel- und schweißfeste Anstrichmittel

Der „Blaue Engel“ wird auf Initiative der Umweltminister von Bund und Ländern vergeben, beteiligt an der Jury sind neben Umwelt- und Verbraucherverbänden auch die Hersteller. Generell wird das Umweltzeichen nur an Produkte vergeben, die eine Alternative darstellen – es muß also eine „umweltschädlichere“ Variante am Markt sein. Von vorneherein umweltverträgliche Waren können daher nicht ausgezeichnet werden. Farben und Lacke mit dem Zeichen dürfen begrenzte Mengen gefährlicher Inhaltsstoffe, Fungizide, Formaldehyd, aber keine schädigenden Substanzen enthalten; der Anteil organischer Lösemittel ist auf 10 (in „High Solids“ 15) Prozent beschränkt. Die Normen DIN 53160 und EN 71 schreiben vor, daß das gekennzeichnete Mittel auf „Speichel- und Schweißechtheit“ geprüft wurde, der Anstrich sich also auch für Kinderspielzeug eignet.

Lasur

Sie erhalten die natürliche Holzstruktur, sind diffusionsoffen und schützen dennoch dauerhaft. Lasuren bilden nur einen dünnen Schutzfilm aus. Sie sind zwar nicht so widerstandsfähig wie Lack, dafür

Sollen Vorteile der Produktgruppen verbinden: Mischprodukte „Wachslasur" (oben), „Wachsöl" (Mitte) und „Lacklasur" (unten)

können sie jedoch nicht abblättern und lassen sich später ohne mühsames Abschleifen gut überarbeiten. Gut geeignet sind Lasuren für alle Möbel und Holzoberflächen, die nicht ständig stark beansprucht werden – etwa Schränke, Regale oder Paneele.
Auch bei den Lasuren gibt es „High Solids" und wasserlösliche Rezepturen, letztere werden auch als „Dispersionen" angeboten. Vor- und Nachteile der Produktgruppen sind denen der Lacke vergleichbar. Wasserlösliche Lasuren trocknen zwar schnell, erreichen aber erst später ihre Endfestigkeit und werden nicht so hart wie die lösemittelhaltigen Produkte. Soll die Oberfläche dauerhaft belastet werden (Fernseher, Möbel auf Parkett), sollten Sie auf eine „blockfeste" Qualität achten oder ein spezielles Produkt wählen „Parkett-Lasur").

Holzöl

Holzöl schützt das Holz, indem es tief in die Holzporen eindringt und dort langsam aushärtet, aber keinen Film ausbildet. Die diffusionsoffene Oberfläche mit glatter, seidiger Oberfläche wird allerdings allmählich mechanisch abgerieben und ausgewaschen – der Ölauftrag muß also in regelmäßigen Abständen (etwa halbjährlich) wiederholt werden. Dieser hohe Pflege-Aufwand

Wachse (oben) und Öle basieren auf natürlichen Rohstoffen – auch sie können jedoch organische Lösungsmittel und gesundheitsschädliche Stoffe enthalten

Material und Schichtbildung

Der größte Unterschied zwischen den Anstrichmitteln liegt in der Art und Dicke der Schicht, die auf dem Holz gebildet wird. Lacke bilden einen dicken, festen Film, Lasuren ziehen dagegen stärker in die Holzporen ein und trocknen nur dünn auf der Oberfläche auf. Dickschicht-Lasuren bilden wie Lack einen dickeren Film, der allerdings rauher und weicher ist. Öl zieht vollständig ein (überstehende Reste entfernen, da die Fläche sonst dauerhaft klebt), dadurch bleibt die Oberfläche besonders naturnah.

Kunstharze oder Acrylpartikel bilden in der getrockneten Schicht einen festen Panzer, ein geringer Ölanteil sorgt für den Zusammenhalt

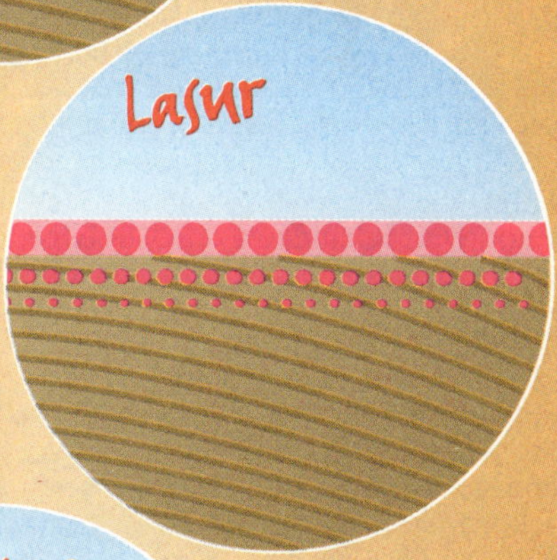

Der Schutzfilm einer Lasur ist dünner, dafür bleibt die Holzoberfläche sicht- und fühlbar. Feuchtigkeit kann die Schicht durchdringen (Diffusion)

Obwohl die Schicht dicker ist, ist auch diese Lasurart diffusionsoffen. Zwar bleibt die Oberfläche weicher, sie kann aber auch nicht abplatzen wie Lack

Das eingezogene Öl härtet in den Poren durch eine chemische Reaktion mit dem Luftsauerstoff – allerdings dauert dieser Vorgang recht lange

Material	Eigenschaften	Anwendungsgebiet
Lack	Bildet einen glatten, sehr robusten Film auf der Oberfläche. Lack ist sehr dauerhaft, kann aber (bei Beschädigung) abblättern. Produkte mit verringertem Lösemittelanteil als „High Solids“ oder wasserlöslich	Versiegelung stark strapazierter Oberflächen, die allerdings nicht diffusionsoffen bleiben. Vor allem die klassischen Produkte mit org. Lösemittel erreichen sehr glatte, hochglänzende Flächen. Wasserlösliche Lacke trocknen etwas rauher auf
Lasur	Bildet diffusionsoffene, dünne Schicht. Holzstruktur bleibt sichtbar, guter Schutz vor Schmutz. Auch hier „High Solids“ und wasserlösliche Produkte	Paneele, Regale, wenig strapazierte Möbeloberflächen. Wasserlösliche Mittel eventuell einmal öfter auftragen, um glattere Oberfläche zu erhalten
Öl	Dringt tief ein und härtet in den Holzporen durch Reaktion mit Luftsauerstoff aus. Keine Schichtbildung. Diffusionsoffen. Nutzt allmählich ab	Küchenarbeitsplatten, Tische, mit Einschränkung auch Böden. Hoher Zeitaufwand für die Erstbehandlung, hoher Pflegeaufwand, da nachbehandelt werden muß
Wachs	Staubdichte, aber weiche, diffusionsoffene Oberfläche,leicht honigfarbene Eigenfarbe, erzeugt seidige Oberfläche. Nutzt jedoch leicht ab	Nur bei rein dekorativen Möbeln sinnvoll, hoher Pflegeaufwand, da regelmäßig nachbehandelt werden muß. Wachs läßt sich nicht mit anderen Mittel überarbeiten

Keine Patent-Lösungen: Jedes der gebräuchlichen Holzbehandlungsmittel hat Stärken und Schwächen

Gefahrstoffe

Selbst Behandlungsmittel auf natürlicher Grundlage enthalten unter Umständen gefährliche Stoffe. Organische Lösemittel können in größerer Konzentration explosionsfähige Gemische bilden, Schwindel und Kopfschmerzen hervorrufen und zu Allergien führen. Lüften Sie gut – auch bei der Arbeit mit wasserverdünnbaren Produkten. Rauchen und essen Sie nicht bei der Arbeit, schützen Sie außerdem Ihre Hände und Augen (Spritzer)

schränkt die Verwendung von Öl zur Holzbehandlung ein. Gut geeignet ist Öl auf Küchenarbeitsplatten aus Hartholz. Für die mindestens zweifache Erstbehandlung sollte man sich Zeit nehmen: Nach dem Auftrag muß das Holz wenigstens 12 Stunden lang trocknen. Nicht jedes Öl ist übrigens ökologisch unbedenklich, und oft sind auch hier organische Lösemittel oder Testbenzin enthalten. Ölgetränkte Lappen feuerfest verschließen: Hier besteht die Gefahr der Selbstentzündung!

Wachs

Zwar sind Wachsprodukte in der Regel umwelt- und gesundheitsschonend hergestellt, das Material ist als Möbelüberzug jedoch nur bei wenig beanspruchten Oberflächen sinnvoll. Zwar kann das Wachs flüssig aufgetragen werden – es dringt in die Holzporen ein und sollte nach der Trocknung zusätzlich eingebürstet werden, damit eine gleichmäßige, schimmernde Oberfläche entsteht. Dennoch bleibt die Wachs-Schicht weich und wird bei mechanischer Beanspruchung leicht abgetragen. Haben Sie sich einmal für die Oberflächenbehandlung mit Wachs entschieden, müssen Sie auch später bei Wachs bleiben – denn das Material läßt sich mit keinem anderen überstreichen (Anstriche perlen ab); auch ein vollständiges Abschleifen oder Abbeizen ist kaum möglich. Um einer deckenden Wachsschicht eine solidere Grundlage zu geben, sollten Sie das Holz zuvor mit Holzöl behandeln. □

Das richtige Werkzeug

Neben einem passenden Flachpinsel (für Kunstharzprodukte Naturhaar, für wasserlösliche Anstriche Kunsthaar) benötigen Sie auf jeden Fall feines Schleifpapier (Körnung 180 bis 220) und einen Schleifklotz. Mit Tuch, Bürste oder einem speziellen, leicht klebrigen Flies (unten) wird nach dem Zwischenschliff entstaubt. Generell sollten Sie – auch bei wasserverdünnbaren Produkten – beim Streichen Schutzhandschuhe aus Butylkautschuk tragen, um Hautkontakte zu vermeiden. Einmal-Handschuhe sind ein Minimal-Schutz, allerdings eher unbequem. Beim Spritzlackieren müssen Sie außerdem einen Atemschutz mit Kombinationsfilter A2P2 tragen. Beugen Sie Kopfschmerzen vor, in dem Sie bei der Arbeit und während der Trocknung gut lüften!

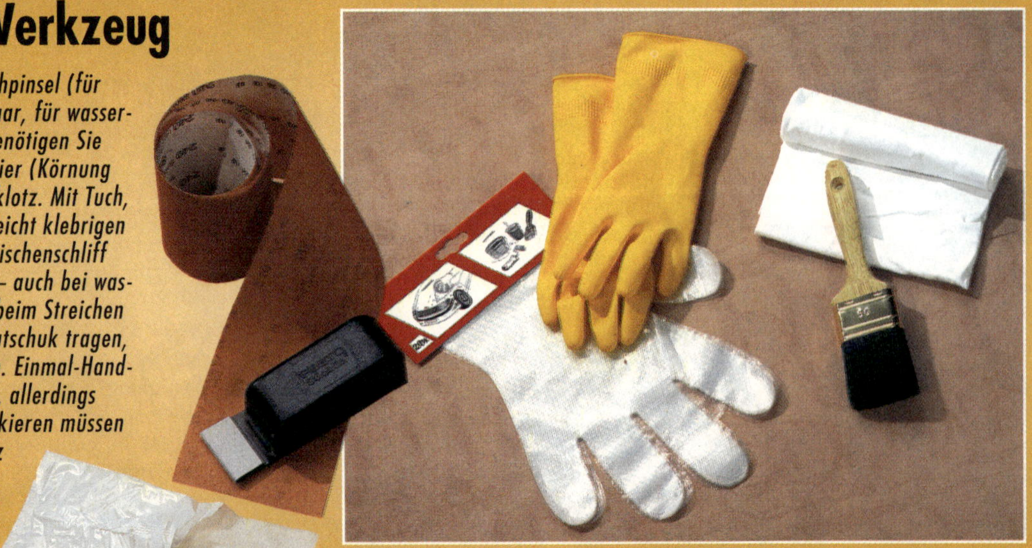

Die Zusammensetzungen der üblichen Anstriche sind für den Pinselauftrag ausgelegt. Für den Ölauftrag benötigen Sie außerdem einen fusselfreien Lappen

Lackieren

Lacke ermöglichen auf allen Untergrundmaterialien ein besonders hochwertiges und widerstandsfähiges Finish. Damit Metall sicher gegen Rost und zum Beispiel Holz zuverlässig gegen Schmutz geschützt wird – und die Schutzschicht dann auch möglichst lange hält –, sind eine gründliche Vorbehandlung und der richtige Anstrichaufbau von zentraler Bedeutung. Wir zeigen Ihnen, wie's geht

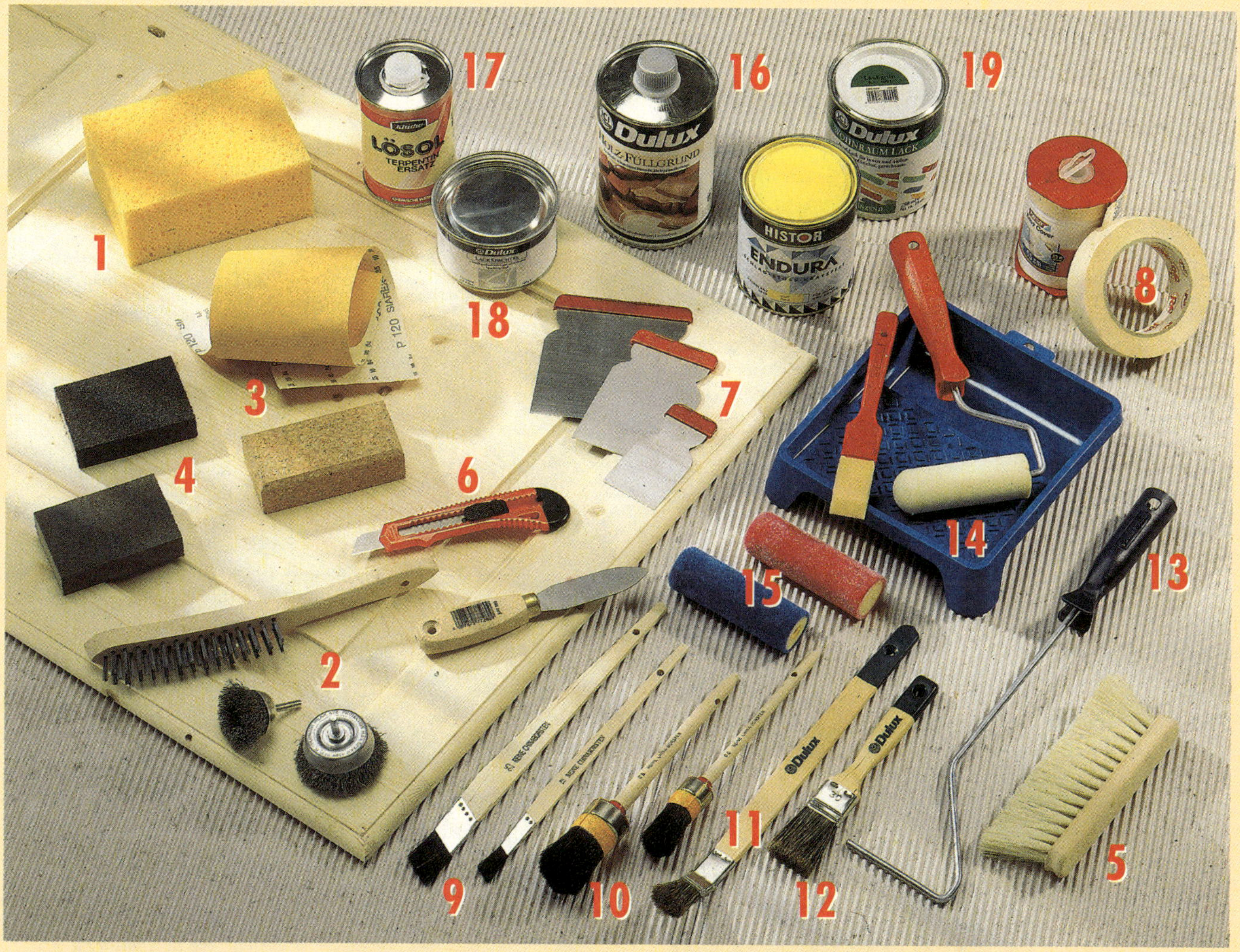

Das richtige Werkzeug für Lackierarbeiten

*Erstklassige Arbeitsergebnisse erzielen Sie mit ausreichend Zeit für die richtige Vorbehandlung des Untergrunds – und dem richtigen Werkzeug. Benutzen Sie für Lackierungen keine billigen Pinsel, denn diese verlieren Haare, neigen zum Tropfen und erschweren mit ungenauem „Haarschnitt" den gleichmäßigen Materialauftrag. Diese Dinge sollten in Ihrer Malerwerkstatt nicht fehlen: **1** Sauberer, weicher Schwamm zum Wässern von Holz; **2** Drahtbürste und Topfbürsten-Vorsätze zum Entrosten von Metall; **3** Schleifpapier und -klotz; **4** Schleifschwämme für Profile und Kanten; **5** Bürste zum Entstauben; **6** Cuttermesser; **7** Spachtel und Japanspachtel; **8** Abklebefolie und Krepp-Klebeband; **9** Kanten- oder Fensterpinsel; **10** Rundpinsel; **11** Heizkörperpinsel; **12** Flachpinsel; **13** Halter für Moltopren-Rollen; **14** Farbenschale für die Arbeit mit Farbrollen; **15** Moltopren- und Velourrollen mit unterschiedlich feiner Struktur; **16** Grundierung (hier für Holz); **17** Lösungsmittel für Kunstharzlacke: Terpentinersatz; **18** Lackspachtel; **19** Lacke und Lackfarben je nach Untergrund und Einsatzgebiet*

Fester Film gegen Schmutz und Abrieb

1. Materialauswahl und Einsatz

Lack ist immer dann das richtige Finish, wenn stark genutzte Oberflächen mit guten Schutzeigenschaften hergestellt werden sollen, die jedoch nicht diffusionsoffen bleiben müssen. Gegenüber anderen Anstrichsystemen bietet Lack mit einem fest aushärtenden Film den besten Schutz gegen Schmutz und Abrieb, verlangt allerdings eine gründliche Vorbehandlung des Untergrunds und ist nur relativ aufwendig überarbeitbar – alte Lackschichten müssen dann an- oder sogar abgeschliffen werden.

Vorbehandlung soll Holzporen öffnen und füllen

Nur trockenes Holz lackieren

Holz „wässern"

2. Lack auf Holz

Soll die von Natur aus offenporige Holzoberfläche mit einer Lackschicht veredelt werden, so müssen vor Beginn der Lackarbeiten die Holzporen an der Oberfläche zunächst geöffnet und mit Grundierung oder Spachtelmasse gefüllt werden, damit der spätere Lackfilm flächig Halt findet und nicht Blasen wirft oder gar abblättert.
Lackieren Sie grundsätzlich nur Holz, das ausreichend gelagert und damit trocken ist, sonst würde die Lackoberfläche unweigerlich abblättern. Harzige Stellen sollten Sie zuerst mit Wasser und Seife gründlich abbürsten (2.1.1). Damit sich die äußeren Holzfasern aufstellen, wird dann die Oberfläche mit einem Schwamm gleichmäßig angefeuchtet (2.1.2). Warten Sie, bis die Oberfläche völlig abgetrocknet ist, bevor Sie mit feinem Schleifpapier die nun rauhe Oberfläche in Maserrichtung anschleifen. Dabei werden die hochgestellten Holzfasern entfernt, die Holzporen liegen offen.

3. Arbeitstechnik

Die Abfolge der Arbeitsschritte und Materialien ersehen Sie aus der nebenstehenden Tabelle (rechte Seite). Ob Sie Grundierung, Rostschutzmittel oder Endlack aufbringen – die Arbeitstechnik bleibt dabei stets gleich: Bearbeiten Sie größere Flächen in kleineren Teilabschnitten, Bei Kassettentüren die Kassetten

1.1

Daraus bestehen Lacke: Konventionelle Lacke (links) haben einen mit ca. 40 Prozent hohen Anteil organischer Lösemittel; in „High Solid"-Produkten ist der Lösemittelanteil deutlich reduziert (Mitte); wasserverdünnbare Produkte enthalten nur ca. 10 Prozent organische Lösemittel

Bürsten: Wo Harz an der Holzoberfläche klebt, sollten Sie zuerst mit Spülmittel scheuern

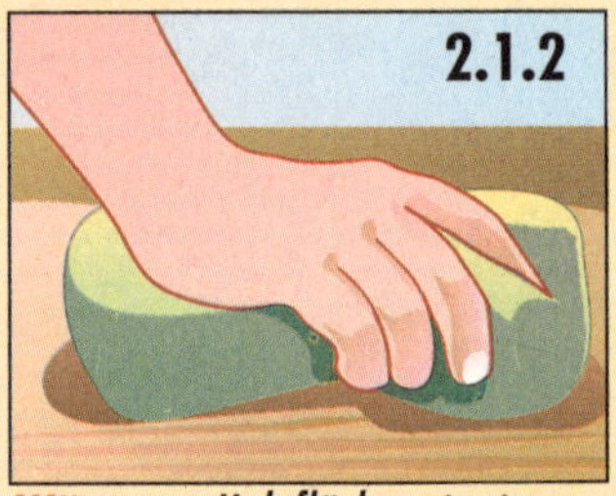

Wässern: Holzfläche mit einem feuchten Schwamm abreiben und danach gut trocknen lassen

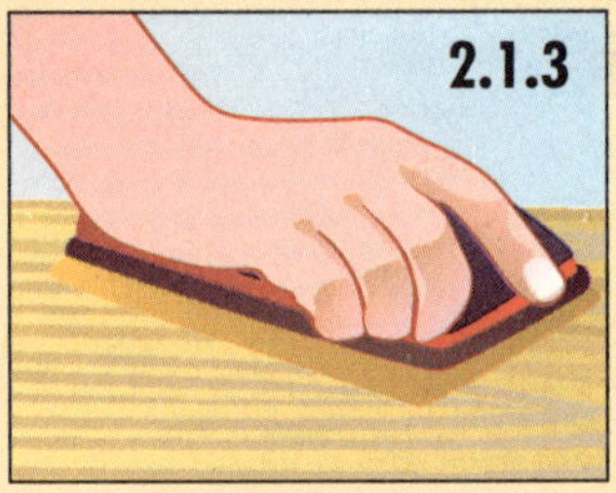

Schleifen: Nicht nur Holz muß vor dem Anstrich angeschliffen werden, um die Haftung zu verbessern

2.2.1

2.2.2

2.2.3

Holz vorbereiten: So wirken die einzelnen Arbeitsschritte an einer einzelnen Holzpore (stark vergrößert): Die zunächst kleine Porenöffnung (2.2.1) weitet sich beim Wässern, gleichzeitig stellen sich die Ränder auf (2.2.2). Nach dem Trocknen werden diese hochstehenden Fasern beim Feinschliff abgetragen. Die danach offene Holzpore (2.2.3) wird bei der Grundierung ganz aufgefüllt und bietet für eine Lackschicht einen idealen Halt

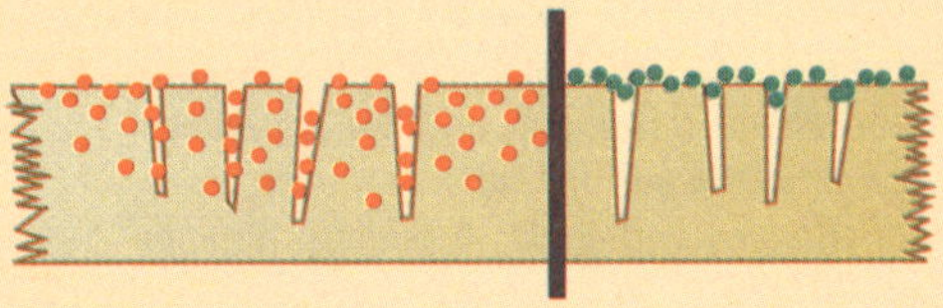

Grundierung: Die feinen Partikel (links) dringen besser ins Holz als üblicher Lack (rechts)

Auftrag: *Pinsel halb ins Material tauchen und dann gleichmäßig entlang der Maserung verteilen*

Vertreiben: *Mit Pinselzügen quer zur Maserung den Lack gleichmäßig auf der Oberfläche verteilen*

Schlußstrich: *Zum Schluß mit langen, überdeckenden Zügen eine gleichmäßige Oberfläche herstellen*

nacheinander, bei Zäunen einzelne Zaunfelder. So vermeiden Sie, daß der Lack trocknet, bevor Sie ihn gleichmäßig verteilt und verschlichtet haben – das gilt besonders bei den sehr schnell trocknenden wasserlöslichen Lacken. Wenn möglich, bringen Sie die zu lackierende Fläche in eine waagerechte Position, damit sich keine Farbnasen bilden. Zunächst bringen Sie den Lack mit Pinsel oder Moltoprenrolle in groben Zügen auf die Oberfläche auf (3.1). Nicht zuviel Material auf einmal auftragen: Tauchen Sie den Pinsel etwa halb in den Lack ein und streifen Sie ihn dann am Topfrand ab; Rolle in einer Farbwanne gleichmäßig benetzen. Dabei auf Holz in Maserrichtung, auf anderen Untergründen von unten nach oben arbeiten. Direkt anschließend verteilen Sie den Lack mit Querzügen gleichmäßig auf der Oberfläche (3.2). Zuletzt gehen Sie in gleichmäßigen, langen Zügen mit nur schwachem Andruck über die lackierte Fläche, um die Oberfläche abschließend zu glätten.

Große Flächen nach und nach bearbeiten

Lack nicht zu dick auftragen

Zügig verschlichten und glätten

Was zu tun ist:	Holz	Metall	Kunststoff	Altanstrich
Vorbereitung	Harzige Stellen mit Seife und Bürste abwaschen. Rohes Holz mit Schwamm wässern, trocknen lassen	Rohes Metall mit Verdünnung entfetten, ggf. Roststellen mit Drahtbürste entfernen. Zink mit Zinkreiniger säubern	Oberfläche mit Haushaltsreiniger und Wasser gründlich säubern	Tragfähigkeit des Altanstrichs mit kreuzweisen Einschnitten prüfen. Hält der Lack nicht, Anstrich entfernen und wie bei rohem Material vorgehen
1. Schleifen	Aufgestellte Holzfasern mit feinem Sandpapier abschleifen, entstauben	Oberfläche mit 180er Schleifpapier fein anschleifen, entstauben	(entfällt)	Tragfähigen Anstrich mit 180er Schleifpapier leicht anschleifen, entstauben
2. Grundierung	Holz außen bei großer Feuchtebelastung mit Holzschutzmittel vorstreichen, beim ersten Anstrich Vorstreichfarbe mit 10 Prozent Terpentinersatz verdünnt anwenden	Eisen mit Rostschutzgrundierung vorstreichen, andere Metalle mit Metallgrundierung behandeln	Scheiben mit Krepp-Klebeband schützen, Ecken und Kanten mit Haftgrund vorstreichen	(entfällt)
3. Zwischenschliff	Fläche mit 220er Schleifpapier leicht anschleifen, entstauben	Fläche mit 220er Schleifpapier leicht anschleifen, entstauben	Fläche mit 220er Schleifpapier leicht anschleifen, entstauben	(entfällt)
4. Spachteln	Nach Bedarf mit Lackspachtel Fugen und Risse glätten, nach Trocknung leicht anschleifen	Nach Bedarf mit Lackspachtel Fugen und Risse glätten, nach Trocknung leicht anschleifen	(entfällt)	Nach Bedarf mit Lackspachtel Fugen und Risse glätten, nach Trocknung leicht anschleifen
5. Vorlackieren	Vorstreichfarbe zunächst auf Ecken und Profilen, dann vollflächig auftragen (Pinsel oder Rolle)	Vorstreichfarbe zunächst auf Ecken und Profilen, dann vollflächig auftragen (Pinsel oder Rolle)	Vorstreichfarbe zunächst auf Ecken und Profilen, dann vollflächig auftragen (Pinsel oder Rolle)	(entfällt)
6. Zwischenschliff	Fläche mit 280er Schleifpapier leicht anschleifen, entstauben	Fläche mit 280er Schleifpapier leicht anschleifen, entstauben	Fläche mit 280er Schleifpapier leicht anschleifen, entstauben	(entfällt)
7. End-Anstrich	Lack mit Pinsel oder Rolle auftragen, dabei in Ecken und auf Kanten beginnen, fein verschlichten. Bei hohen Ansprüchen an die Oberflächengüte evtl. zweimal lackieren und dazwischen leicht mit 360er Schleifpapier anrauhen	Lack mit Pinsel oder Rolle auftragen, dabei in Ecken und auf Kanten beginnen, fein verschlichten. Bei hohen Ansprüchen an die Oberflächengüte evtl. zweimal lackieren und dazwischen leicht mit 360er Schleifpapier anrauhen. Heizkörper erst nach endgültiger Trocknung anheizen.	Lack mit Rolle auftragen, dabei in Ecken und auf Kanten beginnen, fein verschlichten. Abklebungen vor der endgültigen Trocknung abziehen. Fenster erst nach vollständiger Aushärtung schließen	Lack mit Pinsel oder Rolle auftragen, dabei in Ecken und auf Kanten beginnen, fein verschlichten. Bei hohen Ansprüchen an die Oberflächengüte evtl. zweimal lackieren und dazwischen leicht mit 360er Schleifpapier anrauhen

4. Kunststoffe und Keramik

Kunststoff und Keramik nicht anschleifen

Für Keramik spezielle Sets einsetzen

Glas oder Armaturen sorgfältig abkleben

Selbst Kunststoff-Fenster und Kacheln können Sie mit Lack beschichten – allerdings kommt es bei diesen glatten Materialien ganz besonders auf die Haftung an. Vor dem Anstrich sollten Sie deshalb Schwamm und Haushaltsreiniger einsetzen und die Flächen gründlich abwaschen (4.1) – jedoch nicht anschleifen! Auf Kunststoffen sorgen dann spezielle Grundierungen für ausreichenden Halt. Zur Beschichtung von Kacheln sollten Sie nur dafür geeignete Sets mit Reiniger, Grundierung und Lack nutzen, da übliche Lacke nicht dauerhaft halten würden.

Kleben Sie alle nicht zu beschichtenden Teile (Glas, Armaturen) ab oder bauen Sie sie aus, denn der Lack läßt sich nach der Aushärtung nur noch mechanisch entfernen. Abklebungen vor dem endgültigen Aushärten der letzten Lackschicht vorsichtig abziehen.

5. Metalle

Rost vollständig entfernen

Eisen müssen Sie zuerst gründlich entrosten und dann mit Rostschutz-Grundierung behandeln, sonst wird das Metall unter der Lackschicht weiterrosten – der Lack blättert dann ab. Arbeiten Sie zunächst mit Drahtbürste oder einer Topfbürste für die Bohrmaschine, bevor Sie dann feineres Schleifpapier einsetzen. Den richtigen Anstrichaufbau entnehmen Sie auch hier unserer Tabelle auf der vorigen Seite.

6. Spritzauftrag

Sprühauftrag: Großzügig abkleben und Schutzmaske tragen!

Eine besonders gleichmäßige und glatte Oberfläche erhalten Sie, wenn Sie den Lack spritzen. Allerdings muß der üblicherweise für den Pinselauftrag „eingestellte" Lack dazu stark verdünnt werden – Kunstharzlacke mit Nitroverdünner oder Terpentinersatz, wasserverdünnbare Produkte mit Wasser. Weil beim Spritzen starke Farbnebel und Verdünner-Konzentrationen in der Umgebung entstehen, sollten Sie nur mit Absaugung oder im Freien arbeiten. Größere Arbeiten überlassen Sie zum Schutz Ihrer Gesundheit am besten einem Fachbetrieb. □

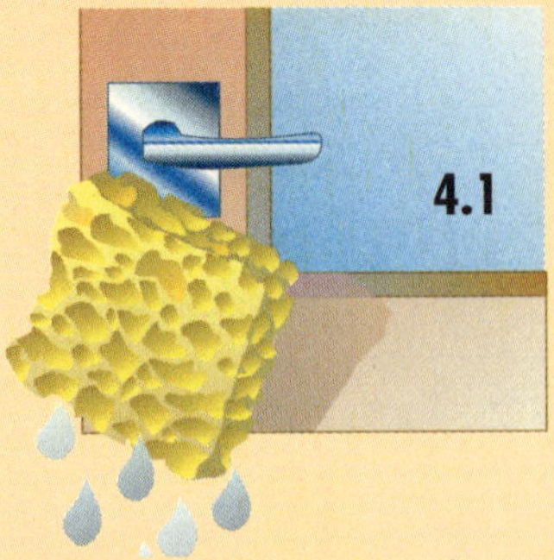

Kunststoff: Reinigen Sie die Fensterflügel gründlich mit Spülmittel. Grundierung auf den ...

... nicht angeschliffenen Untergrund aufbringen. Glasflächen mit Krepp-Klebeband schützen

5.1

Heizung: Kalte (!) Heizkörper mit Draht-Topfbürste und Bohrmaschine) grob vorschleifen

5.2

Metallzaun: Das gilt auch für die Vorbehandlung im Außenbereich. Rost so vollständig wie ...

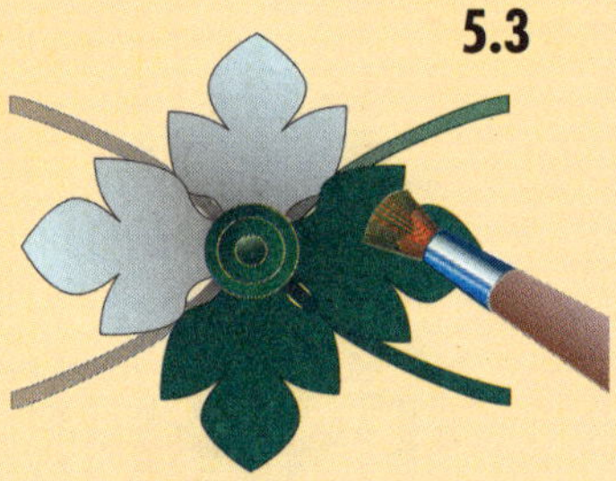

5.3

... möglich entfernen, dabei nach Bedarf per Hand arbeiten. Eisenteile unbedingt mit Rostschutz behandeln

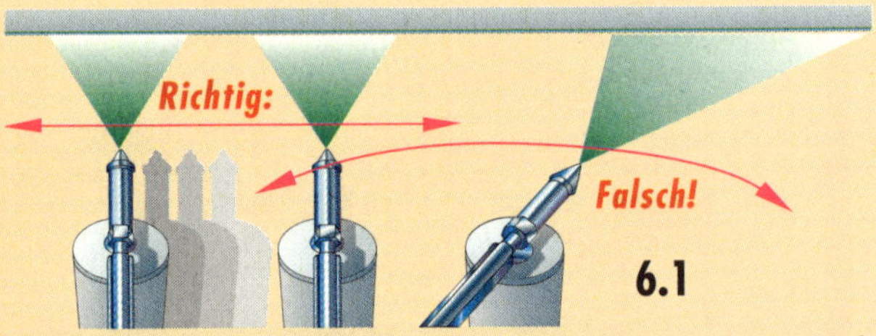

6.1

Ob Sie mit einer Farbdose arbeiten wollen oder mit einer Druckluft-Pistole – immer müssen Sie mit gleichbleibendem Abstand arbeiten

Sprühdosen eignen sich für Ausbesserungen – große Flächen können Sie mit Druckluft- oder Airless-Spritzgeräten lackieren. Allerdings sind hierfür besondere Schutzmaßnahmen erforderlich: Arbeiten Sie am besten im Freien und decken Sie die Umgebung weiträumig ab, außerdem sollten Sie eine Schutzmaske (Filterklasse A2-P2) tragen

Heimwerker-Lexikon

Leerlaufdrehzahl bis Meißel

Leerlaufdrehzahl ist die lastfreie Drehzahl einer Maschine.

Leichtbauweise Im Gegensatz zur Massivbauweise mit tragenden Mauerstein- oder Betonkonstruktionen arbeitet man bei der L. mit Ständerwerken aus Holz oder Metall, die mit verschiedenen Plattenmaterialien beplankt werden.

Leichtbauwände Leichte Trennwände aus Holz- oder Metallständerwerk mit einer schalldämmenden Hohlraumfüllung und doppelseitiger Beplankung aus GKP.

Leichtbeton unterscheidet sich durch die Leichtzuschläge wie z.B. Bims, Blähton, Styropor etc. von Normalbeton. Durch die Leichtzuschläge, die häufig eine geringere Druckfestigkeit aufweisen als der Kies in Normalbeton, entstehen z.T. ungünstige Verhältnisse für das Verankern von Dübeln. L. besitzt ein geringes Eigengewicht und gute Wärmedämmeigenschaften.

Leichtbetonsägen Spezialsägen mit grober Zahnung zum Trennen von Leichtbeton.

Leimen ist das Herstellen einer unlösbaren Holzverbindung. Der Leim wird auf das Holz aufgetragen. Zu beachten ist hierbei, daß der Leimauftrag bei Weichholz einseitig, bei Hartholz auf beiden der zu verbindenden Holzteile erfolgen sollte. Anschließendes Pressen der zusammengesetzten Teile mit Zwingen festigt die Holzverbindung infolge von Austrocknung.

Leimfarben Günstige Alternative zu Dispersionsfarben, aber kaum noch im Handel erhältlich. Der Untergrund muß trocken, fest und porös sein. L. sind mit Wasser anzusetzen und nur in Innenräumen zu verarbeiten. Nachteil: die Farbe ist komplett zu entfernen (mit Wasser), bevor man einen Neuanstrich auftragen kann. Falls nicht mit Leimfarbe überstrichen wird, ist mit einem handelsüblichen Tiefengrund vorzubehandeln.

Leimklammern sind Eckklammern zum Verleimen von Bilderrahmen.

Leimzwingen sind Klemmzwingen mit Schoneinlagen (oft aus Kork) auf den Druckflächen. L. deshalb auch für besonders empfindliche Oberflächen geeignet.

Leisten können leicht durch Fräsen aus Latten gewonnen werden. Sie bilden vielfach den dekorativen Abschluß bei Decken- und Wandverkleidungen, wobei durch die Vielzahl der erhältlichen Einsatzwerkzeuge für Oberfräsen jedes gewünschte Leistenprofil herstellbar ist. Die Palette der angeboten Leistenprofile ist sehr vielseitig: Rechteck-, Dreieck- oder Quadratleisten; Rund-, Halbrund- und Viertelstäbe; Winkel-, U-Schenkel-, Hohlkehl-, Falz-, Fuß- sowie Parkettleisten.

Lichtbeständigkeit Qualitätsmerkmal bei Tapeten: L. gewährleistet, daß Farben und Optik trotz permanenter Lichteinwirkung nicht leiden.

Lochbeitel ähnelt dem Stemmeisen und eignet sich sehr gut zum Ausarbeiten von Balkenverbindungen.

Lochkammersteine können aus Grundstoffen mit dichtem oder auch porigem Gefüge bestehen, haben aber immer einen Lochanteil von mindestens 15 % und besitzen gute Wärmedämm- und Verarbeitungseigenschaften.

Loch- und Ösenzange dient der Anbringung und Befestigung von Ösen bei Pappe, Gummi, Stoff, Leder usw. Die L. ist für zwei Arbeitsgänge ausgerüstet: Zunächst wird das Loch in das Werkstück gestanzt, dann die Öse eingelegt und im Loch fixiert.

Lochplatten Holzfaser- oder Gipsplatten mit gelochter Oberfläche, die einer besseren Akustik wie der Nachhallregulierung zugute kommt.

Lochsäge Einsatz für Bohrmaschinen mit kreisrund gebogenem Sägeblatt für Bohrungen großer Durchmesser in Gipsplatten und Holzwerkstoffen. Mit der Hartmetall-L. (dünnwandiger Spezialstahl mit HM-Besatz) sind Porenbeton, Ziegel, Fliesen etc. bearbeitbar.

Lösungsmittel Erhöhen die Viskosität von Lacken, Farben und Reinigungsmitteln. In der Anstrichtechnik werden unter Lösungsmitteln i.d.R. flüchtige Flüssigkeiten aus Benzinen oder anderen Kohlenwasserstoffen verstanden. Andere, ebenfalls noch gebräuchliche Lösungsmittel sind Aceton, Testbenzin, Nitroverdünnung. Flüchtige L. binden schneller ab als wässrige. Sie sind aber aus umweltbelastenden oder gesundheitsgefährdenden Gründen sehr bedenklich. Aufgrund strenger werdender Gesetzgebung werden diese L. immer weiter reduziert oder ganz verboten. Unbedenklich: Wasser, das als L. von Lacken immer gebräuchlicher wird.

Lötpistolen werden hauptsächlich im Bereich Weichlöten eingesetzt (190 – 260°C). Im Gegensatz zum herkömmlichen Lötkolben erlauben L. müheloses, sauberes Arbeiten. Durch den Einsatz entsprechender Lötspitzen können L. auch eingesetzt werden zum Schneiden von Styropor, zum Schweißen von Thermoplatten und dem Gravieren von Holz.

Magazinschrauber Bei diesem Schrauber dient der Haltegriff als Bit-Magazin, in dem ca. sechs Schraubeinsätze untergebracht sind. Ein M. verfügt über eine Rechts- und Linksgang-Einstellung sowie einen automatischen Rücklauf.

Magnetschnäpper sind Möbelschlösser, die auf dem Prinzip der Magnethaftung beruhen. Der Magnetteil und das entsprechende Eisenplättchen werden jeweils an die zu verbindenden Teile (Tür eines Möbelstückes wie Schrank etc. sowie dem entprechenden Innengegenpart) angebracht. Beim Schließen der Möbeltür werden die beiden Schnäpperteile verbunden. Die Magnethaftung hält die Tür fest.

Magnetschraubendreher Schraubendreher mit einem Magneten an der Bit-Aufnahme. Die Schrauben werden durch diesen Magneten festgehalten. M. ist bei Arbeiten an solchen Stellen sehr praktisch, an denen die Hand zum Halten der Schraube keinen oder nicht genug Platz findet.

Malerspachtel ist aufgrund seiner schmalen, flexiblen Klinge besonders für Malerarbeiten geeignet.

Maschinenschraubstock Schraubstock zum Halten von kleinen Werkstücken beim stationären Bohren, Feilen etc.

Massivbauplatten Gipskartonplatten ab einer Dicke von 25 mm, die aufgrund ihrer Masse besonders schalldämmend und belastbar sind.

Mauerwerk heißt der Verbundwerkstoff aus Steinen und Mörtel. M. gliedert sich in folgende Untergruppen: Vollsteine mit dichtem Gefüge (Vollsteine), Lochbaustoffe mit dichtem Gefüge (Loch- u. Hohlkammersteine), Vollsteine mit porigem Gefüge und Lochbaustoffe mit porigem Gefüge (Lochsteine).

Maurerfilz Ein Spezialbelag für Reibscheite. Mit ihm wird bei Betonierarbeiten die schon plangezogene Oberfläche angerauht (kein Glattstrich).

Maurerhammer Hämmer, die aufgrund ihrer Form besonders für Maurerarbeiten geeignet sind. So können mit der breiten Schneide am Hammerkopf Steine auf die richtige Größe gespalten werden.

Maurerkellen gibt es in unterschiedlichen Formen. Herkömmliche M. verlaufen zur Vorderseite hin leicht konisch. Sowohl die Berliner M. als auch die Bayrische M. besitzen eine Dreiecksform.

Meißel ist der Oberbegriff für alle Stemmwerkzeuge im Steinbereich. Das Gegenstück für Holz ist der Beitel. Der M. ist ein Stahlwerkzeug mit gehärteter, keilförmiger Schneide und einer ungehärteten Schlagfläche. Der Meißel wird mit dem Hammer geschlagen und wirkt als Keil. M. werden benötigt, um ein Werkstück zu teilen oder um Teile abzutrennen. Angeboten werden sie in verschiedenen Ausführungen und Größen: Spitz-, Fugen-, Flachmeißel, Fliesenmeißel etc.

Bitte lesen Sie weiter auf Seite 208

Bau-Steine

Spätestens dann, wenn es an den Bau der eigenen vier Wände geht, taucht die Frage nach den geeigneten Baumaterialien auf: Kalksandstein, Ziegel, Beton oder Bims?

Daß man nicht alles haben kann, zumindest nicht auf einmal, sieht man an Mauersteinen besonders deutlich: Ein Baustoff, der gleichermaßen alle Wünsche nach Wärme-Dämmung und -Speicherfähigkeit, Schall- und Brand-Schutz, gesundem Raumklima sowie leichter Verarbeitung und langer Haltbarkeit erfüllt, ist nicht in Sicht. Die Auswahl des geeigneten Materials und der günstigsten Formate will daher je nach dem geplanten Verwendungszweck gut überlegt sein. Wir zeigen Ihnen hier die wichtigsten Steine und erläutern ihre Qualitäten.

1 **Kalksandstein** (hier im Normalformat NF: 240 x 115 x 52 mm): aus Kalk, Quarzsand und Wasser, unter Dampfdruck mit wenig Energieeinsatz gehärtet. Hohe Rohdichte, beste Schall-, schwache Wärmedämmung, gute Dampfdiffusions-Fähigkeit. KS, meist weiß, eignet sich sehr gut für Sichtmauerwerk (innen wie außen) und schalldämmende Zwischen- und Trennwände.

2 KS im Format 2 DF: 240 x 115 x 113 mm. Vollsteine haben weniger, Lochsteine mehr als 15% Lochflächenanteil. Ungeachtet des Grifflochs ist dieser daher ein Vollstein!

3 KS 3 DF: 240 x 175 x 113 mm: schnellerer Baufortschritt durch größeres Volumen.

4 **Leicht- oder Porenziegel** werden aus Lehm, Ton und Wasser bei ca. 1000 °C gebrannt. Dabei vergasende Sägespäne oder Styropor-Kügelchen in der Rohmasse hinterlassen Luftkammern, die für gute Wärmedämmung sorgen. Die Produktion verschlingt sehr viel Energie. Niedriger Diffusionswiderstand verbessert das Wohnklima. Porenziegel können mit Leichtmauermörtel verarbeitet werden; geringes Gewicht ermöglicht große Formate. Nut und Feder erlauben mörtelfreie Stoßfugenverzahnung.

5 Der Porenziegel 3 DF hat wegen seines Gewichtes ein Griffloch zum leichteren Heben.

6 Der Porenziegel 2 DF kann mit einer Hand gegriffen werden und braucht kein Griffloch.

7 **Ziegel** (hier NF), gebrannt aus Lehm und Ton, erreichen gute Schalldämmung durch hohe Rohdichte; feinste Haarröhrchen bewirken günstiges Feuchteverhalten und ein angenehmes Raumklima.

8 **Porenbeton** aus Sand, Kalk, Zement und Wasser wird mit Aluminium-Pulver aufgeschäumt; die Produktion verbraucht wenig Energie. Beste Wärmedämmung, niedrige Rohdichte und gutes Diffusionsverhalten; Schallschutz ist weniger gut. Porenbeton kann leicht gesägt werden. Verarbeitung mit Dünnbettmörtel; Großformate mit Nut und Feder für zügigen Baufortschritt.

9 Noch schneller geht der Bau mit solchen Jumbo-Planblöcken (500 x 250 x 250 mm).

10 **Bimsbeton** ist durch die Porosität sehr gut wärmedämmend, durch niedrige Rohdichte läßt der Schallschutz zu wünschen übrig. Das vulkanische Gestein Bims (85% Luft) wird mit Wasser und Zement luftgetrocknet. Völlig mörtelloses Trockenmauerwerk durch Nut und Feder. Mit großen Hohlblöcken (hier 16 DF: 497 x 234 x 238 mm) geht es schneller, aber natürlich schwerer.

11 Dieser Vollstein (240 x 115 x 95 mm) ist z. B. zur Fensterabmauerung gut geeignet

12 So eine Bimsbeton-Bauplatte 8 DF (490 x 240 x 115 mm) wiegt immerhin ca. 9 kg.

Mauern

1. Steinmaterialien und -formate

Bausteine werden heute nicht nur aufgrund des riesigen Mengendarfs und rationeller Verarbeitbarkeit industriell gefertigt. Über das Herstellverfahren kann man auch Einfluß auf Materialeigenschaften nehmen – z. B. Frostbeständigkeit, Wärme- und Schalldämmung, Druckfestigkeit usw. Die Grundstoffe von künstlichen Bausteinen sind jedoch nach wie vor natürlichen Urspungs. Nach Art der Herstellung unterscheidet man gebrannte und ungebrannte Steine.

Der Ziegel ist der am häufigsten eingesetzte gebrannte Mauerstein

Der schon von den alten Römern verwendete und auch heute noch meistverwendete gebrannte Mauerstein ist der Ziegel. Ziegel werden aus Ton und lehmigen Massen – oft auch mit Zusatzstoffen – als Voll- oder Lochziegel (Bilder 1.1.3 und 1.1.4) in verschiedenen Größen geformt.

Durch das Brennen erhalten sie unterschiedliche Festigkeiten. Ein besonders dichter und druckfester Ziegel ist der bis zur Sinterung gebrannte Klinker. Wie der Vormauerziegel ist er frostbeständig. Alle anderen Ziegelarten vertragen keinen Frost und müssen deshalb bei Verwendung im Außenbereich verputzt werden.

Kalksandsteine und Betonsteine werden nicht gebrannt

Zu den ungebrannten Mauersteinen zählen unter anderen der Kalksandstein und die Betonsteine. Grundmaterialien des Kalksandsteins sind ungelöschter Kalk und Zusatzstoffe wie z. B. Quarzsand. Die Zugabe von Wasser setzt dann eine chemische Reaktion in Gang, bei der der Kalk ablöscht. Anschließend wird die Masse in Formen gepreßt und unter Dampfdruck gehärtet. Herstellungsverfahren und Material ermöglichen große Maßgenauigkeit und scharfkantige, ebene Oberflächen.

Ein poröses Gefüge dämmt gut

Ein Kennzeichen der Betonsteine, insbesondere des Porenbetons, ist ihr poröses Gefüge, das eine gute Wärmedämmfähigkeit bedingt. Grundstoffe sind bei Leichtbeton z. B. Bims oder Lavaschlacke, bei Porenbeton feingemahlener Quarzsand. Diese natürlichen Materialien werden bei der Herstellung – meist mit Zement – gebunden.

Doch um welche Materialien es sich auch handel: Alle Abmessungen leiten sich von der sog. Maß-

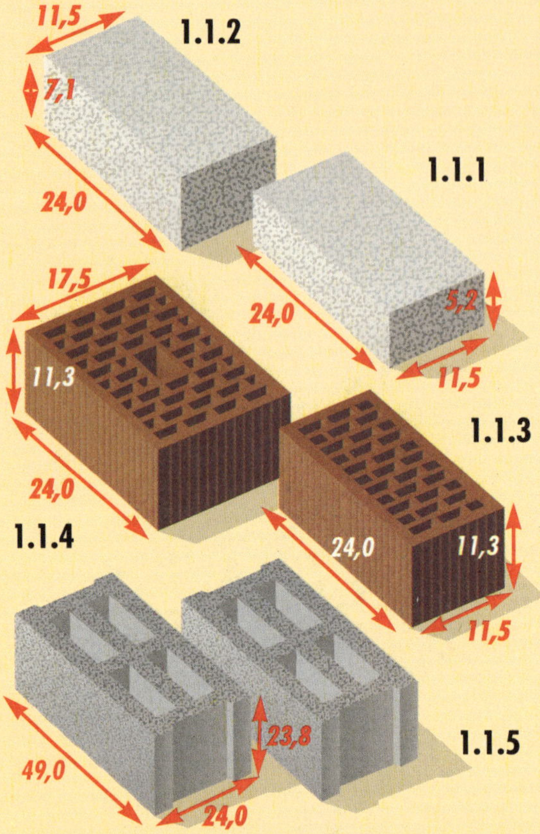

Grundformate von Bausteinen: *Dünnformat DF (Bild 1.1.1) und Normalformat NF (Bild 1.1.2) sind die Grundmaße fast aller künstlich gefertigten Bausteine*

Mittel- und Großformate: *Größere Steinformate werden als ein Vielfaches von DF bezeichnet: z. B. 2 DF (1.1.3), 3 DF (1.1.4) oder 16 DF (1.1.5)*

1.2

Kurzbezeichnung	Maße in cm			Gruppen	
	Länge	Breite	Höhe		
1 DF (Dünnformat)	24	11,5	5,2	Kleinformate	Einhandsteine
NF (Normalformat)	24	11,5	7,1		
2 DF	24	11,5	11,3		
3 DF	24	17,5	11,3	Mittelformate	Einhandsteine (mit Grifföffnung)
4 DF	24	24	11,3		
5 DF	30	24	11,3		
6 DF	36,5	24	11,3		
8 DF	24	24	23,8	Großformate	Zweihandsteine
10 DF	30	24	23,8		
12 DF	36,5	24	23,8		
16 DF	49	24	23,8		
20 DF	49	30	23,8		

Steinformate: *Nach der Größe unterscheidet man Klein-, Mittel- und Großformate, nach der Handlichkeit Ein- oder Zweihand-Steine. Durch Grifföffnungen sind auch Mittelformate mit einer Hand zu packen*

1.3.1

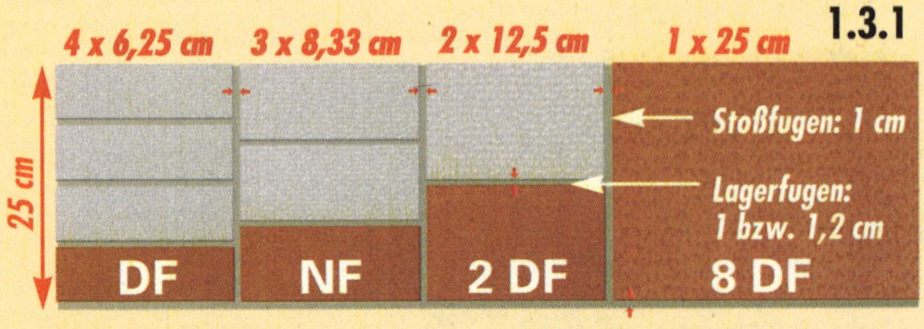

Definierte Maße: *Mit DF- und NF-Steinformaten kommt man bei Lagerfugendicken von 1 oder 1,2 cm stets auf das Baurichtmaß von 25 cm*

Formate	DF	NF	2 DF	Großformate
Steinhöhe in cm	5,2	7,1	11,3	23,8
Lagerfuge in cm	1,05	1,23	1,2	1,2
Schichtenhöhe in cm	6,25	8,33	12,5	25
Schichtzahl je 25 cm Mauerhöhe	4	3	2	1

Höhenmaße des Mauerwerks und Schichtenzahl nach der Maßordnung

1.3.2

2.1

Bindemittel:

muß den Sand fest und dauerhaft verbinden, als Bindemittel werden in verschiedenen Mischungsverhältnissen eingesetzt:
– Kalk (-hydrat)
– Zement (Portland-)

Zuschlag:

üblicherweise gereinigter, trockener und mischkörniger Maurer- oder Mörtelsand. Keinesfalls Strandsand verwenden; er enthält Salze, die vollständiges Abbinden verhindern

Wasser:

muß sauber sein, wird langsam und in kleinen Mengen in die Sand/Kalk/Zement-Mischung gerührt, ca. 0,5 l Wasser pro 1 kg Zement

2.2

Mauermörtelgruppen (MG) und Mischungsverhältnisse:

	MG I	MG II	MG IIa	MG III
Sand	3	8	6	4
Zement	—	1	1	1
Kalkhydrat	1	2	1	1
Eignung	Kalkmörtel sind nur für mind. 24 cm dickes Mauerwerk, unbelastete Wände und bei max. 2 Geschossen zugelassen	Kalkzementmörtel darf für alle Wände eingesetzt werden, außer: siehe MG III, nie zusammen mit MG III verwenden	Kalkzementmörtel der MG IIa hat eine höhere Druckfestigkeit als MG II, sonst wie MG II einsetzbar	Zementmörtel werden bei Pfeilern, Gewölben und bewehrtem Mauerwerk eingesetzt, schwer zu verarbeiten

Mischung und Eignung: *Eine Mischung aus 6 Teilen Sand und je 1 Teil Zement und Kalkhydrat ist für die meisten Anwendungen gut geeignet*

Mörtel-Konsistenz prüfen: *Wenn die Ränder nach dem Durchziehen mit der Schaufel stehenbleiben und sich Mörtelreste gut von der Schaufel schütteln lassen, ist der Mörtel gebrauchsfertig*

2.3

ordnung im Hochbau ab. Sie legt Richtmaße für die Abmessungen von Bauteilen fest. Das Grundrichtmaß beträgt 25 cm, alle weiteren sind ein Vielfaches davon. Um diese Richtmaße – z. B. eine Mauerhöhe von 2,50 m – ohne Bruchabfall mit allen Bausteinen erreichen zu können, werden diese mit genormten, sog. Nenn-Maßen hergestellt. Bis auf einen Sonderfall beruhen alle auf zwei Grundmaßen: dem Dünnformat DF (1.1.1) und dem Normalformat NF (1.1.2). Alle weiteren Größen und Formate werden als Vielfaches von 1 DF (Tabelle 1.2) angegeben. Addiert man die Nennmaße der Steine und die definierten Fugenbreite, kommt man auf die jeweiligen Baurichtmaße. (1.3.1 und 1.3.2). Mit einer Ausnahme: Bei Porenbeton-Plansteinen würde die Rechnung nicht aufgehen. Da sie im Dünnbett-Verfahren geklebt werden, entstehen hier nur Fugendicken von 1 bis 2 mm. Darum gibt man Porenbetonsteine nicht als Vielfaches von DF an, sondern mit ihren tatsächlichen Maßen. Diese sind ebenfalls genormt, damit die Baurichtmaße erreicht werden.

Die Abmessungen der Steine folgen dem Baurichtmaß

Fast alle Steinformate sind ein Vielfaches des Dünnformates

Sonderfall Porenbeton

2. Mörtel

Der Mörtel ist beim Mauern ebenso wichtig wie die Steine. Ohne ihn wäre eine Wand weder dicht noch belastbar. Mörtel ist ein Gemisch aus Zuschlag, Bindemittel und Wasser (2.1). Der Zuschlag hat den volumenmäßig größten Anteil und sollte aus gemischtkörnigem Maurersand bestehen. Das Bindemittel, Kalk und/oder Zement, sorgt unter Zugabe von Wasser für den Zusammenhalt des Zuschlags. Die Verwendungstauglichkeit des Mörtels ist aber nicht nur von seinen Komponenten, sondern auch von deren Mengenanteilen abhängig. Zuviel Bindemittel führt bei Kalkzementmörtel zur Rißbildung, zu wenig zum Absanden. Unsere Tabelle 2.2 zeigt, welche Mischung für welche Anwendung geeignet ist. Der Wasseranteil kann nicht exakt im voraus bestimmt werden. Er ist von der Luft- und Sandfeuchtigkeit ebenso abhängig wie von der herrschenden Außentemperatur. Gießen Sie deshalb zunächst nur etwas Wasser in die Sand/Zement/Kalk-Mischung, mischen dann und gießen Wasser nach,

Mörtel besteht aus Bindemittel, Zuschlag und Wasser

Das Mischungsverhältnis hat Einfluß auf die Festigkeit des Mörtels

Mauern

bis die richtige Konsistenz erreicht ist (Bild 2.3). Prüfen Sie das, indem Sie mit einer Schaufel oder Kelle eine Furche ziehen. Bleiben die Ränder der Furche stehen und lassen sich an der Kelle haftende Reste durch Schütteln leicht lösen, ist der Mörtel gut. Fällt die Furche zusammen, müssen Sie weiteres, trockenes Material im richtigen Verhältnis zugeben. Löst sich der Mörtel nur schwer von der Kelle, fehlt Wasser. Während der Verarbeitung sollten Sie den Mörtel hin und wieder umrühren und frisches Wasser nachgießen, wenn er etwas ausgetrocknet ist. Mischen Sie immer nur so viel an, wie sie in 2 bis 3 Stunden (je nach Temperatur) verarbeiten können. Mörtel wird auch als Fertigmischung angeboten, die nur noch mit Wasser angerührt werden muß. Fertigmörtel ist teurer als selbstgemischter. Er bietet sich aber vor allem bei kleineren Bedarfsmengen an.

Fertigmörtel ist eine gute Alternative bei kleineren Bedarfsmengen

3. Werkzeug

Einige Werkzeuge der Maurerausrüstung sind sicherlich in jeder guten Heimwerkstatt vorhanden. Zum Beispiel Wasserwaage, Winkel, Bandmaß, Flachmeißel und Fäustel. Zum fachgerechten Mauern sind darüber hinaus zusätzliche Werkzeuge unentbehrlich: eine recht- oder dreieckige Maurerkelle, Senklot und Schichten-Meterstab zur Höhenkontrolle, den Sie aus einer Holzlatte auch selbst herstellen können (Einteilung: 1 NF bzw. DF plus 1 Fugenbreite). Zum Halbieren oder Vierteln von Steinen dient der Maurerhammer. Wer damit beim Zerteilen nicht zurecht kommt, sollte den sog. Pitscher zur Hilfe nehmen, eine Art Meißel mit breiter Schneide. Bei höheren Mauern oder Wänden brauchen Sie darüber hinaus eine sichere Arbeitsbühne (Bild 3.11).

Einen Schichten-Meterstab kann man leicht selbst herstellen

4. Mauern – Schritt für Schritt

Auch wenn Sie nur eine Gartenmauer oder einen gemauerten Grill selbst bauen wollen – sie brauchen in jedem Fall einen ebenen, festen Untergrund, der unter der Last nicht nachgibt: Sie müssen ein Betonfundament anlegen.

Eine Mauer braucht ein Fundament

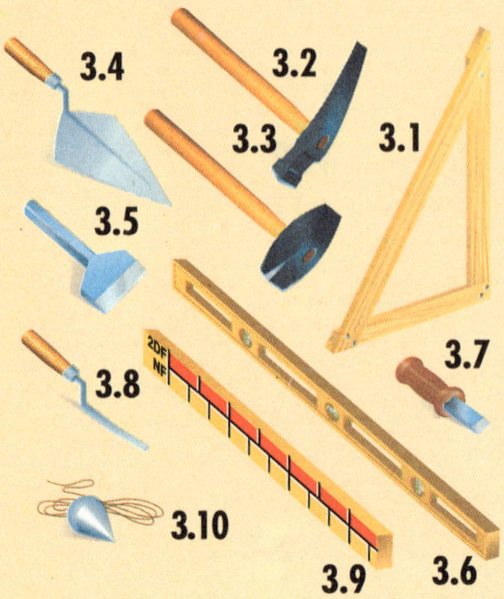

Werkzeuge: 3.1 Winkel, 3.2 Maurerhammer, 3.3 Fäustel, 3.4 Maurerkelle, 3.5 Pitscher, 3.6 Wasserwaage, 3.7 Flachmeißel, 3.8 Fugenkelle, 3.9 Schichten-Meterstab, 3.10 Senklot

3.11

Arbeitsplatz: Steine und Mörtel sollten ca. 70 cm vor der Wand plaziert werden. Ab 1,25 m Mauerhöhe brauchen Sie ein stabiles Gerüst

4.1.1

Stein im Mörtelbett ausrichten: Der erste Stein der untersten Reihe muß im Mörtel genau in die Waage gesetzt werden. Bei jeder folgenden Schicht auch die Senkrechte überprüfen

4.1.2

Mörtel auftragen: Tragen Sie den Mörtel mit der Kelle vollflächig auf die Lagerfuge auf. Ziehen Sie dann längs eine leichte Furche in den Mörtel, bevor Sie den ersten Stein setzen

Stein setzen: *Kleinformatige Steine greift man mit einer Hand, bringt mit der Kelle Mörtel auf die Stoßfuge, setzt den Stein in den Lagerfugenmörtel und schiebt ihn gegen seinen Nachbarn*

4.1.3

Mörtel abstreichen: *Den Mörtel, der beim Aufsetzen des Steines hervorquillt, mit der Kelle bündig abstreichen und auf den Lagerfugen-Mörtel geben*

4.1.4

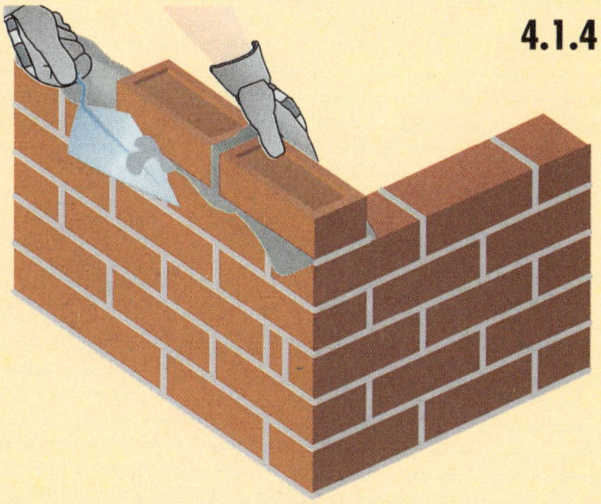

Abtreppung: *Es empfiehlt sich, die Mauerenden treppenförmig vorzumauern. So läßt sich die Flucht besser einhalten*

4.2

Maß-Kontrolle: *Bei jeder Schicht müssen Sie die Maßhaltigkeit der Mauer an den Punkten 1, 2 und 3 überprüfen. Die Richtschnur wird mit Hilfe von Nägeln gespannt, die man – wie hier gezeigt – in der Fuge fixiert*

4.3

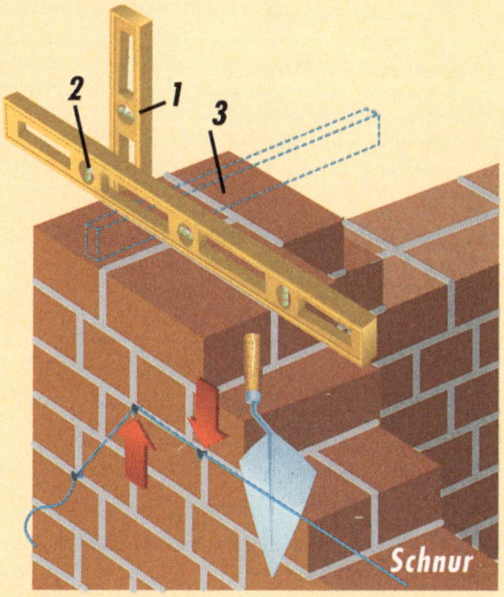

Bei Gartenmauern sollte es ungefähr 25 bis 30 cm tief reichen (bei Gebäuden muß es im frostfreien Bereich, also etwa 80 cm tief gründen). Der Beton muß etwa 1 bis 2 Tage härten, bis Sie mit dem Mauern beginnen können.

Die Grundarbeitsschritte beim Mauern

Die Technik des Mauerns umfaßt im Grunde nur einige, sich stets wiederholende Arbeitsgänge (Bilder 4.1.1 bis 4.1.4):

– Stein mit einer Hand greifen,
– Mörtel an die Stoßfuge geben
– Lagerfugenmörtel aufbringen und verteilen,
– Stein gegen den bereits gesetzten Stein schieben und ausrichten,
– hevorquellenden Mörtel abstreichen und auf die Lagerfuge geben.

Mauer-Ecken, und -Enden werden vorgemauert

In welcher Reihenfolge man die Steine setzt und wie man die Maßhaltigkeit nach jeder gemauerten Schicht überprüft, zeigen die Bilder 4.2 und 4.3: Grundsätzlich mauert man die Enden und Ecken vor und füllt dann die Zwischenräume mit Steinen auf. Wenn Sie also eine einfache, gerade Mauer im Läuferverband (siehe 5.1 „Maueverbände") hochziehen, markieren Sie zunächst deren Länge und Verlauf auf dem Fundament. Dann setzen Sie den ersten Stein ins Mörtelbett und richten ihn aus. Das gleiche machen Sie mit dem ersten Stein des anderen Mauerendes. Zwischen diesen Steinen wird dann die Maurerschnur so gespannt, daß sie ganz knapp entlang der hinteren Steinoberkante verläuft (s. Bild 4.3). Dann erst mauert man den Zwischenraum entlang der straff gespannten Richtschnur aus. Diese Technik setzt natürlich voraus, daß Sie vorher die Mauerlänge unter Berücksichtigung Ihres Steinformates genau berechnet haben.

Die Mauerlänge muß vorher genau berechnet sein

Bei 1 NF- oder 1- bis 4-DF-Formaten (die eine Länge von 24 cm haben) muß die Mauerlänge ein Vielfaches von 25 cm (24 cm + 1 cm Stoßfuge) minus 1 cm betragen. Wenn eine Reihe fertig gemauert ist, setzt man wieder zunächst den ersten und den letzten Stein, spannt die Richtschnur neu und mauert den Zwischenraum aus. Da man grundsätzlich mit versetzten Stoßfugen mauert, beginnt beim Läuferverband die zweite Reihe mit einem halben Stein. Es empfiehlt sich, Anfang und Ende ein Stück treppenförmig abgestuft hochzumauern (Bild 4.2). Nach jeder Reihe sollten Sie die Maßhaltigkeit der Mauer überprüfen. Mit der Wasserwaage kontrollieren Sie

Bei jeder Schicht: Maßhaltigkeit überprüfen!

Mauern

Korrektur der Mauerhöhe

die Vertikale und Horizontale (Bild 4.3). Nehmen Sie bei langen Mauern zusätzlich eine Setzlatte zur Hilfe. Der senkrecht angelegte Schichten-Meterstab zeigt Ihnen sofort an, ob die Höhe der Mauer stimmt. Sollte die Lagerfuge in einer Reihe zu dick ausgefallen sein, können Sie dies bei der folgenden Schicht durch einen etwas dünneren Mörtelauftrag ausgleichen.

Nachträgliches Verfugen

Die Mörtelfugen sollten überall vollflächig und satt gefüllt sein. Wenn die Mauer nicht verputzt wird und viel Wert auf ansprechende Optik gelegt wird, bietet sich nachträgliches Verfugen an. Stoß- und Lagerfugen werden etwa 1,5 cm tief ausgekratzt, gut gesäubert, vorgenäßt und dann wieder mit Fugenmörtel gefüllt. Die Fuge soll so geformt sein, daß Regenwasser gut ablaufen kann (s. Bild 4.4). Bei dieser Arbeit ist die Verwendung einer Fugenkelle (s. Bild 3.8) sehr hilfreich.

5. Mauerstärken und -verbände

Der Verband beeinflußt die Tragfähigkeit der Mauer

Mauersteine können in Längs- oder Querrichtung zur Mauer angeordnet sein. Werden sie in Längsrichtung vermauert, heißen sie Läufer, in Querrichtung verlegt nennt man sie Binder. Der Verband, also das System, nach dem Läufer und Binder in einem Mauerwerk angeordnet sind, hat – neben der Mauerdicke – entscheidenden Einfluß auf Zusammenhalt und Tragfähigkeit der Mauer. Gängige Verbände sind Läufer- (Bilder 5.1), Block- (Bilder 5.2 und 5.4) und Kreuzverband (Bilder 5.3). Aus den kleinformatigen NF- und DF-Steinen lassen mit sich diesen Verbänden 11,5er-, 24er- und 36,5er Mauerwerksdicken herstellen. (Mit Mittelformaten, z. B. 3 DF, sind weitere Mauerstärken möglich, auf die wir hier nicht eingehen).

Das 11,5er Mauerwerk

Die 11,5 cm dicke Mauer wird nur im Läuferverband gemauert. Als Regeln gelten:
– Die Stoßfugen liegen in der Steinmitte, der Fugenversatz beträgt 12,5 cm = 1 am (am steht in der Fachsprache für 1/8 Meter).
– Im Normalfall beginnt und endet eine 11,5 cm dicke Mauer mit einem ganzen bzw. halben Stein bei ungerader Steinanzahl.
– An Ecken laufen die Schichten

4.4

Fugenausbildung: Mauerfugen sollten so geformt sein, daß Regenwasser abgeleitet wird. Wenn sich Nässe staut, drohen Frostschäden

11,5-cm-Mauerwand: An Ecken laufen die Schichten abwechselnd bis zur Außenkante, der Abzweig bindet in jeder 2. Reihe in die Wand ein

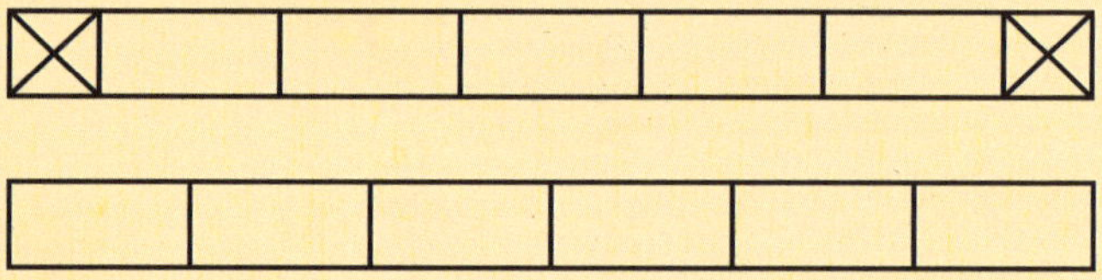

Schichtenwechsel: Bei gerade Steinanzahl beginnt und endet die erste Reihe (unten) mit ganzen Steinen, die zweite jeweils mit halben

24er-Mauerwerk im Blockverband: Läufer- und Binderschichten wechseln sich ab. Links ein Abzweig, rechts eine Eckausbildung

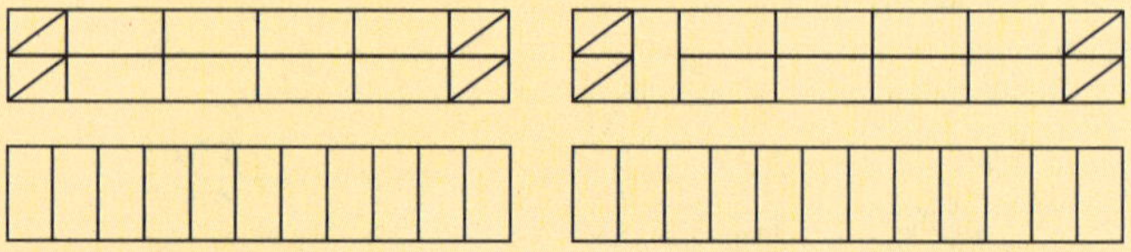

Blockverband: Links die ersten beiden Schichten bei ungerader, rechts bei gerader Steinanzahl. Die zweite Reihe beginnt mit 3/4-Steinen

5.3.1 5.3.2

24er Mauerwerk im Kreuzverband: *Hier werden die Läuferschichten an Ecke und Abzweig durch einen Binder unterbrochen*

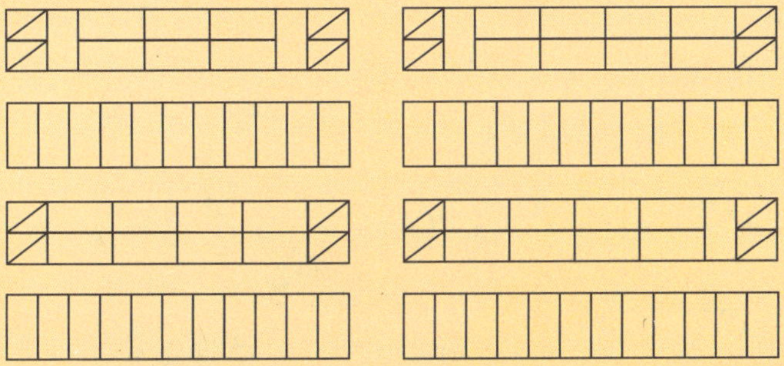

Kreuzverband: *In jeder 2. Läuferreihe schiebt man bei ungerader Steinanzahl zusätzlich zwei Binder ein (links); bei gerader Anzahl im Wechsel*

5.4

36,5er Mauerwerk: *Wechselweise liegen Binder und Läufer an der Sichtseite der Mauer*

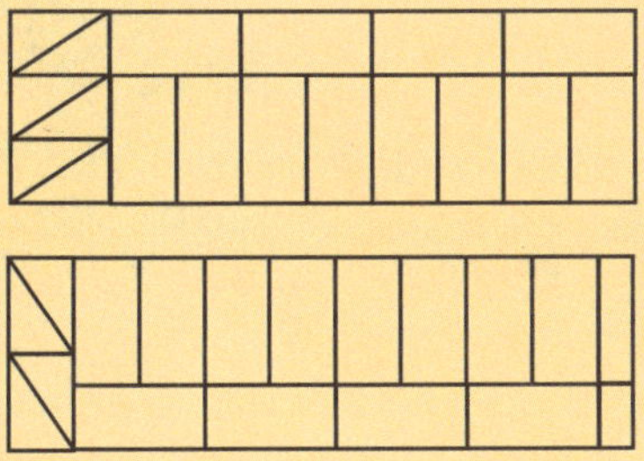

Schichtfolge: *Man beginnt mit drei 3/4-Steinen quer zu den Bindern (unten). 2. Reihe: zwei 3/4-Steine längs mit Bindern*

abwechselnd bis zur Außenkante durch (Bild 5.1.1). Bei Anschlüssen bindet die anstoßende Wand in der ersten Schicht ein (Bild 5.1.2), in der zweiten stößt sie stumpf dagegen.

11,5er Mauern verwendet man oft für unbelastete Innenwände und Verblendmauerwerk.

Tragende Innenwände hingegen müssen mindestens 24 cm dick sein. Eine 24er Mauer ist auch für Außenwände geeignet, wenn sie mit zusätzlichem Wärmeschutz ausgestattet wird. Wände dieser Stärke mauert man meistens im Block- oder im Kreuzverband. Sie ähneln einander. Der Kreuzverband hat eine etwas bessere Lastverteilung und ergibt an der Sichtseite ein dekoratives Kreuzmuster. Für beide aber gilt: Binder- und Läuferschichten wechseln sich ab, wobei erstere durchgehend mit Bindern gemauert wird, in der Läuferschicht jedoch das Mustersegment jeweils mit zwei 3/4-Steinen beginnt und endet. Das Unterscheidungsmerkmal: Beim Kreuzverband fügt man (bei ungerader Steinanzahl) in jeder zweiten Läuferreihe hinter bzw. vor den 3/4-Steinen einen Binder ein. Bei gerader Steinanzahl setzt man in jeder Läuferreihe nur einen Binder ein, und zwar abwechselnd einmal links und dann rechts. Die Grundregel für Eckausbildungen und Anschlüsse sind ähnlich wie bei der 11,5-cm-Mauer:

– Die Läuferschichten laufen jeweils bis zur Ecke durch, wobei sie an der Ecke mit zwei 3/4-Steinen beginnen bzw. enden. Beim Kreuzverband wird lediglich der Binder wieder zwischen 3/4-Steinen und Läufer eingeschoben.

– Auch bei Anschlüssen geht die Läuferschicht durch. Bindet sie am Maueranschluß ein, so gilt die Regel für das Mauerende: Beginn mit zwei 3/4-Steinen.

36,5 cm dickes Mauerwerk findet man im Hochbau vor allem an Innen- und Außenwänden von mehrgeschossigen Bauten. Aber auch eine flache Gartenmauer aus kleinformatigen DF- oder NF-Ziegelsteinen kann gerade in dieser Breite sehr dekorativ sein. Bei der 36,5 cm dicken Mauer besteht jede Schicht aus Bindern und Läufern, wobei abwechselnd von Schicht zu Schicht Läufer und Binder an der Sichtseite liegen. Die Läuferschicht beginnt und endet mit drei, die Binderschicht mit zwei 3/4-Steinen. □

24er Mauer für tragende Innen- und gedämmte Außenwände

Block- und Kreuzverbände

Ecken und Anschlüsse bei 24er-Mauern

36,5er Mauer: Jede Schicht besteht aus Läufern und Bindern

Beton

Aus dem »künstlichen Stein« gossen schon die Griechen Mauern und Fundamente. Inzwischen wird der vielseitige und hoch belastbare Werkstoff auf praktisch jeder Baustelle eingesetzt. Wir zeigen Ihnen, wie Sie für Zäune und Terrassen solide Grundlagen schaffen

Vorbereitung
Betonarbeiten verlangen gute Vorarbeit: Eine stabile Schalung nimmt die weiche Masse aus Zement, Sand Kies und Wasser auf

Verarbeitung
Bestandteile und Mischungsverhältnis des Betons sind abhängig von der Verarbeitung und den Anforderungen an das fertige Bauteil

1. Was ist Beton?

Zement und Wasser sorgen für Festigkeit

Den Wasseranteil möglichst gering halten

Sand und Kies bilden die Hauptbestandteile

Mischung der Zuschläge wichtig für Härte

Beton im weitesten Sinne ist zerkleinertes Gestein, das mit Zement wieder gesteinsähnlich gebunden wird. Er besteht aus Zement, feinen und gröberen Zuschlagstoffen (Sand und Kies oder Splitt) und Wasser. Bei der Aushärtung verbinden sich Wasser und Zement zu einem mineralischen Kitt, der die Zuschlagstoffe zusammenhält und dem Material seine Härte verleiht. Die für eine hohe Festigkeit ideale Mischung enthält einen Gewichtsteil Wasser auf vier Gewichtsteile Zement – dann wird alles Wasser im Härtungsprozeß verbraucht. Allerdings ist eine solche Mischung in der Regel nicht plastisch genug, es muß also sparsam zusätzlich Wasser zugemischt werden, bis die Masse ohne allzu große Mühe verarbeitbar wird.

Den mengenmäßigen Hauptanteil im Beton bilden die Zuschlagstoffe. In einem Kubikmeter Beton mit einem Gewicht von rund 2,4 Tonnen sind ca. 2 Tonnen Zuschlagstoffe enthalten. Das Mischungsverhältnis von Sand und Kies und deren Körnung entscheiden wesentlich über die Härte des fertigen Betons. Dabei bilden die größeren Kies- oder Splittkörner das Grundgerüst, in das die Sandkörner hineinschlüpfen („Schlupfkorn") und mit dem Zementkitt verbunden werden.

2. Betonherstellung

Beton ohne Mischmaschine herstellen

Für kleinere Fundamente oder Bodenplatten können Sie den Beton selbst anmischen. Ab etwa drei Kubikmetern Materialbedarf lohnt es sich oft, den Beton fertig als Transportbeton anliefern zu lassen. Bei der Anlieferung sollte die zu betonierende Fläche mit dem Transportfahrzeug gut erreichbar sein, außerdem muß die Schalung fertiggestellt sein.

Bei der Mischung von Hand vermengen Sie zuerst die Zuschlagstoffe und geben dann den Zement zu. Schaufeln Sie nun den Materialhaufen mehrfach durch, indem Sie vom Boden in die Mitte arbeiten (2.1). Bilden Sie jetzt eine Mulde und geben Sie etwa die Hälfte des benötigten Wassers zu (2.2). Die trockene Mischung wird nun rundum vom Rand in

Beton ist nicht gleich Beton (Begriffe und ihre Bedeutung)

Beton	Gemisch aus Zement, Wasser und Zuschlag (Sand, Kies, Splitt, ...), ggf. Zusätze. Trockenrohdichte zwischen 2 und 2,8 Tonnen je Kubikmeter
Leichtbeton	Gemisch aus Zement, Wasser und Leichtzuschlag (Natur- und Hüttenbims, Blähton, Blähschiefer o. ä.), ggf. Zusätze. Trockenrohdichte kleiner als 2 Tonnen je Kubikmeter
Schwerbeton	Gemisch aus Zement, Wasser und Schwerzuschlag (Schwerspat, Eisenerz, Baryt, Stahlgranulat). Trockenrohdichte größer als 2,8 Tonnen je Kubikmeter
Frischbeton	Beton, solange er noch verarbeitbar ist
Grüner Beton	Beton unmittelbar nach dem Verarbeiten, bevor die Erhärtung eingesetzt hat (vor dem Erstarren)
Junger Beton	Erhärtender Beton, der nicht mehr verarbeitbar ist (nach dem Erstarren)
Festbeton	Beton, der erhärtet ist
Baustellenbeton	Beton, dessen Bestandteile auf der Baustelle zugegeben und gemischt werden (= Frischbeton)
Transportbeton	Beton, dessen Bestandteile außerhalb der Baustelle abgemessen und gemischt werden und der auf der Baustelle einbaufertig angeliefert wird
Ortbeton	Beton, der als Frischbeton in Bauteile in ihrer endgültigen Lage eingebracht wird und dort erhärtet
Stahlbeton	Verbundbaustoff aus Beton und Stahl (als Bewehrung)
Spannbeton	Bewehrter Beton, dessen Bewehrung aus Betonstahl und Spannstahl besteht
Sichtbeton	Beton, dessen Ansichtsfläche gestalterische Funktion erfüllt und ein vorbestimmtes Aussehen hat
Massenbeton	Beton für massige Bauteile (Stützmauern, Gründungssohlen, Brückenpfeiler, Schleusenkammerwände)
Schaumbeton	Porenleichtbeton (kein Porenbeton!) mit geringer Rohdichte (0,4 bis 1,6 Tonnen je Kubikmeter), der unter Zugabe von Schaum- oder Luftporenbildnern entsteht. Wird als Füllmaterial eingesetzt (Kanal- und Tiefbau) oder als wärmedämmende Zwischenlage verwendet (Altbausanierung)
Porenbeton	Im Gegensatz zu Schaumbeton ein massiver Baustoff mit guten Dämmeigenschaften, der durch Zugabe von Aluminium mit kleinen Luftporen aufgetrieben und dann dampfgehärtet wird. Rohdichte 0,4 bis 1 Tonne ja Kubikmeter. Wird als fertiger Baustoff (Steine) angeliefert
Bimsbeton	Beton mit Naturbims als Leichtzuschlagstoff. Die poröse Struktur bedingt das geringe Gewicht. Bimsbetonsteine und -bauteile werden ausschließlich fertig an der Baustelle angeliefert

__Mischen:__ Auch ohne Mischmaschine lassen sich kleinere Mengen herstellen. Zunächst das Trockenmaterial vermischen, dann schrittweise Wasser zugeben

Wieviel Zement, wieviel Zuschlagstoffe? (Ermittlung des Materialbedarfs)

		0,1	0,2	0,3	0,4	0,5	0,6	0,7	0,8	0,9	1,0
	Betonbedarf Kubikmeter	0,1	0,2	0,3	0,4	0,5	0,6	0,7	0,8	0,9	1,0
	Liter	100	200	300	400	500	600	700	800	900	1000
Alle Angaben in Litern (Ein Sack Zement mit 50 kg Gewicht entspricht rund 38 Litern)											
Mischung A	Zement	28	56	84	112	140	168	196	224	252	280
Mischung A	Zuschlagstoffe (Kiessand)	110	220	330	440	550	660	770	880	990	1100
Mischung B	Zement	18	36	54	72	90	108	126	144	162	180
Mischung B	Zuschlagstoffe (Kiessand)	115	230	345	460	575	690	805	920	1035	1150
Mischung C	Zement	13	26	39	52	65	78	91	104	117	130
Mischung C	Zuschlagstoffe (Kiessand mit ca. 60% Grobkies)	125	250	375	500	625	750	875	1000	1125	1250

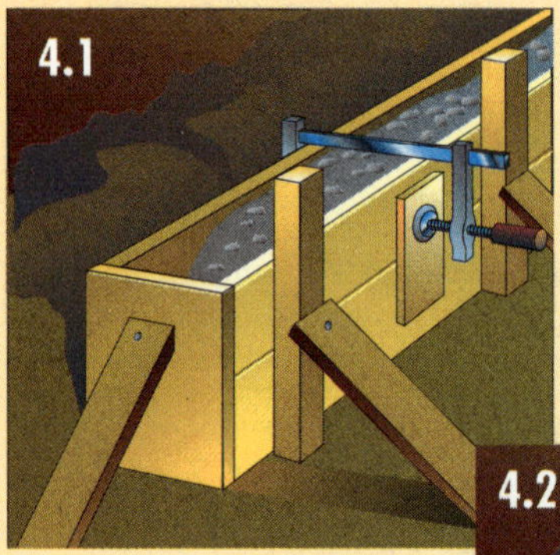

Holzschalung: *Schalungen für Streifenfundamente – z. B. für den Zaunbau – können Sie aus Holz selbst bauen. Stützen Sie die Konstruktion mit Ständern ab und sichern Sie die Schalung mit Zwingen*

Fertigschalung: *Schalungselemente aus beschichtetem Metall können Sie leihen. Die Elemente werden untereinander verschraubt, auch verwinkelte Konstruktionen sind deshalb schnell errichtet*

Punktfundament: *Nach Ausheben eines schmalen Loches kommt der Beton direkt ins Erdreich. Eine Flasche (vor dem Aushärten entfernen!) ist Platzhalter für einen Pfosten*

4.4

Pfostenanker: *Vorgefertigte Pfostenanker aus Metall können Sie – wie hier – auf ein Betonfundament dübeln. Es gibt auch Anker, die gleich eingegossen werden*

So erkennen Sie die richtige Wassermenge

die Mulde geschaufelt. Nach mehrfachem Wenden der durchfeuchteten Masse gießen Sie das übrige Wasser erneut in eine Mulde und mischen nochmals – dabei nach Bedarf wenig Wasser zugeben. Der Betonbrei ist schüttfertig, wenn sich die Oberfläche mit der Schaufel glattstreichen läßt und sich Rillen in die Oberfläche drücken lassen.

3. Die Rohstoffe

Aus der Tabelle oben auf dieser Seite können Sie die jeweils richtige Mischung der Rohstoffe ablesen. Ermitteln Sie zunächst Ihren Beton-Bedarf, indem Sie zum Beispiel die zu betonierende Fläche ausmessen und mit der gewünschten Stärke der Betondecke multiplizieren. Beachten Sie, daß begehbare Flächen 3 bis 5 cm und befahrbare Flächen etwa 10 cm dick betoniert werden sollten.

Die Mischung bestimmt die Beton-Qualität

Die Mischungen bezeichnen die Güteklassen des Betons: Mischung A ist für tragende und bewehrte Bauteile bestimmt – solche Arbeiten sollte man jedoch eher dem Fachmann überlassen. Mischung B ist für Fuß- und Fahrwege sowie Fundamente gut geeignet, während Mischung C üblicherweise als Untergrundaufbau unter Fundamenten oder Wegen eingesetzt wird. Als Zuschlagstoffe werden in Mischung B ca. 40% Sand und 60% Kies mittlerer Korngröße eingesetzt, in Mischung C jeweils 20% Sand und Kies sowie 60% Grobkies.

4. Schalungsbau

Punktfundamente

Nur für die Herstellung von Punktfundamenten benötigen Sie in der Regel keine Schalung: Der Beton wird in ein eng ausgehobenes Loch eingefüllt. Gegen Spritzwasser sollte der Beton einige Zentimeter aus dem Boden ragen und rund ausgeformt werden. Sie können zur Aufnahme von Zaunpfählen spezielle Anker einbetonieren oder als Platzhalter eine Flasche einsetzen, die Sie vor dem Aushärten der Masse jedoch entfernen müssen (4.4., Seite 47).

Streifen-Fundamente

Für Streifenfundamente wird das Erdreich zunächst in der vorgesehenen Tiefe ausgehoben und eine Schalung hergestellt. Gut geeignet sind dafür rohe, ca. 25 mm starke Bretter, die gegen das Eigengewicht des Betons gut nach außen abgestützt werden sollten (4.1.). Mit gemieteten Schalungselementen können Sie die Bauzeit erheblich verkürzen (4.3.).

Betonplatte

Zum Gießen einer Betonplatte setzen Sie am Rand der Schalung Pflöcke im Abstand von ca. 1 Meter, die an die Schalbretter genagelt werden. Ist die Kantenlänge der Schalung länger als 3 m, so müssen 1 cm starke Zwischenbretter als Dehnungsfugen eingezogen werden, die später im Beton verbleiben können (4.5). Der Beton wird in die fertige Schalung eingefüllt und mit einem geraden Brett abgezogen (4.6.).

Gehwegplatten selbst herstellen

Mit einer solchen Schalung können Sie auch Gehwegplatten herstellen: Die mindestens 5 cm starke Betonschicht wird beim Erhärten entlang eines Anschlagbretts mit einer Kelle geteilt und kann nach dem Aushärten plattenweise entnommen werden (4.7). Vor dem Verlegen sollten die Platten wenigstens 4 bis 5 Tage unter feuchten Säcken aushärten.

5. Betonteile flicken

Beton klebt man mit Betonbrei

Gebrochene Betonplatten lassen sich mit etwas Betonbrei kleben. Dazu die gut gesäuberten Kanten anfeuchten und mit trockener Zement-Sand-Mischung bestreuen. Mit einem Besen gut einarbeiten. Danach auf beide Bruchkanten etwas Betonbrei geben und die Platte im Verlegebett mit Keilen zusammenpressen. Austretendes überschüssiges Material abnehmen und Bruchstelle am nächsten Tag noch einmal anfeuchten. □

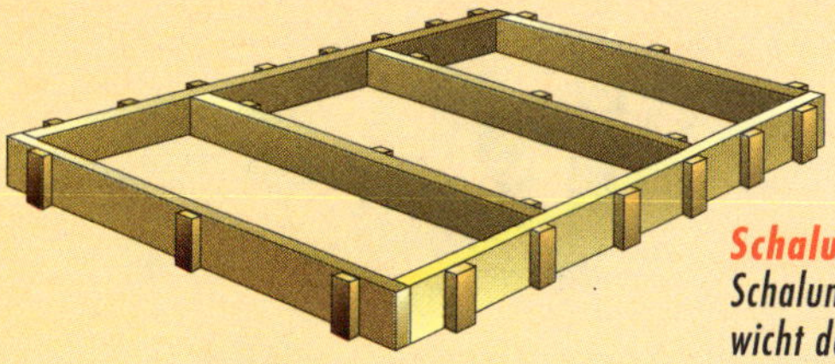
4.5

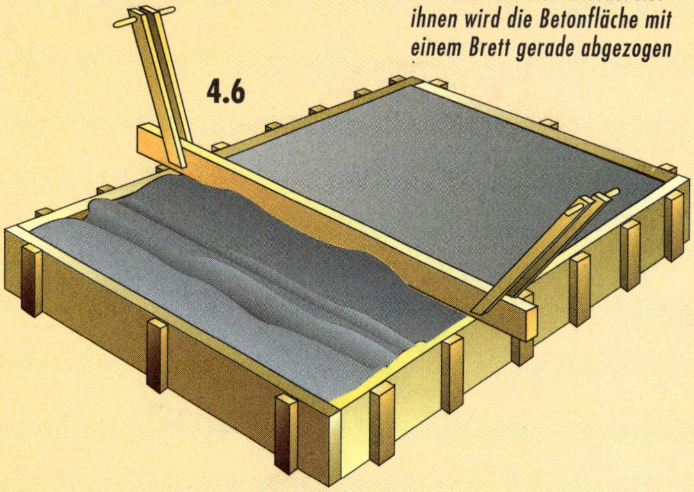
4.6

Schalung: Pflöcke sichern die Schalungsbretter gegen das Gewicht des frischen Betons. Auf ihnen wird die Betonfläche mit einem Brett gerade abgezogen

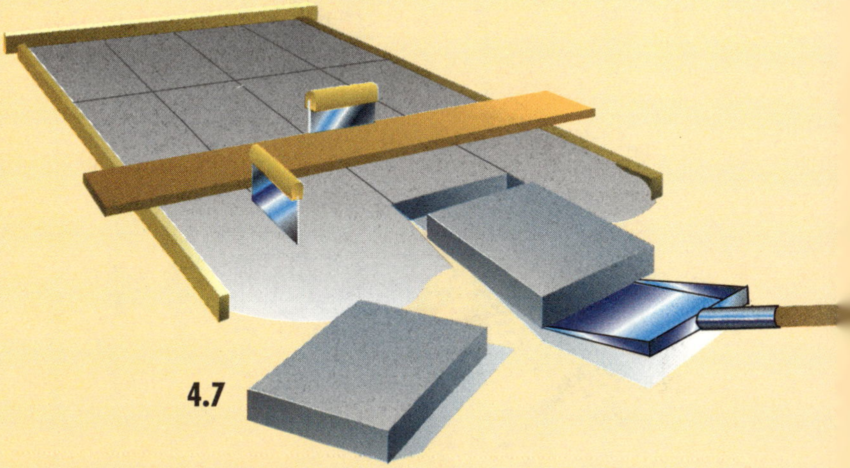
4.7

Gehwegplatten herstellen: Bauen Sie zunächst eine Schalung wie für eine Bodenplatte und warten Sie, bis der Beton zu versteifen beginnt. Dann die Fläche mit Kelle und Brett entsprechend der gewünschten Plattengröße teilen

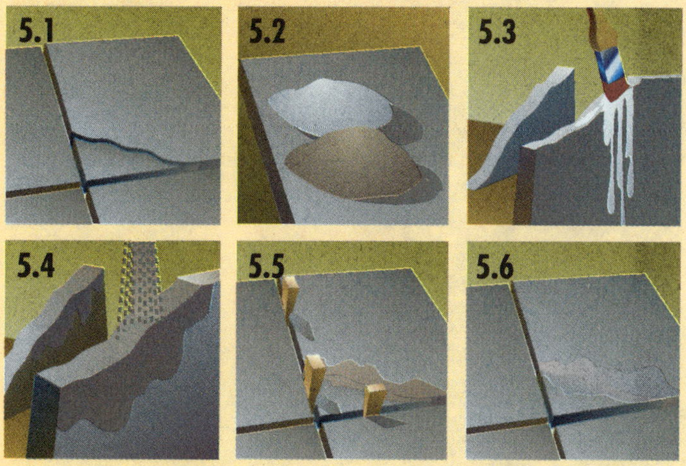

Beton flicken: Gebrochene Gehwegplatte herausnehmen und säubern, Sand-Zement-Mischung herstellen (5.2), Bruchstellen anfeuchten (5.3) und Trockenmischung aufstreuen (5.4). Danach mit etwas Zementbrei zusammenpressen (5.5)

Verputzen

Die Fertigkeit, Wände zu verputzen, wird niemand auf Anhieb aus dem Handgelenk beherrschen. Einige Übung ist dazu schon nötig. Vorher sollten Sie sich aber ein wenig mit der ›grauen Theorie‹ beschäftigen, die wir Ihnen auf den nächsten Seiten näherbringen möchten

Verputzen

1. Was ein Putz leisten muß

Je nach Einsatzort erfüllen Putze höchst unterschiedliche Aufgaben. In Innenräumen dienen sie in erster Linie dazu, ebene und glatte Untergründe für Anstriche, Tapeten und andere Beläge herzustellen. Gleichzeitig sollte ein Innenraumputz feuchtigkeitsregulierend wirken: Er muß in einem gewissen Umfang Feuchtigkeit in Form von Wasserdampf aufnehmen und wieder abgeben können.

Innenputze sollten feuchtigkeitsregulierende Wirkung haben

Noch vielseitigere Aufgaben nimmt der Außenputz wahr. Die wichtigste: Er muß verhindern, daß das Mauerwerk durchfeuchtet wird. Die Folge wäre nicht nur eine verminderte Wärmedämmfähigkeit der Außenwand; bei Frost drohte sogar eine Zerstörung der Mauersteine. Der Außenputz muß deshalb in der Lage sein, Wasserdampfmoleküle aus dem Rauminneren nach außen durchzulassen, aber gleichzeitig den Regen an der Außenseite abzuweisen. Damit nicht genug: Er muß ausreichend elastisch sein, um Spannungen durch extreme Temperaturwechsel und Setzungen des Mauerwerks ohne Rißbildung oder Abblätterung ausgleichen zu können.

Außenputze müssen elastisch sein und vor Regen und Sonne schützen

Und *last not least* dient der Außenputz natürlich auch zur Verschönerung eines Gebäudes.

2. Putzarten und wo man sie einsetzt

Man unterscheidet bei Putzen zwei große Hauptgruppen: die mineralischen und die Kunststoff-Putze. Erstere bestehen aus Sand und mineralischen Bindemitteln – Zement, Kalk, Gips oder Abmischungen dieser Stoffe –, die sich unter Zugabe von Wasser chemisch verbinden.

Mineralische Putzmörtel

Durch den Einsatz der verschiedenen Bindemittel können Putzmörtel exakt auf jede Beanspruchung zugeschnitten werden.

Nach ihren Eigenschaften unterteilt man die mineralischen Putzmörtel in fünf Gruppen (Tabelle 2.1): Die gut feuchtigkeitsregulierenden Kalkmörtel (P I) eignen sich vor allem für Innenputze. Größere Festigkeit bei gleichzeitig guter Dehnfähigkeit zeichnen die Kalkzement-Mörtel (P II) aus,

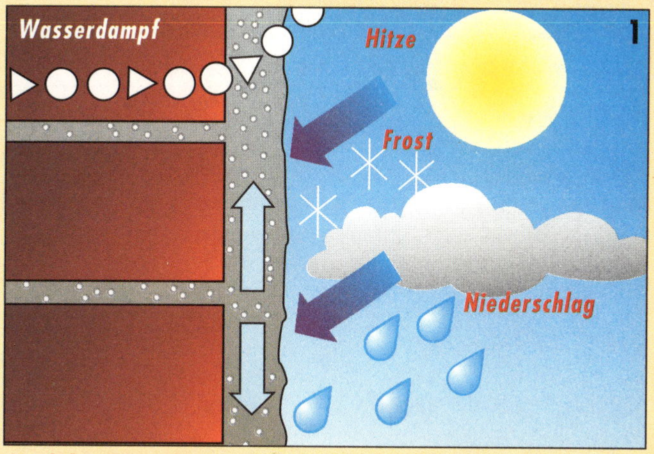

Stark beansprucht: Der Außenputz muß die Wände vor Nässe, Hitze und Frost schützen, aber durchlässig sein für Wasserdampf von innen

2.1. Putzmörtel

Mörtelgruppe	Mörtelart	Sand	Bindemittel
P I a	Luftkalkmörtel	3-4	1 Kalkhydrat
b	Wasserkalkmörtel	3-4	1 Kalkhydrat
c	Mörtel mit hydraulischem Kalk	3-4	1 hydraulischer Kalk
P II a	Mörtel mit hochhydraul. Kalk oder Putz- und Mauerbinder	3-4	1 hochhydraulischer Kalk oder 1 Putz- und Mauerbinder
b	Kalk-Zement-mörtel	9-11	2 Kalkhydrat + 1 Zement
P III a	Zementmörtel mit Kalkhydrat-Zusatz	7-8	2 Zement + 0,5 Kalkhydrat
b	Zementmörtel	3-4	1 Zement
P IV a	Gipsmörtel	—	Stuckgips oder Gipsputz
b	Gipssandmörtel	1-3	1 Stuckgips oder Gipsputz
c	Gipskalkmörtel	3-4	1 Kalkhydrat + 0,5 bis 1 Stuckgips oder 1 bis 2 Putzgips
d	Kalkgipsmörtel	3-4	1 Kalkhydrat + 0,1 bis 0,2 Stuckgips oder 0,2 bis 0,5 Putzgips
P V a	Anhydritmörtel	1,5-2,5	1 Anhydritbinder
b	Anhydritkalk-mörtel	12	1,5 Kalkhydrat + 3 Anhydritbinder

Mörtelgruppen für mineralische Putze: Die Tabelle gibt die Mischungsverhältnisse von Sand zu Bindemitteln in Raumteilen an

2.2. Beschichtungsstoff-Typen für Kunstharzputze

Beschichtungsstoff-Typ	für Kunstharzputz als
P Org 1	Außen- und Innenputze
P Org 2	Innenputz

Kunstharzputze: Für die grundsätzlich werkseits fertig gemischten Kunstharzputze gibt es nur die zwei Klassifizierungen P Org 1 und 2

Anwendungsgebiete der verschiedenen Putzarten
a) für Außenputze, b) für Innenputze **2.3**

Putzanwendung	Unterputz	Oberputz
a) bei üblicher Beanspruchung	P I, P II	P I, P II, P Org 1
wasserabweisend	P I c, P II	P I c, P II, P Org 1
Keller-Außenwandputz	P III	P III
Außensockel	P III	P III, P Org 1
b) bei geringer Beanspruchung	P I a oder b, P II, P IV	P I a oder b, P IV d
Übliche Beanspruchung	P I c, P II, P III P IV a,b oder c P V	P I c, P II, P IV a, b oder c, P V, P Org 1 P Org 2, P III
Bad, Duschbereich	P II, P III	

Putzsysteme: Die Tabelle gibt an, welche Putzarten für innen oder außen geeignet und wie sie miteinander kombinierbar sind

2.4

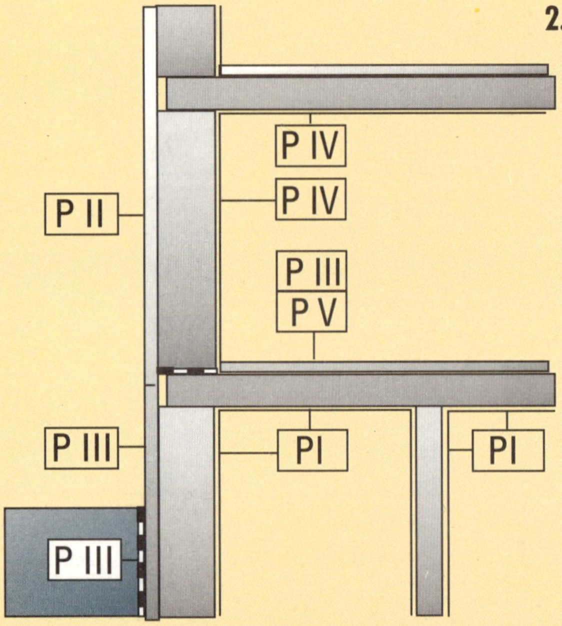

Anwendung von Putzmörtelgruppen: Die Querschnittszeichnung eines Hauses zeigt, wo welche mineralischen Putze zum Einsatz kommen

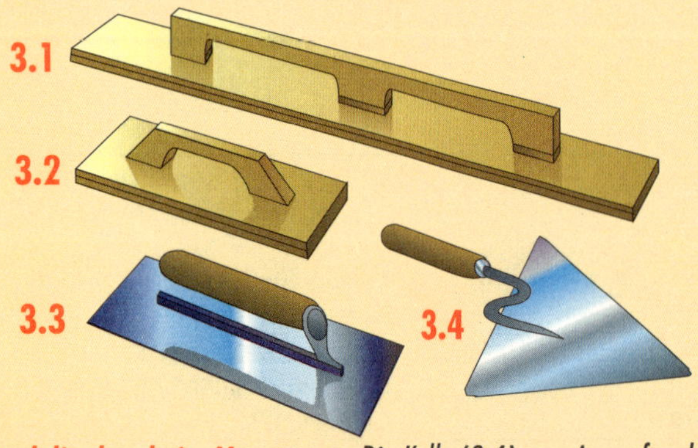

Unabdingbar beim Verputzen: Die Kelle (3.4) zum Anwerfen des Mörtels, die Kartätsche (3.1) zum großflächigen Abziehen, die Traufel (3.3) zum Aufziehen und ein Reibebrett (3.2) zum Glätten des Putzes

die man als Außenputze einsetzt. Der wenig elastische, aber sehr feste Zementmörtel (P III) hingegen verkraftet auch die starken Feuchtebelastungen im Sockel- und Kellerbereich des Hauses.

Putzmörtel sind nach ihren Eigenschaften klassifiziert

Die gut atmungsfähigen Gipsmörtel (P IV) verwendet man ausschließlich als Innenputze mit Ausnahme von Feuchträumen. Anhydritmörtel (P V) haben ähnliche Eigenschaften wie Gipsmörtel, werden aber meist für Estriche eingesetzt (Bild 2.4). Mineralische Putzmörtel können Sie selbst anmischen. Unkomplizierter zu handhaben, aber etwas teurer sind trockene Fertigmischungen, die in jeder Mörtelgruppe angeboten werden. Kunstharzputze werden mit organischen Bindemitteln hergestellt und ausschließlich als gebrauchsfertige Putze angeboten. Sie sind auch für den Anfänger relativ einfach zu verarbeiten und eignen

Kunstharzputze basieren auf organischen Bindemitteln

sich hervorragend zur dekorativen Gestaltung von Innen- und Außenwänden. Da sie nur dünn aufgetragen werden, setzen sie einen ebenen Untergrund voraus. Kunststoffputze unterteilt man in Beschichtungsstoff-Typen für innen und außen (Tabelle 2.2). Während in Innenräumen oft auch einlagig (Schichtdicke ca. 1 cm) verputzt wird, sind außen immer mindestens zwei Putzschichten notwendig. Die erforderliche Putzdicke von ca. 2 cm läßt sich nämlich nicht in einem

Putz-Systeme für innen und außen

Arbeitsgang auftragen. Der frische Putz würde abrutschen. Der Außenputz bildet darum immer ein System aus einzelnen Putzschichten, deren Festigkeit von außen nach innen zunehmen sollte. Aus Tabelle 2.3 können Sie ersehen, welche Putzarten und -gruppen bei welcher Anwendung in einem Putzsystem kombinierbar sind.

3. Putzwerkzeuge

Zum Verputzen brauchen Sie einige Spezialwerkzeuge, die sich vielleicht noch nicht in Ihrem Bestand befinden. Es handelt sich um die Werkzeuge, die Sie zum Aufbringen (3.3 und 3.4), Abziehen (3.1) und Durchreiben (3.2) des Putzes benötigen. Achten Sie beim Verarbeiten von Kunst-

Spezialwerkzeuge zum Verputzen

stoffputzen darauf, nur Edelstahlkellen und -glätter mit dem Aufdruck „rostfrei“ zu verwenden.

Verputzen

Nicht im Bild zu sehen, aber ebenfalls erforderlich sind Mörtelkübel und ein Rührquirl für die Bohrmaschine zum Durchmischen bzw. Aufrühren von Putzmörteln und Fertigputzen.

4. Putzarbeiten sind wetterabhängig

Putzarbeiten nur bei trockenem, stabilem Wetter über +10 °C

Führen Sie nie Putzarbeiten bei Temperaturen unter +5 °C durch. Ideal ist trockenes Wetter bei Temperaturen über +10 °C. Allerdings darf der Putz auch nicht zu schnell abtrocknen. Direkte Sonneneinstrahlung und starker Wind oder dauernde Zugluft sind darum unbedingt zu vermeiden. Kunstharz-Außenputze sollten Sie nur bei stabiler, trockener Wetterlage verarbeiten. Ein nach Stunden einsetzender Regen kann Kunstharzputze wieder anlösen und abspülen. Achten Sie auch darauf, daß Trockenmörtel und Bindemittel vor Feuchtigkeit geschützt sind. Sie beginnen sonst sofort zu erhärten.

4. Ein haftfähiger Putzgrund

Grund-Voraussetzung: staubfrei, sauber und fest

Ein Spritzbewurf verbessert die Putzhaftung

Eine der wichtigsten Voraussetzung für das Gelingen Ihrer Arbeit ist eine gute Putz-Haftung auf dem Untergrund. Grundsätzlich muß der Putzgrund staubfrei und sauber sein. Lose Teile entfernen. Bei Neubauten sollten Sie kontrollieren, ob Schalöl-Rückstände vorhanden sind. Bespritzen Sie dazu die Wand mit Wasser. Wenn es abperlt, müssen Sie die ölige Substanz mit Wasser und Spülmittelzusatz entfernen. Ein guter Putzgrund sind rauhe Oberflächen mit mittlerer Saugfähigkeit wie Bimsbeton oder Porenziegel. Zu stark saugende Untergründe, z. B. Porenbeton, sollten Sie mit Wasser vornässen oder mit einem Haftanstrich (nach Angaben des Putzherstellers, in der Regel eine Kunststoffdispersion) versehen. Bei schwach saugenden, glatten Oberflächen, z. B. Beton oder Kalksandstein, muß man die Haftung mit Hilfe eines Spritzbewurfs verbessern. Hierzu 1 Teil Zement und 2 Teile Sand mischen und mit Wasser und Haft-Emulsion anmachen. Der Spritzbewurf muß eine sämige Konsistenz haben. Er wird dünn und

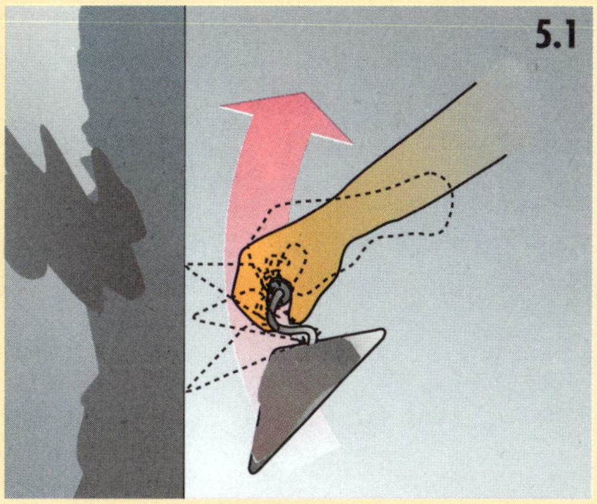

Spritz-Bewurf: *Für Laien empfiehlt sich die Rückhand-Technik: Der Putz wird von unten nach oben mit einer leichten, aber schnellen Drehung aus dem Handgelenk angeworfen.*

Risse und Schlitze überbrücken: *Hohlräume oder Übergänge zwischen unterschiedlichen Putzgründen werden üblicherweise mit Rippenstreckmetallen überspannt und dann verputzt*

Mörtel-Putzleisten: *Beim Erstellen der Mörtelleisten orientiert man sich an Richtschnur und Lot. Sie zeigen Dicke und Flucht des Auftrags an*

Putzleisten abziehen: *Die angeworfenen Mörtelbatzen zieht man mit Richtlatte und Wasserwaage seitlich ab. Die an der Decke gespannte Fluchtschnur gibt die richtige Putzdicke vor*

Putzhilfen an Fenstern und Türen: *Hier dienen in den Laibungen befestigte gerade Bretter als Putzleisten. Sie müssen in einer Flucht mit den Mörtelputzleisten sein*

Für gerade Ecken: *Vor allem im Innenbereich bietet sich die Verwendung von Eckschutzleisten aus Metall an. Sie werden lotrecht mit Schnellmontagezement – bei Gipsputzen mit Gipsmörtel – befestigt*

Putzprofile aus Metall: *Heimwerkerfreundliche Alternative zu den Putzhilfen aus Mörtel sind Metallputzprofile. Man befestigt sie lotrecht in batzenförmig aufgebrachtem Putzmörtel*

Schneller Auftrag: *Besser und schneller als mit der Hand läßt sich ein Putz maschinell aufbringen. Solche Maschinen können in großen Baumärkten in der Regel ausgeliehen werden*

vollflächig mit der Kelle an die Wand geworfen (Bild 5.1), eine Technik, die geübt sein will. Durch die rauhe, warzenförmige Oberfläche des Spritzbewurfs vergrößert sich die Haftfläche zum Unterputz. Außerdem wird ein eventuell unregelmäßiges Wegschlagen des Wassers in den Untergrund vermieden.

Putzträger zum Überbrücken

Stahl- oder Holzelemente, auf denen selbst ein Spritzbewurf nicht hält, sowie Mauerschlitze müssen mit einem Putzträger überspannt werden. Meist setzt man dazu sog. Rippenstreckmetalle (Bild 5.2) ein, die mit Nägeln in der Wand befestigt werden. Der Putzträger wird vorab verputzt. Mörtel auftragen, durch das Gitterwerk drücken und dann gleich rauh abziehen. Über Nacht trocknen lassen, bevor Sie den Unterputz aufbringen.

6. Lot- und fluchtgerechter Unterputz

Die Richtschnur zeigt die Flucht der Wand an

Putzleisten aus Mörtel

Der richtige Zeitpunkt zum Abreiben des Putzes

Mit dem Unterputz bildet man bereits die lot- und fluchtgerechte spätere Putzoberfläche aus. Das gelingt selbst dem Profi nicht aus dem Handgelenk. Man braucht dazu sog. Putzleisten oder Putzlehren, zwischen denen der Putz gerade abgezogen wird. Putzleisten können Sie mit Mörtelstreifen oder Metallputzprofilen herstellen. In beiden Fällen müssen Sie zunächst die exakte Flucht der Wand mit einer Richtschnur festlegen (Bild 6.1). Die Flucht in der Vertikalen mit einem Hängelot oder Richtscheit und Wasserwaage kontrollieren. Die Mörtelputzlehren werden – wie der Spritzbewurf – in ausreichender Dicke batzenweise angeworfen, geglättet und dann seitlich mit Richtlatte und Wasserwaage lotrecht abgezogen (Bild 6.2). Wenn der Mörtel etwas Wasser abgegeben hat, reibt man die Oberfläche mit einem Holzbrett ab. Bilden sich beim Abreiben Schlieren, ist der richtige Zeitpunkt noch nicht erreicht. Bei zu spätem Abreiben bilden sich Rillen in der Oberfläche. Dann müssen Sie den Putz etwas nachnässen. Am nächsten Tag kann dann der Unterputz zwischen den Lehren angeworfen und mit Kartätsche oder Richtscheit abgezogen werden. Zum Erstellen der Putzlehren verwendet man übrigens den gleichen Mörtel wie für den Unterputz.

Verputzen

Heimwerkerfreundlich: Putzleisten aus Metallprofilen

Heimwerkerfreundliche Alternative zu den Mörtellehren sind Putzprofile aus Metall (6.5). Man richtet sie in Mörtelbatzen (gleicher Mörtel wie Unterputz) lot- und fluchtgerecht an der Wand aus. Beim Verputzen von Außenecken ist der Einsatz von Eckschutzschienen sinnvoll (6.4). Wenn bei größeren Flächen ein Anwerfen des Putzes erforderlich ist, empfiehlt sich übrigens auch für Heimwerker die Verwendung einer Putzmaschine (Bild 6.6). In größeren Baumärkten kann man sie meist ausleihen.

7. Oberputze – innen und außen

Putze für Innenräume

Innenräume werden heute vielfach mit einlagigen Fertigputzen – meist auf Gips- oder Kalkgipsbasis – verputzt. Sie können in einem Arbeitsgang etwa 10 mm dick aufgetragen und geglättet werden. Bei zweilagigem Auftrag reicht ein 1 bis 2 mm dicker Feinputz, um einen geeigneten Untergrund für Tapeten oder Anstriche herzustellen. Er wird mit dem Glätter aufgespachtelt, geglättet und anschließend mit einem angefeuchteten Schwammbrett abgerieben.

Strukturierbare Oberputze für innen und außen

Als strukturierbare Oberputze für innen und außen eignen sich mineralische und Kunstharzputze gleichermaßen. Es gibt sie als fertige Trockenmischungen (mineralische Putze) oder gebrauchsfertig im Eimer (Kunstharzputze). Sie enthalten meist Zuschlagkörner in unterschiedlichen Größen, etwa zwischen 2 und 5 mm. Nach dem Aufspachteln zieht man sie mit steilgestelltem Glätter auf Korngröße ab. Durch gleichmäßiges Abreiben mit dem Kunststoff-Reibebrett (kreisförmig oder gerade) erhält die Putzoberfläche ihre dekorative Struktur (7.1 und 7.2). Wenn Sie den Putz nach eigenen Vorstellungen strukturieren möchten (7.3 bis 7.5), sollte der Putzauftrag etwas dicker als die Korngröße sein. Es gibt dafür aber auch die sog. Roll- oder Strukturputze ohne Korn.
Noch ein Tip zum Schluß: Tragen Sie immer nur so viel Putz auf, wie Sie innerhalb der Trocknungszeit glätten oder strukturieren können. Zusammenhängende Flächen sollten Sie ohne längere Unterbrechungen Teilstück für Teilstück naß in naß verputzen. □

7.1 **Aufziehen des Putzes :** *Oberputze, z. B. Reibe-, Kunstharz- oder Gipsputze, werden meist aufgespachtelt und dann mit dem Glätter auf gleiche Schichtdicke oder in Kornstärke abgezogen*

7.2 **Putze abreiben:** *Seine endgültige Oberflächenstruktur erhält der Putz durch das Abreiben – je nach Putzart mit dem Holzreibebrett, dem Schwammbrett oder einem Kunststoffglätter*

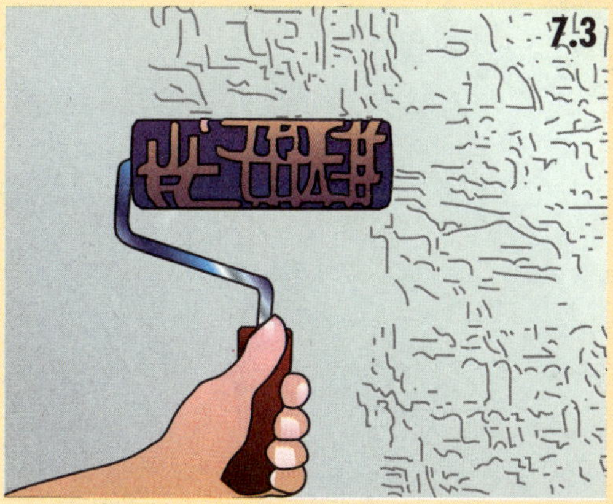

7.3 **Dekorative Strukturen:** *Kunstharzputze lassen sich nach dem Glätten auf vielfältige Weise dekorativ strukturieren, z. B. mit speziellen Struktur- (7.3) oder einfachen Tapetenrollen*

7.4

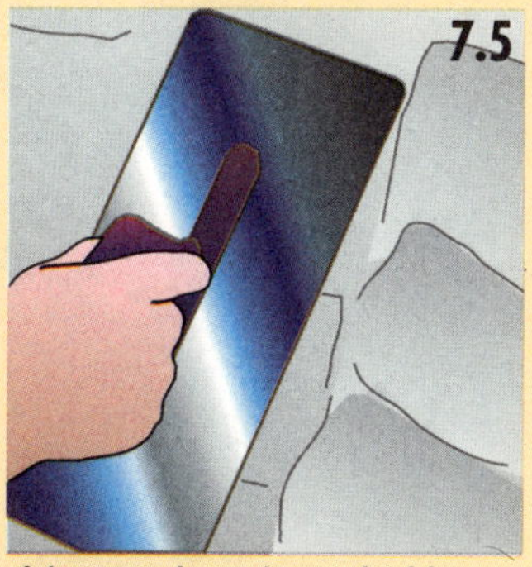

7.5

Musterhaft: *Auch Quast (7.4), Traufel (7.5) oder Zahnspachtel können zum Strukturieren dienen. Tragen Sie aber in jedem Fall nur so viel Putz auf, wie Sie innerhalb der Abbindezeit bearbeiten können*

Spachtelmassen

Risse flicken, Löcher kitten, tragende Teile montieren, Dübel setzen, Unebenheiten ausgleichen: Wir zeigen Ihnen, wie Spachtelmassen halten und wie Sie das passende Produkt finden

Die Verpackungen verheißen viel: „Ideal geeignet für dünn- und dickschichtige Ausbesserungsarbeiten im Innen- und Außenbereich" – da bleibt kein Wunsch offen. Spachtelmassen, die (fast) alles können, gibt es tatsächlich, nur braucht man ihre universellen Fähigkeiten selten. Wer die Eigenschaften klassischer Produkte kennt, kann deshalb oft Geld und Zeit sparen: Aufwendig hergestellte Kunstharz-Dispersionen sind nämlich deutlich teurer als bewährte Gips- oder Zementmischungen – außerdem härten sie vergleichsweise langsam aus und lassen sich nach Anbruch der Packung schwer lagern.

Die Vielfalt der Produkte, mit denen man Wand, Fußboden oder Fassade spachteln kann, ist enorm – schon in einem mittelgroßen Baumarkt füllt das Angebot mehrere Regalmeter. Letztlich basieren alle auf mineralischen Untergründen anwendbaren Spachtel jedoch auf nur drei Grundmaterialien: Gips, Zement und Kunstharz. Wer deren spezifische Vor- und Nachteile

Wo gespachtelte Flächen mit Wasser in Berührung kommen, ist Zement das richtige Bindemittel. Später auftretende Nässe härtet die Spachtelstelle sogar noch zusätzlich. Vor allem außen sollte deshalb nur Zementspachtel zum Einsatz kommen

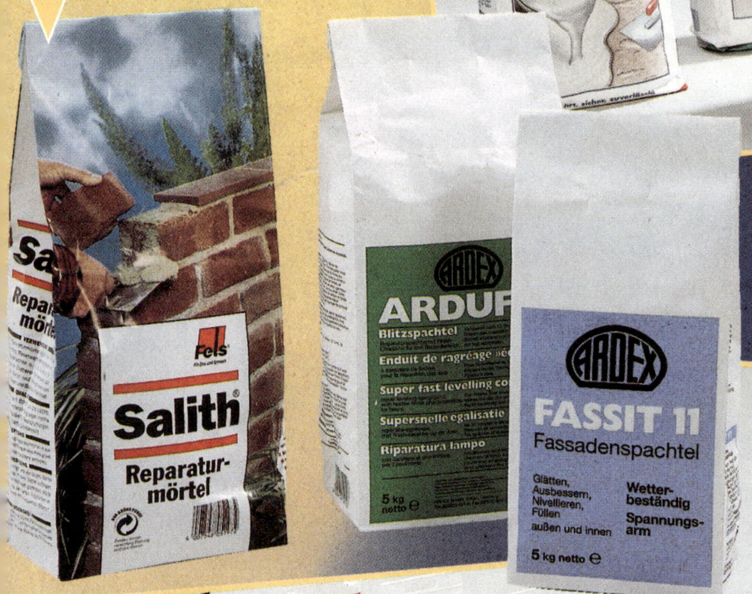

Weil Zement nach der Aushärtung besonders belastbar ist, bildet er den Grundstoff in Bodenspachteln. Je nach Zusammensetzung werden diese Produkte mit der Traufel verarbeitet oder können einfach ausgegossen werden

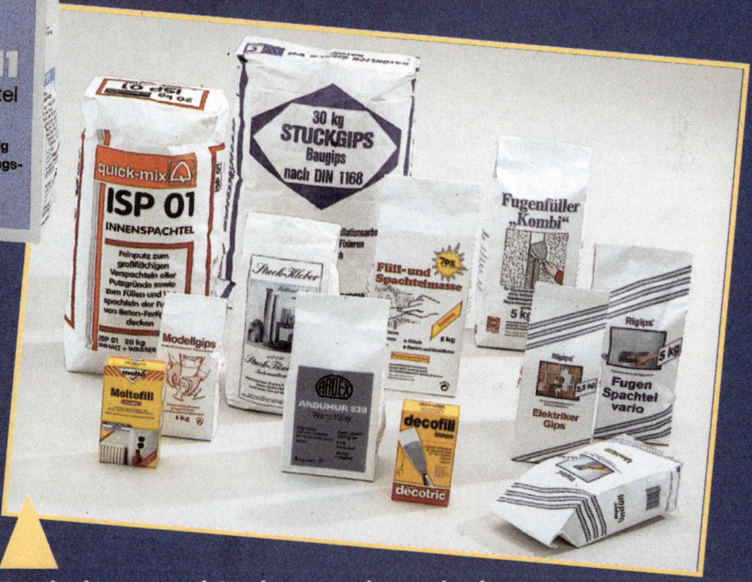

Spachtelmassen auf Gipsbasis werden am häufigsten eingesetzt. Sie lassen sich einfach verarbeiten, sind preiswert und haften auch in dicken Schichten. Allerdings sind sie nur in Innenräumen anwendbar, denn auch ausgehärteter Gips bleibt nässeempfindlich

Fix und fertig angerührt, sind Kunstharz-Spachtelmassen sehr einfach zu verwenden. Besonders für feine Ausgleichsarbeiten in Innenräumen sind sie gut geeignet. Da sie durch Verdunstung aushärten, sind dicke Schichtstärken allerdings problematisch

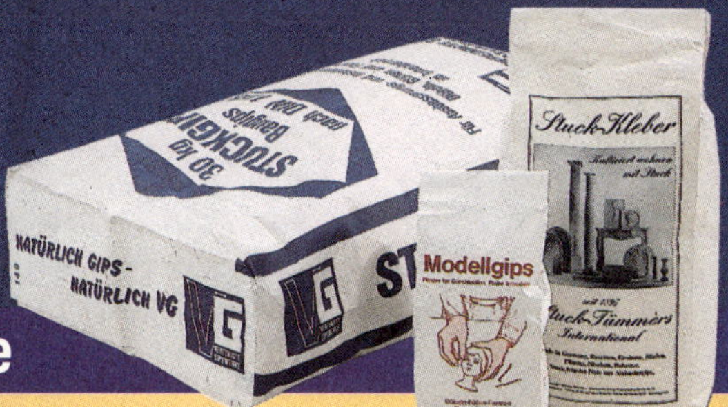

Kleine Gips-Kunde

Reiner Gips härtet unter Ausbildung eines feinen Kristallverbandes in etwa 5 bis 15 Minuten aus. Um die Erhärtungszeit zu steuern, werden sogenannte Abbinderegulatoren zugesetzt. Zitronensäure oder Weinsäure verlängern die Verarbeitungszeit, eine geringe Zugabe von bereits abgebundenem Gips nimmt leichte Verschmutzungen in den Anmachgefäßen vorweg, die sonst die Aushärtung extrem beschleunigen würden. Wasserlöslicher Zellstoff (Cellulose-Esther) steigert das Wasser-Rückhaltevermögen der angerührten Masse, damit die Kristallisation auch bei längerer Abbindezeit und bei dünnem Auftrag vollständig ablaufen kann. Damit soll die vorzeitige Verdunstung aufgehalten werden, die ein „Verbrennen" des Gipsspachtels auf der Wand bewirken würde: Wenn das Wasser zu schnell aus der Spachtelmasse entweicht, findet die Kristallisation (vor allem in dünnen Schichten) gar nicht statt. Folge: Der Gips haftet nicht und „kreidet", läßt sich also als Pulver wieder abreiben.

Ausgangsmaterial aller Gips-Spachtelmassen ist Gips aus natürlichen Vorkommen. Reinen Gips sollten Sie für Spachtelarbeiten besser nicht verwenden, denn er bindet zu schnell ab und neigt zum „Verbrennen"

kennt, hat das genau passende Produkt schnell gefunden.
Gips ist der universelle Grundstoff für alle Spachtelarbeiten im Innenbereich. Er ist mit seinem ph-Wert 7 neutral, mit allen Materialien verträglich und erzeugt bei späteren Tapezierarbeiten keine Verfärbungen. Gipsspachtel werden in Pulverform vertrieben und müssen vor der Verarbeitung mit Wasser angemacht werden. Aufgrund der dann einsetzenden Kristallbildung in der Spachtelmasse sind dicke Auftragsschichten kein Problem, bei dünnem Auszug kann der Gips allerdings „aufbrennen“, wenn das Anmachwasser zu schnell verdunstet (siehe rechts). Zwar werden gegen diesen Effekt Cellulose-Esther und Kunststoffe beigesetzt, die die Feuchtigkeit binden, dennoch sollte man nicht direkt in der prallen Sonne arbeiten.
Für Naßräume, Fußboden und im Außenbereich sollten Sie Zementspachtel einsetzen, den es ebenfalls fertig als Trockenpulver zu kaufen gibt. Zement ist absolut feuchtigkeitsstabil, allerdings auch stark alkalisch. Wenn Sie auf

So härtet Spachtel:

Wird Gips mit Wasser vermengt, bilden sich Kristalle. Etwa 2,5 Gramm Wasser sind notwendig, damit ein Gramm reiner Gips vollständig auskristallisieren kann. Durch die gesamte Gipsmasse hindurch verkeilen sich dabei die Gipskristalle zu einer festen Masse. Problematisch ist es, wenn das Anmachwasser in dünn gespachtelten Flächen schneller verdunstet, als sich der kristalline Haftverband bilden kann – es kommt zum sogenannten „Aufbrennen“. Kunstharzspachtel härten dagegen durch Verdunstung und sind deshalb gerade in dünnem Auftrag vorteilhaft. Dicke Schichten brauchen dagegen lange, um vollständig auszuhärten.

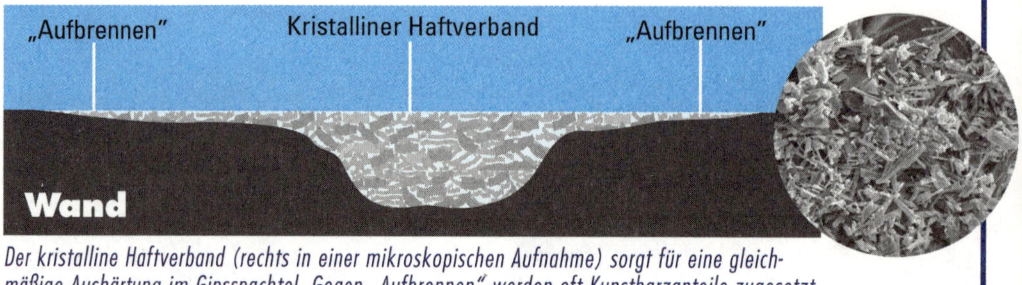

Der kristalline Haftverband (rechts in einer mikroskopischen Aufnahme) sorgt für eine gleichmäßige Aushärtung im Gipsspachtel. Gegen „Aufbrennen“ werden oft Kunstharzanteile zugesetzt

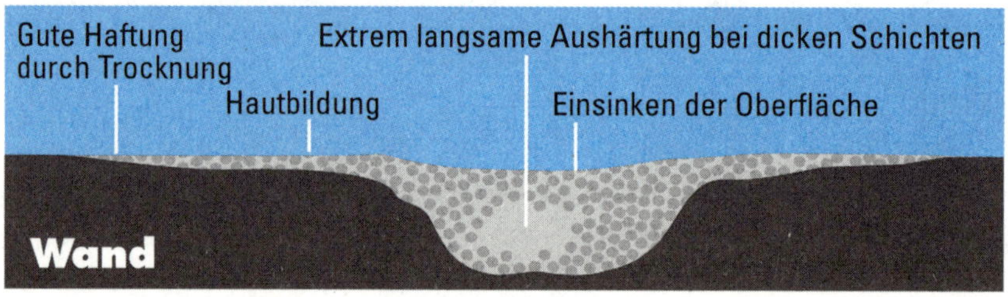

Kunstharzspachtel sind Dispersionen, die durch Verdunstung der enthaltenen Flüssigkeit aushärten. Dicke Schichten härten langsam und können einsinken, dafür ist die Haftung bei dünnem Auftrag besonders fest

Außen-Spachtelmassen im Überblick:

Weil im Außenbereich hohe Festigkeiten und Beständigkeit gegen Verwitterung wichtig sind, wird für Trockenpulver-Außenspachtel ausschließlich Zement als Grundstoff verwendet. Alle hier aufgeführten Produkte lassen sich aber auch innen einsetzen, insbesondere, wenn in Feuchträumen oder Kellern Feuchtigkeit auftreten kann. Fertigspachtelmassen basieren auch bei den Außenprodukten generell auf Kunstharzen, sie sind eher für kleinere Reparaturen geeignet

	Basis	Bezeichnung*	Zusätze**	Einsatzgebiete**	Härtezeit	Besonderheiten
Trockenmischung	Zement	Reparaturspachtel	Sand[1], Füller	universelle Verwendung	6 Stunden	
		Universalspachtel	Sand[1]	Glätten, Risse, Löcher	3 Stunden	
		Feinspachtel	Sand[1]	Schichten bis 10 mm.	60 Minuten	kl. Reparaturen
		Klebespachtel	Kunstharz, Sand[1]	Ausbessern von Putz	12 Stunden	
		Gewebespachtel	Sand[1]	Einspachteln von Gewebearmierungen	2-4 Stunden	starke Haftkraft
		Blitzzement („Schnellspachtel“, „Montagemörtel“)	Sand[1]	Montage, Verankern	3-5 Minuten	
		Bodenspachtel	Sand[1]	z. B. Treppenreparaturen	3-6 Stunden	extra große Härte
		Fassadenspachtel	Kunstharz Zellulose	Ausbessern bewitterter Flächen	3-6 Stunden	extra wetterfest
		Faser-Ausgleichsmasse	Sand[1], Fasern	selbstnivellierender Bodenausgleich	6-12 Stunden	
Fertigspachtel	Kunstharz	Instant-Spachtel	Sand[1]	Universell anwendbar bis 5 mm Dicke	1-6 Stunden	
		Akkordspachtel	Sand[1], Additive	Universell verwendbar	4-7 Stunden	
		Schnellspachtel	z. B. Titanoxid	auf Holz, Metall, Polyester	1-4 Stunden	gut schleifbar
		Reparaturspachtel	Sand[1]	Holz, Beton	2-5 Stunden	beiz- und färbbar

* z. T. ähnliche Bezeichnungen ** unter anderem [1] auch z. B. Kalkstein, Marmor

Innen-Spachtelmassen im Überblick:

Gips-Spachtel können Sie nur in Innenräumen verwenden, weil Gips sich bei Nässe-Einwirkung wieder lösen würde. Reparaturstellen, die später hohen Belastungen ausgesetzt sind (Fußböden, Treppen), sollte man mit Massen auf Zementbasis behandeln. Fertigspachtelmassen basieren generell auf Kunstharzen.

	Basis	Bezeichnung*	Zusätze**	Einsatzgebiete**	Härtezeit	Besonderheiten
Trockenmischung	Gips	Stuckgips	-	Ausbesserungsarbeiten, nur bedingt zum Spachteln ggeignet	10-30 Minuten	hohe Gipsgüte
		Modellgips	-	Modellierarbeiten, Abgüsse	3-15 Minuten	Feinst-Gips
		Baugips	Stellmittel[1]	Einsetzen von Dübeln, Füllen von Löchern	60 Minuten	
		Elektrikergips	Stellmittel	Montagearbeiten	5-10 Minuten	
		Fugengips	Stellmittel	Verfugen von Gipskartonplatten	> 80 Minuten	auch „Fugenfüller"
		Innenspachtel	Feinzuschläge[2]	Fugen, Risse, Löcher	1-2 Stunden	auch als Feinputz
		Füll-Spachtelm.	Cellulose	Rißfüllung, Glätten	1-2 Stunden	
		Haftspachtel	Kunstharz	auf schwierigem Untergrund, Verspachteln von Gipskarton	45 Minuten	dicke Schicht mögl.
		Betonspachtel	Kunstharz	Betonfugen, Überziehen von Betonflächen	60 Minuten	
	Zement	Schlitzmörtel	Sand[3]	Verfüllen von Wandschlitzen	1-2 Stunden	
		Fugenweiß	Sand[3], Pigmente	Verfugen von Kacheln	1-2 Stunden	auch als Fertigsp. auf Kunststoff-Bas.
		Bodenspachtel	Sand[3], Kunstharz, Fasern	Ausgleich von Bodenunebenheiten	2 Stunden	
		Dünnestrich (Fließspachtel)	Sand[3], Kunstharz, Casein	selbstnivellierender Bodenausgleich	2 Stunden	auch als Kunstharzspachtelmasse
		Nivellierspachtel	Sand[3], Casein	selbstglättender Bodenausgleich	3 Stunden	
		Ausgleichsmasse	Sand[3], Casein	selbstglättender Bodenausgleich	3 Stunden	auch für Holz
Fertigspachtel	Kunstharz	Fertigspachtel	Sand[3]	Ausbessern, Glätten, Beschichten	1-3 Stunden	Universalspachtel
		Feinspachtel	Sand[3]	für feine Oberflächen, z. B. auf Holz	30-60 Minuten	
		Dekorspachtel	Sand[3]	dekorative Oberflächengestaltungen	1-24 Stunden	„oberflächenglatt"
		„Frische Fuge"	Sand[3]	Auffrischung von Fugen	60 Minuten	
		Holzspachtel	Sand, Pigmente	weiße Füllung für Holz	60 Minuten	
		Holz-Reparatursp.	Sand[3]	Reparieren von Holz	1-36 Stunden	
		Füllmasse	Sand[3]	elastische Anschlußfugen	1-4 Tage	

* z. T. ähnliche Bezeichnungen ** unter anderem [1] sorgen für bessere Kantenhaftung [2] z. B. Sand, Marmor [3] auch z. B. Kalkstein, Marmor

Kunstharzspachtel sind fix und fertig angerührt und deshalb besonders praktisch in der Anwendung (C) – es gibt sie sogar in der Tube (A). Nachteile sind die langsamere Aushärtung und der höhere Preis. Die klassischen Gipsspachtel (B) muß man zwar erst anrühren, dafür lassen sich angebrochene Packungen besser lagern.

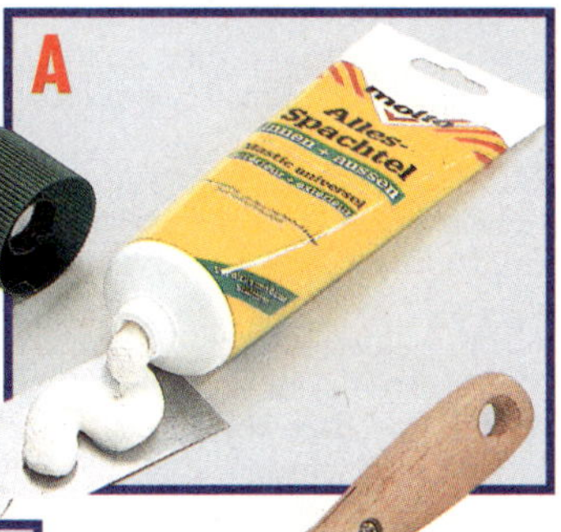

eine mit Zement gespachtelte Wand tapezieren wollen, sollten Sie deshalb die Oberfläche neutralisieren, damit es nicht zu Verfärbungen kommt. Zementspachtelmassen härten in einem chemisch komplizierten Abbindevorgang langsamer als Gipsspachtel – nur Montagezement ist in wenigen Minuten fest. Die Zugabe von Casein macht Zement dünnflüssig, er kann dann als Bodenspachtel sogar ausgegossen werden.

Kunstharzspachtel, die „Alleskönner" unter den Spachtelmassen, funktionieren generell anders als ihre mineralischen Kollegen: In ihnen sind Kunststoffe als Bindemittel in Wasser fein verteilt (dispergiert). Kunstharzdispersionen härten durch Verdunstung des Wasseranteils. Das ist auf dünn ausgezogenen Spachtelflächen von Vorteil, hat aber einen Haken in dicken Spachtelschichten. Denn je dicker die Schicht wird, desto langsamer entweicht das enthaltene Wasser – zumal eine sich oben auf dem Spachtel bildende Haut die Verdunstung behindert. Dennoch sind Kunstharzprodukte bei feinen Spachtelarbeiten ideal, zumal sie auch auf Holz und Metall einsetzbar sind. Kaufen Sie jedoch nur die benötigte Menge, denn die Fertigmassen lassen sich, einmal angebrochen, schlecht aufbewahren und sind dann Sondermüll. □

Heimwerker-Lexikon

Meißelhandschutz bis Nageln

Meißelhandschutz Überzug aus stabilem Gummimaterial, der über die Schlagfläche des Meißels gestülpt wird.

Meßbecher ist ein Zubehörteil für Spritzpistolen zum Messen von Flüssigkeitsmengen. Durch seinen langen Haltegriff eignet er sich sehr gut zum sauberen Herausschöpfen der Flüssigkeit (Farben etc.) aus dem Aufbewahrungsbehälter.

Messer werden zum manuellen Schneiden von Materialien verwendet. Entsprechend ihrer Anwendungsbereiche unterscheidet man eine Vielzahl von Messern. So gibt es u.a. das Schnitzmesser, den Cutter, das Taschenmesser etc.

Messerfeilen Feine Feilen für feine Arbeiten wie z.B. das Feilen von Schlüsseln.

Messerwellen sind Bestandteil stationärer Hobelmaschinen und elektrischer Handhobel. Sie rotieren unter Last mit ca. 8000 bis 16000 Umdrehungen pro Minute.

Messingdübel benötigen nur geringe Bohr- und Verankerungstiefen, wobei dennoch hohe Haltewerte in Beton und Vollmauerwerk (z. B. Vollziegel) erreicht werden.

Messingscharniere sind Möbelscharniere aus Messing.

Meßwerkzeuge sind Geräte zum Messen, Vergleichen und Anreißen. Hierzu zählen Werkzeuge wie Meterstab, Winkel, Zirkel, Rollbandmaße, Taschenbandmaße, Taschenbandfedern, Wasserwaagen, Winkelmesser. Es gibt auch ‚intelligente' Meßwerkzeuge, die einfaches und präzises Messen von Länge, Neigungen und Flächen ermöglichen.

Metallkonsolen s. ‚Konsolen'

Metallkrallenkeile Sind Metallkeile für Hämmer zur sicheren Fixierung des Hammerkopfs. Angeboten werden sie auch für Beil- und Axtstiele.

Metallsägebogen Ein Spannbogen für Metallsägeblätter bei Handsägen. Das Sägeblatt wird an den Enden des Bogens befestigt. Es kann mit Hilfe einer Einstellschraube gespannt werden.

Metallständerwerke Wandgerüst aus C- und U-Metallprofilen zur Aufnahme der Beplankung und der Hohlraumdämpfung. M. können ein- und beidseitig beplankt oder als Doppelständerwand ausgeführt werden.

Metallstichsägeblätter gibt es z.B. für folgende Materialien: Weichstahl, Aluminium, Buntmetalle. Ihre Stärken sind variabel: Bei Weichstahl 3 – 6 mm, bei Aluminium und -legierungen 3 – 15 mm, bei rostfreien Stahlblechen 2 – 5 mm (wobei hier die Hubzahl zu reduzieren ist), bei Blei und Zinn bis zu 20 mm.

Meterriß Markierungslinie, z.B. an Wänden, die gleiches Höhenniveau anzeigt. Wird mit der Schlauchwaage oder dem Nivellierlaser ermittelt.

Meterstab ist ein zusammenlegbares Meßwerkzeug aus Holz, Metall oder Kunststoff, das in Gesamtlängen von 1 oder 2 m erhältlich ist. Die kleinste Maßeinteilung des Meterstabs sind Millimeter. Er wird auch ‚Gliedmaßstab' oder ‚Zollstock' genannt.

Mineralwolle Mineralischer Dämmstoff zum Wärme-, Schall- und Brandschutz, der am häufigsten im Hochbau eingesetzte Dämmstoff. Zu M. gehören auch Glas- und Steinwolle. Gute Wärme- und Schallschutz-Eigenschaften, ohne Kaschierung nicht brennbar.

Möbelbänder gehören zu den Beschlägen. M. sind Metallteile, die an Holzteile (Schränke, Türen etc.) angebracht werden, um diese in Dreh- oder Schwenkbewegungen versetzen zu können. Im Gegensatz zu Scharnieren haben sie gewöhnlich kein mehrgliedriges Gewebe. Sie sind daher aushängbar. Mit Bändern angeschlagene Türen sind ebenfalls aushängbar. Bei Bändern mit Anschraublappen ist auf Links- und Rechtsanschlag zu achten. Linke/rechte Bänder werden für linke/rechte Türen verwendet, die Bänder befinden sich an der linken/rechten Seite. Manche Bänder sind als linke *und* rechte Bänder einsetzbar. Je nach Größe und Gewicht der Tür bzw. des Fensters verwendet man zwei oder mehr Bänder. Man unterscheidet nach nicht sichtbaren, verdeckten und sichtbaren Bändern (Aufschraubbänder).

Möbelbeschläge sind Metall- oder Kunststoffteile, die zum Drehen oder Verbinden von Möbelteilen dienen.

Möbelgriffe sind Griffe aus Metall, Holz, Plastik und anderen Materialien in verschiedensten Formen, die man als Griffvorrichtung an Schubladen und Möbeltüren anbringt.

Möbelknöpfe sind runde Möbelgriffe, die als Griffvorrichtung an Türen und Schubladen von Möbeln angebracht werden. Sie bestehen aus den unterschiedlichsten Materialien.

Möbellappenbänder sind Lappenbänder, die bei Möbeln eingesetzt werden.

Möbelrollen sind bewegliche Rollenteile zum leichten Bewegen von Schubladen, kompletten Möbelstücken, variablen Schränken etc.

Möbelschlösser sind Schlösser, die an Möbel montiert werden. Es gibt eine Vielzahl von M. Entsprechend der Montageart gibt es Aufschraub-, Einsteck-, Einlaßschlösser etc. Nach den Gegenständen, an die die Schlösser angebracht werden, unterscheidet man nach Briefkasten-, Tür-, Schatullen, Schiebetürschlössern etc.

Montagedecken Vorgefertigte Deckenverkleidungssysteme, die rationell zu verlegen sind.

Montagekleber schneller Konstruktionskleber zum Einsetzen und Befestigen von Holzkonstruktionen, Dämm- und Dekorplatten auf allen bauüblichen Untergründen im Innenbereich, gleicht Materialunebenheiten bis 3 cm aus. Schrauben und Nägel werden durch dieses Produkt in zahlreichen Befestigungsfällen überflüssig (Anbringung von Fensterbänken, Türfuttern etc)

Montageschaum ist ein einkomponentiger, feuchtigkeitshärtender Polyurethanschaum. Er läßt sich nach Erhärten mechanisch bearbeiten (sägen, schneiden, schleifen), ist scher-, druck- und abriebfest und läßt sich mit bauüblichen Materialien überputzen, überkleben und streichen.

Montagezange Hilfswerkzeug zur schnellen Verarbeitung von Hohlraum-Metalldübeln mit Schraube.

Mosaikfliesen Fliesen im Format von 10 x 10 cm und kleiner, meist auf Verlegenetzen kaschiert.

Mühlsägefeilen sind Feilen mit rechteckigem Querschnitt und abgerundeten oder scharfen Kanten. Sie werden eingesetzt zum Schärfen von Sägeblättern der unterschiedlichsten Maschinen. Die Blattlänge beträgt 200 bis 250 mm, die Breite 20 bis 25 mm.

Multiplexplatten sind Furnierplatten bis zu einer Dicke von 80 mm. Anwendung: M. werden überwiegend im Fahrzeug-, Anhänger- und Waggonbau eingesetzt.

Multisäge Das Funktionsprinzip und die Anwendung dieser elektrischen, handgeführten Säge ähneln der Stichsäge. Die M. kann freihandgeführt und somit an schwer zugänglichen Stellen eingesetzt werden. Dies ist der große Vorteil gegenüber der Stichsäge. Die M. eignet sich sowohl zur Ein- als auch zur Zweihandbedienung. Zusätzlich zu den Sägeblättern der Stichsäge können Feilen, Raspeln, Bürsten und Schleifeinsätze verwendet werden, wodurch sich ein umfangreiches Anwendungsfeld ergibt.

Nageldübel werden einfach mit dem Hammer in das Bohrloch eingeschlagen.

Nageleisen werden benötigt, um Nägel aus Holzverbindungen zu lösen. N. funktionieren nach dem gleichen Prinzip wie der Nagelzieher.

Nageln ist das Verbinden von Holzteilen mit Hilfe von Nägeln (Drahtstiften).

Bitte lesen Sie weiter auf Seite 211

Feuchte Keller sanieren

Trockenlegung

Modriger Geruch, Schimmelpilze, Kellerwände, die ausblühen: Das sind untrügliche Zeichen für ständig feuchte Mauern. Lesen Sie, welche Schadensursachen es gibt und wie man sie beseitigt

Wo kommt das Wasser her? Diese Frage haben sich schon viele Hausbesitzer gestellt, die mit dem Problem konfrontiert waren. Leider kann man sie meist nicht ad hoc beantworten, da die Ursache unter dicken Erdschichten begraben liegt. Wer z. B. auf Verdacht den Boden rund ums Haus aufgräbt, um den Bitumenanstrich der Kellerwand zu erneuern, dem kann es passieren, daß sich überhaupt nichts ändert – weil die Nässe auf einem anderen Weg ins Haus kam.

Ein Gebäude ist vielerlei Arten von Wasserbelastungen ausgesetzt. Während in relativ dichtschließenden, neueren Häusern häufig Kondensationsfeuchte aufgrund mangelnder Lüftung und/oder eingebauter Wärmebrücken zum Problem wird, konzentrieren sich Feuchtigkeitsschäden bei Altbauten meist auf den Kellerbereich. Hier die Quelle des Übels eindeutig auszumachen, ist nicht einfach und für einen Laien fast unmöglich. Deshalb ist es unterm Strich meist preiswerter, einen unabhängigen Sachverständigen

Aus welcher Quelle kommt die Feuchtigkeit?

Ein Gebäude kann durch viele Wasserarten belastet sein. Da ist zunächst das Oberflächenwasser. Darunter fallen Niederschläge (1) Schlagregen (2) und Spritzwasser (3). Einflüsse also, die nicht ständig einwirken und daher nicht kritisch sind, solange Dach, Fassade und Sockelputz intakt sind. Ein Teil der Niederschläge fließt in die Kanalisation, ein Teil versickert im Erdreich. Sickerwasser (4) ist nicht schädlich, wenn es durch lockere Böden in tiefere Schichten abfließen kann. Je nach Bodenbeschaffenheit kann es sich aber auch vor der Kelleraußenwand als Stauwasser (5) sammeln. Liegt lockerer Boden auf schweren, bindigen Erdschichten, entsteht hier das sog. Schichtwasser (6). In den beiden letzten Fällen kann Wasser Druck auf die Mauern ausüben – was aufwendige Abdichtungen erfordert. Wenn aus tieferen Bodenschichten Grundwasser und die überall vorhandene Bodenfeuchtigkeit (7) bis ins Mauerwerk hochsteigt, spricht man von Kapillarwasser. Auch Brauchwasser kann die Bausubstanz gefährden, z. B. dann, wenn eine Undichtigkeit im Abflußsystem unbemerkt bleibt. Daß auch Kondensationsfeuchte (9) einem Haus und den Bewohnern arg zusetzen kann, weiß jeder, der schon einmal mit Schimmelpilz in Raumecken oder hinter Möbeln Bekanntschaft machen mußte.

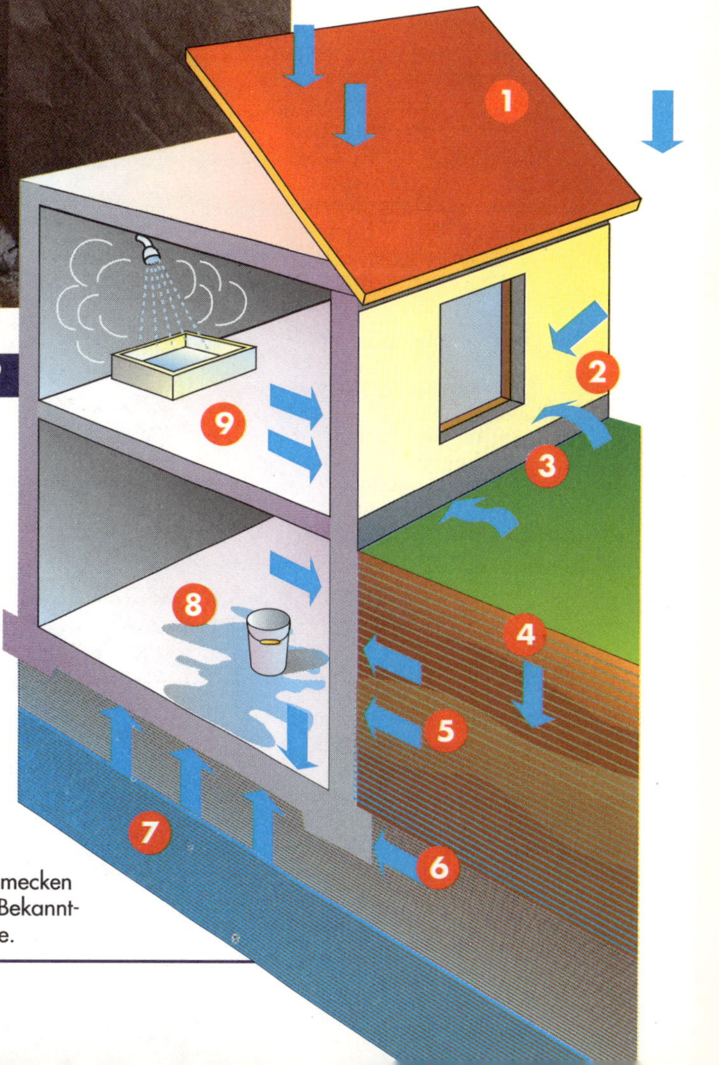

Meist muß man die Kellerwand komplett freilegen

für Bautenschutz im Vorfeld einzuschalten. Er ist aufgrund seiner Erfahrungen und technischen Möglichkeiten in der Lage, eine präzise Diagnose abzugeben. Adressen finden Sie z. B. in den Gelben Seiten oder über die regionalen Ingenieur- sowie Industrie- und Handelskammern.
Welcher Schutz gegen Erdfeuchtigkeit im Einzelfall der richtige ist, hängt vor allem von der Bodenbeschaffenheit ab. Die Mindestforderung (lt. DIN 18195), die wasserdurchlässige Böden bis zum Grundwasser voraussetzt, sind die üblichen senkrechten und waagerechten Abdichtungen (s. Zeichnung rechts oben). Anders sieht es aus, wenn Ihr Haus in bindigem, also nur gering wasserdurchlässigem Boden gründet: Dann sollten Sie zusätzlich zur Abdichtung eine Drainage verlegen (s. rechts), die das Wasser vom Haus fernhält und ableitet. Wenn Ihr Haus jedoch im Grundwasser steht oder in Hanglagen drückendem Wasser ausgesetzt ist, brauchen Sie eine regelrechte Abdichtungswanne. In diesem Fall sollten Sie auch die Abdichtungsarbeiten durch Profis erledigen lassen.
Bei aufsteigender Feuchtigkeit kann manchmal eine Therapie von innen erfolgversprechend sein, z. B. mit einer Bohrloch-Injektage (s. übernächste Seite) und einer von innen vollflächig aufgetragenden Dichtungsschlämme als Begleitmaßnahme.
Häufig aber muß das Erdreich außen bis zum Fundament aufgegraben werden. Achten Sie dabei unbedingt auf die Absicherung der Baugrube: Der Erdaushub sollte nicht steiler als 60°, bzw. 40° bei sandigen Böden, aufgeschüttet werden. Am Boden brauchen Sie etwa 60 bis 80 cm Platz zum Arbeiten.

So schützen Sie Ihren Keller vor Feuchtigkeit

Drei Komponenten sind entscheidend für einen wirksamen Schutz vor Bodenfeuchtigkeit:
Es darf sich kein Wasser vor der Kellerwand stauen. Deshalb ist bei bindigen Böden immer eine Dränage (1) erforderlich, die anfallendes Wasser von der Wand weg zu einer umlaufenden Ringdrainage leitet. Als Drainagebahnen dienen z. B. Noppenbahnen (1a), die durch Filtervliese (1b) vor Verschlämmen geschützt sind.
Eine vertikale Abdichtung (2), z. B. in Form einer Bitumenbeschichtung, ist immer nötig. Sie sollte oberhalb des Erdreichs in einen wasserdichten Sockelputz übergehen. Ebenfalls obligatorisch: horizontale Sperrschichten, z. B. aus Bitumenpappe, auf der untersten Steinreihe (3) und knapp unterhalb der Kellerdecke (hier nicht im Bild).

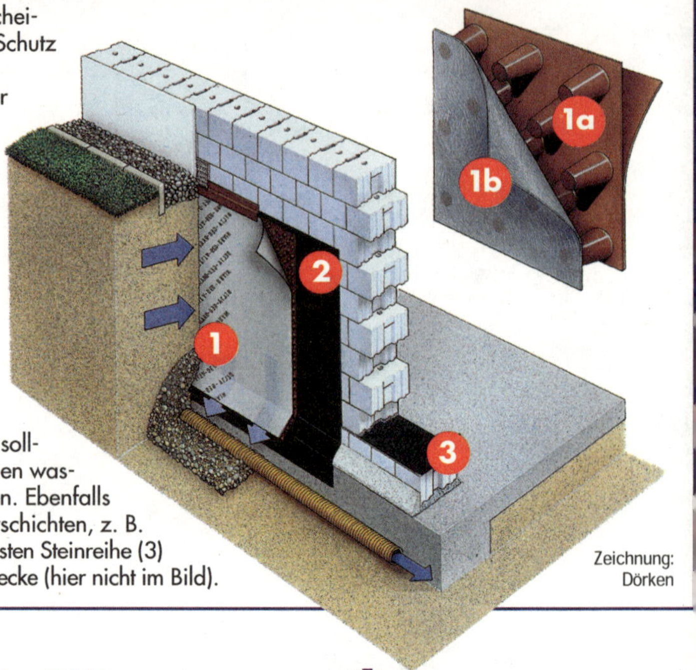

Zeichnung: Dörken

Maßnahme 1: Wasser wegleiten

Eine Drainage rund ums Haus ersetzt zwar nicht die senkrechte Abdichtung der Kellerwand. Bei bindigen Böden ist sie aber mehr als eine sinnvolle Zusatzmaßnahme. Zu einem Drainage-System gehören zwei wichtige Komponenten:
1. Die Flächendränage auf der Kelleraußenwand besteht meist aus Kunststoffbahnen mit vielen Hohlräumen, durch die Wasser nach unten geleitet wird. Die Matten schützen die Abdichtung auch vor mechanischen Verletzungen.
2. Die Ringdränage wird rund ums Haus in Kies verlegt und leitet anfallendes Wasser zum Kanal oder Sickerschacht.
Die Dimensionierung einer Dränage-Anlage sollten Sie einem Fachmann überlassen.

1 *Bei diesen Dränagesystem besteht die Dränagematte aus kleinen Polystyrol-Kugeln. Ein darüberliegendes Filtervlies verhindert Verschlämmen. Die Platten sollten bis ca. 15 cm unter die Geländekante reichen*

2 *In Spül- und Kontrollschächten wie diesem laufen die Dränagerohren zusammen. Sie ...*

3 *... sollten als geschlossene Ringleitung mit Gefälle in eine Kiesschicht verlegt werden*

Maßnahme 2: Die Abdichtung der Kelleraußenwand muß erneuert werden

Um die vertikale Bauwerksabdichtung zu erneuern, muß die Kelleraußenwand freigelegt und gesäubert werden – und zwar bis zur Fundamentsohle. Bei hohem Wasseranfall und/oder schlechter Beschaffenheit des Mauerwerks ist bei nicht isolierten Kellern zunächst ein Zement-Sperrputz erforderlich. Wenn bei Ihrem Altbau der Übergang zwischen Fundament und Kellerwand noch nicht hohlkehlenförmig ausgebildet ist, sollten Sie das nun nachholen: entweder mit einem Mörtelkeil oder – wie rechts in Bild 1 zu sehen ist – mit einer Dichtungsschlämme. Je nach Untergrund-Beschaffenheit eignen sich dann entweder eine zementgebundene Dichtungsschlämme (bei glatten, rißfreien Wänden), ein Bitumen/Kautschuk-Anstrich (ebene Wände, keine größeren Risse) oder eine Bitumen-Dickbeschichtung. Letzere hält auf Altbitumenschichten besser, ist auch für unebene Wände geeignet und überbrückt kleine Risse am besten. Wenn die Abdichtung ohnehin erneuert wird, empfiehlt es sich, gleich den Wärmeschutz des Kellers auf Neubaustandard zu bringen. Weiterer Vorteil: Die Dämmplatten schützen die abgedichtete Fläche. Eine eventuelle Drainage wird über der Dämmung verlegt.

Foto: Avenarius

1 *Der Übergang zwischen Kellerwand und Fundament muß als Hohlkehle ausgebildet werden*

Foto: Lugato

2 *Die Bitumen-Dickbeschichtung wird ca. 6 bis 7 mm stark auf die Kellerwand gespachtelt*

3 *Hartschaumplatten, die man auf die Bitumenschicht klebt, verbessern den Wärmeschutz ...*

Foto: Dörken

4 *... und schützen die Abdichtung beim Zuschütten der Grube vor Verletzungen z. B. durch Steine*

Fachbegriffe rund um den Bautenschutz

Aufsteigende Feuchtigkeit: Bodennässe, die durch bindiges Erdreich kapillar (⇒ Kapillarwirkung) nach oben steigt und – bei fehlender Bauwerksabdichtung – auch nicht vor Fundamenten und Hauswänden Halt macht.
Ausblühungen: Salze aus dem Boden, die mit aufsteigender Feuchtigkeit gelöst ins Mauerwerk eindringen und durch Verdunstung an der Oberfläche kristallisieren.
Dichtungsschlämme: Abdichtungsmaterial auf Zementbasis, wird mit Wasser angerührt, für innen und außen, wenn die Oberfläche eben ist, hält nicht auf alten Bitumenuntergründen
Drückendes Wasser: Sammelbegriff für Wasser, das einen Druck auf Bauwerke ausübt.
Kapillarbrechende Schicht: Schichten, die die Kapillarwirkung unterbrechen, z. B. horizontale Abdichtungen aus Bitumenpappe oder Harzen, aber auch z. B. eine Kiesschicht
Kapillarwirkung: physikalisches Phänomen, Flüssigkeiten steigen in sehr engen Gefäßen und Röhren entgegen der Schwerkraft hoch.
Kondensfeuchte: Mit Wasserdampf gesättigte Luft strebt auf der Suche nach Druckausgleich stets in kältere Regionen. An einem bestimmten Temperaturpunkt (Taupunkt) schlägt sich der Wasserdampf als Tropfwasser nieder, z. B. an einer im Gegensatz zu den übrigen Wänden schlecht gedämmten Zimmerecke.
Sanierputz: Putz mit hoher Wasserdampfdurchlässigkeit, der das Austrocknen einer sanierten Wand fördert. Aufgrund eines hohen Porenanteils verkraftet er auch den Druck ausblühender Salze. Er kann allerdings nur als Begleitmaßnahme einer Sanierung dienen.
Sperrputz: Zementputz, mit dem man z. B. auf unverputzten Kelleraußenwänden einen tragfähigen Untergrund für die Abdichtung herstellt.

Heimwerker-Lexikon

Nageltaschen bis Netzfliesen

Nageltaschen Bei Nagelarbeiten ist diese Tasche sehr praktisch. Sie wird viel von Zimmerleuten benutzt.

Nagelzieher Um Nägel aus einer Holzverbindung zu entfernen, ohne daß das Holz beschädigt wird, benötigt man einen N. Es gibt Spezialhämmer (Zimmermannshämmer), an denen eine solche Vorrichtung vorhanden ist. Sie besteht aus zwei spitz zulaufenden Flanschen, in denen der Nagelkopf eingebracht wird. Durch Hebeln des Werkzeuges löst sich der Nagel aus der Holzverbindung.

Nahtroller Hilfsmittel zum Andrücken der Naht zwischen zwei frisch aufgeklebten Tapetenbahnen.

Naßbereich Räume oder Bereiche, die andauernder und großer Feuchtigkeit ausgesetzt sind, z. B. die Dusche.

Naßklebstoffe Klebstoffe, bei denen die Klebstoff-Filme bei Vereinigung der Fügeteile noch wesentliche Anteile an Löse- oder Dispersionsmitteln enthalten. Eines der beiden Werkstücke muß für das Lösemittel oder Wasser durchlässig sein, damit es verdunsten und der Klebstoff abbinden kann.

Natursteinplatten Nichtkeramisches Belagsmaterial aus gebrochenem Naturstein.

Nestsägen nennt man einen Satz, bestehend aus verschiedenen Sägeblättern, die mit einer Flügelmutter unterhalb eines gemeinsamen Handgriffes zusammengehalten werden. In diesem Set befinden sich unterschiedliche Ausführungen von Holz- und Metallsägen. Alle Sägeblätter bestehen aus nicht vorgespanntem Metall. Vorteil: niedriger Preis. Nachteil: sehr oft schlechte Sägeblattqualität.

Netzfliesen Verbund von meist kleinformatigen Fliesen-Gruppen, die auf ein Netzstück aufgebracht sind (für schnellere und bessere Verlegbarkeit).

Bitte lesen Sie weiter auf Seite 213

Gegen aufsteigende Feuchtigkeit gibt es viele Rezepte

Es gibt eine Reihe von Verfahren, um eine Horizontalsperre nachträglich einzubringen. Die mechanischen und elektohysikalischen erfordern grundsätzlich den Einsatz von Fachfirmen:
1. Maueraustauschverfahren: Dabei entfernt man das Mauerwerk abschnittsweise, fängt die Lasten mit Stützen ab, legt neue Dichtungen ein und mauert wieder zu. Eine wirksame, aber teure Therapie. Der Vorteil: Die angegriffene Bausubstanz wird erneuert.
2. Beim Mauersägeverfahren sägt man die Wand horizontal in kleinen Abschnitten auf und schiebt Dichtungsbahnen oder Edelstahlbleche in die Fuge, die dann wieder mit Mörtel verfüllt wird.
3. Beim Chromstahlblechverfahren werden Stahlwellbleche mit Preßluft in eine durchgehende Lagerfuge eingeschlagen. Es besteht aber die Gefahr von Mauerrissen durch die Erschütterung.
4. In der Fachwelt nicht ganz unumstritten ist die Wirksamkeit von elektrophysikalischen Verfahren, die auf Elektro-Osmose beruhen.
5. Vergleichsweise preiswert sind Bohrloch-Injektagen, die teilweise vom Heimwerker verarbeitet werden können, teilweise Profi-Einsatz erfordern – wie das unten gezeigte.

Vor der Injektion wird die Wand mit Heizstäben getrocknet (Isotec)

Wie eine Bohrloch-Injektion Feuchtigkeit von unten stoppt

Beim Injektionsverfahren wird ein flüssiger Dichtstoff über Kanülen (1) in die Außenwand (2) eingebracht. Die Löcher, die – je nach System – in einem bestimmten Abstand zueinander schräg ins Mauerwerk gebohrt werden müssen, reichen bis knapp vor die andere Wandseite. So kann der in flüssiger Form eingebrachte Dichtstoff sich über den gesamten Wandquerschnitt verteilen (3) und in die Mauerwerks-Poren eindringen. Bei dem rechts in Arbeitsschritten gezeigten System bindet ein vorher mit Wasser getränktes Zellulose-Stäbchen (4) die flüssige Dichtung, damit sie nicht in Hohlräume abfließt und sich richtig verteilt. Nach einer bestimmten Wirkzeit erstarrt die Flüssigkeit und bildet eine wasserundurchlässige Schicht. Feuchtigkeit aus dem Erdreich kann nicht mehr durch das Fundament (5) in der Wand hochsteigen, weil die neue Dichtung die Kapillarwirkung des Mauerwerks unterbricht.

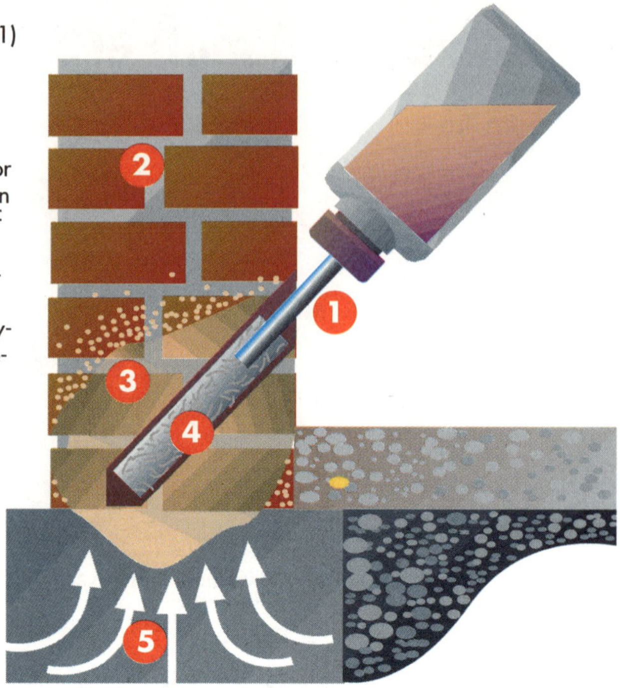

Maßnahme 3: Die horizontale Abdichtung mit Injektage-Verfahren selbst erneuern

Bohrloch-Injektionen gehören – im Gegensatz zu den links beschriebenen Methoden – zu den chemischen Sanierungsverfahren. Das Prinzip: Die injizierten Stoffe sollen die Kapillare, also die feinen „Steigleitungen" im Mauerwerk verschließen, so daß die Grundfeuchtigkeit nicht mehr aufsteigen kann (s. Zeichnung oben). Als Injektionsflüssigkeit verwendet man z. B. Kieselsäure, Paraffin oder Kunstharze. Sie werden in flüssiger Form mit oder ohne Druck (diese Systeme sind in der Regel zum Selbstverarbeiten geeignet) in die Bohrlöcher eingebracht und erstarren nach einigen Tagen. Die Wirksamkeit der chemischen Verfahren hängt ganz entscheidend davon ab, inwieweit es gelingt, die Injektionsflüssigkeit gleichmäßig über den gesamten Mauerquerschnitt zu verteilen. Es besteht nämlich die Gefahr, daß sie im flüssigen Zustand in Mauerwerkshohlräumen und -rissen verschwindet. Das merken Sie z. B. daran, daß ein oder mehrere Einfülltrichter sich wesentlich schneller leeren als die übrigen. Sie sollten dann die betreffenden Löcher zunächst mit Dichtungsschlämme (brauchen Sie später auch zum Schließen der Löcher) auffüllen und nach einigen Tagen wieder aufbohren. Beim rechts im Bild gezeigten System von Köster verhindern wassergetränkte Zellulosestäbchen, die man vorher ins Bohrloch schiebt, diesen Effekt weitestgehend. Wichtig: Wenn Sie sich nach einer Fachberatung für ein Injektage-Verfahren entscheiden, sollten Sie stets alle Komponenten des ausgewählten Systems (Anbieter-Auswahl s. rechts) verarbeiten – bis hin zum Sanierputz.

Als Ergänzung zu einer neuen horizontalen Absperrung in den Wänden ist eine Abdichtung des Kellerbodens von innen sinnvoll. Dazu streicht oder spachtelt man eine Dichtungsschlämme vollflächig auf

Foto: Lugato

1 *Im 45°-Winkel bohrt man in einem bestimmten Abstand Löcher ins Mauerwerk. Die Anzahl der Bohrungen richtet sich nach der …*

2 *… Wanddicke. Wenn die wassergetränkten Zellulosestäbchen auf Bohrlochdicke gequollen sind, werden die Injektions-Kartuschen …*

3 *… eingesetzt. Nach einigen Tagen sind sie leergelaufen. Dann den Putz abschlagen und die Löcher mit Dichtungsschlämme füllen*

4 *Der abschließend aufgetragene, wasserdampfdurchlässige Sanierputz fördert schadenfreies Austrocknen der sanierten Wand*

Anbieter und Kosten

Produktsysteme für vertikale* und horizontale** Abdichtungen gibt es in Baumärkten z. B. von:

- Avenarius, 69126 Heidelberg, ✆ 06221/34210, (Avena-Tec*, ** und Flächendränage),
- Bauta, 45768 Marl, ✆ 02365/915333, (KDD*, Mauerwerks-Sanierungs-System**),
- Henkel, 40589 Düsseldorf, ✆ 0211/797-8272 (Ceresit*),
- Köster, 26607 Aurich, ✆ 04941/9709-0 (Kellerdicht, Bikuthan*, Crisin 76**),
- Lugato, 22047 Hamburg, ✆ 040/69407-0, (Schwarzer Blocker, Trockner Keller *),
- MEM-Bauchemie, 26789 Leer, ✆ 0491/92580-11, (Dichte Wand, Dichtschlämme*, Trockene Wand**),

Drainagesysteme führen z.B.

- Dörken, 58313 Herdecke, ✆ 02330/630-0 („Delta" Flächendrainagen),
- Fränkische Rohrwerke, 97486 Königsberg, ✆ 09525/88-0 („optidrän" Ring- und Flächendränage, Kontrollschächte).

Mit diesen Materialkosten müssen Sie als Heimwerker rechnen:

- Leihbagger: ca. 250 bis 250 DM/Tag
- Material für eine Vertikalabdichtung: Dichtschlämme, 3 mm: ca. 15 DM/m², 7-mm-Bitumen-Dickbesch., ca. 38 DM/m²
- Dränagematerial für ca. 150 m² Kellerwände, ca. 50 m Dränrohre (durchschnittliches Einfamilienhaus): ca. 2800 DM
- Kiesanschüttung (z. B. 8 LKW-Ladungen): ca. 140 DM
- Materialsystem für Bohrloch-Injektage inkl. Sanierputz: ca. 200 bis 250 DM pro lfd. Meter bei 24 mm dickem Mauerwerk.

Heimwerker-Lexikon

Nikotinflecken bis Nutzlast

Nikotinflecken Das Streichen von nikotinverräucherten Decken ist i.d.R. mit den üblichen Dispersionsfarben nicht möglich. Die braunfärbenden Substanzen des Nikotins werden vom Wasser angelöst und durchwandern den Neuanstrich. Betroffene Stellen sollten deshalb mit einem Isoliergrund behandelt werden.

Nitro-Lack Sehr schnell trocknender Lack, der gegenüber Kunstharz-Lacken einen geringeren Festkörperanteil hat.

Noniushänger Stahlblech-Formteil als Aufhänger für Metall- und Holzprofile an Decken. N. gibt's in verschiedenen Tragfähigkeitsklassen.

Nut ist eine mit einer Oberfräse, Kreissäge ohne Spaltkeil oder Schattenfugenfräse hergestellte Rille mit rechteckigem/quadratischen Format. Das Pendant hierzu bildet die V-Nut, die ein v-förmiges Rillenprofil besitzt.

Nut- und Feder-Platte Stecksystem zur Verbindung von Dielen, Paneelen und Verlegeplatten. Durch die Vertiefung an den Elementstößen erhält eine im Nut- und Federsystem verlegte Fläche eine klare, optisch aufwertende Struktur. Bei der Verlegung von Parkett oder Laminat dient diese Verbindungsart auch einer Vergrößerung der Leimfläche, um einen besseren Zusammenhalt zu gewährleisten.

Nutfräser ist ein Fräser, der sich besonders zum Fräsen von Nuten und Falzen sowie für die Nachbearbeitung von rauhen Kanten eignet. Ihn gibt es in unterschiedlichen Größen und Materialausführungen (HSS/HM).

Nutzlast Die Last mit der ein Dübel beansprucht werden darf. Im angegebenen Wert ist ein Sicherheitsbeiwert berücksichtigt, damit die Festigkeitsunterschiede in vergleichbaren Baustoffen und evtl. Montageungenauigkeiten kein Versagen hervorrufen.

Bitte lesen Sie weiter auf Seite 225

Wärmedämmung

Eine Dämmung schützt Bauteile vor Feuchtigkeit, sorgt für ein angenehmes Raumklima im Haus, spart Heizkosten und dient dem Umweltschutz. Lesen Sie auf den nächsten Seiten, wie die Wärmedämmung funktioniert, welche Dämmstoffe man einsetzt und wie gedämmte Konstruktionen aussehen können

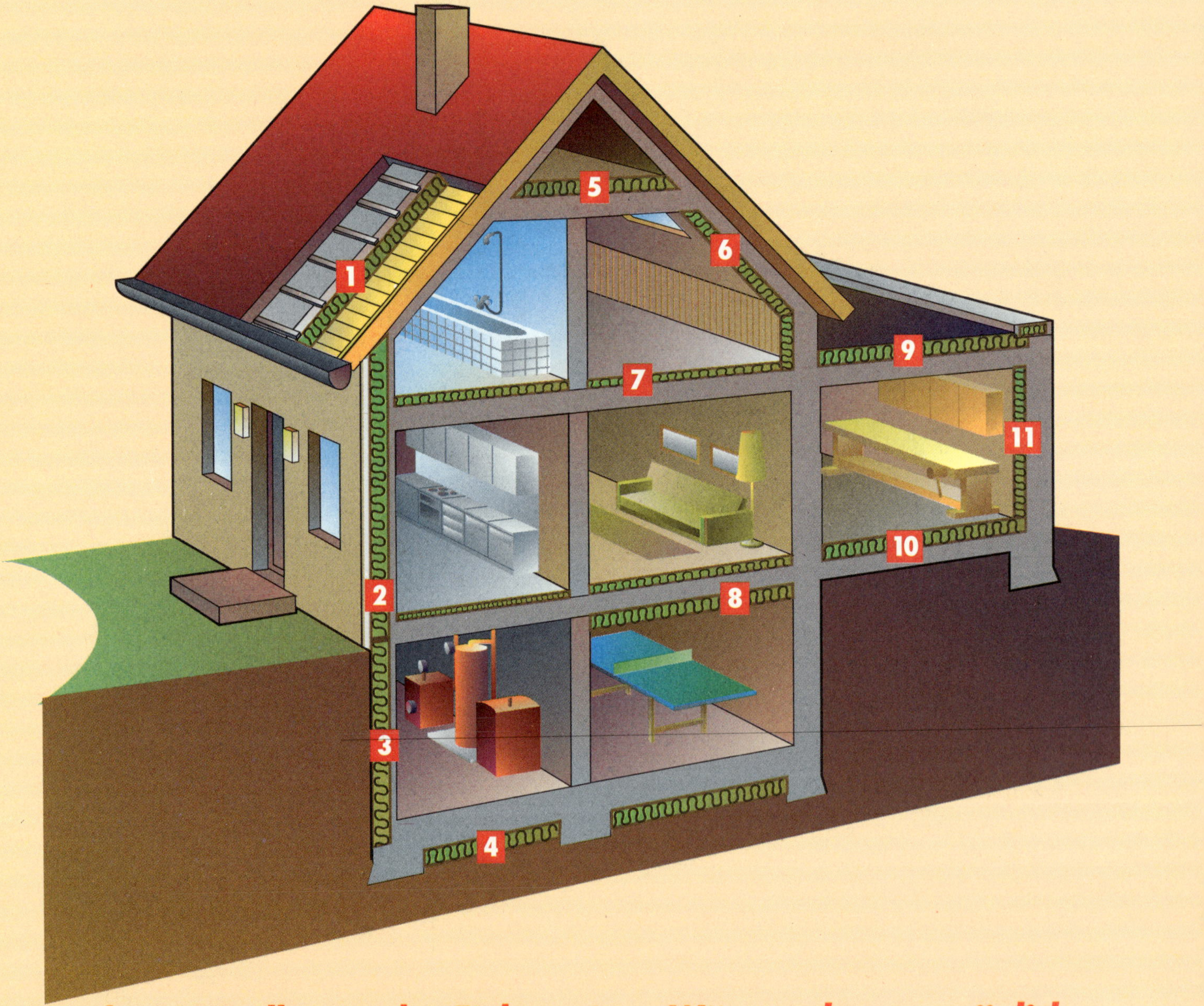

An diesen Stellen ist der Einbau eines Wärmeschutzes möglich:

1 Über den Sparren, 2 an der Fassade, 3 zwischen Kellerwand und Erdreich, 4 unter der Bodenplatte, 5 auf dem Boden von unbewohnten Dachgeschossen und Spitzgiebeln, 6 zwischen und unter den Sparren, 7 unter dem Estrich (Trittschalldämmung), 8 an der Kellerdecke (bei nicht beheizten Kellern), 9 auf dem Flachdach, 10 unter dem Estrich bei nicht unterkellerten Räumen, 11 an der Innenseite von Außenwänden

Wärmeschutz senkt den Energieverbrauch

1. Die Bedeutung des Wärmeschutzes

Wären alle Häuser in Deutschland auf dem Stand der seit 1. 1. 95 gültigen Wärmeschutzverordnung (WSVO), könnte der momentane durchschnittliche Heizenergieverbrauch um weit mehr als die Hälfte reduziert werden – und damit in gleichem Maße auch die Verbrennungsschadstoffe aus Gebäudeheizungen. Insbesondere das Kohlendioxid (CO_2), das den Treibhauseffekt fördert, der wiederum für die Klimaverschiebungen der letzten Jahre verantwortlich gemacht wird. Moderner Wärmeschutz bedeutet deshalb: Den Abfluß von Wärmeenergie durch Außenbauteile so weit wie möglich zu reduzieren. Daß die moderne Anlagentechnik bei der Senkung des Heizenergieverbrauchs ebenfalls eine nicht zu unterschätzende Rolle spielt, sei an dieser Stelle nur der Vollständigkeit halber erwähnt.

Warme Körper streben einen Temperaturausgleich an

2. Wärmeleitfähigkeit von Baustoffen

Wie kommt es, daß Wärme über Wände, Dächer und Fenster verlorengeht und daß z. B. eine 10 cm dicke Dämmstoffschicht diesen Vorgang in dem gleichen Maße bremst wie eine fast 4 m dicke Beton- oder eine 1 m dicke Kalksandsteinmauer (Bild 2.2)? Warme Körper streben immer einen Temperaturausgleich mit ihrer kälteren Umgebung an. So auch die Luft aus beheizten Innenräumen, die ihre Wärme an die kälteren Außenwände abgibt. Diese Wärmeenergie wird dann durch die ganze Wand hindurch geleitet. Wie schnell dieser Prozeß verläuft, hängt vom jeweiligen Material ab. Jeder Stoff hat seine spezifische Wärmeleitfähigkeit, die mit der sog. Wärmeleitzahl λ (lambda) beschrieben wird (Bild 2.1). Die Einheit ist W/m·K. Stoffe mit einem dichten Gefüge leiten Wärme besser weiter als leichte, poröse (Tabelle 2.3). Wasser hat ebenfalls eine gute Wärmeleitfähigkeit, was in der Praxis dazu führt, daß durchfeuchtete Bauteile in ihrer Dämmfähigkeit stark nachlassen. Gase hingegen sind besonders schlechte Wärmeleiter. Das macht man sich bei der Herstel-

Jedes Material hat seine stoffspezifische Wärmeleitfähigkeit

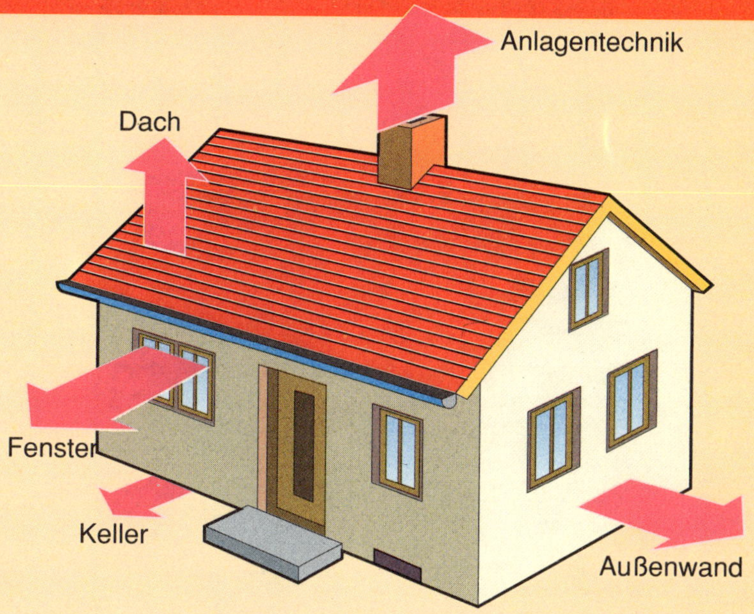

1.0

Hier entweicht die Wärme: *Bei einem freistehenden Haus sind die Flächen, die an Außenluft grenzen, besonders groß. An Fenstern entweicht Wärme durch das Bauteil Glas (Transmission) und durch Lüftung*

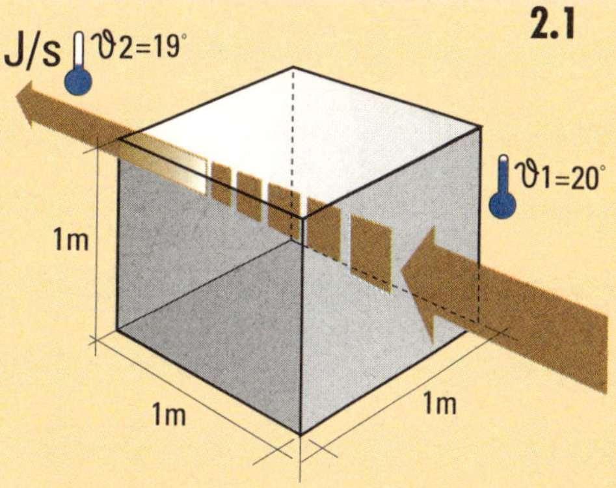

2.1

Die Wärmeleitfähigkeit *eines Baustoffes gibt an, welche Wärmemenge (J) in 1 Sekunde (s) durch 1 m² Fläche einer 1 m dicken Materialschicht bei 1 Kelvin Temperaturdifferenz hindurchgeleitet wird*

Wärmeleitfähigkeit verschiedener Stoffe im Vergleich: *Um Wärmeverluste gleich gut zu dämmen, bedarf es je nach Material sehr unterschiedlicher Schichtdicken*

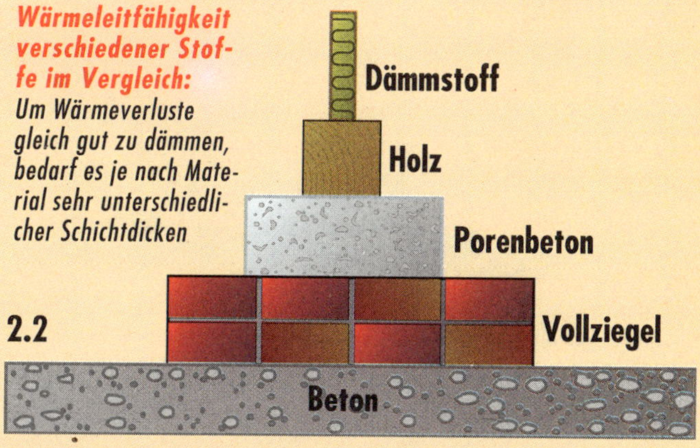

2.2

Je kleiner λ, desto besser dämmt ein Baustoff: **2.3**

Baustoffe	Rohdichte kg/m³	Wärmeleitzahl W/mK
Normalbeton	2 500	2,1
KS-Lochstein	1000 bis 1400	0,44 bis 0,54
Lochziegel	800 bis 2000	0,4 bis 0,6
Porenbeton	500 bis 800	0,22 bis 0,29
Nadelholz	400 bis 600	0,13
Dämmstoffe	15 bis 700	0,020 bis 0,1

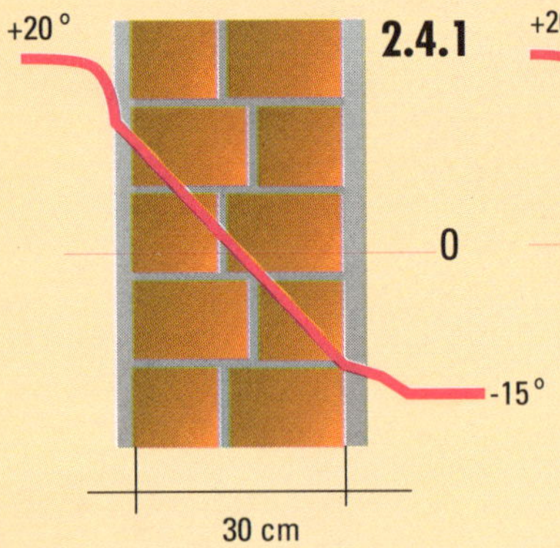

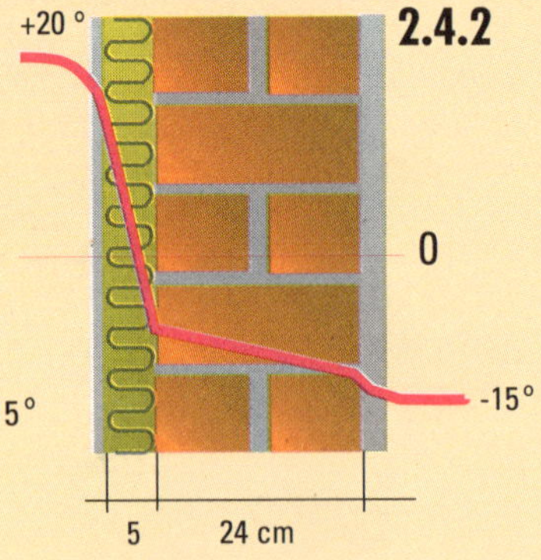

Temperaturverläufe in der Außenwand: *Die Bilder zeichnen die verschiedenen Temperaturverläufe durch eine ungedämmte (2.4.1), eine von innen (2.4.2) und eine von außen gedämmte Hauswand (2.4.3) nach. Gut zu erkennen: Die Außendämmung schützt die Wand optimal vor Frost*

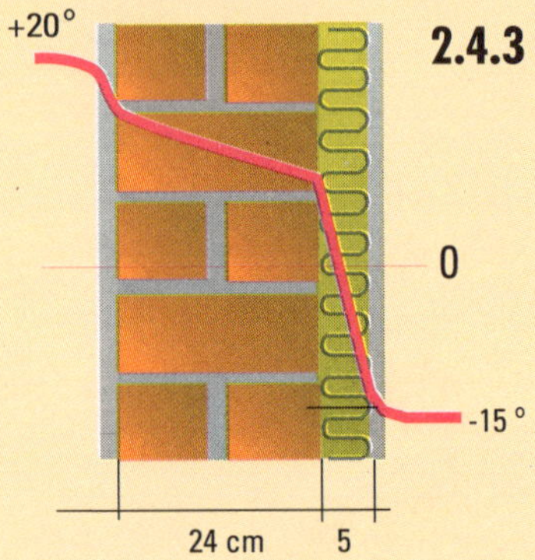

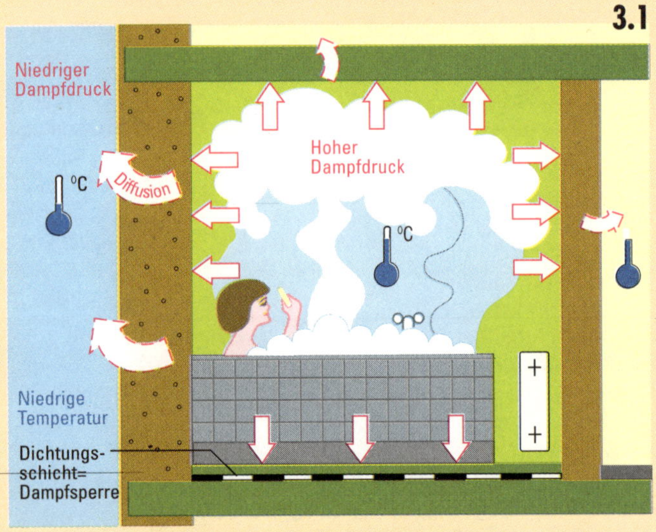

Wasserdampfdiffusion: *Der in bewohnten Räumen durch Kochen, Baden und Atmung produzierte Wasserdampf durchdringt auch feste Stoffe*

3.2

Diffusionsfähigkeit von Baustoffen: *Der µ-Wert beschreibt die Fähigkeit eines Stoffes, Wasserdampf weiterzuleiten.*

Baustoff	µ-Wert
Ziegel	5 bis 10
Porenbeton	5 bis 10
Kalksandstein	5 bis 10
Holz	40
Normalbeton	70 bis 150
Bitumenbahnen	10 000 bis 80 000
Kunststoff-Folien	10 000 bis 400 000
Alufolie (>0,05 mm)	praktisch dampfdicht
Dämmstoffe	von 1 bis dampfdicht

lung von Dämmstoffen zunutze, die einen λ-Wert von weniger als 0,1 W/mK haben. Ihre dämmende Wirkung beruht vor allem auf dem Umstand, daß sich in vielen kleinen Hohlräumen ihres porigen Gefüges einer der schlechtesten Wärmeleiter überhaupt befindet, nämlich ruhende Luft. Wie ein Dämmstoff die Wärmeweiterleitung in einer Baukonstruktion bei starkem Temperaturgefälle positiv beeinflußt, zeigen die Bilder 2.4.1 bis 2.4.3 sehr deutlich. Dämmstoffe, deren λ-Rechenwerte sich nur geringfügig unterscheiden, faßt man der Einfachheit halber in Wärmeleitfähigkeitsgruppen (WLG) zusammen. Ein Stoff mit λ=0,03696 W/mK käme demnach in die WLG 040.

Ruhende Luft ist ein schlechter Wärmeleiter

3. Dampfdiffusion

Luft enthält auch Wasserdampf (3.1). Je wärmer sie ist, desto mehr kann sie davon aufnehmen – bis zur sog. Sättigungsmenge. Ist diese überschritten, schlägt sich die Luftfeuchte als Kondenswasser z. B. an Fensterscheiben, Decken und Wänden nieder. Im Winter haben wir fast immer eine unterschiedliche relative Luftfeuchte von Innen- und Außenluft. Um dieses Druckgefälle auszugleichen, wandert der Wasserdampf nicht nur durch Fugen und Fenster nach außen, sondern auch durch Bauteile. Diesen Vorgang bezeichnet man als Dampfdiffusion. Manche Materialien setzen dem Wasserdampf so gut wie keinen Widerstand entgegen, manche einen mittleren, andere wiederum einen sehr hohen. Ausgedrückt wird die Diffusionsfähigkeit eines Baustoffes mit der Diffusions-Widerstandszahl µ (Tabelle 3.2). Sie gibt an, um wievielmal größer der Diffusionswiderstand einer Stoffschicht im Vergleich zu einer gleich dicken Luftschicht unter den gleichen Bedingungen ist (bei Luft ist µ=1). Die Diffusion durch Bauteile ist an sich unbedenklich; es sei denn, der Wasserdampf kommt bei seiner Wanderung auf die kältere Seite an einen Punkt, wo er kondensiert, also flüssig wird (Taupunkt). Dann besteht z. B. beim Mauerwerk die Gefahr von Frostschäden. Und wenn Wasserdampf in einer Dämmschicht kondensiert, wird deren Wärmeleitfähigkeit stark heraufgesetzt, sie dämmt nicht mehr.

Warme Luft kann mehr Feuchtigkeit aufnehmen als kalte

Wasserdampf wandert auch durch Bauteile

Die Diffusionsfähigkeit von Stoffen wird in µ beschrieben

Der s_d-Wert berücksichtigt auch die Schichtdicke

Um im konkreten Fall berechnen zu können, ob diese Gefahr besteht, muß man auch die Schichtdicke berücksichtigen. Man braucht den sog. s_d-Wert, die „wasserdampfdiffusionsäquivalente Luftschichtdicke“. Sie ist das Produkt von μ und Schichtdicke in Metern. Je größer dieser Wert, desto dampfdichter ist eine Materialschicht. Um die schädliche Kondensation von Wasserdampf in Bauteilen zu verhindern, konstruiert man diese in der Regel so, daß die dampfdichteren Schichten innen, auf der warmen Seite, und die diffusionsoffeneren außen liegen.

4. Anforderungen an Dämmstoffe

Wählen Sie bauaufsichtlich zugelassene Dämmstoffe

Inzwischen gibt es eine Fülle von Dämmstoffen auf dem Markt. Es gäbe eine eigene *Grundwissen*-Reihe, wollte man auf alle im Detail eingehen. Darum behandeln wir dieses Thema hier nur ganz allgemein. Auf der Suche nach dem geeigneten Dämmstoff sollten Sie in jedem Fall nur genormte oder bauaufsichtlich zugelassene Produkte wählen. In beiden Fällen ist eine Güteüberwachung vorgeschrieben, die aus Eigen- und Fremdüberwachung besteht. Das Ü-Zeichen (4.1.2) auf den Verpackungen – früher Überwachungs-, nun Übereinstimmungszeichen genannt – gewährleistet eine gleichbleibende Produktqualität und die Erfüllung der Mindestanforderungen.

Mindestanforderungen sind in Normen festgelegt

Letztere sind jeweils für bestimmte Dämmstoffgruppen in den Stoffnormen festgelegt. So gilt beispielsweise die DIN 18164 für Hartschaum-Dämmstoffe, DIN 18165 für pflanzliche (z. B. Zellulose) und anorganische Faserdämmstoffe (Mineralfaser, z. B. Glas- und Steinwolle) oder DIN 18161 für Korkerzeugnisse. Die Eignung eines Dämmstoffs für bestimmte Einsatzgebiete ist in Kurzform (Beispiele in Tabelle 4.1.1) auf den Produktverpackungen angegeben.

Produktkennzeichnungen

Hier sind auch weitere wichtige Stoff- und Anwendungseigenschaften aufgeführt. So bezeichnet z. B. der Code *Faserdämmstoff DIN 18165 - MinP - W - 035 - A2 - 80* einen mineralischen Faserdämmstoff in Plattenform (P) des Anwendungstyps W, in der Wärmeleitfähigkeitsgrupe 035, Baustoffklasse A2, in der Nenndicke

4.1.1

Typkurzzeichen	Verwendung im Bauwerk
W/WL	nicht druckbelastbar (Wände, Decken, zwischen Sparren)
WD	druckbelastbar (z. B. unter Böden ohne Trittschallfordg.)
WV	beanspruchbar auf Abreißfestigkeit (unter Putzfassaden)
T/TK	Trittschalldämmstoffe (unter schwimmenden Estrichen)

4.1.2

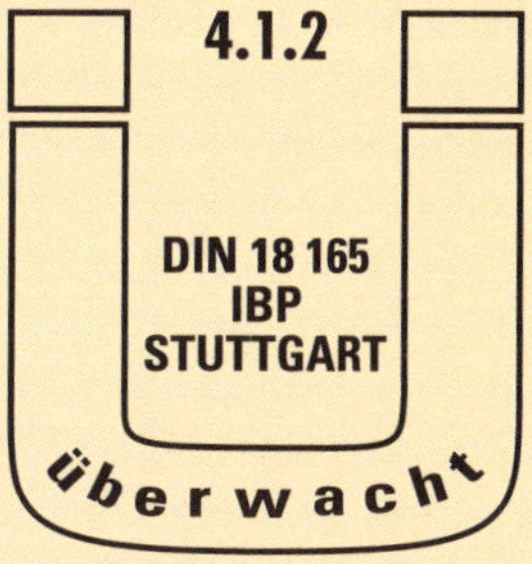

Dämmstoff-Kennzeichnungen: *Die Tauglichkeit für bestimmte Anwendungen ist auf den Produktverpackungen mit Typkurzzeichen angegeben (4.1.1). Das Ü-Zeichen (4.1.2) ist Nachweis einer ordnungsgemäßen Güteüberwachung. Aufgeführt sind die überwachende Stelle (hier: IBP) und die geltende Norm (hier: DIN 18165) als Überwachungsgrundlage*

4.2 ***Dämmstoff-Eigenschaften:*** *Wichtige Kriterien sind Wärmeleitfähigkeit (WLG), Diffusions- (μ) und Brandverhalten (Baustoffklasse)*

Dämmstoff	WLG	μ-Wert	Baustoffklasse
Holzwolle-Leichtbauplatten	090	2 bis 5	B 1
Holzfaserplatten	045 bis 055	5 bis 10	B 1/B 2
Blähton	ab 070	2 bis 3	A 1
Perlite (Schüttung)	045 bis 050	2 bis 3	A 1
Korkdämmstoffe	040 bis 055	5 bis 10	B 2
Zellulosefasern	040 bis 045	1 bis 1,5	B 1/B 2
Schaf-/Baumwolle	035 bis 040	1 bis 2	B 2
Kokosfaser	045 bis 050	1	B 2
Mineralfasern	035 bis 050	1	A 1/A 2/B1
Polystyrol („Styropor“)	035 bis 040	20 bis 100	B 1/ B 2
Polystyrol (extrudiertes)	030 bis 035	80 bis 250	B 1/ B 2
Polyurethan	020 bis 035	30 bis 100	B 1/B 2
Schaumglas	045 bis 060	dampfdicht	A 1

Wärmeschutz beim nachträglichen Dachgeschoßausbau: *Beim Dachgeschoßausbau muß darauf geachtet werden, daß die Dämmung den Wärmeabfluß über die Außenbauteile möglichst lückenlos unterbindet. Statt von der Traufe bis zum First durchgehend zwischen den Sparren zu dämmen, kommt auch die hier gezeigte Variante in Frage. Der Wärmeschutz zum unbeheizten Spitzgiebel hin wurde zwischen den Sparren der Holzbalkendecke verlegt. Wichtig ist die lückenlose Dämmschicht hinterm Drempel*

5.1

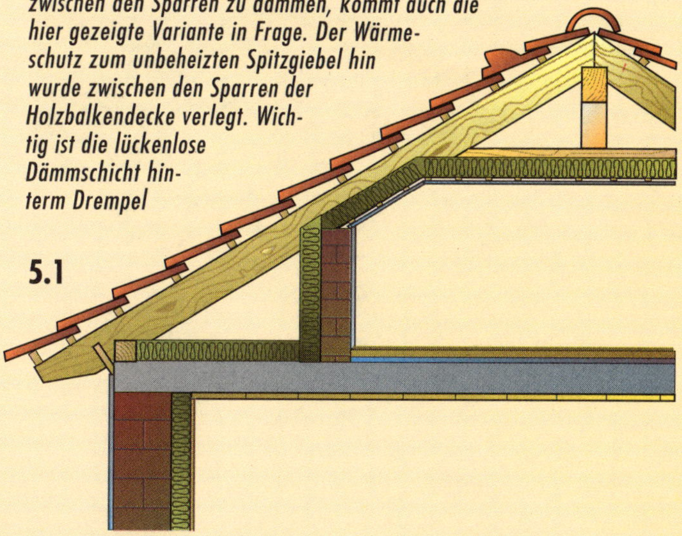

3. WSVO: *Mit Dämmstoffen kleinerer Wärmeleitfähigkeitsgruppen fallen die angegebenen Dämmdicken geringer aus* **5.2**

Bauteil	Neubau k-Wert	Dämmdicke bei WLG 040	Altbau k-Wert	Dämmdicke bei WLG 040
Steildach zw. d. Sparren	0,22	220 mm	0,30	160 mm
Steildach zw. + unter d. Sparren	0,22	180 - 200 mm	0,30	140 mm
Steildach über den Sparren	0,22	160 - 180 mm	0,30	130 mm
Decken über nicht ausgebauten Dachgeschossen	0,22	160 - 180 mm	0,30	130 mm
Außenwand gegen Luft	0,50	80 mm	0,40	100 mm
Außenwand gegen Erde/ Bodenplatten	0,35	80 mm	0,50	50 mm
Kellerdecke	0,35	80 - 100 mm	0,50	50 - 60 mm

6.1

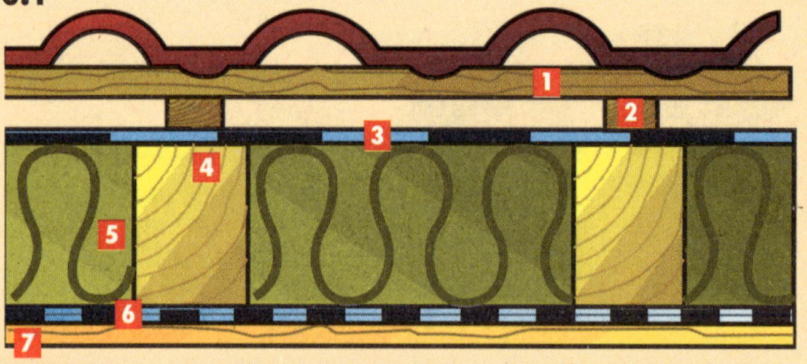

Volldämmung zwischen den Sparren: *1 Ziegellattung, 2 Grundlattung, 3 diffusionsoffene Unterspannbahn, 4 Dachsparren, 5 Dämmschicht, 6 raumseitige Dampfbremsfolie, 7 Raumverkleidung*

Kombinierte Zwischen- und Untersparrendämmung: *Da die geforderten Dämmdicken meist nicht mehr zwischen die Sparren passen, wird man diese Konstruktion künftig wohl häufiger antreffen. Wenn der Anteil der unteren Dämmschicht nicht mehr als 40% der Gesamtdämmdicke beträgt, kann die Dampfbremsfolie zwischen den Schichten verlegt werden.*

6.2

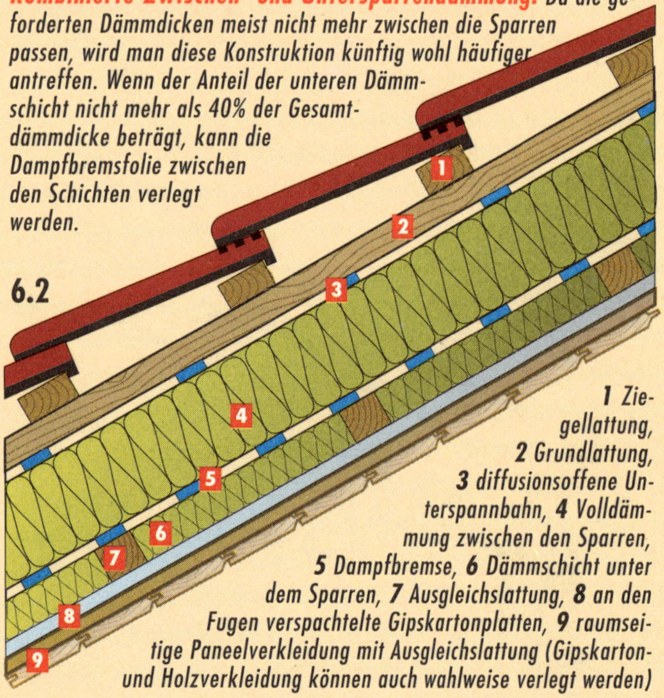

1 Ziegellattung, 2 Grundlattung, 3 diffusionsoffene Unterspannbahn, 4 Volldämmung zwischen den Sparren, 5 Dampfbremse, 6 Dämmschicht unter dem Sparren, 7 Ausgleichslattung, 8 an den Fugen verspachtelte Gipskartonplatten, 9 raumseitige Paneelverkleidung mit Ausgleichslattung (Gipskarton- und Holzverkleidung können auch wahlweise verlegt werden)

von 80 mm. Die Baustoffklassen (nach DIN 4102) teilen die Stoffe nach ihrem Brandverhalten ein: In A1/A2 findet man die „nichtbrennbaren" Baustoffe, in B1 die „schwer entflammbaren", in B2 die „normal entflammbaren". „Leicht entflammbare" Baustoffe (B3) sind im Bauwesen nicht zugelassen. Verschärfte Brandschutzanforderungen (die in den Landesbauordnungen geregelt sind) gibt es allerdings meist nur für öffentliche Gebäude, Hoch- und Mehrfamilienhäuser.

Die Baustoffklassen geben Auskunft zum Brandverhalten

5. Die neue WSVO

Die 3. Wärmeschutz-Verordnung wurde mit dem Ziel verabschiedet, die CO_2-Emissionen aus Gebäudeheizungen stark zu reduzieren. Danach darf der jährliche Heizenergiebedarf eines Hauses je nach Verhältnis von Gebäudevolumen und zur Fläche der Außenbauteile nur noch zwischen 57 und 100 kWh/m² liegen. Diese Größe ermittelt der Architekt mit einem Rechenverfahren, bei dem Wärmeverluste durch Außenbauteile, aber auch Wärmegewinne, z. B. bei Südausrichtung der Fenster, wie in einer Bilanz aufgerechnet werden. Voraussetzung für den Planungserfolg ist ein lückenloser Wärmeschutz der Gebäudehülle (Bild 5.1 – Beispiel Dachgeschoßausbau). Nur Ein- und Zweifamilienhäuser dürfen – wie bisher – nach dem sogenannten Bauteilverfahren geplant werden. Werden die dabei vorgegebenen k-Werte für Außenbauteile eingehalten, kommt man etwa auf den maximalen jährlichen Energiebedarf von 100 kWh/m². Der k-Wert (Wärmedurchgangskoeffizient) beschreibt den Wärmeverlust durch ein ganzes Bauteil. Konkret: Er gibt die Wärmemenge in W/(m²K) an, die durch ein Bauteil von 1 m² Fläche und einer bestimmten Dicke bei 1 °Kelvin Temperaturunterschied hindurchfließt. Je kleiner der k-Wert, desto besser ist die Konstruktion gedämmt. Die k-Werte und daraus resultierenden Dämmdicken, die nun für Neubau und Altbau gefordert werden, haben wir in Tabelle 5.2 aufgeführt. Die Altbau-k-Werte gelten z. B. dann, wenn bei Instandsetzungen mehr als 20% der Fläche eines Bauteils betroffen sind. Allerdings – wird ein Altbau um einen beheizten Raum

Die WSVO begrenzt den Heizenergiebedarf auf 100 kWh/m²

Kleinere Häuser dürfen nach dem Bauteilverfahren geplant werden

Der k-Wert beschreibt den Wärmeverlust eines Bauteils

von mehr als 10 m² erweitert, gelten die Neubauanforderungen. Das ist in der Regel bei jedem Dachgeschoß-Ausbau der Fall.

6. Dachdämmung

Volldämmung zwischen den Sparren

Die gängigste Wärmeschutz-Konstruktion im Dach ist die Zwischensparrendämmung, die von der Innenseite her verlegt wird. In den letzten Jahren hat sich dabei die vollgedämmte Variante (6.1) durchgesetzt. Das heißt, der komplette Hohlraum zwischen den Sparren wird mit Dämmstoff gefüllt. Eine sorgfältig verlegte Dampfbremsfolie (z. B. PE-Folie oder Systemprodukte) unter den Sparren sorgt dafür, daß keine Feuchtigkeit in die Konstruktion eindringen kann – weder durch Wasserdampfdiffusion noch durch Luftströmung infolge offener Fugen. Durch letzteres kann sogar mehr als 10000mal soviel Feuchtigkeit ins Dach gelangen als dies durch Diffusion überhaupt möglich wäre. Für die Dämmung bieten sich leichte und flexible Dämmstoffe an. Sie belasten die Dachkonstruktion nicht und schließen an den Sparren fugendicht ab.

Dämmung zwischen und unter den Sparren

Aufgrund der nun erforderlichen dicken Dämmschichten wird zunehmend die kombinierte Zwischen- und Untersparrendämmung (6.2) aktuell – nicht zuletzt auch bei geringer Sparrendicke in Altbauten. Durch die unter den Sparren verlaufende Zusatz-Dämmung wird die Wärmebrücke „Holzsparren“ ausgeschaltet. So kann die Gesamtdämmdicke geringer ausfallen. Wärmebrücken sind Stellen, über die Wärme schneller nach außen abfließt als über die benachbarten, besser gedämmten Bauteile.

Über den Sparren kann man wärmebrückenfrei dämmen

Absolut wärmebrückenfrei wird oberhalb der Sparren gedämmt: Hier kann die Dämmschicht durchgehend, ohne Unterbrechung durch andere Bauteile verlegt werden (6.3). Die Konstruktion ist allerdings nur bei Neubauten wirtschaftlich oder wenn ohnehin neu eingedeckt werden muß.

7. Außenwand

Eine Dämmung der Außenwände senkt nicht nur den Energieverbrauch erheblich. Durch die wärmeren Innenwände empfindet

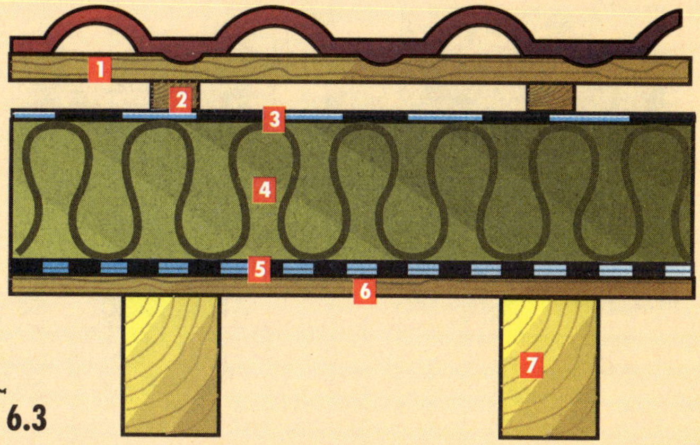

Dämmung oberhalb der Sparren: *1 Ziegellattung, 2 Grundlattung, 3 Dämmstoff-Abdeckung, 4 Dämmstoff, 5 Dampfsperre, z. B. Glasvlies-Bitumenbahn, 6 Schalung, 7 Dachsparren*

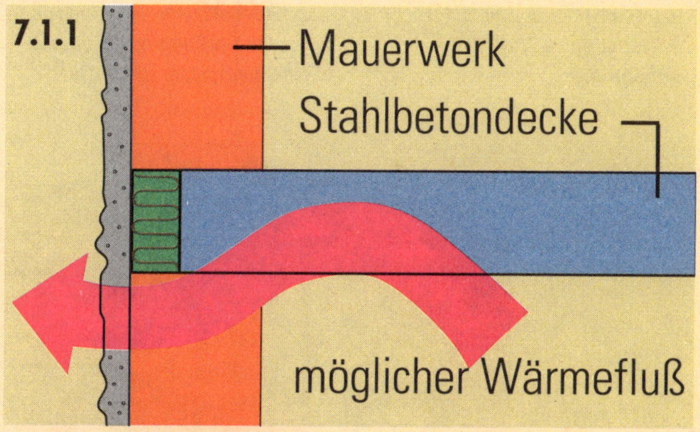

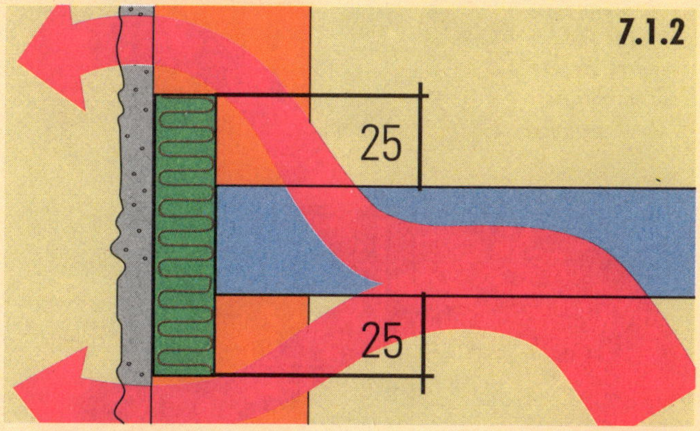

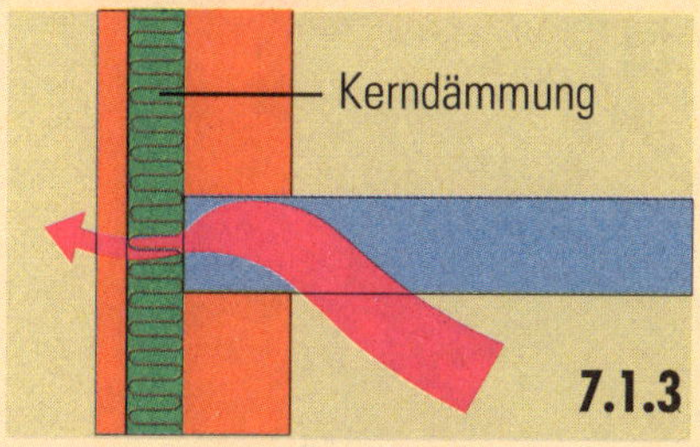

Kerndämmung: *Die durchgehende Dämmschicht an der Außenwand dämmt auch den Wärmeverlust über einbindende Decken. Die Fassade besteht aus einer Vormauerschale*

Verbesserung der Dämmung bei einer Stahlbetondecke: *Bild 7.1.1 zeigt, daß die Wärmeströme an der stirnseitigen Dämmung der ins Mauerwerk einbindenden Decke vorbeilaufen. Eine leichte Verbesserung wird mit einer breiteren Dämmschicht erzielt (7.1.2)*

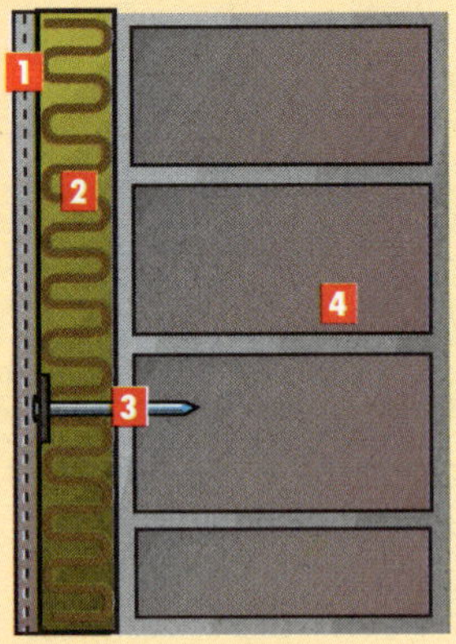

7.2

Gedämmte Putzfassade bzw. Wärmedämm-Verbundsystem: *1 Putz mit eingelegtem Armierungsgewebe, 2 Dämmstoff, 3 Dämmstoff-Befestigung, 4 tragende Außenwand*

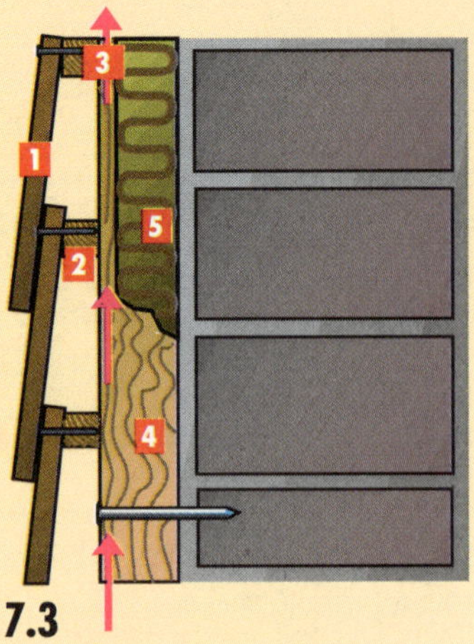

7.3

Vorgehängte, hinterlüftete Fassade: *1 Vorgehängte kleinformatige Elemente, 2 waagerechte Traglattung, 3 Hinterlüftungs-Zwischenraum, 4 Grundlatttung mit 5 dazwischenliegendem Dämmstoff*

7.4

Dämmung der Außenwand von innen: *Der Dämmstoff wird zwischen einer Lattung verlegt und durch die Dampfbremse vor Feuchte durch Wasserdampfdiffusion geschützt*

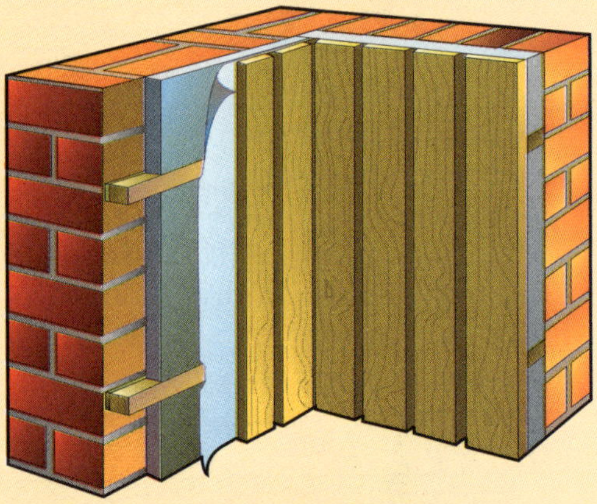

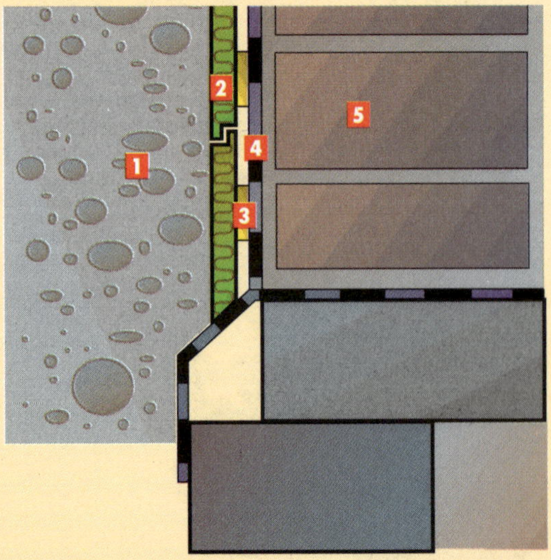

8.1

Kellerdämmung gegen Erdreich (Perimeterdämmung): *1 Aufgeschüttetes Erdreich, 2 Perimeter-Dämmplatten mit Nut und Feder, 3 Kleber z. B. auf Bitumenbasis, 4 Bauwerksabdichtung, 5 Kellerwand*

man auch bereits Raumtemperaturen ab 18 °C als angenehm. Grundsätzlich hat ein außen angebrachter Wärmeschutz Vorteile: Die durchgehende Dämmschicht verhindert Wärmebrükken, wie z.B. an einbindenden Stahlbetondecken (Bilder 7.1.). Zum anderen schützt sie das tragende Mauerwerk vor Feuchte- und Frostschäden (Seite 216, Bild 2.4.3). Die drei gängigen Wärmeschutz-Konstruktionen sind das zweischalige Mauerwerk mit Kerndämmung (7.1.3), die einschalige Wand mit gedämmter Putzfassade (7.2) und die vorgehängte, hinterlüftete Fassade (7.3). Jede einzelne Variante hat ihre speziellen Vorzüge. So ist eine Kerndämmung mit vorgemauerter Klinkerschale zwar die teuerste Maßnahme, dafür ist die Fassade auch ohne intensive Pflege sehr langlebig. Ein Wärmedämm-Verbundsystem ist die preiswerteste Art, eine Wand von außen zu dämmen. Der Aufwand für die Erhaltung entspricht aber der einer normal verputzten Fassade. Die vorgehängte Fassade schließlich ermöglicht die größte Gestaltungsvielfalt, da sich als Verkleidung eine Fülle von Materialien anbietet – von Holz über Kunststoff und Metall bis hin zum Naturstein. Fassadendämmstoffe müssen über ihren ganzen Querschnitt wasserabweisend sein. Bei der Putzfassade werden meist Polystyrolplatten eingesetzt, oft aber auch Mineralwolleplatten mit höherer Rohdichte. Mit Schüttmaterial, z. B. Perlite, kann man auch eine Kerndämmung nachträglich realisieren.

Die Außenwand von innen zu dämmen, ist die preiswerteste und einfachste Art (7.4). Allerdings birgt sie die Gefahr, daß sich z. B. durch einbindende Decken Wärmebrücken bilden, über die vermehrt Wärme abfließt. An diesen Stellen kann bei mangelnder Lüftung Tauwasser und – in Folge – auch Schimmel anfallen. Außerdem liegt die tragende Außenwand weiterhin im frostgefährdeten Bereich. Die Innendämmung bietet sich aber an, wenn an der Fassade nichts verändert werden darf, z. B. wegen Denkmalschutz, oder Räume nur zeitweise genutzt werden. Durch die innenliegende Dämmung lassen sie sich schneller auf angenehme Raumtemperatur bringen. Neben der Verlegung von Dämmplatten in einer Lattung bieten

Über Wärmebrücken fließt Wärme schneller ab

Gängige Dämmkonstruktionen der Außenwand

Dämmplatten für den Wärmeschutz an der Fassade

Die Dämmung der Außenwand von innen

sich hier auch Gipskarton-Verbundplatten an, die bei sorgfältiger Fugenverspachtelung die sonst unbedingt erforderliche Dampfbremse überflüssig machen.

8. Kellerdämmung

Methoden der Kellerdämmung

Handelt es sich um einen beheizten Keller, dämmt man bei Neubauten sowohl unter der Bodenplatte als auch die Kelleraußenwände gegen das Erdreich (sog. Perimeterdämmung – 8.1). Die wenigsten Dämmstoffe vertragen den Erdkontakt. Meistverwendet und bauaufsichtlich zugelassen sind hier extrudierte Polystyrolplatten. Einen zusätzlichen Wärmeschutzeffekt bringt die Trittschalldämmschicht auf der Kellerdecke (8.3). Dieser läßt sich z. B. bei Altbauten und/oder unbeheizten Kellern durch Dämmplatten unter der Kellerdecke ergänzen oder verbessern (8.2).

9. Rohrisolierung

Rohrleitungen werden nach der Heizungsanlagenverordnung isoliert

Immer noch verlaufen viele Warmwasserleitungen ungedämmt durch unbeheizte Keller. Die Durchmesser der Dämmschalen (d), die es für diesen Zweck aus Kunststoff oder Mineralwolle gibt, müssen nach der Heizungsanlagenverordnung abhängig vom Rohrdurchmesser gewählt werden: Rohr bis 30 mm: d = 30, Rohr von 30 bis 100 mm: d = identisch mit Rohrdurchmesser, Rohre über 100 mm: d = 100. An Kreuzungspunkten kann jeweils die halbe Dicke gewählt werden.

10. Fenster

Moderne Fenster können auch Gewinne verbuchen

Isolierverglasung mit k-Werten von 3,0 W/m²K ist heute nicht mehr zeitgemäß. Die WSVO fordert beim Einbau neuer Fenster Wärmeschutzverglasung mit einem k-Wert von 1,8 W/mK. Angeboten werden aber bereits Verglasungen mit k-Werten von 1,1 bzw. auch 0,4 W/mK). Da die WSVO das Fenster nicht nur als Wärmeverlust-Bauteil ansieht, sondern auch die Energiegewinne durch die Sonne berücksichtigt, gibt es nun als zweite wichtige Kenngröße neben dem k-Wert auch den g-Wert. Er beschreibt den Gesamtenergiedurchlaßgrad der Sonneneinstrahlung in %.

8.2

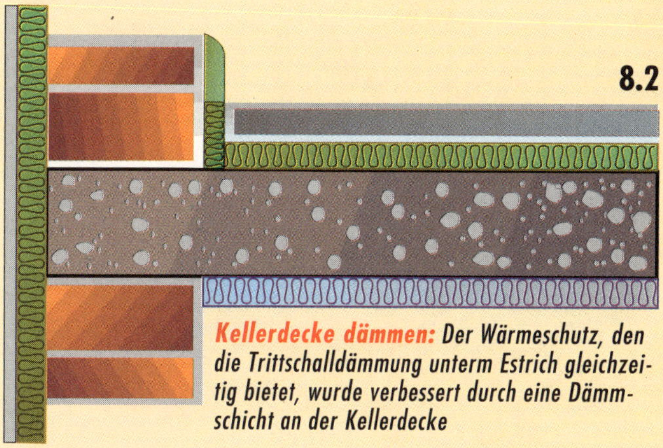

Kellerdecke dämmen: Der Wärmeschutz, den die Trittschalldämmung unterm Estrich gleichzeitig bietet, wurde verbessert durch eine Dämmschicht an der Kellerdecke

8.3

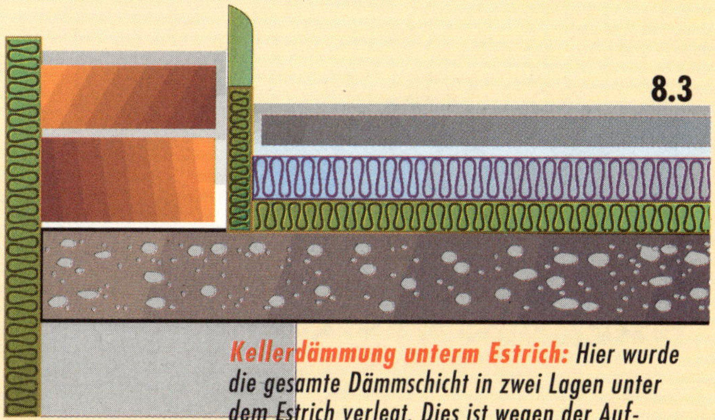

Kellerdämmung unterm Estrich: Hier wurde die gesamte Dämmschicht in zwei Lagen unter dem Estrich verlegt. Dies ist wegen der Aufbauhöhe aber nur bei Neubauten praktikabel

9.0

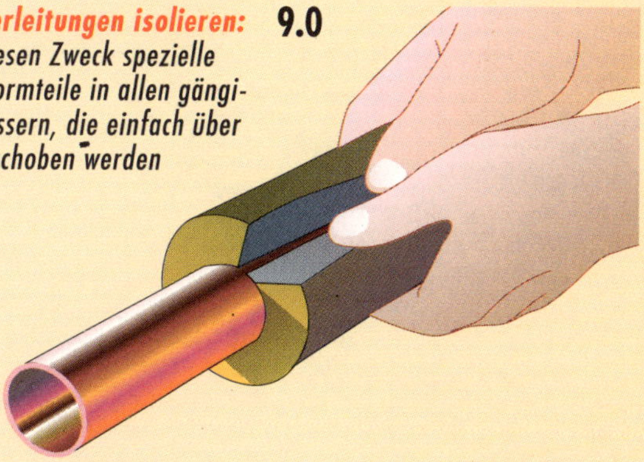

Warmwasserleitungen isolieren: Es gibt für diesen Zweck spezielle Dämmstoff-Formteile in allen gängigen Durchmessern, die einfach über die Rohre geschoben werden

10.0

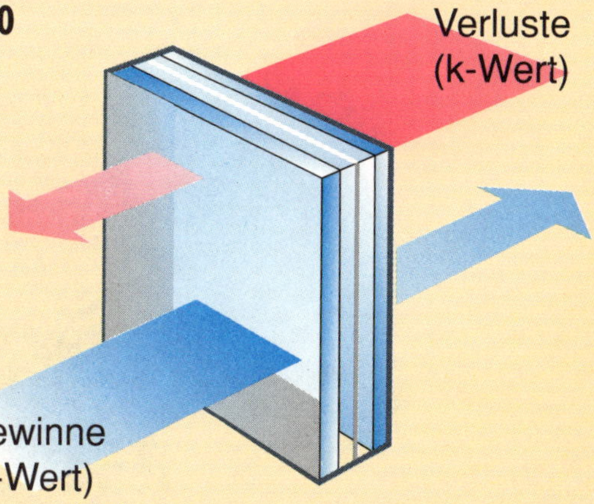

Moderne Wärmeisolier-Verglasung: Die WSVO berücksichtigt neben den Wärmeverlusten auch die solaren Energiegewinne. Edelgasfüllungen und hauchdünne Metallfolien sind das Geheimnis moderner Glastechnologie

Außenwände dämmen

Rundherum warm eingepackt

Eine Dämmung der Fassade ist die effektivste Methode, Wärmeverluste durch die Außenwand zu reduzieren. Informieren Sie sich auf den nächsten Seiten, was es vorher zu beachten gilt und welche technischen Lösungen es gibt

Bei einem freistehenden, ungedämmten Haus sind die Außenwände die wärmetechnische Schwachstelle Nummer 1. Hier geht prozentual erheblich mehr Heizenergie verloren als über die anderen Außenbauteile. Entsprechend viel kann mit einer nachträglich verlegten Wärmedämmung an Heizkosten und Verbrennungsschadstoffen eingespart werden.
Außenwände können von innen oder an der Fassadenseite gedämmt werden. Die zweite Möglichkeit hat aber die größeren Vorteile auf ihrer Seite. Sie bildet nicht nur einen lückenlosen Wärmeschutz, sondern schützt das tragende Mauerwerk auch optimal vor schädlichen Witterungseinflüssen. Bei der Innendämmung hingegen sind Wärmebrücken, z. B. durch einbindende Betondecken, nur schwer zu vermeiden. Allerdings: Das Gute hat auch seinen Preis. Eine Fassadendämmung ist nicht billig und handwerklich recht aufwendig. Es ist deshalb sinnvoll, sich in der Planungsphase auch Gedanken über die Wirtschaftlichkeit der Dämm-Maßnahme zu machen. Steht der finanzielle Aufwand im ausgewogenen Verhältnis zur Energie-Einsparung, die über

Vollklinker, Fassaden-Dämmplatten, Mauerwerksanker, Dübel und Dämmstoffhalter – diese Materialien braucht man, um den Wärmeschutz eines Hauses nachträglich mit einer gedämmten Vormauerschale zu verbessern

Solide: vorgemauerte Klinkerschale mit Kerndämmung

Die zweischalige Wand war früher vor allem in Norddeutschland üblich. Durch die vorgemauerten Klinker schützte man die tragende innere Wand vor dem häufig sehr heftigen Schlagregen. Die Schalen sind durch Drahtanker miteinander verbunden. Befand sich zwischen den beiden Mauern früher nur eine Luftschicht, so nutzt man heute den Zwischenraum meist komplett für den Wärmeschutz. Maximale Dämmstoffdicke ist 120 mm. Die Klinkerfassade ist sehr langlebig und braucht kaum Pflege. Mit rund 300 bis 400 Mark/m² ist diese Lösung aber recht kostspielig – wenn Sie kein Profi-Maurer sind.

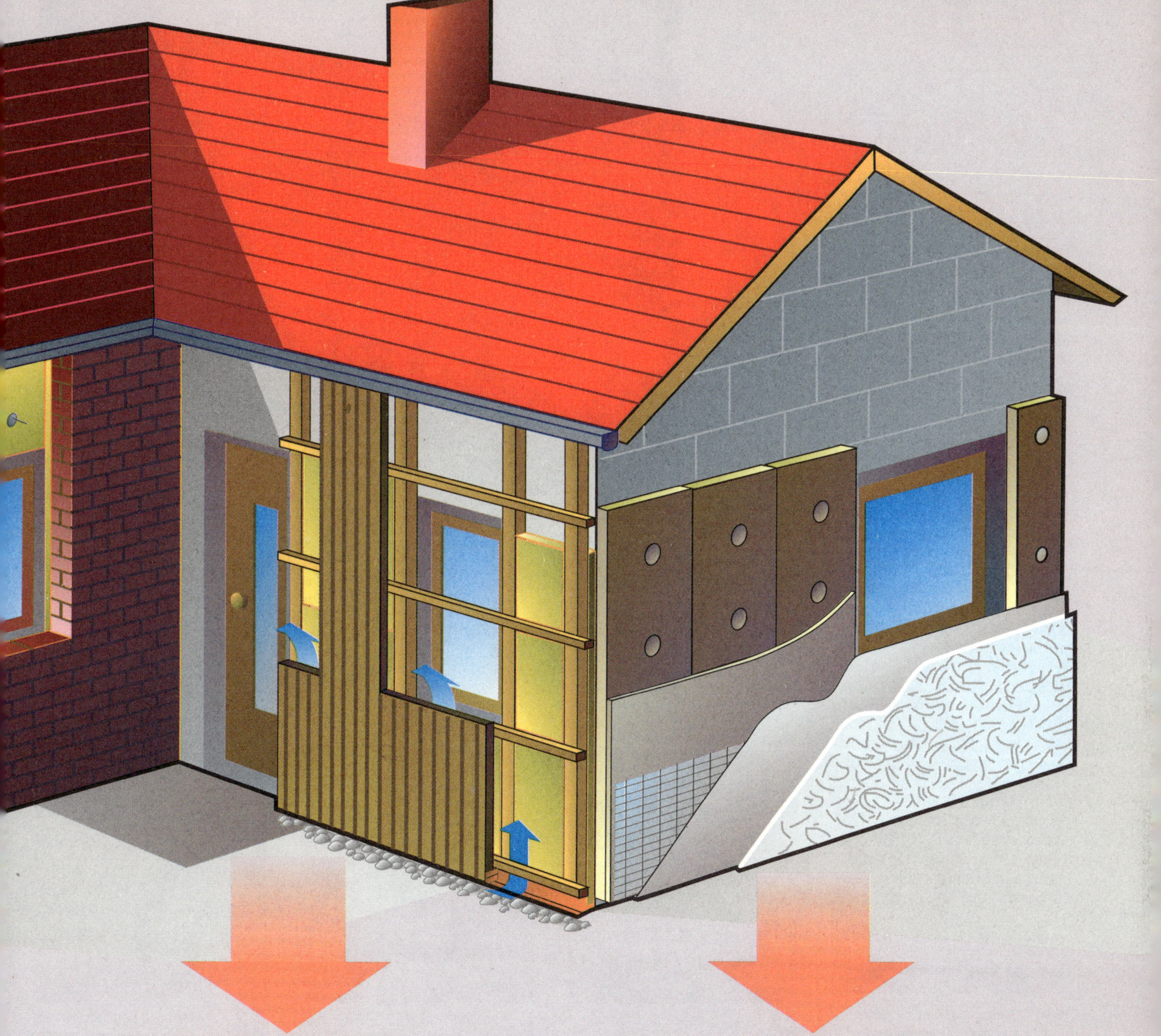

Vielfältig: gedämmte, hinterlüftete Vorhangfassade

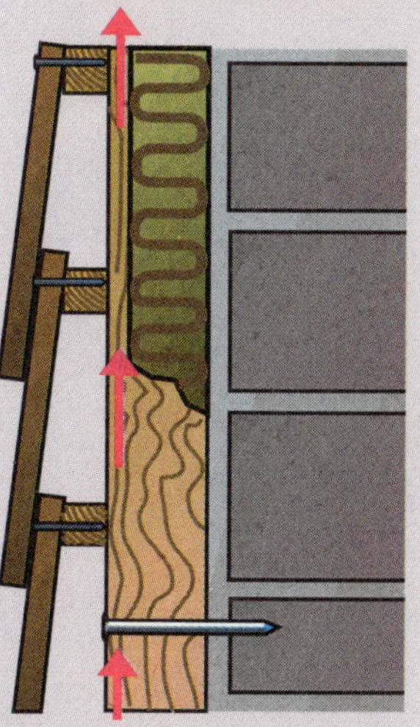

Dieser Wandaufbau ist auch eine zweischalige Konstruktion. Die äußere Schale steht allerdings nicht selbsttragend auf einem Fundament, sondern hängt an einer Unterkonstruktion, die in der tragenden Innenwand verankert ist. Zwischen den Dämmplatten, die man in einer Unterkonstruktion an der Wand befestigt, und der vorgehängten Fassade befindet sich ein ca. 2 cm breiter Spalt, durch den Luft zirkuliert. Vorhangfassaden aus kleineren Elementen – Holz- und Kunststoffpaneele, Holz- und Faserzement-Schindeln – können Sie auch selbst verlegen. Materialkosten für 1 m² gedämmte Holzfassade: ab ca. 100 Mark.

Preiswert: Wärmedämm-Verbundsystem

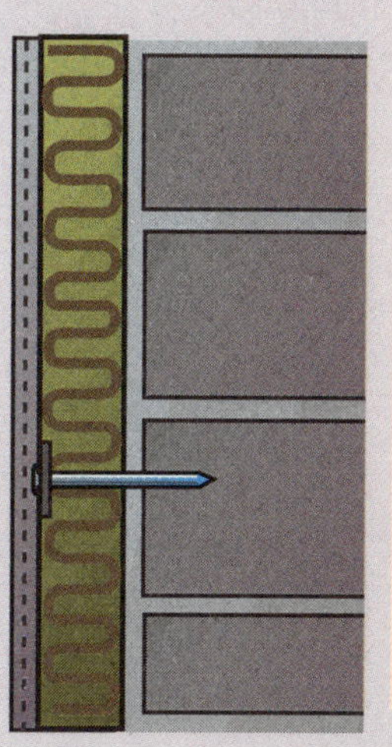

Das Verlegen eines Wärmedämm-Verbundsystems ist die preiswerteste Methode der Außendämmung. Der Aufbau besteht aus einer einzigen Schale: Auf die tragende Außenwand werden zunächst Dämmplatten – meist Polystyrol oder Steinwolle – geklebt und/oder verdübelt. Auf diese Schicht trägt man dann einen Unterputz auf, in den ein Arminierungsgewebe eingebettet wird. Den Abschluß bildet ein Oberputz. Man spricht von einem System, weil alle Komponenten genau aufeinander abgestimmt sein müssen. Inzwischen werden auch Systeme für Heimwerker angeboten, Materialkosten: ab 56 Mark/m².

Zweischaliges Mauerwerk mit Kerndämmung

die Jahre zu erwarten ist? Eine Frage, die nicht pauschal beantwortet werden kann, weil sie gebäudeabhängig ist. Sie können unter Umständen bares Geld sparen, wenn Sie vorab von einem Fachmann ein energetisches Gutachten Ihres Hauses erstellen lassen. Er analysiert, wo die größten Wärmelecks liegen und welche Baumaßnahme die meisten Heizkosten einspart. Solch ein Expertengutachten („Energiesparberatung vor Ort") wird vom Bundesministerium für Wirtschaft gefördert. Auch einige Bundesländer, z.B. Nordrhein-Westfalen, sponsern den Energie-Check. Wenn Ihr Haus vor 1977 gebaut wurde, können Sie sich sogar Hoffnung auf eine Beteiligung von Vater Staat an den Umbaukosten machen. Die Förderung erfolgt in Form von zinsgünstigen Krediten. Merkblätter zum „Programm zur CO_2-Minderung"

Lesen Sie bitte weiter auf Seite 226

Hier erhält eine verputzte Außenwand nachträglich eine Wärmedämmung und eine zweite, vorgemauerte Klinkerschale. Unter Anleitung des Maurers erledigten die Bauherrn alle weiteren Arbeiten selbst, z. B. das Verlegen der Dämmplatten

Gut gerüstet

Wer seine Fassade selbst dämmen will, braucht ein Baugerüst. Hier bieten sich die zusammensteckbaren Stahlrohrgerüste an, die man komplett mieten kann. Im Interesse Ihrer eigenen Sicherheit sollten Sie den Aufbau jedoch der Gerüstfirma überlassen. Lassen Sie sich von den Fachleuten das Verankerungssystem erklären. Denn im Laufe der Fassadenarbeiten müssen Sie zwangsläufig die Befestigungen in der Hauswand lösen und durch neue ersetzen. Bis zu einer Arbeitshöhe von 6 m können auch Fahrgerüste verwendet werden – vorausgesetzt, der Boden rund ums Haus ist eben und befestigt. Ein fahrbares Gerüst muß ebenfalls durch Verankerungen in der Hauswand gesichert werden.

1 Auch das Fundament für die Vormauerschale wurde in Eigenleistung hergestellt. Rechts im Bild: die horizontale Abdichtung

2 Die Drahtanker, die Innen- und Außenschale verbinden und als Dämmplatten-Befestigung dienen, müssen jeweils in Höhe der ...

3 ... Lagerfugen angebracht werden. An den markierten Stellen wurden sie in der Wand verdübelt. Pro Dämmplatte waren in ...

4 ... unserem Fall mindestens fünf Befestigungspunkte nötig. An freien Enden, z. B. an Hausecken, sind drei zusätzliche Drahtanker pro m Plattenlänge erforderlich. Die Dämmplatten werden fugenversetzt und dicht aneinander über die Anker geschoben und mit Kunststofftellern ...

5 ... fixiert. Die herausragenden Enden der Drahtanker werden umgebogen und in den waagerechten Fugen vermauert

TIP:

Ein Problem, das häufig bei einer nachträglichen Außenwand-Dämmung auftritt, ist der zu geringe Dachüberstand. Dies traf auch auf unsere links dokumentierten Baumaßnahme zu. Die vorhandene Fassade schloß an den Giebelseiten bündig mit dem Dach ab. Die Bedachung mußte also um die Dicke der Dämmschicht plus Vormauerschale verlängert werden. Die Lösung: Die Ziegel wurden seitlich nur so weit abgedeckt, daß neue, die Giebelwand überragende Ziegellatten verschraubt werden konnten. Den seitlichen Abschluß der Bedachung bildet ein spezieller, breiterer Randziegel.

Fundamentfreie Verklinkerung

Verlegt sehen sie aus wie eine zweite, vorgemauerte Klinkerschale. Tatsächlich stehen die Tonklinker-Riemchen, die auf Polyurethan-Dämmplatten befestigt sind, in einem festen Verbund mit der Außenwand. Die „Isoklinker" benötigen also kein eigenes Fundament. Die Platten und Eck-Elemente werden in der Wand verdübelt, die Plattenstöße zur Vermeidung von Wärmebrücken ausgeschäumt. Kostet je nach Dämmdicke bei Selbstmontage ca. 120 bis 190 Mark inkl. Transport und Einarbeitung.

Die unteren Platten werden auf eine Starterschiene gesetzt und dann mit Spezialdübeln an der Hauswand ...

... befestigt. Wenn die Plattenstöße rundum ausgeschäumt sind, fügt man die Verbindungsriemchen ein

Da mit normalem Mörtel verfugt wird, ergibt sich das Fassadenbild einer massiven Vormauerschale

Heimwerker-Lexikon

Nylondübel bis Parallelschraubstock

Nylondübel Befestigungselement aus alterungsbeständigem Polyamid (Allzweck-, Standard-, Nageldübel etc.)

Oberflächenbehandlung Zur O. gehören verschiedene Bereiche. Hier werden nur kurz das Entfernen alter Farbe, das Schleifen und die verschiedenen Holzanstriche behandelt. Mehr darüber finden Sie am Anfang dieses Buches.
Zuerst muß von der Holzoberfläche die *alte Farbe entfernt* werden. Hierzu gibt es unterschiedliche Möglichkeiten. Entweder verwendet man Abbeizer (stark ätzend) oder (schonender) ein Heißluftgebläse mit dem entsprechendem Zubehör. Anschließend ist das Holz unbedingt *zu schleifen*. Man beginnt mit grobem Schleifpapier ab 60–100er-, wechselt dann zu einer 120-150er- und schließlich zu einer 180–220er Körnung. Größere Flächen schleift man am besten mit einem Exzenter-, Schwing- oder Bandschleifer mit Schleifrahmen. Die vorbereiteten Oberflächen werden dann mit den verschiedensten Mitteln (z.B. Farben, Lasuren, Beizen, Wachse etc) *behandelt*.

Oberflächenschutz Eine Schicht zum Korrosionsschutz, wobei die Dübel oder Schrauben galvanisch verzinkt und anschließend chromatiert und Winkelhaken oder Rundösen mit Nylon beschichtet werden.

Oberfräse ist ein Elektrowerkzeug mit rotierendem Maschinenwerkzeug (Fräser), das zur spanenden Bearbeitung von Holz und anderen Werkstoffen bestimmt ist. Die O. wird beispielsweise zum Fräsen von Kanten oder für Einlaßarbeiten eingesetzt. Die Arbeitswelle trägt einen Fräser mit Schaft und steht vorwiegend senkrecht zur Führungsfläche. Aufgrund der umfangreichen Fräserpalette lassen sich mit der O. die vielfältigsten Arbeiten ausführen. Dazu gehören z.B. Zinken-, Nuten-, Bohr-, Kanten-, Rahmen- und Schriftfräsen.

Offenzeit Vorgeschriebener Verarbeitungs-Zeitraum vom Mischvorgang bis zum Beginn der Aushärtung einer Kleber- oder Mörtelmasse. Darum stets nur die in der Offenzeit verarbeitbare Menge anmischen.

OSB-Platten (‚oriented strand board') bestehen aus drei Schichten ausgerichteter Flachspäne, die mit geringem Leimanteil verklebt werden können. Sie besitzen den Vorteil, daß Hölzer mit Wuchsfehlern oder Schwachhölzer (bis auf ihre Rinde) verarbeitet werden können. Sie sind recht dimensionsstabil und werden im Innenausbau wegen der dekorativen Sichtfläche oft auch naturbelassen oder lasiert verwendet.

Paneele Längliche Holz- oder Kunststoffelemente zur Verkleidung von Wänden und Decken. Die Verlegung erfolgt im Nut- und Feder-System. Paneele gibt es als Massiv-Profilholz, mit Echtholzfurnier auf Spanplattenkern und als kunststoffbeschichtete Spanplatten- oder Sperrholzpaneele.

Paneelplatten ähnlich den Paneelen, jedoch großformatigere Verkleidungselemente für Decken und Wände, die ebenfalls im Nut- und Federsystem verlegt werden.

Papageienschnabelzange kleine Kneifzange, mit der es möglich ist, nach dem Anritzen einer Fliese kleine Aussparungen ‚auszuknabbern'.

Parallelanschlag Vorrichtung an Werkzeugmaschinen, mit dem das Werkstück parallel zum Werkzeug geführt werden kann, um einen geraden Schnittverlauf zu erhalten.

Parallelschraubstock ist die Normalform eines Schraubstocks. In diesen P. werden Werkstücke zur Bearbeitung

Bitte lesen Sie weiter auf Seite 227

Wärmedämm-Verbundsystem

Beim Wärmedämm-Verbundsystem, auch Thermohaut genannt, werden die Dämmplatten direkt auf der Hauswand befestigt. Man verlegt sie von unten nach oben. Knapp über dem Erdreich sorgt ein exakt waagerecht verdübeltes Sockelprofil für einen einfachen Start. Die auf ihrer Rückseite mit Kleberspachtel versehenen Polystyrol-Dämmplatten werden zunächst gut angedrückt

1 Zusätzlich werden die Dämmplatten in der Hauswand verdübelt. Pro Quadratmeter sind acht Spreizdübel erforderlich

2 Wenn die Platten auf der Fassade verlegt sind, werden Dämmstreifen für die Fensterlaibungen angepaßt und eingeklebt

gibt es bei der Kreditanstalt für Wiederaufbau (Adressen siehe „Kontakte" S. 228). Ideal ist es, wenn Sie die Außendämmung an eine ohnehin fällige Sanierung der Fassade koppeln können, z. B. bei einer Putz-Erneuerung. Die Mehrkosten für die Dämmung sind dann vergleichsweise gering. Geld sparen können Sie natürlich auch, wenn Sie selbst Hand anlegen. Galt beispielsweise das Anbringen eines Wärmedämm-Verbundsystems bis vor kurzem noch als absolute Profi-Domäne, so gibt es inzwischen Systeme, deren Komponenten sich auch von geübten Heimwerkern gut verarbeiten lassen (s. Bilder rechts). Muß man normalerweise 120 bis 170 Mark/m^2 gedämmter Putzfassade veranschlagen, so kostet die ganze Maßnahme nur rund die Hälfte, wenn man sie selbst ausführt. Gleiches trifft auch auf die hinterlüftete Fassadenkonstruktion zu (s. Zeichnung Seite 228). Für eine mit Kunststoff-Paneele verkleidete, gedämmte Fassade müssen Sie ca. 100 Mark/m^2 kalkulieren (inklusive Unterkonstruktion). Nicht mit eingerechnet sind allerdings

3 Die Außenkanten verstärkt man mit einem in Wärmeschutz-Spachtel eingedrücktes Armierungsgewebe, bevor die erste ...

4 ... Putzschicht mit der Maschine schnell und flächengreifend aufgetragen wird. In die noch frische Spachtelmasse bettet man ...

5 ... das zum System gehörende Armierungsgewebe ein und glättet den Spachtel sehr sorgfältig, bevor eine zweite Schicht ...

6 ... aufgetragen wird. Den Wärmeschutz-Spachtel können Sie übrigens – genauso wie den feinkörnigen, abschließenden Reibeputz – von Hand, also mit der Kelle, aufziehen

Erforderliche Dämmdicken nach der 3. WSVO abhängig vom Wandbaustoff

Wand-Baustoff mit Wärmeleitfähigkeit λ	Dicke	k-Wert ohne Dämmung	Dämmdicken in mm für k = 0,40 W/m²K mit Dämmstoff WLG 040	Dämmstoff WLG 030
Normalbeton (λ = 2,1 W/mk)	20	3,4	100	70
	30	2,8	90	70
KS-Lochstein (λ = 0,78 W/mK)	24	2,0	80	60
	30	1,8	80	60
Mauerziegel (λ = 0,90 W/mk)	24	2,2	90	70
	30	1,9	80	60
Leichthochlochziegel (λ = 0,39 W/mK)	24	1,2	70	50
	36,5	0,9	60	50
Leichtbeton-Hohlblöcke (λ = 0,34 W/mK)	24	1,1	70	50
	36,5	0,8	50	40
Porenbeton-Plansteine (λ = 0,20 W/mK)	20	0,8	50	40
	30	0,6	40	30

Diese Tabelle zeigt, welche Dämmdicken bei verschiedenen Wandbaustoffen und unterschiedlichen Wandstärken erforderlich sind, um den von der 3. Wärmeschutzverordnung vorgeschriebenen k-Wert von 0,40 W/m²K zu erfüllen. Die aufgeführten Dämmdicken sollen als grobe Orientierung dienen, da die Wärmeleitfähigkeits-Werte λ der Mauerwerkstoffe je nach Rohdichte leicht abweichen können. Die Dämmdicken sind hier beispielhaft für Dämmstoffe der Wärmeleitfähigkeitsgruppen (WLG) 040 und 030 angegeben. Für Dämmstoffe mit WLG 035, die häufig z. B. bei der Kerndämmung und der hinterlüfteten Fassade verlegt werden, liegt die erforderliche Dicke zwischen den angegebenen Werten. Die auf den vorherigen Seiten vorgestellen Isoklinker auf Polyurethan-Elementen (WLG 025) dürfen etwas dünner als die WLG-Dämmstoffe sein.

Heimwerker-Lexikon

Parallelschraubstock (Forts.) bis Porenbeton

eingespannt. Die Klemmbacken stehen parallel zueinander und bewegen sich beim Einspannen des Werkstückes aufeinander zu. P. gibt es in zahlreichen Größen und Ausführungen. Sie sollten jedoch immer an einer stabilen Werkbank unverrückbar befestigt sein.

Parkettlack schafft robuste und schmutzabweisende Oberflächen, die leicht zu reinigen sind. Zur Versiegelung von normal beanspruchten Parkettfußböden aus Holz oder Kork und von Holztreppen geeignet. Die heute erhältlichen Produkte sind Wasserlacke und enthalten keine flüchtigen Lösemittel.

PE-Folie Polyethylenfolie zur Feuchtigkeitsabdichtung von Bauteilen z.B. gegen aufsteigende Feuchtigkeit auf Rohdecken verlegt. Ferner findet die P. Verwendung als Dampfbremse in Steildachkonstruktionen. PE gilt als dauerhaft licht- und wetterbeständig.

Pendelhub Im Gegensatz zur Stichsäge mit einfachem Hub (auf/ab) vollführt der Pendelhub gleichzeitig vertikale und horizontale Bewegungen.

Pendeltürbänder sind Beschläge zur doppelseitigen Türbewegung, wie sie als Saloontüren aus Western bekannt sind (Westernbeschlag).

Pinsel Um eine ansprechende Oberfläche zu erzielen, ist neben der passenden Farbe auch der richtige P. wichtig. Einige Tips für die richtige Wahl: Grundsätzlich unterscheidet man P. nach dem Material ihrer Borsten und ihrer Form. Handelsübliche P. haben entweder Naturborsten (auch ‚Chinaborsten'), oder Kunststoffborsten. Zum P. mit Naturborsten sollte derjenige greifen, der sich für einen lösemittelbasierten Alkydharz-Lack entschieden hat. Für die Verarbeitung wasserverdünnbarer Acryl-Lacke empfiehlt es sich, P. mit Kunststoffborsten einzusetzen. Man unterscheidet Rund-, Flach- und Heizkörperpinsel.

Pinselpflege Um den lästigen ‚Haarausfall' neuer Pinsel zu vermeiden, hilft es, wenn man vor dem ersten Gebrauch mit dem Pinsel mehrmals über ein rohes Stück Holz fährt (trockenes Lackieren), bis keine Haare mehr ausfallen.
Nach jedem Benutzen sollte das Werkzeug ordentlich gereinigt werden. Dazu zunächst den Pinsel gut am Doseninnenrand abstreifen. Dann gründlich auswaschen, entweder nur mit lauwarmem Wasser (bei wasserverdünnbaren Produkten) oder mit Terpentin-Ersatz und anschließend mit lauwarmem Wasser (bei lösemittelbasierten Produkten).

Plattenstöße Fugen zwischen zwei Plattenkanten z.B. bei Wandbeplankungen. Im Trokkenbau werden die Stöße der Gipskartonplatten verspachtelt, um eine möglichst glatte und ebene Oberfläche für die spätere Behandlung zu erzielen. Unsauber ausgeführte P. können sich später durch z.B. Tapeten abzeichnen.

Polystyrol Vollsynthetischer Kunststoff. Aus aufgeschäumten P. stellt man die leichten, preiswerten ‚Styroporplatten' zur Wärmedämmung her. Fachlich korrekt heißt aufgeschäumtes PS ‚Expandierter Partikelschaum' (EPS). EPS ist schwer entflammbar, kann im Brandfall aber toxische Dämpfe freisetzen. Auch als Kaschierung von z. B. Gipskarton- oder Holzwolleleichtbauplatten verwendet, bituminiert auch als Dränmatten eingesetzt.

Porenbeton (früher ‚Gasbeton') P. besteht aus den mineralischen Rohstoffen Sand, Kalk und Wasser. Er besitzt sehr gute Verarbeitungseigenschaften: geringes Gewicht, problemlos säg- und spaltbar, im Dünnbett-Verfahren zu

Bitte lesen Sie weiter auf Seite 235

Gedämmte, hinterlüftete Vorhangfassade

notwendige Zusatzkosten für das Gerüst, neue Fensterbänke oder eine eventuelle Änderung des Dachüberstands. Schlechter sieht's mit der Eigenleistung bei der vorgemauerten Klinkerschale mit Kerndämmung aus – wenn man nicht zufällig Maurer-Profi ist. Die Mitarbeit des Bauherrn beschränkt sich meist auf das Herstellen des Fundaments, das Verlegen der Dämmplatten und Handlangerarbeiten. Entsprechend muß man für diese zweischalige Konstruktion 300 bis 400 Mark/m² einkalkulieren. Eine heimwerkerfreundliche Alternative sind die auf Seite 225 gezeigten Klinker-Riemchen auf den gut wärmedämmenden Polyurethan-Platten. Apropos Dämmwirkung: Seit dem 1.1.1995 schreibt die 3. Wärmeschutzverordnung (WSVO) einen Mindest-k-Wert von 0,40 W/m²K vor, wenn ein Altbau komplett mit einer Fassadendämmung ausgestattet wird. In unserer Tabelle ist aufgeführt, mit welchen Dämmstoff-Dicken Sie diesen Wert erreichen – abhängig von der Wandkonstruktion und der Wärmeleitfähigkeitsgruppe des verwendeten Dämmstoffs. Bei der Außendämmung gängig sind Polystyrol- (landläufig auch als Styropor bezeichnet), Mineralwolle- und Polyurethan-Platten. Beim Kauf sollten Sie unbedingt darauf achten, daß das Material auch für die Außendämmung zugelassen ist. Es muß z. B. wasserabweisend sein und abrißfester als Innendämmplatten. □

Eine vorgehängte Fassade kann viele Gesichter haben. Daß auch eine Holzverkleidung überhaupt nicht langweilig wirken muß, beweist das Haus auf diesem Bild, wo Nut- und Federbretter diagonal bzw. parallel zur Dachneigung verlegt wurden

Bild: Arbeitsgemeinschaft Holz

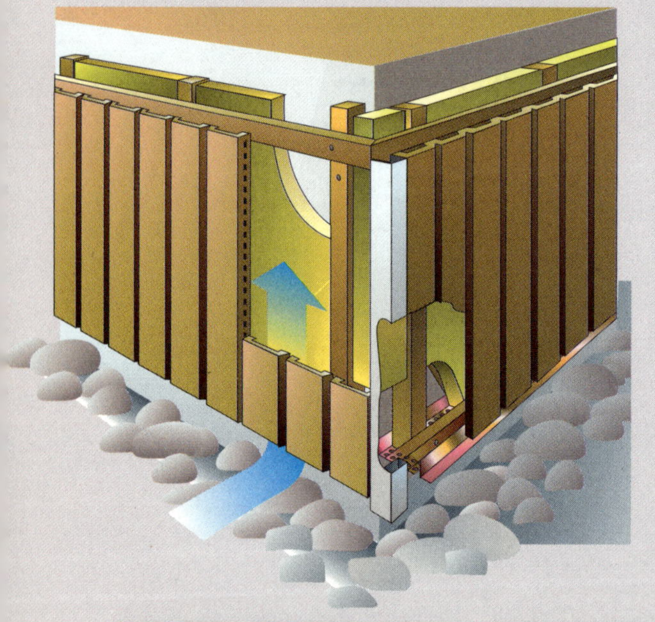

Der Aufbau einer wärmegedämmten, hinterlüfteten Fassade: Zwischen den Dämmplatten und der Verkleidung bleibt ein etwa 2 cm breiter Spalt, durch den die Luft von unten nach oben zirkulieren kann. Die Anordnung der Traglattung muß sich natürlich nach der Form der Verkleidungs-Elemente richten

Kontakte:
G+H Isover (Kerndämmplatten), 67005 Ludwigshafen, ✆ 0621/501-0;
Böger Fassadenelemente (Isoklinker), 12355 Berlin-Rudow, ✆ 030/6636403;
Lugato Chemie (Wärmedämm-Verbundsystem), 22011 Hamburg, ✆ 040/69407-0);
Eternit (Faserzementplatten), 12355 Berlin, ✆ 030/6601-0;
Werzalit (Kunststoffpaneele, Sidings), 71718 Oberstenfeld, ✆ 07062/50-0;
Arbeitsgemeinschaft Holz, 40474 Düsseldorf, ✆ 0211/478180;
Bundesministerium für Wirtschaft und Technologie, 10115 Berlin, ✆ 030/2014-7674 (Broschüre „Energiesparberatung vor Ort");
Kreditanstalt für Wiederaufbau („Programm zur CO_2-Minderung"), 60325 Frankfurt, ✆ 069/7431-0.

Auch kleinformatige Elemente sind zum Selbstverlegen geeignet

Neben Nut- und Federbrettern oder Kunststoffpaneelen bieten sich als Verkleidung für die hinterlüftete Fassade auch kleinformatige Elemente an – wie z. B. die hier abgebildeten Faserzement-Platten oder Holzschindeln. Weil naturgemäß mehr Befestigungspunkte nötig sind, muß die Traglattung in diesen Fällen engmaschiger verlegt werden. Faserzementplatten gibt es in vielen Formen und Farben mit glatten und strukturierten Oberflächen. Sie werden nach einem bestimmten Verlegeschema überlappend mit der Unterkonstruktion vernagelt. Aus den Verlegeanleitungen, die die Hersteller von Faserzementplatten in der Regel anbieten, können Sie die Abstände der Lattung sowie Anzahl und Positionen der Befestigungen für die verschiedenen Deckungsarten, z. B. Waben-, Stülp- oder Doppeldeckung, entnehmen.

Eine warme Decke fürs Dach

Ein gut gedämmtes Dach spart Heizkosten und sorgt für ein behagliches Raumklima. Lesen Sie, wie man mit Hartschaum-Material richtig dämmt

Auf den ersten Blick scheint es nicht so ganz einfach zu sein, die relativ unflexiblen Hartschaum-Elemente dicht zwischen den Dachbalken zu verlegen. Genau dies ist nämlich eine der wichtigen Forderungen für eine gute Wirkung des Wärmeschutzes. Es gibt jedoch inzwischen ausgeklügelte Produktsysteme aus expandiertem Polystyrol, landläufig unter dem Markennamen Styropor bekannt, die auch der Heimwerker ohne Schwierigkeiten paßgenau verlegen kann – wie die hier gezeigten Dämmplatten:
Durch parallele Längseinkerbungen lassen sich die Elemente etwas stauchen und so fest zwischen die Sparren klemmen. Umlaufende Nut- und Federkanten gewährleisten, daß auch der Anschluß zwischen zwei Platten absolut dicht ist. Die Kantenausbildung hat aber einen weiteren, entscheidenden Vorteil: Durch sie ergibt sich ein Endlos-Stecksystem, das sich bei nur minimalem Verschnitt für alle Gefachbreiten eignet.
Und so beginnen Sie: Die Längsfeder der ersten Platte sauber abschneiden und dieses Element mit einer zweiten Platte zusammenstecken. Die benötigte Breite (1% mehr als der lichte Sparrenabstand)

Polystyrol-Dämmstoffe schneidet man besonders exakt mit einem Glühdrahtschneider. Sie können aber auch einen ganz normalen Fuchsschwanz einsetzen

Zunächst **1** *wird die Feder an der Längsseite der ersten Platte abgeschnitten und dieses Element mit einem zweiten zusammengesteckt. Dann überträgt man die erforderliche Plattenbreite. Sie ...*

2 *... entspricht dem lichten Sparrenabstand plus ca. 1% dieses Wertes. Mit einem Glühdraht sind die Platten im Nu durchgetrennt. Alternativen sind Bandsäge oder Fuchsschwanz*

Die erste **3** *Platte eines Gefachs sollte jeweils durch einen Zuschnitt an die untere Kante der Fußpfette angepaßt werden, damit sie hier eng anliegt (vgl. Zeichnung unten links)*

4 *Die Platten an einer Sparrenkante ansetzen, leicht biegen und in das Gefach drücken. Gegebenenfalls mit Zulage und Hammer anklopfen, bis die Platte bündig mit den Sparren abschließt und ...*

Für alle Gefache geeignet

über diese Platteneinheit abmessen, anzeichnen (Foto 1) und zuschneiden. Auf diese Weise besteht jede verlegte Dämmplatte aus zwei Teilstücken, die mit Nut und Feder verbunden sind und an den Sparrenseiten mit der geraden Zuschnittkante abschließen.
Die saubersten Schnitte erhalten Sie mit einem Styropor-Glühdraht-Schneider. Wir haben bei unserer Verlegung ein spezielles, vom Plattenhersteller entwickeltes Gerät eingesetzt, mit dem z. B. auch Gehrungsschnitte kinderleicht zu bewerkstelligen sind. Die Fa. Algostat plant, diesen praktischen Drahtschneider künftig flächendeckend über Baumärkte und Handel als Mietgerät anzubieten. Bis ca. 100 mm Stärke lassen sich die Platten aber auch mit Fuchsschwanz oder Stichsäge (mit Styropor-Messer) gut zuschneiden. Um auf

5 *... ihre Feder vollständig in der Nut des zuvor verlegten Elements sitzt. Eventuelle Fugen und Ritzen sollten Sie vor dem Verlegen der Dampfbremse mit PU-Montageschaum ausspritzen*

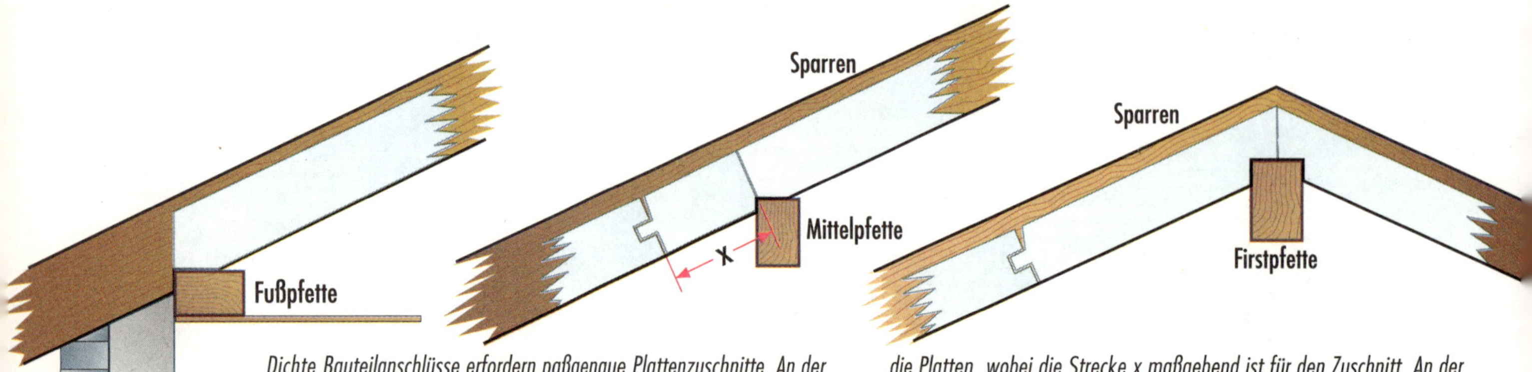

Dichte Bauteilanschlüsse erfordern paßgenaue Plattenzuschnitte. An der Fußpfette schrägt man dazu die untere Kante an. An Mittelpfetten teilt man die Platten, wobei die Strecke x maßgebend ist für den Zuschnitt. An der Firstpfette Platten auf Gehrung schneiden und Balkenkanten aussparen

6 Mit der Dampfbremsfolie wird das Dach auch winddicht gemacht. Die PE-Folie an die Sparren tackern und die Bahnen so weit überlappen lassen, daß man sie spannungsfrei mit doppelseitigem ...

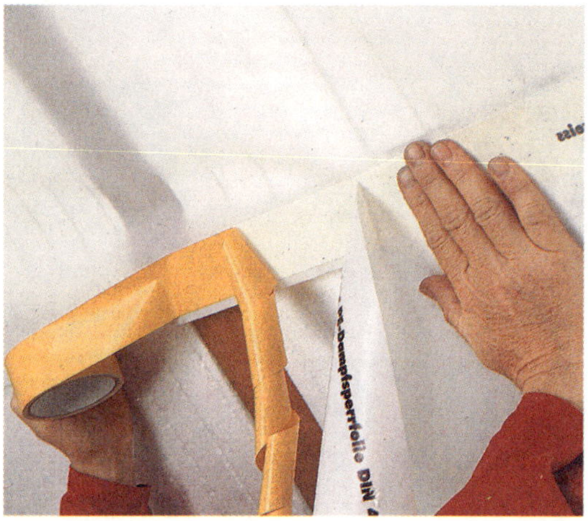

7 ... Klebeband luftdicht verbinden kann. Optimal zum Verkleben der Folie sind spezielle Buthyl-Kautschuk-Bänder, die die meisten Dämmstoff-Anbieter in ihrem Programm haben

8 Anschlüsse an Giebelwände und andere Bauteile, die die winddichte Schicht unterbrechen, stellt man mit Hilfe eines komprimierten Dichtungsbands her, das hier gerade auf die Giebelwand geklebt wird

9 Überlappende Folie mit einer Leiste über das Dichtungsband ziehen und mit der Latte fest verschrauben. Hier wurde vorher die horizontale Traglattung verlegt. Natürlich können Sie auch zuerst ...

10 ... eine durchgehende Anpreßlatte verschrauben und dann die Unterkonstruktion für die Raumverkleidung verlegen – die in unserem Fall aus großformatigen Gipsbauplatten bestand

So dick sollte die Dämmung sein

Um die in der derzeit gültigen Wärmeschutzverordnung festgelegten maximalen Heizenergieverbräuche zu erzielen, sollten Sie beim Ausbau eines Daches zum Wohnraum einen k-Wert von 0,22 W/(m²K) anstreben. Dieser erfordert zwischen den Sparren eine 220 mm dicke Schicht mit Dämmstoffen der Wärmeleitfähigkeitsgruppe (WLG) 040 bzw. 200 mm bei WLG 035. Wenn Sie zusätzlich unter den Sparren eine weitere dünne, durchgehende Dämmschicht verlegen – z. B. in Form von Gipskarton-Verbundplatten –, kann die Gesamtdämmdicke ca. 20 mm geringer ausfallen. Der Grund: Der ungünstige Einfluß der Holzsparren als Wärmebrücke in einem ansonsten gut gedämmten Gefach wird damit ausgeglichen.

Mit einer PE-Folie wird das Dach winddicht gemacht

die heute geforderten Dämmdicken zu kommen, würde man den Dämmstoff in diesem Fall zweilagig verlegen, z. B. eine Lage mit 80-mm- und eine zweite mit 100-mm-Platten (vgl. Kasten oben). Wenn möglich, sollten Sie die gesamte Sparrentiefe für die Wärmedämmung nutzen. Voraussetzung ist, daß die über dem Dämmstoff liegende Schicht diffusionsoffen ist – was die heute gängigen Unterspannbahnen in der Regel gewährleisten. Außerdem muß das Dach von der Raumseite her winddicht gemacht werden. Das geschah in unserem Fall mit PE-Folienbahnen (0,2 mm). Sie wurden untereinander verklebt und an den Giebelwänden sorgfältig und dicht angeschlossen. □

Sie brauchen:

Material: Dämmplatten, PE-Folie, Klebe- und Dichtbänder, Holzleisten für Unterkonstruktion, Gipsbauplatten oder Paneele als Raumverkleidung

Kosten: Dämmplatten ‚Styrotect S', 180 mm dick, Folie, Dicht- und Klebebänder: ca. 26 bis 28 DM pro m²

Kontakt:
Anbieter von „Styrotect S"-Hartschaum-Dämmplatten:
Schwenk Dämmtechnik, Pf. 1353, 86899 Landsberg, ✆ 08191/127-1;
AlgoStat Dämmsysteme, Pf. 3231, 29232 Celle ✆ 05141/8851-0.

Kälte-sperre

Im Altbau können Sie durch eine Innendämmung viel Heizenergie sparen. Aber – diese Konstruktion erfordert so einiges an Know-how

Unsere Wärmeschutz-Konstruktion bestand aus einem gedämmten, mit Gipsbauplatten beplankten Metallständerwerk

Um es gleich vorwegzunehmen: Eine Dämmung der Außenwand von innen ist nur die zweitbeste Lösung. Bauphysikalisch gesehen, ist ein Wärmeschutz an der Fassade das *non plus ultra* – das aber nicht immer realisiert werden kann. Oft soll das Erscheinungsbild des Gebäudes erhalten bleiben, z. B. bei Fachwerkhäusern oder denkmalgeschützten Fassaden. In unserem Fall stand die unmittelbar ans Haus grenzende Dorfstraße einer Dämmschicht auf der alten Ziegelfassade im Wege. Häufig sind es aber auch die erheblich niedrigeren Kosten, die für einen innenliegenden Wärmeschutz sprechen. Einen weiteren Vorteil hat die Innendämmung bei unregelmäßig genutzten Räumen, wie z. B. Sauna- oder Partyräume. Sie lassen sich in kurzer Zeit auf wohnliche Temperaturen aufheizen.

Problematisch ist die Innendämmung, weil sie das bauphysikalische Verhalten der Außenwand stark verändert. Berücksichtigt man dies nicht bei der Konstruktion, zieht das fast zwangsläufig Bauschäden nach sich. Wie unsere Zeichnungen auf Seite 31 zeigen, können die Temperaturen an der Wandinnenseite in kalten Wintern bis 0 °C und tiefer fallen. Wasserdampfmoleküle aus der warmen Raumluft, die stets hin zu kühleren Bereichen mit niedrigem Dampfdruck streben und dabei auch durch Baustoffe wandern („diffundieren"), würden im Dämmstoff oder an der Innenseite der Wand ihren Taupunkt erreichen und sich als Kondens-

Metallständerwerk aufbauen

1 Die U-förmigen Bodenprofile werden vor der Wand gerade ausgerichtet. Um Wärme- und Schallbrücken zu vermeiden, unterlegt man ...

2 ... sie mit weichen Mineralwolle-Streifen. Dann das Profil im Estrich verdübeln. Mit Hilfe zweier CW-Profile, die provisorisch in ...

3 ... das obere und untere Rahmenprofil eingestellt und lotrecht ausgerichtet werden, ermitteln Sie die Position des Deckenprofils, ...

4 ... das dann ebenfalls verschraubt wird. Die Metallprofile lassen sich mit der Trennscheibe des Winkelschleifers leicht ablängen

5 Der Montage-Abstand der vertikalen Profile sollte der Breite der Dämmplatten entsprechen. Am einfachsten und schnellsten ...

6 ... lassen sich die Profile durch Nieten verbinden. Die erforderlichen Löcher müssen mit einem Metallbohrer vorgebohrt werden

Ein Vorteil der hier gezeigten Dämm-Konstruktion: Das vor die Wand gesetzte Ständerwerk erlaubt das Verlegen von Rohren und Leitungen in oder hinter der Wand. Für Kabeldurchführungen sind in den Ständerprofile Öffnungslaschen vorgestanzt. Übrigens, Rohre, die zwischen Vorsatzschale und Massivwand verlaufen, müssen unbedingt gedämmt werden

wasser niederschlagen – wenn man sie nicht daran hindert. Wird – wie bei unserer Vorsatzschale – diffusionsoffene (wasserdampfdurchlässige) Mineralwolle als Dämmung verwendet, muß man die Wanderung des Wasserdampfes mit einer raumseitigen Dampfbremse unterbinden.

Die Kälte kommt oftmals auch auf Umwegen ins Haus

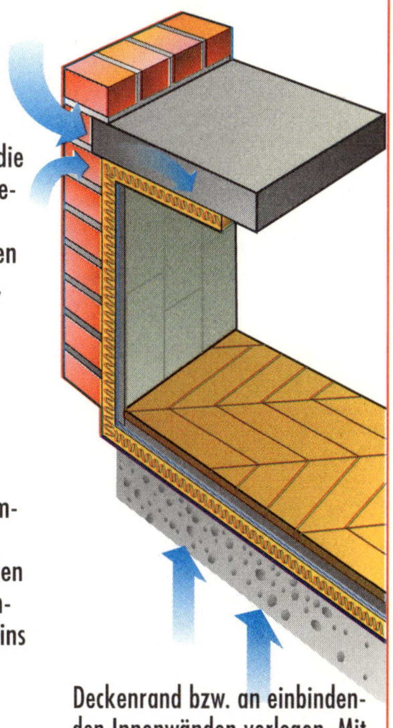

Bei einer Innendämmung ist die Gefahr groß, daß man Wärmebrücken einbaut, die vorher nicht da waren. Wärmebrücken sind örtlich begrenzte Stellen, die gegenüber den größeren Raumflächen eine wesentlich geringere Dämmwirkung haben, im Winter also kälter sind als die Umgebung. Hier kann Wasserdampf aus der Raumluft kondensieren. Schimmelpilze sind dann programmiert. Bei den kritischen Stellen handelt es sich um Stahlbetondecken und Innenwände, die ins Außenmauerwerk einbinden, Raumecken sowie Fensterlaibungen und -Stürze. Um den Wärmebrückeneffekt im Bereich der Stöße zwischen Außenwand und flankierenden Bauteilen zu mindern, sollte man mindestens 50 cm breite Dämmstreifen am Deckenrand bzw. an einbindenden Innenwänden verlegen. Mit Gipskarton oder Holzdecken läßt sich die Dämmung kaschieren. Bei ungedämmten Kellerdecken braucht auch der Fußboden einen Mindestwärmeschutz.

Wir sind sogar ganz auf Nummer Sicher gegangen und haben eine von Fraunhofer-Institut für Bauphysik neu entwickelte Dampfbremsfolie verwendet. Sie wird vom Hersteller unserer Dämmplatten vermarktet. Wie herkömmliche Polyethylen-Folien verhindert sie im Winter das Eindringen von Wasserdampf in die Konstruktion. Im Sommer macht sie aber auch den „Rückweg“ möglich. Eventuell eingedrungene Feuchtigkeit kann dann durch die Folie zur kälteren Raumseite hin verdunsten.

Wichtig ist, daß die Dampfbremse keine Beschädigungen und Undichtigkeiten an den Anschlüssen aufweist. Vor allem, wenn die Außenwand winddurchlässig ist – z. B. bei abbröckelndem Mauerwerks-Putz – kann durch Luftzug wesentlich mehr Wasser in die Konstruktion gelangen, als das durch Diffusion überhaupt möglich wäre. Unter Umständen können Sie auch auf eine Dampfbremse verzichten, z. B. bei einer Innendämmung mit Gips/Hartschaum-Verbundplatten, die eine höhere Diffusionsdichte aufweisen. Sie werden direkt auf der Wand punktförmig verklebt und die Stöße winddicht verspachtelt. Der Nachteil: Der Schallschutz der Außenwand verschlechtert sich, wogegen die Vorsatzschale aus Gipsbauplatten und Mineralwolle zu einer merklichen Verbesserung führt. Außerdem entfällt beim Verkleben die Möglichkeit, Rohrleitungen in oder hinter

Dämmstoff verlegen

1 *Damit die Raumwärme nicht über die gut wärmeleitenden Metallständer entweicht, hinterfütterten wir sie mit Dämmstreifen, …*

2 *… bevor die Gefache gedämmt wurden. Die elastischen Mineralwolleplatten lassen sich einfach zwischen die Profile klemmen. Zuschnitte führt man mit …*

5 *Die neuen Heizkörper wurden im ausreichenden Abstand vor der Wand installiert, so daß das Ständerwerk noch dahinter Platz hatte*

4 *So vermeidet man Wärmebrücken in Ecken: Durch die weit vor der Wand montierten Eckprofile bleibt ein Hohlraum, der komplett gedämmt wird*

Die Dämmung der Profile schaltet Wärmebrücken in der Wandfläche aus

Dampfbremsfolie verlegen

1 *Das doppelseitige Klebeband wird auf das obere UW-Profil geklebt. Schutzpapier …*

2 *… abschnittsweise abziehen und die Folie locker (ca. 3 cm Überbreite pro Gefach) …*

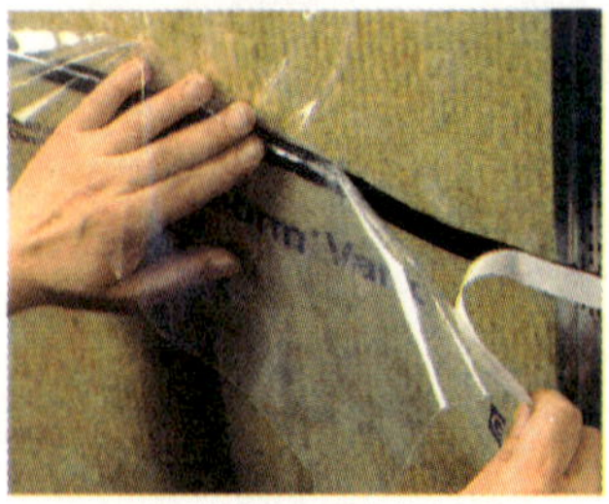

3 *… ankleben. Auf diese Weise werden auch die Anschlußfolien – überlappend – verklebt*

Die „intelligente“ Dampfbremsfolie Difunorm Vario mit den dazugehörigen Dicht- und Klebebändern: Sie ändert je nach Umgebungsfeuchte und Temperatur ihre physikalische Struktur und ermöglicht ein Austrocknen feuchter Konstruktionen

3 *... einem scharfen Messer aus. Klinge entlang einer Schiene in einem Zug fest durchziehen. Der Rest der Platte dient als Anfangsstück für das nächste Gefach*

Dämm-Lösungen für die Fensterlaibung

Auf die Rückseite des druckfesten Dämmstreifen trägt man Ansetzgips auf. Durch den ...

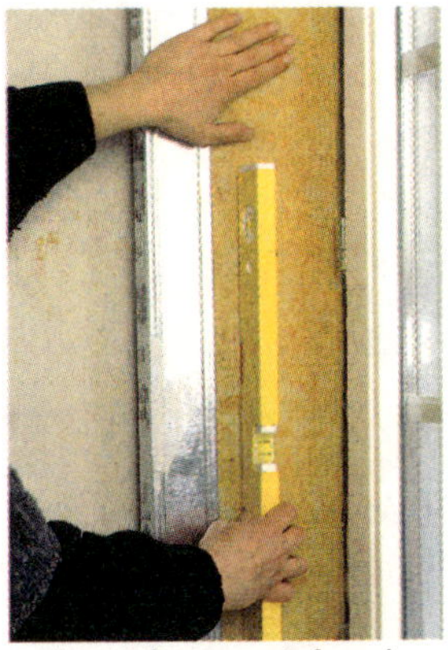

... batzenförmigen Auftrag können leichte Unebenheiten der Laibung ausgeglichen werden

Auf die Gipskarton-Rückseite ebenfalls Ansetzgips auftragen und die Platte verschrauben

Wie einbindende Decken, so gehören auch die Fensterlaibungen zu den kritischen, kalten Stellen, über die Raumwärme vermehrt nach draußen abwandert. Das Problem: Hier ist in der Regel kaum Platz für eine dickere Dämmschicht. In unserem Fall konnten die Laibungen gerade mal etwa 25 mm aufgefüttert werden. Unsere Lösung: Aus einer ca. 10 mm dünnen, druckfesten Mineralwolle-Estrichdämmplatte wurden passende Dämmstreifen zugeschnitten und in der Laibung verklebt. Als raumseitige Verkleidung dienten 9 mm dicke Gipsbauplatten. Andere Möglichkeit: Sie verwenden als Dämmung eine Holzwolle-Leichtbauplatte („Heraklith"-Platte) und verdübeln sie in der Laibung. Die grobe, tragfähige Oberfläche der Leichtbauplatten kann direkt verputzt werden. Auch zur Randdämmung einbindender Decken sind diese Platten gut geeignet.

Heimwerker-Lexikon

Porenbeton (Forts.) bis Raspel

verkleben. Sehr gute Wärmedämmeigenschaften durch eine hohe Anzahl von Poren.

Porenbetondübel Spezieller Dübel für Porenbeton. Nach dem Setzen des Dübels ist die Schraube entsprechend dem Untergrund mit mehreren Umdrehungen anzuziehen.

Probebohrung (Bohrmehlanalyse). Farbe und Beschaffenheit des Bohrmehls gibt bei verputzten Wänden Auskunft über den wahrscheinlich vorhandenen Baustoff und erlaubt Aussagen zu dessen Festigkeit.

Profilverbinder Stahlblech-Formteil zur Stoßverbindung von Metallprofilen, das für eine Lastübertragung die nötige Steifigkeit am Profilstoß sichert.

Putz Mineralische oder kunststoffbasierte Beschichtung für Innen- und Außenwände zur Schaffung eines ebenen Untergrunds für Wandbeläge (innen) und als Witterungsschutz an der Außenseite des Hauses. Mineralische Putze bestehen aus Kalk, Zement, Kalk-Zement oder Gips.

Putzhaken setzt man ein, um Brettlehren (Putzbretter) als Begrenzung an den Außenecken oder an Öffnungslaibungen zu befestigen, damit beim Verarbeiten des Putzes am Mauerwerk gerade, scharfe Kanten entstehen. Er besteht aus einem geschmiedeten Dorn mit verschiebbaren Klemmbacken. Dieser Dorn wird in das Mauerwerk eingetrieben.

Putzkellen kleine Kellen mit konisch geformten Blättern zum Aufbringen und Glattstreichen von Putz, Dichtungsmassen etc.

Putzmeißel Meißel mit sehr breiter Schneide zum Entfernen von Putz an Hauswänden.

Querlast Last, deren Richtung quer zur Dübelachse verläuft. Die Q. verursacht eine Abscherbeanspruchung.

Rabbitzangen sind Beißzangen für das Abzwicken von harten Drähten.

Radio-Schraubendreher sind sehr kleine Schlitz- oder Kreuzschlitz-Schraubendreher, die bei kleinen Schrauben (besonders Radio/TV-Bereich) eingesetzt werden. R. sind meistens in mehrteiligen Sets mit unterschiedlichen Werkzeuggrößen erhältlich. Sie besitzen einen dünnen Griff und einen drehbar gelagerten Kopf, damit bei Feinarbeiten das Werkzeug gut in der Hand liegt.

Rahmendübel sind durch ihren langen Schaft die optimalen Dübel für die Montage von Tür- und Fensterrahmen aus Holz, Lattungen, Hängeschränken und Sockelleisten. Geeignet auch zur Abstandsüberbrückung von nichttragenden Wandelementen.

RAL-Farbtöne Das RAL-Farbtonregister ist eine deutsche Farbtonnorm. Es gibt zur Zeit ca. 180 genormte RAL-Farbtöne. Für jeden RAL-Farbton gibt es einen Standard (Urmuster) in Seidenmatt und Hochglanz. Derjenige Farbenhersteller, der seine Farben mit RAL bezeichnet, muß sich auch an diese Norm halten. Man kann also einen Farbton von zwei verschiedenen Herstellern kaufen und sieht keinen Unterschied.

Randdämmstreifen Senkrecht stehender Streifen aus Dämmaterial rund um einen schwimmenden Estrich. Er soll die Estrichplatte schalltechnisch von der Wand entkoppeln.

Raspel ist eine Feile mit sehr grober Zahnteilung. Es gibt zahlreiche Werkzeuge, die mit dem Namen Raspel bezeichnet werden, besonders Feilensorten, die überwiegend bei der Holzbearbeitung eingesetzt werden. Man unterscheidet zwischen flachen, runden und halbrunden Raspeln. Je grober die Zahnteilung, desto mehr Material wird pro Hub vom Werkstück abgetragen. Diese Feilen eignen sich deshalb nicht für die Feinarbeit an einem Werkstück.

Bitte lesen Sie weiter auf Seite 241

1 *Die Verkleidung aus Gipsbauplatten reguliert das Raumklima durch Aufnahme und Abgabe von Feuchte. Sie werden quer zu den C-Profilen ...*

2 *... und fugenversetzt mit Schrauben am Ständerwerk befestigt. Zuschnitte lassen sich durch Vorritzen und Brechen über eine ...*

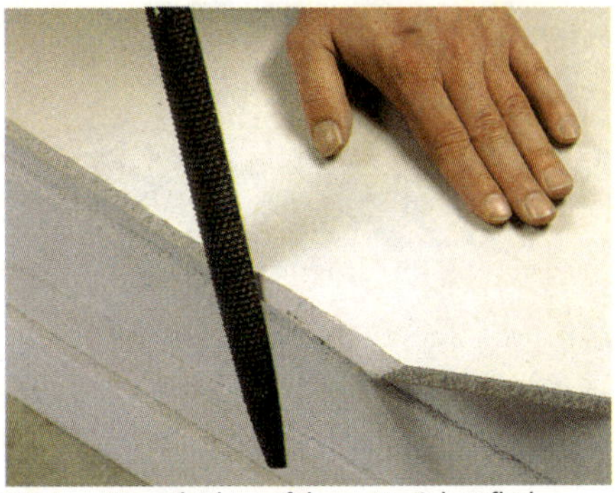

3 *... Kante leicht ausführen. Die Schnittflächen für den Anschluß an eine andere Platte mit einer Raspel anfasen. So kann der ...*

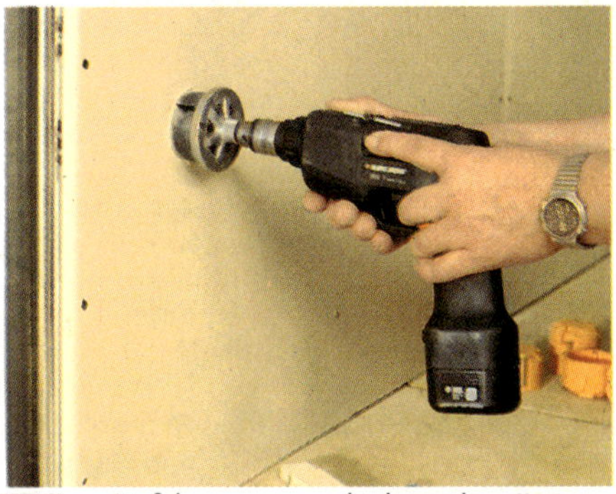

4 *... Stoß besser verspachtelt werden. Kreisrunde Öffnungen für Steckdosen spart man am einfachsten mit einer Lochsäge aus*

5 *Abschließend alle Fugen sorgfältig mit Gipsspachtelmasse füllen und glattschleifen, um eine ebene Wandfläche zu erhalten*

Temperaturverläufe in einer Außenwand

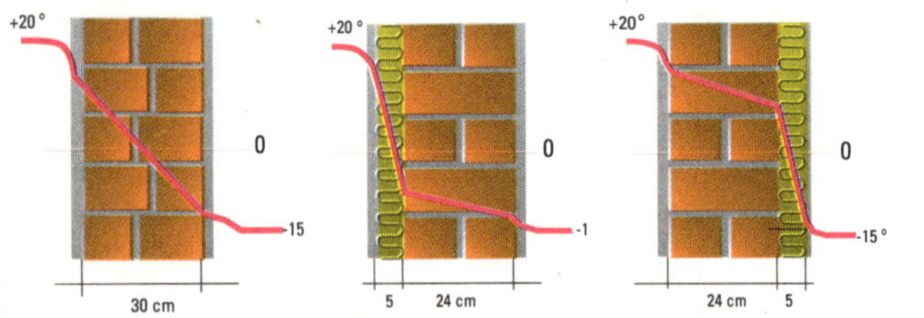

Sie sehen hier die unterschiedlichen Temperaturverläufe in einer massiven, ungedämmten (links), einer von innen (Mitte) und einer an der Fassade gedämmten Außenwand (rechts). Die Temperaturdifferenz beträgt 35 °C

Ein Wärmeschutz verändert das bauphysikalische Verhalten einer Außenwand ganz beträchtlich. Nimmt die Temperatur bei einer ungedämmten Wand fast linear von innen nach außen ab, so zeigt sich bei einer Innendämmung ein gänzlich anderer Verlauf: Die Dämmschicht hält die Wärme so gut zurück, daß es an sehr kalten Tagen sogar an der Wandinnenseite zu Minusgraden kommen kann. Vor der Wand verlegte Rohrleitungen sind also frostgefährdet und müssen unbedingt gedämmt werden. Ohne eine raumseitige Dampfbremse würden die stets zu kälteren Seite hin wandernden („diffundierenden") Wasserdampfmoleküle in der Raumluft hier ihren Taupunkt erreichen und sich als Kondenswasser niederschlagen. Zweifellos die beste Lösung: die Fassadendämmung. Selbst bei minus 15 °C schützt sie die tragende Außenwand vor Frost.

Gipsplatten regulieren auch die Raumfeuchte

der Dämmung zu verlegen. Grundsätzlich sollten Sie jedoch die Entscheidung über Konstruktion und Materialien einem Bauten- und Wärmeschutz-Experten („Gelbe Seiten") überlassen. Er weiß auch, wie das zweite, für einen Laien schwer zu beurteilende Problem der Wärmebrücken in Griff zu kriegen ist Je nach konstruktiven Gegebenheiten ist es nämlich unter anderem erforderlich, flankierende Bauteile wie einbindende Decken und Wände teilweise mitzudämmen.

Wenn Sie wissen, wie Sie die kritischen Stellen meistern, dürfte die Ausführung für einen geschickten Heimwerker kein Problem mehr sein. □

Sie brauchen:

Werkzeug: Zollstock, Wasserwaage, evtl. Schlagschnur, Trennschleifer, Bohrmaschine (oder Bohrhammer) mit Metall- und Steinbohrer, Messer, Nietzange , evtl. Lochsäge oder Stichsäge, Raspel, Glättkelle

Material: UW-Rahmenprofile, CW-Ständerprofile (in 50, 75 oder 100 mm), Schrauben, Dübel, Nieten, phoshatierte Schnellbauschrauben, Gipspachtel, Innendämmplatten, Dämm-Randstreifen, Dampfbremsfolie mit Dicht- und Klebebändern (als System)

Kosten: pro Quadratmeter von ca. 50 bis 65 Mark (bei Stärken zwischen 60 und 100 mm)

Kontakt: Knauf Westdt. Gipswerke (Metallprofile, Gipsbauplatten) 97346 Iphofen, ✆ 09323/31-0; G+H Isover (TW 1-Mineralwolleplatte, Randdämmstreifen, Difunorm Vario-Folie), 67005 Ludwigshafen, ✆ 0621/501-0.

Fotos: P. Strnad (1), C. Kalex (5), Hersteller; Zeichnung: G. Anthony

Dämmstoffe im Vergleich

Seit Mineralfaser & Co mit der Konkurrenz aus dem Öko-Lager konfrontiert werden, ist die Dämmstoff-Auswahl nicht einfacher geworden. Lesen Sie, auf welche Kriterien Sie achten sollten

Dämmstoffe leisten einen wichtigen Beitrag zum Umweltschutz. Indem sie Wärmeverluste durch Wände, Keller und Dächer bremsen, reduzieren sie den Heizenergieverbrauch und damit die Schadstoffbelastungen unserer Atmosphäre.
Eine niedrige Wärmeleitfähigkeit, sprich: eine gute Wärmedämmung, ist allerdings nicht das einzige Kriterium beim Dämmstoff-Kauf. Abhängig vom Einsatzort können auch Druckfestigkeit, Beständigkeit gegen Nässe

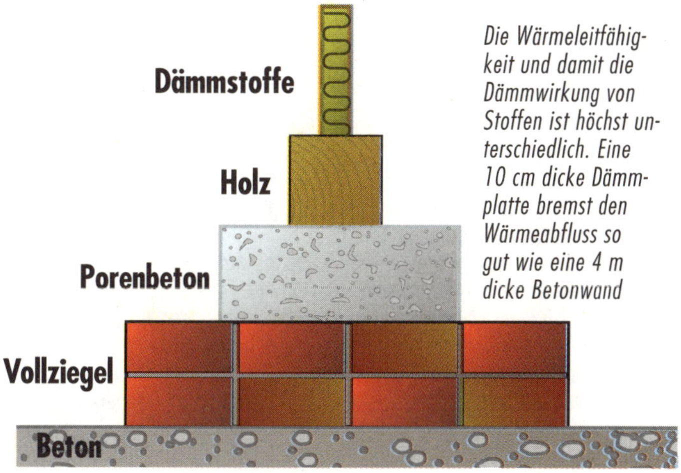

Die Wärmeleitfähigkeit und damit die Dämmwirkung von Stoffen ist höchst unterschiedlich. Eine 10 cm dicke Dämmplatte bremst den Wärmeabfluss so gut wie eine 4 m dicke Betonwand

*Neben den konventionellen Materialien aus Mineralfaser (**11**, **12**, **13**) und Hartschaum (**5**) versuchen alternative Dämmstoffe, Marktanteile zu erobern: Etabliert hat sich bisher vor allem die Zellulose, die es als Platten (**1**) und Einblasmaterial (**10**) gibt. Kork wird als Granulat (**8**) oder als expandierter Backkork (**3**) angeboten, Baumwolle (**16**), Schafwolle (**15**) und Kokosfaser (**14**) gibt's als flexible Matten. Überwiegend aus Holzabfällen gefertigt sind Holzfaser- (**6**) und Holzwolle-Leichtbauplatten (**4**, **2** mit Polystyrol-Kern). Blähton (**7**) und Perlit (**9**) sind altbewährte, mineralische Schüttdämmstoffe.*

Polystyrol (EPS)

Material/Eigenschaften:
Unter dem Markennamen „Styropor" jedermann ein Begriff, bezeichnet man die weißen Dämmplatten fachlich korrekt als „expandierten Partikelschaum" (EPS). Als Rohstoff dient aus Erdöl hergestelltes, aufgeschäumtes Polystyrol. Die leichten, preiswerten Platten haben gute bis sehr gute Wärmedämm-Eigenschaften. Sie sind „schwer entflammbar", im Brandfall können allerdings toxische Gase entstehen.

Produktformen/Einsatz:
Expandierter Partikelschaum ist universell in Dächern, an Außen- und Innenwänden und als Trittschalldämmung einsetzbar. Oft mit Nut und Feder versehen, um Wärmebrücken zwischen den starren Platten zu vermeiden.

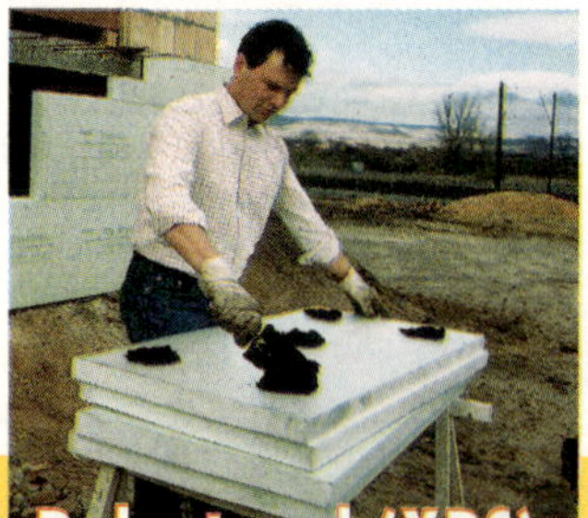

Polystyrol (XPS)

Material/Eigenschaften:
Durch ein anderes Herstellverfahren entsteht aus dem Ausgangsstoff für Styropor das extrudierte Polystyrol (XPS), auch kurz Extruderschaum genannt. Durch seine geschlossene Zellstruktur nimmt das Material praktisch kein Wasser auf. Es ist verrottungsfest, sehr druckbelastbar, aber nicht UV-beständig. Die Dämm-Eigenschaften sind gut bis sehr gut. Inzwischen stellen die großen Anbieter in Deutschland XPS ohne die ozonzerstörenden Gase FCKW und HFCKW her.

Produktformen/Einsatz:
Die meist mit Nut und Feder versehenen Platten eignen sich für stark beanspruchte Bereiche: unter der Bodenplatte und als Kellerdämmung gegen Erdreich.

Polyurethan (PUR)

Material/Eigenschaften:
Auch Polyurethan ist ein Erdöl-Produkt. Durch eine chemische Reaktion mit hohem Energieeinsatz entsteht ein Schaum mit sehr feinen, geschlossenen Luftporen. Das Resultat ist ein Dämmstoff, der die niedrigste Wärmeleitfähigkeit aller bekannten Dämmstoffe überhaupt aufweist. PUR ist verrottungsfest, aber nicht UV-beständig.

Produktformen/Einsatz:
Polyurethan gibt es als Plattenware, meist mit Nut- und Federkanten und verschiedenen Kaschierungen. Eine Domäne von PUR ist die Dämmung über den Sparren. Ideal ist das Material überall dort, wo mit einer recht dünnen Dämmschicht ein hoher Wärmeschutz erzielt werden soll.

Mineralfaser

Material/Eigenschaften:
Mineralische Faser-Dämmstoffe stellt man aus Gestein (Steinwolle) oder Sand und (Alt-)Glas (Glaswolle) unter Zusatz von Bindemitteln her. Der verflüssigte Rohstoff wird über Düsen zu feinen Fasern versponnen. Die gut wärme- und schalldämmenden Dämmstoffe sind preiswert, „nichtbrennbar" und verrotten nicht. Biolösliche („KI 40"-Hinweis) Mineralwolle-Fasern gelten als gesundheitlich unbedenklich.

Produktformen/Einsatz:
Mineralfaser gibt es als weiche Filze, druckfeste Platten und Stopfwolle. Universell rund ums Haus einsetzbar (außer Außendämmung gegen Erdreich). Bei Innen- und Dachdämmung ist eine Dampfbremse erforderlich.

Holzwolle

Material/Eigenschaften:
Holzwolle-Leichtbauplatten (auch als „Heraklith"-Platten bekannt) bestehen aus langfaserigen, mit Zement oder Magnesit gebundenen Nadelholzspänen. Das Wärmedämm-Vermögen ist für einen Dämmstoff eher schlecht, dafür sind die Schalldämm- und Schallschluck-Eigenschaften sehr gut. Die Oberfläche ist ein idealer Putz-Untergrund.

Produktformen/Einsatz:
Leichtbauplatten setzt man heute zur Wärmedämmung meist als Verbundplatten mit Hartschaum- oder Mineralfaserkern ein – an Außenwänden (Wärmedämmverbundsystem), in Steildächern, zur Dämmung von Betonstürzen. Innen oft als Akustikdecken und Wandvorsatzschalen.

Zellulose

Material/Eigenschaften:
Als Rohstoff für Zellulose-Dämmstoffe dient Altpapier aus Tageszeitungen. Dies wird zerkleinert und nach Zusatz brandhemmender Borsalze leicht verdichtet. Die dabei eingesetzte Energie ist gering. Zellulose-Dämmstoffe haben gute Dämm-Eigenschaften. Sie sollten aber gegen Eindringen von Feuchtigkeit geschützt sein, u. a. um ein Auswaschen der Borsalze zu vermeiden.

Produktformen/Einsatz:
Zellulose-Dämmstoffe gibt's als Plattenware und als Einblas-Material. Letzteres sollte nur durch Fachbetriebe verarbeitet werden, um zu gewährleisten, dass alle Hohlräume einer Konstruktion gefüllt sind. Zellulose eignet sich besonders für Leichtbauten.

Holzweichfaser

Material/Eigenschaften:
Nadelholzabfälle bilden die Rohstoffe für Holzweichfaser-Dämmstoffe. Sie werden zerfasert, mit Wasser vermischt, dann durch Pressen und Trocknen zu Platten verarbeitet. Als Bindemittel dienen holzeigene Harze. Die Baustoffklasse B2 erreichen sie ohne chemische Zusätze. Ihr Wärmedämm-Vermögen ist gut, die Schalldämmung sehr gut.

Produktformen/Einsatz:
Holzfaser-Dämmstoffe werden als Platten mit und ohne Nut und Feder hergestellt. Sie eignen sich sehr gut zur Dämmung von Steildächern, Innenwänden und als Trittschallschicht unter Estrichen. Bituminiert auch als winddichter Nässeschutz oberhalb der Dachsparren.

Schafwolle

Material/Eigenschaften:
Schafwoll-Dämmstoffe werden aus reiner Schafschurwolle, teilweise auch mit recycelter Altwolle gefertigt. Einige Hersteller weben bei dickerem Material auch Polyesterstützfasern mit ein. Um die Baustoffklasse B2 zu erreichen, werden einige Produkte mit Boraten behandelt, andere erreichen den Mindest-Brandschutz auch ohne Zusätze. Die Wärme- und Schalldämmeigenschaften sind gut.

Produktformen/Einsatz:
Schallwoll-Dämmstoffe gibt es als Vliesbahnen oder Filzmatten. Neben der Dämmung von Steildächern, Trennwänden und Zwischendecken eignen sie sich auch gut als schallschluckende Hohlraumfüllung in Decken.

Blähton

Material/Eigenschaften:
Blähton ist ein rein mineralisches, unbrennbares Dämmprodukt. Durch Erhitzen verdampft das im Ton enthaltene Wasser und bläht den Ausgangsstoff auf. Es entstehen Tonkügelchen mit vielen Luftzellen, die wärmedämmend wirken. Allerdings hat Blähton vergleichsweise schlechte Wärmedämmwerte. Das diffusionsoffene Material ist aber unempfindlich gegen Feuchtigkeit, druckbelastbar und gilt gesundheitlich als völlig unbedenklich.

Produktformen/Einsatz:
Blähton ist ein Schütt-Dämmstoff. Bewährt hat sich das Material unter Estrichen, als wärmedämmende Hohlraumschicht in Holzbalkendecken und zwischen Kanthölzern von Dielenböden.

Perlite

Material/Eigenschaften:
Wie Blähton ist Perlite ein mineralischer, nichtbrennbarer Dämmstoff. Ausgangsmaterial ist vulkanisches Perlit-Gestein, das zerkleinert und durch Erhitzen auf ein Vielfaches seines Ursprungsvolumens aufgebläht wird. Perlite hat eine mittlere Wärmedämm-Fähigkeit und ist relativ druckbelastbar.

Produktformen/Einsatz:
Perlite wird überwiegend als Schütt-Dämmstoff im Trockenbau verwendet. Für Einsatzorte mit möglicher Feuchteeinwirkung, z. B. als Kerndämmung hinter Klinkerfassaden, gibt es Perlite auch hydrophobiert oder mit Bitumenzusätzen. Plattenware kann für Flach- und Steildachdämmung eingesetzt werden.

Schaumglas

Material/Eigenschaften:
Schaumglas entsteht durch das Aufschäumen von geschmolzenem Glas unter Zusatz von Kohlenstoff, der bei den sehr hohen Temperaturen oxidiert. Es bilden sich viele kleine Gasblasen, in denen Kohlendioxid hermetisch eingeschlossen wird. Dadurch ist Schaumglas absolut wasser- und dampfdicht. Das nichtbrennbare Material hat gute bis mittlere Wärmedämmeigenschaften und ist äußerst druckfest.

Produktformen/Einsatz:
Aufgrund der besonderen physikalischen Eigenschaften sind die recht teuren Schaumglasplatten prädestiniert für die Dämmung unter Bodenplatten, auf Flachdächern und Dachterrassen sowie als Perimeter-Dämmung.

Calciumsilikat-Hydrat

Material/Eigenschaften:
Dieser nicht brennbare, rein mineralische Dämmstoff ist recht neu auf dem Markt. Der Baustoffhersteller Hebel vertreibt die aus Kalk, Sand, Zement, Wasser und einem porenbildenen Zusatzstoff hergestellten Platten ergänzend zu seinem Porenbetonsteinen. Die Wärmedämm-Eigenschaften sind mittel. Das Material ist wasserdampfdurchlässig und über den gesamten Querschnitt hydrophobiert, was die Feuchtigkeitsaufnahme stark reduziert.

Produktformen/Einsatz:
Die Platten aus Calciumsilikat-Hydrat werden wie Porenbeton verklebt. Ideal als Wärmeschutz an der Fassade, Kellerdecken und zur Innendämmung von Außenwänden (ohne Dampfbremse).

Flachs

Material/Eigenschaften:
Grundmaterial zur Herstellung von Flachsdämmstoffen sind die Kurzfasern des Stengels der einheimischen Flachspflanze. Da die Flachsfasern eine niedrige Elastizität aufweisen, gibt man wie beim Schafwollvlies Stützfasern aus Polyester bei. Durch Zugabe von Boraten oder Ammoniumphosphaten erreicht man eine Resistenz der gut wärmedämmenden Flachsdämmstoffe gegen Verrottung sowie die Baustoffklasse B2.

Produktformen/Einsatz:
Flachsdämmstoffe werden in Rollen und als Platten angeboten und eignen sich zur Dämmung von Steildächern, Trennwänden, Decken und an Außenwänden hinter einer Vorhangfassade.

Baumwolle

Material/Eigenschaften:
Als Rohmaterial dient langfaserige Rohbaumwolle aus dem asiatischen Raum und Ägypten. Die Flocken werden zu hauchdünnen, mehrlagig geschichteten Vliesen verarbeitet. Wie bei den meisten Dämmstoffen pflanzlichen oder tierischen Ursprungs werden die gut wärmedämmenden Baumwollvliese mit Boraten imprägniert. Gegen einen Massen-Einsatz sprechen jedoch die großen Monokulturen mit Pestizideinsätzen in den Anbauländern.

Produktformen/ Einsatz:
Baumwolle-Dämmstoffe gibt es als Vliesbahnen z. B. für Steildächer und leichte Trennwände. Seit einiger Zeit ist auch lose Wolle zum Einblasen in Holzkonstruktionen auf dem Markt.

Kork

Material/Herstellung:
Bei Kork handelt es sich um die Rinde der Korkeiche. Der nach dem Mahlen entstandene Korkschrot wird mit Wasserdampf zu Granulat expandiert (Blähkork). Korkplatten (Backkork) erhält man durch weiteres Expandieren bis auf das Zehnfache des Ursprungsvolumens. Gebunden werden die Platten durch das korkeigene Harz. Kork dämmt gut bis mittel und erreicht B2 ohne Zusatzmittel.

Produktformen/Einsatz:
Backkork, der auch mit Bitumen imprägniert sein kann, wird universell eingesetzt – auch in Fassaden-Dämmsystemen. Blähkork eignet sich als Schütt-Dämmstoff für Fußboden-, Decken- und Wandhohlräumen.

Kokos

Material/Herstellung:
Die Kokosfaser, die man aus den Kokosnusshüllen gewinnt, ist die einzige Naturfaser, die nicht verrottet. Die zur Gewinnung erforderliche Energie ist äußerst niedrig. Eher negativ ins Gewicht fallen allerdings die langen Transportwege von Südostasien. Kokosdämmstoffe haben mittelgute Wärmedämm-Eigenschaften und fallen nach einer Imprägnierung mit Borax oder Ammoniumsulfat in die Brandschutzklasse B2.

Produktformen/Einsatz:
Kokosfasern werden als Filze, Platten und naturbelassen als Stopfwolle angeboten. Man setzt sie als wärme- und schalldämmende Hohlraumfüllung in Wänden, Böden, Dächern und als Trittschalldämmstoffe ein.

Dämmstoffe im Überblick

Dämmstoff	Wärmeleitzahl λ (in W/mk)	Baustoffklasse	Diffusionswiderstandszahl μ	Materialpreis für k=0,4 W/m^2K (ca. Wert pro m^2)
Baumwolle	0,04	B1/ B2	1 bis 2	30 DM
Blähton	0,10 bis 0,16	A1	4	50 DM
Calciumsilicat-Hydrat	0,045	A1	3	48 DM
Flachs	0,04	B2	1 bis 2	40 DM
Holzfaser	0,040 bis 0,06	B2	5 bis 10	50 DM
Holzwolle	0,09	B1	2 bis 5	80 bis 100 DM
Kokos	0,045	B2	1	45 DM
Korkplatten	0,04 bis 0,06	B2	5 bis 20	45 DM
Mineralwolle	0,035 bis 0,05	A1/A2	1 bis 2	10 bis 40 DM
Perlite	0,045 bis 0,07	A1	3 bis 5	30 Mark
Polystyrol (EPS)	0,035 bis 0,04	B1	20 bis 100	10 DM
Polystyrol (XPS)	0,03 bis 0,04	B1	80 bis 300	35 DM
Polyurethan	0,02 bis 0,35	B1/B2	30 bis 100	20 DM
Schafwolle	0,04	B2	1 bis 2	50 DM
Schaumglas	0,04 bis 0,06	A1	dampfdicht	80 DM
Zellulose	0,040 bis 0,045	B1/ B2	1 bis 2	20 bis 30 DM

Die vorgestellten Dämmstoffe sind hier mit ihren wichtigsten Kenndaten in alphabetischer Reihenfolge aufgeführt. Die Preise sind Mittelwerte und enthalten keine Verlegekosten. Die Brandschutz-Klassifizierung A1 und A2 bei mineralischen Dämmstoffen ändert sich in der Regel dann, wenn das Produkt mit Kaschierungen versehen ist oder z. B. Bitumen-Zusätze enthält. Diffusionsoffene, raumseitig verlegte Dämmstoffe müssen in der Regel mit einer Dampfbremse vor Durchfeuchtung geschützt werden. Maßgebend sind die diffusionstechnischen Berechnungen des Systemanbieters.

Auch die Ökologie zählt

und Verrottung, Luft- und Trittschalldämmung, Brandschutz, aber auch die Produktbeschaffenheit wichtig sein. Wird z. B. ein Dach zwischen den Sparren gedämmt, empfehlen sich flexible Matten, die sich an die Bauteilgegebenheiten anpassen und Fugenbildung vermeiden. Starre Platten eignen sich eher für durchgehende Bauteilflächen. Ein Dämmstoff, der Erdkontakt hat, darf weder Wasser aufnehmen noch anfällig für Verrottung sein. Und in einigen Anwendungsfällen, z. B. unter Bodenplatten oder Terrassen, kann neben der Wärmedämmung Druckfestigkeit das Maß der Dinge sein. Dämmstoffe betrachtet man aber auch zunehmend unter ökologischen Aspekten. So bewertet man sie z. B. danach, wie schnell sich die Energie, die zu ihrer Herstellung nötig

Fachbegriffe rund ums Dämmen

Baustoffklasse: *Einteilung von Baustoffen nach ihrem Brandverhalten ⇒ Brandschutz.*

Brandschutz: *Die ⇒ Baustoffklassen (nach DIN 4102) teilen die Stoffe nach ihrem Brandverhalten ein: In A1/A2 findet man die „nichtbrennbaren" Baustoffe, in B1 die „schwer entflammbaren" und in B2 die „normal entflammbaren" Baustoffe. „Leicht entflammbare" Baustoffe (B3) sind im Bauwesen nicht zugelassen. Verschärfte Brandschutzanforderungen (in den Landesbauordnungen geregelt) gibt es allerdings meist nur für öffentliche Gebäude, Hoch- und Mehrfamilienhäuser.*

Dämmstoffe: *Materialien, die Wärme-Energie schlecht weiterleiten und deren Wärmeleitzahl nicht mehr als 0,1 W/mK beträgt.*

Dampfbremse: *häufig auch als Dampfsperre bezeichnet. Folien z. B. aus Polyethylen, Polypropylen oder Aluminium, die das Eindringen von Raumluftfeuchtigkeit in Baukonstruktionen verhindern ⇒ Wasserdampfdiffusion.*

Diffusionswiderstand: *Manche Stoffe setzen der ⇒ Wasserdampfdiffusion fast keinen Widerstand entgegen, manche einen mittleren bis hohen, wieder andere sind praktisch dampfdicht (Glas oder Metalle). Ausgedrückt wird der Diffusionswiderstand eines Baustoffes mit der Diffusions-Widerstandszahl μ. Sie gibt an, um wie viel mal größer der Diffusionswiderstand einer Stoffschicht im Vergleich zu einer gleich dicken Luftschicht unter den gleichen Bedingungen ist (bei Luft ist μ = 1).*

k-Wert: *Der k-Wert („Wärmedurchgangs-Koeffizient") beschreibt den Wärmeverlust eines konkreten Bauteils. Er gibt die Wärmemenge (in W/m^2K) an, die durch ein Bauteil von 1 m^2 Fläche und einer bestimmten Dicke bei 1° Kelvin Temperatur-Unterschied hindurchfließt. Je kleiner der k-Wert, desto besser ist die Konstruktion gedämmt.*

Wärmeleitfähigkeit: *Jeder Stoff kann Wärme-Energie weiterleiten. Wie gut oder wie schlecht, ist von Material zu Material unterschiedlich. Jeder Stoff hat seine spezifische Wärmeleitfähigkeit, die man mit der Wärmeleitzahl λ (lambda) beschreibt. λ gibt an, welche Wärmemenge in einer Sekunde durch 1 m^2 einer 1 m dicken Materialschicht bei 1° Kelvin (1° C) Temperaturdifferenz hindurchgeleitet wird. Die Einheit ist W/mK. Stoffe mit dichtem Gefüge leiten Wärme besser als leichte, poröse.*

Wärmeleitzahl: *⇒ Wärmeleitfähigkeit*

Wasserdampfdiffusion: *Wanderung von Wasserdampf durch feste Stoffe aus Bereichen höheren zu Bereichen niedrigeren Wasserdampfdrucks. Je wärmer die Luft ist, desto mehr Wasserdampf kann sie aufnehmen, desto höher wird der Dampfdruck – bis zur Sättigungsgrenze, dem sogenannten Taupunkt. Wird dieser erreicht, schlägt sich die Luftfeuchtigkeit als Kondenswasser nieder. Das kann man z. B. im Winter an den Innenseiten kalter Fensterflächen beobachten. Auf der Suche nach Druckausgleich in kälteren Regionen wandert Wasserdampf aber auch durch feste Stoffe, z. B. durch Außenmauern oder Dächer. Problematisch wird's dann, wenn der Taupunkt im Bauteil-Querschnitt erreicht wird. Dann kommt es dort zur Durchfeuchtung. Die Folge: Die Dämmwirkung ist beeinträchtigt (Wasser ist ein guter Wärmeleiter) und Bauschäden sind programmiert, wenn die Feuchtigkeit nicht entdeckt wird. Bauteile, die an der Raumseite mit diffusionsoffenen Dämmstoffen gedämmt sind, brauchen deshalb immer eine raumseitige ⇒ Dampfbremse, die die Wasserdampfdiffusion behindert.*

WLG: *Abkürzung für „Wärmeleitfähigkeitsgruppe". Dämmstoffe, deren Wärmeleitzahl λ sich nur geringfügig unterscheidet, fasst man der Einfachheit halber in Wärmeleitfähigkeitsgruppen zusammen. Ein Stoff mit λ = 0,03696 W/mK würde man z. B. WLG 040 zuordnen. Die Bandbreite reicht von WLG 020 bis WLG 060. Je kleiner die Gruppe, desto besser das Dämmvermögen.*

war, durch eingesparte Heizenergie amortisiert hat. Hier hat die Zellulose mit 1,5 bis 2,5 Monaten die Nase vorn. Aber auch die konventionelle Glaswolle schneidet nicht viel schlechter ab. Und selbst die energieaufwendig produzierten Hartschäume haben sich nach 8 bis 24 Monaten Einsatz amortisiert. Auch die eingesetzten Rohstoffe sind im Hinblick auf ihre Verfügbarkeit ein Kriterium. Ideal ist es natürlich, wenn ein leistungsfähiger Dämmstoff aus nachwachsenden Rohstoffen oder Abfall-Material produziert und am Ende seines Dämmstoff-Lebens umweltgerecht entsorgt oder wiederverwendet werden kann. Wiederverwendung und Recycling scheitern in der Praxis aber oft an mangelnder Sorten-Reinheit. Mineralische Baustoffe landen in der Regel auf der Bauschutt-Deponie. Und die Kompostierung von Stoffen pflanzlicher oder tierischer Herkunft scheitert häufig an den enthaltenen brandhemmenden Zusätzen.

Kontrollierte Qualität

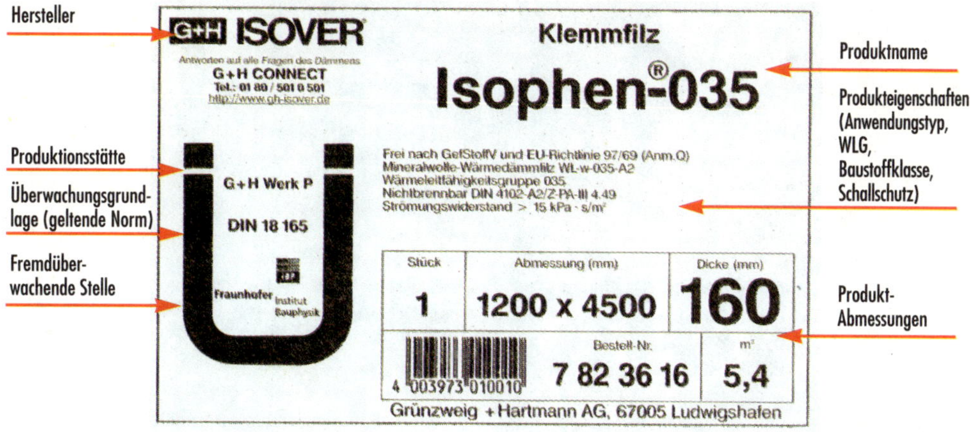

Auf der Suche nach dem geeignetem Dämmstoff sollten Sie in jedem Fall entweder genormte oder bauaufsichtlich zugelassene Produkte wählen. In beiden Fällen ist eine Güteüberwachung vorgeschrieben, die aus Eigen- und Fremdüberwachung besteht. Das Ü-Zeichen („Übereinstimmungszeichen") auf den Verpackungen gewährleistet eine gleichbleibende Produktqualität und die Einhaltung der Mindestanforderungen. So gilt z. B. DIN 18165 für pflanzliche (z. B. Zellulose) und mineralische (z. B. Glas- und Steinwolle) Faserdämmstoffe, DIN 18164 für Hartschäume oder DIN 18161 für Korkerzeugnisse. Neben der Wärmeleitfähigkeitsgruppe (WLG) und der Baustoffklasse ist auf den Produktverpackungen auch in Kurzform die Eignung für bestimmte Einsatzgebiete angegeben: So bedeutet das Kürzel WL-w (s. Textblock in der Mitte des Etiketts), dass der Dämmstoff nicht druckbelastbar ist. Er eignet sich für Wände, Decken und Dachdämmung zwischen den Sparren. Druckbelastbare Dämmstoffe, die z. B. unter Böden ohne Trittschallanforderung eingesetzt werden können, weisen die Abkürzung WD aus, während WV eine hohe Abrissfestigkeit bescheinigt – was unter Putzfassaden von Bedeutung ist. Trittschalldämmstoffe kennzeichnet man mit T oder TK. Hersteller und Produktmaße müssen ebenfalls auf dem Etikett vermerkt sein.

Heimwerker-Lexikon

REA-Gips bis Rollbandmaße

REA-Gips entsteht als Nebenprodukt bei der Rauchgasentschwefelung in den Rauchgas-Entschwefelungs-Anlagen und wird somit preiswerter und umweltschonender als natürlicher Gips gewonnen. R. hat aber gleiche Eigenschaften wie natürlicher Gips.

Reaktionsklebstoffe bestehen aus meist zwei verschiedenen Stoffen, die zum Zweck einer Verklebung zusammengeführt werden, um in einer chemischen Reaktion (Polymerisation) einen neuen Kunststoff zu bilden. Dieser wiederum verbindet die zu verklebenden Teile im Verlaufe seiner Aushärtung miteinander.

Reibebrett Werkzeug zum Verteilen und Glattstreichen von frisch aufgetragenem Wandputz. In unterschiedlichen Größen und mit geradem oder winkligen Anschnitt, um die saubere Verarbeitung des Putzes in Innenecken zu gewährleisten.

Reibschluß Das Dübel-Spreizteil wird an die Bohrlochwandung gepreßt und trägt durch Reibung die äußeren Lasten.

Reichweite Auf allen Farb-, Lack-, Mörtel- und Kleberverpackungen ist eine Reichweitenangabe vorhanden, die aussagt, für wieviel m² Fläche das Produkt bei sachgerechter Handhabung ausreicht.

Reifezeit ist die Zeit zwischen dem Anmischen eines bauchemischen Produkts mit Wasser und der Verarbeitung, die einzuhalten ist, damit das Produkt seine ausgelobte Leistungsfähigkeit entfalten kann.

Reißnadel (auch ‚Anreißnadel') wird benötigt, wenn Maße oder Markierungen auf Metall zu übertragen sind. Die R. besteht aus Werkzeug- oder gehärtetem Stahl, damit die Anreißstriche auf dem Metall sichtbar werden. R. sind ebenso bei der Bearbeitung von Kunststoffen einsetzbar.

Revisionsöffnung Ein abnehmbarer Teil der Verkleidung eines Bauteils (z.B. Fallrohrverkleidung). Sie dient der Durchführbarkeit von Wartungs- und Pflegearbeiten an dahinterliegender Bauteilen und/oder Installationen.

Richtleisten Als Hilfsmittel bei handwerklichen Hobelarbeiten werden zwei genau parallel und winklig bearbeitete Leisten benutzt um festzustellen, ob z.B. ein Brett genau gehobelt ist. Zur Kontrolle werden die R. vorn und hinten quer über die gehobelte Fläche gelegt. Mit dem Auge wird über die beiden oberen Kanten der R. visiert und ermittelt, ob die Fläche gerade ist und fluchtet.

Richtschnur wird zwischen zwei Punkten gespannt, um eine exakte, fluchgerechte Linie zu markieren, z.B. beim Abstecken einer auszuhebenden Baugrube oder beim Fliesen.

Ringpinsel (auch ‚Rundpinsel') ist das richtige Werkzeug zum Lackieren schmaler Flächen. Besonders dort, wo kantengenaues Arbeiten erforderlich ist (z.B. Fensterrahmen). Aber auch größere Flächen können mit dem R. bearbeitet werden, wenn der gewählte Lack zügig aufgetragen wird und nicht zu schnell abtrocknet.

Rohdecke Unverkleidete, tragende Deckenkonstruktion aus Stahlbeton, Holzbalken, Stahlträgern mit Ziegel o.ä.

Rohrabschneider Arbeitsgerät mit einem scharfkantigen Schneidrad zum Trennen von Metallrohren, insbesondere aus Kupfer. Je nach Rohrdurchmesser in unterschiedlichen Größen angeboten.

Rollbandmaße sind flexible Meßwerkzeuge aus Kunststoff oder Metall. Manche R. besitzen ein Sichtfenster, durch das das Innenmaß ablesbar ist (siehe auch ‚Bandmaß').

Bitte lesen Sie weiter auf Seite 248

Schallschutz rund ums Haus

Die meisten Menschen leiden unter dem Lärm unserer technisierten Umwelt. Selbst in den eigenen vier Wänden sind wir oft gezwungen, das Leben unserer Nachbarn ›auf Schritt und Tritt‹ mitzuverfolgen. Der Grund: unzureichender Schallschutz. Lesen Sie hier, auf welchen Wegen der Schall ins Haus kommt und was man tun kann, um diese zu versperren

Schallschutz muß Bestandteil der Hausplanung sein

Unzureichender Schallschutz gilt vor Gericht als Baumangel

Akustik-Fachleute können Schwachstellen aufdecken

Schall breitet sich in Wellen zu allen Seiten hin aus

1. Recht auf Ruhe

Es ist erwiesen: Lärm kann sowohl physisch als auch psychisch krank machen (Tabelle rechts). Die Ursache liegt nicht in der Lautstärke allein. Auch nette Nachbarn können ganz schön an die Nerven gehen, wenn sie als akustische Dauerberieselung ständig präsent sind.
Schallschutz ist eine Aufgabe des Architekten bei der Hausplanung, der dabei mindestens die DIN 4109 „Schallschutz im Hochbau" einhalten muß. Deren Forderungen (Tabelle 4.7) reichen aber nach Meinung von Experten nicht aus, um Ruhe in den eigenen vier Wänden zu finden. Die Rechtsprechung schließt sich dieser Auffassung an. So stellte z. B. ein Gericht fest, daß es bei einer als „Komfortwohnung" bezeichneten Wohnung nicht ausreiche, nur den Mindestschallschutz herzustellen. Oftmals wird leider auch ein gut geplanter Schallschutz durch unsachgemäße Ausführung am Bau wieder zunichte gemacht. Auch hier haben Bauherren gute Chancen, Nachbesserungs-, Minderungs-, oder Schadensersatzansprüche geltend zu machen. Im nachhinein Versäumtes zu korrigieren, ist allerdings nicht immer einfach, manchmal unmöglich und kostet unter Umständen eine Menge Geld. Bevor Sie größere Ausgaben tätigen, sollten Sie deshalb unbedingt einen Akustik-Fachmann zu Rate ziehen, der messen und beurteilen kann, wo welche Maßnahme größtmöglichen Erfolg bringt. Für den uninformierten Laien sind die Wege des Schalls meist unergründlich.

2. Was ist Schall?

Beim Schall handelt es sich um rhythmische Schwingungen von Luft-Molekülen, die sich auch in flüssigen und festen Stoffen fortpflanzen können. Die Schwingungen sind nichts anderes als eine Aufeinanderfolge von Verdichtung und Verdünnung der Luftteilchen, die sich von der Schallquelle nach allen Seiten hin mit einem bestimmten Druck wellenförmig ausbreiten (2.1). Treffen die Druckschwankungen der Luft auf unser Trommelfell, nimmt es die Schwingungen auf

Geräusch	Schalldruck dB(A)	Auswirkung auf den Menschen
Düsenaggregat (25 m Abstand)	140	*Gehör-Schädigung schon bei kurzer Lärm-Einwirkung*
Düsenflugzeuge (100 m)	130	
Flugzeugpropeller	120	Schmerzgrenze
Preßlufthammer, Disko	110	
Motorrad ohne Dämpfer	100	*Gehör-Schädigung bei länger andauernder Lärm-Einwirkung*
Hauptverkehrsstraße, Lkw	90	
mittelstarker Verkehrslärm	80	*wird teilweise als starke Belästigung empfunden, die eine Einschränkung der psychischen Leistungsfähigkeit zur Folge haben kann*
im lauten Büro/Warenhaus	70	
Staubsauger	60	
normale Unterhaltung	50	
leises Sprechen, Bibliothek	40	
Flüstern, ruhiger Raum am Tag	30	*gelegentliche Störungen*
ruhiger nächtlicher Wald	20	*seltene oder gar keine Störungen*
sehr leises Taschenuhrticken	10	
wird als Stille empfunden	0	Hörschwelle

Geräusche und wie wir auf sie reagieren: *Eine Erhöhung des Schalldruckpegels um 10 Dezibel (dB) wird vom Menschen als doppelt so laut empfunden*

2.1

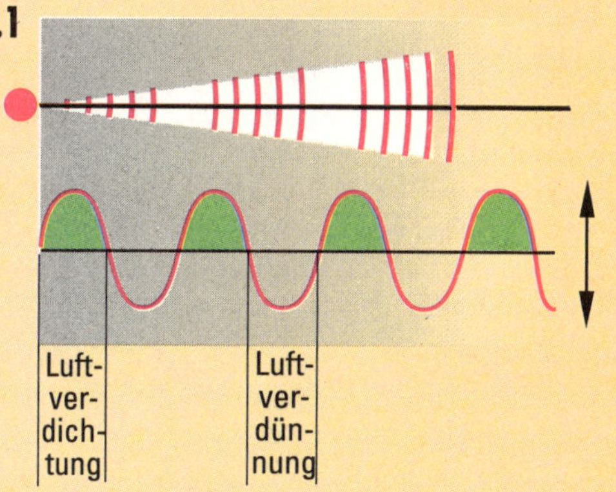

Schallentstehung: *Schallentstehung: Schall entsteht durch Verdichtung und Verdünnung des angeregten Mediums. Ab einem bestimmten Schalldruck werden die Schwingungen für uns hörbar*

2.2

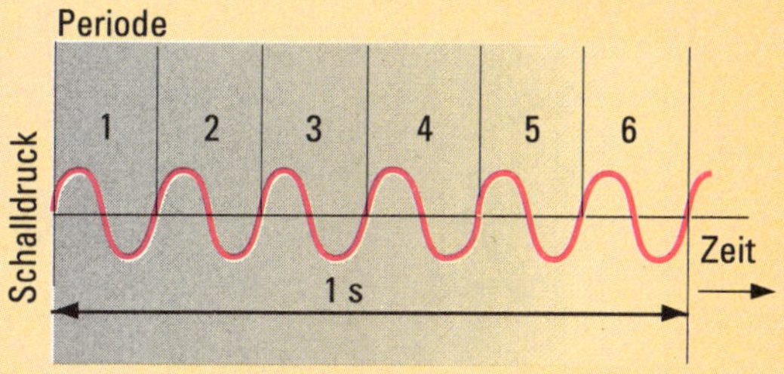

Eine Frequenz *ist die Anzahl der Schwingungen in einer Sekunde. Sie wird in der Einheit Hertz (Hz) angegeben. In 2.2 beträgt die Frequenz 6 Hz*

3.1.1

Schall-Arten: *Schall breitet sich über die Luft (Luftschall), über feste (Körperschall) und flüssige Stoffe (Wasserschall) aus. Trittschall ist eine Form des Körperschalls*

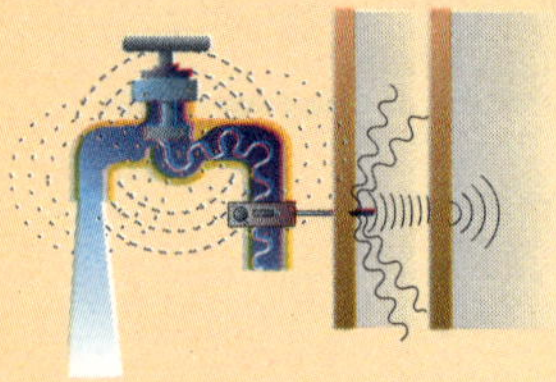

3.1.2

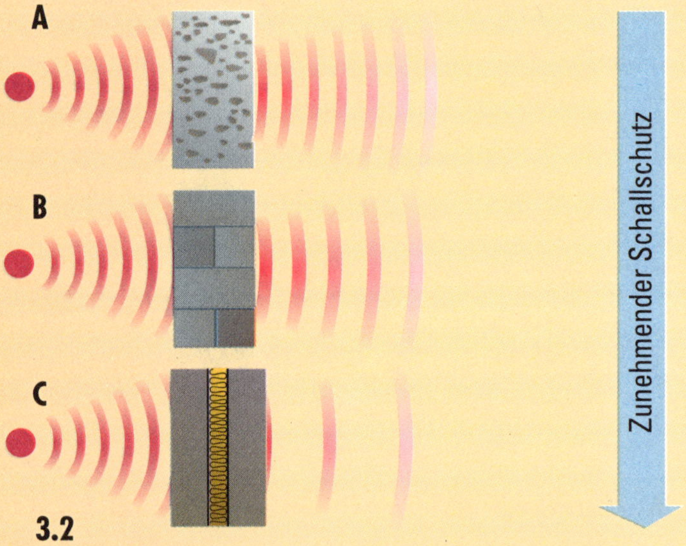

3.2

Schallschutz verschiedener Wandbaustoffe gleicher Dicke: *In leichten Stoffen (A) wie Porenbeton pflanzt sich Luftschall gut fort. Besseren Schallschutz bietet eine schwere, dichte Beton- oder Kalksandsteinwand (B). Optimal sind zwei Wandschalen mit Faserdämmung (C)*

3.3.1

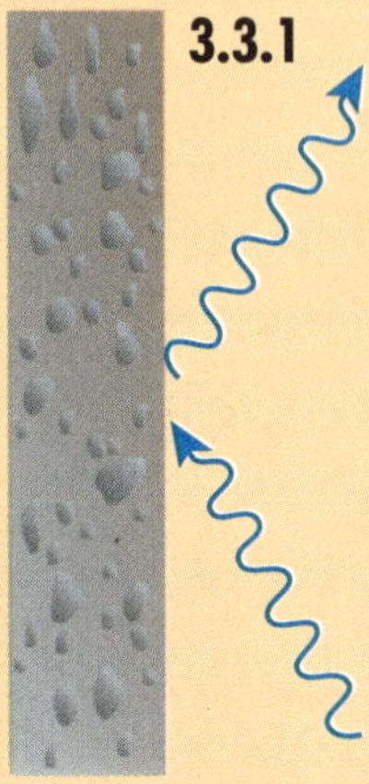

3.3.2

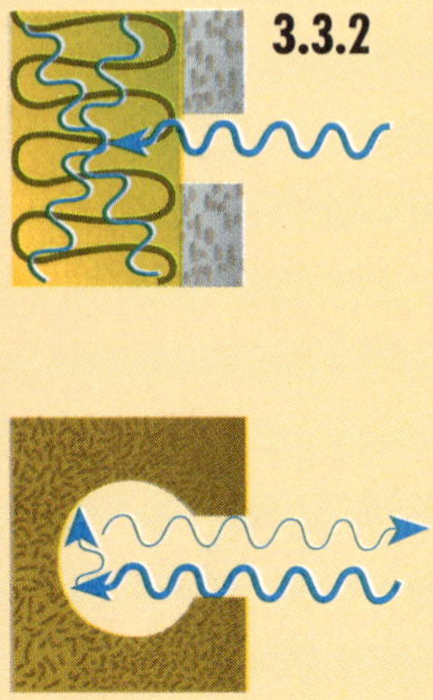

Schallabsorption und -reflexion: *Glatte Oberflächen werfen Luftschallwellen ungedämpft wieder zurück in den Raum (3.3.1), während poröse Wände oder Decken Schallwellen „schlucken". Dabei wandeln sich Schallwellen in Wärme-Energie um (3.3.2)*

und überträgt sie zu den Nervenzellen im Innenohr. Das menschliche Hörorgan nimmt allerdings nur Schallwellen eines bestimmten Schwingungsbereiches wahr, und zwar Frequenzen (2.2) von 16 Hertz (sehr tiefer Ton) bis etwa 16 000 Hertz (sehr hoher Ton).

Das menschliche Ohr kann nur bestimmte Frequenzen wahrnehmen

Die Frequenz allein sagt allerdings wenig über die Lautstärke eines Tons aus. Diese ist auch abhängig vom Schalldruck, der in der Einheit Dezibel (dB) angegeben wird. Da aber unser Ohr bei gleichem Schalldruck tieffrequente Töne leiser wahrnimmt als höherfrequente, bewerten Akustiker bei Lärmmessungen durch den Einsatz von Filtern hohe Töne stärker als tiefe. Diese dem menschlichen Gehör angepaßte Lautstärken-Angabe bezeichnet man als A-bewerteten Schallpegel, ausgedrückt in dB(A). Danach liegt die Hörschwelle bei 0 dB(A) und die Schmerzschwelle bei 120 dB(A) – wobei der Schalldruck, der als Schmerz wahrgenommen wird, ca. 3 Millionen mal so groß ist wie das leiseste, gerade hörbare Geräusch.

Eine Erhöhung der Lautstärke um 10 dB(A) empfinden wir als Verdopplung

Da sich hinter der Einheit dB(A) logarithmische Maßstäbe verbergen, empfinden wir ein Erhöhung um 10 dB(A) als Verdopplung und eine Verminderung um 10 dB(A) als Halbierung der Lautstärke.

3. Wo und wie sich der Schall ausbreitet

Je nach angeregtem Stoff unterscheidet man zwischen Luftschall, Flüssigkeits- bzw. Wasserschall und Körperschall (3.1.1). Der Trittschall ist eine Form des Körperschalls, der durch Anregung der Decke beim Begehen entsteht. Er wird als Körperschall weitergeleitet und als Luftschall abgestrahlt.

Schwere Bauteile schützen gut gegen Luftschall

Schwere Bauteile, wie Beton- oder Kalksandsteinwände, werden von Luftschall kaum zum Schwingen gebracht, bieten also gegenüber leichten Massivwänden den besseren Schutz gegen Luftschallübertragung (3.2). Dafür pflanzt sich aber Körperschall gut fort. Das zeigt sich beispielsweise beim Bohren in einer Betonwand oder bei nicht sachgemäß verlegten Rohrleitungen, die die Schwingungen des Wassers an die Wand weitergeben (3.1.2).

Zweischalig ist besser als einschalig

Zweischalige Konstruktionen jedoch dämmen besser gegen Luftschall als gleichschwere einscha-

Bei der Absorption verwandeln sich Schallwellen in Wärme-Energie

lige. Füllt man den Hohlraum zwischen den Schalen mit einem schallschluckendem Material, erhöht sich der Schallschutz weiter (3.2 C), weil sich ein Großteil der Schallwellen – im Extremfall alle – in diesen Stoffen in Wärmeenergie umwandeln.

Materialien, die Schall absorbieren, sind z. B. weiche, offenporige Dämmstoffe wie Mineralwolle, Filz, Stoff, weicher Schaumstoff oder Gummi. Man nutzt ihre Eigenschaften auch, um Nachhall in lauten Räumen z. B. durch gedämmte und gelochte Verkleidungen zu reduzieren (3.3.2). Glatte Raumoberflächen hingegen reflektieren den Schall (3.3.1).

Biegeweiche und biegesteife Baustoffe

Nach ihrem Resonanzverhalten unterscheidet man in der Bauakustik ferner biegesteife und biegeweiche Bauteile. Unter die erste Gruppe fallen alle statisch tragenden Massivbauteile. Biegeweich sind z. B. Gipskartonplatten oder dünne Spanplatten. Mehrschalig verbaut, können sie trotz geringen Gewichts besser gegen Luftschall dämmen als gleich dicke Massivbauteile.

Das bewertete Schalldämm-Maß berücksichtigt auch die Flankenübertragung

Wie die Bilder 3.4 jedoch zeigen, breitet sich Luftschall auch über angrenzende Decken, Wände und Böden aus. Um die Schalldämmung eines Bauteils zu bewerten, muß diese sog. Schall-Längsleitung berücksichtigt werden. Dies macht das Schalldämm-Maß R'_w. Es gibt das schalldämmende Verhalten eines Bauteils inklusive der Flankenübertragung an. Tabelle 3.5 zeigt, welcher subjektive Höreindruck mit verschiedenen Schalldämm-Maßen in einem ruhigen Wohnraum verbunden ist.

4. Wo sperrt man den Lärm wie aus?

Bauteile müssen am Mitschwingen gehindert werden

Grundsätzlich zielen alle Schallschutz-Rezepte darauf ab, das Mitschwingen von Bauteilen zu verhindern und Schallreflexionen zu mildern. Die häufigste Ursache von Schall-Übertragungen liegt in einer unzureichenden Abkopplung von Bauteilen, so daß ein in Schwingung geratenes Bauteil andere „anstecken" kann. Als Übertragungsweg reicht schon eine durchgehende Schraube. Oder ein Mörtelbatzen, der beim Hochmauern eines Doppelhauses in die vorgeschriebene, 3 cm breite Trennfuge fällt und einen Verbindungssteg zwischen den Hauswänden herstellt.

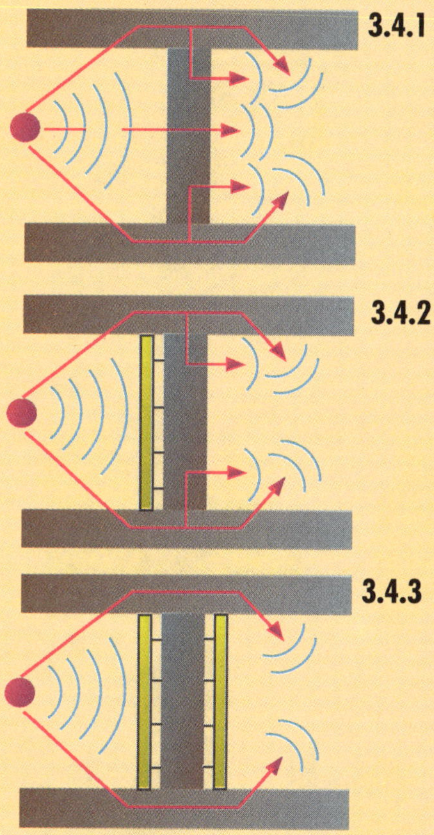

Schallübertragung durch angrenzende Bauteile: *Um den tatsächen Schallschutz zwischen zwei Räumen zu beurteilen, muß neben dem Schalldämm-Maß der Wand auch die sog. Schall-Längsleitung berücksichtigt werden. Wie die Zeichnungen links zeigen, erfolgt die Übertragung der Schallwellen auch über flankierende Decken und Böden. Setzt man eine biegeweiche Vorsatzschale vor die Wand im Senderraum (3.4.2), ohne die gemeinsamen Decken und Böden zu „entkoppeln", wird ein Großteil der Schallwellen trotzdem weitergeleitet – auch bei einer weiteren Vorwand im Nebenraum (3.4.3)*

3.5

Bewertetes Schalldämm-Maß R'_w	Höreindruck
55 dB und mehr	*Lautes Radio, Blasinstrumente und ähnlich laute Geräusche aus Nebenräumen sind schwach oder kaum zu hören*
45 bis 50 dB	*Lautes Sprechen ist schwach zu hören, aber nicht zu verstehen. Normales Sprechen ist nicht zu hören*
40 bis 45 dB	*Lautes Sprechen ist zu hören, aber nur bruchstückhaft zu verstehen. Normales Sprechen ist nur schwer zu hören*
35 bis 40 dB	*Lautes Sprechen ist gut zu verstehen. Normales Sprechen ist zwar hörbar, aber schlecht zu verstehen*
35 dB und weniger	*Normales Sprechen ist deutlich zu hören und zu verstehen*

Quelle: Bundesarbeitskreis Trockenbau (BAKT)

Die Schalldämmung eines Bauteils *unter Berücksichtigung der Flankenübertragung beschreibt man mit dem bewerteten Schalldämm-Maß R'_w*

4.1

Mehr Schallschutz für Massivwände *läßt sich durch eine Vorsatzschale erzielen. Zwischen Rahmenprofile und Decke bzw. Boden muß zur Schall-Abkopplung ein Schaum-Dichtungsband oder Filz eingelegt werden*

4.2

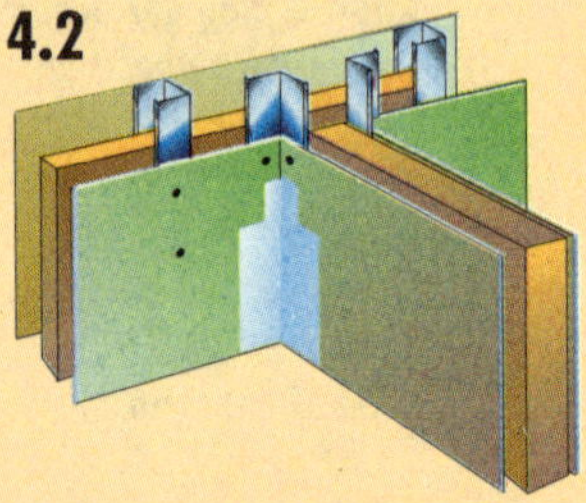

Leichte Trennwände: *Ein Wandabzweig mit L-Profilen ist eine schalltechnisch sehr gute Lösung*

4.3

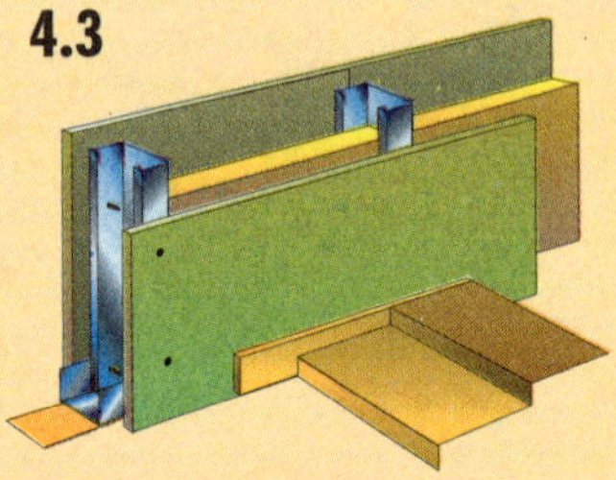

Optimaler Anschluß: *Die Wand steht auf der Rohdecke, der Estrich ist durch Randstreifen abgekoppelt*

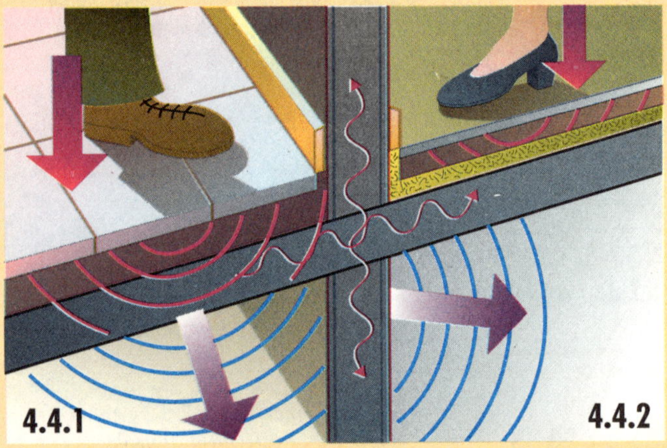

4.4.1 **4.4.2**

Verbundestrich (4.4.1) kontra schwimmenden Estrich (4.4.2): *Beim schwimmenden Aufbau dämpft die Dämmschicht den Trittschall*

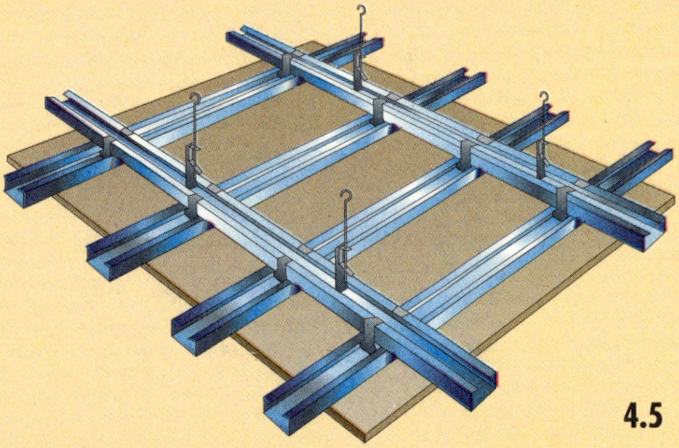

4.5

Eine abgehängte Decke *kann Trittschall von oben merklich mindern, vor allem, wenn der Deckenhohlraum noch mit Dämmstoff gefüllt wird*

Fenster und Türen

Oft ist aber auch die Ursache der Schallübertragung banal: Undichte Fugen zwischen Blendrahmen und Fensterflügeln oder an Türen können mit selbstklebendem, weichem Schaumstoff abgedichtet werden. Teuer kann es werden, wenn das Fensterglas die Schwachstelle ist. Einfaches Isolierglas hat Schalldämm-Maße von nur 30 dB(A), die besten Lärmschutzfenster hingegen über 50 dB(A). Diese Bandbreite spiegelt sich natürlich auch im Preis wider. Bekommt man ein Fenster mit 40 bis 44 dB(A) für rund 600 Mark, so muß man für Schallschutzfenster von 50 dB(A) rund 1400 Mark zahlen – jeweils bezogen auf 1 m² Fensterfläche.

Die Gebäude-Installation ist ein weiteres Kapitel des Themas Schallschutz. Mehr dazu finden Sie ab Seite 249 in diesem Buch (Kapitel „Sanitär-Installation“).

Vorsatzschalen verbessert den Schallschutz von Massivwänden

Den Schallschutz von massiven Außen- und Innenwänden können Sie mit einer Vorsatzschale verbessern. Hierzu verdübelt man ein Ständerwerk aus Holz oder Metall knapp vor der Wand in Boden und Decke. Wichtig: Rahmenprofile nie direkt an die Massivbauteile schrauben, sondern immer einen Schalldämmstreifen aus weichem Schaumstoff, Filz oder Mineralwolle zwischenlegen, damit keine Körperschallbrücke entsteht. Auch seitlich muß eine Fuge bleiben, die man mit dauerelastischem Acryl ausspritzt. Dann füllt man den Hohlraum zwischen den Profilen mit elastischen Schalldämmplatten und beplankt die Konstruktion mit Gipskarton (bei Außenwänden die Dampfbremse zwischen Dämmplatten und Beplankung nicht vergessen!). Bei einer 30 cm dicken, verputzten Leichthochlochziegelwand läßt sich so mit einem 50-mm-Ständerwerk und gleichdicken Dämmplatten das Schalldämm-Maß um rund 10 dB auf ca. 58 dB verbessern. Vorsatzschalen werden übrigens genauso aufgebaut wie unsere Trennwand auf Seite 38.

Leichte Wohnungs-Trennwände

Eine leichte, 100 mm dicke Metallständer-Trennwand mit schallschluckender Hohlraumfüllung und doppelt verlegter biegeweicher Beplankung kann auch ohne Beteiligung von Massivbauteilen Schalldämm-Maße von ca. 59 dB erreichen, allerdings nur unter optimalen Bedingungen, sprich: wenn die Flankenübertragung durch akustische Abkopplung

Schwimmende Estriche dämpfen den Trittschall am besten

weitestgehend unterbunden wird (s. auch 4.2 und 4.3).
Neben Geräuschen aus benachbarten Wohnungen nerven häufig Trittschall-Übertragungen aus oberen Räumen. Hier ist der schwimmende Estrich die beste aller Lösungen, leider aber wegen der damit verbundenen Erhöhung des Bodens nicht überall nachträglich leicht machbar. Der Estrich „schwimmt" auf einer Trittschalldämmschicht. Er darf an keiner Stelle die Wände oder andere vertikale Bauteile berühren. Das verhindern hochgestellte Randstreifen aus Hartschaum oder Mineralwolle. Schwingungen des Bodens beim Begehen werden durch die Trittschalldämmschicht absorbiert und nicht – wie beim Verbundestrich – in die Rohdecke geleitet (4.4.1 und 4.4.2). Ein schwimmender Estrich kann auch in Trockenbauweise mit mindestens 22 mm, besser 25 mm dicken, an Nut und Feder verleimten Holzspanplatten hergestellt werden.

Abgehängte Decken gegen Trittschall von oben

In Mehrfamilienhäusern kann man allerdings meist nicht dort „therapieren", wo der Trittschall entsteht. Alternative – allerdings eine weniger gute – ist eine abgehängte Deckenkonstruktion (4.5) mit biegeweicher Beplankung und schallabsorbierender Hohlraumfüllung. Um auch mögliche Flankenübertragungen auszuschließen, muß man zusätzlich die Wände mit Vorsatzschalen dämmen – wie in 4.7.2 mit Hilfe einer Holzbalkendecke.

Holzbalkendecken dämmen meist auch schlecht gegen Luftschall

Der Schallschutz von alten Holzbalkendecken ist nicht einfach in den Griff zu bekommen. Da sie leicht sind, übertragen sie neben dem Trittschall auch in hohem Maße Luftschall. Wie Messungen gezeigt haben, kann man hier eine spürbare Verbesserung erzielen, indem man zusätzlich zum schwimmenden Estrichaufbau das Deckengewicht erhöht, z. B. mit einer Lage Betongehwegplatten (4.6). Bei alten Konstruktionen sollten Sie vorher aber unbedingt die Statik überprüfen lassen. Die kennzeichnende Größe für die Trittschalldämmung ist übrigens der sog. bewertere Norm-Trittschallpegel $L'_{n,w}$ (Tabelle rechts). Trittschallschutz kann aber auch jeder selbst aktiv betreiben, z. B. durch weiche Bodenbeläge oder Tragen von Hausschuhen. Denn man sollte nicht vergessen: Jeder von uns trägt auch selbst zur Lärmbelastung bei. □

4.6

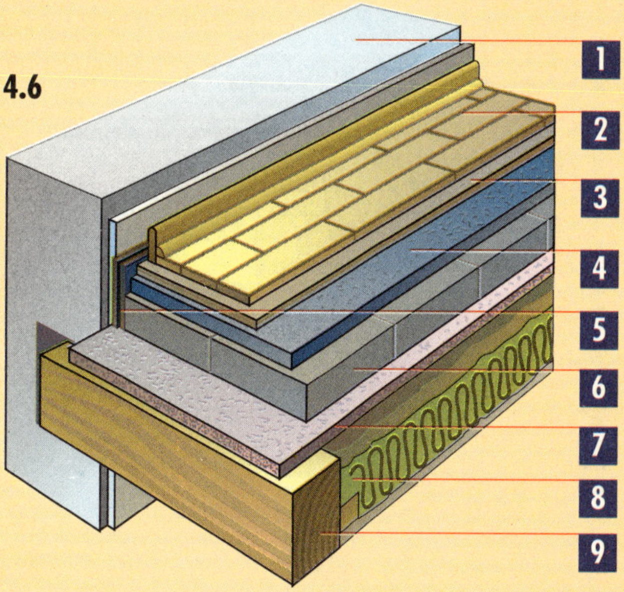

Schalldämmung von Holzbalkendecken: 1 Massivwand 2 Bodenbelag 3 Holzspanplatte 4 Trittschall-Dämmschicht 5 Randstreifen 6 Beton-Gehwegplatten 7 Holzspanplatte 8 Wärmedämmung 9 Deckenbalken

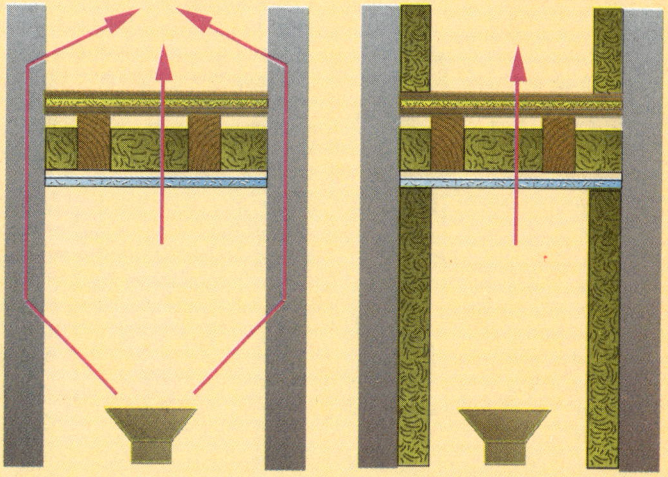

4.7.1 4.7.2

Reduzierung der Luftschallübertragung zwischen Räumen mit einer Holzbalkendecke durch Vorsatzschalen vor den flankierenden Massivwänden

Trennende Bauteile	R'w	L'n,w
1. Geschoßhäuser mit Wohn- und Arbeitsräumen		
... Wohnungstrenndecken (Treppen)	54 dB	53 dB
... Decken über Durchfahrten	55 dB	53 dB
... Decken über Bad/WC	54 dB	53 dB
... Wohnungstrennwände	53 dB	—
... Wände zu Treppenräumen und Hausfluren	52 dB	—
2. Einfamilienhäuser (Doppel- und Reihenhäuser)		
... Decken	—	48 dB
... Haustrennwände	57 dB	—

Auszug aus DIN 4109: Anforderungen an Luft- und Trittschalldämmung

Roller zum rationellen Farbauftrag auf Wand- und Deckenflächen. Es gibt Mohair-, Lammfell-, Schaumstoff- und Nylonroller, Lackwalzen und Dekorwalzen. Abstreifgitter sind ein nützliches Zubehör.

Rollgabelschlüssel (auch Engländer') ist ein Schraubenschlüssel mit verstellbaren Bakken. Er kann auf verschiedene Schlüsselweiten (Sechskantschraubenkopfgrößen) eingestellt werden. R. sind nicht so stabil wie herkömmliche Gabelschlüssel, da der Verstellmechanismus bei Überbeanspruchung zu Bruch gehen kann. Beim Kauf eines R. ist deshalb auf hervorragende Qualität zu achten.

Rost Durch chemische Reaktionen bedingte Zerstörungen an Metallen, hervorgerufen durch Bestandteile in Luft und Wasser: Sauerstoff, Rauchgase, Industrieabgase. Zusammen mit Wasser bilden sie mehr oder weniger schwache Säuren und Laugen. R. frißt sich mit der Zeit durch den dicksten Baustahl und kann so erheblich die Statik von Bauwerken beeinflussen.

Rückensäge ist eine Säge mit einem geradverzahnten Sägeblatt und einem versteiften Rücken, längs der Oberkante des Sägeblattes. Diese Versteifung hält das Sägeblatt vollkommen starr. Die R. wird eingesetzt, wenn Holz quer zur Faser abzulängen ist oder der Winkel, unter dem das Holz zu schneiden ist, sehr genau sein muß.

Rühr- und Mischgeräte sind Rühreinsätze, die in leistungsstarke Elektrowerkzeuge (z.B. Bohrmaschinen) zum Mischen und Rühren kleinerer Mengen (1 bis 60 kg) diverser Massen eingesetzt werden. Man unterscheidet nach Rühreinsätzen mit positiver und solchen mit negativer Mischwirkung.
Bei *positiver Mischwirkung* wird die Masse von unten nach oben gemischt bzw. transportiert. Einsatzgebiet: Spachtelmasse, Fertigputz, Beton, Zement, Epoxydharz.
Bei *negativer Mischwirkung* wird die Masse von oben nach unten gemischt bzw. transportiert. Einsatzgebiet: Kleber, Lacke, Tapetenkleister, Dispersions- und Wandfarben.

Rundhaken Zum einfachen, sicheren Aufräumen von Werkzeugen und Geräten, für Rucksäcke, Getränkekästen und Kabel. Paarweise einsetzbar.

Rundpinsel s. ‚Ringpinsel'.

Rundsägeblätter haben die Form einer Drahtschnur, sind rundum schneidend und aus besonders hartem Stahl. Sie eignen sich zum Sägen von Beton, Fliesen, Glas, Marmor etc.

Rundzangen besitzten spitz zulaufende, runde Backen, ähnlich der Kombizange. R. sind mit einem Drahtschneider ausgerüstet. Man verwendet diese Zange, um Metalldrähte in verschiedene Formen zu bringen oder abzuklemmen.

Säbelsägen sind in ihrer Wirkungsweise den Stich- und Multisägen sehr ähnlich. Das Sägeblatt wird durch Hub bewegt. Die S. zeichnet sich dadurch aus, daß sie zu einer großen Arbeitslänge den Einsatz von flexiblen Sägeblättern ermöglicht. In der Metallbearbeitung ist die S. hervorragend geeignet zum Trennen von Stahlblechen, Metallrohren und Profilen, zum Schneiden von Ausschnitten und Aussparungen in Blechen und zum randnahen Abschneiden von Rohren und Profilen. Zur Bearbeitung von Holz, Holzwerkstoffen und Kunststoffen ist sie gleichermaßen gut einsetzbar und erlaubt Gerad- und Kurvenschnitte.

Sägen Für die unterschiedlichsten Bereiche und Zwecke sind Spezialsägen erhältlich. Die wichtigsten, im Heimwerkerbereich üblichen Handsägen sind Fuchsschwänze, Rükken-, Schwalbenschwanz-, Schlitz-, Stich-, Metall-, Kunststoff- und Furniersägen.
Häufig gebrauchte Elektrosägen sind Fuchs- und Tandem-Fuchsschwänze, Multi-, Handkreis-, Stich-, Band- und Dekupiersägen.

Sägeblätter bestehen meist aus Werkzeugstahl oder gehärtetem Stahl. S. besitzen unterschiedliche Formen, Zahnteilungen, Schneidwinkel und Größen. Je nach zu bearbeitendem Material ist das richtige Sägeblatt auszuwählen. Für jede Säge werden spezielle S. verwendet.

Sägefeilen sehen aus wie Feilen, besitzen jedoch anstelle des Feilenblattes ein kleines Sägeblatt mit einer Schneide. S. werden dort eingesetzt, wo man Teile aus dem Innern eines Holzbrettes heraussägen muß. Zuerst werden einige Löcher gebohrt, danach die Stege dieser Bohrlöcher mit der Säge durchtrennt.

Sägeraspel ist ein Raspeleinsatz, der bei Stich- und Multisägen einsetzbar ist.

Sägetisch ist eine Arbeitsplatte mit Füßen, unter der eine Kreissäge angebracht werden kann. Angeboten wird auch eine Stationäreinrichtung für Stichsägen: Sie erleichtert das Sägen von kleinen und dünnen Werkstücken.

Sanftanlauf ist die Anlaufstrombegrenzung bei elektrischen Geräten, wobei die Begrenzung zu einer längeren Anlaufzeit führen kann.

Sanitärbefestigungen sind spezielle, tragfähige Traversen zur Befestigung von Wasch-/Spülbecken und Toiletten. Sie sind in ein Metallständerwerk integrierbar. Entsprechende Vorwand-Installationen sind auch als komplette Systeme im Baumarkt erhältlich.

Schablonentechnik Traditionelle Gestaltungstechnik mit Farbe zur Herstellung von Wandbordüren, Friesen oder Sockelabgrenzungen. Die Farbe wird mit Schwamm oder Pinsel leicht und gleichmäßig auf selbst entworfene oder gekaufte Motivausschnitte getupft.

Schärfen ist das Instandsetzen von Schneidwerkzeugen.

Schalldämmung Maßnahme, Lärmbelästigung mit geeigneten baulichen Mitteln zu verhindern bzw. zu reduzieren. Man unterscheidet Körper-, Luft und Trittschall (eine Form des Körperschalls).

Scharniere gehören zu dem Oberbegriff der Beschläge. S. haben im Gegensatz zu Bändern einen mehrgliedrigen Aufbau. Sie sind nicht aushängbar und selten gekröpft. Man unterscheidet nach sicht- und nicht sichtbaren, verdeckten Scharnieren. Sichtbare Scharniere, auch Aufschraubscharniere genannt, sind Stangenscharniere (Klavierbänder). Zu den unsichtbaren Scharnieren zählt man die Einbohrscharniere. Entsprechend Verwendung und Material gibt es eine Vielzahl von Scharnieren wie Klappen-, Messing-, Zier- und Schatullenscharniere etc.

Schattenfugen Umlaufender Abstand zwischen dem Rand einer abgehängten Decke und den Wänden eines Raumes. Hat überwiegend optischen Zweck. Für die Herstellung von S. gibt es sog. S.-Fräsen.

Schattenfugenfräsen dienen dem paßgenauen Abschneiden der Holzdecken-Paneele. Hohe Leistung und hohe Drehzahl garantieren saubere Schnitte.
Unter einer Schattenfuge ist der Abstand vom Ende der Holzdecke bis zur Wand mit einer Nutbreite von etwa 20 bis 40 mm zu verstehen. Zum Sägen solcher Decken- oder Wandverkleidungen braucht die Säge nur einen Tiefgang von max. 20 mm. Der Parallel-Anschlag wird zum Seitenanschlag, ist flächig ausgebildet und befindet sich an der Maschinenaußenseite gegenüber dem Zusatzgriff. Schattenfugenfräsen ist Überkopfarbeit. Der angebaute Staubsack nimmt die Späne auf. Noch effektiver ist der Spanabtransport mit einem Staubsauger. Die S. eignet sich auch ideal zum Flachdübelsetzen; hierzu dient ein besonderer Fräser (4 mm). Die richtige Nuttiefe ist bequem mit der Schnittiefen-Feineinstellung justierbar.

Schatullenscharniere sind Spezialbeschläge für Schatullen.

Schatullenschlösser sind Möbelschlösser für Schatullen.

Schatullenverschlüsse Schatullenüberfalle, meist Messing antik. Sie werden auf das entsprechende Teil geschraubt.

Bitte lesen Sie weiter auf Seite 260

Teil 1: Trinkwasserleitung und Innenentwässerung

Sanitär-Installation

Organisierter Selbstbau, verlegefreundliche Materialien und Installations-Systeme animieren immer mehr Bauherren, auch beim Sanitär-Gewerk selbst anzupacken. Zunehmend bieten deshalb auch Installations-Fachbetriebe einen Betreuungsservice für Heimwerker an. Erste Grundkenntnisse zu diesem Thema möchten wir in diesem zweiteiligen Beitrag vermitteln

Aufbau eines Trinkwasser-Systems

1 Hausanschluß-Leitung 2 Absperr-Armatur ohne Entleerung und Rückflußverhinderer 3 Wasserzähler 4 Absperrung und Rohrtrenner 5 Warmwasser-Aufbereitung 6 Abzweig Kaltwassersteigleitungen (einzeln absperr- und entleerbar) 7 Abzweig Warmwasser-Steigleitungen (einzeln absperr- und entleerbar) 8 Etagen-Verteiler 9 Gartenwasserhahn mit Rückflußverhinderer 10 Absperrventil mit Entleerung 11 Einzelsicherungen an Armaturen (Rückflußverhinderer mit Belüftung)

Zeichnung: Marley

1. Aufbau und Sicherheit von Trinkwasser-Systemen

Das Wasserwerk ist für den Hausanschluß zuständig

Steigleitungen sollten geradlinig hochführen

Absperr- und Entleerventile an den Leitungs-Tiefpunkten installieren

Verschiedene Leitungsführungen sind möglich

Um eine einwandfreie Qualität unseres wertvollsten Lebensmittels, des Trinkwassers, und die Funktionsfähigkeit des Versorgungssystems sicherzustellen, gelten für die Installation von Trinkwasserleitungen eine Vielzahl von Verordnungen und Vorschriften. Schon allein deshalb sollte der Laie bei einer Neuinstallation eng mit einem Fachmann zusammenarbeiten – zumal er einige Arbeiten ohnehin nicht selbst ausführen darf.

Dazu zählt das Verlegen des Hausanschlusses. Er wird durch das Wasserversorgungs-Unternehmen leicht ansteigend vom öffentlichen Netz in frostsicherer Tiefe ins Haus geführt. Auch der Anschluß an den Wasserzähler mit den Hauptabsperrventilen ist Sache des Wasserwerks. Dann ist der Installateur am Zuge: Er führt die Rohre über die Warmwasseraufbereitung bis zum zentralen Verteiler im Keller. Von hier gehen die Steigleitungen auf kürzestem Wege, stets mit Steigung und rechtwinklig zu Wänden und Decken zu den einzelnen Etagen hoch. Sie dürfen dabei weder durch Schornsteine noch durch Lüftungs- und Müllschächte verlegt werden. Auch Außenwände sind tabu. Die einzige Ausnahme ist der Gartenwasserhahn, der jedoch getrennt absperr- und entleerbar sein muß. Auch die Steigleitungen müssen im Keller bzw. an ihren tiefsten Punkten mit separaten Absperr- und Entleerungsventilen ausgerüstet sein.

Bereits in etwas größeren Einfamilienhäusern können Etagenverteiler sinnvoll sein (1.5). Sie tragen nicht nur zu einer übersichtlichen Leitungsführung bei – und erleichtern dem Heimwerker deshalb die Rohrverlegung –; sie erlauben auch das Absperren einzelner Leitungsteile, z. B. bei Reparaturen. Von hier aus führt man die Rohre zu den einzelnen Entnahmestellen. Dabei sind verschiedene Verteilsysteme möglich (1.1 bis 1.4). Bei Strang- oder Ringleitungen werden übrigens Doppelanschlußdosen an den Entnahmestellen benötigt.

Um die anfangs angesprochene Trinkwasserqualität sicherzustellen, sind für jedes Trinkwasser-

1.1

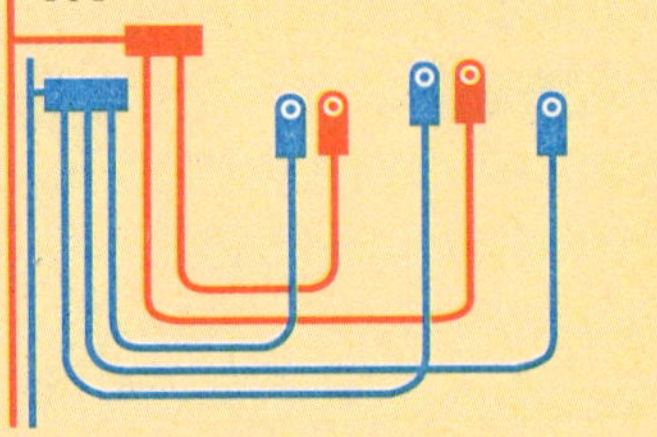

Einzelzuleitung: Jede Armatur wird separat versorgt: kaum Druckverlust, schnelle Montage, Rohr austauschbar

1.2

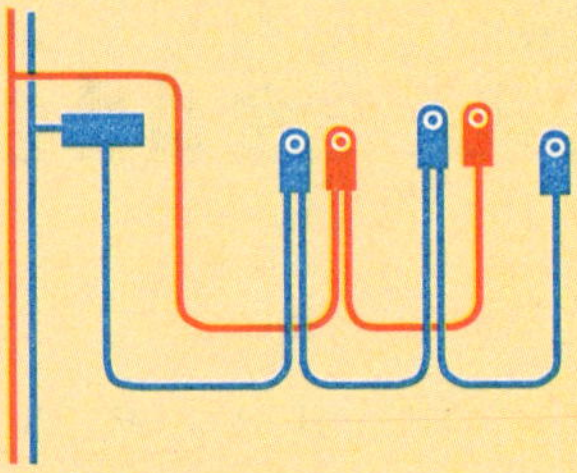

Strangleitung: Ein Strang versorgt mehrere Armaturen: weniger Rohrmaterial nötig, höhere Druckverluste

1.3

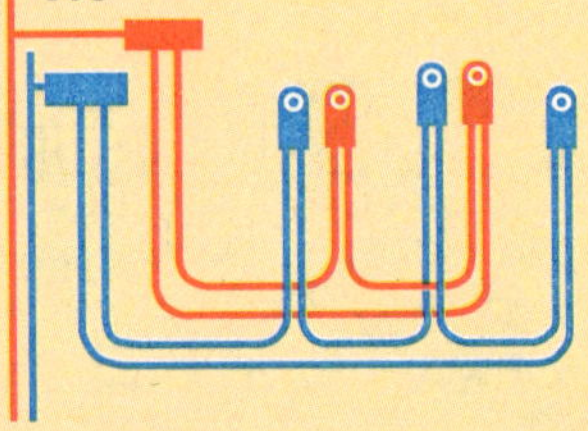

Ringleitung: Jede Armatur wird von zwei Seiten versorgt: wenig Druckverluste, kaum Stagnationswasser

1.4

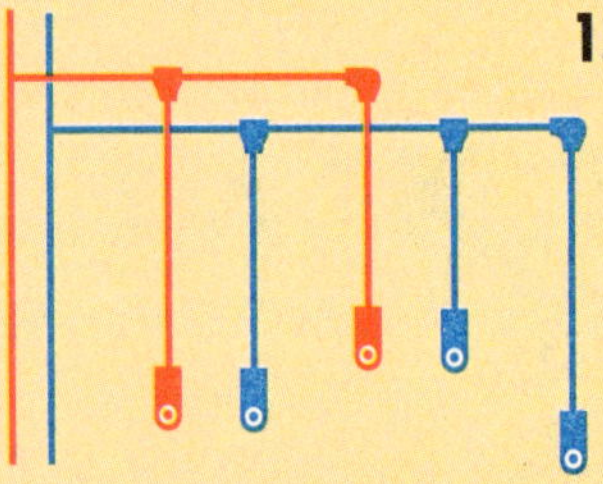

T-Verzweigung: herkömmliche Leitungsführung, Auswechseln einzelner Rohre ist nicht möglich

Leicht zugänglich: Die Steigleitungen münden im Etagen-Verteilerkasten, von wo aus 7 Abgänge getrennt nach Kalt- und Warmwasser möglich sind

1.6.1

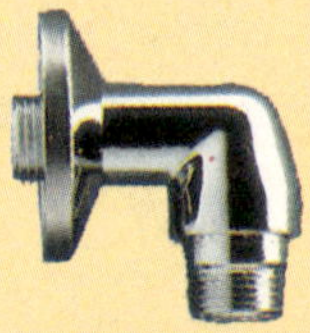

1.6.2

Rückflußverhinderer mit Rohrbelüfter: Zur Einzelsicherung von Armaturen gegen das Rücksaugen von Schmutzwasser bieten sich Rückflußverhinderer (1.6.1 und 1.6.2) an, die sich einfach und schnell – auch nachträglich – zwischen Armaturen und Schlauchbrausen einsetzen lassen

2.1

Qualitäts-Prüfung: Trinkwasserleitungssysteme brauchen die Zulassung des Deutschen Vereins des Gas- und Wasserfaches (DVGW)

DEUTSCHER VEREIN DES GAS- UND WASSERFACHES E.V.
DVGW
geprüft
überwacht

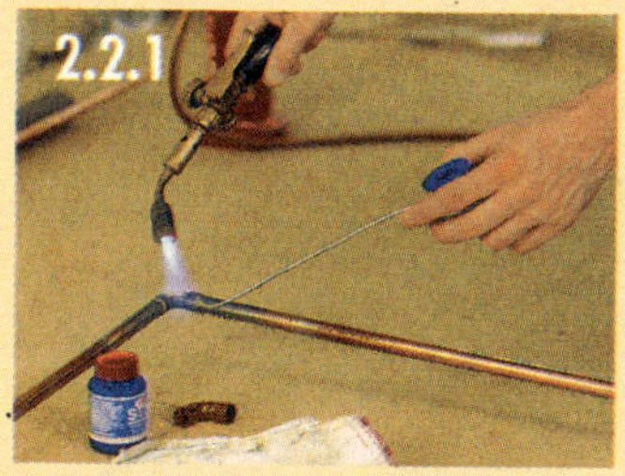

Lötverbindungen: *Kupfer-Trinkwasserleitungen müssen grundsätzlich weichgelötet werden*

Preßverbindungen: *Edelstahl- und Kupferrohre lassen sich auch mit Preßfittings verbinden*

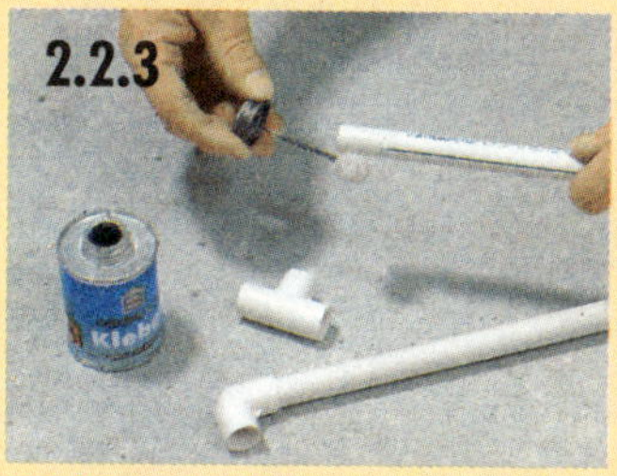

Klebeverbindungen: *Wie Kupfer werden auch PVC-Rohre stoffschlüssig verbunden, allerdings mit Kleber*

Klemm-Schraubverbindung: *Die flexiblen Rohr-in-Rohr-Leitungen aus PE-Xc werden mit Fittings verschraubt*

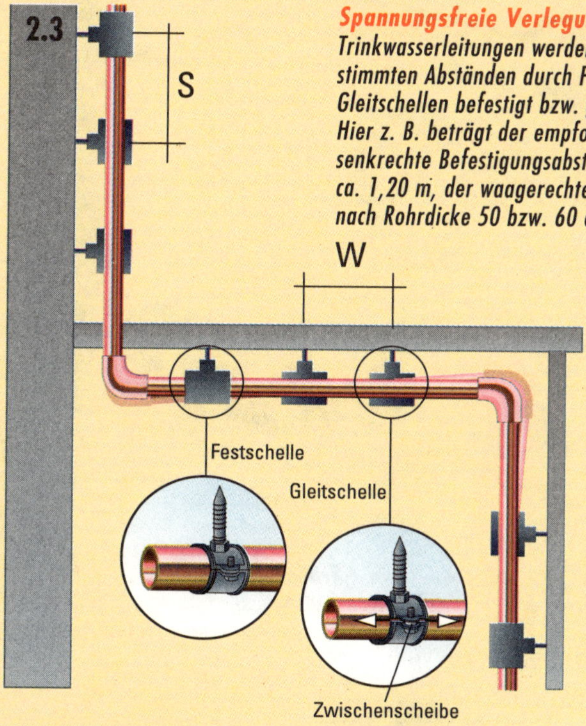

Spannungsfreie Verlegung: *Trinkwasserleitungen werden in bestimmten Abständen durch Fest- und Gleitschellen befestigt bzw. geführt. Hier z. B. beträgt der empfohlene senkrechte Befestigungsabstand (S) ca. 1,20 m, der waagerechte (W) je nach Rohrdicke 50 bzw. 60 cm*

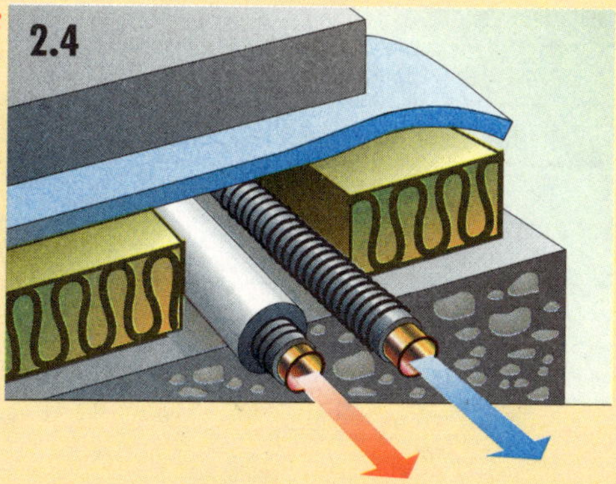

Auf der Rohdecke: *Bei Neubauten können Wasserleitungen direkt auf der Rohdecke verlegt werden. Sie werden einfach durch die Trittschalldämmschicht geführt. Eventuell mit Schüttung auffüllen*

system Sicherheitseinrichtungen vorgeschrieben, die verhindern sollen, daß Schmutzwasser eindringt. Das kann durch einen in der Badewanne liegenden Brauseschlauch passieren, wenn z. B. durch einen Rohrbruch Unterdruck im System herrscht. Ein Rückdrücken von Waschwasser ist ebenfalls möglich, wenn z. B. in der Waschmaschine ein höherer Druck entsteht als im Leitungssystem. Diese Gefahrenquellen kann man durch die Installation von belüfteten Rückflußverhinderern (1.6.1 und 1.6.2) an den betreffenden Armaturen ausschließen. Diese Einzelsicherungen sind leicht zu montieren und bilden gemeinsam mit dem zentralen Rückflußverhinderer hinter dem Wasserzähler ein funktionierendes Sicherungssystem. Vorsicht auch bei Regenwassernutzung. Hierzu ist ein separates Leitungssystem erforderlich, und die Zapfstellen müssen deutlich gekennzeichnet sein.

Sicherheits-Einrichtungen zum Schutz des Trinkwassers

2. Materialien und Rohr-Verlegung

Zu den klassischen Materialien für Trinkwasserrohre wie Guß, Stahl oder Kupfer gibt es heute eine Reihe von Alternativen, z. B. Edelstahl, Polypropylen (PP) oder vernetztes Polyethylen (PE-X). Das Prüfzeichen des DVGW (2.1), das Voraussetzung für die Zulassung als Trinkwasserrohr ist, bescheinigt u. a. auch, daß das System über Spezial-Fittings an andere Rohrwerkstoffe angeschlossen werden kann und Rohre mit mindestens zwei Nennweiten beinhaltet (für Steig- und Verteilungsleitungen). Für Heimwerker – vor allem für solche, die keine Löterfahrung haben – bieten sich Kunststoffrohre an. Sie zeichnen sich durch hohe Korrosionsbeständigkeit, geringes Gewicht, glatte Rohrwandung (und damit geringe Reibungsverluste) sowie gute Schalldämpfung und Wärmedämmung aus. Und sie lassen sich meist schnell und unkompliziert installieren. Allerdings müssen Sie dabei die im Vergleich zu Kupfer 10mal stärkere Längenausdehnung infolge von Wärme berücksichtigen und durch genügend Spielraum ausgleichen. Dazu dient die gezielte Befestigung bzw. Fixierung mit Fest- und Gleitschellen (2.3). Die empfohlenen Abstände sind je

Trinkwasser-Leitungssysteme

Kunststoffrohre sind für Laien einfacher zu verarbeiten

Kunststoffrohre dehnen sich bei Wärme stärker aus

Flexible Kunststoffrohr-Systeme

nach System unterschiedlich. Besonders verlegefreundlich sind die flexiblen PE-X-Rohre, die es mit und ohne Wellrohr-Ummantelung gibt. Sie erlauben runde und damit sehr fließgünstige Richtungsänderungen. Auf der Rohdecke können sie auf direktem Weg in der Trittschalldämmschicht (2.4) zu den Verbrauchsstellen geführt werden. Beim Rohr-in-Rohr-System kann sogar die Dämmung von Kalt- (DIN 1988) und Warmwasserleitungen (Heizungsanlagen-Verordnung) entfallen. Letzter Schritt bei der Trinkwasser-Installation ist dann die Druckprüfung durch den Installateur.

3. Innen-Entwässerung

Die wesentlichen Rohrabschnitte des Abwasser-Systems

Grund-, Fall-, Anschluß- und Lüftungsleitungen sind die wesentlichen Abschnitte des Abwasser-Systems in einem Einfamilienhaus. Die Grundleitung – auf Bild 3.1 braun eingezeichnet – liegt unter dem Fundament in einem verdichteten Sandbett und verläuft mit leichtem Gefälle zur Straßenkanalisation. Über eine Reinigungsöffnung können eventuelle Verstopfungen behoben werden. An die Grundleitung angeschlossen ist die senkrecht durchs Haus laufende Falleitung, die entweder direkt oder über eine zwischengeschaltete Anschluß-Sammelleitung das Abwasser von den einzelnen Verbrauchsstellen aufnimmt. Die Falleitung muß übers Dach entlüftet werden.

»Liegende« Anschluß- und Sammelleitungen

Anschluß- und Sammelrohre sind „liegende" Leitungen. Weil sie das Schmutzwasser rückstandlos und ohne Geräusch- und Geruchsbelästigungen abführen sollen, dürfen Rohrdurchmesser

3.1

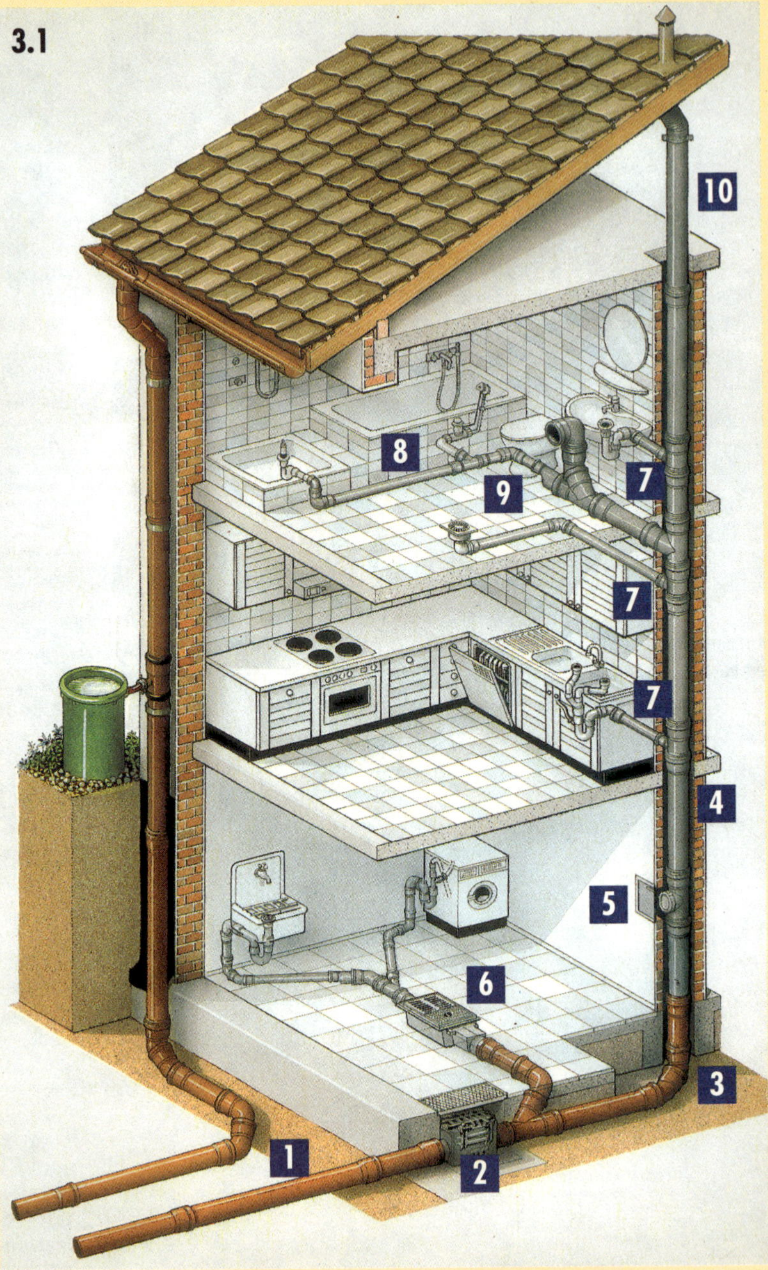

Zeichnung: Marley

Abflußsystem eines Hauses: *1 KG-Rohre 2 Reinigungsöffnung 3 Zweimal 45°-Rohrumleitung 4 Fallrohr 5 Revisionsöffnung 6 Bodenablauf 7 Anschluß- bzw. Sammelleitungen mit 88°-Einleitung 8 Sammel-Leitung 9 Rohrerweiterung durch konisch zulaufendes HT-Formteil 10 Lüftungs-Leitung zum Dach*

3.2

Entwässerung von...	DN Einzelanschluß
Waschtisch, Handwaschbecken	40
Küchenabflüssen (Spülbecken, Spülmaschine)	50
Waschmaschine	70
Bodenablauf	70 oder 100
Dusche, Badewanne mit direktem Anschluß	50
Toilette	100

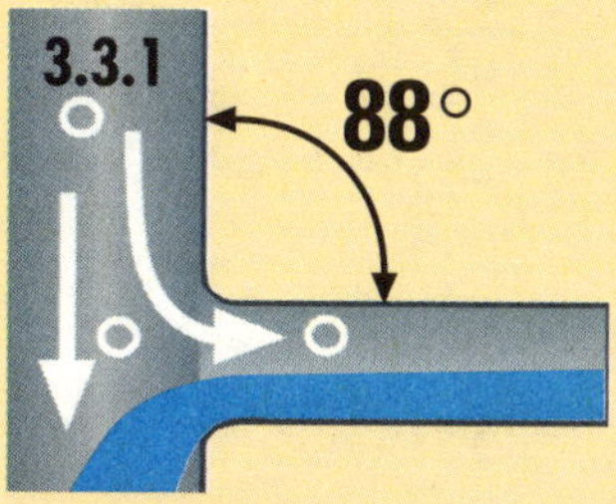

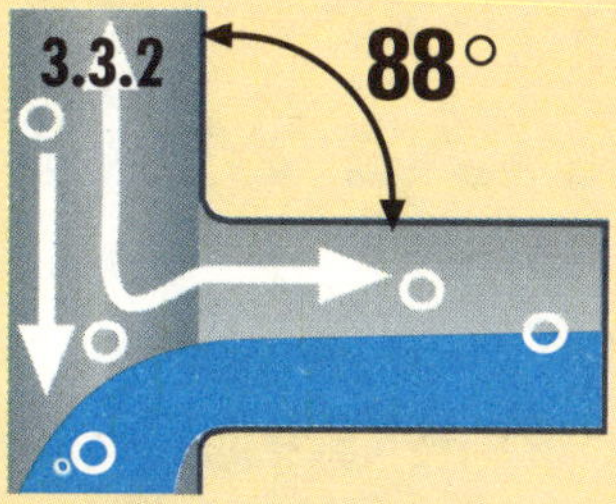

Günstiger Winkel: *Bei gleichgroßer (3.3.2) wie bei reduzierter Anschlußleitung (3.3.1) ist ein Winkel von etwa 88° günstig. Eine gute Belüftung der Anschlußleitung ist in beiden Fällen gegeben*

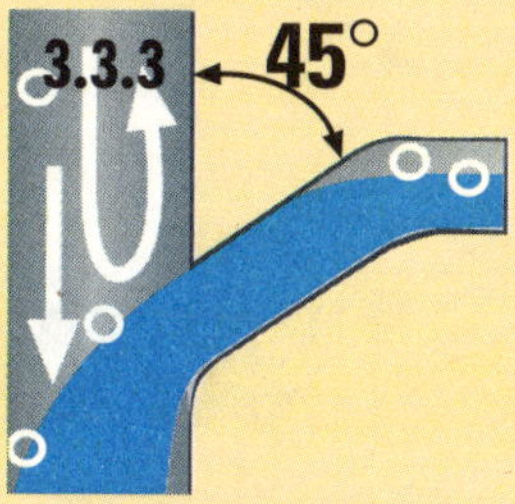

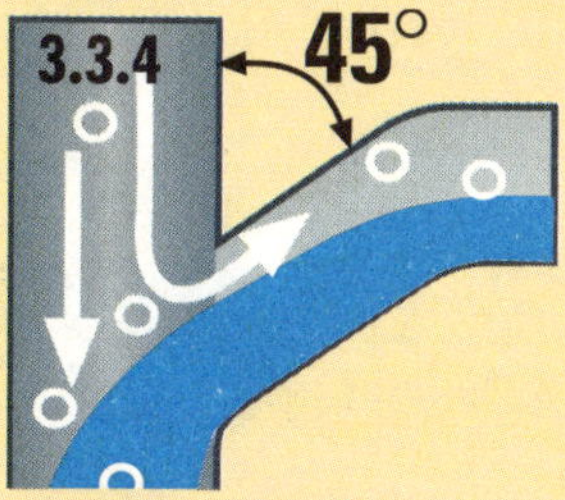

Zu vermeiden: *Diese Lösung führt in der reduzierten Anschlußleitung zu Luftabschluß und Absaugungen*

Bedingt anwendbar: *Der 45°-Winkel bei gleich weiten Rohren ist möglich beim Anschluß eines WCs*

4.1.1

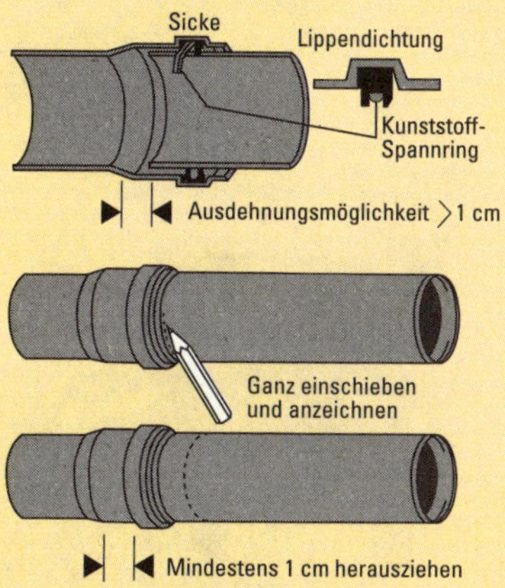

4.1.2

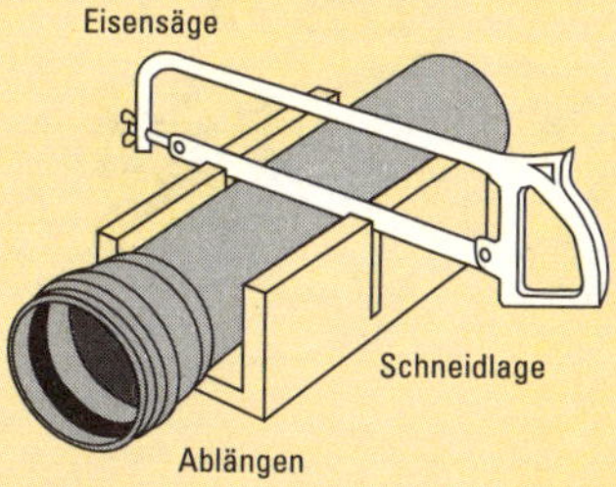

HT-Rohre bearbeiten: *Die an einem Rohrende integrierte Dichtung (4.1.1) macht das Verbinden einfach. Das Rohr rechtwinklig durchtrennen, bis zum Anschlag einschieben, ringsum markieren und wieder 1 cm herausziehen. Dieser Zentimeter dient als Dehnungsspielraum*

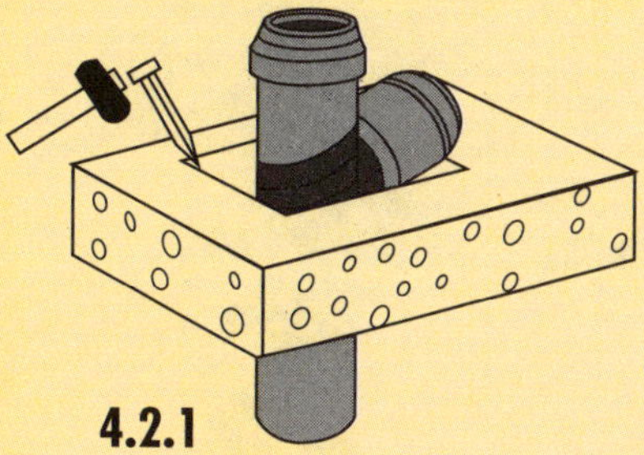

4.2.1

4.2.2

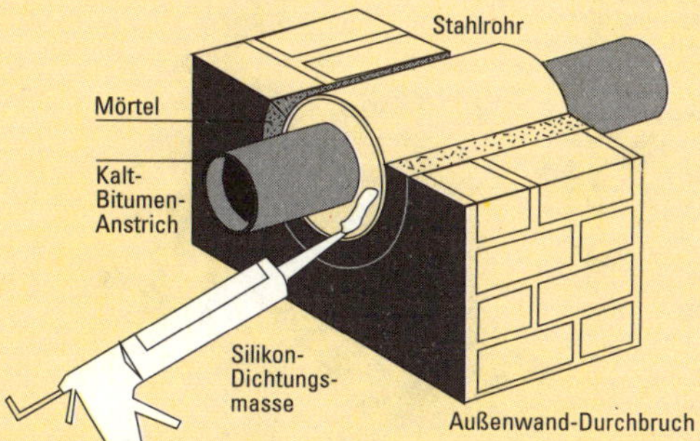

Bei Durchbrüchen: *An Deckendurchdringungen wird das Fallrohr vor dem Einbetonieren oder Zumauern z. B. mit Filz umwickelt (4.2.1). Außenwand-Durchbrüche müssen wieder wasserdicht verschlossen werden*

und Gefälle nicht willkürlich gewählt werden. Für Einzelanschlüsse sind die in 3.2. aufgeführten Querschnitte festgelegt. Sie gelten aber immer nur für ein Entwässerungs-Objekt dieser Art. Wenn Sie in der Küche neben der Spüle auch eine Spülmaschine installieren, reicht der angegebene Rohrdurchmesser von 50 mm nicht aus. Sie müssen den nächstgrößeren Querschnitt (70 mm) wählen. Das gilt auch, wenn die Anschlußleitung auf ihrem Weg zum Fallrohr mehrmals umgeleitet wird.

Rohrquerschnitt und Gefälle beeinflussen das Fließverhalten

Anschlußleitungen müssen mit einem Gefälle von mindestens 2 cm auf einen Meter verlegt werden. Um Rückspülungen zu vermeiden, dürfen Einmündungen und Abzweige in liegende Leitungen nie gegen die Flußrichtung und nicht in einem Winkel von mehr als 45° ausgeführt werden. Anschlüsse an Fallleitungen hingegen sollten einen Winkel von ca. 88° aufweisen, damit eine gute Belüftung der Anschlußleitung gewährleistet ist und Unterdrücke oder Gurgelgeräusche vermieden werden (3.3.1 bis 3.3.4).

Einmündungs-Winkel bei Anschluß- und Falleitungen

4. Materialien für Abflußrohre

Zur Innenentwässerung verwendet man heute überwiegend Kunststoffrohre. Sie sind nicht nur problemloser zu verarbeiten als die früher üblichen Steinzeug- oder Gußeisenrohre, sie sind auch fast unbegrenzt haltbar und wesentlich leichter. Letzteres erfordert allerdings mehr konstruktiven Aufwand, um einen akzeptabeln Schallschutz sicherzustellen. Reichen für Grundleitungen meist die bis etwa 60 °C temperaturbeständigen orangebraunen KG-Rohre (**K**unststoffrohr für **G**rundleitungen), so bieten sich im Haus die grauen HT-Rohre an (**h**och-**t**emperaturbeständig), die 80 °C und mehr aushalten. Die Rohre sind mit einer Gummidichtung ausgestattet, die einfaches Zusammenstecken ermöglicht (4.1 und 4.2). Daneben gibt es eine Fülle von Formteilen für Übergänge, Anschlüsse, Revisionsöffnungen und Geruchsverschlüsse. Letztere sind beim Anschluß der Sanitär-Objekte unentbehrlich.

HT-Rohre lassen sich problemlos selbst verarbeiten

**Teil 2:
Sanitär-Objekte und
Armaturen anschließen**

Sanitär-Installation

Nachdem wir uns im ersten Teil mit dem Aufbau und dem Verlegen von Trink- und Abwassersystemen in Gebäuden befaßt haben, lesen Sie in diesem Kapitel, wie Rohre und Leitungen an die verschiedenen Verbrauchsstellen geführt und an Waschtisch, Wanne und WC angeschlossen werden.

Montage von Sanitär-Gegenständen

Leitungs-Anschlüsse

Armaturen anbringen

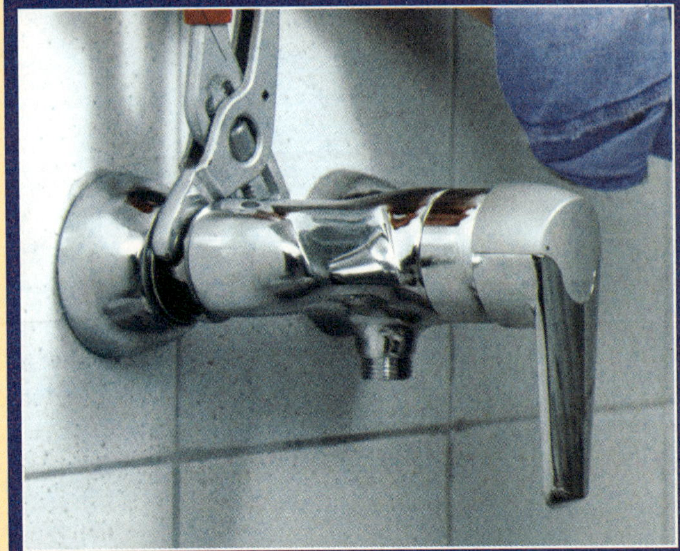

Abfluß anschließen

Montagefertige Elemente erleichtern die Installation

1. Vorwand-Installation

Seit es vorgefertigte Montage-Systeme für WC, Waschtisch, Dusche oder Badewanne gibt, ist die Sanitär-Installation sauberer, schneller und einfacher geworden. Wände brauchen nicht mehr aufgestemmt zu werden, Staub und Dreck fällt kaum an. Alle Leitungen verlaufen in einem vor und/oder in der Wand verschraubten Ständer- oder Schienenwerk (1.1), in das die Einzelmodule mit den Befestigungsmöglichkeiten für die Sanitärobjekte und den montagefertigen Anschlüssen für Armaturen und Abläufe eingebaut sind. So sind unter anderem die Armaturen-Anschlüsse ab Werk so vorbereitet, daß sie keine Fließgeräusche auf umgebende Wände übertragen (1.2). Man braucht sich also um Schallschutzmaßnahmen an Wanddurchdringungen – wie sie bei unter Putz verlegten Leitungen erforderlich sind (1.3) – nicht zu kümmern.

Im Altbau ist die Vorwand-Installation ideal

Bei der Renovierung ist die Vorwand-Installation ideal: Die Statik der Wände kann nicht durch Leitungsschlitze und schwere Sanitär-Gegenstände beeinträchtigt werden, und Sie haben die Möglichkeit, auch unkonventionelle Gestaltungsideen problemlos umzusetzen – wie z. B. die Über-Eck-Montage des Waschtischs oder eine Installationswand, die gleichzeitig als Raumteiler mit Doppelanschluß an Vorder- und Rückseite fungiert. Verkleidet werden die Installationswände mit wasserfesten Gipsbauplatten, die man in Naßbereichen zusätzlich vollflächig abdichtet. Wenn Einzelmodule nur in der Wand verdübelt werden, müssen sie allerdings ummauert werden, damit eine ausreichende Standfestigkeit gewährleistet ist. So z. B. bei WC/Spülkasten-Elementen.

Wandhängende Einzel-Module muß man stabilisieren

2. Einbau-Maße

Einbau-Maße sind zum Teil genormt

Da Wasserzu- und -abläufe meist zu einem Zeitpunkt verlegt werden, an dem Sanitär-Objekte und Armaturen noch gar nicht gekauft sind, gibt es im Sanitärbereich sinnvollerweise Normen und Empfehlungen, die Maße und Abstände von Armaturen, Abflüssen oder Einbaupositionen

Schienen-Befestigung: Bei diesem Vorwand-System werden die höhenverstellbaren Montage-Module an Schienen befestigt, die man an Wand und Boden ausrichtet und verdübelt

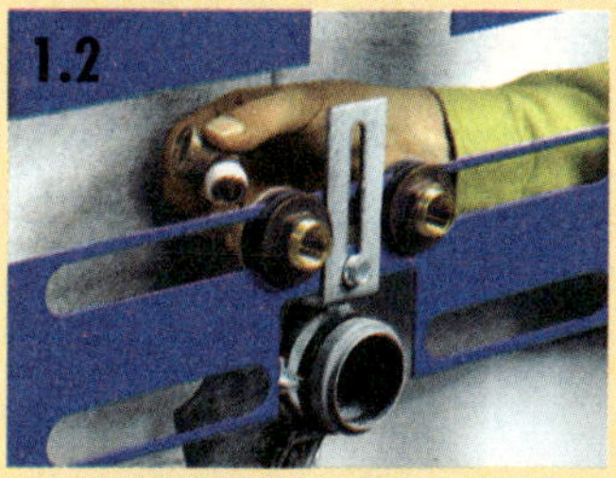

Armaturenplatte: Die Rohranschlüsse sind bereits werkseits gegen Körperschall gedämmt

Unter-Putz: Schallabkopplung durch Kunststoff-Dosen, die zum Rohrleitungssystem gehören

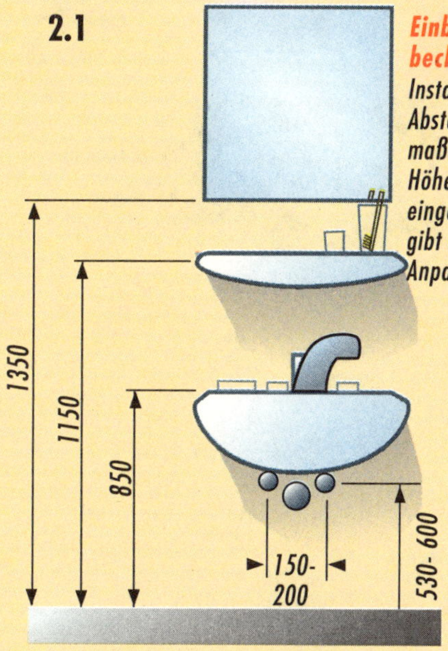

Einbaumaße Waschbecken: Wenn bei der Installation bestimmte Abstände und Normmaße – z. B. für die Höhe der Eckventile – eingehalten werden, gibt es später kaum Anpassungsprobleme

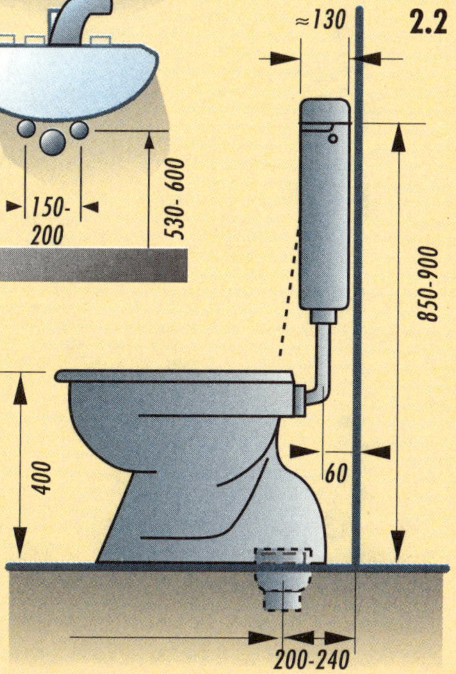

Stand-WC mit wandhängendem Spülkasten: Die Abstände zur Wand richten sich nach den Abmessungen des WC-Beckens. Wichtig ist, daß der geöffnete Deckel allein stehen bleibt

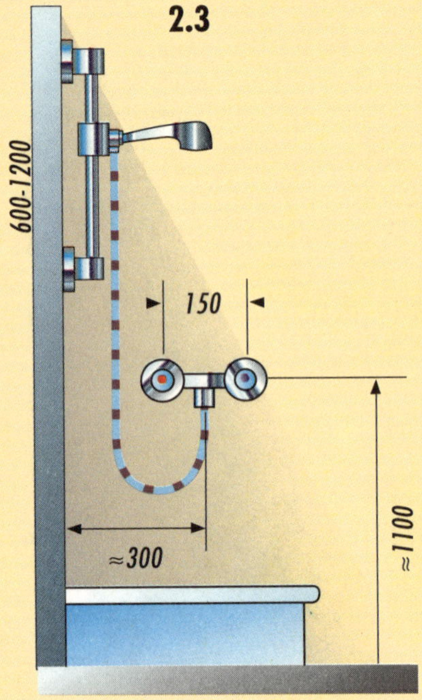

Einbaumaße Dusche: *Die Abstände der Wandscheiben für die Armaturen sind genormt. Von Lochmitte zu Lochmitte sollen sie 150 mm betragen. Durch die Verwendung von S-Anschlußbögen sind im nachhinein allerdings noch leichte Korrekturen möglich*

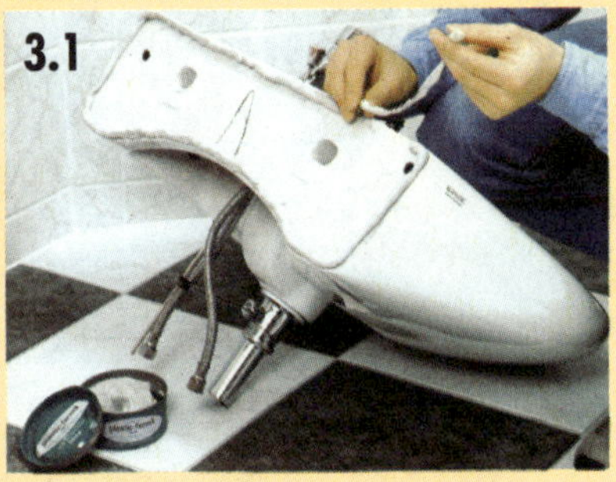

Waschbecken befestigen: *Zwischen Beckenrücken und gefliester Wand sorgt eine umlaufende Kitt-Schnur für Ausgleich und dichtet gleichzeitig die Fuge ab. Die Löcher dienen zur Aufnahme der Gewindestangen-Halterung*

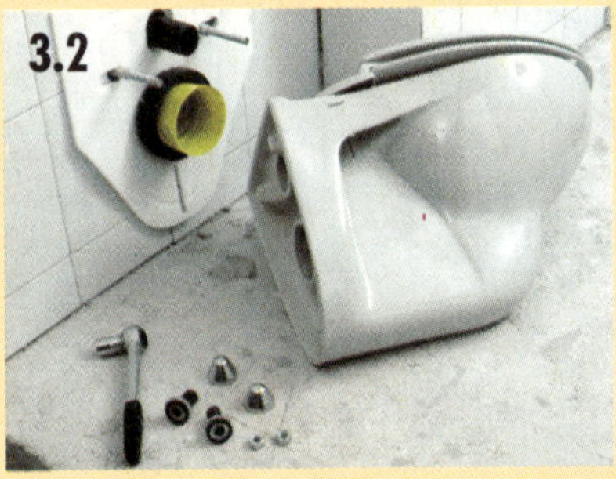

WC-Befestigung: *Zum Ausgleich unebener Wände oder WC-Becken und zur Schall-Entkopplung dient hier eine selbstklebende Kunststoffmatte. WC-Befestigungen gibt's ebenso wie Waschtisch-Befestigungen im Baumarkt als Set zu kaufen*

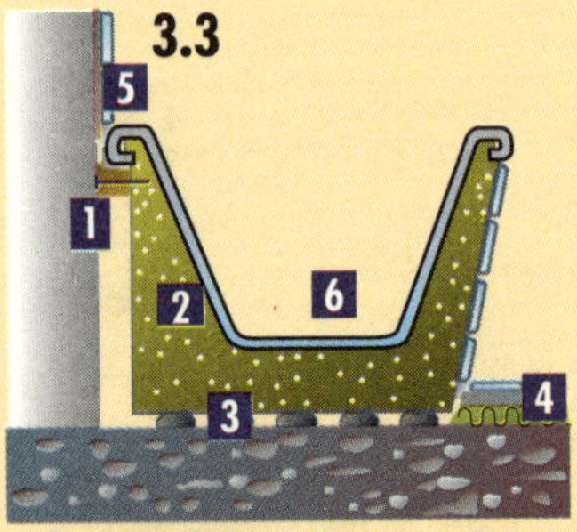

Wanne im Hartschaumträger: *1 Wandleiste 2 Träger 3 Mörtelbett 4 Estrich, 5 Silikonfuge 6 Wanne*

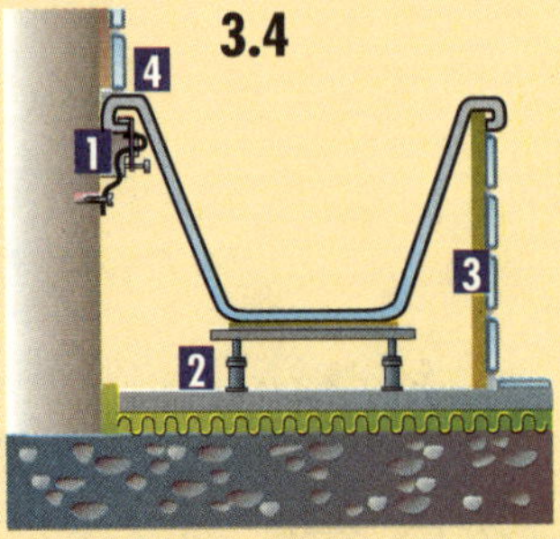

Wanne auf Metallfüßen: *1 Leiste mit Klammern 2 höhenverstellbare Füße 3 Frontschürze 4 Silikonfuge*

regeln. So werden Anschlüsse für Wandarmaturen immer im Achsabstand von 150 mm verlegt. Wichtig zu wissen: Angegebene Höhenmaße (2.1 bis 2.3) beziehen sich jeweils auf die Oberkanten der Sanitärgegenstände bei fertig gefliestem Fußboden. Dies muß bei Rohbau-Installationen berücksichtigt werden.

3. Montage

Ausgleichs-Materialien bei der Becken-Montage

Wenn ein Keramik-Becken oder -WC unter Spannung verschraubt wird, besteht die Gefahr, daß es bricht. Deshalb montiert man diese Gegenstände nicht unmittelbar auf oder an Fliesenflächen, sondern fügt ein Ausgleichsmaterial dazwischen, das gleichzeitig die Übertragung von Körperschall verhindert. So verteilt man z. B. auf dem Waschtisch-Rücken Fugenzementbrei oder Kitt (Bild 3.1). Auch Kunststoff-Montagestreifen sind bei Handbecken und Stand-WCs üblich. Bei wandhängenden Toiletten verwendet man oftmals selbstklebende Schallschutzmatten (3.2). Auch beim Festschrauben von Sanitärobjekten ist zu beachten: Zwischen Metallmutter bzw. -schraube und der Keramik muß immer eine Kunststoffscheibe sein. Stand-WCs verdübelt man im Boden, Waschbecken und wandhängige Toiletten werden an den Gewindestangen der Installations-Module aufgehängt oder – bei Massivwänden – an den metrischen Gewindestanden von Stockschrauben, deren Holzgewinde in der Wand verdübelt ist.

Kunststoff-Scheiben als Spannungs-Ausgleich

Dusch- und Badewannen werden in einen Hartschaumträger eingebaut oder auf verstellbaren Metallfüßen ausgerichtet (3.3 und 3.4). Die erste Lösung ist nicht nur die handwerklich einfachere, sie bietet auch wesentlich besseren Schall- und Wärmeschutz. Der Wannenträger kann deshalb direkt auf der Rohdecke in einem Mörtelbett ausgerichtet werden. Die Wanne selbst braucht man erst nach dem Fliesen der Wände einzusetzen. Der Ablauf muß jedoch vorher bis zur Revisionsöffnung verlegt sein. Ebenso müssen Sie vor dem Einsetzen von Bade- und Duschwannen die Ablaufgarnitur montieren – und den Elektriker bestellen. Denn beim Einbau von Metall-Wannen und Garnituren mit Metallsiphons

Wannen installieren

Für die Erdung der Wanne ist der Elektriker zuständig

muß ein Potentialausgleich-Erdleiter gelegt werden.

Wannen auf verstellbarem Metall-Unterteil

Aus schalltechnischen Gründen sollte man einen höhenverstellbaren Metall-Unterbau nur auf schwimmenden Estrichen einsetzen. An den Wänden muß die Wanne mit einer durchgehenden Leiste abgestützt werden. Ein auf den Wannenrand geklebter Gummistreifen sorgt für die nötige Schall-Entkopplung. Front- und Seitenschürzen können Sie entweder mit Porenbeton hochmauern oder mit Polystyrolplatten ausbilden. Für Wannen, WC und Waschtische gilt: Alle Fugen zu Wand- und Bodenfliesen müssen abschließend mit Sanitär-Silikon abgedichtet werden.

4. Abfluß anschließen

Das Sperrwasser verhindert Geruchs-Belästigungen

An allen Ablaufstellen sind Geruchsverschlüsse vorgeschrieben (4.1.1 bis 4.1.3). Das im Siphon-Bogen mindestens 50 mm hoch stehende Sperrwasser verhindert, daß übelriechende Gase aus der Kanalisation ins Haus gelangen.

Siphon-Größen wählt man abhängig vom Ablaufventil

Kunststoff-Siphons sind besonders leicht, ohne Zange zu montieren. Sie werden mit der Hand am Ablaufventil festgeschraubt. Ihr Innendurchmesser richtet sich nach dem des Ablaufventils. Bei Waschbecken (∅ Ablauf 30 mm) beträgt er 30 mm, bei Bade- und Duschwannen (∅ Abläufe 30 mm) 40 mm und bei Ausgüssen, Spülen, Spülmaschinen (∅ Abläufe 35 mm) ebenfalls 40 mm. Soll eine Spül- oder Waschmaschine z. B. an den Ablauf einer Spüle angeschlossen werden, so sitzt der Einlaufstutzen – hier gibt es spezielle Formteile – stets oberhalb des U-Bogens. Achten Sie darauf, daß Sie den Abwasserschlauch über dem Niveau des höchsten Schmutzwasserstandes im Siphon verlegen, damit ein Rücksaugen des Schmutzwassers ausgeschlossen ist.

WC-Becken haben einen eingebauten Geruchsverschluß

WCs haben übrigens einen im Becken eingeformten Geruchsverschluß. Er funktioniert allerdings nur, wenn der Wasserspiegel – wie vorgeschrieben – mindestens 10 cm höher liegt als der Rohrabzweig zum Fallrohr (s. Teil 1 der Sanitär-Reihe). Als Verbindung zwischen dem WC-Abgangsstutzen und der Anschlußleitung eignen sich Kunststoff-Rohre mit eingebauter Gummilippendichtung am

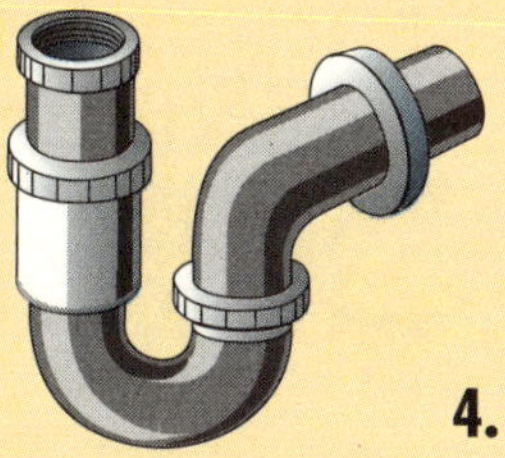
4.1.1

4.1.2

Geruchsverschlüsse: Der Röhrensiphon (4.1.1) läßt Wasser schnell abfließen, so daß feste Teile mitgespült werden. Beim Tassensiphon (4.1.2) lagern sich diese in dem abschraubbaren Behälter ab. Extra flach sind Geruchsverschlüsse für Bade- und Duschwannen (4.1.3)

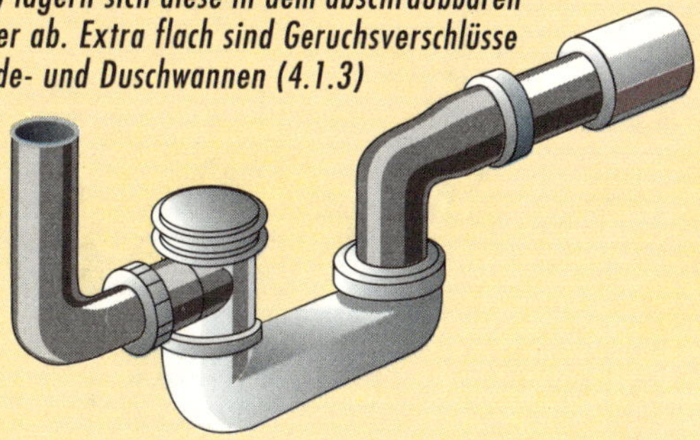
4.1.3

4.2

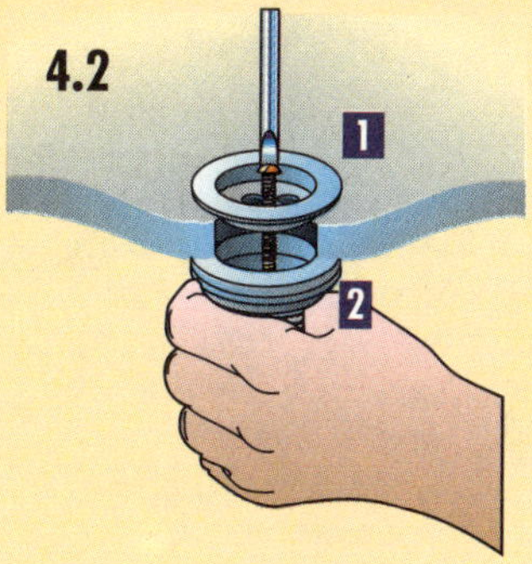

Ventilkelch einbauen: Das mit einem Kitt-Strang unterlegte obere Teil des Ventilkelchs (1) in das Ablaufloch einführen, Ventil-Unterteil mit dem Gummidichtungsring (2) von unten dagegenhalten und die Teile von oben verschrauben, so daß die Paste herausgepreßt wird

4.3

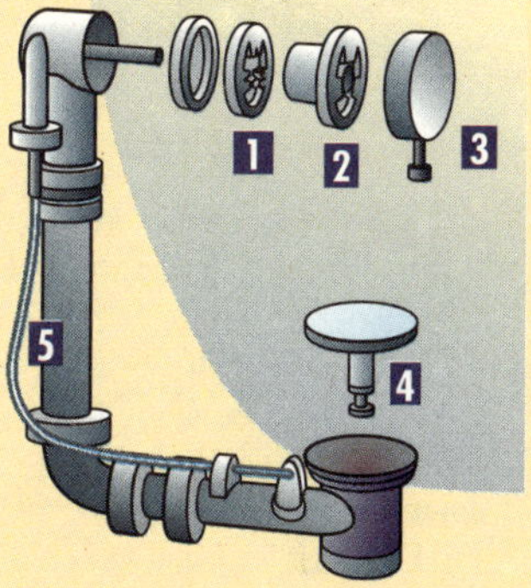

Exzenteranlage für Wannenabfluß: Dichtung (1), Überlauf-Rosette (2) und Drehgriff (3) von der Wannen-Innenseite auf die Spindel schrauben. Beim Drehen des Griffs schließt bzw. öffnet der Bowdenzug (5) den Ablaufstöpsel (4)

5.1

5.2

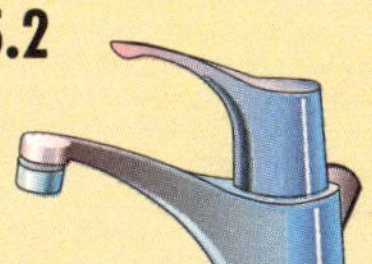

5.3

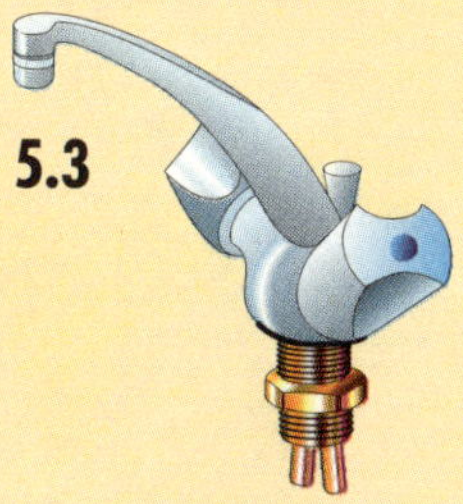

Mischbatterien für geschlossene Systeme: Je nach Montageart unterscheidet man Wand- (5.1) und Standarmaturen (5.2 und 5.3), bzw. Ein- und Zweiloch-Armaturen (5.1). Batterien für drucklose, offene Rohrsysteme haben immer drei Anschlußstutzen (s. Bild 5.7)

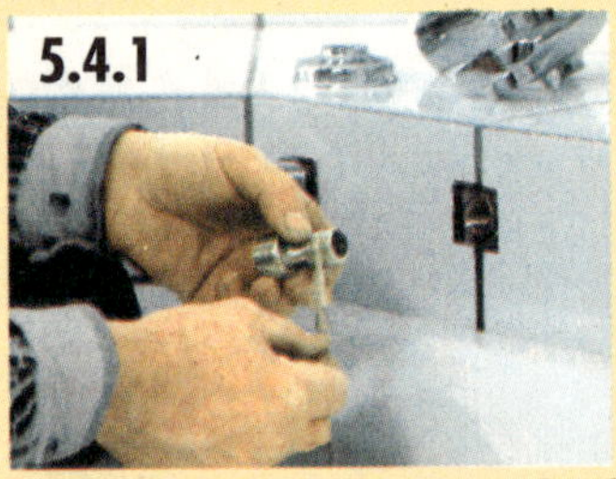

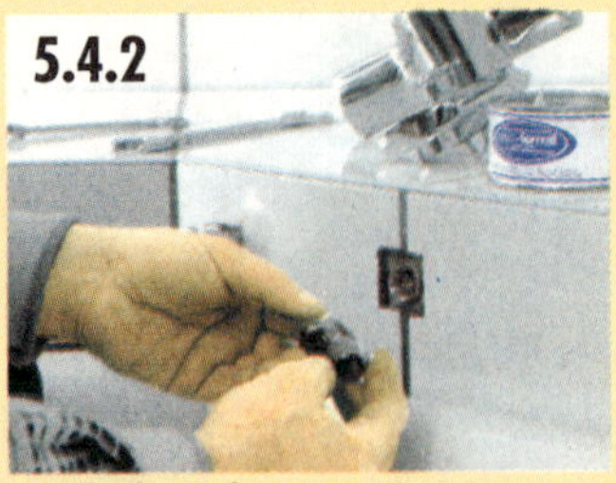

Wand-Armatur anbringen: Die Gewinde der S-förmigen Distanz-Stücke müssen mit Hanf (5.4.1) und Kitt (5.4.2) zusätzlich abgedichtet werden, da man sie zum waagerechten Ausrichten der Armatur meist ...

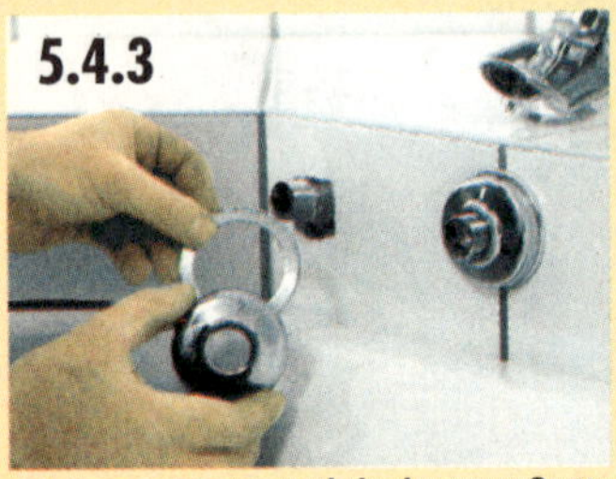

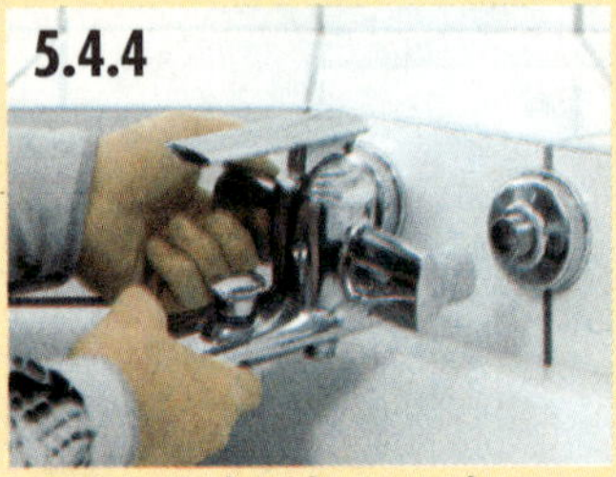

... ein wenig zurückdrehen muß. Nach dem Eindrehen der S-Stücke mit dem Maulschlüssel wird die Chrom-Rosette (5.4.3) aufgeschraubt. Armatur aufsetzen und durch Anziehen der Überwurfmutter verschrauben.

5.5

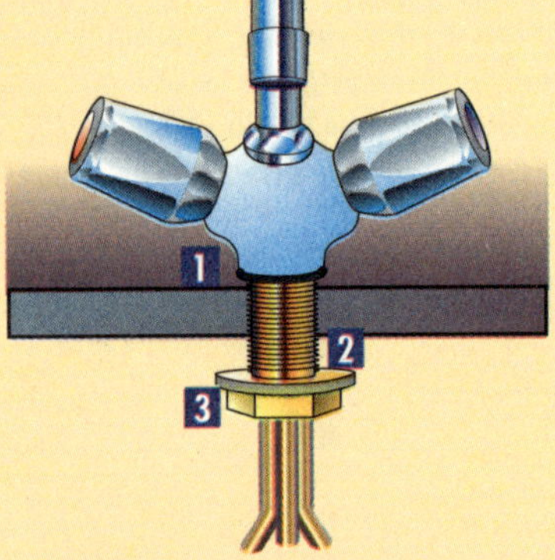

Standarmaturen führt man von oben durch das Hahnloch und verschraubt sie von unten mit Hilfe eines Standhahnmutter-Schlüssels. Gummidichtung (1) und Kunststoffscheibe (2) verhindern den direkten Kontakt zwischen Kontermutter (3) bzw. Batterie-Oberteil und dem Becken

5.6

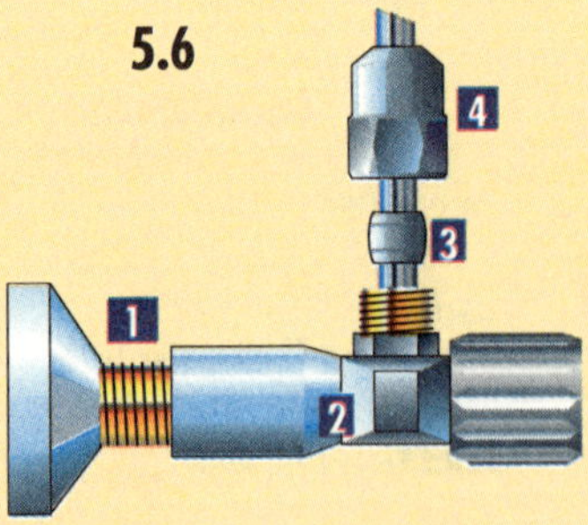

Eckventile verbinden Wasserzuleitung und Armatur. Das Gewinde der Zuleitung (1) wird mit Hanf und Kitt abgedichtet. Eckventil (2) und Steigrohr verbindet man durch Quetschverschraubung (3 Klemmring, 4 Überwurfmutter)

5.7

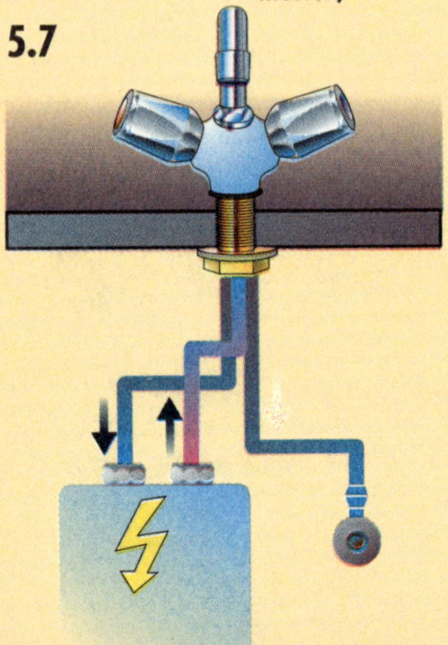

Niederdruck-Batterie für offene Warmwasserspeicher sind nicht mit zwei, sondern drei Anschlußrohren ausgestattet: Beim Öffnen des Kaltwasser-Ventils strömt kaltes Wasser in den Speicher, welches das erwärmte Wasser nach oben zur Auslaufstelle drückt. Beim Erhitzen des Speicherwassers entweicht Wasserdampf durch die Armatur

besten. Für alle Arbeiten am Abfluß gilt: System direkt danach auf Dichtigkeit überprüfen.

5. Auslaufarmaturen

Gängige Misch-Armaturen

Misch-Armaturen mischen kaltes und warmes Wasser vor dem Ausfließen. Nach Montageart unterscheidet man Stand- und Wand-Batterien (5.1 bis 5.3), die es als Ein- und Zweigriff-Armaturen gibt. Einhebelmischer erleichtern die Temperatur-Einstellung und halten den Wasserstrom bei Temperaturwechsel konstant.

Einbau von Wand- und Stand-Batterien

Die Installation von Wandarmaturen bewältigt der Laie mit Hilfe sogenannter S-Stücke sicherlich am besten (5.4.1 bis 5.4.4). Eine Einloch-Standbatterie, z. B. für ein Waschbecken, baut man folgendermaßen ein: zunächst das vorgeformte Ventilloch im Becken von der Glasurseite mit dem Meißel vorsichtig durchschlagen, die Gummidichtung auflegen und die Armatur von oben durch das Hahnloch führen. Von unten steckt man zuerst eine Gummi-, dann eine Metallscheibe über das Gewinde und dreht die Kontermutter fest, bis sich die Batterie nicht mehr seitlich drehen läßt. Zum Verschrauben benutzt man wegen der engen Platzverhältnisse den sog. Standhahnmutter-Schlüssel.

Quetsch-Verschraubung am Eckventil

Dann werden die Kupfer-Steigrohre mittels Quetschverschraubung (5.6) mit den Eckventilen verbunden. Dazu die Rohre vorsichtig mit der Hand biegen (ca. 2 cm unter der Batterie beginnen), so daß sie von oben gerade in die Eckventile eingeführt werden können. Zu lange Kupferrohre mit dem Rohrschneider kürzen, zu kurze mittels Quetschverschraubung verbinden. Problemloser geht's mit flexiblen Schläuchen.

Niederdruck-Batterien haben drei Anschlüsse

Eine Sonderform unter den Armaturen sind die Niederdruck-Batterien, die mit drei Anschlußrohren ausgestattet sind. Sie müssen installiert werden, wenn die Warmwasseraufbereitung über einen drucklosen Elektro-Warmwasserspeicher erfolgt (5.7).

Vor Inbetriebnahme von Armaturen sollten Sie den Strahlregler vom Batterieauslauf abschrauben und gut durchspülen. So werden eventuelle Fremdkörper herausgespült. Zum Schluß noch ein Hinweis: Nicht vergessen, vor Installationsarbeiten den Hauptwasserhahn abzusperren. □

Abfluß reinigen und reparieren

Und alles läuft

»Wenn der Abfluß mal verstopft ist ...« braucht man keine umweltbelastende Chemie, um ihn wieder frei zu bekommen. Wir zeigen Ihnen, wie's geht

Beim Zusammenbauen genügt es, die Schraubverbindungen mit der Hand festzuziehen

1 *Wird der Siphon von einer Standsäule verdeckt, müssen Sie diese entfernen. Dafür das Becken losschrauben und leicht anheben*

2 *Nicht schön, aber wahr: Als wir versuchten, den U-Bogen zu lösen, kam er uns schon entgegen. Ein neues Rohrstück war fällig*

3 *Meistens läßt sich der Siphon leicht aus der Wand ziehen. Die Gummi-Muffe muß danach aber unbedingt ausgetauscht werden*

4 *Den Siphon nicht zu hastig bewegen, da sich Sperrwasser im Rohr befindet. Entleeren Sie es in den bereitgestellten Eimer*

5 *Nun alle Rohrstücke sorgfältig mit einer groben Flaschenbürste reinigen. Vergessen Sie nicht, den Abfluß am Becken zu säubern*

6 *Für das verrostete Rohrstück haben wir Ersatz besorgt. Es muß mit der Metallsäge passend abgelängt und danach entgratet werden*

Heimwerker-Lexikon

Scheren bis Schleifklotz

Scheren sind in vielen Ausführungen erhältliche Werkzeuge. Sie werden angeboten als Vielzweckscheren, Tapetenscheren, Seitenschneider, Haushaltsscheren, Fliesenlochschneider, Figurenscheren, Blechscheren etc. S. werden von der Körperpflege bis hin zum Schneiden von Metall benötigt. Um optimal zu funktionieren, muß eine S. zwei Voraussetzungen erfüllen:
1. Sie muß scharf, d.h. auf die richtige Weise geschliffen sein;
2. Die beiden Schneidflächen müssen spielfrei dicht schließen, ohne zu klemmen.

Schiebetürbeschläge sind Spezialbeschläge, um Türen bei Schränken und Kästen durch seitwärtiges Verschieben öffnen zu können. Es gibt Schiebetürbeschläge für innenliegende und unterlaufende Türen.

Schiebetürschlösser sind Möbelschlösser für Schiebetüren.

Schieblehre (korrekt ‚Meßschieber'), aufgrund ihrer vielseitigen Meßmöglichkeiten und des einfachen Handlings das wichtigste Meßgerät im Metallgewerbe. Geeignet für besonders schnelle Innen-, Außen- und Tiefenmessungen. Die herkömmliche Meßgenauigkeit beträgt 1/10 mm.

Schimmelflecken vor dem Anstrich gründlich mit Essigwasser abwaschen, gut durchtrocknen lassen und mit handelsüblichem Isoliergrund gründlich vorbehandeln.

Schlagbohrmaschinen sind Elektrowerkzeuge, die zum Bohren besonders von Beton, Stein und ähnlich harten Werkstoffen dienen. S. haben ein eingebautes Rastenschlagwerk, das der rotierenden Antriebswelle eine axial schlagende Bewegung überlagert. Die Schlagenergie wird durch die Andrückkraft beeinflußt. Bei abgeschaltetem Schlagwerk ist die Maschine auch als Bohrmaschine zu verwenden.

Schlagdübel (auch ‚Nageldübel') werden einfach mit dem Hammer eingeschlagen. Schraubendreher oder Elektroschrauber sind überflüssig. Die Werkzeugaufnahme erlaubt eine Demontage oder ein Bewegen des Dübels zur nachträglichen Justierung. Geeignet für Beton, Voll-, Loch-, Hohlblocksteine und Porenbeton.

Schlagschrauber eignen sich zum Fixieren schwerer Schraubverbindungen. Die Schlageinwirkung erfolgt durch Schlagnocken auf die Achse in Rotationsrichtung. S. erzielen durch hohe Drehmomente festen Sitz selbst größter Schrauben. Die Leistung ist erheblich größer als beim ‚normalen' Elektroschrauber. S. sind auch als Akku-Geräte lieferbar.

Schlangenbohrer haben eine Zentrierspitze mit Vorschneide, die für einen hohen Bohrfortschritt sorgt. Die enge Schlangenwendelung dient zur optimalen Spanabfuhr. Anwendung: Präzise Bohrungen in Hart-, Weich- und Stirnholz. Auch für das Bohren tiefer Löcher (bei Balken) eingesetzt.

Schlauchwaage Mit Wasser gefüllter Plastikschlauch von beliebiger Länge, an dessen Enden sich der Wasserspiegel in exakt gleicher Höhe nivelliert. Für waagerechtes Ausrichten über große Distanzen.

Schleifen Durch S. erhält die Holzoberfläche ihre endgültige Glätte. Das Schleifmedium nimmt von der Holzoberfläche feine Späne ab, die nur als Holzstaub sichtbar sind. Manuelles Schleifen eignet sich für kleinere Holzflächen (mit Schleifklotz und -papier). Große Flächen bearbeitet man leichter und genauer mit elektrischen Schleifgeräten: Band-, Exzenter-, Schwing- oder Winkelschleifer. Für Kanten- und Eckenschliffe eignet sich der Deltaschleifer.

Schleifklotz ist ein Hilfsmittel zum Schleifen von Hand. Das Schleifpapier wird an den Seitenwänden befestigt, so daß es die flache Unterseite des Klotzes abdeckt.

Bitte lesen Sie weiter auf Seite 283

Einen verstopften Abfluß zu säubern, ist sicherlich nicht angenehm, aber noch lange kein Fall für den Profi. Ursache solcher Verstopfungen sind meist Fett- oder Seifen-Ablagerungen, gemischt mit Haaren und anderen Fasern. In vielen Fällen hilft schon eine Gummiglocke, die solch einen Propf durch Druck löst. Die Reste spülen Sie mit heißem Wasser weg. Ist diese Maßnahme vergebens, gehen Sie so vor, wie in unserer Arbeitsfolge beschrieben. Viele Ablagerungen befinden sich im Siphon oder direkt im Stutzen unter dem Abfluß. Die Rohre schrauben Sie entweder mit der Hand auseinander oder mit einer Rohrzange. Ein Küchentuch zwischen Zange und Überwurfmutter schützt vor Kratzern auf der verchromten Fläche. Vergessen Sie nicht, einen Eimer unterzustellen! Haben Sie alle Teile gründlich mit der Flaschenbürste gereinigt, setzen Sie sie in umgekehrter Reihenfolge wieder zusammen. Tauschen Sie dabei sämtliche Dichtungen aus.

Ist der Siphon in schlechtem Zustand, sollten Sie ihn komplett auswechseln. Messen Sie die alten Teile vor dem Kauf aus oder nehmen Sie sie mit. Die üblichen Maße bei Waschtisch-Siphons sind 1¼ Zoll mit 40-mm-Abgang zum Abfluß. Wenn der Wandanschluß ungünstig liegt und Sie mit dem Standard-Set nicht auskommen, helfen Ihnen Rohr-Verbindungsstücke mit Quetschverschraubung oder Kunststoff-Siphons mit flexiblen Anschlüssen.

Bei Küchenabflüssen lagern sich Reste häufig im Rohr in der Wand ab. Diese Ablagerungen können Sie durch eine Rohr-Reinigungsspirale lösen. Das Ende der Spirale wird in den Wandanschluß geführt, bis Sie auf Widerstand stoßen. Durch Drehen und gleichzeitiges Schieben können die Ablagerungen gelöst werden. Auch hier viel heißes Wasser nachlaufen lassen, um die Reste wegzuschwemmen. □

Sie brauchen

Material: Gummiglocke, Rohrzange, Küchentuch, Flaschenbürste, Dichtungen, evtl. Rohr-Reinigungsspirale und neuen Siphon

Kosten: Siphon-Set ca. 16 Mark, einzelnes Rohr ab ca. 9 Mark, Gummi-Muffe ca. 4 Mark, Dichtungs-Set ca. 5 Mark

Erste Hilfe für den Abfluß

Die bewährte Gummi-Glocke ist immer noch das beste Rezept gegen verstopfte Abflüsse: Wasser ins Becken einlassen, bis der obere Rand der Saugglocke bedeckt ist. Den Überlauf mit einem feuchten Lappen abdichten. Durch kurzes, schnelles Pumpen lösen sich meist schon die Ablagerungen. Sitzen sie allerdings hartnäckig fest, müssen Sie in den sauren Apfel beißen und den Siphon demontieren. Von chemischen Abflußreinigern raten viele Installateure ab. Sie lösen zwar im ersten Moment das Problem, können aber durch eigene Ablagerungen auch hartnäckige Verstopfungen fördern

7

Beim Zusammenbau müssen Sie alle Dichtungen erneuern. Die finden Sie, genau wie neue Rohrstücke, im Baumarkt. Falls Sie den kompletten Siphon austauschen möchten, nehmen Sie Ihren alten möglichst mit. So können Sie direkt sehen, welche Neuteile passen

Um die Hahndichtung einer Zweigriffarmatur zu erneuern, muß das Ventil herausgeschraubt werden

1 Zunächst sperren Sie die Wasserzufuhr an den Eckventilen unterm Waschtisch ab. Meist lassen sie sich per Hand zudrehen

2 Dann muß der Armaturengriff entfernt werden. Bei diesem Modell mußten wir dazu erst die aufgesteckte Chromblende ...

3 ... abhebeln, um die darunter versteckte Schraube zu lösen. Nachdem sein Sitz etwas gelockert war, konnten wir den Griff abziehen

4 Nun drehen Sie die Ventilspindel mit einem passenden Maulschlüssel komplett heraus. Die Dichtung befindet sich an der Unterseite

Hahndichtung erneuern

Steter Tropfen

Ein Wasserhahn, der ständig tropft, ist nervtötend und verschwendet eine Menge Trinkwasser. Meist ist eine defekte Hahnscheibe die Ursache

Ein tropfender Wasserhahn deutet auf eine nicht mehr funktionierende Dichtung hin

Gängige Zweigriffarmaturen bestehen aus einem fest mit dem Wasserzulauf verbundenen Unterteil und den beiden eingeschraubten Kalt- und Warmwasserventilen. Wenn ein zugedrehter Hahn tropft, ist die Verbindung zwischen dem festen und den beweglichen Teilen an irgendeiner Stelle undicht geworden. Und zwar meistens dort, wo das untere Ende des Ventils auf sein Gegenstück, den Ventilsitz, trifft. Hier befindet sich die Dichtung, die sog. Hahnscheibe, die den Wasserzulauf freigibt oder absperrt. Mit den Jahren verliert sie an Elastizität und wird hart und spröde. Sie muß ausgetauscht werden. Die prinzipielle Vorgehensweise können Sie unseren Fotos entnehmen. Je nach Armatur können die Arbeitsschritte im Detail allerdings unterschiedlich sein.

5 *Die alte Hahnscheibe, die in eine Metallhülse eingepreßt war, konnten wir nur mit einem spitzen Schraubendreher entfernen. Wenn ...*

6 *... die neue Dichtung eingelegt ist, werden die Teile in umgekehrter Reihenfolge wieder eingebaut. Dann das Eckventil öffnen*

So werden Einhebel-Mischbatterien wieder dicht

Bei modernen Einhebelmischern wird der Wasserdurchfluß durch widerstandsfähige Keramikscheiben geregelt, die in ein Gehäuse eingebaut sind. Bei Undichtigkeiten muß dieses ausgetauscht werden: Um die Kappe (A) oder – je nach Modell – gleich den kompletten Griff (B) zu entfernen, muß eine Madenschraube herausgedreht werden, die sich meist an verdeckter Stelle befindet. Dann die Kartuschen-Befestigung lösen (C). Achten Sie beim Einsetzen des Ersatzteils darauf achten, daß die Dichtungen an der Unterseite (D) in die Öffnungen des Gehäuses greifen. Ziehen Sie die langen Schrauben beim Einbau wechselweise an. Ein Tip: Achten Sie beim Armaturenkauf darauf, daß ein Merkblatt mit den Ersatzteilnummern dabei ist und – bei einer kompletten Bad-Serie – daß alle Armaturen mit der gleichen Kartusche arbeiten.

A

B

C

D

Wenn der Einhebelmischer tropft, ist ein Kartuschen-Wechsel fällig

Bei neueren Armaturen sitzt der Griff häufig ohne Verschraubung in der Verzahnung der Ventilspindel. Sie können ihn in dem Fall einfach abziehen. Bei anderen, älteren Armaturen müssen Sie eventuell den Hahn ganz aufdrehen und ihn dann mit einer Armaturenzange abschrauben. Sie können auch mit einer normalen Rohrzange arbeiten, wenn Sie die Armatur mit einem Tuch vor dem Verkratzen schützen. Wenn der Griff ab ist, sehen Sie bereits die Spindelmutter, die Sie mit einem passenden Maulschlüssel lösen können. Drehen Sie das Ventil ganz heraus. In einer Metallhülse am unteren Ende sitzt die Hahndichtung. Sie ist mit einer kleinen Hutmutter gesichert. Wenn diese abgedreht ist, können Sie die alte Dichtung entfernen. Eine passende neue gibt's für ein paar Pfennige im Baumarkt. Wenn nicht, müssen Sie mit Ihrer alten Hahnscheibe in ein Fachgeschäft. Auch wir fanden erst beim Installateur das passende Ersatzteil für unsere etwa 30 Jahre alte Armatur, deren Herkunft wir nicht ausmachen konnten.

Bei ausgebautem Ventil können Sie auch kontrollieren, ob sich am Ventilsitz Kalk oder Schmutz abgelagert hat. Auch solche Partikel können Ursache von Undichtigkeiten sein. Man entfernt sie mit einem Ventilsitzfräser (gibt's im Baumarkt), den man bis zum Anschlag eindrehen muß. Vor dem Zusammenbau sollten Sie das Gewinde mit etwas Hahnfett bestreichen. Das schützt vor Korrosion.

Bei offenen Warmwasserspeichern ist ein tropfender Hahn übrigens normal, da sich beim Aufheizen Wasserdampf bildet, der durch die (Spezial-) Armatur entweicht. □

Kontakt:
Einhebelmischer „Europlus":
Friedrich Grohe,
58675 Hemer, ✆ 02372/93-0
(erhältlich im Sanitärfachhandel und einigen Baumärkten)

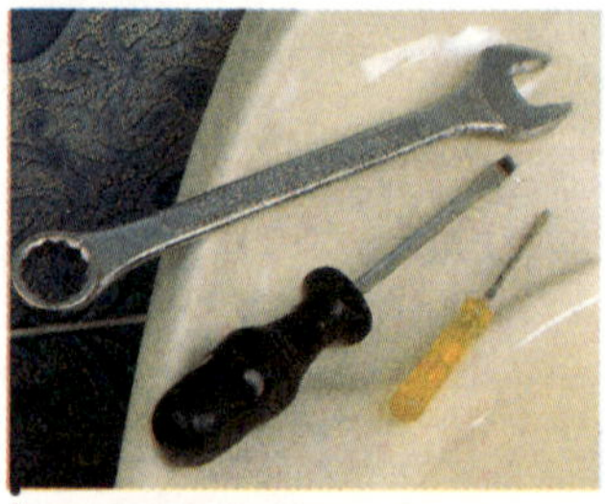

Sie brauchen:

Werkzeug/Material: Schlitz- oder/und Kreuzschraubendreher, Maulschlüssel, evtl. Armaturen- oder Rohrzange, Ersatzdichtung bzw. Kartusche, etwas Hahnfett, evtl. Ventilsitzfräser (ca. 22 DM)

Kosten: Hahnscheibe: ca. 0,50 DM, Ersatzkartusche : ca. 75 DM

Ein Griff

Ein Austausch der Armatur am Waschtisch gehört zu den Arbeiten, die Sie selbst erledigen können

Moderne Einhebelmischer sind komfortabel in der Bedienung. Nach und nach lösen sie die früher üblichen Armaturen mit getrennten Ventilen für kaltes und warmes Wasser ab. Das Lösen der alten Standhahnmutter kann wie in unserem Fall schon mal zum Problem werden – das Sie mit dem geeigneten Werkzeug (Foto 3) aber in den Griff bekommen. Neuere Armaturen wie die hier im Bild gezeigte sind oftmals mit einer Schnellbefestigung ausgestattet, die kein Spezialwerkzeug mehr erfordert. Der Metallring (s. Bild rechts) wird über die Kupferrohre geschoben und mit einer Langmuffe fixiert. Diese „packen“ Sie mit einem normalen 13-mm-Steckschlüssel. Die beiden verchromten Kupfer-Steigleitungen müssen vorsichtig (erst 2 cm unterhalb der Batterie beginnen) zu den Eckventilen gebogen werden. Am besten geht das mit einer Biegefeder, die Sie im Baumarkt für ein paar Mark kaufen können. So vermeiden Sie Knicke. Gegebenenfalls müssen Sie die Rohre mit der Feinsäge oder dem Rohrabschneider kürzen. Decken Sie dabei sicherheitshalber die Eckventile ab, damit keine Späne hineinfallen. □

Mehr als 25 Jahre hatte die alte Zweigriff-Armatur ihren Dienst getan, bis sie durch die moderne Einhebel-Mischbatterie ersetzt wurde

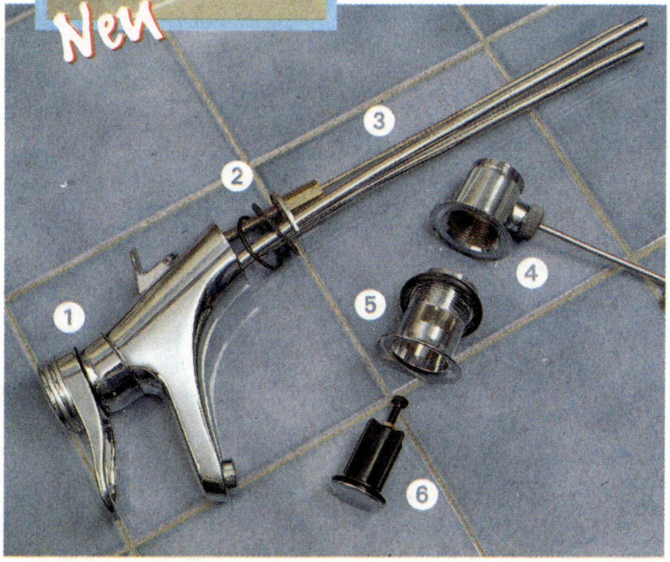

*Diese Teile finden Sie beim Armaturenkauf in der Verpackung: **1** Auslauf-Batterie **2** Dichtungen, Langmuffe zum Befestigen **3** Kupfer-Steigleitungen und Stange für Exzenterverschluß **4** unterer Ablauf **5** Ablaufsieb **6** Beckenverschluß*

Sie brauchen

Material: Einhebel-Mischbatterie, (bei Elektro-Niederdruckgeräten gibt's Spezialarmaturen mit drei Rohranschlüssen), Dichtungskitt

Werkzeug: Maulschlüssel, evtl. Standhahnmutternschlüssel oder Steckschlüssel, Feinsäge oder Rohrabschneiden, Schraubendreher

Kosten: Marken-Waschtischbatterien in Baumärkten ab ca. 120 DM, Waschtisch-Armatur ‚Europlus' von Grohe: ca. 260 Mark

Kontakte:
Sanitop Vertriebsgesellschaft, 48231 Warendorf, ✆ 02581/788-0 (Waschtisch-Armatur, auch erhältlich über Baumärkte z. B. Obi oder Praktiker)

1 Denken Sie daran, vor Beginn der Arbeiten den Wasserzulauf an den Eckventilen abzusperren. Mit einem passenden Maulschlüssel lösen Sie dann die Quetschverschraubung. Den Siphon ebenfalls lösen

2 Danach mußte die Armaturen-Befestigung an der Beckenunterseite abgedreht werden. Die sog. Standhahnmutter war in unserem Fall so festgerostet, daß wir das Becken abschraubten, um sie mit dem ...

3 ... Standhahnmutterschlüssel besser pakken zu können. Mit einem Maulschlüssel käme man hier sehr umständlich ans Ziel. Die Armatur nach oben herausziehen. Die neue konnte mit einem 13er Steckschlüssel ...

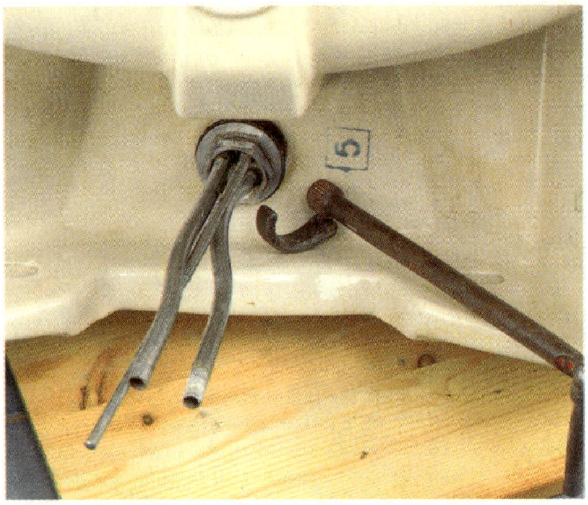

4 ... festgeschraubt werden. Vergessen Sie dabei die beiden Dichtungsringe nicht. Montieren Sie den neuen Ablauf: Legen Sie einen Strang Kitt rund um das Sieb, bevor Sie es von oben in das Abflußloch einsetzen

5 Schieben Sie den Dichtungsring und die Metallscheibe über das Gewinde und drehen Sie das Unterteil des Ablaufs fest. Die waagerechte Stange des Exzenterverschlusses mit der ...

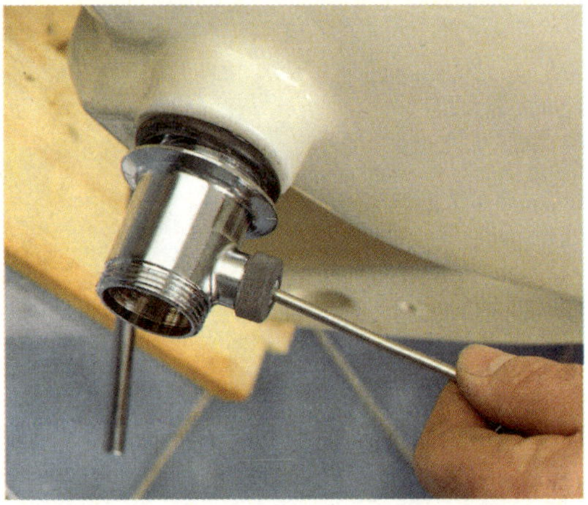

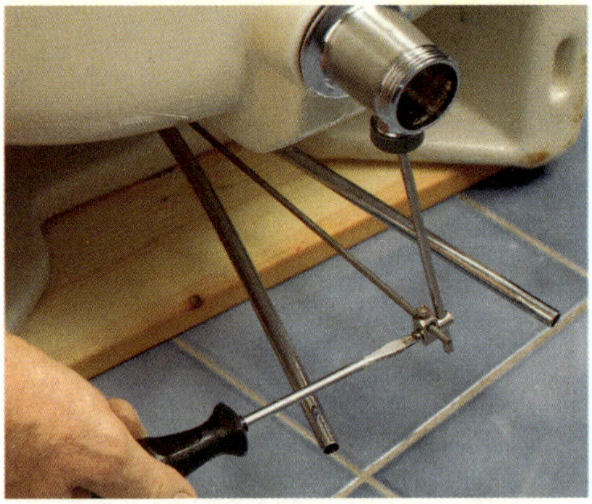

6 ... vertikalen Zugstange der Armatur verbinden. Ziehen Sie die Feststellschrauben an. Die Feinjustierung läßt sich leichter vornehmen, wenn das Becken wieder an der Wand hängt. Dann erfolgt ...

7 ... der Anschluß an die Wasserzuläufe. Biegen Sie dazu die verchromten Kupferrohre vorsichtig hin zu den Eckventilen. Bei stärkeren Radien Biegespirale einsetzen. Zu lange Rohre mit der Metallsäge soweit ...

8 ... kürzen, daß sie sich gerade und bis zum Anschlag in das Eckventil einführen lassen. Die Quetschverschraubung anziehen. Wenn der Siphon montiert ist, Eckventile öffnen und und Dichtigkeit überpüfen

Elektro-Fußbodenheizung

Für warme Füße im Bad

Auch ohne herkömmliche Fußboden-Heizung brauchen Sie auf den Komfort warmer Badfliesen nicht zu verzichten. Dünnbett-Heizmatten machen's möglich

Was die elektrisch beheizten Matten gerade für die Renovierung interessant macht: Sie sind mit nur 4 mm so dünn, daß der neue Boden kaum höher wird als der alte. Voraussetzung ist allerdings, daß Sie die alten Fliesen abschlagen. Achten Sie darauf, daß keine scharfkantigen Reste zurückbleiben. Sie könnten die Heizmatten beschädigen. Wie bei jeder Fliesenverlegung ist ein tragfähiger, rißfreier Untergrund erforderlich. Dehnungsfugen im Estrich – wie sie jedoch meist nur bei größeren Flächen vorkommen – dürfen nicht von Heizmatten überdeckt werden. Eine Verlegung auf Trockenestrichen oder alten, intakten Fliesen ist mit entsprechenden Grundierungen übrigens auch möglich. Generell ist wichtig, daß Sie einen flexiblen Fliesenkleber wählen, der die thermischen Schwankungen verkraftet. Ist – wie in unserem Fall – vorher ein Niveauausgleich des Bodens mit Spachtelmasse nötig, muß auch diese für Fußbodenheizung geeignet sein. Auf ebenen Estrichen können die Matten direkt in das aufgezahnte Kleberbett gedrückt werden. Ist der Fliesenkleber trocken, erneut Flexmörtel aufzahnen und die Fliesen wie gewohnt verkleben. Vorher sollte allerdings ein Elektriker die Matten an Stromnetz und Thermostat angeschlossen haben. Diese Arbeiten sollten Sie nicht nur zu Ihrer eigenen Sicherheit an

Der Gipfel der Behaglichkeit: warme Bodenfliesen im Badezimmer

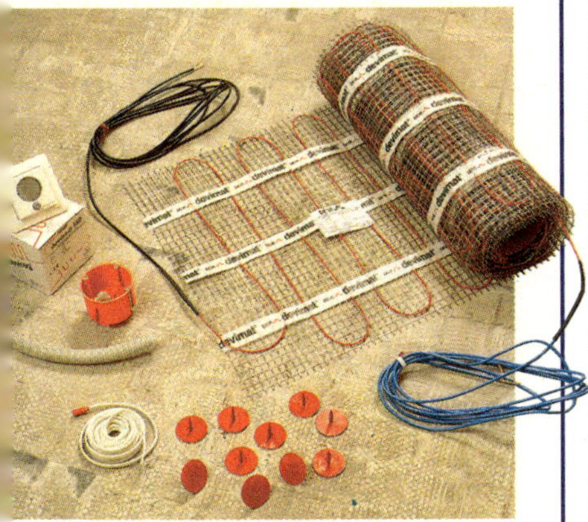

Zu den Systemkomponenten gehören neben den Heizmatten Dübel, Bodenfühler, Thermostat und Zeitschaltuhr

Das Verlegeschema

Unsere Zeichnung gibt einen Überblick, wie die Heizmatten parallel verlaufend im Raum angeordnet werden. Sie sollten so weit auseinanderliegen, daß zwischen den Heizleitungen der Bahnen ein Mindestabstand von 5 cm eingehalten wird. Die Anschlußkabel (Kaltleiter) dürfen nicht gekreuzt werden. Man führt sie seitlich an den Heizmatten vorbei bis zur Anschlußdose. Dort führt man sie in einem vorbereiteten Leerrohr mit dem Kabel des Bodenfühlers hoch. Die untere Verteilerdose ist nicht unbedingt erforderlich. Sie bot sich in unserem Fall an, da im Nebenraum in gleicher Wandhöhe bereits ein elektrischer Anschluß existierte.

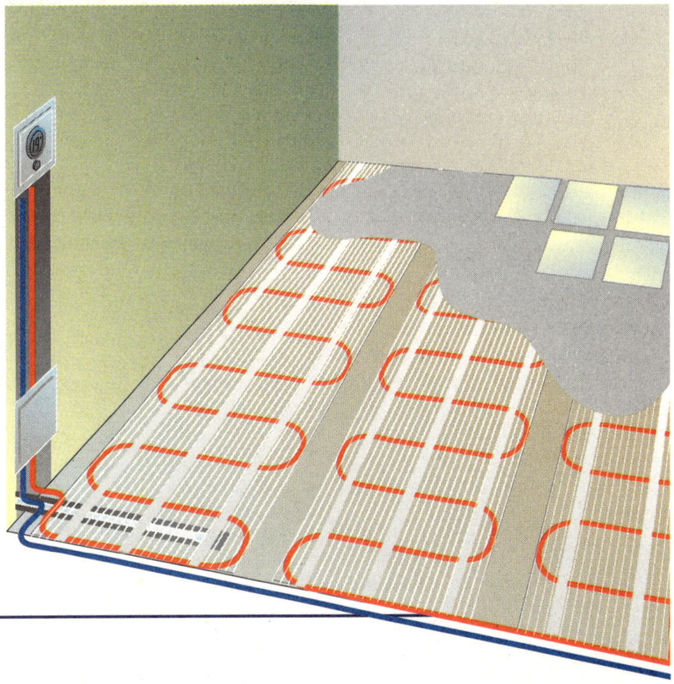

Fotos: Pavel Strnad (1), Claudio Kalex (10); Zeichnung: Gerd Anthony

1 *Der alte Fliesenboden ist abgeschlagen. Ein Bohrhammmer (Drehstopp-Mechanismus) mit Meißelvorsatz erleichterte diese Arbeit*

2 *Den Estrich einschlitzen und ein Leerrohr für den Bodenfühler in oder auf der Wand bis zur Unterputz-Leerdose hochführen*

3 *Nach diesen Vorbereitungen können Sie die Heizmatten ausrollen. Vorher ausmessen, wie die Bahnen am günstigsten verlaufen*

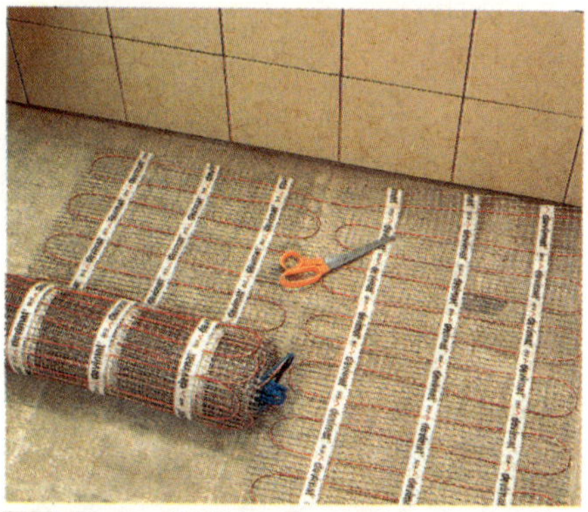

4 *Für eine 180°-Wende schneiden Sie das Glasfasergewebe so ein, daß die Heizleitung unbeschädigt bleibt. Parallel zur ersten Bahn ...*

5 *... führen Sie die zweite zurück. Fixieren Sie die Heizmatten dann mit den dazugehörigen Spezialdübeln. Um zu vermeiden, daß ...*

6 *... sich die Mattenränder beim Ausgießen der Nivelliermasse hochwölben, wurden sie zusätzlich verspachtelt. Die Spachtelmasse ...*

7 *... muß ebenso wie die selbstverlaufende Nivelliermasse die Eignung für Fußbodenheizungen vorweisen können. Auch zum ...*

8 *... anschließenden Verfliesen muß ein Flexkleber eingesetzt werden. Nach 2-5 Tagen können Sie die Heizung in Betrieb nehmen*

Was kostet der Betrieb?

Energie aus der Steckdose gilt als die teuerste überhaupt. Deshalb ist es sinnvoll, die elektrischen Matten möglichst nur als Zusatzheizung einzusetzen und zeitlich gezielt einzuschalten. Der angeschlossene Thermostat und die Zeitschaltuhr machen es einfach. Programmieren Sie die Uhr so, daß sich die Heizung morgens etwa 30 Minuten vor dem ersten Badbesucher einschaltet. Die Laufzeit hängt dann von individuellen Badnutzungsgewohnheiten ab. Berücksichtigen Sie: Fliesen speichern die Wärme so gut, daß sie noch eine Stunde nach dem Abschalten der Heizung wohltemperiert sind. Die Verbrauchskosten für 1 m² Heizmatte liegen im Mittel bei etwa 6 Pfennigen pro Stunde.

einen Profi vergeben. Voraussetzung für die Garantiegewährung ist ein vom Elektriker erstelltes Protokoll: Bevor Sie die Matten verkleben, mißt er die Widerstandswerte der Heizleiter und trägt sie in eine Tabelle ein, die Bestandteil der Verlegeanleitung ist. Wenn Sie die nötigen Schlitze aber vorher selbst gestemmt und erforderliche Leerrohre selbst verlegt haben, dürfen sich die Kosten für den Fachmann auch in Grenzen halten.

Sie brauchen:

Werkzeug: Hammer, Flachmeißel oder Bohrhammer mit Drehstopp und Meißelvorsatz, Meterstab, Schere, Bohrmaschine, Rührgerät, Zahnkelle (Zahngröße richtet sich nach der Fliesen-Kantenlänge), Eimer, Fliesenschneidegerät, Gummirakel, Schwamm

Material: Dünnbett-Heizungsset (s. Bild vorherige Seite), Unterputz-Leerdose, Elektrokabel, Fliesenkleber, Fugenmasse (beides in „flexibler" Qualität), evtl. selbstverlaufende flexible Spachtelmasse und Randdämmstreifen

Kontakte:
DE-VI Elektrowärme GmbH, Graf-Zeppelin-Str. 12, 24941 Flensburg, ✆ 0461/95712-0 (deviflex Dünnbettheizmatten, Materialkosten z. B. für 5 m² Heizmatten plus Thermostat, Zeitschaltuhr, Bodenfühler: ca. 570 DM);

Trockener Innenausbau

Teil 1:
Wandbekleidungen und Trennwände

Unkompliziert, vielseitig, sauber und schnell: Die gängigen Trockenbau-Techniken sind wie geschaffen für den Heimwerker. Ob Wandbekleidungen, Trennwände, Decken-Verkleidungen oder Fußböden – für alles gibt es eine Trockenbau-Lösung

Trockener Innenausbau

‚Trocken' heißt die beliebte Ausbaumethode deshalb, weil die Baustoffe weitgehend ohne Wasserzusätze zu verarbeiten sind. Ständerwerke ersetzen das Mauerwerk, Gipskartonplatten den Naßputz und verdichtete, mit Platten abgedeckte Schüttungen den Mörtelestrich.

1. Wichtiger Baustoff: Gipskartonplatten

Einfache Verarbeitung

Ohne den Einsatz von Gipskartonplatten – auch Gipsbauplatten genannt – ist der trockene Innenausbau undenkbar. Sie bilden den festen, glatten Untergrund, den man für Anstriche, Tapeten, Fliesen und andere Bekleidungsmaterialien braucht. Sie sind preiswert und leicht zu bearbeiten (Bilder 1.1 bis 1.4). Durch die abgerundeten Seitenkanten lassen sich die Plattenstöße mit Spachtelmasse, evtl. unter Verwendung von Fugenband, leicht glätten. Die Stirnseiten müssen Sie selbst etwas anfasen. Die mit Spezialkarton ummantelten Gipsplatten haben bei richtiger Verarbeitung eine hohe schall- und feuerhemmende Wirkung, die man durch doppellagige Beplankung weiter verbessern kann. Einen erhöhten Brandschutz bieten auch die speziellen Gipskarton-Feuerschutzplatten. Als Verbundplatten mit einer rückseitigen Auflage aus Polystyrol-Hartschaum oder Mineralwolle mit aufkaschierter Dampfbremse sind Gipsbauplatten auch zur Verbesserung des Wärmeschutzes gut geeignet.

Schutz vor Schall, Feuer und Wärmeverlusten

Formate

Gipskartonplatten gibt es in Dicken von 6,5 mm bis 25 mm und in verschiedenen Standardformaten. Die Mindestdicke für Trennwand-Beplankungen ist 12,5 mm, übliche Heimwerker-Formate sind 90 x 125 cm, 60 x 250 cm, eventuell 125 x 250 cm.

2. Wandbekleidung auf Holzlattung

Möchten Sie den Schallschutz einer gemauerten Trennwand verbessern? Oder den Wärmeschutz der Außenwand? Vielleicht planen Sie ja einen Kellerausbau und wissen nicht, wie Sie die rissigen Wände kaschieren sollen. All diese Fälle können sie ‚trocken' lösen. Die erste Möglichkeit: Sie verschrauben Gipsbauplatten mit einer Unterkonstruktion aus

Gipskartonplatten bearbeiten: *Bei einfachen Platten reißt man die Kartonoberfläche mit dem Cutter an, bricht das Stück vorsichtig ab ...*

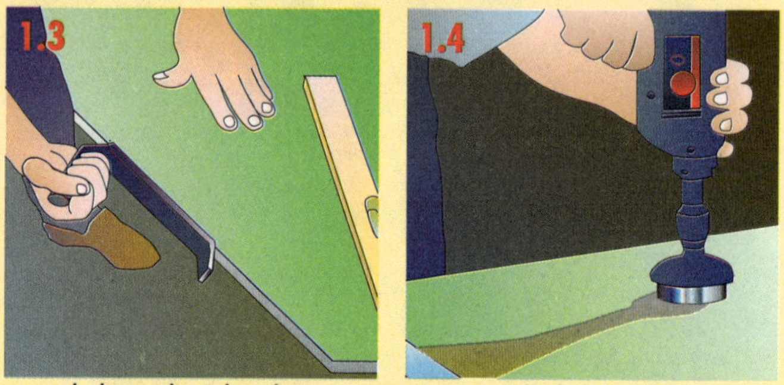

... und glättet die Schnittkante mit einem Spezialhobel. Durchgänge für Installationen spart man mit einer Loch- oder Stichsäge aus

1.5 ***Fugen verspachteln:*** *Die Fugen zwischen den Gipskartonplatten werden verspachtelt, damit man eine glatte Oberfläche erhält*

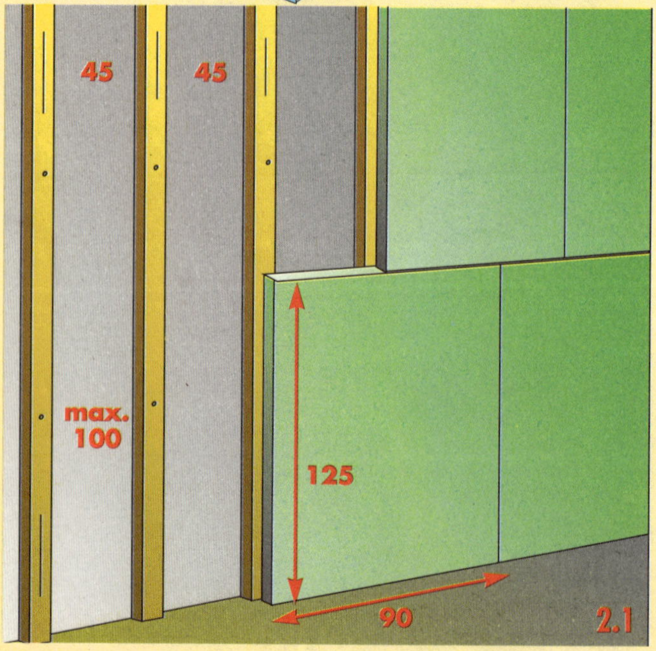

Wandbekleidung auf senkrechter Lattung: *Achsabstand der Holzlatten gleich halbe Plattenbreite. Schraubenabstand nicht mehr als 1 m*

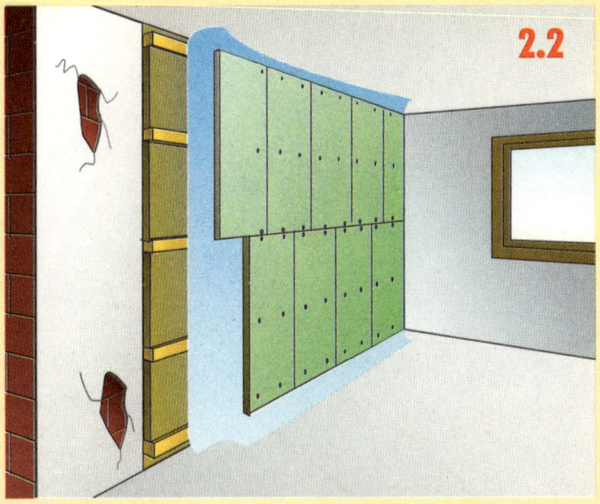

Gedämmte Wand: *Mineralwolle in den Lattenzwischenräumen erhöht den Schall- und Wärmeschutz. Bei Außenwänden gehört unbedingt eine Dampfbremse (PE-Folie) vor die Dämmung*

Trockenputz-Verfahren: *Ansetzgips wird in 30 bis 40 cm großen Abständen batzenweise auf die Plattenrückseite aufgetragen. Zirka 5 cm Abstand zur Plattenkante einhalten*

Platten an der Wand verkleben: *Mit Gummihammer und Richtlatte bringt man die dichtgestoßenen Platten in eine Flucht. Holzkeile sichern die Fuge zum Boden hin*

Freistehende Vorsatzschale mit Profil-Elementen *Das Metallständerwerk ist nicht an der Wand, sondern in Boden und Decke verankert. Die Konstruktion läßt sich auch aus Holz bauen*

Dachlatten, die in der Massivwand verdübelt wird (max. Dübelabstand: 1 m). Bei Hölzern der Stärke 40 x 60 mm setzt man 45er Dübel ein, bei 30 x 50 mm reichen 35er Dübel zur Verankerung im Mauerwerk. Lattenabstände und -anordnung richten sich nach Format, Größe und Verlegerichtung der Bauplatten. Die Abstände dürfen aber nicht zu groß (bis max. 62,5 cm) gewählt werden, damit es genügend Befestigungspunkte für die biegsamen Bauplatten gibt. Bei der fugenversetzten Verlegung der gängigen 90-x-125-cm-Platte (Bild 2.1) entspricht der Achsabstand der Latten der halben Plattenbreite, so daß die Plattenstöße immer auf der Unterkonstruktion liegen und mit ihr verschraubt werden können (max. Schraubenabstand: 25 cm). Gipskartonplatten, deren Länge der normalen Raumhöhe von 250 cm entspricht, verschraubt man sinnvollerweise hochkant, oft auf einer waagerechten Lattung (Abstände ca. 60 cm).

3. Trockenputz

Auf ein tragfähiges Mauerwerk können Sie die Gipsbauplatten auch direkt mit Gips-Ansetzbinder aufkleben. Man spricht vom Trockenputzverfahren. Die mit Kleberbatzen versehene Platte (Bild 3.1) wird an die Wand gedrückt und mit Hilfe von Gummihammer und Richtlatte lot- und fluchtgerecht ausgerichtet. Schneiden Sie die Platten so zu, daß am Boden eine Fuge von ca. 10 mm und zur Decke hin ein 5 mm breiter Spalt für die Belüftung verbleibt. Denken Sie auch an die nötigen Aussparungen für Elektroinstallationen. Wenn es sich um eine Außenwand handelt, sollten Sie zur Verbesserung des Wärmeschutzes Verbundplatten mit aufkaschierter Dampfbremse, z. B. aus Alufolie, wählen.

4. Freistehende Vorsatzschale

Eine freistehende Vorsatzschale bietet sich bei sehr unebenen Wänden an oder wenn Installationen durch den Wandhohlraum geführt werden sollen. Man verdübelt ein Holz- oder Metallständerwerk in Decke und Boden. Eine Vorsatzschale wird genauso

Lattenstärke: 30 x 50 mm oder 40 x 60 mm

2 x Plattendicke = Einschraubtiefe in Holzlattung

Bei Innendämmung von Außenwänden – Dampfbremse nicht vergessen!

Die Vorsatzschale ist in Decke und Boden verdübelt

Trockener Innenausbau

Ständerwerk aus Holz

gebaut wie ein Trennwand-Ständerwerk (s. unten „Trennwand“). Soll das Ständerwerk aus Holz gebaut werden, wählt man für den umlaufenden Rahmen meist 60-x-60-mm-Kanthölzer, für die Ständer 60-x-40-mm-Dachlatten. Die Verbindungen stellt man mit Metallwinkeln her. Immer häufiger greift aber auch der Heimwerker beim Bau von Vorsatzschalen und Trennwänden auf fertige Metallprofile zurück.

5. Metallprofile für Trennwände

Übliche Rahmen- und Ständerprofile

Sie bieten den Vorteil eines schnellen, unkomplizierten Aufbaus. Beim Bau einer einfachen Trennwand (oder Vorsatzschale) kommen Sie in der Regel mit zwei verschiedenen Profil-Elementen aus: den UW- und CW-Profilen (Bild 5.1). Bei den ersteren handelt es sich um die Rahmenprofile, die in Boden und Decke verdübelt werden. Die CW-Elemente nennt man auch Ständerprofile. Sie werden, meist im Achsabstand von 62,5 cm, senkrecht in die UW-Profile eingestellt und mit ihnen verschraubt. Sie sind mit vorgestanzten Aussparungen versehen, durch die Installationsleitungen geführt werden können (Bild 5.1.1).

Sturzprofil für den Türeinbau

Soll eine Tür in eine Trennwand eingebaut werden, braucht man zusätzlich ein Türsturzprofil (Bild 5.2). Es wird einfach über die CW-Profile geschoben und mit Klebeband in der richtigen Höhe fixiert. Die CW-Profile, die den rechten und linken Türpfosten bilden, stabilisiert man übrigens durch ein eingelegtes, in Decke und Boden mit Stahlwinkeln verschraubtes Kantholz. Die Verwendung von LW-Profilen ist bei Wandabzweigungen sinnvoll (Bild 5.3).

Profil-Maße

Die gängigen Profilbreiten 50, 75 und 100 mm ermöglichen Wanddicken von 75 bis 125 mm (Vorder- und Rückseite mit 12,5 mm-Gipskartonbeplankung).

6. Trennwand-Aufbau

Zunächst wird der Wandverlauf auf dem Fußboden mit Schnurschlag ermittelt und angezeichnet. Markieren Sie jetzt schon eventuelle Türöffnungen. Mit Wasserwaage und Richtscheit überträgt man den Wandverlauf auf Wände und Decke. Vor dem Verdübeln der UW-Profile klebt

5.1

5.2

5.1.1

5.3

Verbindung mit Profil: *UW-Rahmen- und CW-Ständerprofil (5.1), Türsturzprofil (5.2) und LW-Profile (5.3) für Wandabzweige*

6.1

Dichtung gegen Schall: *Bevor die Rahmenprofile der Trennwand in Boden, Decke und Wänden verdübelt werden, klebt man ein Dichtungsband auf die Rückseiten der Metallprofile*

6.2

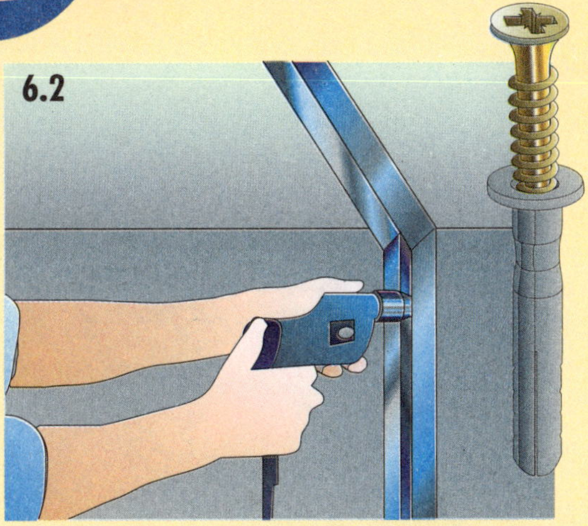

Rahmenprofile befestigen: *Die Befestigung in Decke, Wänden und Boden erfolgt mit Drehstiftdübeln. Je Profil mindestens 3 Dübel, maximaler Dübelabstand: 1 m*

6.3

Element-Befestigung: *Schnellbauschrauben dienen zur Befestigung der Ständerprofile und der Gipskartonplatten*

6.4

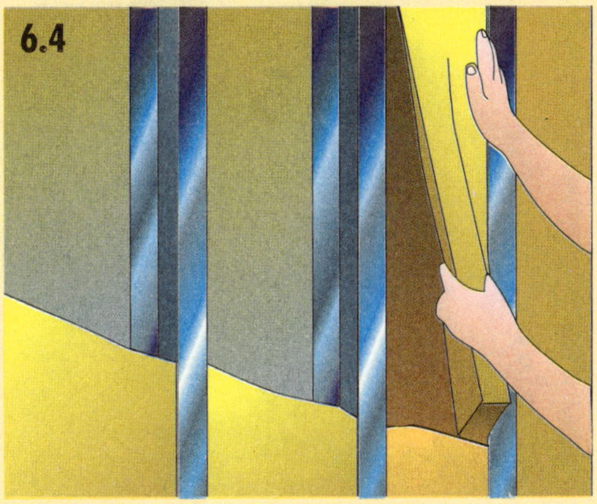

Trennwand dämmen: *Bestmöglichen Schallschutz erzielt man, wenn der Hohlraum zwischen der Beplankung komplett mit Dämmstoff ausgefüllt wird*

7.1

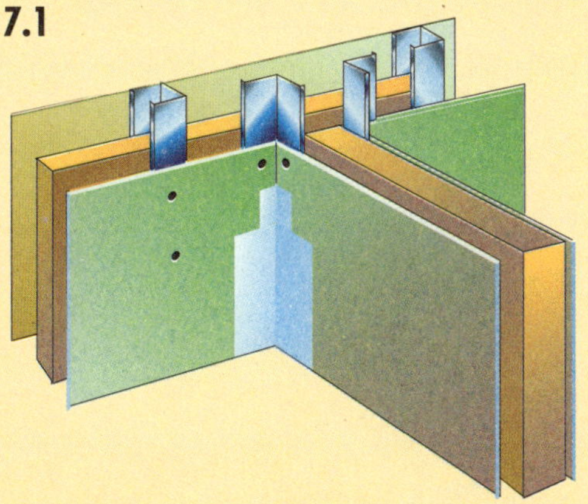

Wandabzweigung: *Wandabzweigungen, die mit Hilfe zweier LW-Profile hergestellt werden, verhalten sich schalltechnisch am günstigsten*

man ein Dichtungsband auf ihre Rückseite (Bild 6.1). Es hat schalldämmende Funktion. Alternativ können Sie auch Mineralwolle-Streifen dazwischenlegen. Die seitlichen Rahmen baut man aus CW-Profilen, die in der Wand verdübelt werden. Als Befestigung für alle Rahmenprofile dienen Drehstiftdübel (6 x 35 mm), die man in Abständen von maximal 100 cm einschlägt. Dann stellt man die CW-Ständerprofile senkrecht in die UW-Profile ein, richtet sie auf den erforderlichen Abstand (meist 62,5 cm) aus und verschraubt sie mit den Rahmen-Elementen. Sowohl zum Verschrauben der Profile als auch zur Befestigung der Gipskartonplatten verwendet man Schnellbauschrauben (Bild 6.2). Weil ihre Spitze wie ein Bohrer geformt ist, vermögen sie sich durch das Metall der Profile hindurchzuschrauben. Am besten geht das mit speziellen Schnellbauschraubern, die mit hohen Drehzahlen arbeiten. Mit normalen Akkuschraubern kommt man aber auch zum Erfolg. Sie müssen allerdings darauf achten, daß Sie die Schrauben nicht zu tief in die Beplankung eindrehen. Der Schraubenkopf muß bündig mit der Kartonoberfläche der Platten abschließen. Wie die Plattenstöße wird er später verspachtelt. Übrigens, damit sich die Schnellbauschrauben mit dem Gips chemisch vertragen, sind sie phosphorisiert – was man an der schwarzen Oberfläche erkennt.

Wenn eine Seite des Ständerwerks fertig beplankt ist, füllt man die Hohlräume zwischen den Profilen mit Dämmstoff – vornehmlich aus Gründen des Schallschutzes. Als Dämmstoff bietet sich Mineralwolle an, da dieses Material sehr gute bauakustische Eigenschaften hat. Außerdem ist es nicht brennbar und verbessert so den vorbeugenden Brandschutz. Es gibt Mineralwolle-Dämmstoffe, deren Formate exakt auf die Ständerwerk-Dimensionen zugeschnitten sind.

7. Anschlüsse

Wie gut eine leichte Trennwand den Schall aus Nachbarräumen zurückhält, hängt auch von fachgerechten Anschlüssen ab. Es reicht nicht, die Wandfläche gut zu dämmen. Der Schall sucht sich

Trennwände müssen rundum abgedichtet werden

Befestigung der Rahmenprofile

Schnellbauschrauben sparen Zeit

Trennwand-Hohlräume brauchen eine Dämmung

Fachgerechte Übergänge halten den Schall zurück

Trockener Innenausbau

Durchgehende Bauteile möglichst vermeiden

seinen Weg auch über gemeinsame Bauteile – wie z. B. einen durchgehenden Fußboden, auf dem die Trennwand steht, oder gemeinsame Decken oder Seitenwände. Beim nachträglichen Ausbau muß man meist mit den baulichen Gegebenheiten leben. Wo es aber technisch machbar ist, sollte man Bauteile möglichst ‚entkoppeln'. Bild 7.1 zeigt beispielsweise eine Wandabzweigung, die akustisch wesentlich wirkungsvoller ist als ein Anschluß, der an eine durchlaufende Beplankung angesetzt würde. Eine Trennwand, die auf der Rohdecke aufgebaut ist (Bild 7.3), bietet den besten Schutz vor Trittschallübertragung. Wie auf der Zeichnung zu erkennen ist, hat auch der schwimmende Estrich durch einen aufgestellten Dämmstreifen keinen direkten Kontakt zur Trennwand (Trockenestriche werden wir im 2. Teil des „Trockenbau-Grundwissens" vorstellen). Nicht unbedingt akustisch, aber ausführungstechnisch relevant ist der in Zeichnung 7.2 gezeigte Inneneckanschluß. Mit Hilfe eines LW-Profils kommen Sie hier unkompliziert um die Ecke. Im Eckbereich setzt die rechte Bauplatte direkt am LW-Profil an, die linke stößt stumpf auf die Plattenkante der rechten. Die Ecke mit Fugenband und -füller spachteln.

Mit LW-Profilen um die Ecke

8. Spezielle Trennwände

Installationswände und Vorwand-Installation

Mit Metallprofil-Elementen und Gipskartonplatten läßt sich aber noch wesentlich mehr machen als nur leichte Trennwände. Im Sanitärbereich ermöglichen sie eine vorher nie gekannte Variabilität z. B. bei der Gestaltung von Badezimmern. Zu- und Abwasserleitungen führt man dabei durch die Hohlräume eines Ständerwerks, das vor der Massivwand (Vorwand-Installation) steht oder in den Raum hineingebaut sein kann. Spezielle Befestigungs- und Stabilisierungselemente sorgen dafür, daß auch schwere Sanitärgegenstände wie Handwaschbecken oder Hänge-WC sicher installiert werden können. Um bei geringer Wanddicke den größtmöglichen Hohlraum – und damit Platz für die Installationen – zu erhalten, nimmt man zum Aufbau von Installationswänden oft die dünnen CW-50-Profile. Es gibt eine Reihe von

7.2

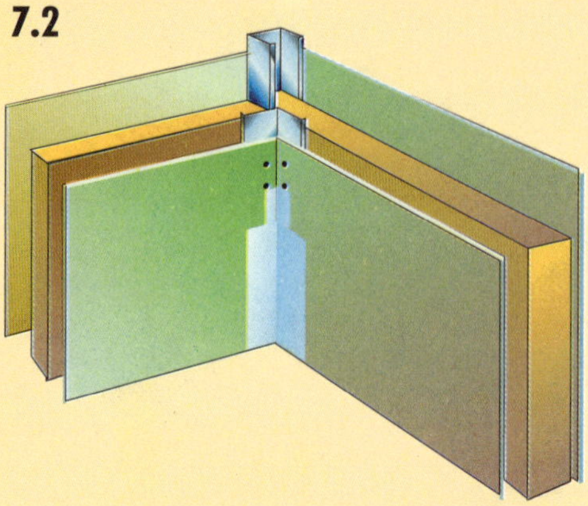

Wandecken: Mit Hilfe eines LW-Profils lassen sich Wandecken am unkompliziertesten ausbilden. Das LW-Profil schraubt man – wie die CW-Ständerprofile – einfach am unteren und oberen Rahmen

7.3

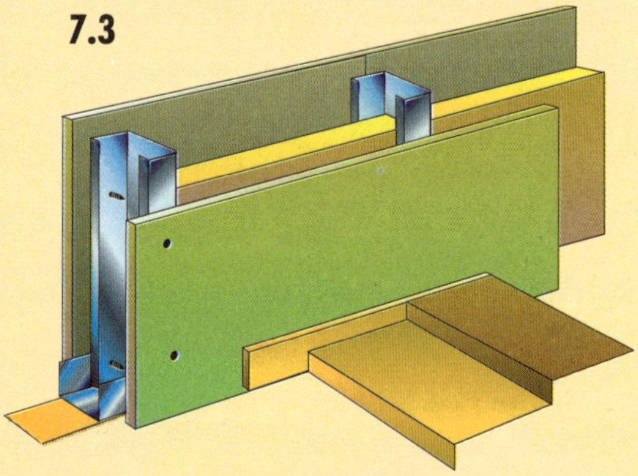

Anschluß am Boden: Den besten Trittschallschutz zwischen zwei Räumen erreicht man, wenn die Trennwand bis zur Rohdecke reicht. Beide Räume haben so eine eigene Bodenplatte

8.1

Installationswände: Metallständerwände eignen sich hervorragend zur Verlegung von Sanitär-Installationen über Putz. Die Elemente werden meist als System angeboten

Geschwungene Wände: Mit geschlitzten Rahmenprofilen lassen sich auch gebogene Trennwände in Trockenbauweise errichten

Gipskarton biegen: Mit der Nagelwalze perforiert man die Oberseite der Gipskartonplatte. Dann wird sie gründlich gewässert, über eine Schablone gebogen und dort fixiert, bis sie trocken ist

8.2.2

8.2.1

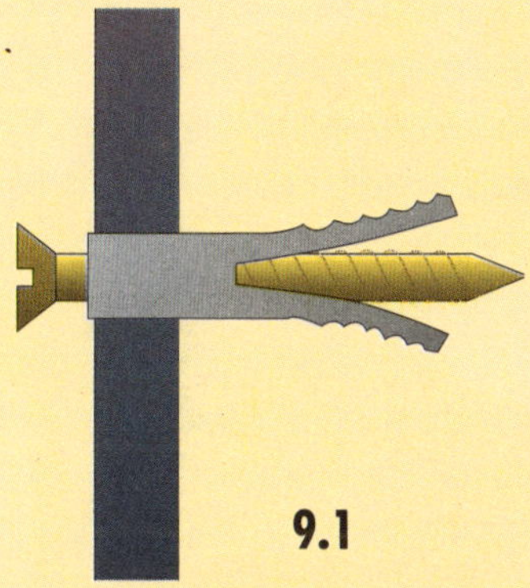

9.1

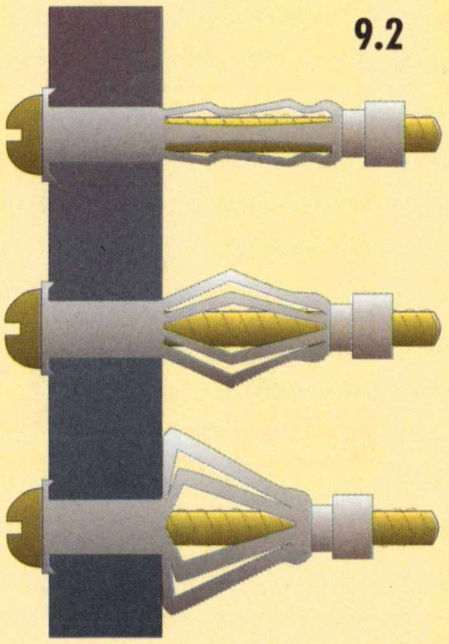

9.2

Dübel für Gipskartonwände: Spreizdübel (links) erreichen recht schnell ihre Belastungsgrenze. Für schwere Lasten empfehlen sich Hohlraumdübel

Herstellern, meist aus dem Sanitärbereich, die solche Installationssysteme komplett anbieten.

Geschwungene Wände in Trockenbauweise

Mit Gipskartonplatten und Profil-Elementen ist auch der Bau von geschwungenen Wänden relativ einfach zu bewerkstelligen. Beispielsweise mit werkseits gebogenen oder eingeschlitzten UW-Profilen. Allerdings braucht man eine im gleichen Radius gebogene Beplankung. Aber auch das ist mit Gipskarton möglich. Sie müssen dazu jedoch eine Schablone aus Holz oder Gipsplatten mit dem entsprechenden Biegeradius bauen (Bild 8.2.1).

Gipskartonplatten naß biegen

Die Platten werden naß gebogen. Damit ausreichend Nässe in den Gipskern eindringen kann, müssen Sie vorher die Kartonoberfläche durchlässig machen. Am besten geht das mit einer Nagelwalze (Bild 8.2.2). Achten Sie darauf, daß die Rückseite trocken bleibt. Dann wird die Platte über die Schablone gebogen und in dem beabsichtigten Radius mit Paketklebeband so lange fixiert, bis sie getrocknet ist.

9. Befestigungen

Trennwände in Trockenbauweise haben immer noch mit dem hartnäckigen Vorurteil zu kämpfen, keine ausreichende Tragfähigkeit zu besitzen. Oft beruht die Einschätzung auf Erfahrungen, die man mit einer falschen Befestigungstechnik gemacht hat. Welcher Dübel der richtige ist, hängt von Gewicht und Form des anzubringenden Gegenstands und der Dicke der Beplankung ab.

Die Dübelwahl richtet sich auch nach Beplankungsdicke und Lasten-Form

So reichen zum Befestigen leichter, flächiger Lasten bis 15 kg einfache Bilderhaken. Etwas mehr Gewicht und bis zu 30 cm vor die Wandebene hinausragende Gegenstände halten Spreizdübel aus (Bild 9.1 und Tabelle). Besser sind jedoch Hohlraumdübel z. B. aus Metall. Ein einzelner trägt bei nur einlagiger Beplankung bis zu 50 kg (Bild 2.2 und Tabelle). Eine preiswertere Alternative dazu sind Universaldübel, auch Mehrzweckdübel genannt. Sie bestehen aus Kunststoff und verknoten sich beim Eindrehen der Schraube hinter der Wand. Ideal ist, wenn Sie vorher wissen, wo schwere Lasten hängen sollen.

Montageplatten hinter der Beplankung halten am besten

Holzbohlen, Span- oder spezielle Montageplatten, die man zwischen den Ständern verschraubt, bieten die besten Voraussetzungen für ‚bombenfesten' Halt. □

Spreizdübel (Beplankungsdicke 12,5 mm)

Lasttiefe (cm)	Dübel ∅ mm	zulässige Belastung (kg)	
		pro Dübel	pro m Wand
10	6 (Schraube 5 x 35 mm)	25	75
20		20	70
30		15	60

Hohlraumdübel (Beplankung: 12,5 mm/2x 12,5 mm)

Lasttiefe (cm)	zulässige Belastung (kg)	
	pro Dübel	pro m Wand
10	50/100	75/110
20	45/85	70/100
30	35/60	60/95
40	30/50	50/85

Trockener Innenausbau

Teil 2:
Decken und Fußböden

Im ersten Teil unserer Trockenbau-Reihe haben wir gezeigt, wie man Trennwände und Vorsatzschalen baut. Lesen Sie in diesem Kapitel, was beim Verkleiden und Abhängen von Decken zu beachten ist und wie man aus schiefen Böden durch Schüttung und Trockenboden einen ebenen Verlege-Untergrund herstellt

Stufenweise abgehängte Decke

Deckenverkleidung mit Paneelen

Trockenschüttung abziehen

Trockenboden verleimen

Trockener Innenausbau

Es gibt verschiedene Gründe, Deckenflächen zu verkleiden. Im Neubau ersetzt eine Unterdecke aus Gipsbauplatten das Verputzen. Man erhält schnell einen glatten, tapezierfähigen Untergrund, ohne Trocknungszeiten abwarten zu müssen. Oft ist der Wunsch nach einer attraktiveren Raumgestaltung ausschlaggebend. Wer seine Decke nicht einfach nur tapezieren will, findet heute eine Fülle an Verkleidungsmaterialien, von schallschluckenden Kassetten-Elementen über holzfurnierte Paneele bis hin zur Massivholzdecke. Bei hohen Altbauräumen wirkt sich eine abgehängte, gedämmte Deckenkonstruktion nicht nur positiv auf die Heizkostenabrechnung aus, sie vermindert ebenso die Schallübertragung zur darüberliegenden Wohnung.

1. Verkleidung von ebenen Decken

Unterkonstruktion aus Holz oder Metallprofilen

Bei ebenen Decken hat die Unterkonstruktion lediglich die Aufgabe, eine sichere Befestigungsmöglichkeit für die Verkleidung zu bieten. Als Unterkonstruktion sind Holzlatten mit den Querschnitten 60 x 40 mm oder 50 x 30 mm üblich. Als Alternative kommen auch Hut-Deckenprofile (1.2) aus Metall in Frage. Damit den Bewohnern nicht eines Tages – im wahrsten Sinne des Wortes – die Decke auf den Kopf fällt, ist eine sichere Verankerung der Unterlattung äußerst wichtig. In öffentlichen Gebäuden sind deshalb Metalldübel zwingend vorgeschrieben. Insbesondere aus Gründen des Brandschutzes: Kunststoffdübel würden bereits bei vergleichsweise geringer Hitzeentwicklung weich werden und den Halt in der Decke verlieren.

Sichere Verankerung in der Decke

Zur Sicherheit sollten Sie deshalb bei Massivdecken ebenfalls Metallverankerungen (Schrauben-∅: 6 mm) verwenden. In Holzbalkendecken findet die Lattung mit langen Holzschrauben (∅ 5 mm, Länge = 2 x Lattendicke) ausreichend Halt. Bei Massiv- wie bei Holzbalkendecken sollten die Befestigungspunkte nicht weiter als 90 cm auseinanderliegen.
Die Lattenabstände bemessen sich nach den Formaten der Verkleidungs-Elemente. Bei quadratischen Kassetten sollte der Achsanstand der Lattung der hal-

Ebene Decke verkleiden: Die Verkleidung kann direkt mit den in der Decke verdübelten Latten verschraubt werden. Die Stöße der schmalen Plattenseiten liegen mittig auf den Latten

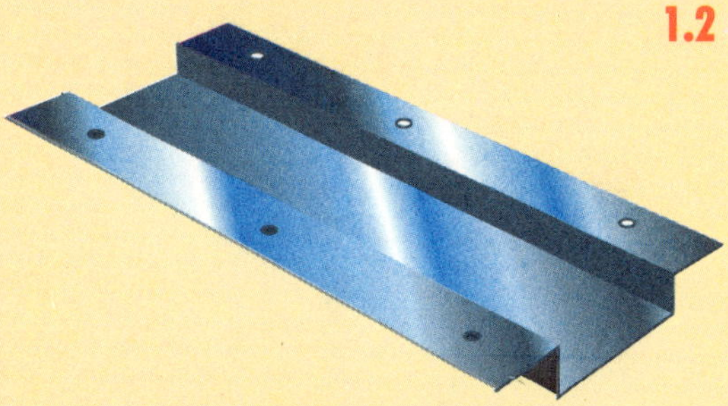

1.2 **Hut-Decken-profile:** Statt Holzlatten können Sie bei ebenen Decken auch diese Metallprofile verwenden

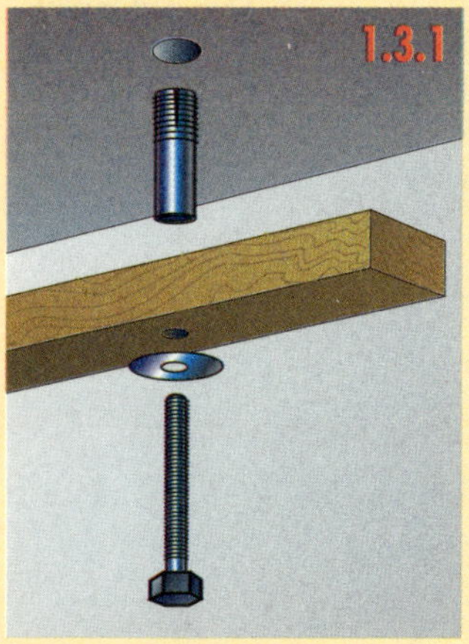

Deckenverankerung: Die Latten sollten mit Metalldübeln in Massivdecken befestigt werden (Schrauben-∅: 6 mm). Für Holzbalkendecken nimmt man lange Holzschrauben (Schraubenlänge = Lattendicke x 2)

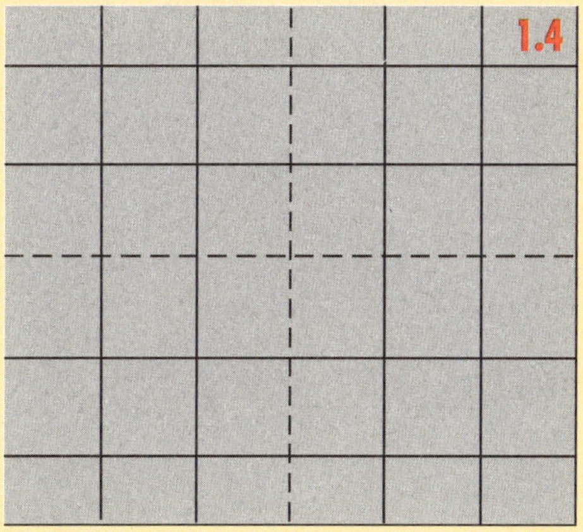

Verlegeschema für quadratische Kassetten: Man verlegt vom Mittelpunkt der Decke aus. Sie ermitteln diesen, indem Sie die Mitte jeder Wand markieren und die gegenüberliegenden Punkte mit einer Schnur (Strichlinie) verbinden

Latten- und Befestigungs abstände: Grundlatten-Befestigung: x = 100 cm, Abstand der Traglatten: z = 50 cm, Abstand der Grundlatten: y = abhängig vom Traglatten-Querschnitt

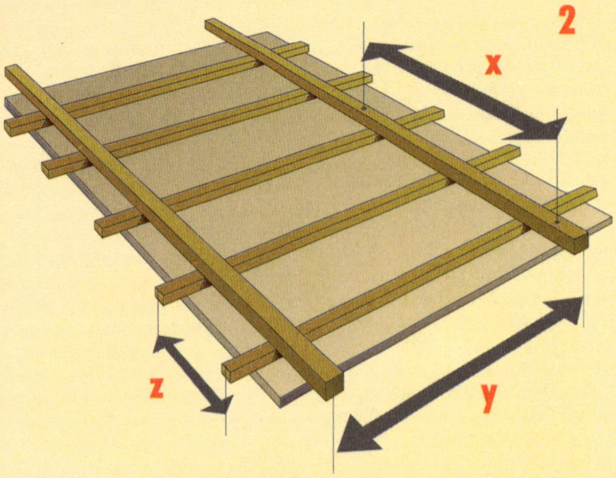

ben Seitenlänge (bei kleinen Formaten: ganze Seitenlänge) der Elemente entsprechen, damit die Plattenstöße mittig auf den Latten liegen und gut befestigt werden können. Gipskartonplatten verlegt man in der Regel quer zur Unterlattung. Diese muß den Seitenkanten des biegsamen Verkleidungsmaterials genügend Befestigungspunkte bieten. Deshalb sollten die Latten nicht weiter als 50 cm auseinanderliegen. Die Platten werden alle 20 cm mit Schnellbauschrauben an der Lattung befestigt.

Die Beplankung muß genügend Befestigungspunkte finden

Ausrichten: Durch Unterlegen von Distanzstücken werden Decken-Unebenheiten ausgeglichen

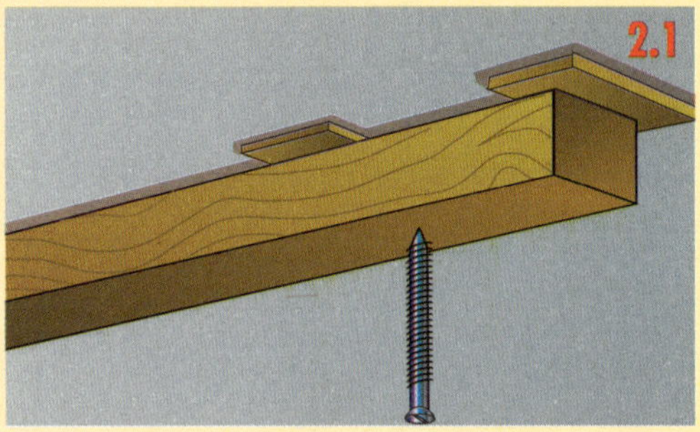

2. Unebenheiten der Decke ausgleichen

Der Ausgleich von Unebenheiten in der Decke ist mit Hilfe von Grund- und Traglattung recht einfach zu schaffen. Zunächst befestigen Sie die Grundlattung an der Decke. Die Schrauben jedoch noch nicht festdrehen. Dann richtet man die Grundlatten mit der Wasserwaage durch Unterlegen von Distanzstücken aus (Bild 2.1). Den Abstand der Grundlatten wählt man abhängig vom Querschnitt der Traglatten (bei 50 x 30 mm: 85 cm, bei 60 x 40 mm: 100 cm Abstand). Trag- und Grundlatten werden an ihren Kreuzungspunkten mit 55 mm langen Holz- oder Schnellbauschrauben verbunden. Die äußeren Traglatten ordnet man im Abstand von ca. 2 cm zu den Wänden an. Kontrollieren Sie noch einmal die Ausrichtung der Unterlattung, bevor Sie die Gipskartonplatten mit Schnellbauschrauben an ihr befestigen (Bild 2.3). Schraubenabstand: 20 cm. Achten Sie auf fugenversetzte Verlegung.

Der Grundlatten-Abstand hängt ab vom Traglatten-Querschnitt

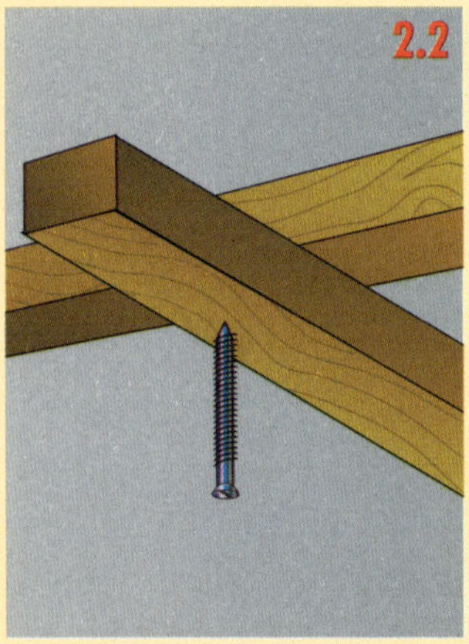

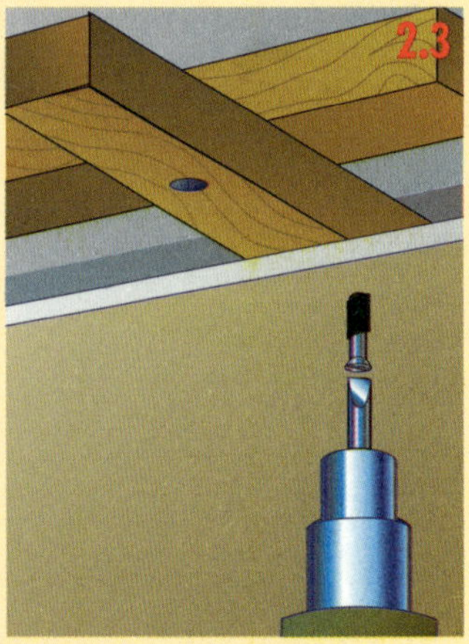

Traglatten und Gipsbauplatten befestigen: Grund- und Traglatten können mit Holzschrauben verbunden werden. Zum Befestigen von Gipskartonplatten nimmt man die gipsverträglichen Schnellbauschrauben

Die Lattung wird mit Distanzhölzern waagerecht ausgerichtet

Wenn Ihre neue Unterdecke aus Nut- und-Feder-Elementen bestehen soll, bietet sich die Verwendung von Paneel-Befestigungsclips an, die in den Traglatten verschraubt werden.

Schneller Ausgleich bei Dachschrägen: Die Metall-Direktabhänger ersetzen hier eine Ausgleichs-Konstruktion aus Grund- und Traglattung. Der Vorteil: kurze Montagezeiten

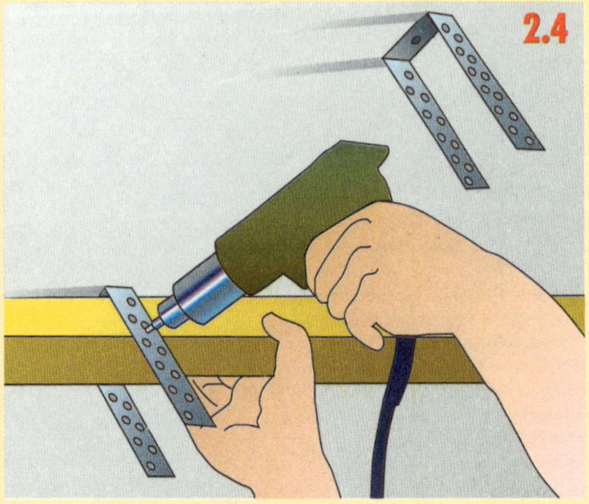

Insbesondere zum Ausgleich von Unebenheiten in der Dachschräge sind die sogenannten Direktabhänger (Bild 2.4) eine gute Alternative zur eben beschriebenen Ausgleichslattung. Man verschraubt sie oberhalb der Dampfbremsfolie in den Sparren. Dann legt man die Traglatten ein, richtet sie mit der Wasserwaage aus

Direktabhänger erlauben schnelles Arbeiten

Trockener Innenausbau

und verschraubt sie seitlich durch die gelochten Profilschenkel. Die Überstände der Abhänger biegt man zum Schluß seitlich ab.

3. Metallprofile für abgehängte Decken

Metall-Abhänger lassen sich gut justieren

Man kann eine Decke mit Hilfe von Holzlatten oder speziellen Metall-Elementen abhängen. Eine exakte Höhenjustierung ist jedoch mit Metall-Abhängern wesentlich einfacher zu bewerkstelligen. Es gibt sie für Metall- und Holz-Unterkonstruktionen. Gängig sind Abhängedrähte mit rechtwinklig abgebogener Befestigungsöse (Bild 3.1.1), die in ankerförmige Abhänger eingeschoben und mit einer Spannfeder justiert werden können (Bild 3.3.1). Sehr montagefreundlich sind auch die sogenannten Nonius-Abhänger (Bilder 3.3.2 und 4). Sie bestehen aus zwei ineinanderliegenden, gelochten U-Profilen, das eine in 10er-, das andere in 9er-Loch-Einteilung. Beide Teile werden mit einem Splint verbunden und erlauben sehr präzise Höhenjustierungen. Die Befestigung erfolgt wie bei einfach verkleideten Decken mit Metalldübeln bzw. Holzschrauben (Bilder 3.1.1 und 3.1.2). Bei Metall-Unterkonstruktionen setzt man als Grund- und Tragelemente die sogenannten CD-Profile ein. Die Verbindungsmöglichkeiten sind vielfältig. Als Beispiel zeigen wir eine Verbindung von CD-Grund- und Tragprofilen mit einem Winkelanker (Bild 3.2.1). Die CD-Elemente lassen sich durch eingeschobene, U-förmige Profilverbinder beliebig verlängern. Zur Befestigung der Gipsbauplatten-Unterdecke verwendet man Schnellbauschrauben (Bild 3.2.2).

CD-Profile dienen als Grund- und Trag-Elemente

4. Die Technik des Abhängens

Ein Aufriß der Unterkonstruktion bewahrt vor Montagefehlern

Als erstes sollten Sie den Aufbau der Unterkonstruktion auf einer Skizze maßstäblich aufreißen. Um eine statische Ausgewogenheit der Konstruktion sicherzustellen, geht man dabei von der Deckenmitte aus (wie bei Bild 1.4). Der Achsabstand der 60-x-40-mm-Grundlatten sollte 85 cm (bei Traglatten: 50 x 30 mm) bzw. 100 cm (bei Traglatten: 60 x 40)

3

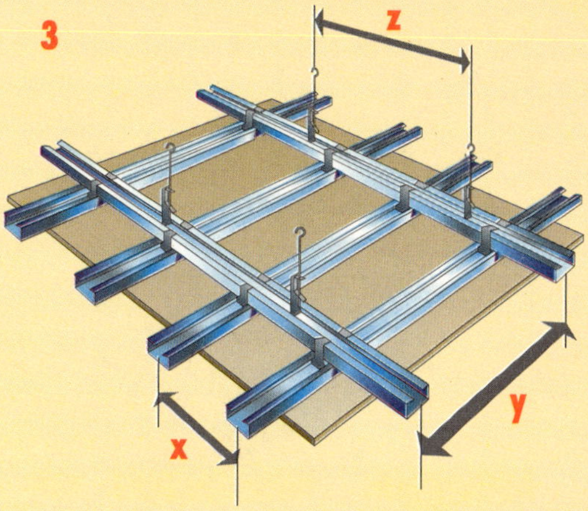

Profil- und Befestigungs-Abstände: Abhänger-Befestigung: z = 90 cm; Achsabstand CD-Grundprofil: y = 100 cm; Achsabstand CD-Tragprofile: x= 50 cm (bei 12,5 cm Gipsbauplatte)

3.1.1

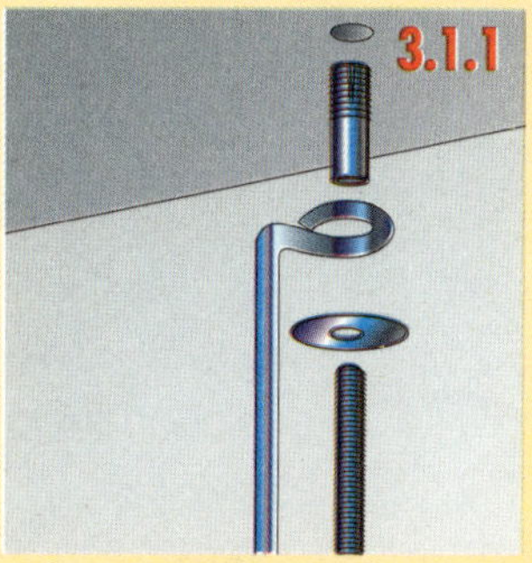

3.1.2

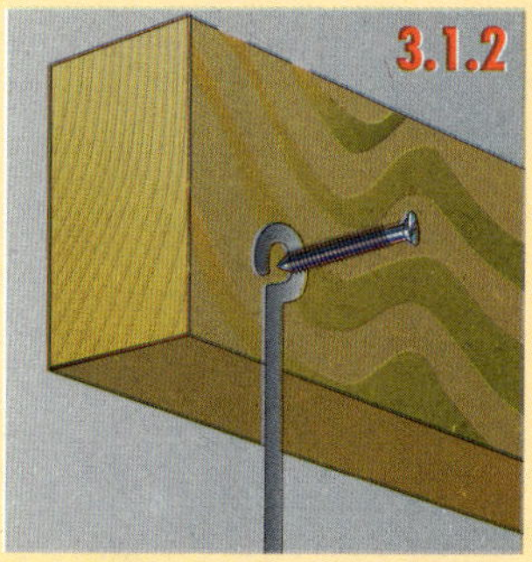

Befestigung an der Decke: Durch die umgebogene Öse wird der Draht mit Metalldübeln in Massivdecken verankert. Bei seitlicher Befestigung an Holzbalkendecken: 5 cm Abstand zur Unterkante einhalten!

3.2.1

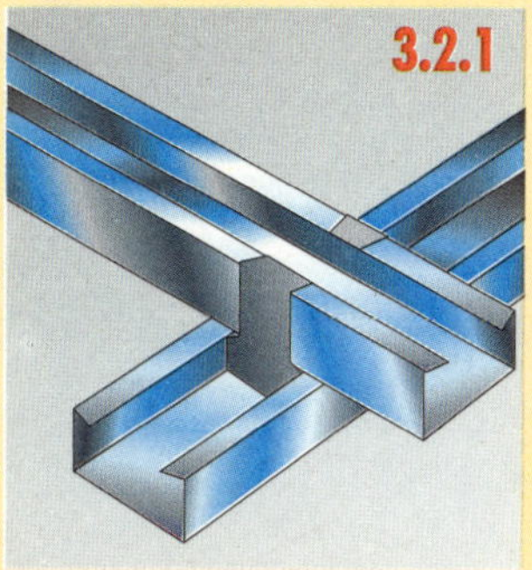

3.2.2

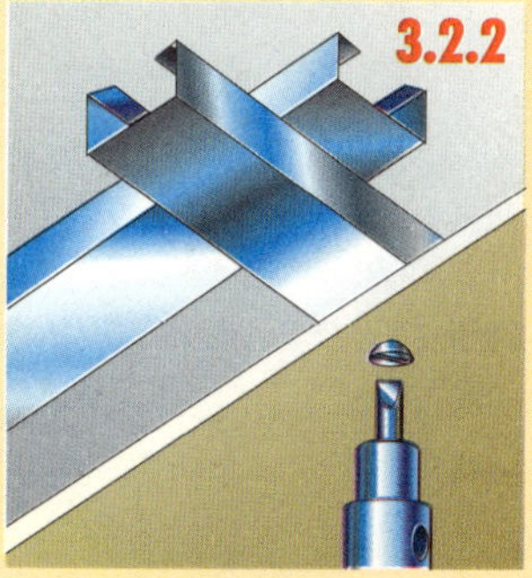

CD-Deckenprofile: Ein Winkelanker sorgt für feste Verbindung zwischen Grund- und Tragprofil (links). Die Befestigung der Gipskarton-Beplankung erfolgt mit phosphorbeschichteten Schnellbauschrauben

3.3.1

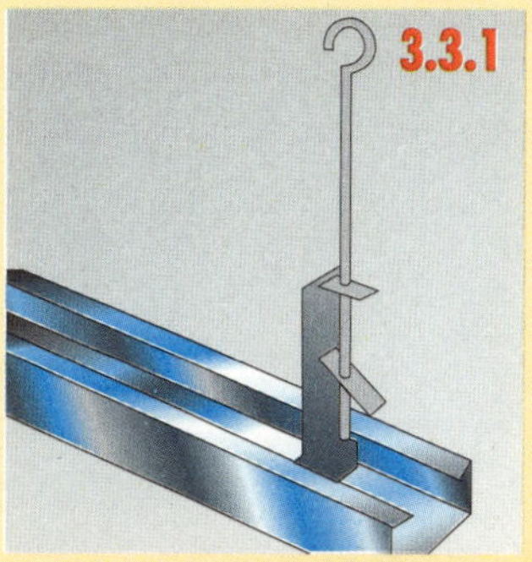

3.3.2

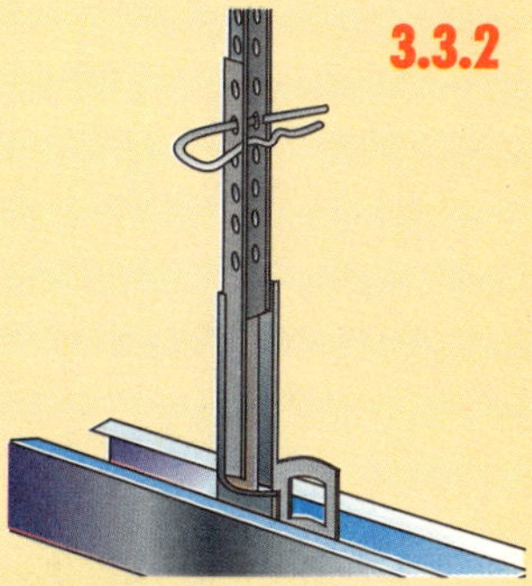

Gebräuchliche Abhängesysteme: Den Abhängedraht (links), der in ein Ankerprofil mit Spannfeder eingeschoben wird, gibt es in Längen zwischen 9,5 cm und 1 m. Rechts: Nonius-Abhänger für CD-Profile

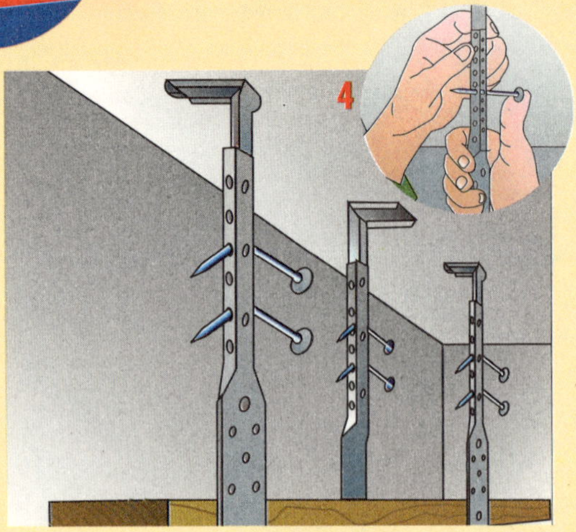

Holzunterlattung mit Nonius-Abhängern: Die unteren Teile der Nonius-Abhänger verschraubt man wechselweise rechts und links mit den hochkant anzuordnenden Grundlatten

Abziehlehren ausrichten: Schüttmaterial dammförmig anhäufen und Höhe der Ausgleichsschicht mit den Abziehlehren festlegen

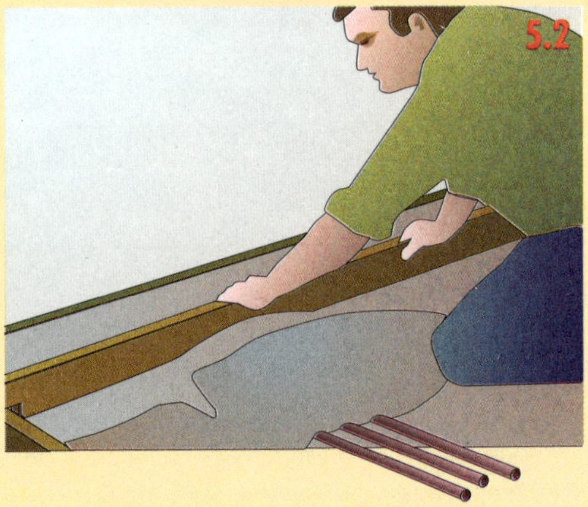

Schüttung abziehen: Das zwischen den Abziehlehren aufgeschüttete Material wird mit einer geraden Latte abgezogen

Abschnittsweise arbeiten: So werden immer abwechselnd längs und quer die einzelnen Abschnitte aufgeschüttet und abgezogen

betragen. Setzen Sie die äußeren Latten im Abstand von 2 bis 3 cm zur Wand. Mittels Schnurschlag überträgt man den Grundlattenverlauf dann an die Decke. Von diesen Linien ausgehend markiert man alle 100 cm die Befestigungspunkte, und zwar abwechselnd rechts und links 2 cm neben dieser Linie. Der Grund: Um ein Abkippen zu verhindern, verschraubt man die Abhänger im Wechsel links und rechts mit den Grundlatten (Bild 4). Befestigen Sie die Noniusoberteile an der Decke und die Unterteile im gleichen Abstand an den Grundlatten. Erst dann werden die Profile zusammengesteckt und durch Umstecken der Splinte in die Waage gebracht. Dann verschraubt man die Traglatten wie bereits gezeigt.

Die Decke muß aus Schallschutzgründen freischwingend sein. Das bedeutet: Die Beplankung darf die Wände nicht berühren. Wenn der Schall- und gleichzeitig der Wärmeschutz weiter verbessert werden sollen, verlegt man durch die Lattung hindurch Mineralwolle-Bahnen oder -Platten im Deckenhohlraum. Das Dämmaterial muß enggestoßen verlegt und an den Wänden etwas hochgeführt werden. Wenn die darüberliegenden Räume nicht beheizt sind, ist eine Dampfbremse nötig. Man tackert sie entweder von unten an die Lattung oder befestigt sie – bei Metallkonstruktionen – mit Doppelklebeband.

5. Fußböden in Trockenbauweise

Stark unebene Fußböden, wie man sie in Altbauten oft vorfindet, sind für Belagsmaterialien wie Fliesen oder Parkett ungeeignet. Auch für dieses Problem gibt es eine „Ausgleichs“-Lösung in Trockenbauweise: Mit einer Trockenschüttung läßt sich nicht nur der Untergrund genau nivellieren, auch Installationsleitungen, die über dem Boden verlaufen, können mit einer Schüttung aus vulkanischem Perlitgestein einfach abgedeckt werden.

Handelt es sich beim Untergrund um eine Rohdecke, muß unter der Schüttung zunächst eine PE-Folie als Dampfbremse ausgelegt und an den Rändern hochgeführt

Ein Abkippen der Holzlatten muß vermieden werden

Die Unterdecke darf keinen Kontakt zur Wand haben

In manchen Fällen ist eine Dampfbremse an der Decke nötig

Installationen werden durch die Schüttung unsichtbar

Trockener Innenausbau

Die Schüttung wird abschnittsweise abgezogen

werden. Bei alten Holzdielen mit offenen Fugen ist ein Rieselschutz z. B. in Form von Bitumenpappe erforderlich. Entlang der Wände sollten dann noch Dämmrandstreifen zur Vermeidung von Trittschallübertragungen aufgestellt werden. Die Trockenschüttung bringt man etappenweise auf (Bild 5.3). Dazu werden als erstes zwei Dämme aufgeschüttet (Bild 5.1), deren Höhe man mit Abziehlehren auf das endgültige Niveau ausrichtet. Dann füllt man den Raum zwischen den Lehren mit der Trockenschüttung auf und zieht das körnige Material mit einer geraden Latte ab (Bild 5.2). Die Schüttung muß so hoch aufgebracht werden, daß die höchste Stelle des Bodens mindestens 2 cm bedeckt ist. Beachten Sie unbedingt, daß das locker aufgeschüttete Material keinesfalls direkt betreten werden darf. Das gleichmäßige Verdichten erfolgt durch Begehen der anschließend fugenversetzt verlegten Holzfaserweichplatten (Bild 5.4). Darauf kann dann ein stabiler Boden aus Holzspanplatten verlegt werden. Diese sollten mindestens 22 mm stark sein. Man verlegt sie schwimmend, an Nut und Feder verleimt. Dehnungsfuge zur Wand mit Holzkeilen sichern! Eine Alternative ist ein Trockenboden aus zwei vollflächig miteinander verklebten Gipsfaserplatten. In beiden Fällen erhalten Sie einen ebenen, festen Untergrund, der für Fliesen (Bild 5.5.) genauso geeignet ist wie für einen Teppichboden. Unter schwimmend verlegten Parkett- und Laminatböden (Bild 5.6) ist eine trittschalldämmende Zwischenschicht, z. B. Korkbahnen, nötig. Ein trockener Fußbodenaufbau kann auch die Alternative zu einem Naßestrich sein. Man spricht vom schwimmenden Trockenestrich. Der Aufbau besteht aus einer Lage dichtgestoßener Trittschalldämmplatten, auf dem ein Trockenboden – wie oben beschrieben – verlegt wird. Wichtig: die schalltechnische Entkopplung zur Wand durch aufgestellte Dämmstreifen und die feuchtigkeitssperrende Dampfbremsfolie auf der Rohdecke. Noch eine ‚trockene' Lösung für den Neubau: Holzdielen ab einer Dicke von 22 mm können auch mit Lagerhölzern vernagelt werden, die direkt auf der Rohdecke ausgelegt werden (Bild 5.7).

Die Schüttung muß gleichmäßig verdichtet werden

Schwimmender Trockenestrich auf Rohdecken

Abdeckplatten verlegen: *Auf der lockeren Schüttung Abdeckplatten verlegt. Die Schüttung darf nicht direkt betreten, sondern nur durch das Begehen der Platten verdichtet werden.*

5.5

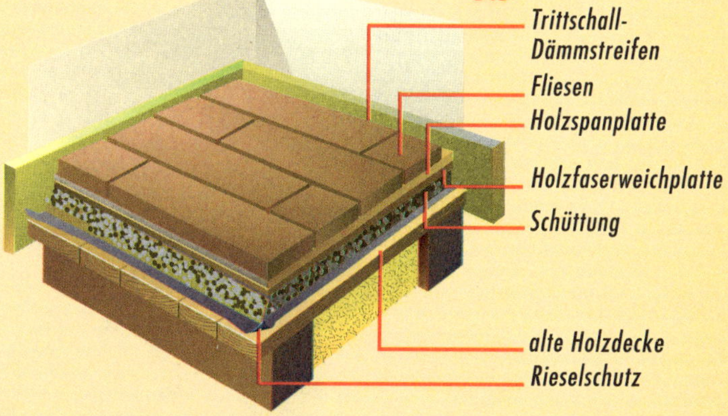

5.6

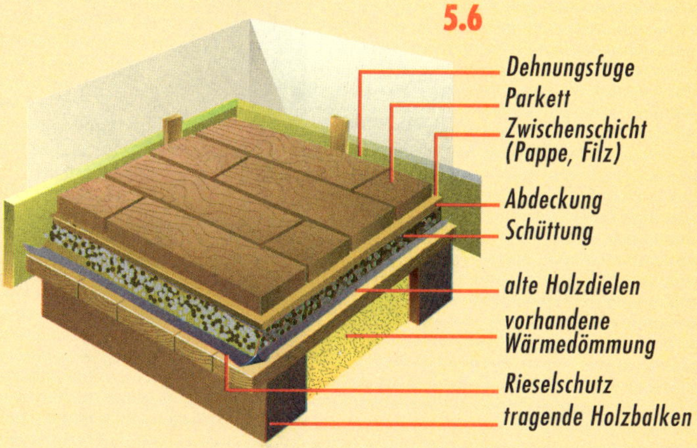

5.7

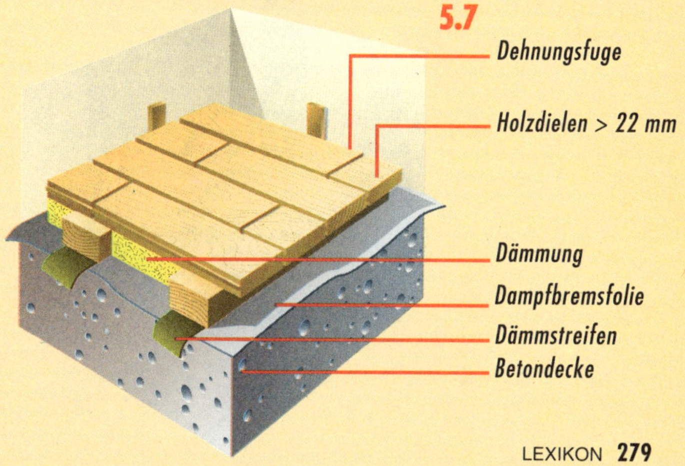

Ausbaupla

Beim Bau von öffentlichen und gewerblichen Objekten setzt man Plattenbaustoffe vor allem deshalb besonders gern ein, weil sie sich rationell verarbeiten lassen. Die Unterbrechungen durch Trocknungszeiten sind auf ein Minimun reduziert. Außerdem ist die Verarbeitung der meisten Platten recht einfach – was natürlich auch den Heimwerker freut. Vom Dachgeschoß-Ausbau oder Trennwandbau dürften ihm vor allem die vielseitig einsetzbaren Gipskarton- und Holzspanplatten, eventuell noch Gipsfaserplatten bekannt sein. Wie unser Lexikon zeigt, ist allerdings die Palette der in Frage kommenden Materialien bedeutend vielfältiger.

Da gibt es die große Gruppe der Holzwerkstoffe, die von den dimensionsstabilen Sperrhölzern über die Holzspanplatte bis hin zur porösen, weichen Holzfaserplatte reicht, die man schon zu den Dämmstoffen zählt. Viele Holzwerkstoffplatten eignen sich für großflächige Konstruktionen und können mittragende und aussteifende Funktion übernehmen. Während mehrschichtig aufgebaute Platten eine nur geringe holztypische Quell- und Schwindneigung bei Feuchtigkeits-Einwirkung zeigen, ist diese bei Holzspanplatten wesentlich ausgeprägter. Deshalb sind sie als Verlege-Untergrund für starre Beläge wie Fliesen nicht gerade ideal – erst recht nicht im Bad.

So müssen Sie bei der Wahl eines Plattenbaustoffs neben den statischen auch die jeweiligen bauphysikalischen Anforderungen beachten. Dazu zählen z. B. Witterungs- und Feuchtebeständigkeit, Schall- und Brandschutz. Brandschutzbestimmungen spielen zwar bei Einfamilienhäusern nur eine untergeordnete Rolle. Sie sollten jedoch wissen, daß im Hochbau neben nichtbrennbaren Materialien (Baustoffklasse A) generell nur schwer- (B 1) und normalentflammbare (B 2) Baustoffe eingesetzt werden dürfen.

Ob sich die in Frage kommenden Materialien auch für die geplante Weiterverarbeitung eignen, muß als nächstes

! Die Numerierungen weisen auf gängige Materialalternativen hin, die wir auf den nächsten Seiten ebenfalls beschreiben

5 Dachschalungen

oder 3 8

Statt einer Schalung aus Nut- und Federbrettern werden immer häufiger auch plattenförmige Baustoffe eingesetzt. Vor allem OSB-Platten werden wegen ihrer dekorativen, von der Raumseite sichtbaren Oberfläche immer beliebter

10 Außenplatten

oder 6

Skeletthäuser erfordern spezielle Außenverkleidungen. Platten, die unter Putz oder hinter Vorhangfassaden verschwinden, sollten witterungsbeständig sein, aber auch durchlässig für Wasserdampfwanderungen von innen nach außen (diffusionsoffen)

1 Trockenputz

oder 2 7

Kaminverkleidungen z. B. dürfen nicht mechanisch mit Schrauben befestigt werden. Beim trockenen Ausbau bietet sich ein sog. Trockenputz mit Gipskarton- oder Gipsfaserplatten an. Sie werden verklebt

tten

Das ›trockene‹ Bauen und Renovieren mit Ausbauplatten wird immer beliebter. Entsprechend vielfältig ist inzwischen das Angebot an Materialen. Wir stellen bekannte und neue vor

Dachschrägen/Trennwände

oder 2 3 5 7

Wo es nur darum geht, eine Konstruktion von der Raumseite zu verkleiden, reichen leichte Platten, da sie statisch nicht belastet werden. Andere Anforderungen sind hier wichtig: Brandverhalten, Schallschutz, leichte Verarbeitbarkeit und geringe Kosten

3 Boden auf Lagerhölzern

oder 5

Um einen begehbaren Boden über Deckenbalken oder einer Kantholzkonstruktion herzustellen, braucht man tragfähige, aussteifende Platten. Geeignet sind z. B. Holzspanplatten ab 21 mm sowie OSB-Platten, wenn die Oberfläche sichtbar bleibt

9 Platten für Feuchträume

oder 1 2 10

Die wichtigsten Forderungen an Ausbauplatten in Bädern: Sie sollten nässeunempfindlich sein, d.h. keine oder nur wenig Feuchtigkeit aufnehmen, möglichst verrottungsfest, dimensionsstabil und gut zu verfliesen sein

2 Trockenestrich-Elemente

oder 1 3 5 6

Die „trockene" Alternative für den gängigen Mörtelestrich wird immer beliebter – nicht nur in Altbauten. Gefordert sind dimensionsstabile, tragfähige Plattenbaustoffe, die möglichst auch gleich für einen guten Trittschallschutz sorgen

Zeichnung: G. Anthony; Fotos: Arge Holz (9), Perlite (2), C. Kalex (4), P. Strnad (2)

1 Gipskartonplatten

Kurzbeschreibung

Material/Einsatz: Gipskartonplatten (GKP) bestehen aus einem Gipskern, der mit einem festhaftenden Karton ummantelt ist. Für Wände, abgehängte Decken, ohne/mit Dämmstoffkaschierung, auch als imprägierte Feuchtraumplatte, Stärken: 9 bis 25 mm. GKP regulieren die Raumfeuchte, sind dimensionsstabil, nichtbrennbar mit Spezialkarton, gut schalldämmend, vor allem in Verbindung mit Faserdämmstoffen, leicht

Be- und Verarbeitung: Anritzen und Brechen, Verschrauben auf Unterkonstruktion (Schrauben phosphatiert), Verkleben mit Ansetzbinder, angefaste Stöße verspachteln, zum Tapezieren, Verputzen, Fliesen, auch runde Formen durch Wässern, müssen grundiert werden

Kontakt: z. B. Knauf, Rigips, Lafarge

2 Gipsfaserplatten

Kurzbeschreibung

Material/Einsatz: Rohstoffe: Gemisch aus Gips, Recycling-Papierfasern und Wasser, das zu stabilen Platten mit eckigen Schnittkanten gepreßt und getrocknet wird. Von10 bis 18 mm Dicke, auch als Verbundplatte mit Dämmstoff und als Estrich-Elemente (zwei versetzt verklebte Platten) erhältlich. Bauphysikalische Eigenschaften wie GKP, aber mechanisch belastbarer durch die homogene Faserstruktur, dafür aber teurer als GKP

Be- und Verarbeitung: Ritzen/Brechen oder Stichsäge, auf Unterkonstruktion verschrauben (wie GKP) Estrichplatten auch am Falz verkleben, Stöße verspachteln, auch runde Formen, zum Tapezieren, Verputzen, Fliesen, für alle Bodenbeläge, oft werkseits grundiert

Kontake/Hersteller: z. B. Fels, Knauf

3 Spanplatten

Kurzbeschreibung

Material/Einsatz: Rohstoffe: zerspante Holzabfälle, die mit Leim vermischt und heiß verpreßt werden. Bindemittel: Formaldehyd (nur Emissionsklasse E 1) und Phenolharze. Plattenstärken: 10 bis 38 mm, normalentflammbar (B 2), „arbeiten" unter Feuchte-Einfluß, in Verleimungsqualität V 100 begrenzt wetterbeständig. Mechanisch belastbar und als mittragende oder aussteifende Beplankung an Wänden, Böden, Decken und Dächern gut geeignet, vielseitig und preiswert

Be- und Verarbeitung: mit üblichen Holzwerkzeugen, mit Spanplattenschrauben befestigen, als Estrichplatte: Nut- und Feder verleimen, für Tapeten, Putz, Bodenbelagskleber: Grundierung erforderlich

Kontakt: Gütegemeinschaft Spanplatten, Gießen

4 Holzfaserwerkstoffe

Kurzbeschreibung

Material/Einsatz: Unter „Holzfaserwerkstoffe" faßt man weiche, mitteldichte und harte Holzfaserplatten zusammen. Sie werden aus Holzfasern durch starkes Verpressen im Trockenverfahren mit (MDF-Platten) oder im Naßverfahren ohne (weiche und harte) zusätzliche Klebstoffe hergestellt. Wir fassen sie hier zusammen, weil sie für den Heimwerker meist als Möbelbauplatte (mitteldichte, harte) oder Dämmstoff (weiche) von Bedeutung sind, weniger als Ausbauplatte

Be- und Verarbeitung: mit üblichen Holzwerkzeuge, MDF- und harte Platten haben glatte Oberflächen und lassen sich gut schrauben, nageln und leimen

Kontakt: Verband der deutschen Holzwerkstoffindustrie, Gießen; Arge Holz, Düsseldorf

5 OSB-Flachpreßplatten

Kurzbeschreibung

Material/Einsatz: OSB-Platten („Oriented Strand Boards") sind relativ neu auf dem Markt. Sie bestehen aus verleimten langen Flachspänen, die außen überwiegend parallel zur Plattenoberfläche verlaufen und in der Mitte quer. Dadurch haben sie höhere Festigkeit und Formstabilität als z. B. Spanplatten. Für tragende/aussteifende Beplankung in Holzhäusern, oft auch mit sichtbarer Struktur als Dachschalung und Bodenverlegeplatte. Großformate zwischen 6 und 30 mm Stärke

Be- und Verarbeitung: mit üblichen Holzwerkzeugen, werden geschraubt oder genagelt, können auch farbig lasiert oder lackiert werden

Kontakt: Glunz, Göttingen; Verband der Deutschen Holzwerkstoffindustrie, Gießen; Arge Holz

6 Holzzementplatten

Kurzbeschreibung

Material/Einsatz: Ein Produkt aus Fichte- und Tannenholzspänen, das durch Zugabe von Wasser, Zement (teilweise auch Perlite) verrottungsfest und feuchtebeständig wird, ein verbessertes Brandverhalten (Baust.-Klassen B 1/ A 2) und höhere Rohdichte (guter Schallschutz) erhält. Sie sind statisch hochbelastbar und dürfen auch als Beplankung von Außenwänden eingesetzt werden, sofern sie verputzt oder durch Fassadenelemente geschützt sind. Wird auch als Nut- und Feder-Bodenplatte (Trockenestrich) angeboten

Be- und Verarbeitung: Verschrauben auf Unterkonstruktion, Sägen, Fräsen, Bohren mit hartmetall- bzw. diamantbestückten Elektrowerkzeugen

Kontakt: Eternit, Berlin; Glunz, Göttingen

Heimwerker-Lexikon

Schleifmittel bis Schraubendreher

Schleifmittel unterscheidet man nach elektrisch bedienbaren Schleifmitteln und manuell bedienbaren Schleifmitteln. Schleifpapier kann sowohl mit dem Holzklotz von Hand als auch mit dem Schwing- oder Exzenterschleifer elektrisch benutzt werden. Manuelles Schleifen empfiehlt sich bei kleineren, schwer zugänglichen Flächen. Weiter gibt es den Schleifteller, der auf die Bohrmaschine aufgesetzt wird, um z.B. Flächen an Schrauben zu glätten, und den Winkelschleifer, der mit runden Schleifscheiben besonders bei der Metallbearbeitung seinen Einsatz findet. Zum manuellen Einsatz gibt es auch Schleifvlies und Schleifpaste.

Schleifpapier erlaubt das Schleifen kleiner Flächen und Kanten. Schleifpapiere werden für unterschiedliche Materialien, wie Holz und Metall, angeboten. Es gibt solche zum Naß- und Trockenschleifen. Je nach Körnung reicht das Spektrum von sehr feinen bis hin zu sehr groben Schleifpapieren. In Verbindung mit Schleifklötzen ist das Arbeiten mit Schleifpapieren bequemer.

Schleifwerkzeuge sind alle manuellen und maschinellen Werkzeuge, die der Oberflächenbehandlung von Werkstücken durch Materialabtrag dienen. Beim Schleifen gilt grundsätzlich: Zuerst mit grobkörnigem Papier, dann mit immer feineren Körnungen weiterschleifen. Minimum sind drei Schleifgänge. Möglich sind Naß- und Trockenschliff. Das Schleifverfahren sowie das Schleifmaterial sind abhängig vom zu schleifenden Werkstoff. Gebräuchliche Schleifwerkzeuge sind: Handschleifklotz mit Papier, Bandschleifer, Exzenterschleifer, Winkelschleifer, Schwingschleifer, Schleifsteine zum Schärfen von Werkzeug, Schleifkissen etc.

Schlitzbandhänger Stahlblech-Formteil als Aufhänger für CD-Profile. Sie sind höhenjustierbar und damit für abgehängte Deckenkonstruktionen gut geeignet.

Schlitzmeißel ist ein Meißel, der bei der Innen- und Außeninstallation von elektrischen Leitungen benutzt wird. Mit ihm werden Zement, Putz und Ziegelfassaden geschlitzt, um dann elektrische Leitungen zu verlegen. Nach dem Verlegen wird wieder verputzt.

Schlösser sind Verschlußelemente für Türen, Schubfächer etc. (s. auch ‚Möbelschlösser').

Schlosserhämmer Hämmer für die Metallbearbeitung. Die Bahn des Schlosserhammers ist flach, die Finne läuft flachspitz zu. S. sind in Gewichtsklassen zwischen 100 und 1000 g erhältlich, die beliebtesten wiegen 400 und 500 g.

Schlosserwinkel Mit ihm mißt man die Rechtwinkligkeit und die Ebenheit von Metallwerkstücken. Der S. besitzt oft einen Anschlag, der das Anlegen an ein Werkstück erleichtert. Er besteht meist aus gehärtetem Stahl. Der Vorteil gegenüber Holzwinkeln ist, daß er keine Feuchtigkeit aufnehmen kann und sich deshalb nicht verformt. Deshalb ist eine genauere Prüfung der Beschaffenheit des Werkstücks möglich.

Schlüssel ‚Schlüssel' hat zwei verschiedene Bedeutungen. Bekannt ist der S., mit Hilfe dessen Schlösser (Türschlösser) zu- und aufgeschlossen werden. Anderseits ist mit S. auch der Schraubenschlüssel (Maul-, Ring-S. etc.) gemeint.

Schlüsselfeilen gibt es meist in Sätzen. S. werden zur Bearbeitung von Schlüsseln aus Rohlingen verwendet.

Schlußlack ist die zuletzt aufgetragene, qualitativ hochwertige Lackschicht auf einem Werkstück. Es empfiehlt sich, als Schlußanstrich nur solche Lacke zu verwenden, die ausdrücklich als geeignete Produkte gekennzeichnet sind.

Schmelzkleber s. ‚Klebepist.'

Schmiegen (auch ‚Winkel'- oder ‚Stellschmiegen') dienen dazu, Winkel auf Oberflächen zu übertragen, aufzuzeichnen und zu überprüfen. S. bestehen aus einem geschlitzten Schenkel und einer verstellbaren Zunge, die sich unter einem bestimmten Winkel aufklappen und dann durch eine Schraubverbindung fixieren läßt. S. gibt es sowohl in Holz- als auch Metallausführungen.

Schneideisen siehe ‚Gewindeschneider', ‚Schneideisenhalter'.

Schneideisenhalter werden beim Gewindeschneiden benötigt. S. besitzen ein rundes Mittelstück zur Aufnahme des Schneideisens. An ihm sind zwei Hebel befestigt, um das Schneideisen zu bewegen.

Schneidlade Eine aus Aluminium aufgebaute Vorrichtung mit Einschnitten, in denen das Sägeblatt einer Handsäge im gewünschten Winkel oder senkrecht zum Werkstück geführt wird. Die S. erlaubt ein maßgenaueres Sägen als das Freihandsägen, da eine Führung der Schneide vorhanden ist. Die Aluminium-Schneidlade gleicht in ihrer Funktion der Gehrungs-Schneidlade.

Schnellabhänger Stahlblech-Formteil mit Spannfeder zur Aufnahme von Metall- oder Holzprofilen für abgehängte Decken.

Schnellbauschrauben Phosphatierte Schrauben mit in Metall selbstschneidendem Gewinde für den Trockenbau, die mit hohen Drehzahlen eingedreht werden müssen.

Schnellbauschrauber erreichen hohe Drehzahlen, um Schnellbauschrauben einzudrehen. S. besitzen einen Einschraub-Tiefenbegrenzer.

Schnellbauzargen Vorgefertigte Zargenelemente, die durch Zusammenstecken in kurzer Zeit zu montieren sind.

Schnitzmesser Ein besonders geformtes Messer, das für die feine Bearbeitung (wie Schnitzen) von Holz geeignet ist. S. sind in verschiedenen Messerformen erhältlich.

Schnuraufriß kennzeichnet die Linienführung für den Aushub einer Baugrube. Entsprechend dem Bauplan markiert man alle Ecken des Geländes, die dann mit Hilfe von Schnüren (an Holzgerüsten befestigt) verbunden werden.

Schnurwasserwaage Waage, an deren beiden Enden Haken sitzen, mit denen man sie an einer gespannten Schnur einhängen kann. Sie dient dazu, horizontale Linien über große Abstände zu bestimmen.

Schrägstrichzieher ist ein Flachpinsel mit schräg zugeschnittener Streichkante für den exakten Farbenverlauf an Linien und Rändern.

Schrägzug Kraft, die schräg zur Dübelachse angreift (Summe aus Zuglast und Querlast).

Schrankaufhänger ist ein Kunststoff- oder Metallteil, das beim Aufhängen von Wandschränken eingesetzt wird.

Schrauben (Holzbearbeitung): Holzteile werden oft mit Holz-S. verbunden. Senk-, Halbrund- und Linsensenkkopf-S. mit Schlitz für eine Schraubendreherklinge sind wohl die gebräuchlichsten S. Schlitz-S. besitzen den Nachteil, daß die Schrauberklinge des öfteren aus dem Schlitz rutscht. Besser sind S. mit Kreuzschlitz-Aufnahme. Für jedes Material gibt es spezielle S. Angeboten werden u.a. Holz- und Metallschrauben. S. können manuell mit einem S.-Dreher oder maschinell mit einem Elektro-Schrauber ein- und ausgedreht werden. Das Arbeiten mit Schraubern erfordert den Einsatz spezieller Schraubendrehereinsätze (Bits).

Schrauben (Metallbearbeitung) s. ‚Grundwissen Metall'.

Schraubendreher gibt es in zahlreichen Typen und Ausführungen: Kreuzschlitz-, Magnet-, Radio-, Umsteck-, Winkel-, T-Griff-, Torx-S. etc. Man unterscheidet S. im wesentlichen zunächst einmal in der Klingengröße, die Griffart und die Mechanik. Klingengröße und Material sind auf den Verwendungszweck hin sorgfältig zu prüfen. S. müssen mit ihren Spitzen in den Schlitz der Schraube passen, um diese nicht zu beschädigen. Beim S.-Kauf sollten man ausschließlich höchste Qualität wählen.

Bitte lesen Sie weiter auf Seite 291

Für Plattenwände und -decken braucht man Hohlraumdübel

geklärt werden. Können sie z. B. sofort verputzt, gefliest oder tapeziert werden? Sind vorher Grundierungen oder zusätzliche Abdichtungen erforderlich? Für den Heimwerker ist natürlich auch die Frage interessant, ob er seine vorhandenen Werkzeuge einsetzen kann. Ein weiteres Auswahl-Kriterium kann auch das Gewicht einer Platte sein. Und *last, but not least* – auch der Preis zählt. Spezialplatten, die vielleicht technisch das *non plus ultra* sind, kosten in der Regel mehr als Universalplatten wie Holzspan-, Gipskarton- oder Gipsfaserplatten.

Befestigungen an Platten

Um Gegenstände an Plattenwänden und -decken zu befestigen, brauchen Sie Hohlraumdübel. Sie falten sich beim Eindrehen der Schraube an der Plattenrückseite auf. Je fester die Platte, desto besser hält sie natürlich auch punktuellen Belastungen stand. Bei dickeren und relativ dichten Holzplatten, die gute Verankerungsgründe bieten, reichen oft auch gängige Spanplattenschrauben als Befestigung.

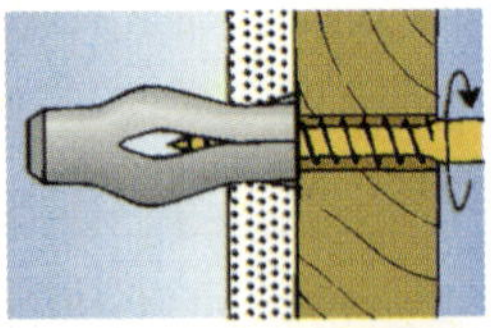

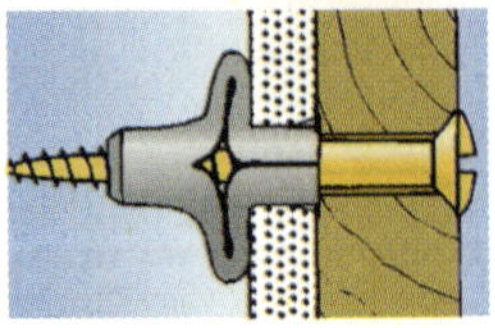

Für leichtere Lasten eignen sich Kunststoff-Hohlraumdübel Durch das Eindrehen der Schraube spreizt sich der Dübel auf und legt sich fest an die Rückwand

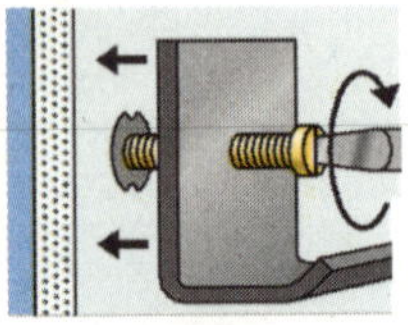

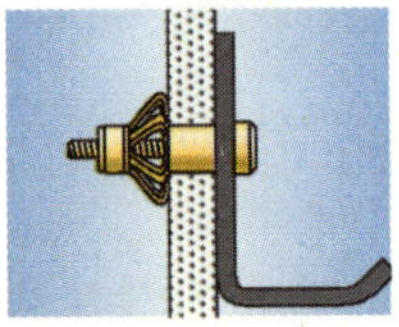

Hohlraumdübel aus Metall halten auch schwerere Gegenstände wie Wandschränke, Regale oder Garderoben. Sie funktionieren wie die Kunststoffdübel. Die Schrauben haben ein metrisches Gewinde.

Zeichnungen: fischerwerke

7 Holzwolle-Leichtbauplatte

Kurzbeschreibung

Material/Einsatz: Holzwolle-Leichtbauplatten (HWL) werden seit rund 90 Jahren hergestellt. Rohstoffe sind Holzwolle und mineralische Bindemittel (Zement oder Magnesit). Statisch wichtige Funktionen können HWL nicht übernehmen. Sie werden – überwiegend mehrschichtig – zur Wärmedämmung, zur Schallabsorption und als Putzträgerplatte eingesetzt. Gegenüber reinen Holzwerkstoffen haben sie ein verbessertes Brandverhalten (B 1, schwer entflammbar)

Be- und Verarbeitung: Trennen mit üblichen Hand- oder Elektrosägen, Befestigung mit Dübeln oder Baukleber an Mauerwerk, mit Spezialnägeln oder Schrauben an Holz, Oberfläche verputzen oder sichtbar lassen

Kontakt: Deutsche Heraklith, Simbach

8 Sperrholzplatten

Kurzbeschreibung

Material/Einsatz: Als Sperrholz bezeichnet man Platten mit mindestens drei verleimten Holzlagen, wobei jede Schicht mit ihrer Faserrichtung quer zur nächsten liegt. Dieser Aufbau bedingt eine besonders hohe Stabilität und reduziert das holztypische „Arbeiten" bei Feuchteschwankungen beträchtlich. Das hier gezeigte Baufurniersperrholz dient als tragende und aussteifende Beplankung von Wänden, Decken und Dächern. Auch Multiplex-, Tischler- und Dreischichtplatten, die man heute allerdings überwiegend zum Möbelbau verwendet, sind Sperrhölzer

Be- und Verarbeitung: mit den üblichen Holzbearbeitungswerkzeugen

Informationen: Gütemeinschaft Sperrholz, Gießen,

9 Armierte Hartschaumplatte

Kurzbeschreibung

Material/Einsatz: Eine Spezialplatte zum Verfliesen. Der Kern besteht aus einem sehr druckfesten, feuchtigkeitsunempfindlichen Dämmstoff (extrudiertes Polystyrol), der auch zur Kelleraußendämmung eingesetzt wird. Mit der in Mörtel eingelegten Gewebearmierung werden die Oberflächen zum idealen Fliesenuntergrund. Die Platten können auch – abhängig von der Dicke – tragende Funktion übernehmen und eignen sich z. B. zum Bau von Waschtisch und Wannenpodesten

Be- und Verarbeitung: Schneiden mit Messer oder Stichsäge. Befestigung am Untergrund mit Fliesenkleber, Fugen werden verspachtelt, Randfugen mit elastischem Dichtungsband und Kleber dichtmachen

Kontakte: Ultrament, Bottrop; LuxElements, Leverkusen

10 Mineralische Bauplatten

Kurzbeschreibung

Material/Einsatz: Wo es auf Witterungsbeständigkeit oder erhöhten Brandschutz ankommt, sind rein mineralische Platten im Vorteil (Bild: „Perlcon-Board"). Zementgebundene, leichte Zuschlagstoffe binden einen 11 mm starken Kern, der beidseits mit einem Glasgittergewebe armiert ist. Die nichtbrennbare Platte (Baustoffklasse A 1) ist auch mechanisch hochbelastbar und wird als versteifende und verputzbare Außenbeplankung genau so eingesetzt wie als Feuchtraumplatte.

Be- und Verarbeitung: Trennen mit Diamantsägeblatt/Hartmetall-Stichsägeblatt. Schraubenlöcher sind vorgebohrt (bei Zuschnitten selbst vorbohren), Fugen im Naßbereich mit Spachtel und Fugenband abdichten

Kontakte: Perlite, Dortmund

Gipsplatten auf einen Blick

Handelsbezeichnung	Dicke in mm	Breite in mm	Längen in mm	Merkmale / Eignung
Standard- und Einmann-Platten zum Ausbau von Decke und Wand:				
Gipskarton-Bauplatten B (GKB)	9,5-18	600-1250	1500-3200	Gipskartonplatten dieser Kategorie eignen sich vor allem zum einfachen Bekleiden von Wänden und zur Deckenverkleidung. Für wenig beanspruchte Konstruktionen können 9,5 mm Dicke ausreichen. Das Maß 100 x 150 cm gilt (bis 12,5 mm Dicke) als ideale Einmannplatte. Bei höheren Ansprüchen an Schall- und Wärmedämmung empfehlen sich Dicken über 12,5 mm und Metallständerwerke. Plattenlängen ab 2400 mm eignen sich besonders gut zum nahtlosen Bau und Bekleiden von Wänden
Gipsfaserplatten	10-18	1000-1245	1500-3000	Gipsfaserplatten sind ca. 50% schwerer und etwas härter als Gipskarton; sie sind schalldämmend sowie universell als Innenausbau-, Feuchtraum- und auch Feuerschutzplatten verwendbar. Sie können mit speziellem Fugenkleber fest verbunden werden
Imprägniert für Einsatz in Bädern, Küchen, Duschräumen und Saunen:				
Gipskarton-Bauplatten imprägniert (GKBi) Gipsk.-B. feuers. imp. (GKFi)	12,5-15 12,5-15	1250 1250	2000-3000 2000-3000	Gipskern und Karton dieser Platten sind mit Kunstharz u. a. Zusätzen gegen Feuchtigkeitsaufnahme geschützt; sie können außerdem feuerhemmend sein
Durch Zusätze (Glasseidenrovings) im Gipskern und Vergütung der Kartonschicht feuerhemmend ausgestattet:				
Gipskartonplatten Feuerschutz (GKF)	12,5-18	625-1250	2000-3000	Glasfaserarmierte Platten dieser Kategorie sind vor allem dort einzusetzen, wo erhöhte Anforderungen an den Brandschutz bestehen; also z. B. beim Dachausbau und in der Umgebung von Kaminen
GKF	20-25	600	2000-3000	für Bekleidungen im Dachausbau, schalldämmende Riegel- oder Ständer- sowie nichttragende Innenwände
Besondere Massivbau- und profilierte Paneel-Elemente für dekorativen Einsatz:				
Massivbau-Elemente	20-25	600-625	2000-3000	Für Leichtbau-Wände zwischen Wohnräumen: gute Schalldämmung, feuerhemmend und durch den massiven Charakter für größere Traglasten geeignet
Strukturierte Dekorations-Paneele	15	120, 400 und 1200	800-1600	Gipskartonplatten, die durch ein spezielles Bearbeitungsverfahren Reliefprägungen mit Profilen und Füllungen bekommen; zur dekorativen Gestaltung von Wänden und Decken in Innenräumen
Besonders dünne Platten für spezielle Formen wie Rundungen:				
flexible Giupsplatten	6	900, 1200	3000, 2400	Leicht formbare Gipskartonplatten zur Gestaltung gebogener Decken, geschwungener Wände u. ä.

Die Tabelle enthält in gedrängter Form Informationen zu Art und Eignung bzw. hauptsächlichem Einsatzbereich von Gipsbauplatten; sie beruht auf Angaben der Hersteller. Die Kategorien überschneiden sich zum Teil: Alle gegen Feuchtigkeit imprägnierten Platten z. B. sind unter „Imprägniert" aufgeführt – einige Platten, darunter die Gispfaserplatten (Ausbauplatten) sind nichtsdestotrotz sowohl zum Feuerschutz geeignet als auch gegen Feuchtigkeit imprägniert. Zum Begriff „Einmannplatte": 1 Quadratmeter einer 10 mm dicken Gipskartonplatte wiegt etwa 9 kg; die Einmannplatte mit 100 x 150 wiegt also bei 10 mm Dicke ca. 14, bei 12,5 mm Dicke hingegen ca. 17 kg. Ob man eine 15 mm dicke Platte mit 100 x 150 cm Größe und einem Gewicht von ca. 21 kg noch alleine transportieren kann, hängt von den jeweiligen Körperkräften ab.

Dübel in Gipsplatten:

Mit Gipsplatten lassen sich leicht und schnell Wände und Decken verkleiden, an denen z. B. Bilder mit Haken direkt befestigt werden können. Bei größeren Lasten – über 5 kg – empfehlen sich Mehrzweck-Dübel aus Kunststoff oder Hohlraum-Dübel aus Metall.

Mehrzweckdübel aus Kunststoff verknoten sich hinter der Platte. Metalldübel sind leicht zu setzen und erzielen die höchsten Haltewerte

Leichte Trennwand

Gegen Schall und Rauch

Metallständer-Trennwände sind preiswert, schnell gebaut und erlauben eine hohe Flexibilität bei der Raumaufteilung. Wenn sie perfekt ausgeführt sind, schützen sie auch optimal vor Schall und Brand

Eine gedämmte, mit Gipskarton beplankte Trennwand ist ein regelrechtes „Fliegengewicht“. Trotzdem kann solch eine Konstruktion bessere Schalldämm-Maße erreichen als eine gleichdicke Massivwand. Wichtig ist zunächst der Wandaufbau selbst. So bietet die auf Seite 288 als zweite der beiden hier gezeigten Varianten bessere Dämmwerte, weil die CW-Profile versetzt angeordnet und so die vordere und hintere Verkleidung nicht an den gleichen Elementen befestigt sind. Beidseitig beplankte Profile – wie im ersten Beispiel – stellen nämlich kleine Schallbrücken in der Wand dar. Weiterhin wichtig: Der Wandhohlraum sollte komplett mit einem schallabsorbierenden Dämmstoff

1 *Kennzeichnen Sie den Wandverlauf auf breiten Klebestreifen. So sind die Markierungen deutlich zu sehen, und Sie schützen damit auch später den Boden vor Acryldichtmasse*

2 *Um zu verhindern, daß die Räume gemeinsame Wände haben, über die der Schall sich ausbreiten könnte, wird hier unter den im Anschluß angebrachten Rahmenprofilen die Gipskartonwand eingeschnitten*

3 Gleiches geschah an der Deckenverkleidung. Hier jedoch mit der Oberfräse und einem 10 mm-Fräskopf, um die Einschnitt-Tiefe zu begrenzen. Die hinter der Verkleidung ...

4 ... liegende Dampfbremse durfte nämlich nicht beschädigt werden. Eine angeschraubte Leiste diente als Führungsschiene. Die Trenn-Nuten füllt man bis zum Rand mit elastischer Acrylfugenmasse

5 Nun werden die UW-Rahmenprofile in Boden und Wänden verschraubt bzw. verdübelt. Aufgeklebte oder vorher ausgerollte Filz- oder Mineralwollestreifen zwischen Metallprofilen und Bauteilen ...

6 ... sorgen für Schall-Entkopplung. An der Decke verwendeten wir aufgrund der Schräge ein L-Profil. Es wird – wie das UW-Profil an den Wänden – nur an einer Seite der Schall-Nut verschraubt

7 Zwischen den Rahmen-Elementen verschraubt man nun die senkrechten C-Profile. Ihr Abstand richtet sich nach dem Format der gewählten Gipskartonplatten. Deren Stöße sollten mittig auf den ...

8 ... CW-Profilen liegen, damit genug „Fleisch" zum Anschrauben bleibt. Verwenden Sie dazu phosphatierte Schnellbauschrauben, Befestigungsabstände: ca. 25 cm. Zunächst eine Seite beplanken. Dann – falls erforderlich – Kabel verlegen, den Hohlraum mit Dämmstoff füllen und die andere Seite der Wand mit Gipsbauplatten schließen. Die Plattenstöße mit Füllspachtel glätten

Türöffnung einbauen

In eine Trennwand aus Metallprofilen läßt sich auch ohne größeren Aufwand eine Tür einbauen. In die seitlichen CW-Profile legt man jedoch stabilisierende Kanthölzer ein und verschraubt sie (oberes Foto). Für den Sturz gibt es spezielle Profile, deren Schenkel eingeschnitten, umgebogen und verschraubt werden (unteres Foto).

So lassen sich Schall- und Brand-Schutz weiter verbessern

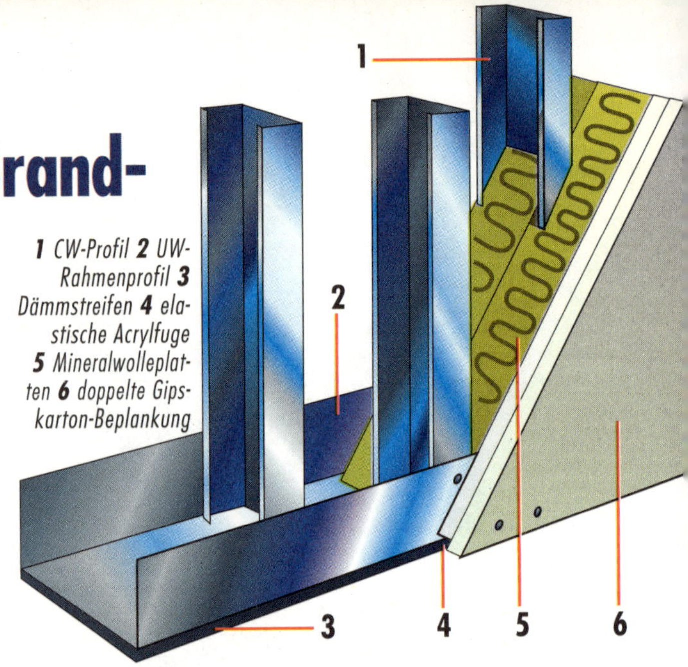

1 CW-Profil 2 UW-Rahmenprofil 3 Dämmstreifen 4 elastische Acrylfuge 5 Mineralwolleplatten 6 doppelte Gipskarton-Beplankung

gefüllt sein. Hier bietet sich Mineralwolle an. Als nichtbrennbarer Baustoff schützt sie in Verbindung mit den nichtbrennbaren Gipsbauplatten am besten vor der Ausbreitung eines Feuers. Eine weitere Verbesserung sowohl des Schall- als auch des Brandschutzes erzielen Sie durch eine zweilagige Beplankung. Eine Trennwand kann aber noch so sorgfältig gebaut sein – wenn die seitlichen Anschlüsse nicht richtig ausgeführt sind, war die Mühe umsonst. So müssen die Rahmenprofile stets mit weichem Material unterlegt sein. Optimal ist, wenn die sogenannte Schall-Längsleitung über gemeinsame Seitenwände und Decken durch eine Trennfuge unterbunden wird. □

1 *Bei der doppelten Schallschutzwand werden die Profile abwechselnd rechts und links an den Schenkeln des breiteren Rahmenprofils verschraubt. Wenn eine Seite beplankt ist, ...*

2 *... führt man eventuell erforderliche Kabel durch die Profile. Beim Dämmen ist darauf zu achten, daß die elastischen Mineralwolleplatten dicht zwischen den Profilen eingeklemmt sind*

3 *Ist die erste Lage Gipsbauplatten verschraubt, spritzt man die Fugen zu Boden und den Seitenwänden hin mit dauerelastischer Acrylmasse aus. Dann wird die zweite Lage ...*

4 *... Gipsbauplatten fugenversetzt zur ersten verschraubt. Abschließend die angefasten Platten an den Stoßkanten mit Gipsmasse verspachteln. So schaffen Sie einen ebenen Untergrund für Ihre Wandbekleidung*

Sie brauchen:

Werkzeug: Eisensäge und Blechschere zum Zuschneiden der Profile, Wasserwaage, Richtschnur, Bohrmaschine, Akkuschrauber, evtl. Oberfräse, Hammer; Meterstab, Klingenmesser, Winkel, stabile Schiene, Stichsäge, Surformhobel bzw. grobe Feile zum Bearbeiten der Gipskartonplatten, Spachtel

Materialien: UW-Rahmenprofile, CW-Profile, selbstklebendes Dichtungsband, Filz oder Mineralwollestreifen für UW-Profile, Schrauben und Dübel, Schnellbauschrauben, Dämmstoff für Trennwände, Gipskartonplatten (z. B. 12,5 mm dick), Kartusche Acryl-Dichtmasse, Klebeband, Fugenspachtelmasse, evtl. Kanthölzer für Türrahmen

Sie zahlen:

für 1 m² voll gedämmte und beplante Trennwand (2 x 12,5 mm Gipskarton, einlagig, inkl. Abdichtmaterial und Spachtelmasse): ca. 60 Mark

Rundbögen aus Gipskarton

Am Beispiel einer gewölbten Decke wollen wir Ihnen hier zeigen, wie vielseitig sich der Baustoff Gipskarton einsetzen läßt. Alles, was Sie brauchen, um gebogene Platten in Serie herzustellen, sind eine Nagelwalze, Wasser, Klebeband und natürlich die entsprechend vorbereitete Schablone. Sie wird ebenfalls aus Gipskarton hergestellt.
Als kleinstmögliche Biegeradien empfiehlt der Hersteller für die 12,5 mm dicke Platte ca. 1000 mm, für die 9-mm-Platte rund 500 mm. Unsere Fotos und Zeichnungen zeigen den Aufbau der erforderlichen Schablone in allen Schritten.
Um die Platten für die geplante Runddecke biegefähig zu machen, wird die zu stauchende Seite mit der Nagelwalze perforiert und gewässert. Dann legt man sie über die Schablone und fixiert sie, bis sie wieder durchgetrocknet ist.

1 *Die konstruktiven Details der Gipskarton-Schablone zeigt unsere Zeichnung auf Seite 290. Zunächst die Umrisse der Bögen aufzeichnen*

2 *Sind die Bögen ausgeschnitten, schraubt man Dachlatten an, an denen wiederum die beiden Distanzplatten befestigt werden können*

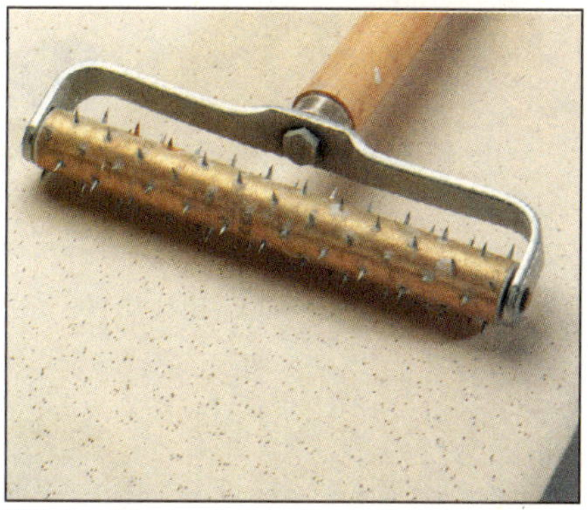

3 *Mit Hilfe der Nagelwalze muß die Kartonoberfläche an den zu stauchenden Seiten der Platten gründlich perforiert werden*

4 *Anschließend wässern Sie die durchlöcherte Seite gründlich. Die Unterseite muß trocken bleiben, damit sie beim Biegen nicht reißt*

5 *Nun die gewässerte Platte über die Schablone legen und die Stirnseiten mit Metallklammern an den Lattenverstrebungen befestigen*

6 *In der gewünschten Biegeform wird die Platte mit Paketklebeband fixiert und zum Trocknen von der Schablone heruntergenommen*

Da die gebogenen Platten wieder etwas zurückfedern, wird der Biegeradius der Schablone grundsätzlich etwas enger gewählt, als tatsächlich benötigt

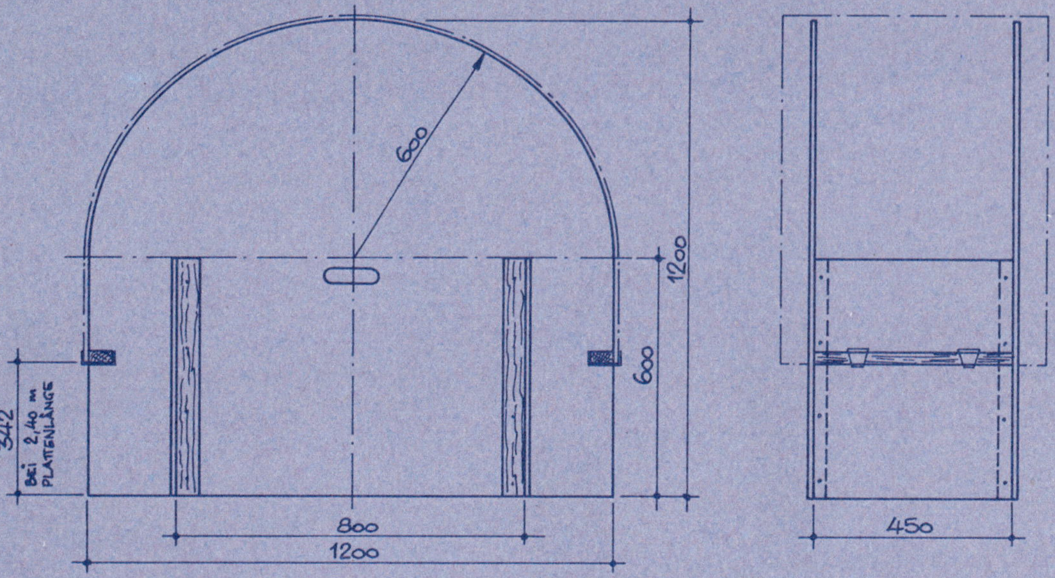

Die Biegeschablone besteht aus zwei seitlichen Bögen, die entsprechend der gewünschten Form aus Gipskartonplatten ausgeschnitten werden. Vier an den Innenseiten angeschraubte Dachlatten bilden die Befestigungspunkte für die beiden Distanzplatten. Zwei zwischen den Bögen eingesetzte Leisten dienen zum Festklammern der zum Biegen aufgelegten Platten

7 *Die Decke wird an einer Metall-Unterkonstruktion befestigt. Das seitliche U-Profil verschraubt man schräg durch seine Innenkante*

8 *Die in die U-Profile gesteckten Bogenprofile werden hier mit Hilfe sogenannter Direktabhänger an den Deckenbalken befestigt*

9 *Mit einer langen Richtlatte prüft man vor dem Verschrauben, ob die Bogenteile in einer Flucht liegen. Die Direktabhänger umbiegen*

10 *So zeigt sich die fertiggestellte Metallunterkonstruktion im Detail. Die längs verlaufenden Tragprofile hängen an speziellen Ankerwinkeln*

11 *Der Aufbau unserer abgehängten Rundbogendecke im Überblick: Die Metall-Unterkonstruktion ist bei geringem Gewicht sehr stabil*

12 *Beim Anschrauben der Platten hilft eine selbstgebaute Stütze. Zuletzt werden die Plattenstöße und die Schraublöcher gespachtelt*

Heimwerker-Lexikon

Schraubenlänge bis Spaltäxte

Schraubenlänge ist die nutzbare Länge einer Schraube. Sie kann je nach Kopfform die Kopfhöhe einschließen oder nicht. Die S. hat maßgeblichen Einfluß auf die Tragfähigkeit einer Dübelverbindung, die sich errechnet aus der Dicke des Anbauteils + der Dübellänge + dem Schraubendurchmesser.

Schrauber ist ein Elektrowerkzeug, das zum Anziehen und Lösen von Schrauben und Muttern konzipiert ist. Der S. hat ein System zum Einstellen und Begrenzen des Drehmoments bzw. zum Abschalten des Schraubvorgangs und wird für Rechts- und/oder Linkslauf angeboten. Er ist auch akkubetrieben erhältlich. Für größere Schrauben ist ein Schlagschrauber zu empfehlen.

Schrauberklingen (Bits) sind Schraubeinsätze für akkubetriebene und elektronische Schrauber. Sie sind in verschiedenen Klingenformen und -größen erhältlich. S. sind auch in manuell betriebenen Schraubwerkzeugen einsetzbar, falls diese für eine solche Aufnahme ausgerüstet wurden.

Schraubhaken abgewinkelter Haken zum schnellen Ein-/Aufhängen leichter Gegenstände. Meist mit Holzschraubengewinde und stirnseitig geschlitzt zum Eindrehen in Dübel. Ausführungen erhältlich galvanisch verzinkt, nylonbeschichtet und chromatiert.

Schraubknecht ist eine große Schraubzwinge.

Schraubkupplung Mechanismus für Elektrowerkzeuge zum schnellen Wechseln von Bits.

Schrauböse zum schnellen Aufhängen leichter Gegenstände. Meist mit Holzschraubengewinde zum Eindrehen in Dübel. Ausführungen erhältlich mit Nylonbeschichtung.

Schraubstock siehe ‚Parallel-Schraubstock'.

Schraubzwingen In vielen Größen erhältliches Werkzeug, mit dem man geleimte Verbindungen während der Trocknungszeit einspannt. Sie werden auch zum Festspannen von großen Werkstücken zum Sägen, Hobeln usw. auf dem Arbeitstisch eingesetzt. Spannweite und Tiefe sind abhängig von der Größe der S.

Schreinerhammer ähnelt in etwa dem Schlosserhammer, besitzt jedoch eine abgeflachte, schmal zulaufende Finne.

Schreinerwinkel Anreißwinkel aus Holz oder Metall. Mit ihm mißt man die Rechtwinkligkeit und die Ebenheit von Holzwerkstücken.

Schriftfräser (auch ‚V-Fräser') ist ein Fräser für die Oberfräse, der speziell zum Fräsen von Schriften, feinen Nuten sowie für dekoratives Arbeiten verwandt wird. Bei unbeschichtetem Holz, z.B. bei Wänden, Türen und Möbeln, sind mit dem S. Furniere zu imitieren.

Schruppscheiben sind Werkzeuge, die bei einem Winkelschleifer benutzt werden. Mit S. werden Metall- oder Steinflächen bearbeitet und abgeschliffen. Durch ihre rotierende Bewegung nehmen sie dem Werkstück Material ab. Es gibt unterschiedliche Ausführungen. Man unterscheidet zwischen dem zu bearbeitenden Material und der Größe der Schruppscheibe.

Schubkasten-Zargen sind die Seiten von Schubkästen. Sie können aus Vollholz, Furnierholz, Spanplatten oder Kunststoff oder Metall gefertigt sein. S. werden mit und ohne integrierter Schubladenführung angeboten.

Schubladen(kasten)führungen unterscheidet man nach der klassischen, der hängenden und der mechanischen Führung. Bei der *klassischen* Ausführung erhält der Schubkasten seine Führung durch Lauf-, Streif- und Kippleisten. *Hängende* Schubkästen sind an den Seiten ausgenutet und laufen in dazu passenden Führungsleisten aus Hartholz, Kunststoff oder speziellen Kugelauszügen. *Mechanische* S. laufen auf Rollen. Sie werden bei Teil- oder Vollauszügen eingesetzt, die besonderen Belastungen ausgesetzt sind.

Schubriegel sind aufschraubbare Schatullen- oder Kistenbeschläge, die als Verschlußelement eingesetzt werden.

Schüttungen Trockenes, körniges Material (z.B. Blähton oder Perlite), zum Ausgleich von Unebenheiten im Fußbodenaufbau und zu Dämmzwecken. Schüttungen im Bodenbereich sind durch geeignete Abdeckplatten zu verdichten. Als Dämmung in vertikalen Bauteilen erfordern sie eine Schalung.

Schutzbrille ist eine Arbeitsbrille mit Sicherheitsscheiben aus Kunststoff. Bei Arbeiten mit Elektrowerkzeugen kann es unter Umständen vorkommen, daß Kleinteile freigesetzt und in die Luft geschleudert werden. Augenverletzungen können die Folge sein. Bei gefährlichen Arbeiten mit Elektrowerkzeugen wie Sägen, Feilen etc. von harten Gegenständen sollte daher stets eine Schutzbrille getragen werden.

Schwalbenschwanzzinkung ist die stabilste und zugleich schmückendste Verbindung. Die so zusammengebauten Vollholzflächen können ungehindert schwinden oder schwellen. Die S. ist besonders geeignet für z.B. Schubkästen aus Vollholz.

Schweifungen nennt man geschwungene Aus- oder Abschnitte in plattenförmigen Materialien (z.B. Biegeschablonen für Gipskartonplatten).

Schwerlastanker Dübelbefestigung für große Lasten, z. B. Geländer-Befestigungen, Stützen, Treppen, Feuerleitern etc.

Schwimmender Trockenestrich Trockene Alternative zu den gängigen Naßestrichen (Mörtel, Fließestrich, Gußasphalt). Der Aufbau besteht aus einer Bodenplatte z.B. von verleimten Holzspan- oder Gipsfaserplatten, die ohne Berührung zu angrenzenden Bauteilen (Wände, Türzargen usw.) auf einer akustisch wirksamen Dämmschicht ‚schwimmt'.

Schwingschleifer ist ein Elektrowerkzeug, das vorwiegend zum Feinschleifen von Flächen verschiedener Werkstoffe bestimmt ist. Er hat eine parallel zur Arbeitsfläche schwingende, meist rechteckige Schleifplatte. Anwendung: Vor- und Nachschleifarbeiten von Hölzern, Sperrholz, Weichholz, Lack und Spachtel mit dicht gestreutem, normalen Schleifpapier oder Schleifleinen.

SDS (Special Direct System) steht für schnellen Werkzeugwechsel (Stichsägeblätter, Bohrer, Trennscheiben, Bits usw.) ohne zusätzliches Werkzeug.

Seitenschneider Diese Zange wurde entwickelt zum Abkneifen von Metalldrähten. Mit dem Gerät lassen sich Drähte exakter bearbeiten als mit der Kombizange, da die Festhaltebacken zu Beißwerkzeugen umfunktioniert wurden. Der S. besitzt zwei Backen, die beim Schneiden aufeinander zubewegt werden. Er ist in unterschiedlichen Größen erhältlich.

Sekundenkleber Glasklarer Einkomponenten-Reaktionsklebstoff auf Basis eines Cyanacrylats, der in Sekunden bis Minuten hochfeste Verklebungen an zahlreichen Werkstoffen ermöglicht.

Senklot Einfaches Werkzeug zum Ermitteln und Überprüfen vertikaler Fluchtlinien. Das S. besteht aus einem Metallkegel und einer Schnur, an dem das Metallstück befestigt ist.

Sichtfuge nicht überdeckter Stoß zwischen Paneel- oder Profilbrettern. Sichtfugen sind dekoratives Element und fangen Dimensionsänderungen des Holzes auf.

Spachtel Werkzeug zum Aufbringen und Glattstreichen von glättenden Massen. Gibt es in vielen anwendungsgerechten Formen aus Stahlblech und Kunststoff.

Spachtelmasse Mit Wasser angemachter Gips zum Verfüllen von Plattenfugen und Unebenheiten. S. wird mit einem Spachtel aufgetragen und geglättet. Nach dem Erhärten schleifbar. Meist ist ein zweiter Spachtelgang nötig.

Spaltäxte sind Äxte, die einen integrierten Keil besitzen. Sie sind speziell zum Spalten von Holz geeignet.

Bitte lesen Sie weiter auf Seite 293

Trockenestrich mit Ausgleichsschüttung

In die Waage gesetzt

Unser trockener Bodenaufbau hat im Altbau viele Vorteile: Er ist leicht, gleicht Unebenheiten aus, braucht keine Trocknungszeiten – und läßt sich gut selbst verlegen

Generationen von Bewohnern hatten sie bereits „mit Füßen getreten". Kein Wunder, daß die groben Holzdielen in dem fast 100 Jahre alten, denkmalgeschützten Stadthaus hier und da aus der Reihe tanzten und Schritte an einigen Stellen mit einem klagenden Quietschen quittierten. Die stabilen Dielenbretter hatten zwar noch Substanz, erfüllten aber nicht gerade die Ansprüche, die wir an modernes Wohnambiente stellen. Der alte Boden ließ aber nicht nur eine attraktive Oberfläche vermissen, sondern auch einen zeitgemäßen Trittschallschutz. Um den geplanten Parkettboden verlegen zu können, mußten außerdem Niveauunterschiede bis 5 cm ausgeglichen werden. Das ist weit mehr, als eine selbstverlaufende Nivelliermasse schaffen kann. Ein schwerer Mörtelestrich hätte statische Probleme gemacht und den Fortgang der Renovierung aufgrund langer Trocknungszeit arg verzögert. Die ideale Lösung hieß deshalb: Trockenestrich.
Nachdem unser Bauherr einzelne knarrende Dielen neu verschraubt hatte, mußte er mit einer mineralischen Schüttung zunächst die Unebenheiten egalisieren. Die Bilder auf dieser Seite zeigen die wichtigsten Arbeitsschritte. Um den Materialbedarf möglichst genau zu ermitteln, sollten Sie vorher stets auf Papier einen Raumaufriß machen. Unterteilen Sie die Fläche in mehrere Segmente,

Der alte Dielenboden in dem fast 100 Jahre alten, denkmalgeschützten, Haus kurz vor der Renovierung (oben). Zeitgemäßen Wohnansprüchen genügte er schon lange nicht mehr. Die Lösung: Trockenestrich-Elemente, auf einer eben abgezogenen Schüttung (rechts) verlegt

1 *Zunächst legt man den Boden mit einem Ölpapier aus. Der Rieselschutz wird quer zu den Dielen verlegt und an den Wänden ...*

2 *... hochgeführt. Die überlappenden Bahnen genauso antackern wie den Estrichrandstreifen entlang der Wände. Nun schüttet man ...*

3 *... im Abstand der verwendeten Abziehlehre zwei Dämme auf, flacht sie mit der Glättkelle etwas ab und legt die Abziehschienen auf*

Ein Meterriß für den korrekten Ausgleich

Das rechte Augenmaß reicht in aller Regel nicht aus, wenn es darum geht, aus einem stark unebenen Boden mit einer Trockenschüttung einen absolut ebenen Untergrund herzustellen. Bereits um die Niveaudifferenz zu messen – und damit den Materialbedarf zu ermitteln – brauchen Sie eine Bezugslinie an den Wänden. Dieser sog. Meterriß markiert gleiches Höhenniveau. Sie ermitteln ihn mit der Schlauchwaage (s. Grundwissen „Messen und Anreißen", S. 69) oder mit einem Nivellierlaser (s. Zeichnung), den es in einfacher Ausführung bereits für ca. 230 DM in Baumärkten gibt. Die Verwendung des Lasers hat den Vorteil, daß Sie auch die Unebenheiten in der Raummitte leicht ermitteln können: Meterstab senkrecht mit der Null-Kante auf dem Boden halten und den Laserpunkt auf das Meßgerät richten. So können Sie die Differenz zur Bezugsgröße gleich ablesen. Das ganze an mehreren Stellen des Raumes wiederholen.

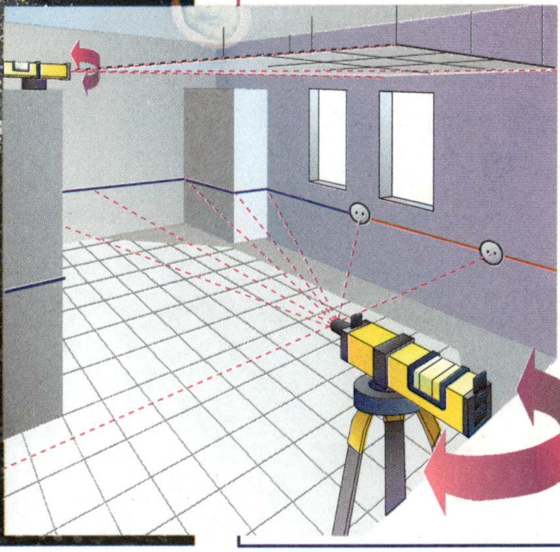

4 *Vom Meterriß aus messen, ob die Höhe stimmt, und die Schienen in die Waage setzen. Dann den Zwischenraum mit Schüttung füllen und …*

5 *… diese gleichmäßig abziehen (großes Bild). Die Lehren vorsichtig entfernen bzw. umlegen und den nächsten Abschnitt bearbeiten*

Heimwerker-Lexikon

Spalthämmer bis Spreizkraft

Spalthämmer sind schwere Schlaghämmer mit flachem und keilförmigen Ende, zum Zerteilen von Holz und Zerschlagen von Mauerresten.

Spannwerkzeuge sind z.B. Zwingen, Gripzangen oder Schraubstöcke.

Spanplatten Aus Holz- oder Holzwerkstoffspänen und Leim gepreßte, großformatige Platten für das Bauwesen bzw. den Innenausbau. Unterschieden werden Flach- und Strangpreßplatten. Für Verkleidungen aller Art und als aussteifende Beplankung in Ständerwerken. Nachteil: In die Sägekanten kann weder genagelt noch geschraubt werden. Ihre Oberflächen lassen sich lackieren, furnieren, beschichten, kaschieren und bekleben. Die Kanten eignen sich aufgrund ihrer sehr geringen Dichte nur schlecht für Farb- oder Lackbeschichtungen. S. gibt es auch in wasserfest imprägnierter Ausführung (V 100).

Spanplatten-Schrauben sind spezielle Schrauben mit extrem reduziertem Kernquerschnitt und sehr schmalen, hohen Gewindeflanken. Geeignet zum leichten Eindrehen in Holz und andere weiche Materialien (Spanplatten).

Spax Herstellername als Synonym für ‚Spanplatten-Schrauben'.

Spiralbohrer sind zweischneidige Bohrer mit variabel angeschliffener Spitze. Gute Spanabfuhr durch Drehwendel. Einsatzgebiet: Je nach Werkstoff des Bohrers ist er für Metall, Holz, beschichtete Holzplatten, Fliesen, Beton, Kunststoff etc. verwendbar. Die Bohrer für Stein (Steinbohrer), Beton und Fliesen sind an ihrem Schneidenvorderteil mit einem Hartmetallstück (z.B. Widea) versehen.

Spitzkellen Maurerkellen, die eine spitze Verlaufsform zur Vorderseite haben.

Spitzmeißel ist ein pyramidenförmig angeschliffener Meißel mit Punktspitze. Im Gegensatz zum Flachmeißel besitzt er eine Treibwirkung in alle vier Richtungen. Der S. eignet sich daher sehr gut zum Lösen und Zertrümmern von Steinen etc.

Spreizkraft entsteht beim Befestigen mit Dübeln, die reibschlüssig gegen die Bohrlochwandung gepreßt werden, was zur Folge hat, daß diese Dübel größere Achs- und Randabstände benötigen als stoff- bzw. formschlüssige Produkte.

Bitte lesen Sie weiter auf Seite 309

Die Estrich-Elemente eignen sich als Untergrund für alle Bodenbeläge

6 Bei der ersten Platte mit der Stichsäge den Falz an Längs- und Querseite abschneiden. Über „Trittinseln" gelangen Sie in die Ecke, ...

7 ... um die erste Platte vorsichtig von oben aufzulegen. Der Randstreifen sorgt automatisch für den richtigen Abstand zur Wand

Beim Verlegen der weiteren Platten fängt jede Reihe mit dem Verschnitt der vorhergehenden an – so vermeiden Sie im „ungeregelten Verband" Kreuzfugen. Platte erst auf der Kante abstützen, dann absenken

8 Geben Sie den Spezialkleber auf die Falze, bevor Sie die nächste Platte von der bereits verlegten Fläche aus auflegen

9 Um den Anpreßdruck auf die Klebestellen zu verstärken, werden diese mit phosphatierten Schnellbauschrauben zusätzlich fixiert

Beheizter Trockenestrich

Auch der Einbau von Fußbodenheizungen unter Trockenestrich-Elementen ist möglich. Was man dazu braucht, ist ein geeignetes System. Häufig sind die Heizrohre in Polystyrol-Formplatten eingelegt, wobei aufgelegte Bleche die Wärme horizontal weiterleiten. Darüber wird dann ein speziell für diesen Zweck entwickeltes, 25 mm dickes Fermacell-Element verlegt. Geeignete Heizsysteme nennt Ihnen die Fa. Fels auf Anfrage (s. Kontakte, links unten).

Sie brauchen

Material: Rieselschutzpapier, Hartschaum- oder Mineralwolle-Randstreifen, Trockenschüttung, Gipsfaser-Estrichplatten, schwarze Schnellbauschrauben (3,9 x 22 mm), Spezialkleber,

Kosten: Trockenschüttung, z. B. 80 Liter ca. 27 DM, Fermacell-Estrichplatten, je m² ca. 25 DM ohne und ca. 32 DM mit 10 mm Mineralwolle-Kaschierung

Kontakt:
Fels-Werke, Postfach 1460, 38604 Goslar, ✆ 05321/703-0

und tragen Sie die Abweichungen vom höchsten Punkt des Bodens Abschnitt für Abschnitt ein (s. Kasten vorherige Seite). Für eine Schütthöhe von 1 cm/m² brauchen Sie etwa 10 Liter Ausgleichsschüttung. Berücksichtigen Sie, daß der höchste Punkt mindestens 1 cm durch Schüttgut bedeckt sein sollte. Wenn Sie Schwierigkeiten haben, ein professionelles Abzieh-Set auszuleihen, können Sie sich auch anders behelfen. So lassen sich als seitliche Niveauschienen z. B. gerade Kanthölzer, Vierkantrohre (50 x 50 mm) oder Trennwandprofile verwenden. Zum Ausnivellieren nehmen Sie die Wasserwaage. Das Abziehlineal – z. B. eine gerade Holzlatte – muß dann mit passenden seitlichen Ausklinkungen versehen werden.

Über lastverteilende „Trittinseln", etwa leichte Gipsbauplatten, die Sie vorsichtig auf die abgezogene Fläche legen, können Sie die Ausgleichsschüttung betreten, um die Estrichplatten, in einer Raumecke beginnend, zu verlegen. Unser Bauherr entschied sich für „Fermacell"-Estrich-Elemente mit einer 10 mm dicken Mineralwolle-Kaschierung, die die ohnehin guten Trittschalldämm-Eigenschaften der Konstruktion weiter verbessert. Die stabilen Gipsfaserplatten eignen sich als Untergrund für alle gängigen Beläge, einschließlich Fliesen Im Bad brauchen sie aber – wie alle Untergründe – einen wasserdichten Anstrich. □

Fliesen legen

Mit Hilfe der sogenannten Dünnbett-Technik gelingt dem Heimwerker das Verlegen von Wand- und Bodenfliesen ebenso präzise und sauber wie dem Profi. Allerdings – bei jeder handwerklichen Disziplin steht am Anfang die graue Theorie, die wir Ihnen auf den nächsten Seiten näherbringen möchten

Fliesen bearbeiten

Dünnbett-Verfahren

Abschlüsse

Verfugen

1. Materialien und Güteanforderungen

Die Herstellung keramischer Plattenbeläge

Im Bauwesen zählt man die keramischen Fliesen zur Gruppe der künstlich hergestellten mineralischen Platten für Wand- und Bodenbeläge (1.1). Der Ausgangs-Rohstoff für gebrannte baukeramische Erzeugnisse ist Ton. Unter Zugabe von Quarz und Feldspat bzw. auch mineralischen Zuschlagstoffen wird er entweder als Trockenpreßmasse zu keramischen Fliesen und Mosaiken (Feinkeramik) oder als plastische Masse mit höherem Wassergehalt ‚stranggepreßt' zu Spalt- oder Bodenklinkerplatten (Grobkeramik) geformt. Durch das Brennen bei Temperaturen zwischen 900 und 1200 °C erreichen die getrockneten, glasierten oder unglasierten Rohlinge dann ihre endgültigen Gebrauchseigenschaften und Gütemerkmale.

Gütekriterien sind in Normen festgelegt

Die wesentlichen Kriterien bei Keramikbelägen sind Wasseraufnahmefähigkeit und Beanspruchbarkeit der Oberfläche. Die europäische Norm EN 87 unterteilt keramische Fliesen und Platten nach ihrem Wasseraufnahme-Vermögen in vier Gruppen (Tabelle 1.3). Für jede Untergruppe existiert wiederum eine spezielle Qualitätsnorm (EN ...), die in der Regel auf den Produktverpakkungen angegeben ist. Entspricht ein Fliesensortiment exakt der Norm-Anforderung, wird es als „1. Sorte" ausgewiesen und ist mit einer roten Farbmarkierung gekennzeichnet. Wenn nur eine der zahlreichen Güteanforderungen nicht erfüllt ist, wird die Ware als „2. Sorte" oder „Mindersorte" mit einer blauen Farbmarkierung in den Handel gebracht.

Für den Außenbereich: Fliesen mit niedriger Wasseraufnahme

Frostbeständig und damit für den Außenbereich geeignet sind nur Fliesen und Platten der Gruppe I (Wasseraufnahme von höchstens 3 Massen-%). Auch Fliesen, die z. B. unter überdachten Balkonen vor Niederschlägen geschützt sind, müssen entweder nach EN 121 (bei stranggepreßten Erzeugnissen) oder EN 176 (Steinzeug) hergestellt sein. In Innenräumen, vor allem in Bädern, werden oft Fliesen eingesetzt, die zwar eine höhere Wasseraufnahme haben, deren Oberfläche aber mit einer Glasur überzogen ist – was den Vorteil einer problemlosen Pflege bietet.

1.1 **Platten für Wand- und Bodenbeläge**

- **Natursteinplatten**
- **künstliche Platten**
  - **gebrannte Platten**
    - **trockengepreßte Feinkeramik** – porös (Steingut, Irdengut) – dichtgesintert (Steinzeug, Porzellan)
    - **stranggepreßte Grobkeramik** – porös (Ziegel, Terrakotta) – dicht (Spaltplatten, -riemchen, Keramikklinker)
  - **ungebrannte Platten**
    - **nichtkeramische Platten** – z. B. zement- (Beton-/Terazzoplatten) oder bitumengebunden (Asphaltplatten)

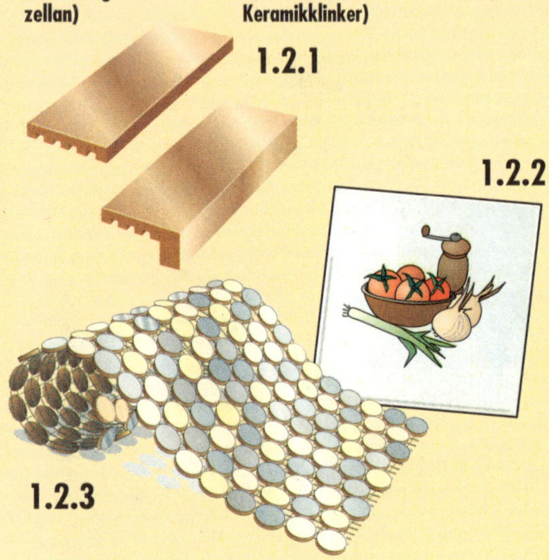

1.2.1 1.2.2 1.2.3

Vielfalt: *Keramische Erzeugnisse gibt es in vielen Formaten, Farben und Dekoren. Kennzeichen für Spaltplatten und -riemchen ist ihre rillenförmig geprägte Rückseite (1.2.1). Bei Flächen unter 90 cm² spricht man von Mosaik (1.2.3)*

1.3

Formgebung	Wasseraufnahme E in Massen-%			
	Gruppe I E ≤ 3%	Gruppe II a E > 3% ≤ 6%	Gruppe II b E > 6% ≤ 10%	Gruppe III E > 10%
A) stranggepreßte Erzeugnisse	A I EN 121	A II a EN 186	A II b EN 187	A III EN 188
B) trockengepreßte Erzeugnisse	B I EN 176 Steinzeug	B II a EN 177	B II b EN 178	B III – EN 159 Stein- und Irdengut

Einteilung keramischer Fliesen und Platten nach DIN EN 87: *Grobkeramische (A) und feinkeramische (B) Erzeugnisse werden nach ihrer Fähigkeit, Wasser aufzunehmen, in Gruppen unterteilt. Deren jeweilige Qualitätsanforderungen sind in unterschiedlichen Normen geregelt*

1.4

- **Abrieb 1** *Reine Wandfliesen*
- **Abrieb 2** *Wand- und Bodenfliesen im privat genutzten Bad (leichte Beanspruchung: Hausschuhe, barfuß, wenig Schmutz)*
- **Abrieb 3** *Bodenfliesen im gesamten Wohnbereich mit mittlerer Beanspruchung, außer Küche, Diele, Terrasse*
- **Abrieb 4** *Bodenfliese für stärkere Beanspruchung (z. B. Küche, Diele, Terrasse)*
- – neu – **Abrieb 5** *Bodenfliese für stärkste Beanspruchung, z. B. in öffentlichen Bauten*

Beanspruchungsklassen für glasierte Fliesen: *Die Verwendung von Fliesen der Gruppe 5 ist im Privatbereich nicht erforderlich*

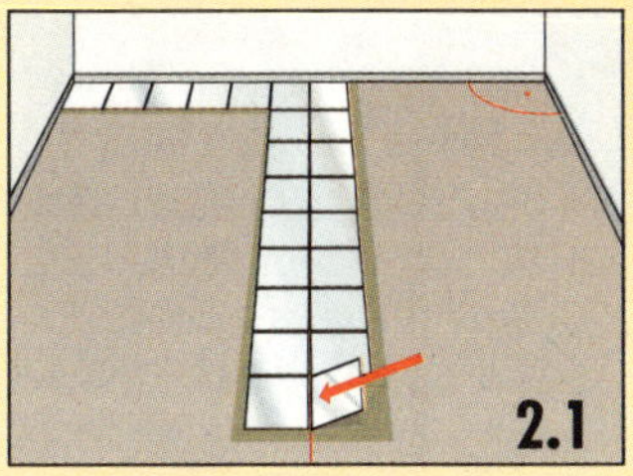

2.1

Rechteckige Räume: *Auf einer Wand-Parallele mit einer Fuge oder mittig gelegten Fliesen beginnen*

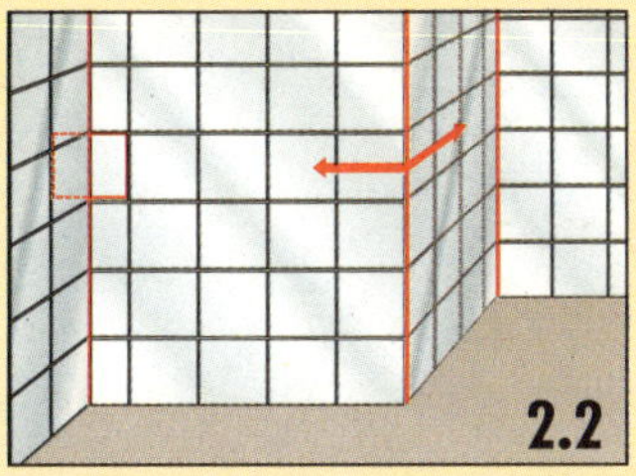

2.2

Ecken und Kanten: *Außenkanten mit ganzen Fliesen ausbilden. Anschnitte kommen in die Ecken*

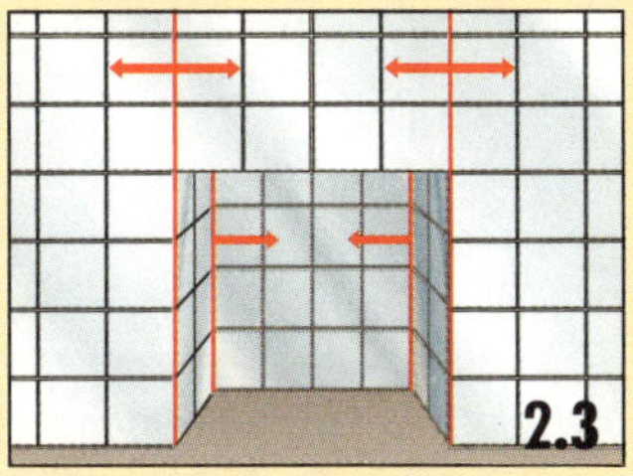

2.3

Nischen: *Entweder gleichbreite Anschnitte außen oder eine Anschnittreihe symmetisch auf Mitte setzen*

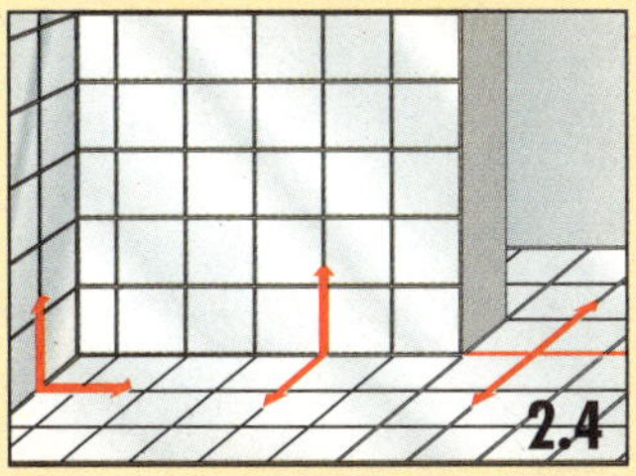

2.4

Fugenverlauf: *Bei gleichgroßen Fliesen auf durchgehenden Fugenverlauf an Wand und Boden achten*

Mit halben Fliesen erzielt man bei der Diagonalverlegung einen geraden und attraktiven Wandabschluß

2.5

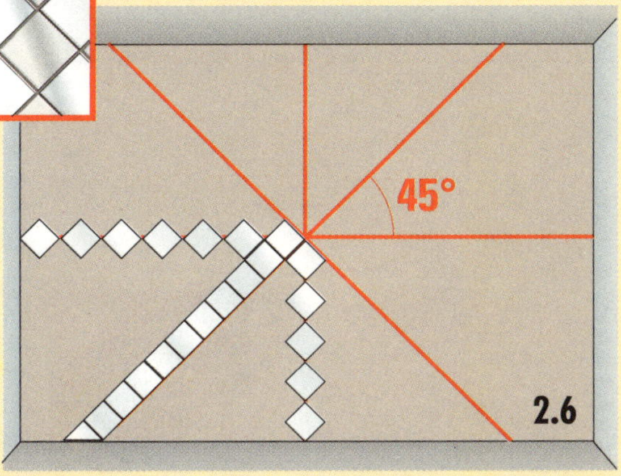

2.6

Diagonalverlegung: *Längs- und Querachse des Raumes ermitteln und dazwischen Linien im 45°-Winkel markieren, an denen man eine Plattenreihe gerade anlegt. Auf Längs- und Querachse Fliesen diagonal anordnen*

3.1

Fliesenschneidemaschine: *Gerade Schnitte gelingen mit diesem Gerät am besten. Es läßt sich auf das gewünschte Maß einstellen und ritzt die Oberfläche der Fliese an, die man dann über eine Kante bricht*

Stein- oder Irdengutfliesen, die durch einen feinkörnigen, porösen hellen bzw. farbigen Scherben gekennzeichnet sind, gibt es z. B. nur in glasierter Ausführung. Während unglasierte keramische Erzeugnisse ‚von Haus aus' eine harte und auch rutschsichere Oberfläche mitbringen, ist das bei glasierter Ware nicht automatisch der Fall. Darum klassifiziert man glasierte Fliesen hinsichtlich ihrer Abriebfestigkeit in fünf Beanspruchungsgruppen (1.4), die als Richtschnur bei der Fliesenauswahl dienen sollten.

Glasierte Fliesen sind in Abriebgruppen klassifiziert

2. Flächen einteilen

Schon vor dem Kauf sollten Sie in etwa eine Vorstellung haben, wie Sie Ihre Traum-Fliesen auf der Wand- oder Bodenfläche anordnen möchten, damit Sie den Bedarf kalkulieren können. Zur groben Berechnung dient die folgende Faustformel:

Quadratmetermenge
+ 5% Verschnitt
(10% bei Diagonalverlegung)
+ 5% Reserve

So kalkulieren Sie Ihren Fliesenbedarf

Eine geflieste Fläche wirkt nur dann attraktiv, wenn das Zusammenspiel von Fliesen und Fugen harmoniert. Symmetrie ist hierbei das Maß der Dinge. Um die optimale Einteilung zu ermitteln, sollten Sie vor dem Kleben einige Fliesenreihen trocken auslegen. Beachten Sie dabei die folgenden Regeln: Anschnitte sollten möglichst nicht schmaler ausfallen als eine halbe Fliesenbreite und an den Rändern der Boden- bzw. Wandfläche liegen. Bei einem rechtwinkligen Raum beginnen Sie mit dem Auslegen entlang einer parallel zu den Wänden gespannten Richtschnur in der Mitte des Raumes (2.1). Sind die Wände nicht rechtwinklig, verbinden Sie die Richtschnur mit den jeweiligen Mittelpunkten der Kopfwände. Dann links und rechts dieser Linie zwei Fliesenreihen locker auslegen und exakt im rechten Winkel dazu eine Querreihe. Berücksichtigen Sie dabei die erforderliche Fugenbreite. Beim Fliesen von Wänden sollten Sie eventuelle Anschnitte nie an Außenkanten, sondern in den Ecken ausführen (2.2). Dekorativ wirkt bei quadratischen Bodenfliesen eine diagonale Anordnung (2.6, 2.6).

Grundregeln für eine optisch harmonische Einteilung

Anschnitte sollten nie an Außenkanten liegen

Diagonale Fliesen-Einteilung

Die erforderlichen Dreieckszuschnitte an den Rändern sind dabei gleich: Es paßt immer eine halbe, diagonal geschnittene Fliese in die Lücke.

3. Fliesen bearbeiten

Beim Bearbeiten von Fliesen sind ein paar Spezialwerkzeuge nötig

Mit geeigneten Werkzeugen bringen Sie das vermeintlich harte Keramikmaterial problemlos in die erforderliche Form. Gerade Schnitte lassen sich am besten mit einer Fliesenschneidemaschine ausführen (3.1). Die Fliese wird angeritzt und dann über eine Kante gebrochen. Für die in letzter Zeit immer beliebter werdenden Natursteinfliesen, z. B. aus Granit, eignen sich Naßschneider besser (gibt's in Baumärkten). Stärkere Fliesen trennt man nach dem Anritzen mit vorsichtigen Schlägen eines Fliesenhammers auf die Rückseite. Das gleiche Werkzeug braucht man, um mit dem Fliesenlochgerät Aussparungen z. B. für Installationen zu schlagen (3.2). Alternativ kann man dazu die Papageienzange verwenden, mit der sich auch seitliche Aussparungen sauber ‚ausknabbern' lassen (3.3). Bei etwas Erfahrung lassen sich mit dem Winkelschleifer, bestückt mit einer Diamanttrennscheibe, ebenfalls sehr präzise Schnitte ausführen.

Auch der Winkelschleifer eignet sich für präzise Schnitte

4. Untergründe

Fliesen brauchen ebene, tragfähige und saubere Untergründe

Grundsätzlich können Fliesen auf fast jedem Untergrund im Dünnbett-Verfahren (s. Kapitel 6) verlegt werden. Ob es sich um Estriche, Beton, Holzdielen, Spanplatten oder alte Fliesen handelt – Voraussetzung ist jedoch immer ein ebener, tragfähiger Untergrund, der keine durchgehenden Risse aufweist. Außerdem muß er frei sein von Stoffen, die die Haftung des Klebers beeinträchtigen, wie Fett, Staub, Ausblühungen und andere lose Bestandteile. Alte Anstriche müssen entfernt, Unebenheiten verspachtelt oder mit selbstverlaufender Spachtelmasse ausgeglichen werden. Auch stark saugende Untergründe können die Haftung des Klebers herabsetzen. Um auf Nummer Sicher zu gehen, sollten Sie vor dem Fliesen immer eine Grundierung (Tiefgrund) aufbringen. Naßbereiche

Fliesenlochgerät: *Wenn die Fliese eingespannt ist, schlägt man in die Mitte des Rings mit dem Fliesenhammer eine kleine Öffnung. Diese dann mit dem Hammer oder einer Fliesenzange erweitern*

Fliesenzange: *Man bezeichnet sie wegen ihrer Form auch als Papageienzange. Mit ihr lassen sich Löcher und seitliche Aussparungen vorsichtig ‚ausknabbern' oder Kanten nach dem Anritzen ausbrechen*

Naßraum abdichten: *Auf dem Markt gibt es hierzu spezielle Abdicht-Anstriche, die man mehrmals aufträgt. Über Bewegungsfugen bettet man nach dem ersten Vorstrich ein Abdichtband ein*

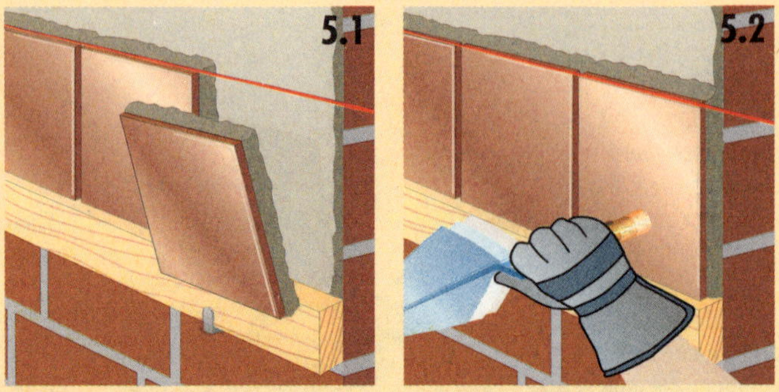

Dickbett-Verfahren: *Die Fliesen werden mit einer ca. 15 mm dicken Mörtelschicht auf der Rückseite schräg an die Wand gesetzt und dann mit leichten Schlägen planeben in ihre endgültige Lage geklopft*

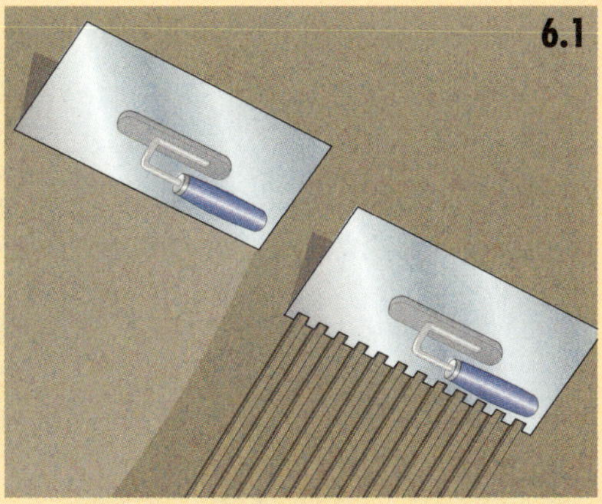

6.1

Floating-Verfahren: *Den Kleber mit der Glättkelle gleichmäßig aufziehen und mit dem Zahnspachtel durchkämmen. Wählen Sie eine Blockzahnung. Dabei sind Zahntiefe und -breite identisch*

6.2

Fliesenreihen ausrichten: *Die Eckenschnur ist ein praktisches Hilfsmittel zur exakten Ausrichtung der Fliesenreihen. Zwischen zwei bereits verklebten Fliesen markiert sie die Oberkante der Fliesenreihe*

6.3

Fugenkreuze: *Sie sorgen für gleichmäßige Abstände und werden später mit verfugt. Bei Bodenfliesen möglichst nicht verwenden, da diese wegen der hohen Brenntemperaturen Maßtoleranzen haben können*

6.4

Fliesen und Platten		Fugenbreite (mm)
Feinkeramische Fliesen	bis 150 mm	etwa 2
mit einer Seitenlänge	über 150 mm	von 2 bis 8
Grobkeramische Spaltplatten, Bodenklinker		von 4 bis 10
Keramische Verblendplatten mit einer Seitenlänge	über 300 mm	min.10

Fugenbreiten wählt man in Abhängigkeit von Größe und Material der Fliese oder Platte

6.5

Kantenlängen der Bekleidungsstoffe (mm)	Zahntiefe der Kammspachtel (mm)
bis 50	3
über 50 bis 108	4
über 108 bis 200	6
über 200	8

Die Zahntiefe des Spachtels wählt man abhängig vom Fliesenformat

im Bad erfordern zusätzlich eine wasserdichte Absperrung. Im Baumarkt gibt es dafür spezielle Abdichtanstrich-Systeme (4.).

Naßbereiche brauchen eine wasserdichte Absperrung

Alte Dielenböden sollten zusätzlich verschraubt werden, um Bewegungen weitestgehend einzuschränken. Dann hat man zwei Möglichkeiten: Man verschraubt an Nut und Feder verleimte Spanplatten V 100 (mindestens 22 mm dick) mit dem Untergrund. Dabei 15 mm Abstand zu den Wänden lassen. Oder man arbeitet mit Fließspachtel, in den ein Gewebevlies eingebettet wird, das für besseren Spannungsausgleich sorgt. Die Dielen sollte man aber vorher eben abschleifen und grundieren.

Alte Holzdielen als Fliesen-Untergrund

Fliesen-Untergründe im Freien brauchen neben einer feuchtigkeitssperrenden Abdichtung auch ein Gefälle, damit Regenwasser abfließen kann.

5. Dickbett-Verfahren

Früher hat man Fliesen ausschließlich in einem ca. 15 mm dicken Mörtelbett angesetzt (5.1 und 5.2). Diese Methode hat den Vorteil, daß Unebenheiten des Untergrunds direkt beim Kleben ausgeglichen werden können. Sie erfordert aber wesentlich höhere handwerkliche Fertigkeiten. Das Fliesen ist deshalb erst zu einer Heimwerker-Domäne geworden, seit es Produkte gibt, die dünnere Kleberschichten erlauben.

Das Dickbett-Verfahren ist für Heimwerker wenig geeignet

6. Dünnbett-Verfahren

Kleber und Mörtel, die sich für das Dünnbettverfahren eignen, basieren auf verschiedenen chemischen Wirkungsprinzipien. Richten Sie sich bei der Auswahl nach den Anwendungshinweisen auf den Produktverpackungen. So gibt es Kleber, die nur für innen oder nur für Wände geeignet sind, sowie wasserfeste und frostbeständige. Von ihren stofflichen Eigenschaften nach der Anwendung her unterscheidet man die normal erhärtenden Kleber von den flexibel bleibenden Elastikklebern. Letztere können Spannungen des Untergrunds in gewissem Umfang auffangen. Sie sollten sie grundsätzlich beim Fliesen kritscher Untergründe, z. B. bei Holzböden und über Fußbodenheizungen, einsetzen. Zum Kleben geschliffener Natursteinfliesen gibt es Spezialkleber,

Kleber und Mörtel für die Fliesenverlegung im Dünnbett

Flexible Kleber bei kritischen Untergründen

Die verschiedenen Dünnbett-Klebeverfahren

da normale Kleber und Mörtel leicht Verfärbungen im Randbereich des Belags verursachen.
Je nach Kleberauftrag unterscheidet man beim Dünnbettverfahren das Floating- (Kleber auf Untergrund), das Buttering- (Kleber auf Fliese) und das kombinierte, das sogenannte Buttering-Floating-Verfahren (Kleber auf Untergrund und Fliese). Letzteres wendet man im Außenbereich an, da sich durch das beidseitige Auftragen des Klebers Hohlräume vermeiden lassen, in denen sich Wasser sammeln könnte. Die Buttering-Technik bietet sich bei der rückseitig stark profilierten Grobkeramik an.

Bei Innenfliesen dominiert die ‚Floating'-Technik

Fliesen in Innenräumen verlegt man jedoch in der Regel im Floating-Verfahren. Man zieht eine dünne Kleberschicht auf den Untergrund und kämmt sie mit dem Zahnspachtel durch (6.1). Tragen Sie nur soviel Kleber auf, wie Sie innerhalb von 15 Minuten verarbeiten können. Die Fliesen werden schräg zur Kämmung in das Kleberbett eingelegt und kräftig angedrückt (6.2 und 6.3).

7. Fugen und Abschlüsse

Fliesen mit Mörtel verfugen

Die Fugen eines Fliesenbelags sind auch Gestaltungselement. Entsprechend werden Fugenmassen in verschiedenen Farbnuancen angeboten. Bauphysikalische Kriterien für die Auswahl sind Fugenbreite und Einsatzort. So gibt es für Verfugungen in Außen- und Naßbereichen spezielle flexible Produkte. Etwa 5 Stunden nach dem Fliesenlegen kann man mit dem Einschlämmen des mit Wasser angerührten Fugenmörtels beginnen (7.5). Wichtig:

Bewegungsfugen muß man dauerelastisch ausführen

Wo verschiedene Materialien und/oder Bauteile zusammentreffen, z. B. am Übergang von Wand- zu Bodenfliesen, muß dauerelastisch mit Silikon-Dichtmasse verfugt werden (7.6). Hier muß die Fuge nämlich Bauwerksbewegungen ausgleichen können. Vorhandene Bewegungsfugen im Untergrund müssen auch im Fliesenbelag übernommen werden. Zum Abdecken gibt es spezielle Profile, mit denen sie sich optisch ansprechend überbrücken lassen (7.2). Übrigens: Fliesenflächen im Freien müssen etwa alle 20 m² durch Dehnungsfugen getrennt werden.

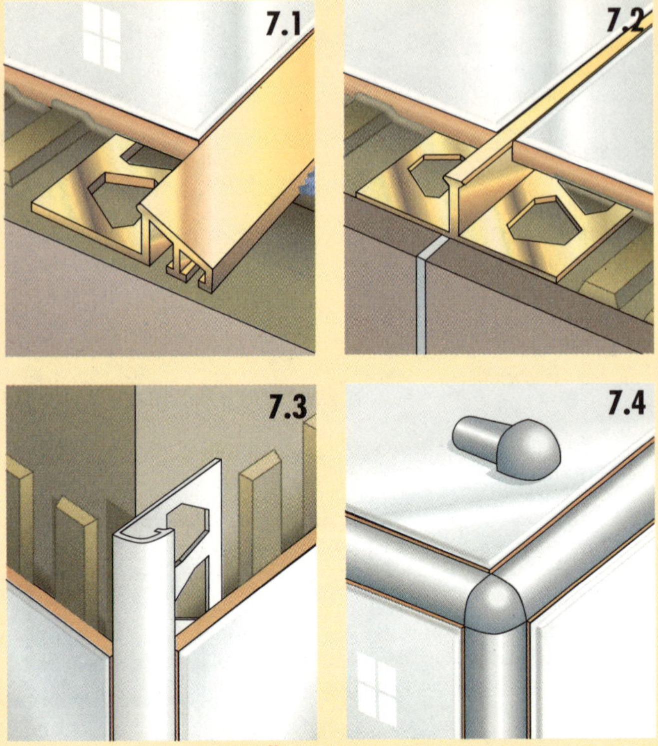

Saubere Abschlüsse und Übergänge: *Mit Fliesenprofilen lassen sich nicht nur Außenkanten (7.3 und 7.4) sauber ausbilden. Auch Höhendifferenzen zu angrenzenden Belägen (7.1) oder Dehnungsfugen (7.2) können technisch einfach und optisch elegant überbrückt werden*

Verfugen: *Die sämige Fugenmasse diagonal zum Fugenverlauf mit einem Gummiwischer bis zur Fliesenoberkante einschlämmen. Überschüssige Masse abziehen, Reste mit dem Schwamm naß entfernen*

Bewegungsfugen: *Wo unterschiedliche Bauteile oder Materialien aufeinandertreffen, muß dauerelastisch mit Silikon-Dichtmasse verfugt werden. Die Fugen sollten mindestens 8 mm tief und breit sein*

Die Rückseite der Fliese weist nach dem Einlegen ins Kleberbett eine vollständige Benetzung auf

Der trockene Unterbau

1 Vor Restfeuchte aus der Betondecke schützt eine PE-Folie, die an den Rändern ca. 20 cm hochgeführt und mit Klebeband fixiert wird

2 Der rundum aufgestellte Dämmstreifen aus Mineralwolle soll später die Übertragung von Trittschall zu den umgebenden Wänden ...

3 ... unterbinden. Eine Lage druckfester Mineralwolleplatten, auf Stoß und fugenversetzt verlegt, dämpft den Trittschall nach unten

Bodenfliesen auf Holzspanplatten

Bewegungstherapie

Fliesen auf nicht dimensionsstabilen Untergründen neigen zu Rißbildung – es sei denn, Sie haben beim Verlegen für einen »Bewegungs-Ausgleich« gesorgt

Mit Holzspanplatten läßt sich schnell, preiswert und unkompliziert ein ebener Verlege-Untergrund für viele Bodenbeläge herstellen, z. B. auf Holzbalkendecken oder über Ausgleichsschüttungen bei stark unebenen Fußböden. Direkt auf der Beton-Rohdecke verlegt, kann ein Aufbau aus Trittschalldämmung und Spanplatten sogar den gängigen Naß-Estrich ersetzen (s. Fotos 1 bis 4). Vorsicht angesagt ist jedoch dann, wenn Spanplatten als Untergrund für Fliesen dienen sollen. Keramische Beläge sind nicht der Lage, Dimensionsänderungen des Holzes mitzumachen – die aufgrund von Feuchtigkeitsschwankungen zwangsläufig entstehen. Früher oder später kommt es zu Rissen in der Fliesenfläche – wenn Sie nicht einige wichtige Punkte beachten: Die Trittschalldämmung sollte elastisch genug sein, um die Übertragung von Gehgeräuschen auf die Rohdecke zu unterbinden. Andererseits darf sie nicht zu sehr nachgeben. Dies gewährleistet in unserem Fall eine dünne Lage druckfester Steinwolle-Estrichdämmplatten. Die Spanplatten müssen

4 Auf dieser Schicht werden Holzspanplatten im Verband verlegt und an Nut und Feder verleimt. So entsteht eine durchgehende Bodenplatte, die auf der Dämmlage „schwimmen" muß. Das heißt, sie darf keinen Kontakt zu Wänden haben

Flexibel: vom Kleber bis zur Fuge

Das von uns verarbeitete Produktsystem rund ums Fliesen wird in Baumärkten unter der Bezeichnung Cereflex angeboten. Es eignet sich für alle keramischen Beläge innen wie außen. Durch elastisch machende Kunststoff-Zusätze wurden die Produkte speziell auf die Anforderungen kritischer Untergründe – z. B. Holzspanplatten oder Heizestriche – zugeschnitten. Ihre hohe Flexibilität ermöglicht es, Dimensionsänderungen des Untergrunds aufgrund von Temperatur- und Feuchtigkeitsschwankungen auszugleichen und Rißbildung im Belag zu verhindern. Ein weiterer Vorteil ist die Fließfähigkeit des Klebers: Sie gewährleistet, daß sich Fliesen und Untergrund bei nur einseitigem Kleberauftrag vollflächig und hohlraumfrei verbinden (Bild unten). Der bei Außenfliesen sonst erforderliche zusätzliche Kleberauftrag auf der Rückseite entfällt damit.

Bodenfliesen legen

1 *Holzspanplatten, die als Untergrund für Fliesenbeläge dienen, brauchen eine Grundierung. Das mindert ihre Saugfähigkeit*

2 *Um die günstigste Einteilung zu ermitteln, sollten Sie die Fliesen lose im Raum auslegen und die Lage der ersten Reihe auf dem ...*

6 *... Kleberbett für die erste Reihe nur leicht mit dem Zahnspachtel durch. Bei Fliesen mit Kantenlängen über 20 cm wählt man eine ...*

7 *... Zahntiefe von 8 mm. Wenn Sie das Abdeckband entfernt haben, gibt der Kleberrand exakt die Flucht der Fliesenreihe vor*

Verfugen

So geht das Verfugen leicht von der Hand: Ziehen Sie den Fugenmörtel mit dem Gummiwischer erst langsam, ohne Druck und dann noch einmal fest diagonal über die Fugen. Der Randstreifen verhindert, daß dabei Mörtel in die Randfuge fließt. Gleich danach den Zementschleier mit einem tropfnassen Schwammbrett lösen. Dieses mit Wasser reinigen, über der Abstreifrolle (ein Besenstiel tut's auch) ausdrücken und nachwischen. Die Reinigung nach dem Trocknen wiederholen.

3 *… Boden anzeichnen. Tip: Markieren Sie diese Linie, die später durch den Fliesenkleber teilweise verdeckt wird, mit Malerkrepp*

4 *Beim Ansetzen des Klebers zu beachten: Halten Sie das Wasser in Bewegung, während Sie das Pulver einrühren. 5 bis 7 Minuten …*

5 *… später noch einmal kräftig durchrühren. Jetzt kann der Kleber direkt auf den Untergrund gegossen werden. Kämmen Sie das …*

8 *Das Einlegen in den Kleber ist denkbar einfach: Fliese bündig an den Rand der zuvor verlegten ansetzen und etwas wegziehen. So vermeiden Sie, daß Kleber in die Fuge quillt. Gleichzeitig erreicht man eine vollständige Kleberbenetzung der Rückseite*

9 *Nicht nur Randzuschnitte, sondern auch passende Sockelleisten lassen sich mit einem Fliesenschneidegerät problemlos herstellen*

Randabschluß

Zunächst muß der Dämmstreifen bündig zum Boden abgetrennt werden (1). Fliesenkleber auf die Rückseite des Riemchens geben und dieses etwas über Bodenniveau an die Wand drücken. Schmale Hölzchen sichern den nötigen Abstand (2). Übernehmen Sie dabei den Fugenverlauf der Bodenfliesen. Die umlaufende Randfuge sowie vertikale Eckfugen werden dauerelastisch ausgespritzt (3).

mindestens 22 mm dick sein, besser sind 25 mm. Und der Unterbau darf an keiner Stelle Kontakt zu den Wänden haben. Abstand: etwa 10 mm.
Ausschlaggebend für die Haltbarkeit des Belages sind jedoch geeignete Fliesenkleber und Fugenmassen. Sie müssen elastisch sein, um die Bewegungen des Untergrunds ausgleichen zu können. Dies erreicht man durch eine Kunststoff-Vergütung der mineralischen Materialien. Der von uns verwendete Kleber enthielt diese Kunststoff-Zusätze bereits ab Werk. Er gehört zu einem Fliesen-Produktsystem, das speziell für kritische Untergründe innen wie außen entwickelt wurde und erst seit kurzem in Baumärkten zu finden ist. Das Neue: Der Kleber ist nicht nur flexibel, sondern gleichzeitig auch fließfähig – was die Verarbeitung selbst dem Anfänger sehr einfach macht. Der mit Wasser angerührte Kleber wird direkt auf den Untergrund gegossen. Dort durchkämmt man die dickflüssige Masse leicht mit dem Zahnspachtel und legt die Fliesen einfach ein. Die Kleberkonsistenz gewährleistet, daß die Rückseite auch ohne Anklopfen zu 100 Prozent benetzt wird. Damit kann bei Außenfliesen der sonst erforderliche Kleberauftrag auf der Rückseite entfallen.
Wer im Fliesenlegen geübt ist, kann gleich größere Teilflächen auftragen. Denn die verarbeitungsoffene Zeit des Klebers liegt beträchtlich über der herkömmlicher Produkte. 30 Minuten haben Sie nach dem Auftragen Zeit, die Fliesen einzulegen, und eine weitere Viertelstunde, um ihre Lage zu korrigieren. Um so schneller härtet der Kleber danach aus: Schon drei Stunden später ist der Belag begehbar, nach sechs Stunden können Sie verfugen (vgl. S. 302 unten). Die Verwendung des Schwammbretts erleichtert übrigens nicht nur die anschließende Reinigung. Sie hat auch den Vorteil, daß die Fugen automatisch eben und glatt werden, während man die Fuge mit nachgiebigen Schwämmen leicht hohlkehlförmig auswischt. □

Kontakte:
Cereflex-Fliesensystem, Grundierung: Henkel KGaA, 40191 Düsseldorf, ✆ 0211/797-0; Trittschall-Dämmstoffe, Mineralwolle-Randstreifen: G+H Isover, 67005 Ludwigshafen, ✆ 0621/501-0;

Sie brauchen: Quast, Bohrmaschine, Rührquirl, Abdeckband,Zollstock, Zahnspachtel, Fliesenschneidegerät, Gummiwischer, Schwammbrett

Sie zahlen: Cereflex Fließkleber, 25 kg (bis 10 m²): ca. 59,90 Mark, flex. Fugenmörtel, 25 kg (bis ca. 35 m²): ca. 84,50 Mark, Kartusche Sanitärsilikon: ca. 12,95 Mark, 5 l lösemittelfreier Tiefgrund: ca. 62,50 Mark

Sie sparen: 40-50 Mark/m² an Handwerkerkosten

Hier dürfen Sie richtig (und zielsicher) zuschlagen: Das Entfernen der beschädigten Fliese

Fliese austauschen

Perfekter Lückenfüller

Einmal in Hektik nicht aufgepaßt und schon ist es passiert: Die Schwerkraft hat zugeschlagen, die Fliese ist hin. Kein Problem, wenn Sie noch eine Ersatzfliese haben: Der Austausch ist nicht schwer

Fliesen gelten gemeinhin als sehr robuster Bodenbelag, der vieles verkraftet – aber eben nicht alles. In diesem Fall hat die Fliese den kürzeren gezogen, als sie sich mit einem Parfumflakon anlegte. Die Glasur war abgeplatzt, der Schaden weder zu kaschieren noch zu übersehen. Wohl dem, der beim Verlegen für Ersatzfliesen gesorgt hatte. Denn ein Austausch ist unkomplizierter, als man anfangs vielleicht denkt, und kann ohne großes Fachwissen selbst vorgenommen werden. Das Entfernen der alten Fliese wird mitunter etwas aufhalten, je nachdem, wie gut sie verklebt war. Diese Arbeit muß sehr vorsichtig ausgeführt werden, damit die benachbarten Fliesen keinen Schaden davontragen. Achten Sie beim anschließenden Säubern der Stelle darauf, daß Sie alten Kleber und Mörtel restlos entfernen. Auch wenn Sie nur eine Fliese auszubessern haben, am Fliesenkleber sollten Sie keinesfalls sparen. Ist

Alles unter Kontrolle ...

... hat der Sicherheitskleber flexibel. Er findet speziell bei kritischen Untergründen wie Spanplatten, Heizestriche und neuerdings auch bei elektrischen Heizmatten Anwendung

Sie brauchen:

Werkzeug: Akku-Naßschneider oder Hammer und Meißel, Zahnspachtel, Gummirakel, Schwamm

Material: Fliesenkleber, Fugenmörtel, Ersatzfliese

Sie zahlen:

Material: flexibler Fliesenkleber (5 kg) ca. 16 Mark, flexibler Fugenmörtel (5 kg) ca. 17 Mark

1 *Zuerst die Fugen um die defekte Fliese mit einem Akku-Naßschneider oder Hammer und Meißel auftrennen. Dann kann der schadhafte Belag mit Hilfe eines Hammers zertrümmert und entfernt werden*

2 *Mit einem Elektroschaber ist die Arbeit einfacher, ein scharfer Meißel erfüllt aber auch seinen Zweck: Der Untergrund muß komplett von alten Kleber- und Mörtelresten befreit werden*

3 *Auf die saubere Fläche den Kleber mit einem Zahnspachtel auftragen. Wenn Sie kleinere Fliesen austauschen, den Kleber direkt auf die Rückseite geben*

4 *Die neue Fliese einpassen und unter leichtem Druck ausrichten. Fliesenkleber, der in die Fugen quillt, müssen Sie entfernen*

5 *Nach der angegebenen Abbindezeit des Klebers geht es ans Verfugen. Achten Sie unbedingt auf die gleiche Farbe des Mörtels, am besten nehmen Sie das Ursprungsprodukt*

6 *Damit alles wieder so wird, wie es war, den restlichen Mörtel mit einem feuchten Schwamm entfernen. Leichte Schleier zuletzt mit einem trockenen Tuch wegpolieren*

der Belag wie in diesem Fall auf Spanplatten verlegt oder befindet sich eine Fußbodenheizung darunter, müssen Sie flexiblen Kleber verwenden. Er ist kunststoffvergütet und kann so die Bewegungen des Untergrundes bis zu einem gewissen Maß ausgleichen. Bei normalem Kleber würden Dimensionsänderungen des Bodens leicht zu Rissen in der gefliesten Fläche führen. Bei flexiblem Kleber grundsätzlich auch flexiblen Fugenmörtel verwenden. Sie können auch einen Kunststoffzusatz zum herkömmlichen Mörtel geben, dadurch wird er rißbeständiger und wasserabweisend. Den groben Überschuß nach dem Einschlämmen in die Fugen mit einer Gummirakel abnehmen. Die restlichen Spuren wischen Sie mit klarem Wasser und einem Schwamm auf. Hartnäckiger Grauschleier verschwindet bei Verwendung von Zementschleier-Entferner oder beim Nachpolieren mit einem weichen, trockenen Tuch. □

Kontakt: Fliesenkleber und Mörtel: Lugato Chemie, 22047 Hamburg

Holz fußböden

Bodenbeläge aus Holz erfreuen sich seit einigen Jahren größter Beliebtheit. Neben klassischen Dielen- und Parkettböden entwickelten sich neue Spezies aus diesem Werkstoff

Wer seine Wohnräume mit einem Holzfußboden verschönern möchte, hat heute die Qual der Wahl: Von der preiswerten Hobeldiele über edles Holz- oder Korkparkett bis hin zum Verkaufsrenner der letzten Jahre, dem Laminat. Das Angebot deckt alle Wünsche ab – im Hinblick auf Käufergeschmack und Preis ebenso wie auf die Erfordernisse am jeweiligen Einsatzort. Und so hat jeder Fußboden in dieser Beziehung seine spezifischen Vor- und Nachteile. Aber beginnen wir mit den Gemeinsamkeiten der hier vorgestellten Böden: Jedes Element aus Holz oder Holzwerkstoffen „arbeitet“. Das heißt, es verändert sein Volumen infolge von Feuchtigkeitsschwankungen der Raumluft. Bei trockener Luft schwindet es, bei feuchter dehnt es sich aus – bis sich ein Gleichgewicht zwischen Luft- und Holzfeuchtigkeit eingestellt hat. Um das natürliche Schwinden und Quellen in Grenzen zu halten, trocknet

1 *Massives Mosaikparkett für vollflächige Verklebung* **2** *Mehrschichtparkett, Design: Landhausdiele* **3** *Laminat mit hellem Dekor* **4** *Laminat mit Buche-Dekor* **5** *Laminat mit blauem Holzdekor* **6** *Laminat mit Marmor-Dekor* **7** *Mehrschichtiges Zwei-Stab-Parkett* **8** *Korkparkett* **9** *Hevea-Mehrschichtparkett, Drei-Stab-Schiffsbodenmuster* **10** *Zwei-Stab-Massivholzdiele, mit Öl/Wachs fertig oberflächenbehandelt* **11** *massive Nadelholzdiele, unbehandelt* **12** *Laminat mit farbigem Holzdekor* **13** *Ahorn-Mehrschichtparkett, Drei-Stab-Schiffsbodenmuster* **14** *Eiche-Mehrschichtparkett, Drei-Stab-Schiffsbodenmuster* **15** *Laminat mit Terrazzo-Dekor* **16** *Massivholzdiele, mit Wachs fertig oberflächenbehandelt*

Fotos: Pavel Strnad (4), Claudio Kalex (2)

Die meisten Holzböden eignen sich für die schwimmende Verlegung

man das Holz für hochwertige Beläge vor der Herstellung künstlich herunter – teilweise bis auf acht oder neun Prozent. Eine weitere Maßnahme, um das Arbeiten des Holzes zu mindern, besteht im mehrschichtigen Element-Aufbau. Ganz unterbinden kann man dieses Phänomen aber nicht. Auch vor, während und nach der Verlegung ist daher einiges zu beachten.

- **Massivholzdielen**
- **Fertigparkett**
- **Laminat**
- **Furnierböden**
- **Korkparkett**

1. Lagern Sie die verpackten Dielen nach dem Kauf zwei bis drei Tage im Verlegeraum.
2. Durch eine Dehnungsfuge von 10 bis 15 mm zu allen Wänden hin, geben Sie Ihrem Holzboden den „Spielraum“, den er braucht.
3. Bei einer Luftfeuchtigkeit zwischen 50 und 65 Prozent fühlt sich Ihr Holzboden am wohlsten. Bei sehr trockener Außenluft im Winter, kann ein Luftbefeuchter auf Verdunstungsbasis sinnvoll sein.
4. Bei vollflächiger Verklebung insbesondere von kleinen Elementen arbeitet der Holzboden nur minimal.
5. Holzböden nicht für Feuchträume wie das Badzimmer wählen, denn dafür eignen sie sich generell nicht.

Ansonsten können Sie Holzböden überall verlegen – insoweit es die Raumgegebenheiten erlauben. Ist z. B. die Aufbauhöhe beim Renovieren begrenzt, scheiden dickere Elemente von vornherein aus. Hier bieten sich die nur 7 bis 8 mm dünnen furnierten Böden oder Laminat an.

Seit für Laminat private und gewerbliche Nutzungsklassen eingeführt wurden (siehe Kasten „Laminat"), hat der Verbraucher es beim Kauf einfacher. Neben der Abriebfestigkeit der Versiegelung beinhalten sie weitere wichtige Kriterien wie z. B. Kratz- und Stoßfestigkeit und Belastbarkeit der Trägerplatte. Einen weiteren Anhaltspunkt für einen hohen und durch unabhängige Institute geprüften Qualitätsstandard stellt das RAL-Gütezeichen dar.

Die Paßgenauigkeit der Elemente können Sie übrigens

Jeder Boden hat seine starke Seite

Bei der schwimmenden Verlegung verleimt man die Elemente an Nut und Feder. Entweder die Feder oder die Nut einleimen; maßgeblich sind die jeweiligen Verlegeanleitungen

beim Kauf auch selbst überprüfen: Nut und Feder müssen sich ohne großen Kraftaufwand zusammenstecken lassen, Übergänge sollten kaum spürbar sein. Und das gilt nicht nur für Laminat, sondern auch für alle anderen hier vorgestellten Böden.

Nutzungsklassen wie bei Laminat gibt es für reine Holzbeläge nicht. Bei Parkett sollten Sie auf ausreichend starke

Massivholzdielen:

Dielenboden-Elemente sind meist aus einem Stück gefertigt und entweder nur an der Längsseite (z. B. Hobeldielen) oder rundum mit Nut und Feder versehen. Sie sind in Stärken von 19 bis 35 mm erhältlich. Man unterscheidet höherwertige, meist künstlich auf ca. 9 bis 12 % Holzfeuchte heruntergetrocknete Dielen mit werkseits behandelten Oberflächen von preiswerten, unbehandelten Hobeldielen, die meist aus Nadelholz gefertigt sind. Holzfeuchteanteile von 14 bis 18 % erfordern vor der Verlegung eine längere Akklimatisierungsphase von vier Wochen. ***Verlegeart:*** *Holzdielen werden durch die vorgebohrte Feder entweder in ausgelegten Lagerhölzern selbsttragend (ab 21 mm Dielenstärke) oder in einem vollflächigen, mindestens 22 mm dicken Holzspanplatten-Untergrund verschraubt bzw. vernagelt. Nicht zusätzlich an Nut und Feder verleimen. Es gibt auch Systeme, bei denen die Elemente durch Metallbügel an der Unterseite*

Verschrauben der Dielen in Lagerhölzern

Fertigparkett:

Foto: Brügmann

Das Modell zeigt den typischen Parkettaufbau (Brügmann)

Ein Merkmal haben alle Fertigparketts gemeinsam: Ihre Oberfläche ist werkseitig verlegefertig behandelt – entweder mit herkömmlicher Lackversiegelung oder immer häufiger auch mit Öl oder Wachs. Die meisten Fertigparkette sind Mehrschicht-Elemente. Dadurch erreicht man mehr Formstabilität – wobei jeder Hersteller sein spezielles Fertigungs-Know-how hat. Ausnahmen: die massiven, dünnen (8 bis 10 mm) Mosaik- und Stabparkette (s. Verlegeart) sowie Sonderformen wie z. B. das unten gezeigte längsverleimte dickere Massivparkett. Den gängigen Element-Aufbau zeigt das obere Bild: Kernstück ist eine Mittellage aus „Rifts", eine belastbare Holzschicht mit stehenden Jahresringen. Sie kann auch aus einer Sperrholzschicht bestehen. Nut und Feder sind aus diesem Mittelstück ausgefräst. Als unteren Gegenzug verwendet man meist ein Weichholzfurnier mit quer zur Mittelschicht verlaufender Faserrichtung. Die obere Nutzschicht besteht aus einer hochwertigen Holzart und muß laut Norm mindestens 2 mm

Massivparkett mit werkseitig verleimter Schwalbenschwanzverbindung (Junckers)

Laminat:

Bei Laminat ist jedes auf Papier reproduzierbare Dekor denkbar

Eine Laminatdiele besteht aus mehreren Schichten. Trägermaterial ist ein Holzwerkstoff, meist MDF oder HDF (hochverdichtete, sehr belastbare Faserplatte). Auch Spanplatten kommen bei preiswerteren Ausführungen zum Einsatz. Auf der Oberseite schützt klares Melaminharz (Overlay) das darunterliegende Dekorpapier. Ein Laminat-Gegenzug an der Unterseite dient als Spannungsausgleich. Je nach Art der Fertigung unterscheidet man direktbeschichtetes Laminat (DPL) und „High Pressure Laminate" (HPL). Beim HPL

Die Schichtenfolge bei DPL- (links) und HPL-Aufbau (rechts)

verbunden werden. **Vorteile:** Massivholzdielen eignen sich ideal als Boden beim nachträglichen Dachausbau und in Neubauten, wo sie, auf Betondecken in Lagerhölzern verschraubt, den gängigen Naßestrich ersetzen können. Abgenutzte Dielen werden durch Abschliff wieder wie neu. Mit Öl oder Wachs endbehandelt, gleichen sie in gewissem Umfang Feuchtigkeitsschwankungen der Raumluft aus. **Nachteile:** Massivholzdielen bedingen schon aufgrund der Materialdicke einen relativ hohen Aufbau und scheiden daher bei der Renovierung oft aus. Wohnfertige Dielen sind recht teuer, die preiswerten Hobeldielen brauchen eine lange Akklimatisierung. Leichte Fugenbildung ist normal und muß in Kauf genommen werden.

Dielenböden, die mit Wachs oder Öl endbehandelt sind, lassen sich partiell abschleifen

Ein Nachölen der geschliffenen Stelle behebt den Schaden ganz schnell

Fotos: Osmo

dick sein. Sie zeigt meist die klassischen Parkettmuster (s. rechts) und deren Varianten. **Verlegeart:** Mehrschicht-Parkett wird überwiegend an Nut und Feder verleimt schwimmend verlegt, je nach System auch mit Metallbügeln (s. „Junckers"-Parkett links). Die dünnen Massivparkette verklebt man vollflächig mit dem Untergrund. **Vorteile:** Parkett eignet sich für alle ebenen Untergründe. Nutzschichten ab ca. 3,5 mm sind gut abschleifbar. Bei Öl/Wachs-Versiegelung ist partielles Nachbessern möglich. **Nachteile:** Versiegelungen mit den gängigen Lacken sind zwar unempfindlicher, kleinere Beschädigungen kann man aber nur durch Abschliff und Neuversiegelung der ganzen Fläche beseitigen.

Fotos: Arge Holz

Klassische Parkettmuster: Tafelparkett (1), Fischgrätmuster (2), Schiffsbodenverband (3), Mosaikparkett (4)

verpreßt man harzgetränkte Papiere mit Dekorschicht und Overlay und verklebt sie dann mit der Trägerplatte. Dieser Aufbau macht die Diele belastbarer. **Verlegeart:** schwimmende Verlegung. **Vorteile:** Bei lediglich 7 bis 8 mm Dicke ist das sehr strapazierfähige Laminat ideal für die Renovierung. Neben der Abriebfestigkeit, die bis vor kurzem als einziges (und damit irreführendes) Qualitätsmerkmal in „Taber"-Zahlen herausgestellt wurde, fließen in die neue europäische Bewertungsskala (rechts) auch Kriterien wie Stoßfestigkeit, Zigarettenglutbeständigkeit, Lichtechtheit, Belastbarkeit ein. **Nachteile:** Laminat läßt sich nicht abschleifen. Leicht unechte Wirkung, wenn Holzdekore absolut identisch sind (beim Kauf prüfen!).

GÜTEZEICHEN RAL LAMINAT-FUSSBODENELEMENTE

Das RAL-Gütezeichen steht u. a. für den Verzicht auf organische Lösemittel und Chlorid sowie für die Unterschreitung vorgeschriebener Emissionswerte

Private Nutzung

Ausreichend bei mäßiger Benutzungsintensität z. B. im Schlaf- oder Gästezimmer

Ausreichend bei normaler Nutzung in Wohn- und Eßzimmer sowie Innenfluren

Zu empfehlen bei starker Beanspruchung z. B. in Treppenhäusern, Eingangsbereichen und Küchen

Heimwerker-Lexikon

Sprengringzangen bis Steinbohrer

Sprengringzangen sind Spezialzangen, die Sicherungsringe mit zwei Ösen lösen und befestigen können. Sie werden hauptsächlich im Maschinenbau und im Fahrzeugbau eingesetzt. Sie besitzen zwei dünne Spitzen, die in die Ösen des Sprengringes eingesetzt werden und diesen so weit aufbiegen, daß sich der Ring von der Welle löst bzw. schiebt.

Spritzpistolen sind Elektrowerkzeuge mit drucklosem Vorratsbehälter, die zum mechanischen Zerstäuben von flüssigen, pastösen oder pulverigen Stoffen, vorzugsweise Beschichtungen, bestimmt sind.

Stabilität Fähigkeit von Körpern oder Konstruktionen, allen belastenden Kräften ohne eigene Verformung standzuhalten. S. ist abhängig von den Dimensionen der Tragelemente, der Verbindungsart und der konstruktiven Ausbildung (Spannweiten etc.).

Stabschrauber sind elektrische Akku-Schrauber, die ihren Namen durch ihre stabähnliche Form erhalten haben.

Stahlwolle ist ein watteartiges Produkt, das aus feinen Stahlfasern besteht und in unterschiedlichen Feinheitsgraden erhältlich ist. Mit S. kann man schwer zugängliche Stellen an Möbelstücken schleifen.

Ständerwerk ist die tragende Konstruktion einer Beplankung oder Verkleidung und hat so statische Aufgaben zu erfüllen. Man unterscheidet Metall- und Holz- sowie einfaches und doppeltes Ständerwerk.

Standarddübel ist ein Alleskönner für nahezu alle Baustoffe: Beton und Vollmauerwerk, Hohlmauerwerk und Hohlwände aus Gipskartonplatten, Wandbauplatten (Sperrholz- und Gipsfaserplatten).

Stangenscharniere (auch ‚Klavierband') sind Aufschraubscharniere, die über die gesamte Länge einer Türkante reichen.

Steckschlüsselsätze bestehen aus mehreren verschiedenen Einsätzen zum Arbeiten mit Sechskant-, Schlitz- oder Kreuzschlitzschrauben. Ein Satz besteht meist aus den Steckschlüsseleinsätzen, einer Knarre, zwei Verlängerungen, einem T-Griff und einem Kardangelenk.

Steinbohrer Spiralbohrer, die in ihrer Schneide ein Hartmetallplättchen eingelötet oder eingesintert haben, sind zum Bohren von Löchern in Mauerwerk, Beton

Bitte lesen Sie weiter auf Seite 310

Nutzschichten achten, damit ein Überarbeiten möglich ist. Wenn sich z. B. ein schwimmend verlegtes Parkett infolge von zu trockener Raumluft an den Rändern hochwölbt („schüsselt"), stoßen Sie beim Abschleifen schnell an die Grenzen der Nutzschicht. Diese sollten Sie übrigens nicht nur nach optischen Gesichtspunkten wählen. Die Holzart sollte auch den zu erwartenden Beanspruchungen gewachsen sein. So widerstehen härtere Hölzer wie zum Beispiel kanadischer Ahorn, Esche, Buche und Eiche Druckbelastungen besser als Birke, Kiefer oder Fichte. *Last, but not least* stellt sich die Frage nach der Versiegelung. Lacke bieten einen sehr guten Schutz gegen Alltagsbeanspruchung. Sie sperren aber den Untergrund ab, so daß das Holz nicht feuchtigkeitsregulierend wirken kann – im Gegensatz zu Öl- oder Wachs-Vergütungen. Diese erfordern zwar mehr Pflege, erlauben dafür aber – im Gegensatz zur Lackversiegelung – das partielle Ausbessern von Beschädiungen und Laufstraßen.

Qualität ist beim Kauf überprüfbar

Furnierte Böden:

Aufbau: Holzfurnier, Holzwerkstoffplatte und Kiefernholz-Gegenzug

Die sogenannten „Echtholz-" oder „Feinholzböden" sind erst seit ein paar Jahren auf dem Markt. Man könnte sie als einen Kompromiß zwischen Parkett und Laminat bezeichnen. Die dielenförmigen Platten sind dreischichtig aufgebaut. Eine Trägerplatte aus Holzwerkstoff, meist eine hochverdichtete Faserplatte (HDF), bildet die druckfeste Mittelschicht. Ein Furnier aus Holz dient als sichtbare Auflage. Es ist durch eine sehr strapazierfähige, abriebfeste Versiegelung geschützt, da die Nutzschicht so dünn ist (kleiner als 2 mm), daß man sie nicht, wie bei Parkett, aufarbeiten kann. Als unterer Gegenzug kommen z. B. Kiefernfurnier oder Kraftpapier zum Einsatz. Wie Parkett, Laminat und die meisten Massivholzdielen sind auch furnierte Böden umlaufend mit Nut und Feder versehen. ***Verlegeart:*** *Furnierte Böden werden ausschließlich schwimmend verlegt, also an Nut und Feder verleimt, so daß die Elemente eine zusammenhängende Bodenbelagsplatte bilden. Zu den Wänden hin immer eine ausreichende Dehnungsfuge lassen.* ***Vorteile:*** *Wer die optische Ausstrahlung eines echten Parketts zum günstigeren Einstandspreis haben möchte, ist mit den furnierten Holzböden gut bedient. Aufgrund der geringen Elementstärken von 7 bis 8 mm sind sie auch ein idealer Renovierungsbelag. Die Versiegelung ist sehr strapazierfähig und abriebfest. Einige Hersteller geben auf sie zehn Jahre Garantie.* ***Nachteile:*** *Die Furnierschicht kann nicht aufgearbeitet werden. Kleine Kratzer in der Versiegelung lassen sich aber mit Reparatursets ausbessern.*

Korkparkett:

Neue Dekore lassen auch bei Kork keine Langeweile aufkommen

Wie Laminat zählt Korkparkett nur im weiteren Sinne zu den Holzbelägen. Im Aufbau ähnelt es einem mehrschichtigen Parkett. Die Trägerplatte besteht meist aus einer Holzwerkstoffplatte wie MDF oder HDF, die rundum mit Nut und Feder versehen ist. Bei der aufgeleimten Nutzschicht handelt es sich meist um ein Korkfurnier – das auch farbig sein kann. Die Unterseite ist zur Stabilisierung mit einem Gegenzug-Korkfurnier ausgestattet. Die beschriebenen Elemente haben Stärken zwischen 9 und 12 mm. Es werden auch Korkparkette mit einer sichtbaren Holzfurnier-Nutzschicht hergestellt, die auf einer flexiblen Korkschicht aufgebracht ist. Dieser Aufbau soll die guten Werte in punkto Schallabsorption und Elastizität weiter verbessern. Korkparkett mit Korknutzschicht ist entweder mit einer strapazierfähigen Lackschicht versiegelt oder mit Hartwachsöl wohnfertig endbehandelt. Ein vorsichtiges Aufarbeiten der Lackschicht ist auch bei Korkfurnier möglich. Dickere Korknutzschichten können Sie abschleifen und neu versiegeln. ***Verlegeart:*** *Wie die meisten Holzböden verlegt man Mehrschicht-Korkparkett schwimmend, an Nut und Feder wasserfest verleimt. Die Dehnungsfuge zu den Wänden ist auch hier einzuhalten.* ***Vorteile:*** *Korkbeläge sind ausgesprochen fußwarm und sehr elastisch. Sie reduzieren die Trittschall-Übertragungen und dämpfen Gehgeräusche im Raum sehr gut.* ***Nachteile:*** *Das Aufarbeiten der Versiegelung muß bei Korkfurnier vorsichtig mit dem Handschleifer durchgeführt werden.*

Heimwerker-Lexikon

Steinbohrer (Forts.) bis Stockflecken

Fortsetzung von Seite 309
und Gestein mit Schlagbohrmaschinen entwickelt. Hartmetall-S. haben zylindrische Aufnahmeschäfte und eine spiralförmige Wendel zur Abfuhr des Bohrmehls. Beim Bohren in Stein/Beton wird i.d.R. mit Schlag- oder Hammerwerk gearbeitet.

Steinwolle Mineralfaserdämmstoff, der aus einer Schmelze von Basalt oder Diabasgestein hergestellt/zerfasert und in Platten und Matten gepreßt wird. S. ist dampfdiffusionsoffen, nicht brennbar und wird zum Wärme-, Schall- und Brandschutz in Gebäuden eingesetzt.

Stichsäge ist ein Elektrowerkzeug, das zum Trennen verschiedener Werkstoffe bestimmt und oft auch für Gehrungsschnitte geeignet ist. Das Sägeblatt führt eine geradlinige oder pendelnde Hubbewegung (Pendelhubstichsäge) aus. Einsatz: Die Stichsäge ermöglicht präzises Sägen in Holz, Metall und Kunststoff. Es werden jeweils spezielle Sägeblätter benötigt. Die gute Kurvengängigkeit erlaubt Kurven- und Figurenschnitte. Mit Kreisführungen können Kreise gesägt werden. Der Einsatz eines Sägetischs ermöglicht den stationären Betrieb.

Stockflecken Schwärzliche, runde Kolonien von Bakterien und Schimmelpilzen an Decken- und Wandflächen. Zum Wachsen benötigen sie u.a. feuchte Untergründe. Diese entstehen in Räumen häufig durch teilweise schlecht gedämmte Wand- und Decken-
Bitte lesen Sie weiter auf Seite 311

Heimwerker-Lexikon

Stockflecken (Forts.) bis Torx-Schraubendreher

Fortsetzung von Seite 310

flächen, an denen die Raumluft kondensiert und organische Bestandteile aus Anstrichen oder Tapeten ausgelöst werden. Auf diesem Nährboden gedeihen dann Mikroorganismen. Mit chemischen Mitteln ist das Problem nicht zu lösen. Nur eine Beseitigung der Wärmebrücken schafft hier dauerhaft Abhilfe.

Stoffschluß Die Verbindung und damit die Kraftübertragung vom Dübel zum Verankerungsgrund erfolgt über ein drittes Medium. Dies kann ein Polyesterharz, ein Epoxidharz oder auch ein spezieller Mörtel sein. Stoffschlüssige Dübelsysteme arbeiten spreizdruckfrei und benötigen somit kleinere Achs- und Randabstände; besonders wichtig bei schmalen Bauteilen.

Streichen Unter S. versteht man alle Arten des Farb-, Lack- oder Beizauftrags auf verschiedene Untergründe. Der Auftrag erfolgt mit einem Pinsel oder einer Rolle.

Streichmaß ist ein Gerät zum Anreißen von Linien, bestehend aus einem Stab und einem Anschlag, der über eine Schraubenverbindung in einer bestimmten Stellung auf dem Stab fixierbar ist. Schiebt man den Anschlag am Werkstück entlang, reißt die Spitze eine Linie an. Somit sind Schneidlinien und Bohrungen am Werkstück markierbar. Das S. besteht für den Metall- und Kunststoffbereich aus Stahl, für den Holzbereich aus Holz.

Stuhlwinkel sind rechtwinklige Aufschraubelemente aus Metall, die dem Stuhl mehr Stabilität verleihen. S. dienen nur der Verstärkung bereits bestehender Holzverbindungen an Stühlen.

Stumpfe Verleimung Bei dieser Verbindung werden die Brettkanten stumpf miteinander verleimt, d.h., außer Leim werden keine weiteren Verbindungsmittel wie z.B. Dübel oder Federn verwendet.

T-Griff-Schraubendreher hat statt des zylindrischen einen T-förmigen Griff. Damit sind auch schwergängige Schrauben eindreh- und lösbar.

Tandem-Fuchsschwanz stellt die Weiterentwicklung des Fuchsschwanzes dar. Der T. besitzt eine hohe Schneidleistung, die auf die beiden gegenläufigen Sägeblätter zurückzuführen ist. Einsatzgebiet: Aufgrund der starken Motorleistung und der gegenläufigen Sägeblätter sägt er in Holz, Kunststoff, Porenbeton und Gipskarton; auch große Werkstücke wie große Rohre, Balken etc., Tauchschnitte und winkelgenaue Schnitte sind möglich. Wichtig:
Der T. sollte immer mit beiden Händen bedient werden. Da die Sägeblätter sehr grobzahnig und scharf sind, ist immer nach der Außerbetriebnahme die Schutzhülle über die Sägeblattschneiden zu ziehen.

Tanne gehört zu den europäischen Nadelhölzern. Das Holz der T. besitzt eine mittelharte bis weiche, grobfaserige, weiße Struktur, die sich leicht bearbeiten läßt. Im Wechsel von naß und trocken ist es nicht sehr dauerhaft. Aus der Rinde gewinnt man Terpentin. Anwendung: Es wird als Bau-, Werk- und Möbelholz in großen Mengen verarbeitet.

Tapetenlöser Elektrisch betriebenes Gerät, das mit Dampf alten Kleister anweicht.

Tapetenscheren Scheren zum Bearbeiten von trockenen und nassen Tapetenbahnen.

Tapezieren Kleben von Papierbahnen (Tapeten) auf glatte, tragfähige Innenwände.

Tapeziermesser zum Trennen von Tapetenbahnen. Man unterscheidet zwei Messertypen: Beim Cutter befindet sich das Messer in einem Kunststoffschutzgriff. Die einzelnen Klingen können nach dem Stumpfwerden abgebrochen und eine neue nachgeschoben werden. Beim anderen Typ muß man dazu den Kunststoffgriff durch Lösen einer Schraube öffnen, meist teurer als der Cutter.

Taschenfederwaage Eine Waage im Taschenformat. Ein Gegenstand wird an den Befestigungshaken am unteren Ende der Waage gehängt. Der Haken ist mit einer im Gehäuse integrierten Feder verbunden. Durch das Gewicht des befestigten Gegenstandes dehnt sich die Feder, bei schweren Gegenständen mehr, bei leichteren weniger. An einer am Gehäuse angebrachten Skala kann nun das Gewicht des Gegenstandes abgelesen werden. Der Meßbereich dieser Waagen kann je nach Ausführung bis zu 50 kg betragen.

Teppichboden Textiler Bodenbelag, der aus künstlichen, tierischen oder pflanzlichen Fasern in verschiedenen Verfahren gefertigt sein kann. Die Randabschlüsse werden mit Fuß- oder Teppichleisten sowie evtl. einem Viertelstab hergestellt.

Terpentinersatz T. dient als Lösemittel in unterschiedlichen Lacken. Es wird größtenteils aus Erdöldestillat hergestellt. Es verhilft dem Lack zur vollständigen Durchtrocknung. Zusätzlich dient Terpentinersatz als Reinigungssubstanz für Farbpinsel.

Terracotta-Fliesen Gebranntes Ton-Sand-Gemisch, dessen Brenntemperatur ein Sintern der Oberfläche nicht zuläßt. Deswegen besitzen Terracottaplatten eine poröse Struktur, die für die Außenanwendung eher ungeeignet ist.

Thixotrope Klebstoffe Thixotrop eingestellte Klebstoffe gehen durch Rühren oder Schütteln von einem relativ pastösen in einen flüssigeren Zustand über und lassen sich so angenehm verstreichen. Im Ruhezustand nehmen sie dann wieder die ursprüngliche Viskosität an. T. sind also nicht mit gelartigen Klebstoffen zu verwechseln, die ihren Zustand durch Bewegung nicht ändern.

Tiefengrund Tiefengrundierungen haben zwei Aufgaben: 1. Mürbe oder kreidende Untergründe zu festigen und 2. eine Haftbrücke zwischen Untergrund und Putzen, Mörtel, Kleber, Kleister oder Anstrich zu bilden. Lösemittelhaltige Grundierungen nur im Außenbereich einsetzen!

Tisch-Fräsmaschine ist für das stationäre Fräsen konzipiert. Sie eignet sich für größere Fräsarbeiten, die mit der Oberfräse nicht oder nur sehr aufwendig ausgeführt werden können. Tisch-Fräsmaschinen werden vorwiegend im gewerblichen Bereich (Schreinerei, Zimmerei etc.) eingesetzt.

Tisch-Kreissägen sind stationäre Kreissägen, mit denen großflächigere Arbeiten möglich sind als mit einer Handkreissäge. T. werden vorwiegend im gewerblichen Bereich (Schreinereien und Baustellen) eingesetzt.

Tischlerplatten sind unter dem Begriff Sperrholz einzuordnen. Sie bestehen aus Deckfurnierplatten und einer Mittellage, die je nach Anwendungsgebiet unterschiedlich ausfällt. Diese Mittellagen können aus Vollzholzleisten bestehen. Ist die Mittellage mit Holzstreifen aufgebaut, nennt man sie Streifen-Tischlerplatten. Die Stäbchen-Tischlerplatte hat eine Mittellage aus Vollholzstäben, die der Lamellenplatte besteht aus Lamellen.

Topfscharniere sind nicht sichtbare Tür- oder Klappen-Scharniere mit Topf. Handelsüblich sind zwei Durchmesser: 26 und 35 mm.

Topfscharnierlochbohrer eignen sich besonders zum Einbringen von Befestigungslöchern für Topfscharniere. Diese Bohrungen können in gleicher Qualität mit einem Forstnerbohrer oder einer Oberfräse hergestellt werden.

Torx-Bit Torx schaltet die Schwächen der anderen Antriebe aus. Die Antriebsflächen verlaufen senkrecht. Deshalb treten keine Rückschubkräfte auf. Die großen Antriebsflächen sorgen für optimale Kraftübertragung. Auch sehr hohe Drehmomente können ohne Beschädigung des Kopfes übertragen werden.

Torx-Schraubendreher ist für die Bearbeitung von innenverzahnten Schrauben erforderlich. Die spezielle Klinge des T. ist sternförmig ausgebildet.

Bitte lesen Sie weiter auf Seite 322

Dielen und Parkett selbst verlegen

Bodenständig

Gutes hat Bestand. Holzböden, deren Vorzüge der Mensch seit Jahrhunderten schätzt, sind heute nach wie vor aktuell. Auch die Tatsache, daß moderne, fertig oberflächenbehandelte Parkett- und Dielenböden recht einfach selbst verlegt werden können, trägt mit zur Popularität bei. Drei Verlegetechniken sind üblich. Lesen Sie, wann welche Methode geeignet ist und was es zu beachten gilt!

Vorher

Nachher

Gleiche Konstruktion, neue Dielen – ein Unterschied wie Tag und Nacht. Die lebhafte Maserung der massiven Eichendielen wird durch die gewachste Oberfläche noch hervorgehoben

Wir zeigen 3 Verlegearten

Möbel und Accessoires: Raumgestaltung Rubel-Brüggen, 50374 Erftstadt-Liblar

1 Dielen verschrauben

2 Parkett verkleben

3 Schwimmend verlegen

Nach altem Vorbild: 1 Holzdielen verschrauben

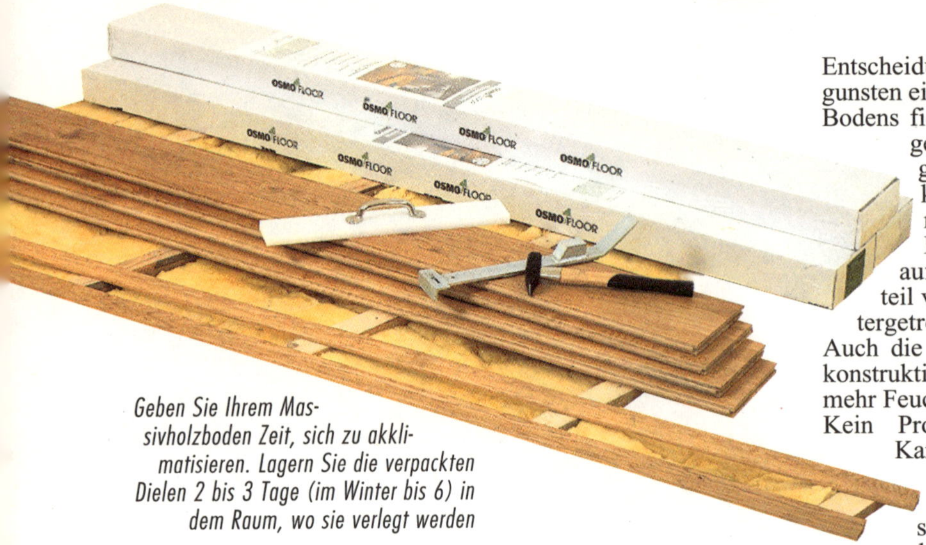

Geben Sie Ihrem Massivholzboden Zeit, sich zu akklimatisieren. Lagern Sie die verpackten Dielen 2 bis 3 Tage (im Winter bis 6) in dem Raum, wo sie verlegt werden

Alle Versuche, die Dielen von ihren Lack- und Wachsschichten zu befreien, scheiterten, weil sich die Schleifpapiere der eingesetzen Geräte im Nu zusetzten. So plante unser Bauherr, die 50 Jahre alten Fichtebretter durch preiswerte Hobeldielen zu ersetzen. Diese haben allerdings den Nachteil, daß sie wegen ihres hohen Feuchteanteils von über 14% einige Wochen an ihrem Einsatzort nachtrocknen müssen. Auch die Oberflächenbehandlung mit Öl oder Wachs kostet ihre Zeit – so daß die Entscheidung dann doch zugunsten eines hochwertigeren Bodens fiel. Um spätere Fugenbildung weitestgehend einzuschränken, waren die 21 mm dicken Eiche-Dielen werkseitig auf einen Feuchteanteil von nur 10% heruntergetrocknet worden.

Auch die Hölzer der Unterkonstruktion sollten nicht mehr Feuchte haben als 12%. Kein Problem: Die alten Kanthölzer wurden abgehobelt und als neue Unterkonstruktion wiederverwendet (s. Kasten rechts).

Voraussetzung für das Verschrauben (oder Vernageln) auf Lagerhölzern ist eine Mindestdielenstärke von 20 mm. Damit sich der Massivholzboden (der sich übrigens bei 50 bis 65% Luftfeuchtigkeit am wohlsten fühlt) frei bewegen kann, muß rundum eine Dehnungsfuge bleiben. Sie wird später durch Sockelleisten überdeckt. Verschraubte Dielen dürfen in der Regel nicht an Nut und Feder verleimt werden. Da unsere Osmo-Dielen aber „endlos" verlegt wurden, erhielten die schmalen Enden, die meist zwischen den Lagerhölzern zusammentrafen, einen Leimauftrag.

Die spätere Pflege der werkseits mit Hartwachsöl behandelten Dielen ist unkompliziert. Für die Reinigung reichen Mop oder Staubsauger. Hin und wieder nebelfeucht wischen. Der große Vorteil gewachster Böden ist jedoch, daß man hartnäckige Flecken oder Kratzer partiell wegschleifen kann, ohne daß Ansätze zu sehen sind.

Kontakt: Osmo, Hafenweg 31, 48155 Münster, ✆ 0251/692-0 (Mehrstabdiele „Eiche astig"); G+H Isover, 68526 Ladenburg, ✆ 0180/5010501 (Dämmfilz 320, Estrichplatten SPT/G

Ist das Ausrichten und Fixieren der ersten Reihe erstmal geschafft, geht die Arbeit flott voran: Diele anschlagen, die Schraublöcher über den Lagerhölzern im 45°-Winkel durch die Feder vorbohren und Spaxschrauben eindrehen. Abstandshölzer (im Hintergrund) sichern die umlaufende Dehnungsfuge. Sie muß etwa 12 bis 15 mm breit sein. Ebenfalls gut zu erkennen ist hier der erforderliche Lüftungsspalt von 5 bis 10 mm zwischen dem Dielenbelag und der schallabsorbierenden Dämmschicht zwischen den Lagerhölzern

1 *Die erste Dielenreihe zusammenstecken und mit Winkel und Richtschnur gerade ausrichten, Nutseite zur Wand. Sichern Sie eine ...*

3 *... Sie aber keinesfalls Leim an die Längsnuten. Die erste Reihe fixiert man mit Nägeln. Köpfe mit dem Dorn versenken und das ...*

5 *... endlos verlegt, die zweite Reihe konnte also mit den Reststück der ersten begonnen werden. Mit der Zulage klopft man ...*

7 *Das Einfügen des Endstücks einer Reihe geht mit dem Zugeisen problemlos vonstatten. Genauso verfährt man bei der letzten Reihe*

2 *... Dehnungsfuge von 12 bis 15 mm mit Abstandshölzchen. Die Eiche-Dielen mußten an den Kopfenden verleimt werden. Geben ...*

4 *... Loch mit Hartwachs auskitten. Mit der Stichsäge längen Sie die Dielen von der Rückseite her ab. Unsere Osmo-Dielen wurden ...*

6 *... Nut und Feder zusammen. Die Dielen im 45°-Winkel oberhalb der Feder vorbohren und mit den Lagerhölzern verschrauben*

8 *Osmo bietet Zubehörprodukte für Pflege, Reinigung, Nachbehandlung und kleine Reparaturen seiner werkseits geölten Dielen*

Unterkonstruktion bauen

Das Verschrauben von Massivdielen auf Kanthölzern ist ein altbewährter Aufbau. Unter den Lagerhölzern sollten Sie eine PE-Folie vollflächig auslegen, wenn mit Restfeuchtigkeit aus der Betondecke oder dem Estrich zu rechnen ist. Eine Dampfbremse auf der „warmen" Seite, also zwischen Dämmstoff und Dielen, ist erforderlich, wenn der Boden an Erdreich oder Außenluft angrenzt. Kleinere Niveaudifferenzen des Untergrunds lassen sich mit Sperrholzplättchen leicht ausgleichen. Man fixiert sie unter den Lagerhölzern.

Aus druckfesten Estrichdämmplatten werden trittschalldämmende Streifen zugeschnitten, ...

... auf denen man die Kanthölzer im Abstand von max. 50 cm waagerecht ausrichtet

Mit einer verschraubten Hilfslatte vermeidet man ein Verrutschen der ausgerichteten Hölzer

Die Hohlräume des Aufbaus werden mit schallschluckender Mineralwolle gedämmt

So machen's die Profis: 2 Parkett verkleben

Auch ein vollflächig fixiertes Parkett braucht Platz zum „Arbeiten". Hier wird die Fuge durch ein aufrecht stehendes Brett gesichert

Bei Klebeparkett handelt es sich meist um relativ dünne (10 bis 11 mm), massive Parkettstäbe. Ansonsten brauchen Sie einen Parkettkleber nebst Zahnspachtel und das übliche Parkett-Verlegewerkzeug

Profis „schwören" auf diese Verlegetechnik. In der Tat hat das Verkleben von Parkett Vorteile: Durch die vollflächige Fixierung wird der Boden in seiner „Beweglichkeit" gebremst. Aufwärts gewölbte Fugen, sog. Schüsselungen, durch zu trockenes Raumklima sind bei verklebtem Parkett so gut wie ausgeschlossen. Schüsselungen sind z. B. beim Abschleifen des Parketts unangenehm, da man an den Element-Rändern mehr Material abschleifen muß als in der Mitte. Bei mehrschichtigem Parkett reichen dann die vorhandenen Nutzschichten von

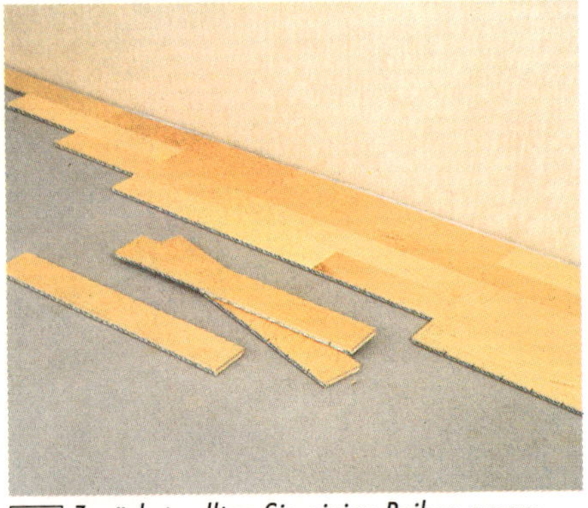

1 *Zunächst sollten Sie einige Reihen zusammenstecken. So läßt sich der Boden leichter gerade ausrichten. Ist die Wand krumm, ...*

2 *... markiert man ihren Verlauf und schneidet die erste Reihe entsprechend zu. Die Lage der Elemente anzeichnen, bevor Sie den ...*

3 *... Kleber aufzahnen. Hilfreich ist eine verdübelte Anschlagleiste statt der erkennbaren Linienmarkierung (nicht bei Fußbodenheizung!)*

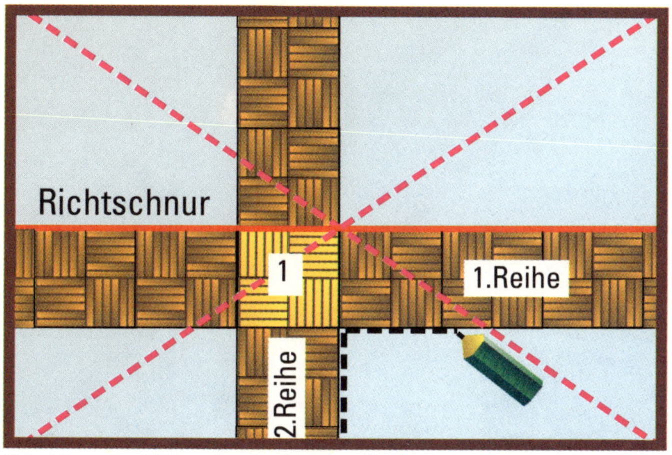

Bei nicht rechtwinkligen Räumen beginnen Sie besser so: Spannen Sie mit einer Richtschnur zwei Diagonalen und markieren Sie den Kreuzungspunkt. Durch diesen Punkt ziehen Sie nun eine Richtschnur parallel zur längeren Wand. Legen Sie nun die erste Reihe entlang dieser Linie lose aus, schneiden Sie auch gleich die Endstücke zu. Bei tafelförmigem Parkett sollten Sie rechtwinklig dazu die zweite Reihe verlegen. Die Lage des Kreuzes markieren und die Elemente entfernen. Kleber auftragen, Parkett einlegen und das Kreuz über Nacht trocknen lassen. Am nächsten Tag verkleben Sie dann Feld für Feld.

2 bis 4 mm für mehrmaliges Abschleifen nicht aus. Auch über Fußbodenheizungen verhält sich ein verklebtes Parkett weniger „agil".
Bei Klebeparkett handelt es sich in der Regel um nur 10 bis 11 mm dünne Massivholz-Elemente. Da in Baumärkten meist nur tafelförmig zusammengefaßtes Mosaikparkett angeboten wird, müssen Sie schon in den Fachhandel gehen, um die hier gezeigten Parkettstäbe zu erwerben. Im Prinzip eignet sich aber fast jedes Parkett zum Verkleben. Fragen Sie im Zweifelsfällen beim Hersteller nach.
Voraussetzung für ein perfektes Ergebnis ist die richtige Untergrund-Behandlung. Der Boden muß trocken, sauber, tragfähig und sehr eben sein (s. auch Kasten rechts). In Frage kommen – neben allen Estricharten – Trockenestrich-Elemente aus Gipsfaser, Spanplatten, Steinböden und Fliesen – sofern man die Fugen mit Nivelliermasse egalisiert. Wichtig: Neue Fließestriche müssen abgeschliffen, Zementestriche und Betonböden mindestens 28 Tage alt sein. Wichtig ist auch die exakte Kleberdosierung. Sie ergibt sich durch die Verwendung des richtigen Zahnspachtels. Die Angabe finden Sie auf der Kleberdose (hier B 2 oder B 3). Der hier eingesetzte Kleber ist nicht nur wegen der langen Offenzeit von 30 min. ideal für Heimwerker. Da er wasser- und lösungsmittelfrei ist, kann es auch nicht zum Aufquellen und Verziehen des Parketts kommen.

Kontakt: G. Gunreben, Pointstr., 96129 Strullendorf, ✆ 09543/448-0 (Fertigparkett „Dominik", kan. Ahorn); Henkel KGaA, Henkelstr. 67, 40589 Düsseldorf, ✆ 0211/797-0 (Ponal Parkettflächenkleber und Parkett-Randfugenfüller, Pattex Montagekraftkleber)

Untergrund-Arbeit ist hier besonders wichtig

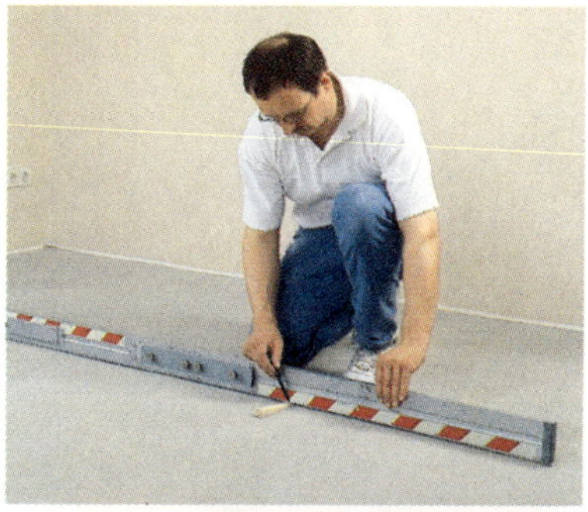

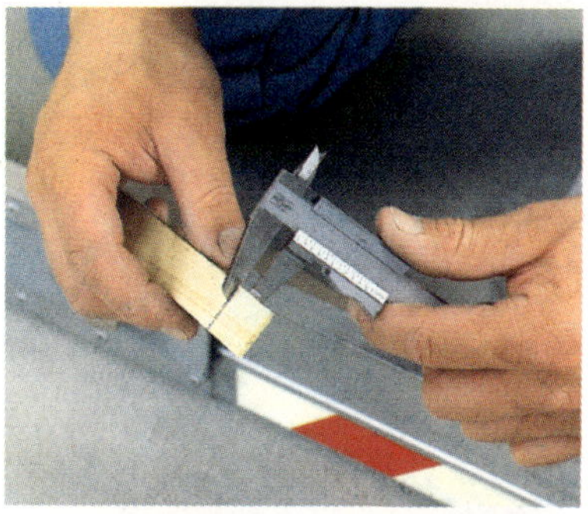

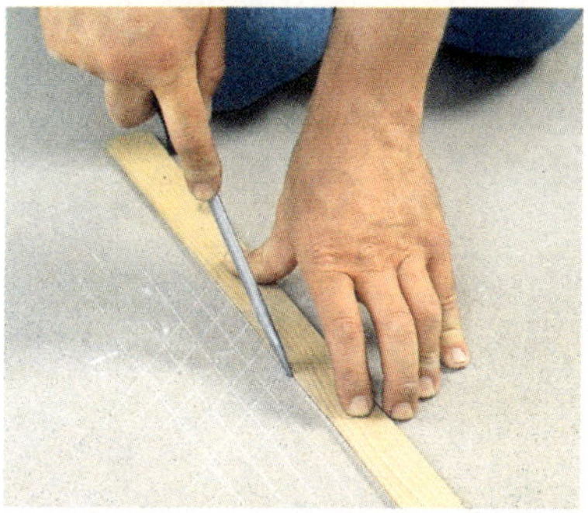

Ein Klebeparkett erfordert eine besonders sorgfältige Überprüfung und Vorbereitung des Untergrund. Der Boden muß eben, trocken, sauber und tragfähig sein. Unsere beiden oberen Bilder zeigen, wie Sie Unebenheiten entdecken und ablesen: Überprüfen Sie den ganzen Raum mit einer langen Richtlatte. Bilden sich Zwischenräume zum Boden, einen Holzkeil dazwischenschieben und eine Linie entlang der Richtlatte ziehen. Mit einer Schieblehre läßt sich dann der Grad der Unebenheit genau ablesen. Ab 2 mm Niveaudifferenz ist ein Ausgleich mit Nivelliermasse erforderlich. Die Festigkeit und Tragfähigkeit des Untergrunds kontrollieren Sie durch kreuzweises Einritzen mit einem Schraubendreher (drittes Bild). Frische Estriche müssen mindestes vier Wochen trocknen. Ob Restfeuchte vorhanden ist, prüfen Sie mit einem Stück Folie, das Sie auf dem Boden festkleben und ca. 48 Stunden dort lassen (im Winter den Raum heizen). Bildet sich Kondenswasser (Bild unten), müssen Sie mit der Verlegung noch etwas warten.

4 *Die Parkettstäbe werden jeweils knapp vor den bereits verlegten ins Kleberbett gelegt, dann angeschoben. Mit dem Handballen ...*

5 *... anklopfen. Nut und Feder nicht verleimen! Übergänge zu anderen Belägen dauerelastisch verfugen oder mit einer Schiene überdecken*

6 *Statt Nägel, Schrauben oder Clip-Systemen können Sie zum Befestigen der Sockelleisten auch einen Montagekleber einsetzen*

Unkompliziert: 3 Parkett schwimmend verlegen

Für die schwimmende Verlegung brauchen Sie u. a. Parkettleim und eine dünne, elastische Zwischenschicht, z. B. aus Kork

1 *Entlang der Fenster wurde zunächst das Unterteil einer Schiene verdübelt, auf die später ein flaches Abdeckprofil gesteckt werden ...*

2 *... sollte. Dann die erste Dielenreihe mit der Nut zum Fenster hin auslegen und gerade ausrichten, das Endstück passend ablängen*

3 *Die Kopfseiten der ersten Reihe verleimen. Ab der zweiten Reihe zusätzlich einen durchgehenden Leimstrang an die Längsnuten ...*

4 *... geben und die Elemente mit Schlagklotz und Fäustel zusammentreiben, bis Längs- und Quernuten geschlossen sind. Dehnungsfuge ...*

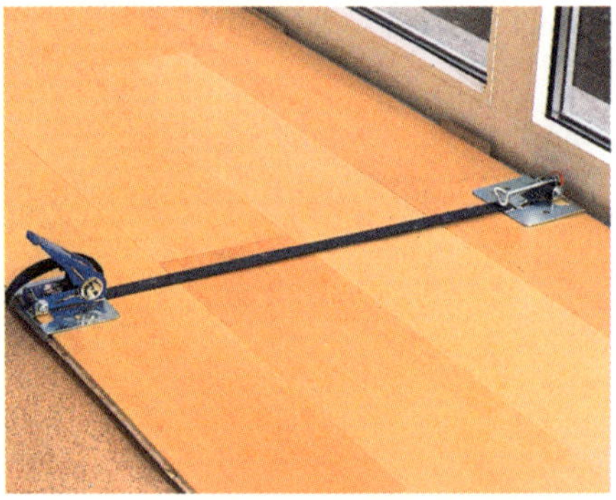

5 *... von ca. 15 mm zu Wänden mit Holzkeilen sichern. Spanngurte verhindern, daß frisch verleimte Dielen beim Verlegen auseinandergehen*

6 *Das Problem Heizungsrohre gehen Sie von zwei Seiten an. Beim Rohrausschnitt ebenfalls eine Dehnungsfuge berücksichtigen*

Die „schwimmende Verlegung" von Parkett wird gemeinhin als die Technik gesehen, die für Heimwerker am besten geeignet ist. Wohl auch deshalb, weil die Vorbereitung des Untergrunds relativ unkompliziert ist (s. Kasten unten). Schwimmend verlegen bedeutet: Die Elemente müssen an Nut und Feder verleimt eine zusammenhängende Platte bilden, die keine Berührung zu Wänden oder sonstigen Bauteilen haben darf. Sie muß auf dem Untergrund „schwimmen". Auch hier unbedingt eine Dehnungsfuge von ca. 10 mm einhalten. Die ersten Reihen können ein wenig knifflig sein, da beim Anschlagen der Elemente bereits verlegte manchmal aus Nut und Feder rutschen. Mit Spanngurten verhindern Sie das. Parkett zur schwimmenden Verlegung ist aus Gründen der Formstabilität meist mehrschichtig aufgebaut. Die obere Nutzschicht sollte nicht dünner sein als ca. 3 mm, um sie abschleifen und neu versiegeln zu können.

Kontakt: Ramp + Mauer, Reifenberger Str. 1 65719 Hofheim, ✆ 06192/966-0 (Landhausdiele Buche „Pardio Parkett Star Extrema")

Die Untergrund-Vorbereitung ist in der Regel nicht so aufwendig

Bei einer schwimmenden Verlegung muß der Untergrund im Prinzip eben, trocken und fest sein. Allerdings – geringe Unebenheiten werden durch die erforderliche elastische Trittschall-Unterlage ausgeglichen. Üblich sind z. B. wärmedämmender Rollenkork (rechtes Bild), PE-Schaumfolie oder Rippenpappen. Sie gleichen z. B. auch die Fugen eines Fliesenbelages aus. Auf kurzflorigem Teppichboden (z. B. Nadelfilz) können Sie das Parkett auch direkt verlegen. In Neubauten und in nicht unterkellerten Räumen sollten Sie immer zuerst eine Dampfbremse gegen Restfeuchte von unten verlegen (linkes Bild). Die überlappenden Bahnen an den Rändern hochführen.

Sisal: schön, robust und voll im Trend

1 Die Sisalbahn wird lose auf dem ebenen, grundierten Untergrund ausgelegt – möglichst parallel zum Lichteinfall. Der Belag ...

2 ... mußte entspannt um den Fenster-Vorsprung herum ausgelegt werden. Deshalb war hier ein Entlastungsschnitt nötig

3 An den Wänden hochgeführt und eventuelle Anschlußbahnen überlappend ausgelegt, muß sich der Sisal akklimatisieren, bevor er ...

4 ... nach frühestens 12 Stunden verklebt wird. Die Auftragsmenge des Klebers und damit die Größe des Zahnspachtels ist abhängig von ...

5 ... der Rückenstruktur. Erst eine Bahnhälfte zurückschlagen. Dann den Kleber vollflächig bis zum Rand aufziehen und ausreichend ...

Untergrund-Vorbereitung

Wie jeder textile Bodenbelag braucht Sisal einen ebenen, sauberen, trockenen, staub- und rißfreien Verlege-Untergrund. Altbeläge und Kleberreste müssen entfernt werden. Empfehlenswert ist eine ca. 2 mm dicke, vollflächige Spachtelung mit einer saugfähigen Bodenspachtelmasse. Sie glättet rauhe Untergründe, gleicht kleine Unebenheiten (z. B. an Spanplattenstößen) aus und hält feuchtigkeitsbedingte Dimensionsänderungen des Sisals beim Trocknen von Dispersionsklebern so gering wie möglich. In jedem Fall sollte zur Verbesserung der Klebehaftung eine Grundierung aufgebracht werden. Sisal eignet sich auch auf Heizestrichen (max. Oberflächentemperatur: 30 °C). Bei neuen Estrichen muß ein Aufheizprotokoll belegen, daß keine Restfeuchtigkeit mehr im Estrich vorhanden ist.

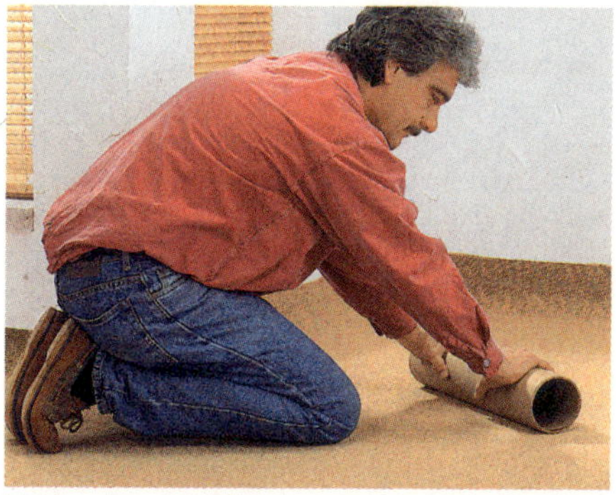

6 ... lange ablüften lassen (30 min bei unserem Kleber), bevor Sie den Belag in das Kleberbett legen und mit Druck bis zum Rand hin anrollen

7 Dann drückt man den Sisal kräftig in die Wandecke – am besten mit einem Anreibehammer, der die Schnittkante sichtbar macht

Sisalfasern können eine starken Bewegungsdrang entwickeln. Wie alle pflanzlichen Fasern reagieren sie auf stark steigende oder sinkende Luftfeuchtigkeit mit Dimensionsänderungen. Deshalb sollte ein Sisal-Teppichboden fest am Untergrund fixiert sein – entweder durch Verspannen (was Profi-Kenntnisse erfordert) oder durch vollflächiges Verkleben. Zur Vergrößerung der Klebekontaktfläche ist z. B. die rückseitige Natur-

9 Nähte verkleben: Die erste, gerade beschnittene Bahn ins Kleberbett drücken. Die zweite entlang dem Kettfaden so zuschneiden, ...

10 ... daß sie noch ca. 10 mm überlappt. Die Wölbung, die sich dann beim Aufeinanderstoßen der Nähte bildet, sorgfältig ins Kleberbett rollen

8 *Entlang der eingedrückten Markierung läßt sich die Hakenklinge leicht führen. Schützen Sie die Schnitthand mit Arbeitshandschuhen*

11 *In Schußrichtung, also quer zur Bahn, schneidet man nur dann, wenn ein Profil die ausfransende Kante überdeckt, z. B. in Türöffnungen*

So bleibt Sisal lange schön

- Sorgen Sie für eine Raumluftfeuchtigkeit von mindestens 50%; im Winter ist dazu meist ein Luftbefeuchter nötig.
- Reinigen Sie Ihren Sisalboden regelmäßig in kurzen Abständen am besten mit einem Bürststaubsauger (weiche Borsten).
- Behandeln Sie den Sisalbelag ab und zu mit einem Spezial-Reinigungs-Shampoo (s. Bild unten) oder einem Trockenpulver.
- Tupfen Sie verschüttetes Wasser sofort mit einem Tuch auf und trocknen Sie die Stelle von außen nach innen mit dem Fön.
- Flecken mit einem wassergetränkten Tuch oder speziellem Sisal-Fleckentferner behandeln. Dabei nicht reiben, damit sich der Schmutz nicht weiter verteilt.
- Um z. B. Dimensions- und Farbänderungen zu vermeiden, sollten Sie eine eventuelle Naßreinigung einem Profi überlassen.

latex-Beschichtung unseres Sisalbodens waffelförmig ausgebildet. Unerläßlich für eine gute Haftung ist ein perfekt vorbereiteter Untergrund (Kasten S. 319) und der richtige Umgang mit dem Kleber. Setzen Sie möglichst lösemittelfreie Dispersions-Bodenkleber ein, und halten Sie die vom Kleberhersteller angegebene Ablüftzeit ein, bevor Sie die Sisalbahn in das Kleberbett einlegen. Erst danach führt man die Randzuschnitte aus. Das geht mit einer scharfen Hakenklinge recht gut. Ganz zum Schluß verklebt man die Nähte zwischen den Bahnen (Bilder 10 und 11). Um eine saubere, auf Druck gearbeitete Naht zu erhalten, müssen Sie die Webkanten entlang eines geraden Kettfadens wegschneiden. Aus produktionstechnischen Gründen sind sie nämlich unbeschichtet.

Sisal gewinnt man aus den Blättern der Sisalagave, die in Brasilien und Mexiko heimisch ist. Die vom Blattgrün getrennten Fasern werden gewaschen, getrocknet, versponnen und mit Naturfarben behandelt (die Naturfasern sind hellbeige, u. links). Dann verwebt man sie zu Matten und Teppichen. Bahnenware erhält meist eine Naturlatex-Beschichtung

Grundstoffe für die Linoleum-Produktion: Leinöl, Harze, Trockenstoffe, Holz- und Korkmehl, Kalksteinpulver und Pigmente. Die Linoleumdeckmasse wird auf Jute und Spanplatten aufgewalzt

Linoleum: ein ›Parkett‹ für Kreative

Seit Generationen ist Linoleum als fast unverwüstlicher Bodenbelag aus natürlichen Rohstoffen bekannt. Nachdem hohe Anforderungen an eine professionelle Verlegung Linoleum in den letzten Jahrzehnten aus dem Privatbereich weitgehend verdrängt haben, könnte dem Belag eine Renaissance bevorstehen: Als Nutzschicht auf parkettähnlichen Feinspanplatten ist das Material jetzt auch für Laien leicht zu verlegen. Die fertig zugeschnittenen Nut- und Feder-Elemente mit einer 2 mm starken Beschichtung sind in unterschiedlichen Dekoren auch miteinander kombinierbar – statt dem tristen Dunkelgrün aus der

Die Verlegung der ersten Elementreihe ist entscheidend

Bei ungeradem Wandverlauf erhalten Sie einen exakten Abschluß, wenn Sie die Konturen direkt von der Wand auf die erste Parkettreihe übertragen und entsprechend aussägen. Legen Sie dazu die Elemente gerade ausgerichtet (Schnurschlag) vor der Wand aus und fahren Sie die Wandkonturen mit einer aus einem Restholz gebauten Stiftschablone ab.

1 *Entsprechend dem geplanten Muster legt man die erste Reihe lose aus, Nutseite zur Wand. Mit Keilen die Dehnungsfuge sichern*

2 *Durch die Musteranordnung ergibt sich automatisch der erforderliche Fugenversatz. Den wasserfesten Parkettleim in einem ...*

3 *... durchgehenden Strang oben auf die Feder geben und die Elemente mit Zulage und Gummihammer vorsichtig zusammenschlagen*

4 *Die Dekor-Elemente sind mit drei Nutseiten versehen, so daß sie mit den dazugehörigen losen Federn beliebig einsetzbar sind*

Leim, der beim Zusammenbau aus den Fugen quillt, sollten Sie sofort mit einem feuchten Schwamm abwischen. Zum Entferner angetrockneter Leimreste gibt es auch speziellen Parkettleim-Entferner

Heimwerker-Lexikon

5 *Zum Einpassen der Endstücke legen Sie diese bündig auf die vorletzte Reihe. Ein weiteres Element mit der Feder zur Wand auflegen, ...*

6 *... Abstand markieren und das Paßstück zuschneiden. Mit Hilfe eines Zugeisens klopft man Nut und Feder zusammen. Das ...*

7 *... verlegte Linoleum sollte nach rund 24 Stunden mit einem Spezialmittel des Herstellers, der sog. „Einpflege" behandelt werden*

Turnhalle lassen sich damit ansprechende Fußböden in Wohnräumen realisieren. Für Feuchträume ist das Linoleum-Parkett aufgrund seiner Spanplatten-Basis allerdings nicht geeignet.
Die Verlegung erfolgt schwimmend wie bei Fertigparkett auf festem Untergrund oder direkt auf dem Estrich – als Zwischenschicht sollte eine stabile Pappe untergelegt werden. Mit den 24 x 120 und 24 x 24 cm großen Elementen in acht Farbtönen lassen sich Muster legen oder Raumbereiche markieren. Das Linoleum ist ab Werk mit Acrylatdispersion versiegelt und erfordert deshalb einen vergleichsweise geringen Pflegeaufwand. □

Tragfähigkeit bis Umleimer

Tragfähigkeit Widerstand eines Baugliedes oder einer Konstruktion gegen Bruch. Außerdem versteht man darunter die Fähigkeit, die Lasten einschließlich des Eigengewichts unter Berücksichtigung eines Sicherheitszuschlages dauerhaft zu tragen.

Traglattung Gehobelte Latten, die man mit der Grundlattung verschraubt und an denen die Beplankung befestigt wird. Durch Unterkeilen zwischen Grund- und Traglattung können kleine Unebenheiten ausgeglichen werden. Auch hier darf man einen maximalen Achsabstand nicht überschreiten.

Tragständer für Sanitärobjekte Verzinkte Stahl-Formteile, die zusätzlich am normalen Ständerwerk verschraubt werden und der Aufnahme von direkt angebrachten Sanitärobjekten wie Waschtisch, Toilette oder Bidets dienen. Erhältlich als Komplettmodule, die zur direkten Beplankung geeignet sind.

Tragverhalten Das Vermögen eines Befestigungselementes, in Verbindung mit dem Untergrund eine angreifende Kraft zu übertragen.

Transportrollen sind Rollen, die das leichte Bewegen von Transportgegenständen wie Kisten, leichten Holzcontainern etc. ermöglichen. Sie können lenkbar (Lenkrolle) oder starr (Bockrolle) sowie fixierbar (mit Feststellvorrichtung) und nicht fixierbar (ohne Feststellvorrichtung) sein. Es gibt z.B. Transport-Lenkrollen mit Platte, feststellbar, Gehäuse aus Stahlblech verzinkt, Schwenklager mit zweifachem Kugelkranz, Radachse verschraubt, Rad: Gummi oder Transport-Bockrolle, nicht feststellbar, Gehäuse Stahlblech verzinkt, Radachse verschraubt, Rad Gummi.

Trapez-Verbinder ist eine andere Bezeichnung für ‚Trapezbeschlag'.
Es handelt sich um ein lösbares Verbindungselement für den Möbelbau.

Traverse für Sanitärobjekte Quer-Tragelement aus verzinktem Stahl, das zwischen zwei Tragständern im Ständerwerk montiert wird, um die Sanitärobjekte direkt daran zu befestigen. Gute Alternative zu kompletten Modulen, weil man sie problemlos in herkömmlichen Ständerwerken montieren kann.

Trennscheiben sind ein wesentlicher Bestandteil des Winkelschleifers. Es gibt sie in unterschiedlicher Qualität und zahlreichen Ausführungen. T. sind für das Trennen von Stein geeignet. Spezielle Produkte sind die Diamant-Trennscheiben. Sie verfügen über einen besonderen Schliff, bestehen aus speziellem Material und eignen sich für das Schneiden von Baustoffen wie Beton, Waschbeton, Kalk-sandstein, Naturschiefer, Granit etc. (je nach Ausführung).

Trittschalldämmung Dämmschicht unter Estrichen zur Verhinderung der Trittschallübertragung in benachbarte Geschosse oder Wohnungen. Die Estrichplatte muß vollständig vom Baukörper entkoppelt sein. Bei Holzbalkendecken werden zwischen Balkenlage und Fußbodenaufbau Filz- oder Neoprenstreifen zur Entkopplung eingebaut. Handelsübliche Materialien: Mineralwolle, Polystyrol, Perlite etc.

Trittschallplatten sind Verbundplatten-Elemente mit eingearbeiteter Trittschall-Dämmschicht.

Trockenputz Mit Mörtelbatzen an die Wand geklebte Gipskartonplatten als Ersatz für eine naß aufgetragene Putzschicht. Hierbei sind kaum noch die sonst üblichen Trocknungszeiten abzuwarten.

Trockenschüttung Körniges Dämmaterial, das bei unebenen Fußböden als Niveauausgleich verwendet wird. Nach dem Einbau muß die T. durch Abdeckplatten verdichtet werden. Sie wirkt meist gleichzeitig schall- und wärmedämmend.

Trockenunterboden Bodenaufbau in Trockenbauweise mit Gipselementen (im Gegensatz zur Naßbauweise wie Mörtel- oder Fließestrich).

Tupf-Technik Methode der Wandgestaltung: Die Farbe wird mit einem Schwamm tupfend auf die Wand aufgebracht. Die Wand sollte vorher einheitlich gestrichen worden sein.

Türständerprofile Spezielle Elemente für den Einbau von Türen in einer Leichtbauwand aus Metallständern.

Türzargen gibt es einbaufertig in genormten Maßen aus Holz und Metall, auch für den Einbau in Leichtbauwänden.

Ulme gehört zu den europäischen Laubhölzern. Das Holz der U. hat eine zähe, harte und langfaserige Struktur. Es ist sehr dauerhaft und haltbar. Anwendung: Hervorragendes Holz für den Boots-, Schiffs- und Brückenbau. Gutes Möbel- und Furnierholz. Das Holz wird aufgrund seiner Eignung auch gern für Drechsel- und Wagnerarbeiten eingesetzt.

Umleimer Kantenumleimer werden komplett mit Klebeschicht meterweise von der Rolle angeboten.
Das Anbringen von Umleimern ist ganz einfach. Zuerst wird der Umleimerstreifen

Bitte lesen Sie weiter auf Seite 329

Teppichböden

Trotz Parkett- und Laminat-Boom – Teppichböden sind nach wie vor die Nummer Eins unter den Bodenbelägen. Sie vermitteln Behaglichlich, dämpfen den Trittschall und wirken wärmeisolierend. Lesen Sie auf den nächsten Seiten, was es bei den verschiedenen Materialien und Verlegemethoden zu beachten gilt

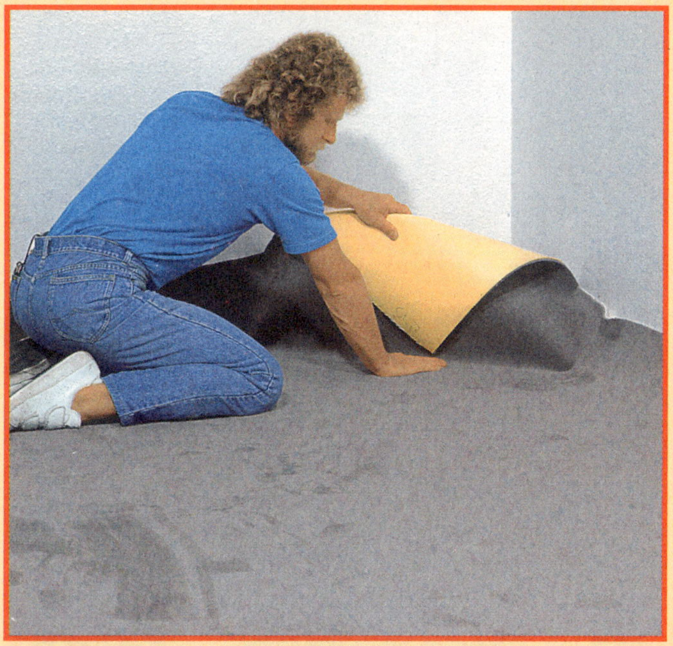

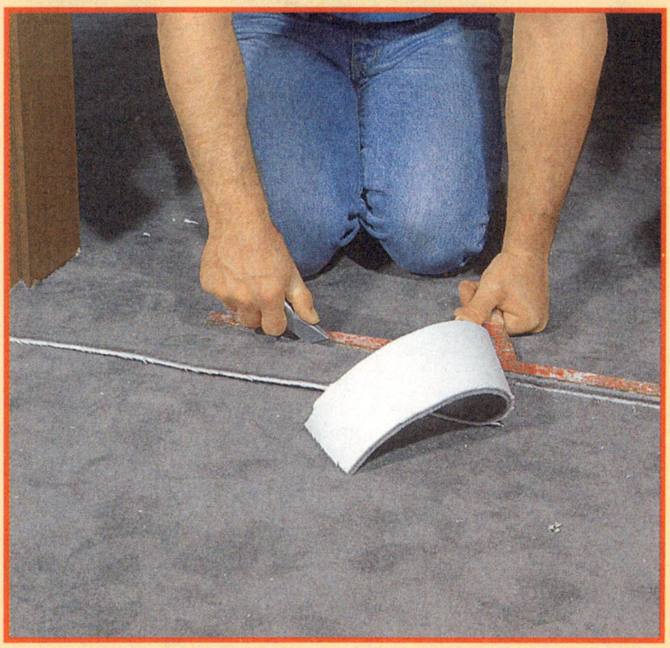

1. Materialien und Qualitäten

Das Teppich-Siegel informiert über Gebrauchseigenschaften

Daß der erste Blick beim Teppichbodenkauf Farbe, Design und Oberflächenstruktur gilt, ist verständlich. Immerhin muß der neue Belag auch zum Interieur der Wohnung passen. Wenn Sie aber wissen möchten, ob das, was gefällt, auch die erwarteten Gebrauchseigenschaften mitbringt, sollten Sie die Angaben auf dem Teppich-Siegel (1.1) genauer studieren. Dieses Zeichen attestiert die Einhaltung vorgegebener Qualitätsnormen, die Materialzusammensetzung der Nutzschicht, das Verschleißverhalten (‚Strapazierwert'), die Dichte und Höhe des Flors (‚Komfortwert') und verschiedene Zusatzeignungen, die in Piktogrammen dargestellt sind. Berechtigt, dieses Siegel zu tragen, sind Produkte, die eine entsprechende Prüfung beim Deutschen Teppichforschungsinstitut in Aachen bestanden haben.

Gängige Materialien für die Nutzschicht

Bei rund 90 Prozent aller Teppichböden sind die Nutzschichten aus synthetischen Fasern oder Mischgeweben gefertigt. Überwiegend kommt hier Polyamid zum Einsatz. Noch nicht einmal 10 Prozent Marktanteil entfallen auf Textilbeläge aus reiner Schurwolle, die am ‚Wollsiegel' zu erkennen sind. Zu einem geringen Teil finden auch pflanzliche Fasern Verwendung – wie z. B. Sisal, dessen Verarbeitung wir auf den Seiten 319 und 320 beschrieben haben.

Die meisten Teppichböden sind ‚getuftet'

Rund 80 Prozent der textilen Bodenbeläge werden im sog. Tufting-Verfahren hergestellt. Dabei wird ein langer Gewebefaden, das Polgarn, nach dem Nähmaschinenprinzip mit vielen hundert Nadeln gleichzeitig schlingenförmig in ein Trägergewebe, meist aus Polypropylen, eingestochen. Auf diese Weise entsteht eine Schlingenflor- bzw. Bouclé-Nutzschicht. Werden die Schlingen während der Fertigung aufgeschnitten, erhält man einen Schnittflor bzw. Velours (1.2).

Verbindungsschicht und Zweitrücken

Da das Polgarn beim Tuften mit dem Trägermaterial nur lose verknüpft wird, fixiert man es an der Unterseite, in der Regel mit Synthese-Latex. Diese Lage ist die Verbindungsschicht zum Zweitrücken, der sichtbaren Unterseite. Er besteht ebenfalls häufig aus geschäumtem Synthese-Latex

1.1.

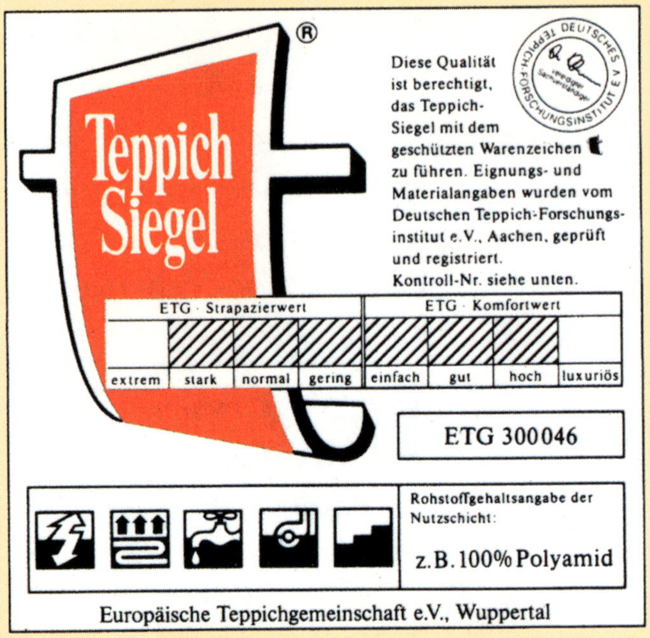

***Das Teppich-Siegel** gibt technische Informationen u. a. zu Strapazierfähigkeit und Flordichte. Je mehr Felder nach links bzw. rechts hin schraffiert sind, desto besser ist die Qualität. Die Piktogramme bedeuten (v. links n. rechts):*
- *dauerhaft antistatisch,*
- *für Fußbodenheizung geeignet*
- *feuchtraumgeeignet (z. B. Bad)*
- *verträgt Rollen von Bürostühlen*
- *für stark beanspruchte Treppen*

***Tufting-Teppichboden:** Ob Schlinge (l.) oder Velours – das Polgarn-Trägergewebe wird zunächst von der Unterseite beschichtet, dann folgt das Aufbringen des sichtbaren Teppichrückens*

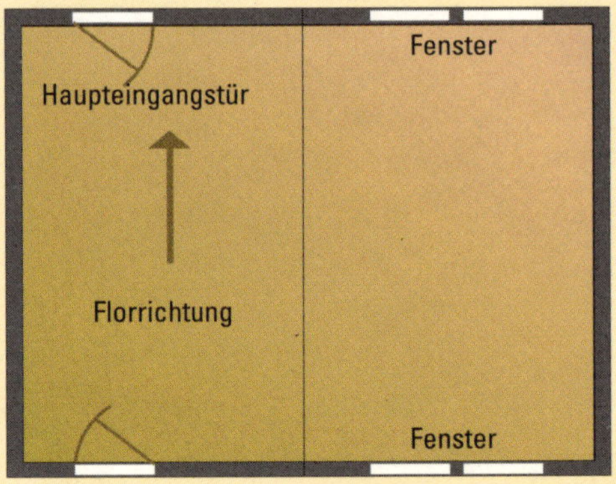

***Teppichboden quer verlegt:** Aufgrund der Raummaße und der Lage von Fenstern und Türen empfiehlt sich hier eine Querverlegung. Die Naht verläuft mit dem Lichteinfall*

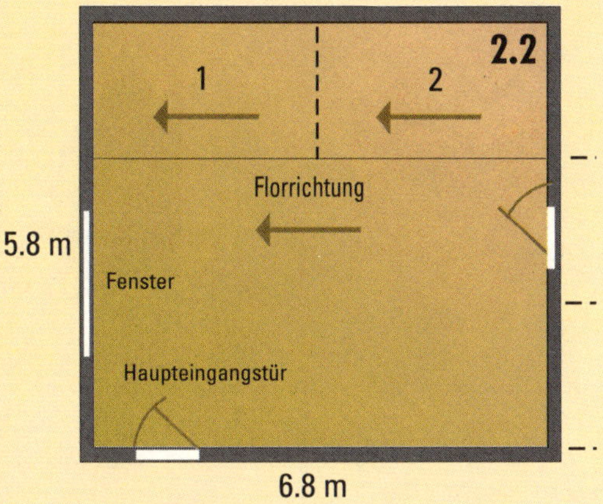

In Längsrichtung verlegt: *Die Hauptnaht liegt parallel zum Tageslicht. Für die Felder 1 und 2 wurde die 4-m-Bahn in Längsrichtung geteilt und der Verschnitt somit minimiert. Die kleine Naht fällt kaum auf*

Untergründe vorbereiten 3.1

Untergrund:	Maßnahme:
Kleine Unbebenheiten z. B. durch Klebereste	schleifen, Voranstrich und vollflächig spachteln
stark unebener Estrich	mit selbstverlaufender Spachtelmasse ausgleichen
neue Anhydrid-Estriche	schleifen und grundieren
Gußasphalt-Estriche	Haftgrund auftragen
sandige/poröse Estriche	mit Tiefgrund festigen
alte Lackschichten	aufrauhen
Span-, Gips-, Holzfaserplatten	Plattenstöße schleifen, Voranstrich, evtl. dann elastische Spachtelmasse
alte Dielenböden	Dielen festschrauben, Unebenheiten abschleifen, Fugen mit Spachtel schließen oder Holzspanplatten verlegen
alte Teppichböden	nur auf kurzflorigen Belägen, z. B. Nadelvlies, mit Haftvlies fixieren, nicht kleben

Untergründe vorbereiten: *Voraussetzung für das Verlegen von Teppichbelägen ist ein ebener, fester, trockener, rißfreier und sauberer Untergrund. Dieser läßt sich grundsätzlich bei allen Estrichen und vorhandenen Nutzbelägen mit den geeigneten Maßnahmen herstellen*

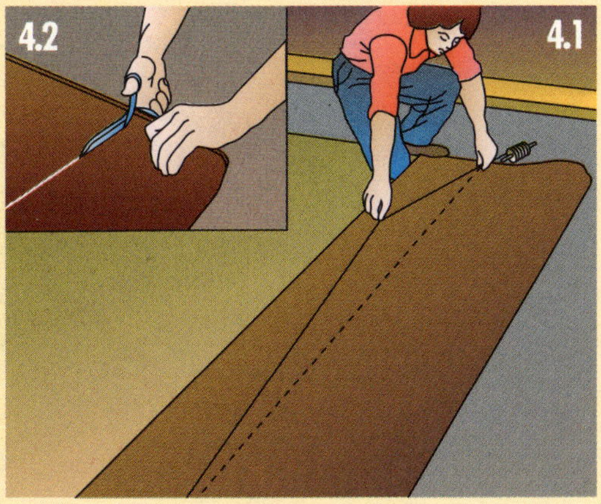

Grobschnitte: *Hochflorigen Velours (4.1) von der Rückseite schneiden, dazu Schnittlinie mittels Schnurschlag und Kreide markieren. Schlingenware (4.2) entlang der Florgasse mit dem Messer durchtrennen*

oder aus Polyurethan-Schaum. Zunehmend findet man auch textile Zweitrücken aus Polypropylen. Bezüglich der Umwelt- und Gesundheitsverträglichkeit werden die in Teppichböden eingesetzten Materialien seit einigen Jahren zum Teil kontrovers diskutiert. Das von der ‚*GuT – Gemeinschaft umweltfreundlicher Teppichboden e.V.*‘ 1990 ins Leben gerufene Signet ‚Teppichboden schadstoffgeprüft‘, geht beispielsweise den Verbraucherverbänden nicht weit genug. Stein des Anstoßes sind u. a. das synthetische ‚SBR‘-Latex und die Pyrethroide, die bei Schurwollteppichböden als Mottenschutz eingesetzt werden. Wohingegen eine Polyamid-Nutzschicht mit Polyethylenzwischenschicht und einem Polypropylen-Rücken als ‚akzeptabel‘ angesehen werden. Wer sich intensiver mit dieser Problematik beschäftigen möchte, kann Informationsmaterial bei den örtlichen Verbraucherberatungsstellen und der GuT (Hergelsbendenstr. 49, 52080 Aachen) erhalten.

Diskussion um Gesundheits- und Umweltverträglichkeit

2. Bedarf ermitteln

Haben Sie Ihren Wunschbelag gefunden, sollten Sie zur Bedarfsermittlung eine maßstabsgerechte Grundrißzeichnung Ihrer Wohnung anfertigen. Berücksichtigen Sie dabei Fenster, Türen und Nischen. Rechnen Sie immer mindestens 10 cm an Material in Länge und Breite hinzu. Darüber hinaus hängt der Materialbedarf auch von Struktur und Dekor des Flors sowie der Bahnenbreite ab. Die Hauptstöße zwischen den meist 4 oder 5 m breiten Bahnen sollten so geplant werden, daß sie nicht im stark strapazierten Türbereich liegen, sondern möglichst dort, wo sie durch Möbel verdeckt werden und/oder dem Lichteinfall von Fenstern folgen. Bei Veloursböden darauf achten, daß der Flor unabhängig von den Nähten immer in die gleiche Richtung zeigt (2.1. und 2.2).

Eine Grundrißzeichnung hilft bei der Bedarfsermittlung

Bei Velours auf die gleiche Flor-Richtung achten

3. Untergründe

Generell erfordern Teppichböden einen ebenen, festen, trockenen, rißfreien und sauberen Untergrund. Alte Beläge und Kleber müssen darum meist entfernt werden. Eine Arbeit, die sehr mühselig sein kann. Profis verwenden

So bauen Sie selbst einen ‚Stripper'

zum Ablösen alter Beläge den sog. Stripper. Dieses Hilfsmittel erhalten Sie eventuell im Werkzeugverleih. Ein ähnliches Gerät können Sie aber auch leicht selbst herstellen: Schrauben Sie ein ca. 10 cm breites Stahlblech an die Grundplatte des Schwingschleifers. Vorn sollte es ca. 2 cm überstehen, so daß Sie das Blech wie einen Spachtel einsetzen können. Kleberreste lassen sich auch mit einer Leih-Schleifmaschine entfernen (Staubmaske tragen!). Vorsicht beim Entfernen alter PVC-Beläge und sog. Flexplatten: Sie können Asbest enthalten. Ziehen Sie beim geringsten Zweifel einen Experten zu Rate.

Mit Spachtelmasse schaffen Sie einheitliche Untergründe

Sind alte Belagsreste entfernt, können Sie mit einem vollflächigen Spachtelauftrag (zementhaltige, lösemittelfreie Spachtelmasse, Chromat-arm nach TRGS 613) einen einheitlich saugfähigen und ebenen Untergrund herstellen. Spachtelmasse und/oder Grundierung (Tabelle 3.1) müssen auf die später verwendeten Fixierungen oder Kleber abgestimmt sein (s. Kap. 5).

4. Auslegen und Zuschneiden

Längere, gerade Schnitte vor dem Auslegen führt man bei hochflorigem Velours am besten von der Rückseite aus (4.1.1). Zum Schneiden eignet sich ein Cutter mit Trapezklinge. Nehmen Sie als Führung ein Metall-Lineal und legen Sie ein Brett unter die Schnittlinie. Schlingenware läßt sich auch mit einer guten Schere entlang einer geraden Florgasse durchtrennen (4.1.2).

Der Belag muß faltenfrei im Raum ausgelegt werden

Legen Sie dann den Belag faltenfrei im Raum aus. An allen Rändern soll so viel überstehen, daß sich eine saubere Kante schneiden läßt. Aneinandergrenzende Bahnen werden 5 bis 10 cm überlappend ausgelegt. An Ecken, Heizkörperrohren und anderen Hindernissen sind Entlastungsschnitte erforderlich (Zeichnungen 4.2 bis 4.4).

Auch textile Bodenbeläge müssen sich akklimatisieren

Dann sollten Sie Ihrem Bodenbelag über Nacht Zeit zum Akklimatisieren lassen. Am nächsten Tag kann dann der Feinzuschnitt gemacht werden – vorausgesetzt, der Teppichboden wird nicht vollflächig fixiert oder verklebt. Dann folgt dieser Arbeitsgang ganz zum Schluß. Einen geraden Wandanschluß kann man mit dem Cutterkant,

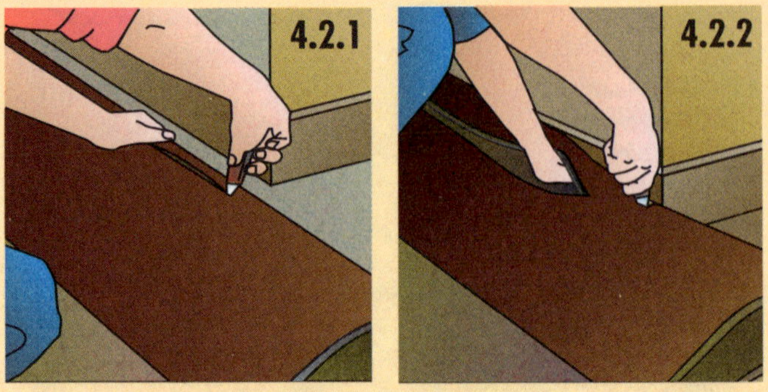

Entlastung an Ecken: Man rollt den Belag bis zum Wandvorsprung und zieht mit ca. 5 cm Zugabe parallel einen Längsschnitt bis 5 cm vor die Außenkante. Vom Eckpunkt (4.2.2) ausgehend, einen Verbindungsschnitt ...

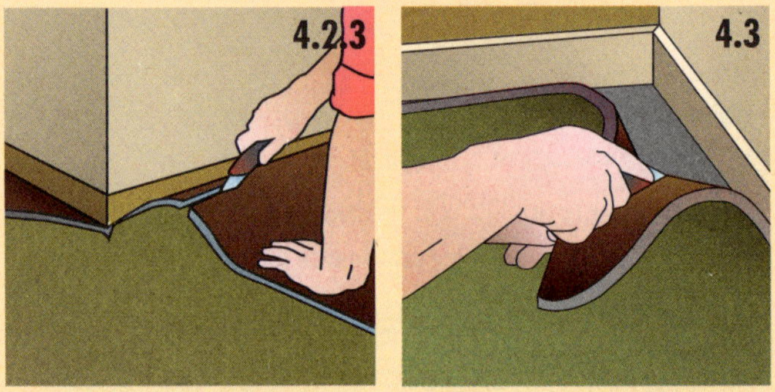

... machen. Den Teppich glatt um die Außenkante herumlegen und den Belag wieder 5 cm über dem Boden abschneiden. An Innenecken (4.3) zieht man den Entlastungsschnitt exakt aus der Ecke heraus nach außen

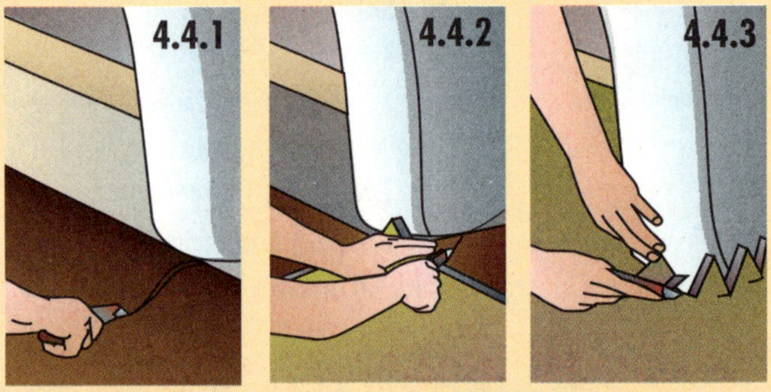

Runde Zuschnitte: Die Bahn bis zum Hindernis ausrollen und vom Mittelpunkt einen Schnitt zum Teppichrand ziehen. Teppich beidseitig nach und nach durch dreieckig zulaufende Entlastungsschnitte anpassen

Gerade Schnitte: Den dreischenkligen Cutterkant in die Ecke drücken, den Bodenbelag mit einer Tapezierschiene anpressen und entlang der oberen Kante mit dem Teppichmesser abschneiden

Bahnen auf Stoß setzen: *Messer entlang der Führungsschiene entweder durchgehend oder nur an einigen Stellen durch beide Lagen drücken. Im zweiten Fall die Bahnen getrennt beschneiden*

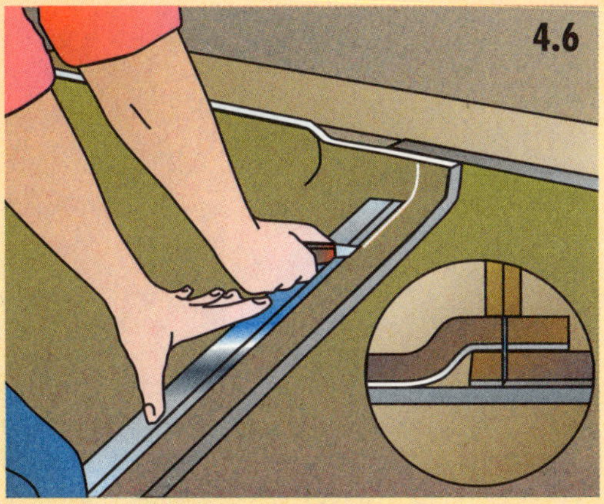
4.6

Mit Klebeband fixieren: *Eine Teppichbahn zurückschlagen und die Nahtlinie markieren. Dann die zweite Bahn zurückschlagen und das doppelseitige Klebeband mittig auf der Markierung ...*

5.1.1

... andrücken. Die erste Bahn bis kurz vor die Nahtlinie rollen und auf dem Klebeband glattstreichen. Die zweite Bahn über dem Klebestreifen leicht einrollen und dann ebenfalls andrücken

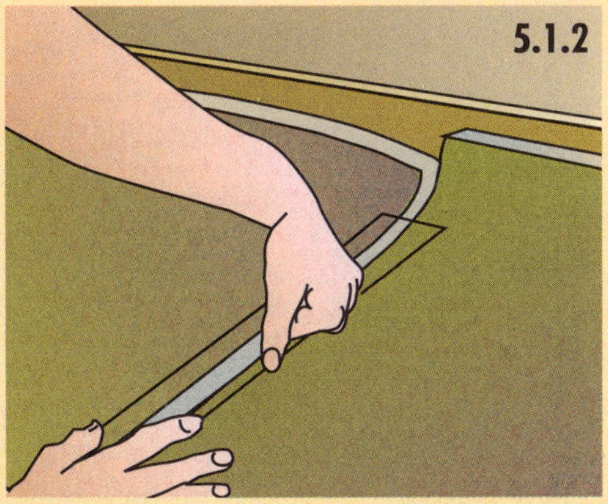
5.1.2

Teppich-Verlegenetze: *Es handelt sich dabei um Haftvliese, die nicht am Boden kleben, aber eine rutschfeste Unterlage bilden. Sie sind z. B. auch ideal zur Fixierung eines neuen Belags auf einem alten*

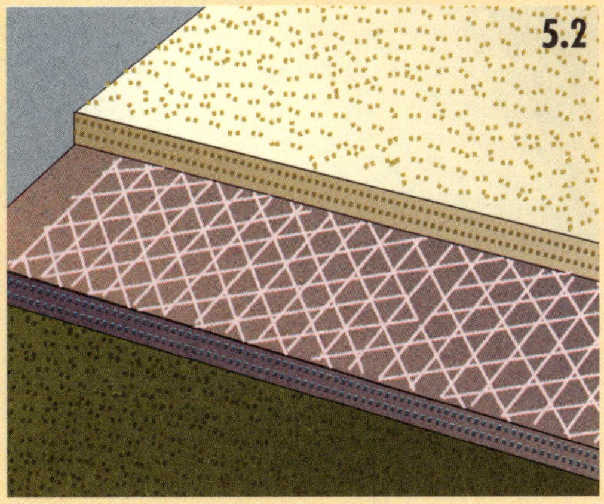
5.2

einem Tapezierwerkzeug, herstellen (4.5). Oder Sie drücken den Teppich fest mit einem Spachtel oder einer Schere in den Winkel zwischen Wand und Boden und fahren diese Linie mit dem Teppichmesser nach. Dabei haben sich auch die nach unten gebogenen Hakenklingen bewährt.

Doppelschnitt bei Bahn-Überlappungen

Überlappende Bahnen schneidet man im Doppelschnitt auf Stoß (4.6). Sie kennen diese Technik vielleicht vom Tapezieren. Hier ist – wie bei den übrigen Feinschnitten – eine scharfe Klinge wichtig. Arbeiten Sie nicht mit zuviel Kraftaufwand. Wenn die Klinge abrutscht, kann das leicht zu Verletzungen führen. Bei sehr dicken Teppichen empfiehlt sich der Einsatz einer stabilen Stoffschere – vor allem für Heimwerker, die im Umgang mit dem Teppichmesser nicht so geübt sind.

Ausfransende Nähte fixieren

Besteht die Gefahr, daß Nähte ausfransen, werden sie mit einem Nahtfixiermittel eingepinselt. Sie können dazu auch transparenten, im Verhältnis 1:1 mit Wasser gemischten Holzleim verwenden.

5. Teppichböden fixieren und kleben

Durch ständige Beanspruchung wird ein Teppichboden gewalkt und gedehnt. Beulen und Wellenbildung treten selbst bei schweren Belägen auf, wenn sie nicht ausreichend am Boden haften.

Naht-Fixierung mit Klebeband

Zur Rundum- und Naht-Fixierung mit doppelseitigem Klebeband (5.1.1) kann man deshalb nur bei Räumen bis etwa 20 m² raten. Gute Alternative hierzu ist eine vollflächige Fixierung – insbesondere in Mietwohnungen, wenn man beim Auszug den Teppichboden mitnehmen möchte oder den Originalzustand wieder herstellen muß.

Haftvliese und streichfähige Fixierungen

Eine Fixierung kann mit Hilfe von Haftvliesen erfolgen, die auf dem Untergrund in Bahnen verlegt werden (5.2). Nur die Oberseite des netzartigen Gewebes geht – nach dem Entfernen der Schutzfolie bei der Verlegung – eine Klebeverbindung mit dem Teppichrücken ein. Es gibt auch flüssige Fixierungen, die man abschnittsweise mit der Lammfellrolle aufträgt.

Vollflächige Verklebung

Vollflächiges Verkleben bietet jedoch, neben dem Verspannen, die beste Gewähr für eine lange Haltbarkeit. Über Heizestrichen oder bei ständiger Beanspruchung durch Stuhlrollen ist sie sogar ein

Die Wahl des richtigen Klebers

Das Verspannen ist die ideale Verlegemethode

Auf Treppen sind strapazierfähige Belagsqualitäten gefragt

Muß. Den ausgelegten Teppichboden zur Häfte umschlagen und den Kleber mit dem Zahnspachtel auftragen und ablüften lassen. Dann den Teppich einlegen und mit einer Rolle gut andrücken, Nähte beschweren. Erst nach Ablauf der Abbindezeit werden der Feinzuschnitt und die Randverklebung vorgenommen.
Wählen Sie in jedem Fall lösemittelfreie Dispersionskleber, am besten ohne Weichmacheranteile (Kennzeichnung: GISCODE D 1). Ergänzend dazu sind die Verlegehinweise und Technischen Merkblätter der Hersteller zu beachten, die Sie sich unbedingt beim Kauf des Teppichbodens aushändigen lassen sollten. Nicht jeder Kleber ist für jedes Material geeignet.
Auf Kleber völlig verzichten können Sie beim Verspannen von Teppichböden mit Textilrücken (5.3.1 und 5.3.2). Diese anspruchsvolle Verlegemethode ist allerdings eher etwas für Profis. Die Vorteile: längere Lebensdauer, hohe Trittschall- und Wärmedämmung sowie einfaches Auswechseln ohne erneute Untergrundbehandlung.

6. Randabschlüsse

Als Wandabschlüsse bieten sich alle herkömmlichen Holzfußleisten an. Elegante Übergänge schaffen Sie auch mit Kunststoffprofilen (6.1), in die man Teppichbodenstreifen einlegt, die mit doppelseitigem Klebeband befestigt werden. Zum Verdecken von Stoßfugen, z. B. auf der Türschwelle, bietet der Handel eine große Auswahl an Profilschienen.

7. Treppen

Auf Treppen sollten Sie nur Teppichböden mit dem Strapazierwert ‚stark' oder ‚extrem' und dem Zusatzsymbol ‚treppengeeignet' verlegen. Achten Sie bei Bouclé darauf, daß die Florgasse senkrecht zur Treppenkante verläuft; bei Velour sollte der Flor abwärts zeigen. Das erhöht die Lebenerwartung. Grundsätzlich müssen Treppenbeläge vollflächig fixiert (7.1), besser noch geklebt oder verspannt (7.2) werden. Zuschnitte für trapezförmige Stufen lassen sich mit Hilfe von Papierschablonen herstellen. □

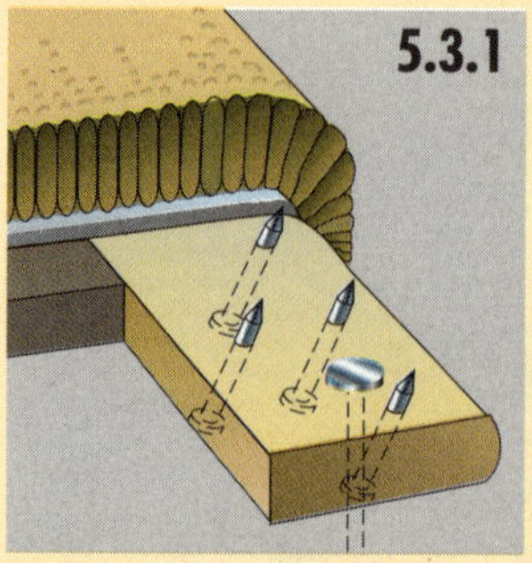

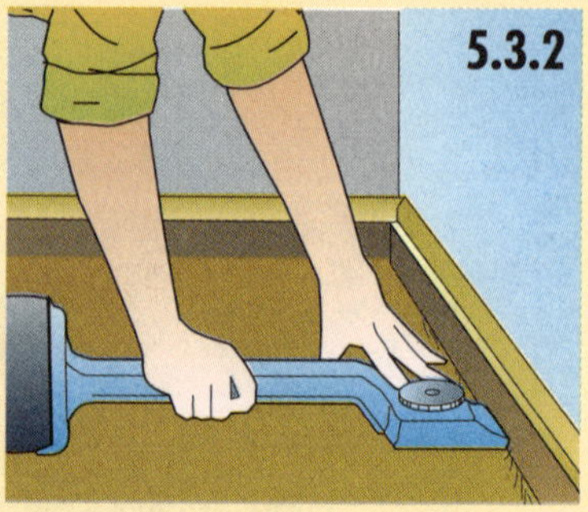

***Beläge verspannen:** Dabei wird der Teppichboden mit dem Kniespanner (5.3.2) auf umlaufende Nagelleisten gezogen und verspannt. Zum Ausgleich der Leistenhöhe ist eine Unterlage erforderlich (5.3.1)*

***Sockelleisten für Teppichböden:** Diese speziellen Kunststoff-Sockelprofile eignen sich zum Einkleben von Teppichboden-Streifen. Die Profile werden einfach in der Wand verdübelt*

***Teppichboden auf Treppen:** Trittstufen-Zuschnitte werden um die Treppenkante herumgeführt und vollflächig fixiert oder verklebt. Steife Ware zusätzlich an der Stufenunterseite mit dem Tacker befestigen*

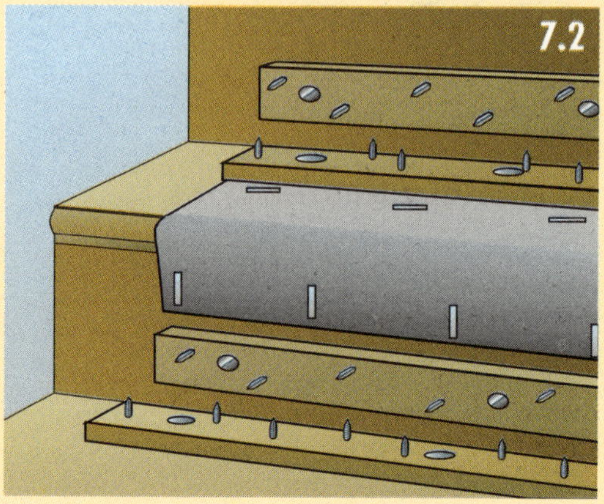

***Beläge verspannen:** Die einzelnen Zuschnitte werden vom hinteren Trittstufenende bis über die darunterliegende Setzstufe verspannt. Eine angeheftete Unterlage sorgt für den Niveau-Ausgleich*

Fortsetzung von Seite 322
mit der Klebeschicht nach unten auf die Kante gelegt, anschließend mit einem Bügeleisen auf mittlerer Temperatur aufgebügelt. Danach wird der Rand des Umleimerstreifens, der evtl. übersteht, so bearbeitet, da er mit den Kanten bündig abschließt. Am besten eignet sich hierfür der Umleimerhobel. Einige Übung braucht man, um diese Arbeit mit einem Stechbeitel oder einem Messer auszuführen. Kleinere Werkstücke kann man in die Hobelbank einspannen.

Umschaltknarren Besser bekannt unter dem Namen ‚Rätsche'. Mit dieser Vorrichtung ist es möglich, passende Werkzeuge sowohl im Rechtslauf, als auch im Linkslauf zu betätigen. Es ist lediglich ein Hebel umzulegen, um dies zu ermöglichen. Der Vorteil: Man muß das Werkzeug nicht umstecken, um die Drehrichtung zu verändern.

Umsteck-Schraubendreher Unter diesem Werkzeug versteht man einen Schraubendreher, bei dem der Stift aus dem Griff herausgenommen werden kann. Der Stift besitzt an beiden Enden unterschiedliche Klingen mit derselben Größe. Am meisten verbreitet ist wohl die Kreuzschlitzklinge am einen und die Längsschlitzklinge am anderen Ende des Stifts. Mit einem Schraubendreher können unterschiedliche Schrauben bearbeitet werden.

Universaldübel (auch ‚Allzweckdübel') genannt. In Mauerwerk und bei Plattenbaustoffen einsetzbar, wenn die einwirkenden Lasten nicht zu hoch sind.

Universalschaber Unter einem U. versteht man einen Dreikantschaber, der sowohl zum Entfernen von Farbe auf Holz (Farbkratzer, Dreikant-Farbkratzer) als auch zum Entgraten von Metall- oder Kunststoff-Werkstücken (Dreikant-Hohlschaber) geeignet ist. Der U. besitzt einen Schraubendrehergriff und eine dreikantige Schneide.

Universal-Stichsägeblatt Einige Stichsägeblätter für Metalle können auch bei Sandwichmaterial eingesetzt werden.

Unterdecken Leichte Deckenbekleidungen, die bautechnisch keine wesentliche Tragfähigkeit besitzen und an tragenden Bauteilen befestigt sind. Sie dürfen nicht betreten oder durch andere Lasten beansprucht werden.

Untergrundprüfung Bei der U. vor der Weiterverarbeitung – z. B. mit Klebern, Putzen, Mörteln etc. – müssen die folgenden Punkte beachtet werden: Tragfähigkeit, Festigkeit, Trockenheit, Staub-, Rost- und Fettfreiheit sowie Ebenheit.

Untersparrendämmung Dämmschicht, die unterhalb der Sparren i.d.R. in einer Ausgleichslattung angebracht wird. Bei Altbauten ist sie oft als Ergänzung zur Zwischensparrendämmung notwendig.

UV-Strahlen Abkürzung für ultraviolettes Licht. UV-Strahlen sind elektromagnetische, kurzwellige Strahlen. Dieses Licht kann man mit dem bloßen Auge nicht mehr wahrnehmen. Es kann nicht nur Hautkrebs beim Menschen auslösen, sondern auch Farben, Lacke, Abdichtungsmaterialien etc. auf Dauer ausbleichen und zerstören. Bei von Sonnenlicht bestrahlten Bauteilen und Bauprodukten ist deshalb auf UV-Beständigkeit zu achten.

UW-Profile Metallprofile zur Herstellung von Trennwand-Konstruktionen.

V-Ausfräsung Eine V-förmige Ausfräsung in Gipskartonplatten ermöglicht ein Abknicken der Platte um 90°, ohne daß beide Kartonummantelungen durchtrennt werden müssen. In der Praxis ist dieses Verfahren aber zu aufwendig; hier wird i.d.R. die Platte getrennt, über Eck stumpf gestoßen und dann mit einem Kantenschutzprofil geschützt.

Verankerungsgrund Der Baustoff/das Bauelement, in dem eine Last verankert werden soll. Den V. unterscheidet man nach drei Hauptgruppen: Beton, Mauerwerksbaustoffe, Plattenbauelemente. Dabei sind die Druckfestigkeit und der Aufbau des Verankerungsgrundes maßgebliche Größen für die Größe der Belastung, die wirken darf.

Verankerungstiefe ist die tragende Einbautiefe im Verankerungsgrund. Die V. entspricht bei Kunststoff- und Stahldübeln der Distanz zwischen der Oberkante des tragenden Bauteils und der Unterkante des Spreizteils. Die V. beeinflußt als wichtiger Parameter die Tragfähigkeit der eingesetzten Dübel.

Verbindungsart Unterscheidung von lösbaren (Gewindebolzen, Dübel) oder nichtlösbaren (Nieten, Nageln, Leimen, Kleben) Befestigungen.

Verbindungsbeschläge Diese Art von Beschlägen wird für wieder lösbare Eckverbindungen im Möbelbau verwendet. Sie verlieren selbst nach mehrmaligem Lösen nicht ihre Verbindungsfestigkeit.

Verbindungsschrauben dienen dem Zusammenhalten zweier aneinandergestellter Möbelteile. Die V. bestehen aus einem Schraubenteil und einem Gewindeteil. Diese Verbindungsart eignet sich zum mehrfachen Lösen und Fixieren. Der Schraubenkopf bleibt dabei sichtbar. Einfache V. bestehen aus nur einer Schraube, auf die ein farblich passendes Kunststoffkäppchen aufgesteckt werden kann. Sie sind zum mehrmaligen Lösen nur bedingt geeignet.

Verbundplatten Vorgefertigte Platten, bei denen verschiedene Materialien einen Verbund bilden, z.B. Ausbauplatten mit aufkaschierter Dämmung.

Verlängerungen sind erforderlich, wenn man mit dem normalen Steckschlüsselwerkzeug die gewünschte Schraube/Mutter nicht erreichen kann. Das Steckschlüsselwerkzeug wird auf eine dafür vorgesehene Verlängerung aufgesetzt und so mit dem Drehmechanismus (Rätsche) verbunden. Außerdem werden V. benutzt, um Decken und Wände zu streichen. Der Pinsel oder die Rolle werden auf eine Verlängerung (Holzstock, Besenstiel, Teleskopstiel etc.) aufgesetzt.

Verlegeplan Übersichtsskizze über Verlegeanordnung, Muster und Ausbildung der verschiedenen Anschlüsse bei der Fliesenverlegung – unter Berücksichtigung der geplanten Installations-Anschlüsse.

Verputzen Das Beschichten von Wand- und Deckenflächen im Innen- und Außenbereich mit Mörtel. Innen wird (außer in Feuchträumen) bevorzugt ein Gipsputz verwendet, außen hingegen ausschließlich Zement, Kalk-, Zement- oder Kunststoffputz. Putz schützt das Mauerwerk von außen vor Witterungseinflüssen, innen dient er der klimatischen Regulierung und als ebener Untergrund für Tapeten, Anstriche und Fliesen. Putzlehren (Putzprofile) erleichtern das ebene und fluchtrechte Abziehen des Untergrunds.

Verspachteln Glätten von Plattenfugen (z.B. an einer Trennwandbeplankung mit Gipsmassen). Unter V. versteht man auch das Ausbessern von Ausbrüchen und Rissen mit adäquaten Mörtelmassen.

Vielzweckscheren Diese Scheren besitzen sehr scharfe und robuste Schneiden. V. sind dadurch sehr vielseitig einsetzbar.

Viertelstabfräser Der V. ist ein Holzbearbeitungswerkzeug, das bei der Oberfräsentechnik eingesetzt wird. Mit dem V. werden Kanten von Brettern abgerundet. Je nach Fräserart und Zustellung durch die Maschine wird die Kantenrundung größer oder kleiner ausfallen.

Vollflächige Verspachtelung erfolgt mit Spezial-Spachtelmassen zum Glätten von Unebenheiten des Untergrundes.

Vollholz Als V. bezeichnet man Holz im natürlichen Zustand, das aus gewachsenen Baumstämmen herausgeschnitten und im allgemeinen einer weiteren spanabhebenden Verarbeitung unterzogen wurde. Beschränkt man sich

Bitte lesen Sie weiter auf Seite 331

Teppichböden ausbessern

Ein Brandloch oder ein hartnäckiger Fleck ist noch lange kein Grund, den Teppichboden auszumustern. Schneiden Sie die Schadstelle einfach heraus

Bevor Sie jedoch zum Teppichmesser greifen, sollten Sie immer erst versuchen, dem Fleck mit geeigneten Reinigungsmitteln zu Leibe zu rücken. Neben Omas wirkungsvollen Hausrezepten gibt es gute Spezialreiniger, die vieles möglich machen (s. Kasten rechts).
Wenn aber das kleine „Souvenir" des Kettenrauchers von der letzten Party beseitigt werden muss, helfen diese natürlich nicht weiter. Gut, wenn Sie für diesen Fall einige Reste Ihres Teppichbodens aufgehoben haben. Brandlöcher lassen sich recht einfach durch Ausstanzen und Einsetzen eines neuen Stücks reparieren. Das Locheisen, das Sie dazu benötigen, gibt's im Eisenwarengeschäft in unterschiedlichen Größen für etwa 10 bis 15 Mark. Setzen Sie es gerade auf und stanzen Sie das Loch mit ein, zwei kräftigen Hammerschlägen aus. Bei langflorigen Belägen ist das Ansetzen etwas knifflig, da Sie nicht den Flor rund um das Locheisen mit eindrücken dürfen. Wichtig ist, dass Sie das Flickstück in Florrichtung einkleben. Sonst fällt es später sofort ins Auge.
Das gilt auch, wenn Sie einen größeren Schaden mit dem Doppelnahtschnitt beheben. Schon beim Austrennen (s. großes Bild) muss das Ersatzstück in gleicher Florrichtung aufliegen. Trennen Sie beide Schichten mit flachgestelltem Teppichmesser in einem Schnitt durch. Dabei muss die Schablone fest fixiert werden. Sie sollten diese Technik vorher an einem Teppichrest ausprobieren. Apropos Teppichrest: Ein Ersatzstück können Sie notfalls an einer verdeckten Stelle, z. B. unterm Sofa, aus dem Teppichboden heraustrennen. *mg*

1 *Größere, trotz intensiver Reinigung noch sichtbare Verschmutzungen lassen sich ebenfalls herausschneiden. Dazu ein Reststück in gleicher Florrichtung über den Fleck legen. Trennen Sie beide Teppichschichten mit dem flach geführten Teppichmesser entlang einer harten Schablone durch*

2 *Die Schnittkanten etwas säubern, eventuelle Kleberreste entfernen und das Ersatzstück „trocken" einpassen, bevor Sie es verkleben*

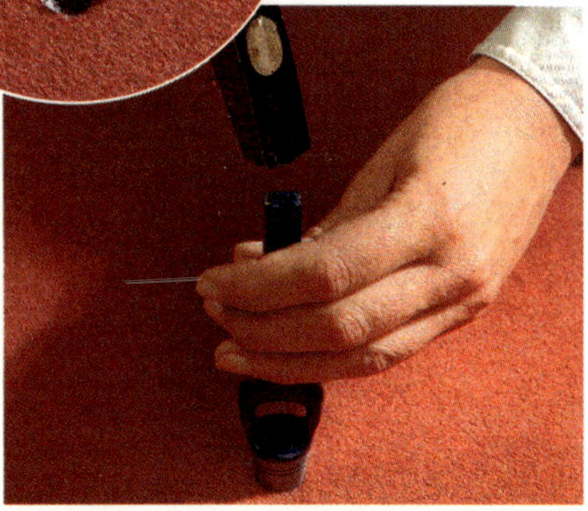

1 *Setzen Sie das ausreichend große Locheisen gerade auf. Schadstelle mit ein, zwei kräftigen Hammerschlägen ausstanzen*

2 *Dann stechen Sie das Reparaturstück aus einem Teppichbodenrest aus. Legen Sie dazu eine stabile Holzspanplatte unter*

3 *Testen Sie, in welcher Position die Florrichtung von Flickstück und Teppichboden übereinstimmen, bevor Sie den Flicken einkleben*

Fotos: Claudio Kalex

Reinigungstipps

■ Die meisten Flecken lassen sich entfernen, wenn Sie sofort behandelt werden. So sollten flüssige Substanzen mit einem saugfähigen Tuch oder Papier abgetupft werden. Eingedickte oder eingetrocknete Stoffe z. B. mit dem Messerrücken vorsichtig abheben.
■ Flecken grundsätzlich von außen nach innen abtupfen. Nicht reiben. Als ‚Notfall-Apotheke' Teppichschampoos und Fleckentfernungsmittel bereithalten. Lösemittelhaltigen Fleckentferner auf das Reinigungstuch und nicht auf den Teppichboden geben.
■ Eiweißhaltige, getrocknete Substanzen wie Blut, Milch oder Sahne nur mit kaltem Wasser anlösen und auftupfen. Eventuell eine Teppichschampoo-Lösung (mit kaltem Wasser) leicht einbürsten und mit klarem Wasser austupfen.
■ Frische Rotweinflecken abtupfen, mit Salz bestreuen und trocknen lassen. Salz absaugen und mit Teppichschampoo nachbehandeln.
■ Knetmasse oder Kaugummi sollten Sie sofort vereisen, z. B. mit Eiswürfeln oder Vereisungsspray. Masse vorsichtig abkratzen.
■ Kerzenwachs mit einem Löffel oder dem Messerrücken vorsichtig abheben. Rest mit Waschbenzin lösen. Das Herausbügeln mit saugfähigem Papier kann bei farbigem Wachs zu Flecken führen.
■ Hat eine Zigarette den Teppichflor nur leicht angeschmort, können Sie die Fasern mit einem Messer freikratzen. Eventuell den Flor etwas nachschneiden.

Mehr Tipps zum Thema gibt die Broschüre ‚Pflege und Reinigung von Teppichböden'. Sie ist erhältlich bei der Europäischen Teppichgemeinschaft, Hans-Böckler-Str. 205, 42109 Wuppertal, ✆ 0202/7597-0

Heimwerker-Lexikon

Vollholz (Forts.) bis Wärmedämmung

Fortsetzung von Seite 329
auf die europäischen Baumarten, unterscheidet man zwischen den europäischen Laub- und den Nadelhölzern.

Vollstein Mauerstein ohne Kammern oder Löcher. Der V. kann aber Griffmulden aufweisen. Er eignet sich sehr gut für Dübelbefestigungen, da er keine Hohlräume besitzt und sehr druckfest ist.

Vorbohrung Als Faustregel beim Vorbohren für Schrauben gilt, daß der Bohrerdurchmesser der Hälfte des Schraubendurchmessers entspricht. Bei Harthölzern und längeren Schrauben rechnet man etwa 0,5 bis 1 mm hinzu.

Vorsatzschale Konstruktion aus Metallständerwerk oder Kanthölzern, einer wärme- und/oder schalldämmenden Hohlraumdämpfung dazwischen und einseitiger Beplankung mit Gipskartonplatten, i.d.R. dicht an den Innenseiten der Außenwände angebracht zur Verbesserung des Wärme- und Schallschutzes von massiven Außenwänden.

Vorschlaghämmer sind Hämmer, die einen langen Stiel und einen schweren Kopf besitzen. Aufgrund des langen Stiels kann eine sehr hohe Schlagkraft entwickelt werden, wenn der Hammer am Stielende gehalten wird. V. werden beispielsweise für das Einschlagen von Pfählen in das Erdreich verwendet.

Vorstecher Der V. wird bei der Verarbeitung von Holz eingesetzt. Mit ihm markiert man z.B. Bohrungsmittelpunkte auf einem Brett oder die Lage von Holzschrauben.

Vorsteckmontage Ein Dübel schließt meist bündig mit der Baustoffoberfläche ab. Das Bohrloch im Verankerungsgrund ist größer als das Montageloch im anzuschließenden Bauteil. Montageablauf: Übertragen der Lochabstände des anzuschließenden Bauteils auf den Verankerungsgrund, Bohrloch erstellen, Dübel setzen, Montageteil anschrauben. Bei Montagen von drei und mehr Dübeln kann das mögliche Verlaufen der Bohrungen störend sein. Geeigneter ist hier eine Durchsteckmontage mit Durchsteckdübeln.

Wachse können zur Oberflächenbehandlung eingesetzt werden. Sie sind wasserabweisend und erhalten die sichtbare Struktur des Holzes. Mit W. veredelte Holzböden können partiell ausgebessert und nachbehandelt werden.

Wachskitt zum Ausbessern kleinerer Oberflächenschäden im Holz. In vielen Holztönen erhältlich und überstreichbar.

Wachs-Lasur veredelt Holz im Innenbereich und schafft seidenglänzende, polierbare, reinigungsfreundliche und wasserabweisende Oberflächen.

Wärmeschutzverordnung (WSVO) ist die Verordnung über energieeinsparende Maßnahmen bei Neu- und Altbauten. Die W. ist Berechnungs- und Rechtsgrundlage für alle Maßnahmen, die der Wärmedämmung dienen.

Wärmebrücken sind Stellen, an denen Wärme schneller zur kälteren Seite hin entweicht als über benachbarte Bauteile. Dies können beispielsweise Bauteile mit höherer Wärmeleitfähigkeit sein, als sie die unmittelbar benachbarten Bauteile aufweisen, oder aber auch offene Fugen. Da an Wärmebrücken Wasserdampf früher kondensiert als an anderen Stellen, ist hier die Gefahr der Schimmelpilzbildung wesentlich höher.

Wärmedämmung Alle Maßnahmen, bei denen durch den Einsatz von verschiedenen Dämmaterialien der Wärmeschutz verbessert werden soll.
Bitte lesen Sie weiter auf Seite 343

1. Papiertapeten

Wandbekleidungen aus Papier stellen einen großen Anteil unter den Tapetenarten. Sie bestehen aus einer (Simplex) oder aus zwei Schichten (Duplex) holzfreien oder holzhaltigen Papiers. Zunehmend verarbeitet man heute auch Recyclingpapier. In Endlosbahnen werden die Vorderseiten der Tapeten im Flexo- oder Tiefdruckverfahren uni oder mit Mustern bedruckt, sehr hochwertige auch im Siebdruck. Der Farbauftrag macht die Papiertapeten wenigstens „waschbeständig" (s. Qualtitätssymbole). Das bedeutet, leichte Verschmutzungen können mit einem feuchten Schwamm beseitigt werden. Glatte Oberflächen erfordern eine einwandfreie Untergrundbearbeitung. Papiertapeten verklebt man mit normalem Methylzellulose-Kleister. Auf gleich lange Weichzeiten achten (zwischen 5 -10 min).

Tapeten, Tapeten, Tapeten, Tapeten Tapeten, Tapeten, Tapeten, Tapeten,

Tapeten

Papiertapeten gibt es in einer unendlich großen Musterauswahl. Farblich und im Design aufeinander abgestimmte Kollektionen – wie die hier gezeigte „Siena" von P+S – machen attraktive Raumgestaltung einfach

Mit Tapeten geben Sie Ihren Räumen Charakter. Neben optischen Aspekten zählen aber auch die inneren Werte

Nach der klassischen Definition bestehen Tapeten aus einer Papier-Trägerschicht, die bedruckt, beschichtet, strukturiert oder mit verschiedenen Materialien kaschiert sein kann. Wichtig ist: Damit sich eine Wandbekleidung Tapete nennen darf, muß ihre Oberfläche endbehandelt sein. Darum werden Sie die oft verwendete Rauhfaser hier vergeblich suchen. Rauhfaser ist nämlich nur ein Halbfertigprodukt, das mit dem obligatorischen Farbanstrich ein bauseitiges Finish benötigt. Das Angebot an Tapeten scheint schier unüberschaubar. Neben dem persönlichen Geschmack, der Raumgeometrie und dem Einrichtungsstil sollten Sie beim Kauf

Fotos: T. Kleitsch (2), Erfurt & Sohn, 42391 Wuppertal (2), P+S International, 51607 Gummersbach (2), Dt. Tapeteninstitut, 60423 Frankfurt (4)

2. Prägetapete

Eine dreidimensionale Oberfläche ist das Kennzeichen von Prägetapeten. Sie bestehen meist aus zwei Papierschichten, die bei der Herstellung zwischen Positiv- und Negativwalzen strukturiert werden. Besonders hochwertige Prägetapeten bestehen aus drei Papierlagen, wobei die dritte glatt auf die Rückseite kaschiert wird. Das macht die Prägung noch stabiler, und die glatte Rückseite senkt den Kleisterbedarf. Ein Überstreichen der weißen Muster ist nicht erforderlich, aber jederzeit möglich. Gleich lange Weichzeiten einhalten (8 bis 12 min) und zum Andrükken weder Gummi- noch Nahtroller einsetzen: Die Struktur könnte leiden.

Starkes Profil: Prägetapete 'Anaglypta' von Erfurt

Tapeten kauft man nicht nur mit dem Auge

Qualität und Nutzwert nicht außer acht lassen (vgl. Tapetensymbole). So ist eine hohe Lichtbeständigkeit der Tapete z. B. immer dann wichtig, wenn Teile der Wand intensiver Sonnenbestrahlung ausgesetzt sind. Wände, die durch Feuchtigkeit oder mechanisch stark belastet sind, z. B. in Bad, Küche oder Flur, tapeziert man am besten mit strapazierfähigeren Vinyl- oder Profiltapeten. Allerdings beeinträchtigen Kunststoffoberflächen die wasserdampfregulierende Wirkung des Wandputzes. Für den anderen mag die leichte Verarbeitung der Tapete ebenfalls eine wichtige Rolle spielen. Dann könnten Vliestapeten mit dimensionsstabilem Rücken das richtige sein, die u. a. mit dem Logo „Stabilit" nun im Handel sind. Sie können im Wandklebeverfahren verarbeitet werden, weil sie im Gegensatz zu Tapeten mit Papierrücken keine fehlerträchtigen Weichzeiten benötigen. Doch mehr dazu finden Sie im Lexikon „Tapetenkleister" (Seite 160). Dort lesen Sie, warum welche Kleister für welche Tapetenarten geeignet sind und was bei der Verarbeitung zu beachten ist. □

Ein Raum mit Profil: Kassetten zählen zu den klassischen Elementen der Wandgestaltung („Trentino" von P+S)

3. Profiltapeten

Auch Profiltapeten haben eine erhabene Oberfläche. Der Unterschied zur Prägetapete: Die reliefartige Struktur entsteht beim Siebdruck durch aufgeschäumte Farbpasten. Als Trägermaterial dienen entweder Papierbahnen oder dimensionsbeständige Vliese. Die aufgeschäumte Strukturvinyl-Oberfläche bildet eine sehr strapazierfähige, hoch wasch- und gut lichtbeständige Schicht, die oft auch trocken abziehbar ist. Bei der Renovierung bleibt die Papierschicht dann als Makulatur für die neue Tapete an der Wand. Damit die Reliefstruktur beim Andrücken nicht abflacht, sind überlappende Bahnen zu vermeiden. Statt dessen an Innenecken und Außenkanten Doppelnahtschnitte machen. Zum Einweichen die Bahn zusammenlegen und rollen.

Gütezeichen RAL
TAPETEN

Das RAL-Gütezeichen für Tapeten steht u. a. für den Verzicht auf schwermetallhaltige, toxische Druckfarben, FCKW, Blei, Cadmium, chlorierte und aromatenhaltige Lösemittel. Vinylchlorid-Monomer darf nicht nachweisbar sein.

4. Kunststoff-/Vinyltapeten

Zu dieser Gruppe gehören neben Vinyltapeten auch solche, deren Oberfläche mit Lack- oder Kunststoff geschützt ist sowie mit Kunstharzfarben bedruckte Tapeten (s. Profiltapeten). Man setzt sie idealerweise dort ein, wo strapazierfähige, gut zu reinigende Oberflächen gefragt sind, z. B. in Bädern und Fluren. Vinyltapeten verklebt man mit Spezialkleister und einem Dispersionskleber-Zusatz. Überlappungen an Ecken mit Naht- und Reparaturkleber aus der Tube einstreichen, bevor die nächste Bahn auf den Überstand geklebt wird. Als Trägermaterial dient meist Papier. Deshalb zum Weichen zusammenlegen und aufrollen.

Kunststoff-Überzüge erhöhen nicht nur die Strapazierfähigkeit, oft verleihen sie auch seidig glänzende Oberflächen

5. Spezialtapeten

Neben den gängigen Tapetenarten gibt es eine Reihe spezieller Wandbekleidungen, z. B.:

Textiltapeten: Auf Papier kaschierte textile Gewebe oder senkrechte Kettfäden. Für alle feineren Textiltapeten empfiehlt sich das Verkleben von Rollenmakulatur. Dimensionsstabile Texiltapeten lassen sich auch ohne Weichzeit im Wandklebeverfahren verarbeiten.
Metallictapeten: Bedruckte, geätzte oder künstlich oxidierte Alufolie, die auf einen Papierträger kaschiert ist. Der Untergrund muß sehr glatt, saugfähig und trocken sein. Metall leitet Strom sehr gut, deshalb nur bei abgeschaltetem Strom verkleben.
Kork, Gras und Jute dienen ebenso als Tapetenoberflächen wie Fotos oder Seiden- und Veloursgewebe. Meist werden diese „Exoten" aber als Dekorationen eingesetzt.
Vliestapeten können ohne Weichen verklebt werden, da das Trägermaterial aus synthetischen Vliesfasern besteht, die feuchtbeständig und maßstabil sind. Sogar kleine Wandrisse lassen sich überbrücken.

Textilgewebe-, Metallic- und Velourtapeten (von oben nach unten) gehören zu den weniger gängigen Wandbekleidungen

Kennzeichnungssymbole für Tapeten

Symbole zur Qualität

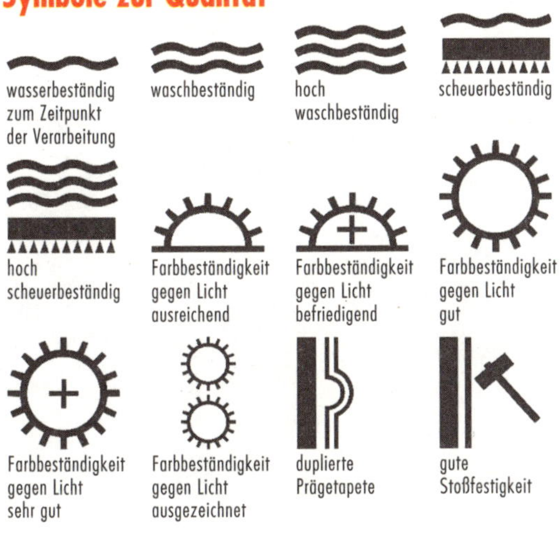

Symbole zur Verarbeitung

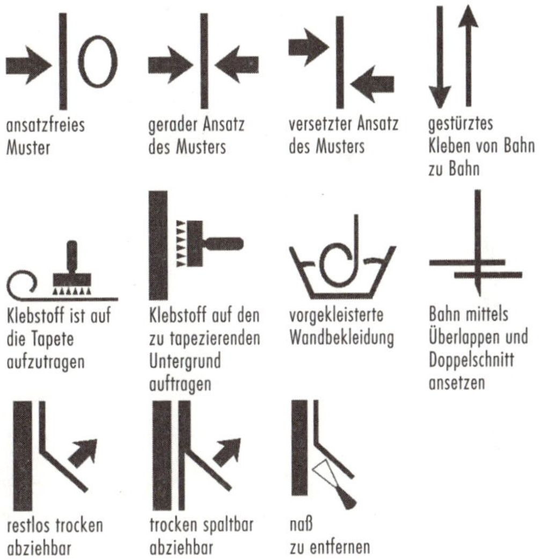

Die Symbole auf den Beipackzetteln der Tapetenverpackungen gelten europaweit und geben Hinweise über Qualität und Verarbeitung. Das Symbol „gerader Ansatz", bei dem gleiche Muster in gleicher Höhe nebeneinander geklebt werden, wird meist ergänzt um die Höhe des Musterrapports, z. B. 40 cm. Beim versetzten Ansatz sind Rapport und Versatz (z. B. 40/20 cm) angeben: Das Muster der folgenden Bahn wird um eine halbe Rapporthöhe verschoben.

Tapeten ausbessern

Kein Flickwerk

Kleine Schäden an der Tapete sind schnell behoben. Richtig behandelt, fallen sie später kaum ins Auge

Wässern Sie die Tapetenecke vor, dann den Untergrund mit Nahtkleber bestreichen und die Tapete gut andrücken

Aufgegangene Nähte, abgelöste Tapetenecken oder Dübellöcher, die falsch gebohrt sind oder nicht mehr benötigt werden – kleine Beschädigungen an der Wandbekleidung lassen manchmal einen ganzen Raum renovierungsbedürftig erscheinen. Bevor Sie jedoch den Tapetenwechsel in Erwägung ziehen, sollten Sie es erst einmal mit Ausbessern versuchen.
Besonders gut gelingt das bei glatten, gemusterten Papiertapeten. Hier fällt die Flickstelle nachher kaum auf. Voraussetzung ist, dass Sie exakt das gleiche Motiv aufkleben. Schauen Sie sich die Muster auf der Ersatzrolle genau an und vergleichen Sie sie mit der Motivfolge rund um die Schadstelle. Wenn Sie das passende Stück gefunden haben, trennen Sie es heraus, indem Sie den wegfallenden Teil nach hinten abreißen. So ergibt sich ein ausgefaserter Rand. Bei trocken abziehbaren Tapeten bietet es sich darüber hinaus an, die Dekorschicht vom hinteren Papierträger abzuspalten und nur das Dekorpapier aufzukleben. Den eingekleisterten Flicken gut andrücken.
Bei profilierten, dicken Wandbekleidungen sind Doppelnahtschnitte erforderlich, damit das Flickstück nicht zu stark aufträgt. Kleben Sie ein eingekleistertes Flickstück auf die schadhafte Stelle und trennen Sie beide Tapetenschichten mit dem Cutter an einem Lineal entlang durch. Das untere Stück herauslösen. □

Glatte Tapeten

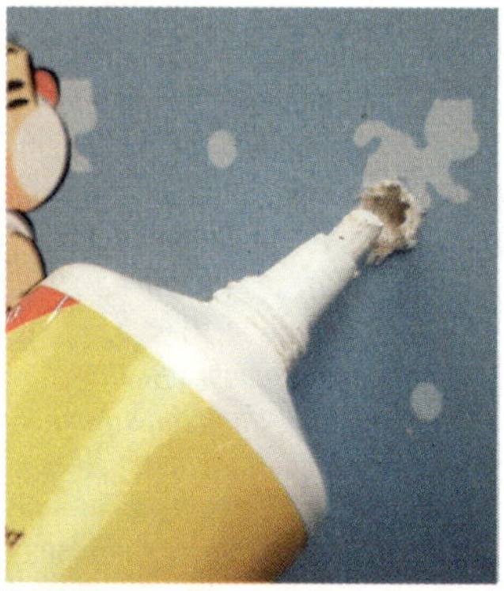

1 *Sorgen Sie zuerst mit Spachtelmasse für einen glatten Untergrund. Aus einer Restrolle ...*

2 *... das passende Musterstück ausreißen. Falls möglich, die untere Papierträgerbahn ablösen*

3 *Geben Sie dann Bordüren- oder Nahtkleber auf die Rückseite des Dekorpapiers. Flickstück ...*

4 *... dem Musterverlauf entsprechend aufkleben. Gut andrücken. Kleberreste feucht abwischen*

Tapezieren

Das Tapezieren ist die Heimwerker-Domäne schlechthin. Fast jeder hat es schon einmal gemacht. Ob nun perfekt oder mehr schlecht als recht – das hängt nicht von individueller Geschicklichkeit ab. Entscheidend sind eine fachgerechte Vorbereitung des Untergrunds und die Beherrschung einiger Grundtechniken

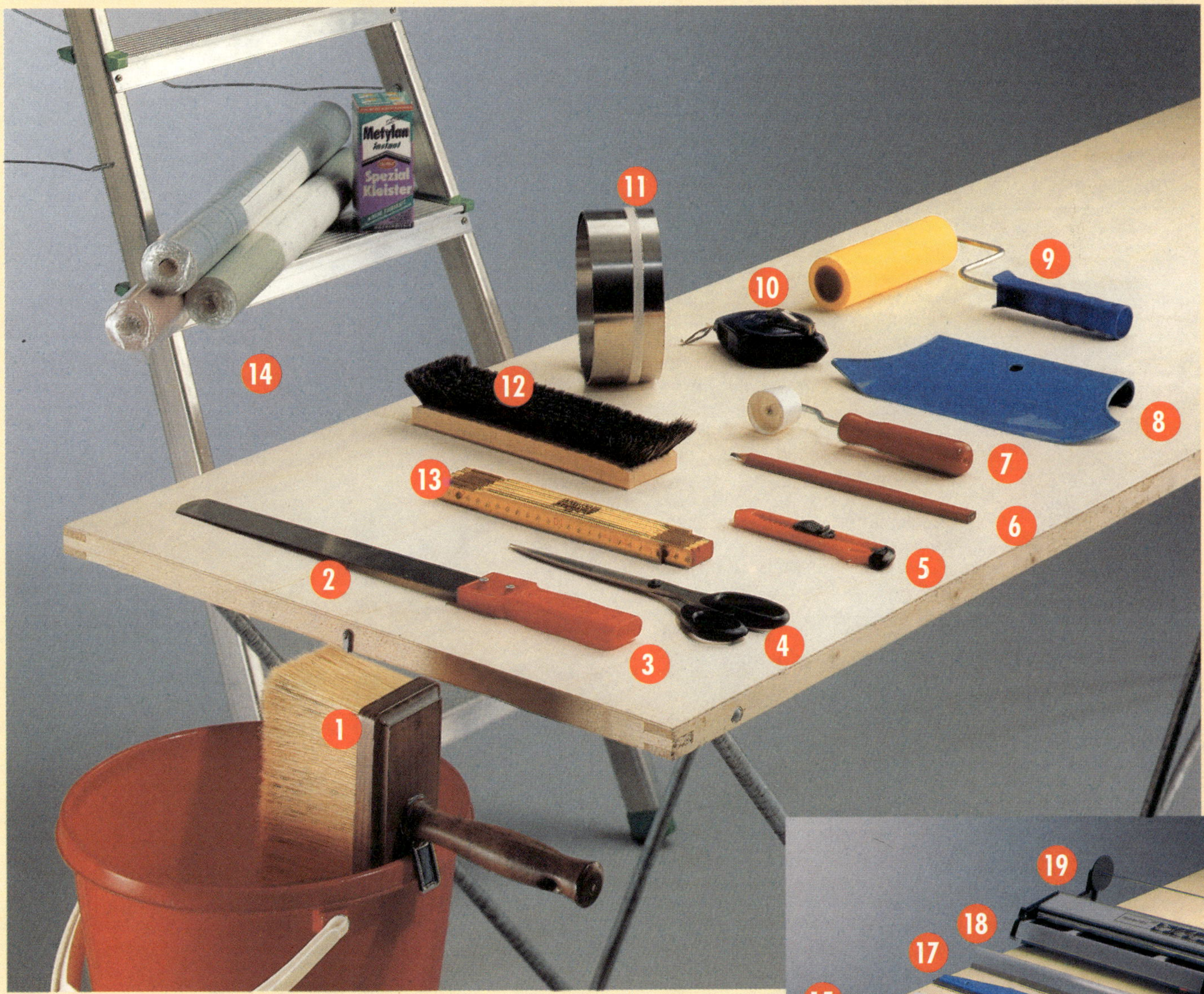

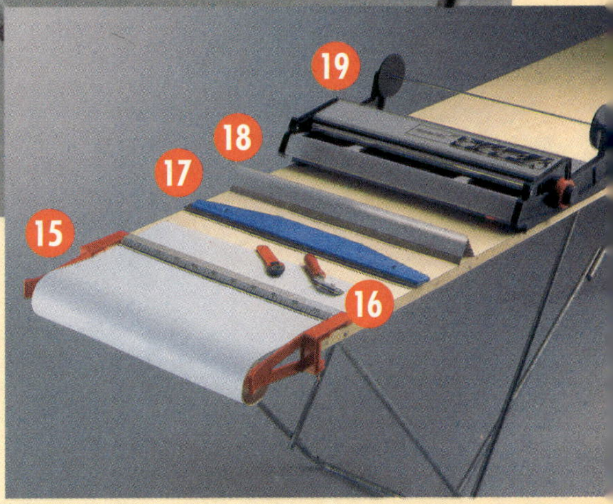

Werkzeugliste:
Auf dem oberen Bild haben wir eine Grundausstattung an Werkzeugen zusammengestellt, die für die meisten Tapezier-Arbeiten (ohne eventuelle Untergrund-Vorbereitung) ausreicht: **1** Quast zum Einkleistern, **2** Tapeziertisch, **3** Tapeziermesser (Haumesser), **4** Tapetenschere, **5** Cutter, **6** Bleistift, **7** konischer Nahtroller, **8** Andrückspachtel, **9** Moosgummiwalze, **10** Lot (mit fabiger Schnur), **11** Tapezierschiene, **12** Tapezierbürste, **13** Zollstock, **14** Leiter.
Rechts sehen Sie Arbeitsgeräte, die zwar nicht unbedingt erforderlich sind, die jedoch das Tapezieren wesentlich erleichtern können: **15** Zuschneider mit Rollenhalter, **16** Spezialtapetenschneider, **17** Schneidlineal, **18** Kanten-Schneideschiene, **19** Kleistermaschine

1. Tapetenkauf

Der Einsatzort hat Einfluß auf die Tapetenwahl

Nur ausgesprochene Liebhaber weiß gestrichener Rauhfaser dürften angesichts der Muster- und Farbenvielfalt beim Tapetenkauf nicht in Entscheidungsnotstand geraten. Neben gestalterischen Grundregeln (S. 170) kann allerdings schon der künftige Einsatzort die Auswahl stark einschränken. In Bereichen, wo die Wände stärker beansprucht werden – ob in Flur oder Kinderzimmer, Bad oder Küche – sollte man entsprechend strapazierfähige Tapeten wählen. Hinweise dazu finden Sie in Symbolen verschlüsselt auf den Tapetenverpackungen (1.1).

Was Qualtitätssymbole aussagen

Wichtig zu wissen: ‚wasserbeständig' heißt hier z. B. lediglich, daß frische Kleisterflecken mit einem feuchten Schwamm entfernt werden können. Erst waschbeständige Tapeten vertragen die Reinigung mit einem feuchten Schwamm, während hochwaschbeständige Produkte sogar den Zusatz milder Reinigungsmittel erlauben. Vinyltapeten erfüllen meist die Forderung nach Hochwasch- bis Scheuerbeständigkeit. Struktur-Vinyltapeten weisen darüber hinaus aufgrund ihrer geschäumten Reliefoberfläche eine gute Stoßfestigkeit auf. Wenn eine Wand täglich längere Zeit der Sonne ausgesetzt ist, empfehlen sich gut lichtbeständige Tapeten. Als ‚ausreichend' lichtbeständig deklarierte Tapeten neigen bei längerer Sonneneinwirkung zum Vergilben.

Achten Sie vor allem bei hochwertigen Mustertapeten darauf, daß alle Rollen identische Fertigungsnummern tragen, um Farbdifferenzen auszuschließen.

Berechnung des Mengenbedarfs

Die Verarbeitungshinweise können unter Umständen wichtig sein für die Berechnung des Mengenbedarfs. Bei versetztem Ansatz (1.2.1) müssen Sie nämlich von vornherein Verschnitt mit einrechnen. Auf der sicheren Seite liegen Sie, wenn Sie bei Mustertapeten mit normalem Rollenmaß 0,53 m x 10,05 m (bei Rauhfaser: 0,53 m x 33 m) den Rollenbedarf nach der Faustformel *Raumumfang x Raumhöhe : 5* kalkulieren, ohne Fenster und Türen abzurechnen.

Komplizierter wird's bei abweichenden Maßen, wie man sie z. B. bei Gras- oder Korktapeten

Symbole zur Qualität — 1.1

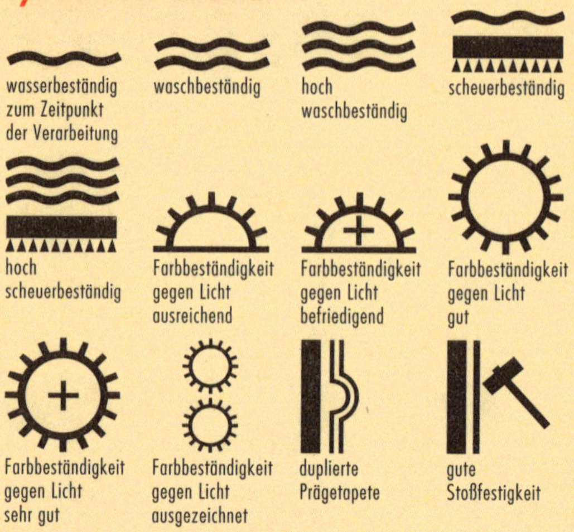

Symbole zur Verarbeitung — 1.2

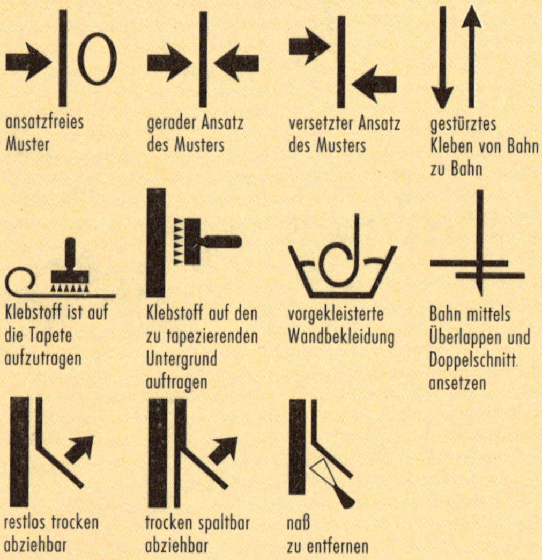

Tapeten-Steckbrief: *Diese europaweit geltenden Qualitätsymbole finden Sie teilweise auf den Produktverpackungen wieder. Sie geben Hinweise auf Eigenschaften und Verarbeitung der jeweiligen Tapete.*

1.2.1

Versetzter Musteransatz: *Von Bahn zu Bahn verschiebt sich das Muster um die Hälfte des Rapports. Die Länge des Rapports, also einer Mustersequenz, ist neben dem entsprechenden Symbol in cm angegeben*

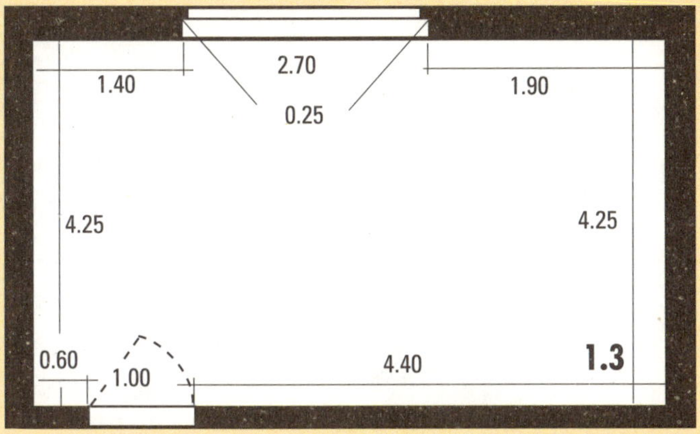

***Anzahl der Bahnen berechnen:** Die Länge der Wandflächen ohne Fenster und Türen, aber mit Fensterlaibung beträgt hier 17,30 m. Durch die Bahnbreite von 0,53 m dividiert ergeben sich 33 Tapetenbahnen*

Berechnung der Tapetenbahnen

(oft 0,92 m x 5,50 m) findet. Hier sollten Sie die Anzahl der Bahnen genau berechnen, die sich je nach Raumhöhe aus einer Rolle schneiden lassen (1.3). Das macht sich auch bei sehr teuren, hochwertigen Tapeten bezahlt.

2. Untergründe vorbereiten

Eine gute Vorbereitung der Wände ist beim Tapezieren der halbe Erfolg. Bei hochwertigen und glatten Wandbekleidungen kann eine perfekte Untergrundarbeit sogar mehr Zeit in Anspruch nehmen als das Tapezieren selbst. Generell gilt: Die Wände müssen

Tapezier-Untergründe vorbereiten

2.0

Untergrund	Maßnahme
alte Tapeten	Einweichen und Ablösen, evtl. vorher aufrauhen, darunterliegenden Putz vorkleistern (1 Packung normales Kleisterpulver auf 10 Liter Wasser)
Leimfarben	mit Wasser und Tapetenlöser abwaschen, danach lösemittelfreier Tiefgrund
Dispersionsfarbe	ausreichend fest: übertapezieren nicht fest: mit Wasser einweichen und aufquellen lassen, abspachteln, danach: lösemittelfreier Tiefgrund
Öl-/Lackfarben	anschleifen oder mit wasserverdünntem Lackanlauger abwaschen, danach: Rollenmakulatur kleben
Löcher, Risse	lose Teile entfernen, mit Füllspachtel (evtl. mit Gewebeband) ausfüllen, glätten, Ränder nachschleifen
größere Putz-Unbebenheiten	großflächig Füllspachtel mit der Glättkelle auftragen, nach dem Trocknen abschleifen
sandende Putze	mit Tiefgrund-Anstrich festigen
rauhe Putze	Streichmakulatur (nicht unter Vinyl- und Strukturvinyltapeten) oder Untertapete zum Füllen der Poren
Gipskarton	lösemittelfreier Tiefgrund
Rost-/Wasserflecken	absperren mit Isolier-Grundierung oder Fensterlack
Schimmel (wg. mangelnder Lüftung)	mit Anti-Schimmel-Spray entfernen, wärmedämmende Untertapete (Styropor) mit Hartschaumkleber kleben (auf Untergrund mit Zahnspachtel auftragen), darüber Rollenmakulatur, Alternative: Untertapete mit Kartonoberfläche

Die Wahl des richtigen Kleisters

Welcher Kleister für welche Tapetenart? **3.0**

Papiertapeten	Tapetenkleister (Ansatzverhältnis je nach Tapetengewicht)
Rauhfaser, Präge- und Duplex-Prägetapeten	Spezialkleister (Ansatz i. d. R.: 1 Packung auf 4 Liter Wasser)
Korktapeten	Tapetenkleister/Spezialkleister
Kettfadentapeten, einfache Gewebetapeten	Spezialkleister, evtl. + 20% Dispersionskleber oder Textiltapeten-Kleber
Hochwertige Gewebetapeten	Dispersionskleber (oft Wandauftrag des Klebers)
Vinyltapeten	Spezialkleister (+ 20% Dispersionskleber in Feuchträumen)
Strukturvinyl-, Dekorprofiltapeten	Spezialkleister + 20% Dispersionskleber oder Strukturvinyltapeten-Kleber
Rollenmakulatur, spaltbare Rollenmakulatur	Tapetenkleister + 10% Dispersionskleber Spezialkleister + 20% Dispersionskleber

Saugfähigkeit des Untergrunds

Tragfähigkeit der Wand prüfen

Jetzt schon an den nächsten Tapetenwechsel denken

trocken, sauber, glatt, trag- und saugfähig sein. Letzteres läßt sich einfach prüfen: Benetzen Sie die Wand mit Wasser. Perlt es ab, liegt eine zu geringe, bei starker Dunkelfärbung eine zu hohe Saugfähigkeit vor. Im ersten Fall ist das Kleben einer Rollenmakulatur erforderlich; im zweiten kann Vorkleistern (Mengenverhältnis s. Kleisterpackungen) Abhilfe schaffen. Die Tragfähigkeit von alten Anstrichen kontrollieren Sie, indem Sie die Farbe mit einem Messer mehrfach einritzen und dann ein Klebeband fest aufdrücken. Lösen sich beim ruckartigen Abreißen Farbreste, muß der Anstrich entfernt werden. Die Tragfähigkeit von Putzen läßt sich mit dem Daumennagel überprüfen. Hinterläßt dieser einen starken Abdruck, muß die Wand mit Tiefgrund gefestigt werden. Welche Behandlung im einzelnen nötig ist, finden Sie in Tabelle 2. Sie können sich übrigens den nächsten Tapetenwechsel erleichtern, wenn Sie die Wand vor dem Tapezieren mit Wechselgrund streichen. Die Tapeten lassen sich dann später mühelos abziehen. Den gleichen Effekt erzielen Sie mit ‚restlos trocken abziehbaren' bzw. ‚spaltbar abziehbaren' Tapeten. Bei den letztgenannten bleibt nach dem Abziehen die untere Schicht als Makulatur auf der Wand zurück.

3. Der richtige Kleister

Die Kleisterwahl ist abhängig von der Tapetenart

Den Kleister wählt man abhängig von der zu verarbeitenden Tapete (Tabelle 3). In der Mehrzahl der Fälle reichen normaler oder Spezialkleister völlig aus. Diese pulverförmigen Produkte erhalten ihre Gebrauchseigenschaften erst in Verbindung mit Wasser. Wichtig für die Klebkraft: die Einhaltung des auf der Verpackung angegebenen Ansatzverhältnisses und klumpenfreies Einschlagen in kaltes Wasser. Nach etwa 30 Minuten ist der Kleister gebrauchsfertig. Bei einigen Tapetenarten – wie Struktur- oder Textiltapeten – ist der Zusatz von gebrauchsfertigem Dispersionskleber erforderlich, oder man nimmt spezielle Kleisterpulver, die für diese Anwendung ausgewiesen sind.
Den Kleister trägt man meist auf die Rückseite (Wandauftrag ist die Ausnahme, z. B. bei breiten

So beginnt man: *Die erste Bahn stets ausloten und ihren Verlauf markieren. Dann die Tapete mit Überstand zur Decke an dieser Linie ausrichten und von der Mitte zu den Seiten hin andrücken*

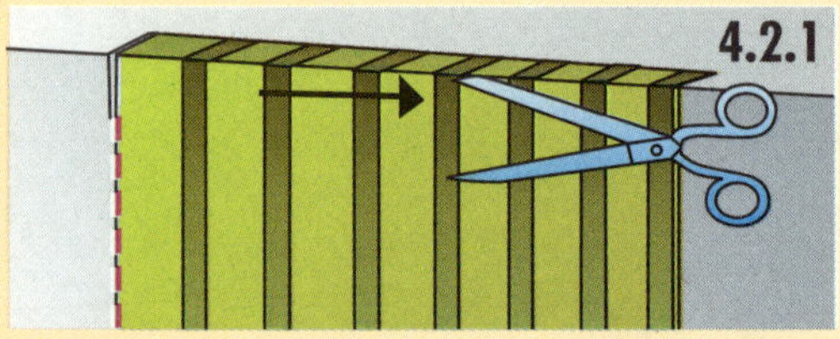

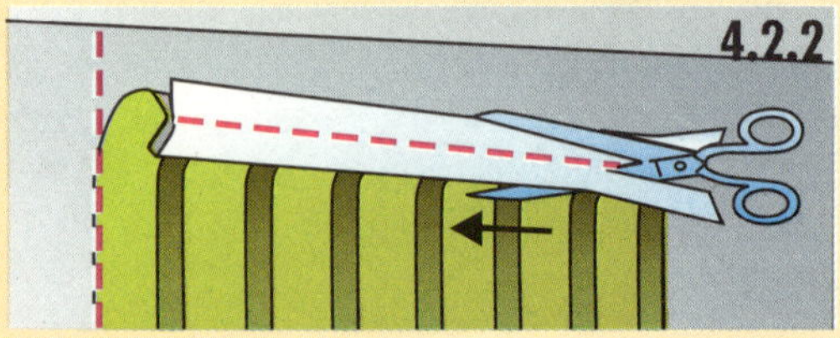

Exakte Abschlüsse: *Schnittlinie durchdrücken, Tapete abziehen und entlang der Markierung abschneiden. Die umgeknickte Kante verhindert Kleisterflecken an der Decke*

Praktisches Hilfsmittel: *Mit dem Cutterkant lassen sich Tapeten sehr exakt ablängen. Den hinteren Schenkel gerade anlegen und die Tapete entlang dem vorderen mit dem Cutter durchtrennen*

Außenkanten: *Tapeten werden etwa 1 bis 2 cm um Außenkanten herumgeklebt. Dort setzt man eine neue Bahn an (4.3.1). Gleiches gilt für Fensterlaibungen, wo man die Tapete im oberen Eckbereich einschneidet*

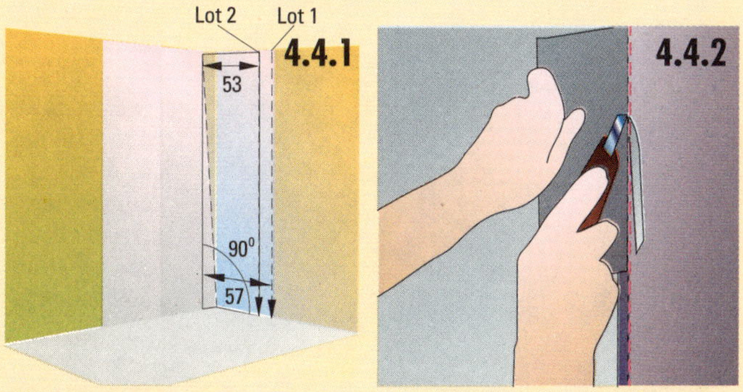

Nach krummen Innenecken *muß die nächste Bahn neu ausgelotet werden. Die größte Abweichung im unteren Eckbereich ist der Bezugspunkt für die Lotlinie (Lot 2). Oben schneidet man den Überstand mit dem Cutter ab*

Hindernisse auf der Wand: *Rohre tapeziert man mit einem separaten Streifen. Bei einem Zählerkasten (4.5.2), der nicht überklebt wird, die Bahn über Kreuz einschneiden und dann die Ränder vorsichtig anpassen*

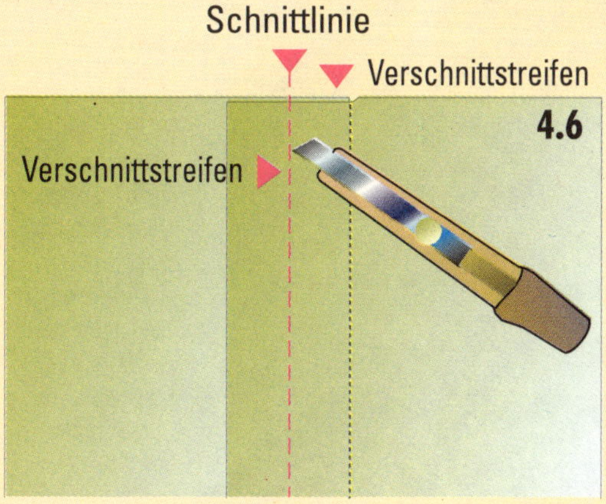

Doppelnahtschnitt: *Überlappende Tapetenränder kann man mit einem durchgehenden Schnitt sauber auf Stoß setzen. Eine Technik, die beim Über-Eck-Kleben von dickeren Tapeten unentbehrlich ist*

Textiltapeten) der zugeschnittenen Tapetenbahnen satt, aber gleichmäßig mit dem Quast auf. Achten Sie darauf, daß auch die Ränder genügend Kleister abbekommen. Dann legt man die Bahn zum Weichen (je nach Herstellerangabe, meist ca. 10 bis 15 min.) zusammen: Das eine Ende schlägt man zu 1/3, das andere zu 2/3 um. Wichtig ist, daß Kante auf Kante liegt, damit die Ränder nicht austrocknen. Kleistern Sie nur so viele Bahnen ein, wie Sie innerhalb von 10 bis 15 Minuten verarbeiten können, und achten Sie auf gleichlange Weichzeiten.

4. Tapeziertechniken

Damit die Tapeten richtig trocknen, sollte Zugluft beim Arbeiten vermieden und eine Raumtemperatur zwischen 18 und 20 °C eingehalten werden. Beginnen Sie an einer Innenecke und tapezieren Sie von dort in Richtung des Lichteinfalls. Als erstes wird der Verlauf der Tapetenbahn ausgelotet. Da die Tapete 1 bis 2 cm um die Ecken herumgeklebt wird, markiert man ihren Verlauf im Abstand der Bahnbreite minus 2 cm von der Innenecke entfernt mit einem Bleistift (4.1). Dann kann‘s losgehen. Das zu einem Drittel umgeschlagene Ende der eingeweichten Tapete wird aufgefaltet und mit etwa 3 cm Überstand zur Decke an der Lotlinie ausgerichtet (4.2). Sitzt sie richtig, streicht man die Bahn mit einer weichen Bürste von oben nach unten und von der Mitte zu den Seiten glatt (4.3). Das untere Ende der Bahn auseinanderfalten und ebenso verfahren. Bei Gewebetapeten empfiehlt es sich, zum Andrücken eine weiche Moosgummirolle zu nehmen, damit keine Fäden aus der Textiloberfläche herausgezogen werden. Prägetapeten drückt man mit einer ganz weichen Tapezierbürste oder einer Lammfellrolle an, um das Reliefmuster nicht zu schädigen. Aus dem gleichen Grund verzichtet man hier auch auf den Einsatz des Nahtrollers, mit dem man bei glatten und Rauhfaser-Tapeten anschließend die Ränder andrückt. Wischen Sie herausquellenden Kleister sofort ab. Wenn Sie die Überstände an Decke und Fußleiste oder Boden abgeschnitten haben (4.2.1 bis 4.2.3), wird die nächste Bahn auf Stoß an die vorherige gesetzt. Bei

Tapeten einkleistern und weichen lassen

Wichtig: Ausgeglichene Temperatur und keine Zugluft

Ausloten der ersten Bahn

Das Andrückwerkzeug wählt man abhängig von der Tapete

Nach Ecken beginnt man immer mit einer neuen Bahn

Mustertapeten dabei noch einmal den Rapport kontrollieren und bei gestürzt zu klebenden Tapeten daran denken, daß jede zweite Bahn ‚auf den Kopf' gestellt wird. So geht es dann weiter, bis Sie die nächste Innen- oder Außenecke erreichen. Hier klebt man stets nur 1 bis 2 cm um die Ecke herum – das gilt für Fensterlaibungen (4.3.2) genauso wie z. B. für den Übergang von einer Schräge zum Drempel. Auf der nächsten Wand beginnt man dann mit einer neu ausgeloteten Bahn (4.3.1), die bis in die Ecke hinein geklebt wird. Dünnere Tapeten dürfen dabei den Eckstreifen der vorherigen überlappen. Ist die Ecke krumm, schneidet man überstehende Ränder einfach mit Cutter und Tapezierspachtel ab (4.4.1 und 4.4.2). Die überlappenden Ränder glatter Vinyltapeten sollten Sie mit Dispersionskleber aus der Tube nachkleben. Bei dickeren Tapeten (Textil-/Strukturvinyltapeten) hingegen werden die Ecken auf Stoß gearbeitet. Und das geht so: Man klebt sie 8 bis 10 cm um die Ecke herum, setzt die neue Bahn etwa 5 cm überlappend an und trennt beide Tapeten mit dem sogenannten Doppelnahtschnitt (4.6). Wenn die Verschnittstreifen entfernt und die Ränder wieder angedrückt sind, liegen beide Bahnen sauber auf Stoß.

Doppelnahtschnitt

5. Tapeten und Raumwirkung

Tapeten können Räume verändern. Damit sie dies auch in einem positiven Sinne tun, sollte man einige Grundsätze der Raumgestaltung beachten. So wirken große Muster in kleinen oder verwinkelten Räumen fast immer erdrückend, während große und glatte Wandflächen auch großzügige Rapports vertragen. Durch geschickte Farb- und Musterauswahl (5.1. bis 5.3) lassen sich ungünstige Raumproportionen sogar optisch korrigieren. Natürlich muß die Tapete auch mit der Einrichtung harmonieren. Eine Mustertapete, die starke Akzente setzt, verträgt sich nicht mit vollgestellten Räumen, sie verlangt nach eher spärlicher, aber ausgesuchter Möblierung, die auch farblich mit ihr korrespondiert. Die Tapetenhersteller bieten deshalb zu vielen Kollektionen auch passende Stoffe an.

Tapeten können Raumproportionen verändern

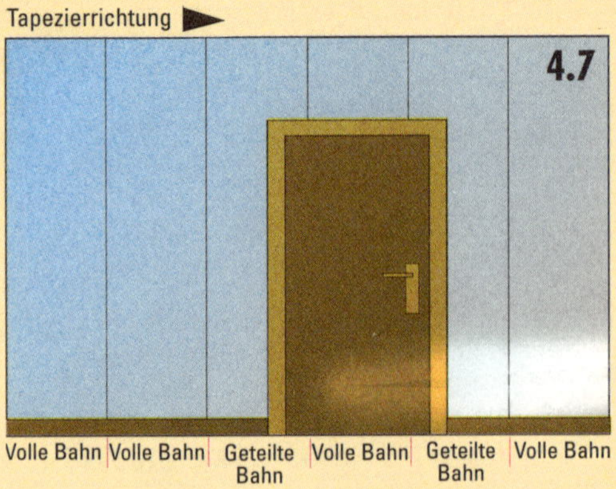

Türöffnungen: Volle Bahn oben ankleben und über der Tür seitlich einschneiden. Dann hier und entlang dem Längsrahmen sauber abschneiden

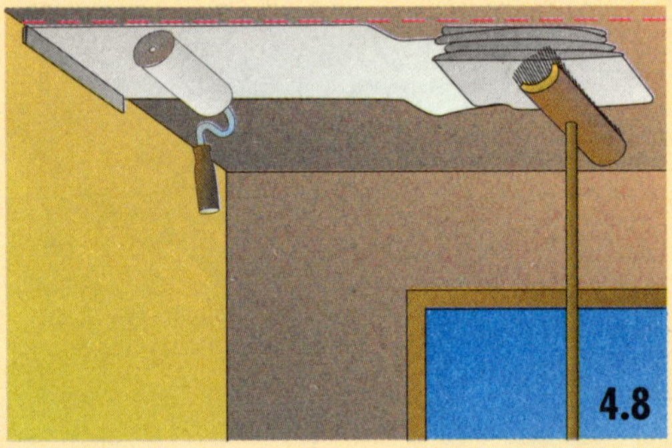

Decke tapezieren: Eine Arbeit für zwei. Einer richtet die Bahn an der Markierung aus, während der zweite die gefaltete Restbahn mit einem Besen hochhält

Ein niedriger Raum wirkt durch senkrechte Streifen höher. Die Decke sollte dabei weiß bleiben. Waagerechte Bordüren wären unvorteilhaft

Mehr Tiefe gewinnt ein Raum durch eine mittelblaue oder blaugrüne Wand. Diese Farben treten optisch zurück. Die Seitenwände bleiben hell

Kleine Räume sollten hell unifarben oder kleingemustert tapeziert werden. Alternativ bietet sich eine durchgehende großgemusterte Dekorwand an

Heimwerker-Lexikon

Wärmedämmung (Forts.) bis Winkelschraubendreher

Fortsetzung von Seite 331

W. ist überall dort notwendig, wo Baustoffe mit einer hohen Wärmeleitfähigkeit (Mauerwerk, Beton, Stahl etc.) verarbeitet werden.

Wandanschlüsse Übergang vom Bodenbelag zur Wand. Die Anschlußfuge wird bei Fliesen dauerelastisch ausgeführt, im Innenbereich mit Silikon, im Außenbereich vorzugsweise mit Polyurethan-Dichtmasse.

Wandfliesen Es reichen Fliesen der Beanspruchungsgruppe 1, weil W. mechanisch und chemisch weniger belastet werden als Bodenfliesen.

wasch- und scheuerbeständig Kennzeichnung für Farben und Tapeten. Leichte Verunreinigungen müssen sich mit einem feuchten Schwamm entfernen lassen, ohne daß sichtbare Spuren zurückbleiben.

Waschtischbefestigungen gibt es im Set zu kaufen. Sie bestehen aus zwei Stockschrauben, passenden Dübeln und Kunststoff-Scheiben mit angesetztem Zylinderstück. Diese Spezialscheiben schützen die Keramik beim Anziehen der Schrauben.

Wasserfeste Bauplatten sind imprägnierte Gipskartonplatten, die herstellungsbedingt eine geringere Wasseraufnahmefähigkeit besitzen als ‚normale' Gipskartonplatten und deshalb auch für die Verarbeitung in Feuchträumen geeignet sind.

Wasserflecken Flecken, die durch den Eintritt von Feuchtigkeit entstanden sind.
Bei Möbelstücken kann die schadhafte Stelle ausgebessert werden, indem man ein saugfähiges Blatt auf die Stelle legt und mit dem Bügeleisen das Holz trocknet. Mit unterschiedlichen Mitteln (Lasur, Wachs, Holzkitt) wird danach das Möbelstück wieder ‚restauriert'. Befinden sich Wasserflecke an einer Wand, ist zunächst die Feuchtigkeitsursache abzustellen. Danach läßt man die Wand durchtrocknen und bereitet den Neuanstrich vor (es sollten Absperrmittel verwendet werden, damit der Fleck nach dem Neuanstrich nicht wieder zu Tage tritt).

Wasserwaagen sind Werkzeuge, mit denen man waagerechte und/oder senkrechte Positionen von Werkstücken, Bauteilen, Mauerwerk etc. kontrolliert. Die heute handelsüblichen Wasserwaagen sind mit zwei Libellen ausgerüstet: eine für die vertikale und eine für die horizontale Messung. Optimal ist, wenn sich die Luftblase beim Messen zwischen den beiden Markierungen am Sichtfenster befindet. Es gibt unterschiedliche W.: Schlauch-, Pocket-, Aufsteck-, Torpedowasserwaagen etc.

Weichhölzer sind beispielsweise Fichte, Kiefer und Tanne.

Weißleim ist ein synthetisch hergestellter Dispersionsklebstoff, bei dem Polyvinylacetat in wässeriger Lösung verteilt wird. Wegen seiner Farbe nennt man ihn Weißleim. Er eignet sich für alle Holzverbindungen und für das Verkleben von Leder, Filz, Kork etc. Zum Verleimen von Parkett oder Laminat wird wasserfester 3D-Leim emphohlen.

Werkzeugbüchsen sind Schraubendreher, in deren Griffen verschiedene Schraubendreherklingen, Ahlen etc. unterbegracht und aufbewahrt werden. Die Schraubendreherklingen fixiert man durch den im Griff integrierten Schraubkopf. Je nach Ausführung können W. aus fünf oder mehr Schraubendreherklingen und Ahlen bestehen. Der Vorteil von W. ist, daß mit einem einzigen Schraubendreher jederzeit ein breites Sortiment unterschiedlicher Klingen zur Verfügung steht. Die Qualität dieser Klingen ist aber i.d.R. nicht allzu hoch.

Werkzeughalter Werkzeuge sollte man nach einem bestimmten System aufbewahren: immer griffbereit und in einer Umgebung, in der es vor Rost und Beschädigungen geschützt ist. Dafür gibt es Vorrichtungen, die man an Wänden anbringen kann (Stifte, Schlaufen, Haken), um das Werkzeug übersichtlich und griffbereit zu ordnen. Werkzeuge sollten nicht direkt an einer Steinmauer aufgehängt werden, da sie durch die Feuchtigkeit Rost ansetzen könnten. Besser ist es, wenn man auf dem Mauerwerk zuerst eine Spanplatte anbringt und danach die Werkzeughalter montiert. So ist das Werkzeug nicht unmittelbar der Feuchtigkeit ausgesetzt.

Werkzeugkoffer Sie dienen der Aufbewahrung und dem Transport von Werkzeugen, um alles ‚griffbereit in einer Kiste' zu haben. Es gibt sie in unterschiedlichen Größen und in verschiedenen Materialien und Ausführungen. Meistens sind sie aus schlagfestem Kunststoff oder Metall hergestellt, um Beschädigungen an Werkzeugen während des Transportes zu vermeiden.

Werkzeugmesser Das W. ist ein Taschenmesser mit vielen Funktionen, wie Klingen in verschiedenen Größen, Korkenzieher, Kapselheber, Schlitz-Schraubendreher, Schere etc. Umgangssprachlich sind sie als Taschenmesser oder ‚Schweizer Taschenmesser' bekannt.

Werkzeugreinigung Bei der Verarbeitung wasserverdünnbarer Produkte sollten die Werkzeuge nach dem Benutzen gründlich mit Wasser ausgewaschen werden, nach der Verarbeitung lösemittelbasierter Produkte mit Terpentinersatz und danach mit lauwarmem Wasser. Wichtig: Hinweise auf dem Gebinde zu den Lösemitteln als Verdünnung beachten, entsprechend kann die Werkzeugreinigung vorgenommen werden.

Wetzsteine Sind feinkörnige Schleifsteine aus Aluminiumoxid oder Siliziumkarbid. W. werden eingesetzt, um stumpfe Werkzeugklingen wieder scharf zu machen. Für die verschiedenenen Werkzeuge sind W. der unterschiedlichsten Form erhältlich. Normalerweise bestehen W. aus zwei Schichten: einer groben Schicht für das Nachschleifen der Klinge und einer feinen Schicht zum Wetzen (Anbringung eines Schneidwinkels) der Schneide. Erst durch das Wetzen erhält das Werkzeug seine eigentliche Schärfe.

Wickel-Technik Traditionelle Wandgestaltungstechnik: Ein in Farbe getauchtes Tuch wird ausgewrungen und Bahn für Bahn an der Wand hoch gerollt, so daß reizvolle, immer wieder wechselnde Muster entstehen.

Windeisen ist ein Aufnahmegerät für Gewindebohrer. Es besitzt zwei Hebel, wobei der eine Hebel durch ein Gewinde verstellbar ist. Somit können Gewindebohrer mit unterschiedlichen Durchmessern von einem Windeisen gehalten werden. Alle Gewindebohrer besitzen eine Vierkantaufnahme, die im Windeisen fixiert wird.

Winkel ist die umgangssprachliche Bezeichnung für winkelförmige Meßwerkzeuge wie den Schreiner-, Anschlag- oder Holzwinkel.

Winkelbänder sind Möbelbänder, die für schwere Möbeltüren und stumpf aufschlagende Türen verwendet werden. Im Gegensatz zu einfachen Bändern ist bei Winkelbändern der Winkellappen an der Seitenkante und Seitenfläche verschraubt. Der Öffnungswinkel beträgt 180°.

Winkelschleifer Handgeführtes Elektrogerät, das sich ideal zum Trennen, Schruppen, Schleifen und Entrosten von Materialien wie Stein, Holz, Kunststoff etc. eignet.
Mit dem W. können grobe Arbeiten wie das Schruppen von Schweißnähten erledigt werden. Winkelschleifer verfügen über ein umfangreiches Zubehör, wodurch eine vielseitige Anwendung dieses Geräts möglich ist. So können mit einem Trenntisch saubere Winkel- (bis zu 45°) und Vertikalschnitte vorgenommen werden. Wichtig: W. sollten immer mit beiden Händen bedient werden, um so die Verletzungsgefahr zu minimieren!

Winkelschraubendreher ist ein Werkzeug, um an schwer zugängliche Schrauben zu gelangen. Das Werkzeug besitzt einen drehbaren Griff. Der Schraubendreherstiel ist um 90° abgewinkelt. Oft besitzt der Griff eine Knarre

Bitte lesen Sie weiter auf Seite 351

Alte Gestaltungstechniken – neu entdeckt

Bringen Sie Farbe

Die Kunst der Wandmalerei ist so alt wie der Mensch selbst. Viele fast vergessene Techniken sind heute wieder topaktuell

Wir bewundern die Malereien in den ersten menschlichen Höhlen-Behausungen, die Bilder in altägyptischen Grabstätten, jahrhundertealte farbige Fresken in Kirchen und Klöstern, wir lieben die bunten, leuchtenden Wandfarben unserer mediterranen Urlaubsländer – und leben selbst zwischen langweiligen, weißgestrichenen Rauhfasertapeten. Allerdings, farbige Wände sind wieder im Kommen. Man erinnert sich wieder an viele traditionelle Gestaltungstechniken. Und mit neuen, geeigneten Farben kann auch der Laie zu einem perfekten Ergebnis kommen.

1. Mediterrane Wände

2. Schablonen-Malerei

3. Wandfarbe strukturiere

4. Holz maserieren

n Ihre vier Wände

Südliches Ambiente

Mit Spachtelcreme und Wachs-Lasuren gewinnen Wände an Profil

1 Mit einer Glättkelle tragen Sie die gebrauchsfertige Spachtelcreme auf. Ganz nach Wunsch können Sie ...

2 ... sie dann grob und unregelmäßig oder feiner strukturieren. Bis zu einer Stunde bleibt die Masse formbar. Dann trägt man die ...

3 ... Wachslasur unverdünnt mit Quast oder Lammfellrolle auf. Anschließendes Verwischen mit einem Schwamm bringt tolle Effekte

Kräftige, leuchtende Leim- oder Kalkfarben-Anstriche auf verputzten Wänden, die durch die Sonne ein leicht unregelmäßig verblichenes „Finish“ erhalten, sind charakteristisch für die Länder rund ums Mittelmeer. Diese typisch mediterranen Wände standen Pate bei der Entwicklung eines Gestaltungssystems, das seit neuestem in Baumärkten angeboten wird (ca. 10 bis 12 Mark pro m^2). Es besteht aus einer formgebenden Spachtelmasse und einer Wachslasur zur Farbgestaltung. Die gebrauchsfertige Spachtelcreme läßt sich leicht mit der Glättkelle auftragen und ist nach Belieben grob oder fein strukturierbar. Bis auf Tapeten sind alle gängigen Untergründe geeignet – ob Beton, Gips- und Kalkputz oder Gipsbauplatten. Auch alte Dispersionsfarben sind kein Hindernis. Bei der Farbgestaltung haben Sie die Wahl unter acht typischen Farben des Südens – vom Azurblau der Provence über das warme römische Terracotta bis hin zum leuchtenden ligurischen Gelb. Die Lasur ist auf der Basis pflanzlicher Wachse mit natürlichen Farbpigmenten hergestellt. Nach dem Aufstreichen wird sie noch feucht mit einem nassen Schwamm verwischt. Damit erreicht man die gewünschte leichte Schattierung. Farbintensität und Tiefenwirkung können Sie mit einem zweiten Lasurauftrag noch erhöhen.
Übrigens, eine Mietwohnung muß kein Hindernis für südliches Ambiente sein. Bei einem eventuellen Auszug lassen sich die Spachtelwände auch wieder entfernen.

Schablonentechnik

Farbe und Schablonenmotive strukturieren Räume und setzen dekorative Akzente

Dekor-Schablonen im Baumarkt
Was bisher in guter Qualität nur im Maler- oder Künstler-Fachhandel erhältlich war, gibt's seit kurzem in großer Auswahl auch in Hornbach-Baumärkten. Die lasergeschnittenen Kunststoff-Schablonen liegen exakt auf und erlauben so auch Ungeübten sauberes Arbeiten. Von ca. 12 bis 20 DM je nach Größe.

Mit farbigen Blockstreifen verwandeln Sie mit wenig Aufwand z. B. ein Gästezimmer in ein Kinderzimmer

1 *Malerkrepp im gleichmäßigen Abstand aufkleben. Die Farbe ungleichmäßig ausstreichen ...*

2 *... und mit dem Pinsel etwas verwischen. Danach sofort das Kreppband vorsichtig abziehen*

Farbe kann sowohl den Charakter eines Raumes wie auch seine Geometrie optisch verändern. Oder den Blick auf bestimmte Details lenken. So strahlen Farben, die Rot- und Gelbtöne enthalten, Wärme aus, während ein größerer Anteil an Blau kühler wirkt. Hohe Räume werden niedriger durch dunklere Decken und horizontal umlaufende Friese, niedrige größer durch senkrecht verlaufende Wandmuster. Dunkle Farben engen den Raum etwas ein, helle Anstriche bringen mehr Weite.
Ein altes und heute wieder aktuelles Stilmittel zum Strukturieren, Gestalten und Dekorieren ist die Schablonenmalerei. Mit dieser Technik können Sie alle erdenklichen Motive ganz leicht auf ihre Wände zaubern. Schablonenvorlagen gibt's inzwischen in großer Auswahl. Sie können Schablonen auch nach eigenen Vorlagen aus Pappe oder stärkeren Folien selbst herstellen. Wichtig für ein sauberes Aufbringen der Farbe ist aber, daß der Schnitt exakt ist und daß die Schablone plan an der Wand aufliegt. Sie wird dort mit Kreppband fixiert. Fast jede Art von Wandfarbe ist geeignet. An Spezialwerkzeug ist lediglich ein Schablonierpinsel nötig. Auch ein kleiner Schwamm eignet sich Wichtig ist, daß Sie nur sehr wenig Farbe aufnehmen. Der Pinsel soll fast trocken aussehen. Die Schablone malt man dann stets von Rand zur Mitte durch leichtes Tupfen aus.

1 *Auch Rundungen, z. B. an einem Deckenspiegel (Bild rechts), können Sie mit dehnbarem Malerkrepp abkleben. Die Konturen sollten Sie vorher mit einem Bleistift ...*

2 *... anzeichnen. Dann rollen Sie zunächst die gewünschte Farbe einer Teilfläche deckend auf. Ohne das Kreppband umzukleben, können Sie in diesem Fall gleich den ...*

3 *... Dekorstreifen und die zweite Teilfläche farbig streichen. Die vorher aufgetragene Grundfarbe tritt nach dem Abziehen des Kreppbands wieder zutage*

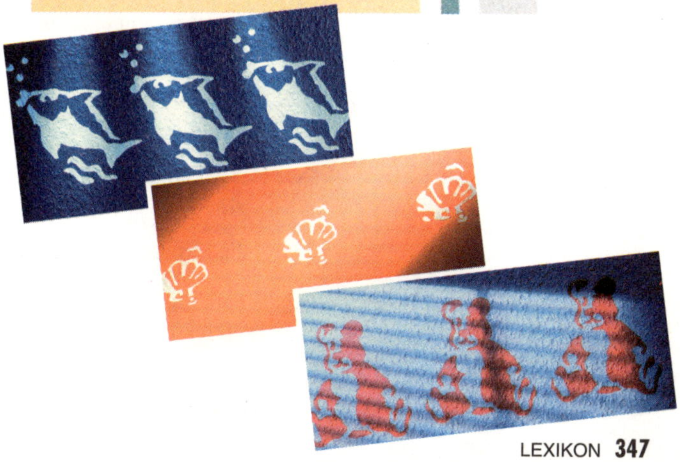

Wischen, Tupfen, Wickeln

Strukturieren Sie Farbe mit alten Techniken

Cremige Wand-Dispersionsfarben wie diese eignen sich u. a. auch zum Strukturieren von Anstrichen

Auch das Strukturieren von Farbe nach dem oder gleich beim Auftragen auf die Wand hat Tradition – die mit den industriell hergestellten Dispersionsanstrichen in Vergessenheit geriet. Voraussetzung für die alten Tupf-, Wisch- oder Wickeltechniken ist eine geeignete Farbe. Sie braucht eine etwas sahnige Konsistenz und darf nicht zu schnell trocknen, damit man sie in Ruhe bearbeiten kann. Auch der Untergrund sollte deshalb nicht zu stark saugen. Geeignete gebrauchtsfertige Farben werden seit kurzem auch in Baumärkten angeboten – inklusive der erforderlichen Hilfsmittel, die vor allem Anfängern eine effektvolle Gestaltung leichtmachen. Mit dem oben rechts abgebildeten Spezial-Schwamm beispielsweise entsteht automatisch der gewollt unregelmäßige Farbauftrag, der bei dem Arbeitsfotos rechts mit dem Naturschwamm erzielt wird. Sie können die Farbe auch direkt mit dem Schwamm auf die Wand bringen: Die Unterseite mit Farbe benetzen und in gleichmäßigen Bewegungen auf die Wand wischen. Mehr räumliche Tiefe läßt sich übrigens durch mehrere übereinanderliegende, lasierende Farbaufträge erreichen, wobei die unterste Schicht stets heller sein sollte als die Effektfarben.

Wie Farben und Einrichtungs-Stile miteinander harmonieren

Daß Rauhfaserwände im neutralen Weiß in unseren Wohnungen vorherrschen, ist sicher zum Teil auch durch eine weit verbreitete Unsicherheit über die Raumwirkung von Farben und Farbkombinationen erklärbar. Nicht jeder ist eben zum Innenarchitekten und Einrichtungsdesigner geboren. Hilfe zu diesem Thema bietet z. B. die 32seitige Broschüre „Farbzinationen“ des Farbenherstellers Dulux, der seine Wandfarben und Lacke in vier Farbwelten einteilt: die „stille“, die „frische“, die „weiche“ und die „kräftige“ Farbwelt. Je drei Einrichtungsbeispiele zeigen Wirkung und Charakter dieser Stilrichtungen. Zu jeder Farbwelt sind an den Seitenrändern 14 typische Farbtöne für Wand und Decke abgedruckt und auf der gegenüberliegenden Seite die dazu passenden Lacke sowie sechs Holztöne, die mit dem jeweiligen Stil besonders gut harmonieren. Die kostenlose Broschüre können Sie unter der Telefonnummer 0180/5240042 anfordern.

1 *Mit einem Flachpinsel streicht man zunächst die Eck- und Randbereiche im gewählten Grundfarbton vor – hier ein abgetöntes Gelb*

2 *Dann können Sie die Flächen mit der Rolle an einem Stück bearbeiten. Nach dem Trocknen der Basisschicht wurde …*

3 *… mit einem Naturschwamm ein etwas kräftigeres Gelb eingewischt. Dabei nur die Unterseite des Schwamms benetzen und die Farbe vor …*

4 *… dem Auftragen etwas abtupfen. Zum Schluß wurde ein seidig glänzender Weißton entlang der Rißkante eines Pappestücks aufgetupft …*

5 *… und an den Rändern etwas verwischt, so daß die verwendeten Farben wie Wolkenfelder locker ineinander übergehen*

Naturschwämme eignen sich bestens zum Wischen und Tupfen. Das Wellenprofil des Spezialschwamms verteilt die Farbe automatisch unregelmäßig. Der Folien-Roller erzeugt ein Muster wie ein farbgetränktes und dann gerolltes Wickelledertuch

BuchTIP

Wischen, Wickeln und Tupfen gehören zu den leichteren Techniken, die das Autorenduo Post/Benad in diesem Buch beschreibt. Marmorieren, Illusionsmalerie und Schablonentechnik für Fortgeschrittene, aber auch das Herstellen von Naturfarben sind weitere Schwerpunkte. Mit vielen Arbeitsbeispielen. Im Ravensburger Buchverlag für 24,80 DM, ISBN 3-332-00649-5

Maseriertechnik

Auch Holz-Paneele lassen sich effektvoll aufmöbeln

Maserierte Oberflächen wirken nicht nur in holzähnlichen, sondern auch in vielen anderen Farbtönen sehr reizvoll

Diese Spezialfarbe, die einen leicht lasierenden Effekt zeigt, bleibt lange bearbeitbar und bietet sich deshalb besonders für „Einsteiger" in Wisch-, Wickel-, Maserier- und anderen Techniken an. Geeignet für Holz, Tapeten und Putzoberflächen

Unansehnlich gewordene Wandverkleidungen oder Möbel aus Holz lassen sich mit wenig Aufwand effektvoll „aufmöbeln". Alles, was Sie brauchen, sind eine lasierende Farbe und ein Maserierstempel (im Maler/Künstlerbedarf und Baumärkten). Mit diesem kleinen Werkzeug können Sie den alten Oberflächen eine neue, täuschend echte Holzmaserung einprägen. Voraussetzung ist wieder ein glatter, nur wenig saugender Untergrund. Bei Holz empfiehlt sich darum ein Voranstrich mit einem seidenmatten oder glänzenden Acryllack. Wir haben bei unserer halbhohen Wandverkleidung einen weißen Lack verwendet. Denkbar ist auch ein anderer Untergrund. Er sollte jedoch heller sein als die gewählte Lasur. Diese trägt man mit einem Flachpinsel in Richtung des Maserungsverlaufs auf. Setzen Sie dann den halbrunden Maserierstempel mit seiner oberen Kante an, und ziehen Sie ihn langsam und gleichmäßig durch die nasse Lasur. Durch gleichzeitiges Abrollen des Werkzeugs aus dem Handgelenk entsteht die natürlich wirkende Unregelmäßigkeit der Maserung. Stark beanspruchte Oberflächen können Sie abschließend mit einem transparenten Acryllack schützen. Die gleiche Technik können Sie natürlich ebenfalls zum Verschönern kleiner Möbelstücke einsetzen. □

1 *Tragen Sie die lasierende Farbe mit einem Flachpinsel parallel zur natürlichen Maserung auf den Untergrund auf. Zur Verminderung der Saugfähigkeit des Holzes wurde vorher ein Anstrich aufgebracht*

2 *Ziehen Sie das Maserierwerkzeug langsam und gleichmäßig durch die noch feuchte Farbe. Dabei die halbrunde Stempelfläche drehen. Nach jedem Zug sollten Sie die Farbe von der Stempelfläche abwischen*

Kontakt:
Molto GmbH („Farben des Südens"), Postfach 1120, 35790 Löhnberg/Lahn , ✆ 06471/6040 (auch Prospektbestellung);
Wenz-Dekor-Schablonen, Burgstr. 54, 60316 Frankfurt, ✆ 069/4365569, (Vertrieb: Hornbach-Baumärkte);
ICI Dulux („Creative"-Farben, Effekt-Werkzeuge), Postfach 940, 40709 Hilden, ✆ 0180/5240042 (Fachberatung)

Fortsetzung von Seite 343

zum Lösen und Anziehen von Schrauben. Meistens sind solche Schraubendreher mit auswechselbaren Nüssen (Bits) erhältlich, so daß man nicht für jede Schraubengröße einen W. benötigt.

Wisch-Technik Traditionelle Wandgestaltungstechnik, bei der stark mit Wasser verdünnte Farbe mit einem feuchten Schwamm oder einer Deckenbürste naß in naß aufgetragen wird. Der Untergrund kann hell oder dunkel sein, die gewischte Farbe wird dann farblich abgestimmt.

WSVO siehe unter ‚Wärmeschutzverordnung'.

Ytong Hersteller von Porenbeton, Y.-Steine häufig auch als Synonym für Porenbeton.

Zahnspachtel Spachtel mit Zahnungen an den Außenseiten. Zum Auftragen des Klebers beim Fliesenlegearbeiten. Bei großen Platten mit starkem Profil muß eine grobe Zahnteilung gewählt werden. Bei glatten Fliesenrückseiten reicht eine feinere Zahnteilung.

Zangen Allgemeine Bezeichnung für eine Anzahl recht verschiedener Werkzeuge, wie Sicherungsring-, Sprengring-, Ösen-, Töpfer-, Kombizangen, Bolzenschneider, Flachzangen etc. Üblicherweise verfügen Z. über zwei Backen, die durch die beiden Griffe über ein Gelenk bedient werden. Es gibt Zangen zum Festhalten von Werkstücken, zum Befestigen und Lösen von Schraub- bzw. Nietverbindungen und zum Kneifen, Biegen und Schneiden von Materialien.

Zapon-Lack schützt polierte Metallgegenstände, wie Griffe und Knöpfe aus Messing, Kupfer u.a. und erhält so ihren Wert. Z. verhindert das Anlaufen und verstärkt so den Glanz. Z. ist ein Nitro-Lack mit sehr geringem Festkörperanteil, so daß von der aufgebrachten Schicht nur ein kaum merklicher Film zurückbleibt.

Zargen sind Bretter oder Leisten in Rahmen- bzw. Kastenform. Sie verbinden die Ecken von Tischen oder Stühlen zur besseren Stabilität. Die Verbindungen zu den Tisch- oder Stuhlbeinen können gedübelt oder gezapft sein.

Zaun-Lasur ist zum Schutz für alle Hölzer im Außenbereich geeignet, besonders für Zäune, Gatter, Pfosten und in der Landwirtschaft.

Zaun-Lasur auf Wasserbasis macht das Holz wetterfest und ist für alle Hölzer rund ums Haus und im Garten, für Zäune, Ställe, Schuppen, Pfähle, Holzverschalungen im Garten und in der Landwirtschaft geeignet. Bei neuen oder stark verwitterten Nadelhölzern ist eine Vorbehandlung mit Imprägnier- oder Holzschutz-Grund erforderlich. Die Produkte sind wasserbasiert, umweltschonend, pflanzenverträglich, sehr ergiebig und leicht zu verarbeiten.

Zellulosedämmstoff Dämmstoff auf Altpapierbasis, erhältlich in Flockenform (zum Einblasen) oder als Dämmplatten. Gut schall- und wärmedämmend; Brandverhalten B2 (normal entflammbar).

Zierecken sind Beschläge, die an die Ecken von Kisten und Schatullen angebracht werden. Sie haben Zier- und Schutzfunktion und sind in unterschiedlichen Metallausführungen erhältlich.

Zierscharniere sind Scharniere mit gleichzeitigem Ziereffekt (Zierkopf). Sie werden hauptsächlich bei antiken oder imitierten Antikmöbeln verwendet.

Zimmermannsbleistifte Ein langer Bleistift mit dicker Mine und einer dicken Holzummantelung. Diese Stifte werden eingesetzt, um Markierungen und Linien an Wänden und Mauerwerk anzubringen. Sie lassen sich leicht mit dem Messer anspitzen. Durch ihre dicke Holzummantelung ist die Mine beim Herunterfallen des Stiftes gut geschützt.

Zimmermannswinkel Großer Holzwinkel, um bei Holzarbeiten am Haus und Dach die Balkenverstrebungen auf ihre Rechtwinkligkeit zu prüfen.

Zinken Die Zinkenverbindung ist eine der ältesten Eckverbindungen zweier Bretter, die man kennt. Man unterscheidet nach Schwalbenschwanz- und Fingerzinken. Die Fingerzinken verlaufen im Gegensatz zum konisch verlaufenden Schwalbenschwanzzinken gerade. Mit dem Einsatz einer Oberfräse und mit dem speziellen Zubehör (Zinkenfräsgerät) ist die Herstellung dieser optisch sehr schönen Verbindung heute für den Heimwerker kein Problem mehr. Die Vorrichtung erlaubt das saubere und fachmännische Fräsen von Schwalbenschwanz-Zinken für dauerhafte Holz-Verbindungen.

Zinkenfräsgerät Mit Hilfe eines Zinkenfräsgerätes und einer Oberfräse lassen sich auf einfache, schnelle und saubere Art und Weise attraktive Holzeckverbindungen herstellen. Je nach verwendeter Schablone kann man eine halbverdeckte Schwalbenschwanzzinkung, eine offene Fingerzinkung und Dübelfräsungen herstellen. Die max. Breite der zu bearbeitenden Werkstücke richtet sich nach der Ausführung des Zinkenfräsgerätes. Mit dem Z. ist sauberes, fachmännisches Fräsen von Schwalbenschwanz-Zinken für dauerhafte Verbindungen in Holz möglich (siehe auch ‚Zinken').

Zirkel Gerät zum Zeichnen von Kreisen, zum Abgreifen von Maßen und zum Übertragen von Strecken. Der Z. besteht aus zwei, durch ein Scharnier verbundene Schenkel, von denen einer mit einer Stahlspitze, der andere mit einer Zeichenspitze (Bleistiftmine, Öse für Kreide, Farbstifte, Tuschefülle usw.) ausgestattet ist. Den Z. gibt es in vielen Größen, Präzisions- und Ausführungs-Varianten, da in nahezu allen Handwerks- und Industriebereichen mit dem Z. in irgendeiner Form gearbeitet wird.

Zugbeanspruchung Beanspruchung senkrecht zur Klebfläche. Bei Dübeln: Last, die in axialer Richtung vom Verankerungsgrund weg auf den Dübel oder Anker wirkt.

Zulagen sind Holzstücke, die das Werkstück schützen sollen. Man benutzt sie als Unterlage beim Spannen mit Zwingen oder beim Schlagen mit einem Hammer auf ein Werkstück. Im letzteren Fall sollte hartes Holz verwendet werden, da hier die Kraftübertragung des Hammerschlages erheblich größer ist.

Zweischalige Wand Außenwandkonstruktionen, die aus zwei Schalen besteht: einer inneren, tragenden Wand und einer vorgemauerten (Klinker, Kalksandstein) oder vorgehängten (z. B. Holzverkleidung) Schale. Dazwischen befindet sich meist eine Dämmschicht.

Zwingen sind Werkzeuge, mit denen in der Regel Holzteile kurzzeitig fixiert werden. Sie finden häufig Anwendung bei Leimarbeiten. Bei Z. unterscheidet man nach der Art der Fixierung zwischen Schraub- und Klemmzwingen. Nach dem Anwendungsbereich gibt es u.a. Gehrungs-, Leim- und Laubsägezwingen.

Zwischenschliff ist notwendig, wenn mehrere Lackschichten auf ein Werkstück aufzubringen sind. Jede Lackoberfläche (ausgenommen Schlußlack) ist durch Schleifen aufzurauhen, um eine bessere Verbindung zwischen den einzelnen Schichten zu erreichen.

Zwischensparrendämmung Dämmung des Daches zwischen den Sparren. Der Hohlraum wird mit Dämmstoff gefüllt. Raumseitig ist eine winddichte Dampfbremse nötig, bevor man die Raumverkleidung auf einer Lattung verschraubt.

Zwischenwände Nichttragende, leichte Wände, die lediglich raumteilenden Charakter haben.

Zylinder-Aufschraubschlösser sind Schlösser für Möbel, Kisten etc., die auf das betreffende Möbelteil aufgeschraubt werden. Sie bestehen aus dem Schloßteil mit Schlüssel, dem Zylinder sowie dem Wendeschlüssel-System. Man unterscheidet zwischen dem Zylinder-Aufschraub- und dem herkömmlichen, handelsüblichen Aufschraubschloß. □

Holzverkleidungen

Wände und Decken werden wieder häufiger mit Massivholz verkleidet – eine Folge des anhaltenden Trends zu natürlichen Materialien. Wir zeigen Ihnen, wie Sie Holzpaneele richtig planen und befestigen und geben Tips, damit Feuchtigkeit und wechselnde Temperaturen dem natürlichen Werkstoff möglichst wenig anhaben können

Auswahl

Paneele werden mit oder ohne Feder angeboten, gewölbt oder flach, beschichtet oder naturbelassen. Wir nennen die Einsatzgebiete

Planung

Decken abhängen, Dämmung einbauen, Kabel verstecken – wir zeigen, wie Sie mehrere Probleme auf einen Schlag lösen können

Verarbeitung

Mit den richtigen Arbeitstechniken und Hilfsmitteln können Sie Wand- und Deckenverkleidungen selbst montieren. Wir sagen Ihnen, wie

Verbindung: *Profilholz läßt sich mit Nut und Feder zusammenfügen (oben), doppelt genutete Hölzer benötigen eine lose Feder – gebeizt oder aus anderem Material gefertigt, bietet sie reizvolle Effekte*

2.1

Variabel: *Verschieden gefräste Profile schaffen unterschiedlich strukturierte Oberflächen und eröffnen einen breiten Spielraum für die Gestaltung*

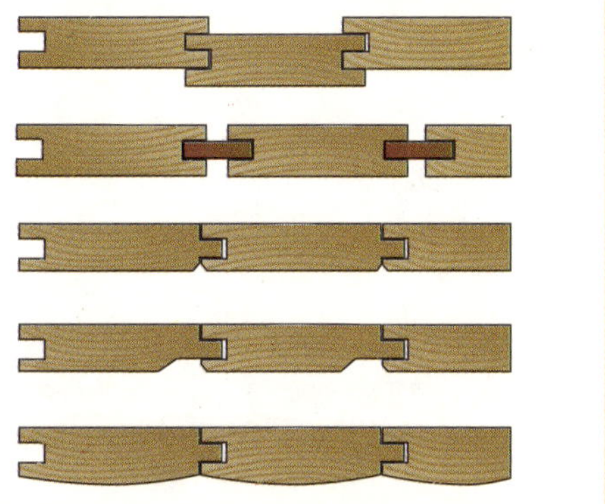
2.2

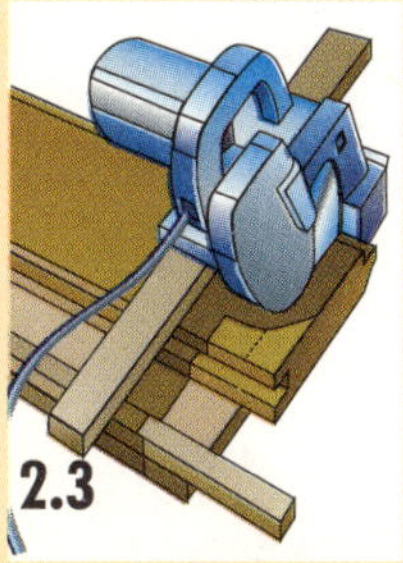
2.3

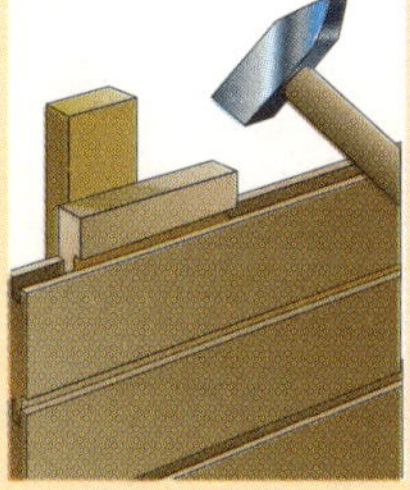
2.4

2.5

Verlegewerkzeug: *Für den rechtwinkligen Zuschnitt bauen Sie sich am besten eine Sägelehre (3.1). Zulagen schonen die Holzkanten beim Zusammenschlagen (3.2), spezielle Haltezangen erleichtern die Verarbeitung an der Decke*

Montage: *Je nach Verlegerichtung können Sie die Paneele verdeckt nageln (von oben): In der Nut (Federseite voran), auf der Feder (Nutseite voran), mit speziellen Halteklammern oder schräg über der Feder*

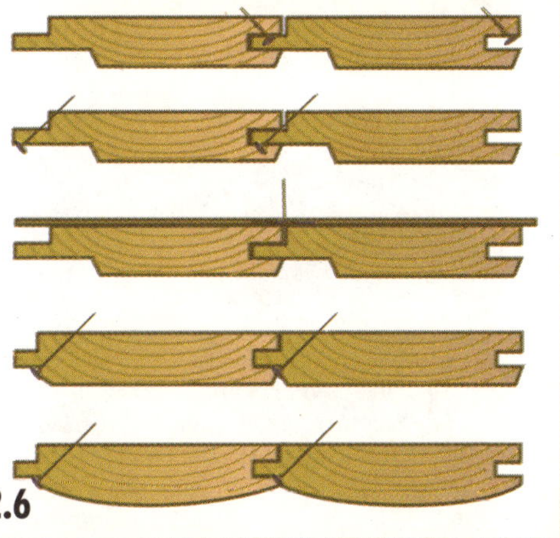
2.6

1. Das Material

Massives Profilholz wird in der Regel aus den Nadelhölzern Fichte, Kiefer, Lärche und Douglasie gefertigt. Mit verschiedenen Oberflächenbehandlungen lassen sich Struktur und Farbgebung sowie die Widerstandsfähigkeit gegen Feuchtigkeit und mechanische Beanspruchung stark beeinflussen. Daneben sind für den Einbau in Innenräumen furnierte oder bedruckte Paneele auf der Basis von MDF-Material erhältlich, die durch eine werksseitige Oberflächenbehandlung auch für den Einbau in Räumen mit erhöhter Feuchtigkeit geeignet sind.
Massivholzprofile sollten einige Tage vor der Montage im vorgesehenen Raum gelagert werden. Unbehandelte Hölzer sollten Sie vor dem Einbau streichen. Besonders geeignet sind hierfür Lasuren oder Wachs. Nur im Außenbereich dürfen Holzschutzmittel eingesetzt werden.

2. Montagearten

Gebräuchliche Massivholzprofile werden mit Nut und Feder ineinandergesteckt, es gibt aber auch doppelt genutete Profile, die mit einer dazu passenden Feder verbunden werden (2.1). Die Verwendung einer losen Feder erlaubt Farb-, Material- und Schattenkontraste – die genuteten Profilbretter können jedoch auch versetzt direkt miteinander montiert werden (2.2 oben). Varianten bei den Nut- und Federprofilen entstehen durch geriffelte oder gerundete Oberflächen sowie durch besonders gefräste Federn, die den Verlauf der Schalung mehr oder weniger stark betonen (2.2). Bei der Auswahl des Profils sollte man deshalb mehrere Schalungsbretter zusammenstecken, um einen Eindruck von der Flächenwirkung der Profilhölzer zu gewinnen.
Für die Verlegung von Paneelbrettern ist kein spezielles Werkzeug notwendig. Ein Nagler verhindert allerdings unschöne Schlagstellen durch unpräzise Hammerschläge, spezielle Haltezangen erleichtern die Deckenmontage von Paneelen erheblich (2.5). Für das exakt rechtwinklige Ablängen der Paneele bewährt

Echtholz oder MDF-Basis

Massivholz ist vor dem Einbau zu behandeln

Profilarten

Nagler und Haltezangen erleichtern die Montage

sich eine Kapp- und Gehrungssäge – ist sie nicht vorhanden, behilft man sich am besten mit einem selbst gebauten Anschlag für die Kreissäge (2.3).

Verdeckte Nagelung oder Montage mit Clips

Die Montage der Paneele an der Unterkonstruktion erfolgt entweder mit einer verdeckten Nagelung direkt durch Nut oder Feder des Profilholzbretts (2.6) oder mit speziellen Befestigungsclips, die in die Nut des Brettes greifen und auf die Lattung genagelt werden.

3. Lattung und Anschlüsse an Ecken

Eine Lattung ist als Grundlage unentbehrlich

Ob Sie die Paneele vertikal, horizontal, quer oder in Mustern an Wand oder Decke befestigen wollen – immer bildet eine Lattung die Grundlage für Ihre Holzverkleidung. Das entstehende Luftpolster schützt das Holz vor schnellem Klimawechsel und verbessert die Dämmeigenschaften. Außerdem können Sie im Hohlraum der Lattung zusätzlich Elektro- oder Wasserinstallation verbergen. Wählen Sie an Innenwänden einen Lattenabstand zwischen 50 und 100 cm und richten Sie die Lattung immer im 90°-Winkel zur geplanten Beplankung aus. An Decken sowie generell im Außenbereich sollten die Latten nur einen Abstand von 40 bis 65 cm haben, da hier höhere Lasten auftreten.

Abstand der Latten max. 1 m

Auf der Lattung lassen sich die passend abgelängten Paneele dann leicht befestigen. Besondere Aufmerksamkeit erfordert jedoch die Gestaltung von Ecken. Planen Sie deshalb schon vor der Montage der Lattung, wie diese Bereiche später aussehen sollen. Außenecken stellen Sie am einfachsten mit einer vertikalen Montageleiste als stumpfe Schattenfuge her (3.1), bei vertikaler Montage werden dazu Nut bzw. Feder der Anschlußpaneele entfernt. Einfach herzustellen sind ebenfalls Eckanschlüsse mit sichtbar montierten Eckleisten. Bei horizontaler Montage können Sie die Schattenfuge auch direkt in die Ecke legen, dazu werden die Paneele im Eckbereich um 45° angeschrägt (3.4). Allerdings ist diese Variante technisch anspruchsvoll und erfordert hohe Genauigkeit. Eine Alternative bietet die Abdeckung der Eckbereiche mit Deckleisten – leichte Unregelmäßigkeiten beim Ablängen werden so kaschiert.

Eckanschlüsse zuerst planen!

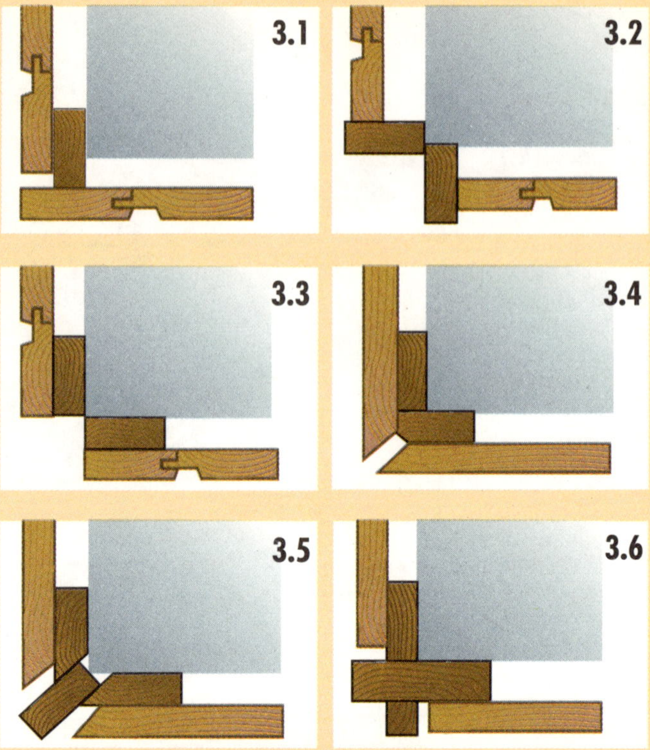

Gestaltung von Außenecken:
Je nach Montage der Unterlattung erhalten Sie mit horizontal montierten Unterleisten Schattenfugen (3.1, 3.4), sichtbare Ecken (3.2, 3.3) oder nutzen die Montageleisten als sichtbares Gestaltungselement (3.5, 3.6).

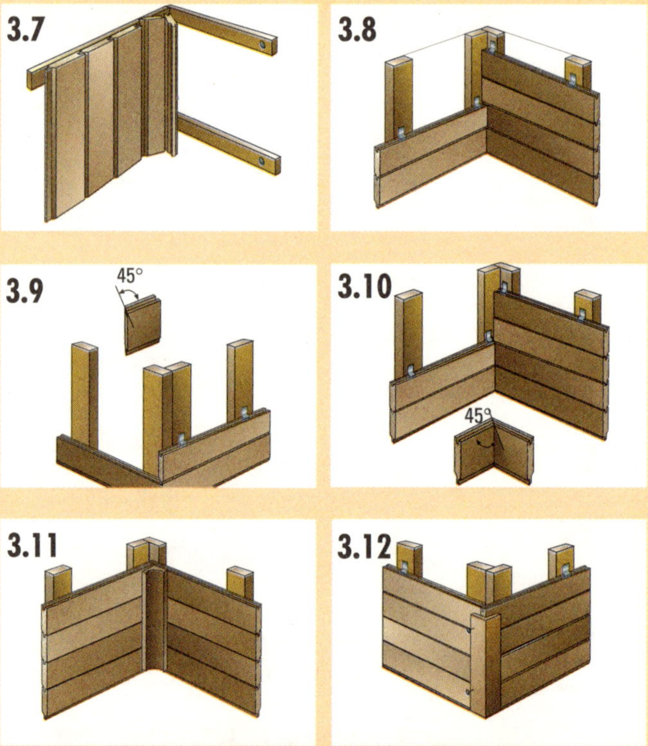

Gestaltung von Innen-Ecken:
Innen- und Außenecken sollten ähnlich ausgeführt werden. Stoßen die Innenlatten stumpf oder im 45°-Winkel aufeinander, so sollten Sie die Außenecken mit Gehrungsschnitt zusammenfügen (3.7- 3.10). Alternativ können Sie stumpfe Anschlüsse mit Deckprofilen versehen (3.11, 3.12).

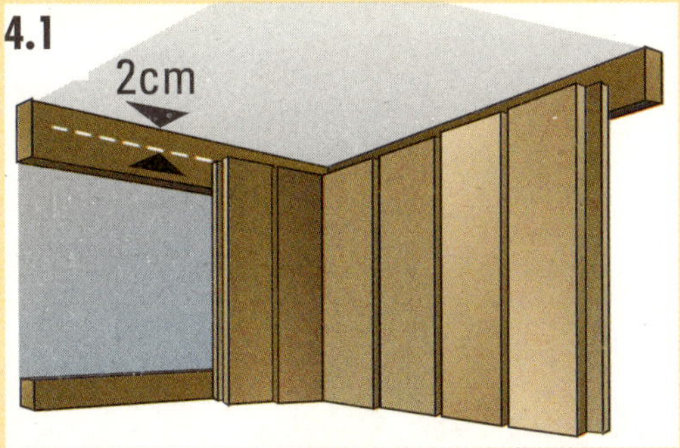

4.1

Schattenfuge: *Setzen Sie die oberste Konstruktionslatte direkt unter der Decke an. Mit einer Schattenfugenfräse längen Sie die Profilbretter gleichmäßig ab*

4.2

Decklatte: *Wenn Sie keine Schattenfugenfräse haben, können Sie den Deckenanschluß auch mit einer Blende versehen – kleine Längenunterschiede fallen so nicht auf*

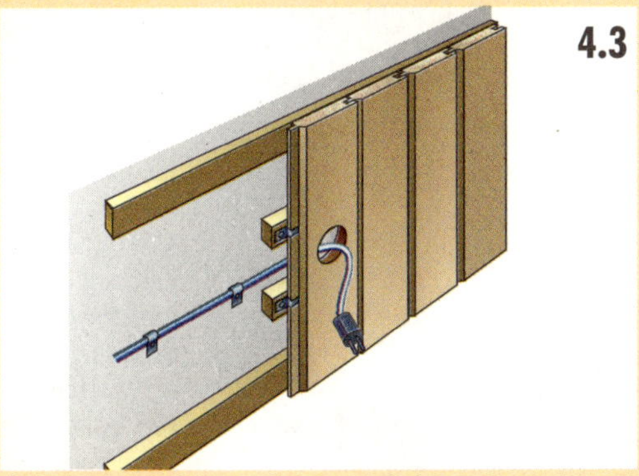

4.3

Installation: *Planen Sie neue Elektro- und Wasserleitungen bei der Unterlattung ein – der entstehende Hohlraum bietet sogar speziellen Lichttrafos genügend Raum*

4.4

Abhängung: *Zu hohe Decken lassen sich mit Paneelen unsichtbar machen – mit einer Luke versehen, wird zusätzlicher Stauraum nutzbar*

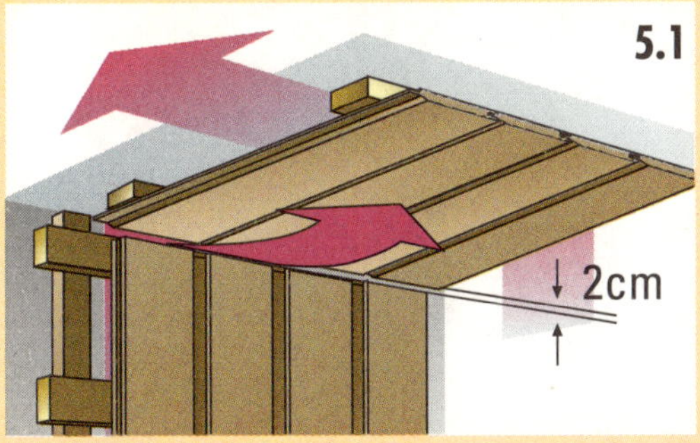

5.1

Konterlattung: *Bei Feuchtebelastung muß die Luft hinter den Paneelen zirkulieren können. Dies wird am besten durch eine um 90° versetzte zweifache Lattung erreicht.*

4. Deckenanschluß und optische Effekte

Schattenfuge herstellen

Um den wuchtigen Eindruck einer mit Holz verkleideten Wand abzumildern, können Sie dem Deckenanschluß mit einer Schattenfuge eine gewisse Leichtigkeit verleihen. Das obere Konstruktionsholz wird dazu dunkel oder schwarz gebeizt und – an der Hinterkante angefast – direkt unter der Decke montiert. Die Paneele müssen dann exakt abgelängt montiert werden oder werden später mit einer Schattenfugenfräse angeglichen (4.1). Alternativ können Sie kleine Unregelmäßigkeiten in der Länge der Paneele auch hier mit einem Deckbrett verstecken – mit Kehlung versehenen Leisten mildern dabei einen klobigen Eindruck.

»Verstecke« in der Lattung

Holzverkleidungen sind sehr gut geeignet, um nachträglich angebrachte Installationen oder auch zu hohe Decken sowie eine Wärmedämmung zu verstecken. Allerdings muß man für diese Zwecke die Unterkonstruktion besonders vorbereiten: Für abgehängte Decken wird die Lattung mit einer Hilfskonstruktion aus Holz (4.4) oder mit speziellen Lochbändern aus Metall abgehängt. Bei einer verdeckten Elektro- oder Wasserinstallation sollten Sie die Stellen, an denen Dosen, Schalter oder Hähne befestigt werden sollen, mit zusätzlichen Latten verstärken.

Revisionsöffnungen

Über Bereichen, die später noch zugänglich sein müssen, etwa Sicherungskästen oder Wasserzählern, müssen Sie Revisionsklappen vorsehen: aus Paneelholz gebaut und mit Scharnieren oder Halteclips versehen, fallen sie später in der Wand kaum auf.

5. Vorkehrungen bei Feuchtigkeit

Konterlattung bei Feuchtigkeit

In allen Räumen mit zeitweise höherer Luftfeuchtigkeit, etwa in Bädern oder Kellern, und im Außenbereich muß hinter der Holzverkleidung für einen stetigen Luftaustausch gesorgt werden. Dies wird am sichersten mit einer um 90° gegeneinander versetzten doppelten Unterlattung, einer sogenannten Konterlattung, erreicht. Im Boden- und Deckenbereich müssen außerdem Lüftungsschlitze (zum Beispiel als Schattenfuge) freigehalten werden,

Luftaustausch bei Dämmung

Sonderfall: Stülpschalung

Außenschalung mit mindestens 20 mm Stärke

Wasser muß möglichst schnell abfließen

Holz außen mit pigmentierter Lasur behandeln

damit die Luft ungehindert hinter der Verkleidung zirkulieren und feuchte Luft austreten kann.
Besonders wichtig ist der Luftaustausch an der Außenseite von Außenwänden, denn durch Temperaturwechsel kann sich Feuchtigkeit im Inneren der Verkleidung niederschlagen, die dann möglichst schnell von der hindurchströmenden Luft abtransportiert werden muß. Dies gilt insbesondere für Holzverkleidungen mit eingelegter Dämmung: Der Dämmstoff sollte vollständig von der Grundlattung aufgenommen werden, während ein Restbereich der Grundlattung und die Konterlattung eine ausreichende Luftzirkulation gewährleisten (5.2).
Nur bei besonders konstruierten Außenverschalungen kann auf eine Konterlattung als Unterkonstruktion verzichtet werden – weil die Holzbekleidung selbst eine Querlüftung ermöglicht. Dies ist zum Beispiel bei der sogenannten Stülpschalung der Fall, einer horizontalen Montage von Holzbrettern auf einer einfachen Vertikal-Lattung. Der Luftaustausch erfolgt dabei durch die Hohlräume der wie Dachpfannen übereinander befestigten Bretter (5.3; 5.4). Diese Lage der Holzverschalung gewährleistet auch einen schnellen Abtransport von Regenwasser – durch einen schrägen Anschnitt kann zusätzlich ein schnelles Abtropfen ermöglicht werden (5.4). Verdeckt eingefügte Leisten erfüllen den gleichen Zweck (5.5). Werden Profilpaneele verwendet, so müssen diese mindestens 20 mm dick sein und dürfen nicht an der Außenseite mit der Nut nach oben angebracht sein – dort eingedrungenes Wasser könnte nicht ablaufen und führte unweigerlich zu Schimmelbildung im Holz (5.6; 5.7).
Holz im Außenbereich muß außerdem stets mit geeigneten Anstrichen vor Feuchtigkeit geschützt werden, dies gilt auch für die Lattung. Alle Holzteile, die dem Sonnenlicht ausgesetzt sind, werden am besten mit einer pigmentierten Lasur behandelt. Große Dachüberstände und großzügige Sockel im Bodenbereich (mindestens 30 cm Abstand) schützen vor stauender Nässe und dauerhafter UV-Belastung. Nur wo das Holz dennoch häufig naß wird, läßt sich ein chemischer Holzschutz oft nicht umgehen. Da Holzschutzmittel nicht länger als einige Jahre verläßlich schützen können, muß dann regelmäßig nachbehandelt werden. □

5.2

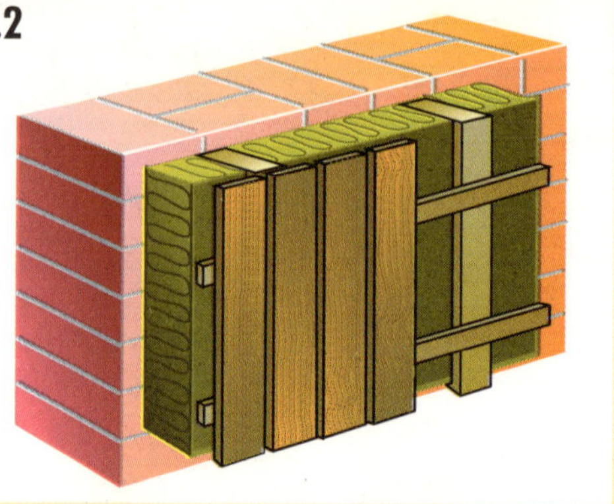

Dämmung: Bei einer nachträglichen Außenbekleidung bietet sich der gleichzeitige Einbau einer zusätzlichen Dämmung an. Auch dabei sollte allerdings genügend Raum für eine Hinterlüftung bleiben

5.3

5.4

5.5

5.6

5.7

5.8

Stülpschalung: Die Stülpschalung erlaubt eine Hinterlüftung mit nur einfacher Unterlattung; zudem wird Wasser über die schuppenartige Außenseite schnell abgeführt. Stülpschalungen können aus unbesäumten (5.3) oder besäumten Brettern bestehen. Zusatzlatten vergrößern (5.5), beidseitig genutete Profilbretter verkleinern den Versatz der Bretter an der Wand (5.6). Bei Verwendung von Nut und Feder soll die Feder stets oben montiert werden, damit kein Schlagwasser in die Nut eindringen kann – dabei ist außerdem eine Konterlattung erforderlich

Register

Das große Buch vom Heimwerken

Das aktuelle Standardwerk für alle Arbeiten rund ums Haus: Grundtechniken, Materialien, Gestaltungsvorschläge
384 Seiten, Hardcover,
mit über 1000 farbigen Abbildungen,
Großformat: 21,5 x 28,5 cm
DM 19,95/öS 146,-/sFr 19,-
ISBN 3-8118-7425-X

MOEWIG

Das große Buch vom Renovieren

Das aktuelle Standardwerk zum Neugestalten und Verschönern von Haus und Wohnung
360 Seiten, Hardcover,
mit über 1000 farbigen Abbildungen,
Großformat: 21,5 x 28,5 cm
DM 19,95/öS 146,-/sFr 19,-
ISBN 3-8118-1366-8

MOEWIG